기업법 II

(상법 회사편)

KB077934

기업법 Ⅱ
(상법 회사편)

유주선 저

기업법 Ⅱ는 회사의 제 유형을 다루는 영역이다. 인적회사로서 합명회사와 합자회사, 물적회사로서 유한책임회사와 유한회사 및 주식회사의 구조를 이해함에 중점을 두게 된다. 이러한 구조를 체득하기 위하여 단체의 기본 개념에서 출발하여 민법상 조합, 인적 회사를 거쳐 물적 회사의 핵심인 주식회사를 이해하는 시도를 하고 있다. 주주총회, 이사와 이사회, 감사와 감사위원회를 갖추고 있는 주식회사 이해를 위해서는 인적 결합체의 전체적인 맥락을 학습할 필요가 있다.

씨아이알

머리말

회사법은 회사의 내부관계와 외부관계를 다루는 영역에 해당한다. 우리나라에서 회사는 인적회사로서 합명회사와 합자회사, 물적회사로서 유한책임회사, 유한회사, 주식회사가 있다. 하지만 대부분의 회사가 주식회사 형태를 띠고 있다는 점에서, 대학 강의 역시 주식회사를 중심으로 이루어지게 된다. 본 저서 역시 이러한 영향으로부터 벗어날 수 없다고 하겠다. 그럼에도 불구하고 주식회사를 이해하기 위해서는 인적인 결합체를 이해해야만 한다는 나의 판단을 포기할 수 없었다. 이 책에서 나는 학생들에게 회사라는 단체를 이해시키기 위하여 인적 결합체의 기본적인 개념을 설명하고, 단체의 이해를 위하여 민법상 조합에서 시작되어야 한다는 고집을 유지했다.

출판사를 옮겨 다시금 책을 펴내면서 새로운 내용을 많이 담아야 한다고 생각했지만 시간과 건강상의 이유로 금번에는 크게 반영하지 못했다. 다만, 몇 가지 점에서 보완과 수정을 가하였다.

첫째, 1인 주식회사 부분에서 배임죄와 횡령죄 부분, 즉 형법적인 내용을 추가하였다.

둘째, 새로 반영되는 판례를 일부 반영하면서, 법률이 개정되면서 발생하는 불필요한 부분을 삭제하였다.

셋째, 내용상 체계가 적절하지 않거나 중복되는 내용들은 일부 삭제하기도 하고, 그 위치를 바로잡는 작업을 하였다.

넷째, 본문 내용과 각주에서 발견되는 일부 오탈자를 수정·보완하는 작업을 하였다.

금번 《기업법 II》로 출간되는 내용은 회사법 가운데 통칙과 조직 등에 한정된 내용을 담고 있다. 방대한 내용들로 규정되어 있는 회사법 모두를 하나의 교재에 담는다는 것은 그리 쉬운 일이 아님을 다시금 인식하였다. 시간이 되는대로 보완을 해나가려고 한다. 독자들의 넓은 양해를 부탁드린다.

2022년 2월
이수 학고재
유 주 선 교수

목차

제3편 회사법 통칙

제1장 회사법의 체계

제2장 회사의 특징

제3장 1인 회사

제4장 법인격부인의 법

제5장 회사의 설립

제1편

회사법의 기초

제1장
회사법의 출발

제1절 의의

　우리나라에서 경제적인 행위의 많은 영역들이 '회사'라고 표시되는 인적 결합에 의하여 이행되고 있다. '회사'라고 하는 용어는 법률적인 용어로서 법인으로 사용되는 것이 일반적이기는 하지만, '회사'보다도 더 상위의 개념으로 단순히 '인적 단체'로서의 개념이 먼저 설명되어야 할 것이다. '인적 단체'는 아래에서 설명되는 모든 사법상 인적 결합체로서 이해되어진다. 비행기라든가 컴퓨터, 자동차나 전기 공장과 같은 중요한 생산 산업 등은 수천의 종업원들이 종사하고 있는 주식회사라고 하는 단체에 의하여 이루어진다. 그러나 매우 조직화 된 주식회사 형태 외에 조직원의 체계라든가, 책임의 형태 및 단체의 재산 등에 있어서 다양한 모습의 단체들이 등장할 수 있다. 인적인 자원과 단체의 재산을 갖춘 다수의 사원들이 공동의 목적을 추구한다. 우리나라에서 경제적인 생활은 '인적 단체', 즉 '회사'라고 하는 것이 중요한 의미를 갖게 된다. 회사법은 이러한 사적 조직체들에 대한 내용을 명문으로 규정하고 있다.

제2절 범위

회사법은 사법의 중요한 영역들을 포함하고 있다. 회사법은 무엇보다도 인적 단체, 이른바 법률에서 허용되는 다양하게 조직할 수 있는 조직형태에 관한 규정을 담고 있다. 다양한 회사들이 탄생하는 설립과 소멸하는 종결 등의 규정, 회사 구성원들의 상호간의 관계나 그들의 의사형성 등을 다루는 내부적인 체계, 회사와 그 회사의 외부에 존재하는 제3자 사이의 사법적인 표시, 특히 회사에서 중요한 의미를 부여하는 회사 구성원의 책임과 대리권 등은 포함된다. 그러므로 어떻게 회사가 설립되었고, 또 그 회사가 내부적인 어떤 체계를 가질 수 있는가에 대한 물음은 회사법에 규정되어 있다. 마찬가지로 회사의 채무에 대하여 책임을 누가 부담해야 할 것인가에 대한 물음과 회사를 위하여 누가 법률에 구속되는 행위를 할 수 있는가에 대한 물음에 대하여 회사법은 규정하고 있는 것이다. 그러므로 회사법은 사법상의 목적단체의 법을 의미하기도 하고 구성원의 협력적인 계약관계의 법으로 정의되기도 한다.[1] 어쨌든 회사법은 법률주체로서 법인으로 등장하여 회사와 거래상대방과의 법률행위를 규율하기도 하지만, 구성원총회라든가 업무집행 또는 대표권 등 일반 거래관계에서 볼 수 없는 조직체의 법률문제를 다루고 있다는 점에서 단체법의 영역에 속한다.

제3절 대상

회사는 다양한 형태로 존재할 수 있다. 상법상 인정되는 회사는 합명회사, 합자회사, 유한회사, 유한책임회사 및 주식회사 등이 있다. 합명회사와 합자회사는 인적회사에 해당하고, 유한회사·유한책임회사 및 주식회사는 자본회사에 해당한다. 독일 회사법 대부분의 교재를 보면, 우리의 교과서와 다른 모습을 띠고 있다. 독일의 경우 '회사법'이라는 제목하에 '민법상 조합'을 먼저 설명한다. 조합의 전형인 '민법상 조합'이 설명된 후 합명회사와 합자회사의 법률적 문제들을 다룬다. 자본회사의 전형인 주식회사를 설명하기 전에 주식회사와 같이 자본회사의 형태를 띠고 있지만 인적 요소가 강한 유한회사가 소개된다. 물적 요소가 강한 주식회사는 가장 마지막에 설명하는 순서로 진행된다.

---

1   K. Schmidt, Gesellschaftsrecht, C.H.Beck., § 1 I 1.

회사법을 연구함에서 있는 상법에 규정되어 있는 위에서 언급한 회사들만을 연구대상으로 할 것인가에 대하여 줄곧 의문이 든다. 회사라고 하는 것은 인적 단체의 한 단면이고, 그 인적 단체에 법인격이 부여되어 있는 것이 이른바 우리 상법상 회사이다. 회사, 특히 주식회사를 보다 더 깊이 있게 이해하기 위해서는 다양한 인적 단체의 모습, 이들의 존재 필요성, 그들의 책임형태 등의 이해가 필요하다. 본서는 회사법을 학습의 대상으로 함에 있어 회사의 제 형태를 학습하기 전에 인적 단체의 기본적인 형태를 가지고 있는 민법상 조합, 익명조합 등을 먼저 설명하고 난 후 인적회사 및 자본회사 등을 순서대로 설명한다.

제4절 특징

I. 거래안전의 보호

자연인이 거래상대방과 법률행위를 하는 것과 마찬가지로 회사 역시 하나의 사람(인)으로서 제3자와 법률행위를 한다. 자연인에 대하여 사적자치의 원칙이 인정하듯이 회사법은 회사에 대하여도 사적자치를 인정하는 동시에 상대방을 보호하기 위한 거래안전의 원칙을 적용하고자 한다. 회사가 대표기관에 대하여 권한을 제한하는 것은 가능하지만 그 제한에 대하여 제3자에게 대항하지 못하도록 한다(제209조 제2항, 제389조 제3항). '주식회사의 대표이사가 대표권의 범위 내에서 개인적인 이익을 위하여 그 권한을 남용한 행위의 효력'에 대하여, 대법원은 다음과 같이 판시하고 있다.[2]

> **대법원 2005.07.28. 선고 2005다3649 판결**
>
> 대법원은 "주식회사의 대표이사가 이사회의 결의를 거쳐야 할 대외적 거래행위에 관하여 이를 거치지 아니한 경우라도, 이와 같은 이사회 결의사항은 회사의 내부적 의사결정에 불과하다 할 것이므로, 그 거래 상대방이 그와 같은 이사회결의가 없었음을 알았거나 알 수 있었을 경우가 아니라면 그 거래행위는 유효하다 할 것이고, 이 경우 거래의 상대방이 이사회의 결의가 없었음을 알았거나 알 수 있었음은 이를 주장하는 회사 측이 주장·입증하여야 한다(대법원 1999.10.8. 선고 98다2488 판결, 2003.1.24. 선고 2000다20670 판결 등 참조)."고 하면서, "주식회사의 대표이사가 그 대표권의 범위 내에

---

2   대법원 2005.07.28. 선고 2005다3649 판결.

상법 제395조는 표현대표이사의 행위와 회사의 책임에 대하여 규정하고 있다. 회사를 대표할 권한이 있는 것으로 인정될 만한 명칭을 사용한 이사의 행위에 대하여, 비록 그 이사가 회사를 대표할 권한이 없다고 할지라도 회사는 선의의 제3자에 대하여 그 책임을 부담해야 한다. 대표자와 같은 외관을 가진 자의 대표행위에 대하여 회사가 책임을 부담하도록 한 점은 거래상대방을 보호하고자 하는 거래법적 이념이 나타나고 있다. 다만, 대법원은 표현대표이사가 인정될 만한 명칭과 관련하여 다음과 같이 판시하고 있다.

II. 기관의 운영

자연인 자신이 법률행위를 하는 개인거래와 달리, 회사법은 자연인들이 결합하여 하나의 단체를 형성하여 법률거래의 당사자로 등장한다. 인적 결합체는 그 결합체의 구성원 전원이 사원총회를 만들고, 그 전원이 업무집행을 할 수도 있고(자기기관), 구성원이 아닌 타인을 선임하여 업무집행을 운용하는 방법도 있다(타인기관). 양자의 차이는 있지만, 회사법은 업무집행기관을 통하여 업무를 집행할 수 있도록 하고 있다. 이 점에서 개인법과는 차이가 있다. 뿐만 아니라 개인 자신이 법률행위를 함에 있어서는 자신 스스로 자신의 의사를 결정해야 하지만, 단체의 경우에는 구성원의 집합체인 사원총회나 주주총회를 통하여 단체의사를 결정한다. 또한 개인 이 자신의 업무를 집행함에 있어서 자신의 감독해야 하지만, 회사법의 경우는 구성원 전원이 업무집행자들을 감시하는 체계를 갖추거나 아니면 구성원들이 타인을 선임하여 업무집행을 감독하도록 하는 방안을 마련하고 있다. 자연인들이 결합한 단체라는 점을 고려하여, 회사법이 기관(Organ)을 통하여 단체의 합리적인 운영을 기하고 있다고 할 것이다.

Ⅲ. 단체의 재산

자연인이 법률행위를 함에 있어서 자신의 개인재산이 신용의 기능을 하게 된다. 인적인 결합체인 회사의 경우에 있어서는 원칙적으로 개인재산과는 다른 독립적인 단체재산이 존재한다. 회사법은 단체라고 하는 결합체에 대하여 독립적인 재산을 인정하고자 한다. 합명회사든 합자회사든 단체의 재산이 개인재산과 분리하여 존재한다. 유한회사, 유한책임회사 및 주식회사 역시 마찬가지이다. 단체의 회사재산은 거래상대방에 대하여 신용재산으로 기능을 한다. 다만, 회사법은 책임재산에 대한 책임의 독립성에 대하여 구분하여 규정하고 있다. 주식회사의 경우 제3자와 법률행위를 하여 책임을 부담해야 하는 경우 회사재산만으로 책임을 부담하는 것으로 한다. 합명회사의 경우 1차적으로 회사재산이 거래상대방에 대하여 책임을 부담하지만 2차적으로 개인재산이 책임을 부담하는 것을 인정한다. 입법자는 다양한 형태의 인적 결합체를 인정하는 동시에 여러 유형의 책임형태를 제공해줌으로써 시장수요자들의 취향을 반영하고 있다.

Ⅳ. 이익의 조정

회사들의 다양한 형태를 다루는 회사법은 기본적으로 단체를 형성하고 있는 관계자들의 이익조정에 초점을 두고 있다. 회사법은 회사의 구성원들이 출자하여 형성된 회사재산의 관리에 관한 사항, 회사를 운영하기 위한 조직에 관한 사항, 구성원들의 의사결정 및 단체와 사원 사이의 법적 관계 등의 다양한 면을 고려해야 한다. 회사법은 인적인 요소가 강한 인적회사의 운영방법과 자본적 요소가 강한 자본회사의 운영방법에 차이를 두어 규정한다.

회사법은 기본적으로 단체의 다양한 형태에서 발생하는 다양한 이해관계자들의 이익을 조정하기 위하여, 개인거래를 다루는 법률의 영역에서 볼 수 없는 특별한 제도들이 등장한다. 회사법은 개인 간의 대등한 지위를 전제로 한 당사자의 자유로운 처분을 허용하는 개인법과 달리, 획일적이고 통일적이면서도 다소 강행적인 면이 강조되는 단체법상 특유의 모습이 존재하게 된다. 이러한 모습은 회사라고 하는 단체를 규율하는 회사법이 다양한 이해관계자과 관계를 맺고 있는바, 이들의 합리적인 이익조정이 매우 중요한 요소임을 알 수 있다.

제2장
회사법의 기본개념

공동의 목적을 달성하기 위한 목적으로 자연인은 인적 단체를 결성하게 된다. 인적 단체는 구성원의 의사를 기초로 하여 성립하게 된다. 그러나 일단 성립하게 되면 인적 단체는 그 구성원으로부터 독립한 존재가 된다는 점에서 특징이 있다.[1] 인적 단체는 단체의 구성원으로부터 독립의 정도에 따라 다음과 같은 두 가지 형태로 구분된다.

제1절 조합과 사단

I. 조합

조합(Gesellschaft)은 실질적인 면에서 볼 때 구성원의 숫자가 그리 많지 않고 단체성보다는 구성원의 개성이 나타나는 성질을 가지고 있다. 조합에 있어서 구성원의 개인은 단체의 그 자신이 독립한 존재를 여전히 남아 있게 된다. 공동의 목적을 달성하는 데에 필요한 한도에서 제약을 받을 뿐이어서 단체로서의 단일성보다는 구성원의 개성이 표면상 강하게

---

1 곽윤직, 『채권각론(민법강의 IV)』, 박영사, 1991, 473면.

나타나게 된다.

조합은 내부적인 관계에서 보면, 구성원 사이에 상호 직접적, 개인적인 관계가 형성된다. 즉, 계약관계로 이루어져 있다. 따라서 조합원의 권리의무는 다른 조합원에 대한 권리의무로서 관념된다. 대외적인 관계에서 조합은 조합 그 자체가 권리와 의무의 주체가 되지 못한다. 구성원인 조합원이 공동으로 직접 주체가 된다. 권리의무는 조합원 전원의 합유 또는 준합유가 되며(민 제271조, 제278조), 이것은 분할채권관계나 연대채무 등과는 다른 내용을 가지고 있다. 민법상 조합이 대표적인 조합에 해당한다.

Ⅱ. 사단

사람의 집합체인 단체로서 개개의 성질을 초월한 독립의 단일체로서 존재하고 활동하는 것을 사단(Verein)이라고 한다.[2] 독립한 단일체라 함은 구성원의 개성이 몰각되고 단체의 독자성이 강하게 드러난다는 의미이다. 개개의 구성원은 단체 속에 파묻혀 버려서 그 개성이나 중요성을 잃게 되고, 단체가 그 구성원의 개성을 초월한 독립한 단일의 존재가 된다.

사단은 사원의 변경에도 불구하고 존속하는 특징을 가지고 있다. 사람의 집합체라도 민법상 조합은 개개의 조합원을 초월한 독자적인 존재를 가지지 못하는 점에서 사단과는 다른 결합 형태를 갖는다. 구성원 사이의 개인관계는 발생하지 않는 것이 원칙이고, 구성원과 단체 사이에 자치법상의 권리와 의무가 발생하는 것뿐이다. 단체의 구성원은 단체를 매개로 하여 간접적인 관계를 맺게 된다.

Ⅲ. 민법상 조합

민법상 조합과 권리능력 없는 사단에 대한 구별의 필요성이 있다. 권리능력 없는 사단은 일반적으로 사단법인으로서의 실체는 가졌으면서도 법인격이 없는 민법상의 단체를 말한다. 민법상의 조합과 권리능력 없는 사단을 구별함에 있어서는 일반적으로 그 단체성의 강약을 기준으로 판단하여야 한다. 조합은 2인 이상이 상호 간에 금전 기타 재산 또는 노무를 출자하여 공동사업을 경영할 것을 약정하는 계약관계에 의하여 성립하므로 어느 정도 단체성에서 오는 제약을 받게 되는 동시에 구성원의 개인성이 강하게 드러나는 인적 결합이다.

---

2 이영준, 『민법총칙』, 박영사, 2007, 906면.

권리능력 없는 사단은 구성원의 개인성과는 별개로 권리·의무의 주체가 될 수 있는 독자적 존재로서의 단체적 조직을 가지는 특성이 있다.

IV. 권리능력 없는 사단

권리능력 없는 사단은, 단체가 고유의 목적을 가지고 사단적 성격을 가지는 규약을 만들게 된다. 그것에 근거하여 의사결정기관 및 집행기관인 대표자를 두는 등의 조직을 갖추게 되고, 기관의 의결이나 업무집행방법이 다수결의 원칙에 의하여 행하여진다. 구성원의 가입이나 탈퇴 등으로 인한 변경에 관계없이 단체 그 자체가 존속되고 그 조직에 의하여 대표의 방법, 총회나 이사회 등의 운영, 자본의 구성, 재산의 관리 기타 단체로서의 주요사항이 확정된다.

대법원 1992. 7. 10. 선고 92다2431 판결

"민법상 조합과 법인격은 없으나 사단성이 인정되는 비법인사단(권리능력 없는 사단)을 구별함에 있어서 일반적으로 그 단체성의 강약을 기준으로 판단하여야 하는바, 조합은 2인 이상이 상호간에 금전 기타 재산 또는 노무를 출자하여 공동사업을 경영할 것을 약정하는 계약관계에 의하여 성립하므로(민법 제703조) 어느 정도 단체성에서 오는 제약을 받게 되는 것이지만 구성원의 개인성이 강하게 드러나는 인적 결합에인데 비하여, 비법인사단은 구성원의 개인성과는 별개로 권리의무의 주체가 될 수 있는 독자적 존재로서의 단체적 조직을 가지는 특성이 있다 하겠는데, 민법상 조합의 명칭을 가지고 있는 단체라 하더라도 고유한 목적을 가지고 사단적 성격을 가지는 규약을 만들어 이에 근거하여 의사결정기관 및 집행기관인 대표자를 두는 등의 조직을 갖추어 있고, 기관의 의결이나 업무집행방법이 다수결의 원칙에 의하여 행해지며 구성원의 가입, 탈퇴 등으로 인한 변경에 관계없이 단체 그 자체가 존속되고 그 조직에 의하여 대표의 방법, 총회나 이사회 등의 운영, 자본의 구성, 재산의 관리 기타 단체로서의 주요사항이 확정되어 있는 경우에는 비법인사단으로서의 실체를 가진다 할 것이다."

대법원 1999. 6. 26. 선고 97누20854 판결

"어떤 인적 결합체가 조합인지 비법인사단인지 여부를 구별함에 있어서는 그 단체성의 강약을 기준으로 판단하여야 하는 것으로서 구체적으로는 고유의 목적을 가지고 사단적 성격을 가지는 규약을 만들어 이에 근거하여 의사결정기관 및 집행기관인 대표자를 정하는 등의 조직을 갖추고 있고, 기관의 의결이나 업무집행방법이 다수결의 원칙에 의하여 행하여지며, 구성원의 가입, 탈퇴 등으로 인한 변경에 관계없이 단체 그 자체가 존속되고, 대표의 방법, 총회나 이사회 등의 운영, 자본의 구성, 재산의 관리 기타 단체로서의 주요 사항이 확정되어 있는 경우에는 비법인 사단으로 볼 것이다".

제2절 법인과 사단법인

I. 법인

법인이란 일정한 사단 또는 재단에 대하여 법인격을 부여하여 법률상 권리와 의무의 주체가 될 수 있도록 한 것을 의미한다.[3] 자연인과 마찬가지로 법인은 포괄적인 권리능력을 갖게 된다. 권리능력을 가지고 있기 때문에, 법인은 권리와 의무의 귀속주체가 될 뿐만 아니라, 법인의 기관을 통하여 자기의 이름으로 법률행위를 하는 행위능력을 가지고 있다.

II. 사단법인

사단은 사람의 집합체로 개성의 성질이 사라지는 단체로 인정되는데, 이 사단에게 법인격을 부여하면 단체 자체가 권리와 의무의 주체가 되는 성질을 갖게 되므로 사단법인이 된다. 즉, 일정한 목적을 위하여 결합한 인적 단체에 대하여 법인격을 부여함으로써, 자연인과 같은 포괄적인 권리능력을 갖게 된다. 사단이기는 하지만 권리능력이 부여된 사단을 권리능력 있는 사단이라고 한다면, 사단에 권리능력이 없다면, '권리능력 없는 사단'으로서 존재하게 된다.[4]

---

3   Mummenhoff, Gründungssysteme und Rechtsf higkeit, Carl Heymann Verlag KG, 1979, S. 2 f.
4   이영준, 『민법총칙』, 박영사, 2007, 908면 이하.

제3장
회사의 종류

제1절 인적회사와 자본회사

회사는 인적회사와 자본회사로 구분된다.[1] 인적회사와 자본회사의 분류는 사원의 개성과 회사와 관계에 대한 밀접의 정도에 따른 분류이다. 개개의 사원의 개성에 기초를 둔 회사는 인적회사이다.

I. 인적회사

1. 대내적인 관계

사원의 개성이 농후하므로, 인적회사에서 사원의 수는 그리 많지 않다. 원칙적으로 사원은 업무집행을 하게 되는 자기기관의 성격을 띤다. 의사결정은 전원의 일치를 요구하고 있으며, 출자는 금전의 출자뿐만 아니라 신용과 노무도 가능하다. 사원의 지위는 원칙적으로 이전이나 상속이 제한된다. 사원이 1인으로 남게 된 경우에는 해산사유가 된다.

---

1   이기수·최병규, 『회사법(상법강의 Ⅱ)』, 제9판, 박영사, 2011, 85면 이하; 이철송, 『회사법강의』, 제20판, 박영사, 2012, 80면 이하.

2. 대외적인 관계

인적회사도 하나의 권리주체로 인정될 수 있다. 회사재산은 그리 중요한 의미를 갖지 못한다. 사원의 인적 재산이 회사신용의 기초가 된다. 임의규정이 다수 존재하며 사적자치의 원칙이 적용된다. 인적회사의 사원은 회사채권자에 대하여 직접적인 책임과 연대책임을 부담하는 구조를 갖게 된다.

Ⅱ. 자본회사

1. 대내적인 관계

사원의 개성이 농후하며 인적인 결합이 중요시되는 회사형태가 인적회사라고 한다면, 자본회사는 회사의 자본에 기초를 둔 회사로서 자본의 결합이 큰 의미를 갖는다. 사원과 회사의 관계는 상당히 느슨한 관계를 가지고 있기 때문에 사원의 지위이전이 비교적 용이한 면을 띤다. 인적인 회사가 자기기관의 성격을 갖는 반면에, 자본회사는 회사의 구성원이 원칙적으로 업무집행을 할 수 없는 타인기관의 성격을 가지고 있다. 인적인 회사가 그 구성원의 수가 그리 많지 않기 때문에 만장일치의 의사결정방법을 택하고 있다면, 자본회사는 다수의 사원을 구성원으로 하고 있기 때문에 다수결의 원칙을 고수하고 있다. 자본의 결합체라는 측면에서 사원의 지위는 비교적 자유로운 편이다.

2. 대외적인 관계

자본회사는 그 사회 자체가 독립적인 회사재산을 가지고 있기 때문에, 제3자에 대하여 회사재산만이 책임을 부담하는 것이 원칙이다. 자본회사의 구성원은 제한된 책임을 부담하는 유한책임의 특징을 갖기 때문에, 회사의 채권자에 대하여 인적인 책임을 부담하지 않는다.

제2절 소규모주식회사

자본회사로서 규모가 영세한 유한회사와 유한책임회사를 인정하고 있는 우리나라의 경우 규모가 작은 주식회사를 선호하고 있는 실정이다. 규모가 작은 주식회사에 대하여 비현실적이고 엄격한 요건이나 절차를 요구하는 것은 합리적이지 않다는 점을 고려하여, 우리 상법은 자본금 총액이 10억 원 미만인 소규모 주식회사에 대한 특례규정을 두고 있다.

상법은 소규모 주식회사의 경우에 설립단계에서 정관의 인증제도, 주금납입제도에 대한 특례를 두고 있고(제292조 단서), 주주총회의 소집절차를 간소화하고 있으며 서면결의 및 서면동의제도를 허용하고 있다(제363조 제5항). 이사의 수를 1인 또는 2인만으로 가능하도록 하고 있고, 감사를 임의기구로 하고 있다(제383조 제1항 단서, 제409조 제4항).

제3절 법원상 분류

상법전을 근거로 하여 성립하고 존속하는 회사를 상법상의 회사(일반법상의 회사)라고 하고, 상법규정 외 특별법의 규율을 받는 회사를 특별법상의 회사라 한다.[2] 특별법상의 회사는 일반적 특별법에 의한 회사와 특수회사로 구분된다.

I. 일반적 특별법에 의한 회사

특정업종을 목적으로 하는 은행, 보험회사, 신탁회사 등으로서 은행법, 보험업법 및 신탁업법 등 특별법에 의하여 규제를 받는 회사를 말한다.

Ⅱ. 특수회사

특정의 회사를 위해 특별히 제정된 특별에 의하여 설립된 회사로서 자본의 일부 또는 전액을 정부가 출자한 한국무역보험공사, 한국방송공사 등이 여기에 해당한다.

제4절 상장회사와 비상장회사

발행한 주식이 증권시장에서 거래될 수 있는 회사를 상장회사라 하고, 그렇지 않은 회사를 비상장회사라 한다. 상장은 증권시장이 특정 증권에 대해 자신이 시장에서 매매대상이 될 수 있음을 인정하는 것을 뜻한다.

---

2   정찬형, 『상법강의(상)』, 제16판, 박영사, 2013, 456면.

제4장
회사법의 체계

제1절 통칙

우리 상법은 회사법에 대하여 7개의 장으로 구성하고 있다. 모든 회사에 적용할 수 있는 공통규정이 통칙규정이 있다(제169조~제177조). 상행위나 그 밖의 영리를 목적으로 하여 설립된 법인을 회사라 한다(제169조). 우리 상법상 회사는 법인으로 되어 있다. 회사가 법인성을 가지고 있으며, 영리성을 띠고 있음을 알 수 있다. 2011년 4월 14일 도입된 유한책임회사를 비롯하여 다섯 가지 회사형태를 인정하고 있다(제170조). 회사의 주소지는 본점소재지에 있는 것으로 한다(제171조). 회사가 법인으로 탄생하는 것은 등기를 통하여 발생한다(제172조). 법인으로서 회사는 권리능력을 갖게 된다. 회사는 법인으로서 자연인과 마찬가지로 포괄적인 권리능력을 가지고 있지만, 일정한 사항에 대하여 제한이 발생한다(제173조). 그 외에도 통칙은 회사의 합병(제174조, 제175)과 해산에 관한 내용(제176조)을 규정하고 있고, 등기기간의 기산점에 대한 사항을 규정하고 있다(제177조).

제2절 인적회사

인적회사를 자본회사에 앞서 규정하고 있다. 인적회사의 전형인 합명회사를 규정하고 있고(제178조~제267조), 합자회사가 그 뒤를 따르게 된다(제268조~제287조). 양 회사는 인적회사라는 점에서 공통점을 가지고 있다. 합명회사에 있어서 설립(제178조~제194조), 회사의 내부관계(제195조~제206조), 회사의 외부관계(제207조~제216조), 사원의 퇴사(제217조~제226조), 회사의 해산(제227조~제244조) 및 청산(제245조~제267조) 등을 상세하게 규정하고 있다. 합명회사는 무한책임사원만으로 구성되고, 합자회사는 무한책임사원과 유한책임사원으로 구성된다. 합자회사에 대하여는 대부분 합명회사의 규정을 준용한다.

제3절 자본회사

자본회사로서 유한책임회사가 규정되어 있고(제287조의2~제287조의45), 유한책임회사와 유사한 책임을 부담하는 유한회사가 주식회사의 규정 뒤에 등장한다(제543조~제637조의2). 유한책임회사와 유한회사는 유한책임사원만으로 구성된다는 점과 자본회사이기는 하지만 인적 요소를 동반하고 있다는 점에서 별반 차이가 없다.

특히 자본회사의 전형은 주식회사이다. 주식회사는 우리나라의 대표적인 회사형태로서, 그 이름에 걸맞게 방대한 조문을 가지고 있다(제288조~제542조의13).

제1절에는 회사의 설립에 관한 내용을 규정하고 있고, 제2절 주식에 대한 사항을 규정하면서 주식과 주권에 대한 내용, 주식의 포괄적 교환, 주식의 포괄적 이전 및 지배주주에 의한 소수주식의 전부취득 등의 내용을 규정하고 있다. 제3절에는 회사의 기관에 대한 사항을 규정하면서 주주총회, 이사와 이사회, 감사 및 감사위원회에 관한 내용을 규정하고 있다. 제4절에는 신주의 발행을, 제5절에는 정관의 변경을, 제6절에는 자본금의 감소, 제7절에는 회사의 회계, 제8절에는 사채, 제9절에는 해산, 제10절에는 합병, 제11절에는 회사의 분할, 제12절에는 청산, 제13절에는 상장회사에 대한 특례 등의 내용을 규정하고 있다. 외국회사에 대하여 규정이 일부 존재하고(제614조~제621조), 마지막으로 벌칙규정이 일부 있다(제622조~제637조의2).

제4절 체제의 타당성 여부

회사에 대한 규정을 상법에 담아야 하는가에 대한 의문이 있다. 일반적으로 상법이라 함은 상법에 대한 상행위에 있어서 요구되는 다양한 규칙들이 규정되어야 할 것이다. 일반법과 달리 상인에게 적용되어야 할 특별규칙이 규정되는 것이 일반적인 현상이고, 상거래와 관련된 대표적인 상인들의 모습이 등장할 수 있다. 대리상이라든가, 중개상, 위탁매매인 및 운송주선인 등의 규정이 필요하다. 상법에서는 주로 개인법적인 법률관계를 다루는 것이 일반적인 모습이다.

회사는 일반법과는 다른 형태를 가지고 있다. 개인법적인 요소를 특징으로 하는 상법과 단체법적인 요소가 강하게 나타나는 회사법의 영역을 상당한 차이가 있다. 그런 측면에서 회사법을 상법으로부터 독립시키는 방안이 모색되어야 할 것이다. 특히 독일의 경우 유한회사의 경우 유한회사법이라고 하는 독립된 법을 가지고 있고, 주식회사 역시 주식법이라고 하는 독립적인 법 안에서 규정되고 있는 것을 볼 수 있다.

우리나라도 유한회사나 주식회사 등은 상법으로부터 독립하여 단일법을 만드는 것이 필요하지 않나 하는 생각이 든다. 그렇게 된다면, 인적회사인 합명회사와 합자회사는 상법의 영역에 존재할 수 있게 되지만, 유한회사와 주식회사는 독립법의 영역에 놓이게 된다. 유한책임회사는 어떻게 다루어야 하는가에 대한 물음이 제기될 수 있다. 첫 번째 방안으로는 유한회사와 유한책임회사를 유한회사법에 공통으로 담는 방법이다. 또 다른 방법으로 각각의 법률을 만드는 방법을 생각할 수 있다. 그러나 이러한 방식은 설득력이 떨어질 수 있다. 유한회사와 유한책임회사는 "회사의 구성원이 출자한 만큼의 책임만을 부담한다고 하는 유한책임의 특징을 가지고 있는 회사"이다. 실제로 양 회사의 법률 규정을 살펴보면, 양자의 차이는 거의 존재하지 않는다. 하나는 삭제하는 것이 타당하다.

제2편

인적 단체의 기본 형태

제1장
인적결합체에 대한 이해

제1절 의의

독일 실정법 '인적 결합체'를 어떻게 획정할 것인가의 문제가 제기된다. 자연인과 자연인 사이의 결합인 '인적 결합체'는 독일 다양한 실정법에서 볼 수 있다. 대표적인 것으로는 민법상 조합(Gesellschaft bürgerliches Rechts: GbR), 합명회사(Offene Handelsgesellschaft: OHG) 및 합자회사(Kommanditgesellschaft: KG)를 들 수 있다. 이들은 모두 합수조합(Gesamthandgesellschaft)에 속한다고 볼 수 있다. 다만, 익명조합(Stille Gesellschaft)은 영업자와 출자자의 결합으로 발생한다는 점에서 '인적 결합체'이기는 하지만, 영업자만이 전면에 나서고 출자자는 겉으로 드러나지 않는다는 점에서, 인적 결합체로 바라보기 보다는 '상인'으로 등장하는 모습을 띠게 된다.[1]

'인적 결합체'라는 점에서는 법인(Juristische Person) 역시 합수조합과 다르지 않다. 민법상 사단법인이 법인의 출발점이라고 할 수 있다. 민법상 법인을 기본형으로 하여, 상법영역에서 주식회사(Aktiengesellschaft: AG)는 소유와 경영을 분리하는 유한책임의 특징을

---

[1] 독일 대부분의 회사법 강의교재를 보면, 익명조합을 빼놓지 않고 설명하고 있다. 인적 결합체의 한 형태로서 설명의 필요성이 있다는 점을 알 수 있다. 예를 들면 Hüffer, Gesellschaftsrecht, Verlag C.H.Beck, 2003, S. 252 ff.: Hueck/Windbichler, Gesellschaftsrecht, 20. Aufl., Verlag C.H.Beck, 2003, S. 221 ff.

가지고 있다. 회사법상 주식회사의 변형물로서, 다소 인적인 요소를 가미하면서 법인의 요소를 상실하지 않고자 하는 또 다른 형태가 바로 유한회사(Gesellschaft mit beschränkte Haftung: GmbH)이다. 유한회사는 법인이면서 유한책임의 특징을 가지고 있다. 동시에 회사의 구성원이 업무집행자로 등장한다든지, 감독기관에 대한 강제성을 부여하지 않는 등 합수조합이 가지고 있는 두드러지는 특징 등을 포함하고 있다는 점에서 법인의 모습을 띠고 있는 주식회사와 차이가 있다.

독일에서 협동조합(Eingetragene Genossenschaft: GenG)을 어떤 모습으로 운영하고 있는가를 살펴볼 필요가 있다. 독일의 협동조합은 법인의 영역에 속한다. 명칭 역시 '등기된 협동조합'이라는 명칭을 법률에 사용하고 있어, 입법자는 협동조합에 대하여 '법인'임을 명확히 하고자 하였다. 협동조합이 설립된 경제 이익에 대한 동기가 달라서 농업협동조합, 영업협동조합, 주택건설협동조합 그리고 소비자협동조합 등 다양한 협동조합을 만들어 발전시켰다.

제2절 자연인과 자연인의 결합

I. 권리주체로서 자연인

개별적인 인간은 자연인(Natürliche Person)으로서 권리능력을 가지고 있다(독일 민 제1조). 독일 민법은 권리능력에 대하여 명문으로 규정하고 정의하고 있지 않지만, 일반적으로 학자들은 권리능력에 대하여 권리와 의무의 주체가 될 수 있는 능력이라고 정의한다.[2] 권리능력의 소유는 권리와 의무의 소지자가 될 수 있음을 의미하고, 권리와 의무를 소지한 자는 권리주체로서 인정된다. 자연인들 사이에서 법률행위를 통하거나, 또는 법적인 규정을 통하여 상이한 내용의 법적인 관계가 발생할 수 있다.

II. 자연인의 결합체

자연인의 다수가 함께 모여 단체를 결성하고자 한다고 상상해보자. 그들이 개인의 지위

2　Mummenhoff, Gründungssysteme und Rechtsfähigkeit, Carl Heymann Verlag KG 1979, S. 3.

를 초월하여 공동의 목적을 달성하기 위하여 합의를 하는 경우가 있다.[3] 그 합의를 통하여 발생하는 그 단체가 법률거래에 하나의 단일한 권리주체로서 등장하게 된다면, 보다 더 합목적적이라 할 것이다. 특히 기관을 통한 단체로서 법률행위를 할 수 있다면, 그 단체의 행위는 자연인의 행위와 별 다름이 없게 될 것이다.

Ⅲ. 인적 결합체의 권리능력

인적 단체가 권리주체로서 인정되고, 그 단체가 자연인의 권리능력과 동일하다고 하는 경우에, 어떠한 전제조건이 충족되어야 그 인적 단체가 자연인과 동일한 권리주체로서, 독자적인 권리와 의무의 주체로서 인정받을 수 있는가에 대한 물음이 제기된다. 민사법의 영역에서 흥미로움을 던져주는 이 문제는, 공동의 목적을 달성하기 위하여 단체의 법률적인 전제조건과 사적자치에 대한 활동여지(Spielraum)를 정하는 것과 관련이 있다.[4] 또한 이러한 사적자치의 활동여지를, 일정한 목적에 얼마나 실용적으로 또 유익하게 사용하도록 구분 짓는 것과 관련이 있을 뿐 아니라, 법률거래에 참여하는 참가자들에게 주어진 거래안전의 보호와도 밀접한 관련이 있게 된다.

제3절 '인적 결합체'의 다양한 권리능력 취득

'인적 결합체' 혹은 '인적 단체'가 어떠한 방법으로 권리능력을 획득하는가에 대하여 독일 민사법은 크게 보면 세 가지 방식을 취하고 있다.[5]

I. 등기나 국가 승인을 통한 방법-주식회사와 유한회사

일정한 인적 단체가 특별하게 갖추어야 할 전제조건을 충족한 경우에, 등기소의 등기나

---

3 독일 민법 제703조는 그러한 면을 볼 수 있다. 민법 제703조에 따르면, 조합계약에 의하여 조합원은 상호 간에 공동의 목적을 달성하기 위하여 계약에 정하여진 기여를 할 의무, 특히 약정된 출자를 할 의무를 부담하게 된다. 민법상 조합을 규정한 내용으로 우리 민법 제703조에 상응한다.

4 Mummenhoff, Zur Alleinhaftung juristischer Person, in Festschrift für Kim Hyung Bae, 1995, S. 155(156 f.).

5 특히 Soergel/Hadding, BGB, 2000, Vor § 21 Rdn. 3 ff.

국가의 허락을 통하여 권리능력을 획득하는 방법이 있다. 즉 일정한 요건이 갖추어진 경우에, 창설적인 등기라는 행위를 통하여 권리와 의무의 소지자가 될 수 있게 된다.

독일 민법 제21조 이하는 사단(Vereine)에 대한 내용을 규정하고 있다. 영리사업을 목적으로 하지 아니하는 사단은 관한 구법원의 사단등기부에 등기함으로써 권리능력을 취득하게 된다. 비영리사단에 대하여 등기를 통하여 권리능력이 획득하는 것을 알 수 있다. 영리사업을 목적으로 하는 사단의 경우, 연방 법률에 특별한 규정이 없다고 한다면 공적인 허가를 통하여 권리능력이 획득될 수 있다. 제21조가 비영리사단에 대한 사항이라고 한다면, 제22조는 주식회사(AG)[6]와 등기된 협동조합(GenG)[7]을 기본모델로 하고 있는 영리사단의 권리능력에 대한 사항이다. 영리사단이나 비영리사단은 '단체적으로 조직화 된 인적 결합(körperschaftlich organisierte Gemeinschaft)'이라는 점에서 공통점을 가지고 있다. 비록 인적 단체가 종종 단체적으로 조직화된 '인적 결합체'라고 판단하기 어려운 경우가 발생된다고 할지라도,[8] 유한회사(Gesellschaft mit beschränkte Haftung: GmbH) 역시 영리사단의 한 형태에 속한다고 보아야 할 것이다.

비영리사단 및 주식회사, 등기된 협동조합, 유한회사 등의 영리사단 등이 해당 등기소에 등기를 통하여 법률적으로 결합된 권리능력을 획득한 경우라 한다면, 이제 그 단체들은 이른바 '법인(juristische Person)'으로 표시된다. 권리능력이 인적 단체에게 국가에 의하여 수여된 경우, 즉 영리사단에 대하여도 동일한 사항이 적용된다.

II. 법률 규정에 의한 방법: 합명회사와 합자회사

1. 법규에 의한 권리능력

하나의 인적 단체에 대하여 권리능력을 인정하고자 하는 가능성은 법률적인 규정을 통하여 규정함으로써 명백하게 발생하게 된다. 즉 특별히 정해진 구성요건의 전제조건이 충족되는 경우에, 그 충족을 통하여 인적 단체는 권리와 의무의 주체가 될 수 있다.

---

6 독일 주식법 제1조와 제41조를 참조.
7 독일 등기된 협동조합법 제1조 제1항, 제13조 및 제17조를 참조.
8 유한회사가 인적인 요소를 다분히 가지고 있다는 점과 자본회사이면서 소유와 경영에 대한 예외적인 면이 다수 인정되고 있다는 점에서 그러한 것을 알 수 있다. Hüffer, Gesellschaftsrecht, Verlag C.H. Beck, 2003, S. 303 f.

2. 합명회사와 합자회사

독일 실정법이 추후도 의심을 하지 않고 '인적 단체'에 권리능력을 인정하고 있는 영역이 있다. 그 영역은 독일 회사법상 인정되고 있는 합명회사(OHG)와 합자회사(KG)에서 볼 수 있다. 합명회사가 무한책임사원만으로 구성된 회사형태를 띠고 있다고 한다면, 합자회사는 최소한 무한책임사원 한 명과 유한책임사원 한 명이 결합한 형태를 띤다. 양자는 인적인 구성에 있어서 폐쇄적인 성질을 가지고 있다는 점에서 유사한 측면이 있다.

3. 구체적인 규정들

독일 상법 제105조 이하는 합명회사에 대한 내용을 규정하고 있다.[9] 인적인 결합체로서 합명회사와 합자회사는 조합계약이 선행되어야 한다. 조합계약에 기하여 조합원은 상호 간에 공동의 목적을 달성하기 위하여 계약에 정하여진 기여를 해야 할 의무를 부담하게 된다 (독일 민 제705조). 독일 상법은 공동의 이름을 가지고 상행위를 영위하고자 하는 목적을 가진 인적 단체가, 만약 그 단체 사원 누구도 단체의 채권자에 대하여 책임의 제한이 될 수 없는 경우라 한다면, 그 인적 단체는 합명회사임을 명시적으로 규정하고 있다(독일 상 제105조 제1항). 합자회사 역시 합명회사와 크게 다르지 않다. 다만, 합자회사의 구성원에 대하여는 무한책임사원과 유한책임사원으로 구분하고 있다는 점에서 차이가 있다.

합명회사와 합자회사가 권리능력을 가지고 있는가에 대하여 실정법은 어떠한 태도를 견지하고 있는지 살펴볼 필요가 있다. 독일 상법은 '인적 단체'인 합명회사, 합자회사가 상업 등기부에 등기하기 전 영업행위를 개시하거나 제3자에 대한 관계에서 상업등기부에 등기를 함으로써 효력이 발생하게 되는 경우라면(독일 상 제123조 제2항;[10] 제161조 제2항),[11] 동 회사의 이름(Name)을 가지고 권리를 행사할 수 있고 또한 의무를 부담할 수 있다고 규정하고 있다(독일 상 제124조;[12] 제161조 제2항). 합명회사와 합자회사의 경우 법률을 통한 특별한 구성요건의 전제조건들이 충족되는 경우라 한다면, 이러한 '인적 단체'는 정해진 범위 내에서 권리와 의무를 행사하는 권리주체로 등장하게 된다.[13] 만약 합명회사, 합자회사가

---

9   독일 상법 제105조 참조.
10 독일 상법 제123조 참조.
11 독일 상법 제161조 참조.
12 독일 상법 제124조 참조.
13 Vgl. BGHZ 10, 91 (100); BGH NJW 1973, 2198 = WM 1973, 1291 = JZ 1975, 178.

운영하는 영업행위가 독일 상법 제1조 제2항[14]에 해당하는 것이 아니라 독일 상법 제2조에 해당하는 경우에만 단지, 제3자와의 관계에서 합명회사, 합자회사의 권리능력과 관련하여, 상업등기소에 등기하는 것이 창설적인 효력을 갖게 된다.

Ⅲ. 판례를 통한 권리능력 인정: 민법상 조합

1. 민법상 조합의 법형성

민법상 조합(GBR) 그 자체가 권리능력이 있는가에 대하여, 연방대법원은 시간이 지남에 따라 매우 전향적인 태도를 취하였다.[15] 1966년 연방대법원은 민법상 조합이 다른 인적회사의 구성원이 될 수 없다고 하면서 권리능력을 인정하지 않았다.[16] 또한 민법상 조합이 권리와 의무의 귀속주체가 될 수 없기 때문에 어음수표능력을 부정하였다.[17]

민법상 조합이 협동조합의 설립에 참여할 수 있는가에 대한 물음에서 1991년 연방대법원은 합수로써 민법상 조합 그 자체가 협동조합의 설립에 참가할 수 있다고 하면서, 처음으로 민법상 조합의 권리능력을 인정하였다.[18] 1992년 역시 주식회사에서 단체의 사원성 및 다른 민법상 조합에의 참여를 인정하였다.[19] 1997년에는 민법상 조합의 수표능력을 긍정[20]하였던 연방대법원, 2001년 법률거래에 있어서 고유한 권리의무를 갖는 권리주체로서 권리능력을 인정할 뿐만 아니라, 그 자체에게 당사자능력을 명백하게 인정하는 결정을 내렸다.[21]

2. 학자들의 입장

민법상 조합이 권리능력이 갖는 것인가에 대하여 학자들의 다툼이 있었다. 그것을 인정하지 않는 입장을 다수성이론(Vielheitstheorie) 또는 개별적인 합수이론이라고 한다. 다수

---

14 독일 상법 제1조와 제2조는 당연상인과 임의상인에 대하여 규정하고 있다.
15 자세히는 유주선, "독일법상 민법상 조합의 권리능력", 기업법연구 제20권 제1호 (사)한국기업법학회, 2006), 384면 이하; 안성포, "민법상 조합의 권리능력과 당사자능력-2001년 1월 29일 독일연방법원의 변경된 판결을 중심으로-", 비교사법 제10권 제3호 (사)한국비교사법학회, 2003). 285면 이하.
16 BGHZ 46, 291 (296).
17 BGHZ 59, 179.
18 BGHZ 116, 86 (88).
19 BGH BB 1992, 1621.
20 BGH NJW 1997, 2754.
21 BGH NJW 2001, 1056.

성이론의 대표적인 학자는 Marburg 대학의 Beuthien 교수이다.[22] 그에 따르면, 회사에 관련되는 권리와 의무의 귀속주체로서 개별적인 사원들을 배열하고 있다. 개별적인 합수이론에 따르면, 민법상 조합 그 자체는 권리능력이 존재하지 못하고, 단지 재산권의 소지자로서 전체 조합의 결합에서 조합원이 존재하게 된다. 그러므로 민법상 조합 그 자체의 권리능력을 인정될 수 없게 된다.

반면 민법상 조합의 권리능력을 인정하는 입장은 단일성이론(Einheitstheorie)이라고 한다. 단일성이론은 민법상 조합에게 독자적인 권리능력을 인정하게 된다. 대표적인 학자로는 역시 Marburg 대학교에 재직 중인 Wertenbruch 교수를 들 수 있다.[23] 그는 집단(Gruppe)이라는 용어를 제시하며 합수조합에 권리능력을 부여하는 데 기초를 제공한 Flume 교수의 이론을 발전시켜, 민법상 조합은 구성원들로부터 인격과 별도로 존재하는 것이 아니라 합수적으로 결합되어 있는 구성원들 그 자체로서, 구성원들의 인적결합체와 동일시되고 있다고 주장하였다.[24]

IV. 소결

독일 민법은 인적 단체의 경우 두 가지 방식(독일 민 제21조와 제22조)을 통하여 권리능력을 획득할 수 있음을 인정하고 있다. 인적단체가 일정한 요건을 충족하게 되면, 실정법상 법인이 되며 법인은 자연스럽게 그 자체가 권리와 의무의 주체가 되는 권리주체로서 권리능력을 갖게 된다. 그러나 모든 인적 단체가 법인이 되는 것이 아니며, 독일 실정법은 법인과 다른 법적 형태인 합수조합을 인정하고 있다. 합수조합은 법인과 마찬가지로, 조합 그 자체로 권리능력이 상당부분 인정된다. 독일 상법상 인정되고 있는 합명회사와 합자회사는, 비록 그 자체가 법인은 아니지만 일정한 영역에서 권리주체로서 권리능력이 인정되고 있다. 합명회사와 합자회사에 실정법상 인정되었던 권리능력은 '민법상 조합'에까지 인정해야 한다는 지속적인 대법원 판결이 나타나고 있다.

---

22 Beuthien, Systemfragen des Handelsrechts, Festgabe Zivilrechtslehre 1934/1935, S. 55 f.; ders., Zur Begriffsverwirrung im deutschen Gesellschaftsrecht, JZ 2003, 715 (716 f.).

23 Wertenbruch, Die Parteif higkeit der GbR-die Änderung für die Gerichts-und Vollstreckungspraxis, NJW 2002, 324 ff.; ders., Die Haftung von Gesellschaften und Geschäftsanteilen in der Zwangsvollstreckung, Calr Heymann Verlag, 2000, S. 211 ff.

24 Wertenbruch, Die Haftung von Gesellschaften und Geschäftsanteilen in der Zwangsvollstreckung, Calr Heymann Verlag, 2000, S. 211 ff.

법인과 합수조합 양자에게 권리능력을 인정하고 있기 때문에, 양자의 차이점은 무엇인가에 대한 물음이 제기될 수 있다.[25] 자연인은 포괄적인 권리능력을 가지고 있다. 법인 역시 법인이라고 하는 본질적인 성질이나 법률에 의한 제한 등을 제외하고는 포괄적인 권리능력을 가지고 있다. 합수조합 역시 권리능력을 가지고 있다. 다만, 법인이 포괄적인 권리능력을 가지고 있는 반면에 합수조합은 부분적으로만 권리능력을 인정한다는 점에서, 양자의 차이점을 발견할 수 있다. 또한 법인과 법인이 아닌 인적 단체라는 사실에서 차이점이 있다. 더 나아가 '권리능력 없는 사단(nichtrechtsfähiger Verein)'과 '설립중회사(Vor-GmbHoder Vor AG)'에 대한 권리능력 인정여부가 발생할 수 있는데, 독일의 경우 '민법상 조합'에 대하여 권리능력을 인정한 이상 양자의 경우에도 부분적으로 권리능력이 인정되는 결과를 가져오게 된다.[26]

제4절 인적 결합체의 책임체계

I. 자연인의 책임

자연인의 책임과 관련하여 기업소지자 개념이 등장한다.[27] 하나의 기업은 각각의 기업소지자에게 귀속되고, 하나의 기업소지자는 필수적으로 기업에 귀속하게 된다.[28] 개별적인 자연인이 자신의 고유한 이름으로 영업을 하는 경우를 생각해보자. 이 경우 그는 계약당사자에 해당한다. 기업소지자는 자연인에 해당하기 때문에, 개인으로부터 구별되는 특별한 책임재산이 필요하지 않다. 자연인으로서 기업소지자는 기업의 모든 권리와 의무의 귀속주체이다. 개별적인 자연인이 다른 자연인과 계약을 체결하는 경우, 그의 채무에 대하여 그는 자신의 모든 재산을 가지고 책임을 부담하게 된다. 각각의 채권자는 그의 개인적인 재산에 대하여 강제집행을 하게 된다.

---

25 Peifer, Rechtsfähigkeit und Rechtssubjektivität der Gesamthand–die GbR als oHG, NZG 2001, S. 296 ff.

26 안성포, "독일법에 있어서 설립 중의 주식회사의 권리주체성", 비교사법 제7권 (사)한국비교사법학회, 1997), 273면 이하; 정성숙, "설립 중의 회사와 발기인의 책임–독일에 있어서 판례와 다수설을 중심으로", 상사법연구 제23권 제2호 (사)한국상사법학회, 2004), 333면 이하.

27 기업소지자에 대하여는 Rittner, Die werdende juristische Person, 1973, S. 282 ff.

28 K. Schmidt, Handelsrecht, Carl Heymann Verlag KG, 3. Aufl., 1987, § 4 IV, S. 74.

Ⅱ. 합수조합의 책임체계

자연인이 채권자에 대하여 자신의 개인재산 전체를 가지고 책임을 부담하는 것과는 달리, '인적 단체'라는 측면에서 합명회사와 합자회사는 다른 책임구조를 갖게 된다. 이미 독일 상법에서 고찰한 바와 같이, 합명회사와 합자회사는 독일의 실정법상 법인은 아니지만 권리주체로서 권리능력을 가지고 있다. 독일 상법 제124조 제1항에 따라, 합명회사는 그 자체로서 계약당사자이기도 하지만, 또한 채무자의 지위를 가지고 있다. 그러나 권리주체로서 인정받는 합명회사는 그 자체로 책임을 부담하는 구조를 가지는 독립적인 존재로 인정받지 못한다. 합명회사의 구성원은 합명회사의 채무에 대하여, 회사의 구성원이 인적인 책임을 부담할 뿐만 아니라 무한책임을 부담하는 구조를 띠고 있다.[29]

합명회사의 가까운 친척(?)인 합자회사 역시 크게 다르지 않다. 합자회사는 무한책임사원과 유한책임사원이라고 하는 두 가지 상이한 책임의 구성원이 존재한다. 합명회사 구성원과 마찬가지로, 합자회사에서 무한책임사원의 지위를 가지고 있는 자는 인적인 책임을 부담하게 된다.[30] 그러나 유한책임사원의 경우, 그는 단지 정해진 금액만큼만 책임을 지는 제한된 책임구조를 갖는다. 합자회사에서도 유한책임사원이라면, 그는 출자한 것 이상의 책임을 부담할 필요가 없는 것이다.[31]

만약 합자회사가 "유한책임 합자회사(GmbH & Co. KG)"의 구조로 형성되었다면, 그 회사형태의 경우 인적으로 책임을 부담하는 자가 유한회사가 된다는 점에서, 다소 특별사항이 발생하게 된다. 이러한 경우 합자회사의 채무에 대하여, 단지 그 유한회사가 무한책임을 부담하게 된다. 그러나 유한회사의 사원이 책임을 부담하는 것은 아니다.

Ⅲ. 법인의 책임체계

독일법상 유한회사, 주식회사 및 등기된 협동조합 등은 대표적인 법인에 해당한다. 자연인의 포괄적인 권리능력을 가지고 있지만, 법인 역시 포괄적인 권리능력을 가지고 있다. 그런 측면에서 법인은 자연인이 가지고 있는 "거의(?) 모든 권리"를 행사하게 된다.[32] 다만,

---

29 독일 상법 제128조 참조.
30 독일 상법 제161조 제2항, 제128조.
31 독일 상법 제171조 제1항, 제172조 제4항.
32 다만, 법인이라고 하는 성질로 인하여 행사할 수 없는 권리 등이 제한받을 수 있고, 법규에 의하여 일부의

인적 결합이라고 하는 특징으로 인하여 자연인이 가지고 있는 일부 권리를 행사할 수 없으며, 또한 법규에 의하여 일부 권리가 제한되기도 한다.

주식회사와 유한회사의 경우, 회사채무에 대하여 회사재산만으로 책임을 부담한다. 회사의 구성원은 인적인 책임을 부담하지 않을 뿐 아니라, 무한책임의 형태로부터 배제된다.[33] 회사의 계약당사자인 채권자가 강제집행을 하는 경우, 단지 회사재산에 대하여 이행이 가능할 뿐, 회사의 구성원에 대하여 법적인 조치를 행사할 수 없다. 반면 '등기된 협동조합(GenG)'[34]과 '주식합자회사(Kommanditgesellschaft auf Aktien)'는 주식회사와 유한회사와 마찬가지로 법인에 해당한다. 그러나 구성원의 인적인 책임이 발생하지 않는 유한회사나 주식회사와 달리, 실정법상 구성원에게 부가적인 책임이 발생하기도 한다. 한편 '등기된 협동조합'의 경우, 협동조합의 구성원에게 책임이 배제되는 경우도 있지만,[35] 개별적인 사례에서 정관은 구성원의 보충적인 책임을 인정하는 모습도 가능하다.[36]

IV. 소결

자연인의 경우, 그는 권리와 의무의 주체인 권리주체로서 자신의 전 재산을 가지고 자신의 채무를 이행해야 한다. 법인은 단지 법률이나 정관에 따라 선임된 기관을 통하여 행위능력을 갖는다.[37] 법인의 이름으로 발생된 채무는 단지 그 단체의 채무이므로, 그 구성원은 인적인 책임, 즉 개인적인 재산으로 법인의 채권자에게 책임을 부담하지 아니한다. 그 구성원은 개인의 목적을 위하여 회사재사에 대하여 공동으로 처리할 수 없다.[38] 또한 구성원은 단지 회사와의 내부적인 관계에서 출자액만큼만 책임을 부담하고, 외부적인 관계에서 법인의 채무에 대하여 직접적으로 책임을 부담하지 않는다. 법인은 언제나 법률거래에 독립적

권리가 제한될 수 있다.

33 독일 주식회사법 제1조 제1항 제2문, 유한회사법 제13조 제2항.

34 독일 협동조합이 법률에 의하여 처음 규정된 것은 1867년의 프로이센법에 의해서이다. 그 후 오랜 준비 끝에 오늘날의 독일 협동조합에 관한 기본법인 영업협동조합과 경제협동조합에 관한 법률(Gesetz betr. die Erwebs-und Wirtschaftsgenossenschaften)이 1889에 공포되어 최근 2006년의 개정에 이르기까지 이어져 오고 있다.

35 등기된 협동조합법 제2조.

36 등기된 협동조합법 제6조.

37 U. Huber, Rechtsfähigkeit, juristische Person und Gesamthand, Festschr. Lutter, S. 107 (113).

38 Wertenbruch, Die Haftung von Gesellschaften und Geschäftsanteilen in der Zwangsvollstreckung, Carl Heymann Verlag, 2000, S. 211.

으로 참가하고, 독자적으로 권리와 의무에 대한 귀속주체이며 회사재산의 소지인에 해당한다. 그러므로 회사채권자에 대하여 인적 단체인 법인은 단지 단체의 재산만을 가지고 책임을 부담하게 된다. 그러나 법인만의 재산인 회사재산으로 법인이 자신의 채무를 부담하는것이 원칙이지만, 앞에서도 보았듯이 반드시 그것이 지켜지는 것은 아니다. 즉, 법률적으로특별하게 사원의 책임을 인정하거나 개별적인 사원이 보증을 통하여 이루어진 경우라 한다면, 법인의 채무에 대하여 사원이 그 책임을 부담할 수 있다.

우리가 독일의 다양한 법인에 대한 책임구조를 고찰해 보건대, 법인이라는 조직체가 일반적인 언명, 즉 '법인에서 사원책임이 존재하지 않는다'라고 하는 사항은 반드시 지켜지는것은 아니라는 점이다.[39] 즉 이는 구성원책임의 배제가 법인과 필연적으로 결합되어 있지않다는 것을 의미하는 것이다.[40] 그러나 모든 구성원이 외부적인 관계에서 무한책임을 부담하도록 하는 법인의 형태는 독일법에서 존재하지 않는다.[41]

제5절 우리나라 '인적 결합체'와 비교 및 비판

I. 회사형태에 대한 비교

1. 형태의 다양성

독일 실정법에서는 주식회사, 유한회사, 유한책임회사, 합자회사, 합명회사 등이 있다. 주식회사와 유한회사는 법인으로 되어 있다는 점에서 우리나라의 법률체계와 동일한 모습을 띠고 있다. 반면 독일의 경우 '유한책임 합자회사(GmbH & Co. KG)'와 '주식합자회사(KGaA)라는 형태의 회사가 존재하는 반면, 우리나라에는 그러한 회사 형태는 존재하지 않고 있다.[42]

---

39 Wiedemann, Gesellschaftsrecht, 1980, § 4 I 3b, S. 202.

40 T. Raiser, Geamthand und juristische Person im Licht des neuen Umwandlungsrecht, AcP 194 (1994), S. 495 ff.

41 Schöpflin, Der nichtsrechtsfähige Verein, Carl Heymann Verlag, 2003, S. 92.

42 주식합자회사에 대하여는 이영종, "독일법상의 주식합자회사에 대한 고찰", 한양법학 제25집(한양대학교법학연구소, 2009), 419면 이하.

2. 법인과 합수의 영역

합자회사와 합명회사는 양국 모두 실정법상 인정되고 있다. 독일의 경우 양 회사의 형태가 상법전에 규정되어 있지만, 법인이 아닌 합수조합으로 인정되고 있다. 주식회사와 유한회사는 각각 독립적인 법전을 두고 규정하고 있다. 반면 우리나라에서 주식회사와 유한회사는 상법전에 규정되어 있다. 또한 독일과 달리 합명회사와 합자회사에 대하여 법인으로 인정하고 있다는 점에서 차이를 보이고 있다.

Ⅱ. 합자조합, 유한책임회사 도입과 비판

1. 도입

인적자산의 중요성이 높아짐에 따라 인적자산을 적절히 수용할 수 있는 공동기업형태에 대한 수요가 증가함에 따라, 우리나라는 합자조합과 유한책임회사를 도입하는 입법적인 개정이 있었다.[43] 앞에서 설명한 바와 같이, 우리 상법에는 합명회사, 합자회사, 주식회사 및 유한회사의 4가지 회사 형태가 존재하고 있었다. 그러나 이 중 합명회사와 합자회사는 거의 그 모습을 찾아보기 힘들고, 대부분의 회사는 주식회사의 형태로 존재하고 있다.[44] 그래서 새롭게 등장한 것이 유한책임회사다. 또한 회사는 아니면서 도입된 것이 합자조합이다.

2. 비판

독일법상 합명회사와 합자회사는 합수조합에 해당한다. 우리나라나 일본처럼 양 회사를 법인으로 보고 있지 않는 것이다. 그러나 우리나라에서도 합명회사나 합자회사는 법인으로 인정하고 있음에도 불구하고, 실질적인 면에서 양 회사는 합수조합에 해당한다. 합자회사가 존재함에도 불구하고 합자조합을 도입할 필요성이 있었던가에 대하여는 회의감이 든다. 합자회사는 실질적으로 조합의 성질을 가지고 있기 때문에, 합자회사라는 명칭을 사용하고 있다고 할지라도 법인이라고 한 것뿐이지, 합자회사는 합자조합과 하등의 차이가 없기 때

---

43 최완진, 『신회사법 요론(2012년 시행 개정회사법)』, 한국외국어대출판부, 2012, 유한책임회사에 대하여는 375면 이하; 합자조합에 대하여는 401면 이하.

44 소규모 사업장조차도 주식회사의 형태로 설립되는 이유는 개정안에서도 밝힌 바와 같이 과세의 문제와 많은 관련이 있다. 합명, 합자회사의 경우 그 실질은 조합임에도 불구하고 상법상 법인으로 규정되어 있기 때문에 회사 자체에 대해 법인세를 과세하고, 회사의 이익을 구성원에게 분배하는 과정에서 다시 한번 과세가 발생한다.

문이다.

유한책임회사의 도입 역시 마찬가지이다. 명칭부터 유한책임회사는 유한회사와 전혀 차이가 없다. 유한회사가 상법전에 규정되어 있음에도 불구하고, 유한책임회사에 관한 규정을 새로 입법할 필요가 있었던가에 부정적인 입장이다. 유한책임회사를 규정하고자 하였다면, 유한회사의 규정을 없앴어야 하고, 더 바람직한 것은 유한회사의 규정을 개정하는 방향을 취하면서, 유한책임회사의 규정을 입법하지 말았어야 했다. 의미 없는 헛된 수고를 한 것이다.

제6절 시사점과 결론

독일의 입법자는 권리능력 있는 인적 단체에 대하여, 한편으로는 권리주체로서 독립성을 인정하기도 하지만, 또 한편으로 그 인적 단체에게 권리능력을 인정하기는 하지만, 독립성을 배제하는 면도 인정하고 있음을 알 수 있다. 즉, 권리능력 있는 법인이 언제는 그 자체로 독립성을 인정하는 것은 아니라는 점을 우리는 인식할 수 있다. 판례 역시 유한회사의 제한된 책임을 부담하는 유한책임사원에 대하여 예외적으로 인적인 책임을 부담하는 사례가 등장하고 있다.[45] 이러한 문제를 법인격을 부인한다고 하면서, 법인과 자연인의 동일성을 인정하는 태도는 타당하지 않다.

민법상 조합의 법형성이 독일에서 두드러지게 나타나고 있다. 민법상 조합, 그 자체에게 권리능력을 부여하지 않았던 전통적인 견해가 무너지고, 인적 결합으로서 조합 그 자체에게 권리능력을 인정하고자 하는 독일 대법원의 노력은 가히 존경할 만하다. 사회적 현상의 발전에 따라 법이 어떻게 발전하고 있는가를 정확하게 보여주고 있는 사례라는 생각이 든다. 반면, 우리나라는 민법상 조합에 대한 판례가 매우 드물게 발생하고 있어 법형성에 도움을 주고 있지 못한 상태이다. 우리나라에서도 독일과 같이 인적 단체로서 민법상 조합이 다수 존재함으로써 법률적인 문제에 관련되게 된다면, 역시 '민법상 조합의 권리능력 인정'이라고 하는 법형성을 볼 수 있을 것이다. 그런 측면에서 독일 판례에서 발전하고 있는 민법상 조합의 권리능력에 대한 인정은 우리에게 매우 흥미로운 비교법적인 연구의 의미를

---

45 BGHZ 149, 10; BGHZ 150, 61; BGHZ 151, 181.

주고 있다.

　권리능력은 사람(인)만이 가지고 있는 특징인가, 아니면 법인이 아닐지라도 인적 단체는 권리능력을 갖는 것이 가능한가의 문제가 독일에서도 매우 혼란스럽게 전개되고 있다. 독일 실정법은 합수조합에게 권리능력을 인정하고 있다. 그렇다면 법인과 합수조합의 차이는 무엇인가의 문제, 또한 권리능력을 인정하게 된다면 양자는 어떠한 점에서 차이가 발생한가의 문제 등이 복잡다기하게 전개되고 있다.[46] 더 나아가 판례의 태도에 따라 '민법상 조합'이 권리능력을 인정하게 된다면, '권리능력 없는 사단'이나 '설립중회사'가 권리능력이 있는가의 문제가 발생하게 된다. 권리능력이 없기 때문에 '권리능력 없는 사단'이라는 명칭을 부여하였고, 아직 등기가 되지 않았기 때문에 법인에 도달하지 않아 '설립중회사'라는 명칭을 부여받은 이 단체는 권리능력이 없어야 하는 것이 원칙적이겠지만 반드시 그래야만 하는지, 아니면 독일 판례가 '민법상 조합'에게 권리능력을 인정한 이상, '민법상조합뿐만 아니라 '설립중회사'에 대하여도 권리능력을 인정해야 할 필요성이 없는 것인지 등의 문제가 뒤따르게 된다. 독일 판례에서 권리능력의 인정은 권리능력이라고 하는 '용어'의 혼란성을 가중시키고 있는 모습이다. 아직 판례에서 드러나고 있지 않은 우리의 경우 다행스러운 일이라 하겠지만, 앞으로 이러한 논쟁이 우리나라에서도 발생될 가능성이 아주 배제된 것은 아니라 할 것이다.

---

46 Beuthien, Zur Begriffsverwirrung im deutshcen Gesellschaftsrecht, JZ 2003, 715 ff.; Huber, Rechtsfähigkeit, juristische Person und Gesamthand, Festschr. Lutter, S. 107 (109 ff.).

제2장
민법상 조합

제1절 의의

조합이라 함은 2인 이상이 서로 출자하여 공동사업을 영위하고자 하여 결합한 인적 단체를 의미한다. 직장의 동료들이 주택을 마련하기 위하여 주택조합을 만들어 공동사업을 한다거나, 변호사들이 공동사무소를 설립하여 소송에 관한 행위를 공동으로 하는 경우 등에 주로 발생한다.[1]

상호출자로 공동사업을 할 목적으로 결합한 단체인 조합이 성립하기 위해서는 원인행위로서 조합계약이 있어야 한다.[2] 우리 민법은 이를 명확히 규정하고 있다. 조합계약이라 함은 2인 이상이 서로 출자하여 공동사업을 경영할 것을 약정함으로 성립하는 계약이다(민 제703조 제1항).

---

1   김형배, 『채권각론(계약법)』, 박영사, 1998, 709면.
2   유주선, "독일법상 민법상 조합의 권리능력", 『기업법연구』 제20권 제1호, 2006, 379면 이하.

제2절 성립

조합이 성립하기 위해서는 적어도 "둘 또는 그 이상의 사람"이 있어야 한다. 두 사람의 이상이 있어야 하므로 원칙적으로 인원수의 제한은 없다. 다만, 구성원의 수가 지나치게 많은 경우라면 조합보다는 사단이 될 가능성이 높다. 둘 이상의 인적 결합은 "공동사업의 목적"을 가지고 있어야 한다. 사업의 종류나 성질은 제한이 없는 것이 원칙이므로, 영리적이든 비영리적인 것이든 제한이 없다. "공동"이라고 하는 것은 조합원 전원이 그 사업의 성공에 대한 이해관계를 가질 것을 의미한다. 익명조합과의 구별이 이루어져야 한다.[3] 익명조합은 당사자의 일방이 상대방을 위하여 출자를 하고, 타방 당사자는 영업행위를 하며 그 영업에서 생기는 이익의 분배를 약정하는 것(제78조 이하)인데 반하여, 민법상 조합은 사업을 공동으로 경영하는 것이어야 한다.

민법상 조합의 구성원은 출자의무를 부담한다. 출자의 종류나 성질에는 제한을 두지 않기 때문에, 반드시 금전일 필요는 없다. 물건, 물권, 무체재산권 및 채권은 물론 노무, 상호, 신용 등도 출자의 목적물이 된다(민 제703조 제2항).

제3절 조합의 업무집행과 대표권

공동경영을 하기 위한 인적 단체로서 민법상 조합은 목적한 바를 달성하기 위하여 일정한 활동인 업무집행 행위를 하게 된다.[4] 민법상 조합의 업무집행이라 함은 조합의 의사를 결정하고 결정된 의사에 의거하여 일정한 행위를 할뿐더러, 제3자와 법률행위를 하는 것을 말한다.

---

3   김정호, 『상법총칙·상행위법』, 법문사, 2008, 257면 이하.
4   독일 민법상 조합의 업무집행과 대리에 대하여는 Hueck/Windbichler, Gesellschaftsrecht, 20. Aufl., 2003, S. 80 ff.

I. 대내적 업무집행

1. 의의

조합의사를 결정하는 것이 바로 대내적 업무집행이다.[5] 민법상 조합의 구성원들은 서로가 목적을 달성하기 위하여 무엇을 어떻게 할 것인가를 결정해야 한다. 그리고 그 결정에 사항에 따라 사원들은 해당업무를 처리하게 된다. 이것을 바로 조합의 대내적 업무집행이라고 한다.

2. 공동으로 업무를 집행하는 경우

1) 해석론

민법상 조합의 각 구성원의 경우 개성이 중요시되므로, 원칙적으로 각각의 구성원은 조합의 업무집행에 참여할 권리를 가지고 있다. 독일의 경우 이를 명문으로 규정하고 있지만,[6] 우리 민법은 명시적으로 규정하고 있지는 않다. 그러나 개별적인 구성원들이 업무집행권을 가지고 있는 것으로 보아야 할 것이다.

2) 원칙: 다수결

조합원의 전원이 업무를 집행하는 경우 의견의 다툼이 발생할 수 있다. 우리 민법은 조합의 업무집행에 있어서 조합원의 과반수에 의하여 결정할 수 있도록 하고 있다(민 제706조 제2항). 반면 독일의 경우 과반수가 아니라 조합원 전원의 일치를 통하여 결정하도록 하고 있다는 점에서, 우리와 차이가 있다(독일 민 제709조 제1항).

한편 대법원은 민법 제706조와 관련하여 "제706조에서는 조합원 3분의 2 이상의 찬성으로 조합의 업무집행자를 선임하고 조합원 과반수의 찬성으로 조합의 업무집행방법을 결정하도록 규정하고 있는바, 여기서 말하는 조합원은 조합원의 출자가액이나 지분이 아닌 조합원의 인원수를 뜻한다. 다만, 위와 같은 민법의 규정은 임의규정이므로, 당사자 사이의 약정으로 업무집행자의 선임이나 업무집행방법의 결정을 조합원의 인원수가 아닌 그 출자

---

5   특히 대내적 업무집행에 대하여는 Hueck/Windbichler, Gesellschaftsrecht, 20. Aufl., 2003, S. 80 ff.
6   독일 민법 제709조(공동의 업무집행) (1) 조합의 업무집행은 조합원들이 공동으로 행하여, 모든 업무에 대하여 조합원 전원이 동의를 요한다. (2) 조합계약에서 다수결로 의결할 것이 정하여진 경우에 의심스러운 때에는 이를 조합원의 수에 따라 계산한다.

가액 내지 지분의 비율에 의하도록 하는 등 그 내용을 달리 정할 수 있고, 그와 같은 약정이 있는 경우에는 그 정한 바에 따라 업무집행자를 선임하거나 업무집행방법을 결정하여야만 유효하다"고 판단하고 있다.[7]

3) 예외

모든 조합원이 공동으로 업무를 집행하는 경우에는 다수결의 원칙이 적용되지만, 조합의 통상사무에 있어서는 각 조합원 또는 각 업무집행자가 전행할 수 있다(민법 제706조 제3항 본문). 그러나 그 사무의 완료 전에 다른 조합원 또는 다른 업무집행자의 이의가 있는 때에는 즉시 중지하지 않으면 아니 된다(민 제706조 제3항 단서). 통상사무의 경우에도 다른 조합원이 공통으로 이해관계를 가질 수 있기 때문에, 이를 인정하고 있다.[8]

3. 일부의 구성원이 업무를 집행하는 경우

민법상 조합의 경우 조합계약으로 일부의 조합원에게 업무집행을 맡길 수 있다. 그러나 만약 조합계약을 통하여 업무집행자를 정하지 아니하였다고 한다면, 조합원의 3분의 2 이상의 찬성으로서 업무집행자를 선임하게 된다(민 제706조 제1항). 업무집행자로서 조합원의 경우 다른 조합원과의 관계에서 수임인의 지위에 있기 때문에, 우리 민법은 업무를 집행하는 업무집행조합원에게 위임에 관한 규정을 준용하고 있다(민 제707조). 수임인과 달리 민법상 조합의 업무집행자는 그 지위가 보장되기 때문에, 정당한 사유 없이 해임될 수 없다. 만약 해임하고자 한다면 다른 조합원의 일치가 있어야 한다(민 제708조). 조합의 업무를 집행하는 조합원은 그 업무집행에 대하여 대리권이 있는 것으로 추정되므로(민 제709조), 다른 조합원은 조합의 통상사무일지라도 집행할 수 없다. 그러나 업무집행을 하지 않은 조합원은 업무집행을 견제할 수 있는 권리로서 조합의 업무 및 재산상태를 검사할 수 있는 권리를 가지고 있다(민 제710조).

7 　대법원 2009. 4. 23. 선고 2008다4247 판결.
8 　곽윤직, 『채권각론(민법강의 IV)』, 박영사, 1991, 490면.

대법원 대법원 2002. 1. 25. 선고 99다62838 판결

본 판결에서 대법원은 업무집행조합원의 조합원 대리권에 관하여 제한약정이 있는 경우에, 그 약정의 존재 및 이행에 대한 주장과 입증책임에 대한 문제를 다루었다. 대법원은 "민법 제709조에 의하면, 조합계약으로 업무집행자를 정하였거나 또는 선임한 때에는 그 업무집행원은 조합의 목적을 달성하는 데 필요한 범위에서 조합을 위하여 모든 행위를 할 대리권이 있는 것으로 추정되지만, 위 규정은 임의규정이라고 할 것이므로 약정이 있는 경우에는 조합의 업무집행은 조합원 전원의 동의가 있는 때에만 유효하다 할 것이어서, 조합의 구성원이 위와 같은 약정의 존재를 주장·입증하면 조합의 업무집행자가 조합원을 대리할 권한이 있다는 추정은 깨어지고 업무집행자와 사이에 법률행위를 한 상대방이 나머지 조합원에게 그 법률행위의 효력을 주장하기 위하여는 그와 같은 약정에 따른 조합원 전원의 동의가 있었다는 점을 주장·입증할 필요가 있다"고 판단하였다.

4. 제3자에게 업무집행을 위임한 경우

민법은 조합계약으로 조합원이 비조합원에게 업무의 집행을 위임할 수 있는가에 대한 물음이 제기될 수 있다. 다수설은 조합원이 아닌 제3자에게 조합의 업무집행을 위임할 수 있는 것으로 보고 있다(민 제706조 제1항 참조). 이 경우 조합과 비조합원의 관계는 위임관계로 보는 것이 타당하다.[9] 위임관계로 본다는 것은 조합과 제3자 사이에 조합관계가 존재하지 않는다는 것을 의미한다. 그러나 위임된 업무집행자가 한 명이 아닌 여러 명인 경우 민법 제706조 제2항과 제3항을 적용할 수 있을 것인가의 문제가 발생한다. 우리의 다수설은 유추해석을 통하여, 그것이 가능한 것으로 보고 있다.

II. 대외적 업무집행

1. 의의

외부의 제3자와 법률행위를 하는 것을 말한다. 특히 대리권을 의미한다고 볼 수 있다.[10] 특히 민법상 조합은 법인격이 인정되지 않으므로 조합 자체가 권리주체로 인정되지 않는다는 견해가 지배적인 동시에, 사단과 같은 대표기관이 존재하지 않는다. 이 점 사단과 상당

---

9   곽윤직, 『채권각론(민법강의 IV)』, 박영사, 1991, 492면; 김형배, 『채권각론(계약법)』, 박영사, 1998, 722면.
10 독일 민법상 조합의 대외적 관계에서 대리와 관련해서는 Hueck/Windbichler, Gesellschaftsrecht, 20. Aufl., 2003, S. 86 ff.

히 차이가 나는 부분이다. 조합이 계약상대방과 법률행위를 함에 있어서 사단과 다른 면을 발생하게 된다. 외부에 대하여 조합은 그 자체가 행위주체로 등장하지 못하기 때문에, 조합 자신의 이름으로 법률행위를 할 수 없다. 조합 그 자신의 이름으로 법률행위를 할 수 없다고 하는 것은, 조합이 법률행위를 함에 있어서 원칙상 언제나 구성원 전원의 이름으로 해야 한다는 것을 의미한다.

2. 대리

민법상 조합이 대외적인 관계에서 법률행위를 함에 있어, 구성원 전원의 이름으로 함께 하여야 한다는 사실은 실제로 상당히 번거로운 일이라 할 것이다. 실제의 번거로움을 배제하기 위하여, 우리 민법은 구성원 가운데 한 사람이 남은 구성원을 대리하도록 하는 제도를 인정하고 있다. 그 결과 조합의 대외관계는 대리의 이론에 의하여 행해지게 된다.

제4절 조합의 재산관계

I. 조합재산

민법상 조합은 조합의 구성원들이 상호 출자하여 공동사업을 영위하기 위하여 결합된 인적 단체이다. 이 인적 단체는 그의 목적을 달성하기 위하여 일정한 재산을 필요로 한다.

일정한 재산을 형성하기 위하여 조합의 구성원들은 조합계약에 의하여 각각 출자할 의무를 부담해야 한다(민 제703조 제1항). 출자는 금전 기타 재산 또는 노무가 가능하다(민 제703조 제2항). 금전을 출자의 목적으로 한 구성원이 출자시기를 지연한 경우에는 지연이자를 지급해야 한다. 또한 조합원이 출자를 게을리함에 따라 조합에 손해가 발생한 경우라면 손해배상책임을 부담해야 한다(민 제705조).

조합원이 출자한 재산 이외에도 조합이 조합업무를 집행함으로써 얻은 이득은 조합재산을 형성하게 된다. 더 나아가 조합재산을 통하여 발생한 수익이라든가 각종의 권리 등도 조합재산에 속하게 된다. 조합채무 역시 조합재산에 해당한다. 조합채무는 조합의 소극적 재산에 해당되어 조합원 모두에 대하여 합유적으로 귀속하게 된다.

Ⅱ. 조합재산의 법적 성질

조합재산을 어떻게 보아야 할 것인가의 물음이 제기된다. 일단 조합재산은 조합의 고유한 재산으로 보아야 한다. 그러나 조합 자체가 권리능력을 가지고 있는 존재가 아니기 때문에, 조합재산이 조합에 귀속되는 재산이라고 보는 것은 타당성이 떨어진다. 독립적인 귀속주체에게 귀속되는 재산으로 조합재산이 인정될 수 없고, 각 조합원들에게 귀속되는 것으로 보아야 할 것이다. 이와 같이 조합목적의 수행을 위하여 조합재산이 조합원 모두에게 귀속되는 공동소유형태인 합유재산(Eigentum zur gesamten Hand) 형태를 띠고 있다. 민법은 그것을 명시적으로 규정하고 있다(민 제704조). 그러므로 민법상 조합은 조합재산의 독립성을 확보하기 위하여 조합원 사이의 내부관계에서 조합재산을 조합원들에게 합유적으로 귀속하게 하도록 해야 한다. 또한 대외적으로 조합채무자가 조합채무와 조합원에 대한 채권으로 상계하는 것을 금지하고 있다(민 제715조).

Ⅲ. 조합채무에 대한 책임

조합의 채권자는 조합채무에 대하여 어떠한 방법으로 채권이행을 청구해야 하는가의 물음이 제기된다.[11]

1. 대외적 업무집행을 행한 조합원이 대리권 범위 내에서 대리행위를 하여 발생된 조합채무의 경우

조합재산의 책임과 조합원 개인재산에 의한 책임이 병존적으로 발생한다고 보아야 한다는 견해가 있다.[12] 동 견해에 따르면, 조합채권자는 조합원 전원에 대하여 일괄해서 또는 각 조합원에게 채무이행의 소를 제기하고, 승소하게 되면 조합재산에 대하여 강제집행을 하게 된다. 이 경우 조합원 또는 업무집행자가 소송대리인이 될 수 있다.[13] 조합채권자가 승소한 경우 조합원 전원에 대한 집행문을 부여받아 조합재산의 강제집행이 이루어지게 된다.

조합채권자는 조합재산에 대한 권리행사뿐만 아니라 조합원의 개인재산에 대하여도 행사가 가능하다. 양자의 순서를 인정해야 하는가의 물음이 제기될 수 있는데, 권리주체로

---

11 김형배, 『채권각론』, 박영사, 1998, 740면 이하.
12 김형배, 『채권각론』, 박영사, 1998, 740면.
13 이시윤, 『민사소송법』, 박영사, 1995, 142면; 정동윤, 『민사소송법』, 법문사, 1995, 177면.

인정되지 않는 이상 반드시 조합재산에 대하여 권리행사를 해야 하는 것은 아니다. 조합재산에 대한 집행을 하지 아니하고, 조합원의 개인재산에 대한 권리를 행사하는 것에 하등의 문제가 없다고 한다.[14]

2. 대외적 업무집행으로 대리행위를 행한 조합원이 그 대리권의 범위를 넘어 법률행위를 하여 채무를 발생시킨 경우

각 조합원이 당연히 조합채무에 대하여 책임을 부담해야 하는가에 대한 물음이 제기되는 것이다. 독일의 학설을 이해할 필요가 있다. 독일의 경우 이중적 의무부담설과 부종설의 대립이 있다.[15] 업무집행조합원은 조합재산을 중심으로 한 조합을 대리할 뿐만 아니라, 조합원 개인을 이중적으로 대리하는 것이기 때문에 조합원 개인에 대한 대리권에 대해서는 사전에 제한할 수 없다고 한다.[16] 이에 따라 조합원의 개인재산에 의한 책임을 배제할 수 없다는 입장이 전자의 견해이다. 반면에 조합재산과 함께 각 조합원은 개인재산을 가지고 조합대리인이 대리행위를 함으로써 발생케 한 채무에 대하여 당연히 책임을 부담해야 한다는 입장이 후자의 견해이다.[17]

IV. 독일의 학설

김형배 교수는 "채권각론"에서 다음과 같이 설명한다.[18] 전자의 견해는 조합에서의 대리권이 모든 조합원에게 미칠 것을 정하고 있는 강행규정이 존재하지 않는다는 점을 제시한다. 원래 조합채무에 대하여 조합재산에 의한 책임과 조합원 개인재산에 의한 책임이 병존한다는 견해를 긍정하면서 다른 한편 조합원 개인의 책임을 배제할 수 있는 가능성을 인정하는 것은 일관성이 없다고 한다. 그러나 업무집행조합원이 그의 대리권을 남용하여 대리행위를 한 경우까지 그 책임을 당연히 조합원의 개인재산에 미치게 하는 것은 정당하다고 볼 수 없기 때문에, 조합채권자가 예측할 수 없었던 손해를 입지 않는 범위 내에서 조합원

---

14 곽윤직, 『채권각론』, 550면; 『민법강의 IV』, 박영사, 1991.
15 독일에서 비교적 최근 논의로는 안성포, "민법상 조합의 권리능력과 당사자능력-2001년 1월 29일 독일연방법원의 변경된 판결을 중심으로-", 『비교사법』 제10권 제3호, 2003, 285면 이하; 유주선, "독일 민법상 조합의 권리능력", 『기업법연구』 제20권 제1호, 2006, 379면 이하.
16 독일의 종래의 통설이다.
17 최근의 독일 판례와 소수의 학자들의 견해이다.
18 김형배, 『채권각론』, 박영사, 1998, 741면 이하.

개인의 책임을 사전에 제한하거나 배제하는 것을 정당하다고 한다. 결국 업무집행조합원의 대리권을 대외적으로 인식가능한 방법에 의하여 제한하고, 그 대리행위를 기초로 발생될 채무에 대한 책임을 조합재산에 한정시키면서 조합원 개인의 책임을 사전에 배제시킬 수 있는 가능성이 존재한다고 주장한다. 그러나 이와 같은 대리권의 제한 여부가 의심스럽거나 불확실한 경우에는 조합원의 개인재산에 의한 책임은 마땅히 추정되어야 할 것이라고 한다.

제3장
익명조합

제1절 의의

익명조합계약은 당사자 일방이 상대방의 영업을 위하여 출자하고 상대방은 그 영업으로 인한 이익을 분배할 것을 약정하는 계약을 말한다(제78조). 영업을 하는 당사자를 영업자라 하고, 출자를 하는 자를 익명조합원이라 하고, 반드시 양 당사자가 존재해야 한다.

일방 당사자에 여러 사람이 있을 수 있지만 조합과 달리 여러 당사자가 독립해 있을 수는 없다.[1] 이 점은 민법상 조합과 차이가 있다. 영업자는 상인임이 원칙이지만 장차 상인이 될 것을 전제로 한 익명조합계약도 유효하다. 익명조합원의 자격에는 아무 제한이 없으며 자연인임을 요하지 않는다.

익명조합원은 출자의무를 부담해야 하고, 영업자는 '영업을 할 의무'를 부담한다. 영업으로 인한 이익을 분배하는 계약이 바로 익명조합이라고 할 수 있다.[2] 익명조합원은 약정한 출자를 해야 하고, 영업자의 출자와 노력이 결합되어 이익이 창출된다. 창출된 이익은 양 당사자가 약정한 바에 따라 분배를 하게 된다.

1 　민법상 조합과 차이에 대하여는 김정호, 『상법총칙·상행위법』, 법문사, 2008, 257면 이하.
2 　이기수·최병규, 『상법총칙·상행위법(상법강의 I)』, 제7판, 박영사, 2010, 102면 이하.

영업자는 이익분배의무를 부담하게 되는데, "영업자가 이익의 유무에 불문하고 매월 일정액을 익명조합원에게 지급하도록 약정한 경우"에 익명조합계약이 될 수 있는가에 대한 물음[3]이 제기된다. 그러나 "영업으로 인한 이익을 분배한다"는 상법 제78조를 보건대, 이익의 유무를 불문하고 매월 일정액을 익명조합원에게 지급한다는 약정은 소비대차계약은 되겠지만 익명조합계약은 될 수 없다.

제2절 법적 성질

익명조합은 낙성·불요식의 계약이다. 익명조합계약의 법적 성질상 익명조합원의 출자는 익명조합계약의 성립요건이 해당하지 아니한다. 익명조합계약은 '유상·쌍무계약'에 해당한다. 그 결과 익명조합원의 출자에 대하여는 민법의 매매에 관한 규정이 준용된다(민 제536조~제538조, 제567조).[4] 민법상의 조합이나 소비대차계약과 그 성질을 달리하는 상법상 인정된 특수계약이다. 이는 상인의 영업을 위한 행위 혹은 영업을 위한 준비행위이므로 '보조적 상행위'가 된다.

제3절 법적 효력

I. 당사자 간

상법의 규정은 원칙적으로 임의규정이기 때문에 당사자는 반대의 약정을 할 수 있다.[5]

---

3   대법원 1962. 12. 27. 선고 62다660 판결; 대법원 1983. 5. 10. 선고 81다650 판결. 대법원은 "당사자의 일방이 상대방의 영업을 위하여 출자를 하는 경우라 할지라도 그 영업에서 이익이 난 여부를 따지지 않고 상대방이 정기적으로 일정한 금액을 지급하기로 약정한 경우에는 가령 이익이라는 명칭을 사용하였다 하더라도 그 것은 상법상의 익명조합계 약이라고 할 수 없다"고 판단하고 있다.
4   정찬형, 『상법강의(상)』, 제16판, 박영사, 2013, 258면.
5   이기수·최병규, 『상법총칙·상행위법(상법강의 I)』, 제7판, 박영사, 2010, 107면 이하.

1. 출자

1) 익명조합원의 출자

출자의 대상은 당사자의 약정에 의하여 정한다. 금전일 수도 있고 현물일 수도 있으며 소유권일 수도 있고 사용권일 수도 있다. 그러나 노무나 신용은 출자의 대상으로 삼지 못한다(제86조, 제272조).

출자의 시기와 방법도 당사자가 약정한 바에 따른다. 이행시기에 관한 약정이 없는 경우에는 영업자가 익명조합원에게 이행을 최고한 때에 이행을 하여야 한다(민 제387조 제2항). 출자한 목적물에 하자가 있는 때에는 익명조합원은 하자담보책임을 진다(민 제567조).

익명조합원이 출자한 금전 기타 재산은 법률상 영업자의 재산으로 본다(제79조). 익명조합계약은 채권계약에 불과하므로 익명조합원이 인도나 등기 등 물권변동에 필요한 요건을 갖추었을 때 비로소 그 재산은 영업자에게 귀속한다(민 제186조, 제188조).

2) 영업자의 출자

영업자는 특별히 출자라는 것이 없다. 영업자는 노무나 신용의 출자도 가능하므로 금전 기타 재산적 가치가 있는 권리의 출자가 반드시 요구되는 것은 아니다.

2. 영업의 수행

영업은 영업자가 수행하고 익명조합원은 감시권을 갖는다. 이 점 합자회사의 유한책임사원과 유사하다.[6]

1) 영업자의 위치

① 영업수행의무: 익명조합계약의 본지에 반하지 않는 범위 내에서 선량한 관리자의 주의로써 영업을 수행하여야 하고 임의로 영업을 양도 기타 처분하거나 정지할 수 없다.

② 영업수행의 명의: 영업을 위하여 자기의 명의로 법률행위를 하여야 한다. 그 결과 거래로 인한 권리의무는 영업자에게 귀속한다.

③ 경업금지의무: 선관주의의무의 하나로 경업금지의무를 인정하는 것이 타당하다.

---

6   합자회사와 익명조합의 유사성에 대하여는 김정호, 『상법총칙·상행위법』, 법문사, 2008, 256면 이하.

2) 익명조합원의 지위

① 영업수행금지: 익명조합원은 영업을 수행하지 못하고(제86조, 제278조), 그 결과 익명조합원은 영업자의 행위에 관하여 제3자에 대하여 권리나 의무가 없다(제80조).

② 감시권: 익명조합원은 일정범위에서 영업을 감시할 감시권이 있다. 익명조합원은 영업시간 내에 한하여 영업에 관한 회계장부, 대차대조표 기타의 서류를 열람할 수 있고 업무와 재산상태를 검사할 수 있으며 중요한 사유가 있을 때에는 언제든지 법원의 허가를 얻어 위 서류를 열람과 검사를 할 수 있다(제86조, 제277조).

3. 손익의 분배

1) 손익의 의미

익명조합에서는 명목상 자본이 없으므로 영업년도 초부터 영업년도 말 사이에 재산의 증감액이 손익이 된다.

2) 이익의 분배

이익의 분배비율은 당사자 간의 약정이 있는 때에는 그에 따르지만 그러한 것이 없는 때에는 출자액의 비율에 의한다(민 제711조 제1항), 손실에 관한 분담비율을 정하였을 때에는 그것이 이익에도 공통되는 것으로 추정된다(민 제711조 제2항). 출자액은 익명조합원의 출자재산과 영업자가 제공한 영업재산 및 그 노무 등을 종합적으로 고려하여 결정한다.

익명조합원의 출자가 손실로 인하여 감소된 때에는 반대의 특약이 없는 한 그 손실을 전보한 후가 아니면 이익배당을 청구하지 못한다(제82조 제1항).

> **대법원 1962. 12. 27. 선고 62 판결**
>
> 대법원은 "당사자의 일방이 상대방의 영업을 위하여 출자를 하는 경우라 할지라도 그 영업에서 이익이 난 여부를 따지지 않고 상대방이 정기적으로 일정한 금액을 지급하기로 약정한 경우에는 가령 이익이라는 명칭을 사용하였다 하더라도 그것은 상법상의 익명조합 계약이라고 할 수 없는 것이다." 라고 판시하면서, "원고는 본건 형광등 공장에 300,000원을 출자하고 위 장순태는 영업성적 여하에 불구하고 영업이익금에서 매월 금 18,000원을 매월 20일 원고에게 지급한다는 익명조합계약을 하고 … 본건 계약은 영업성적 여하를 불구하고 출자금의 월 6푼에 해당하는 이익금을 지급하기로 특약한 것으로 … 그것은 상법상의 익명조합계약이라고 할 수는 없다"고 판단하고 있다.

3) 손실의 분담

손실의 분담은 익명조합계약의 절대요건은 아니지만 당사자가 반대의 특약을 하지 않는 한 익명조합원도 출자의 비율에 따라 손실을 분담한다. 당사자가 손실분담비율을 따로 정할 수 있지만 이익의 분배율만을 정한 경우에도 그 비율은 손실분담률과 공통된 것이라고 추정한다(민 제711조 제2항).

손실이 발생한 경우에도 익명조합원의 출자액이 그만큼 감소될 뿐이고 익명조합원이 이를 전보할 의무가 있는 것은 아니다. 손실이 증가되어 익명조합원이 분담할 손실이 출자액을 초과한 경우에도 익명조합원은 이미 받은 이익을 반환하거나 추가출자를 할 의무가 없다(제82조 제2항에서 명시).

II. 익명조합과 제3자 간의 효력

익명조합은 영업자와 익명조합원 내부관계이므로 제3자는 이에 의하여 아무런 영향을 받지 않는 것이 원칙이다.

1. 재산의 귀속

익명조합원이 출자한 금전 기타의 재산은 등기나 인도가 있은 후부터는 영업자의 재산으로 본다(제79조). 그 결과 영업자가 파산하면 영업재산은 파산재단에 귀속하고 익명조합원은 파산채권자가 된다.

2. 영업자와 제3자와 관계

영업자만이 권리의무의 주체가 되고 제3자에 대하여 책임을 진다. 영업자가 제3자에 대하여 권리의무의 주체가 되고 책임을 지는 이유는 그가 익명조합의 영업자이기 때문이 아니라, 제3자와 법률행위를 할 때에 권리의무의 주체로 행동했고 상대방이 이를 믿었기 때문이다.

3. 익명조합원과 제3자와 관계

익명조합원은 영업자의 행위로 인하여 제3자에 대하여 권리나 의무가 있을 수 없다(제80조). 그렇지만 익명조합원이 자기의 성명을 영업자의 상호 중에 이용하거나 자기의 상호를 영업자의 상호로 사용할 것을 허락한 때에는 외관주의 원칙에 의하여 그 사용 이후의 채무에 대하여 영업자와 연대하여 배상할 책임이 있다(제81조). 이는 외관책임의 예이며, 제24조의 명의대여자의 책임을 익명조합의 경우에 구체화한 것이다.[7] 익명조합원이 상법 제86조, 제278조(유한책임사원의 업무집행, 회사대표의 금지)에 위반하여 영업의 수행에 참가하는 경우에도 익명조합원과 영업자는 상대방에 대하여 연대하여 변제할 책임이 있다(제57조).

Ⅲ. 익명조합의 종료

1. 종료사유

1) 존속기간의 만료

당사자 간에 존속기간을 정한 경우에는 그 존속기간의 만료로 익명조합은 종료한다.

---

[7] 명의대여자의 책임에 대한 제24조와는 달리 상대방이 익명조합원을 영업자로 오인할 것이 요건으로 요구되지는 않는다는 점이 특이하다. 즉 적극적으로 오인하지 않은 경우에도 이 규정이 적용된다. 다만 상대방이 익명조합원임을 안 경우에는 익명조합원은 책임을 지지 않는다.

2) 계약의 해지

　당사자는 상대방의 채무불이행을 이유로 하여 익명조합계약을 해지할 수 있다(민 제543조). 그러나 익명조합계약으로 조합의 존속기간을 정하기 않거나 존속기간을 어느 당사자의 종신까지로 약정한 때에는 각 당사자는 6월 전에 예고하고 영업연도 말에 계약을 해지할 수 있다(제83조 제1항). 다만, 부득이한 사유가 있는 경우에는 존속기간의 약정에도 불구하고 각 당사자는 언제든지 계약을 해지할 수 있다(제83조 제2항). 부득이한 사유라 함은 영업자의 재산상태가 악화되어 영업자에 대한 신뢰의 기초에 이상이 생기거나, 익명조합원의 재산상태가 악화되어 출자를 기대하기 어려운 경우 또는 영업자의 질병으로 인한 영업지속 불능 등과 기타 동업관계를 지속하기 어려운 상황을 의미한다.

3) 법정종료사유

　'영업의 폐지 또는 양도'의 경우에는 사업의 성공이 불가능한 경우이다(제84조 제1호). '영업자의 사망 또는 성년후견개시'의 경우도 종료사유가 된다(제84조 제2호). 익명조합의 경우 영업자의 신용은 매우 중요하다. 그러므로 그 지위는 상속의 대상이 될 수 없고, 또 영업자가 성년후견개시를 받는다면 영업수행이 불가능하므로 종료사유가 된다. '영업자 또는 익명조합원의 파산'도 익명조합의 법정종료사유이다(제84조 제3호). 영업자가 파산하면 영업이 불가능하므로 익명조합원은 일반채권자와 같은 지위에서 이익분배청구권이나 출자반환청구권을 행사할 수 있다. 익명조합원이 파산한 경우에는 출자반환청구권의 행사가 불가능하므로 영업자에 대한 출자반환청구권은 파산재단에 속하게 된다.

2. 종료의 효과

1) 이익의 분배

　익명조합계약이 종료되면 각 당사자의 의무는 종료한다. 계약종료에 의한 계산의 결과로 이익이 있으면 이를 분배한다. 채권채무의 결제는 계약종료 당시의 영업자의 재산상태를 기초로 한다. 결제란 영업자가 익명조합원에게 출자의 가액을 반환하는 것을 뜻한다.

2) 특약 유무

　익명조합원의 손실분담특약이 없는 때에는 영업자 측에서 익명조합원의 출자의 가액을 반환하여야 한다(제85조 본문). 출자의 가액이라 함은 납입된 출자를 말한다. 납입미필액이 있는 상태로 계약이 종료하면 잔액납입의무도 소멸한다.

익명조합원의 손실분담특약이 있는 때에는 납입된 출자가 손실에 의하여 감소된 때에는 영업자는 그 잔액을 반환하면 된다(제85조 단서). 손실분담액이 출자한 가액을 초과하는 때에는 익명조합원은 이미 출자를 완료한 경우에는 추가로 출자할 필요가 없다.

제4장
합자조합

제1절 의의

　합자조합은 유한책임회사와 함께 2011년 4월 14일 입법과 새롭게 신설된 기업형태이다. 합자조합은 조합의 업무집행자로서 조합의 채무에 대하여 무한책임을 지는 조합원, 이른바 무한책임조합원과 출자가액을 한도로 하여 유한책임을 지는 조합원, 이른바 유한책임조합원이 상호 출자하여 공동사업을 경영할 것을 약정함으로써 발생하게 된다(제86조의2). 합자조합은 조합계약을 통하여 발생한다.

　조합계약에는 목적, 명칭, 업무집행조합원의 성명 또는 상호, 주소 및 주민등록번호, 유한책임조합원의 성명 또는 상호, 주소 및 주민등록번호, 주된 영업소의 소재지, 조합원의 출자에 관한 사항, 조합원에 대한 손익분배에 관한 사항, 유한책임조합원의 지분의 양도에 관한 사항, 둘 이상의 업무집행조합원이 공동으로 합자조합의 업무를 집행하거나 대리할 것을 정한 경우에는 그 규정, 업무집행조합원 중 일부 업무집행조합원만 합자조합의 업무를 집행하거나 대리할 것을 정한 경우에는 그 규정, 조합의 해산 시 잔여재산 분배에 관한 사항 및 조합의 존속기간이나 그 밖의 해산사유에 관한 사항 등이 담겨 있어야 한다(제86조의3). 합자조합은 설립 후 2주 내에 조합의 주된 영업소의 소재지에 업무집행조합원이 등기하도록 하고 있다(제86조의4).

제2절 조합원의 구성

I. 구성

합자조합은 업무집행자로서 조합의 채무에 대하여 무한책임을 지는 조합원(업무집행조합원) 1인 이상과 출자가액을 한도로 하여 유한책임을 지는 조합원(유한책임조합원) 1인 이상이 상호 출자하여 공동사업을 경영할 것을 약정함으로써 성립한다(제86조의2). 합자조합은 조합의 성격을 가지므로 유한책임회사와 달리 법인격이 없다. 업무집행조합원은 조합계약에 다른 규정이 없다면, 조합원 각자가 합자조합의 업무를 집행하고 대리할 권리와 의무가 있다(제86조의5 제1항). 유한책임조합원은 조합계약에서 정한 출자계약에서 이미 이행한 부분을 뺀 가액을 한도로 하여 조합채무를 변제할 책임이 있다(제86조의6 제1항).

II. 내용

합자조합계약에는 목적, 명칭, 조합원의 성명, 출자 및 손익분배에 관한 사항, 유한책임조합원의 지분양도에 관한 사항, 잔여재산분분배 등을 정하여야 하고(제86조의3, 합자조합 설립 후 제86조의4)가 정하는 등기사항을 등기하여야 한다(제86조의4). 업무집행조합원은 선량한 관리자의 주의의무로서 합자조합의 업무를 집행하고, 대리할 권리와 의무가 있으나, 다른 조합원 전원의 동의를 받지 않으면 출자지분의 전부 또는 일부를 타인에게 양도할 수 없다(제86조의5 제1항, 제86조의7 제1항).

유한책임조합원은 조합계약에 다른 규정이 없으면, 회사의 업무집행이나 대표행위를 할 수 없고 신용 또는 노무를 출자의 목적으로 할 수 없는 반면, 회사의 업무와 재산 상태에 대한 감시권이 있다(제86조의8 제3항, 제272조, 제277조, 제278조) 유한책임조합원은 조합계약에서 정하는 바에 따라 출자지분을 양도할 수 있고, 지분을 양수한 자는 양도인의 조합에 대한 권리, 의무를 승계하게 된다(제86조의7 제2항, 제3항).

제3절 합자조합과 합자회사의 차이

새로 신설된 기업형태인 합자조합과 이미 존재하고 있었던 합자회사와 어떠한 차이가 있는지 살펴볼 필요가 있다. 합자회사의 업무집행기관은 무한책임사원만이 될 수 있도록 하고 있다(제273조). 유한책임사원은 업무집행기관이 될 수 없다(제278조). 이 점 합자조합에서 업무집행기관을 업무집행조합원으로 하고, 합자회사에서는 무한책임사원으로 하고 있다. 업무집행기관의 영역에서는 양자의 차이가 없는 것으로 판단된다.

합자조합에서 유한책임조합원은 업무를 집행할 수 있는 권한을 행사할 수 있다. 그렇다면 합자회사에서 유한책임사원이 업무집행권을 가지고 있는가에 대한 물음이 제기될 수 있다. 상법은 유한책임사원은 회사의 업무집행이나 대표행위를 하지 못하도록 명문으로 규정하고 있다(제278조). 명문의 규정과 달리 여기에 해석론이 전개된다. 업무집행은 내부관계라는 이유로 상법 제278조 전단을 임의규정으로 보아 이를 긍정하는 입장과 상법 제278조는 유한책임사원에게 회사의 관리를 맡기는 것은 적절하지 못하다는 취지에서 규정된 것이라는 관점에서 강행규정으로 보아 이를 부정해야 한다는 입장이 있다. 다수의 학자들은 업무집행은 내부관계에 관한 사항이기 때문에, 임의규정으로 보아 유한책임사원도 업무집행권이 있다고 본다. 다수설에 따른다면, 유한책임사원도 업무집행권을 행사할 수 있게 된다. 그렇게 본다면, 합자조합이든 합자회사든 유한책임조합원과 유한책임사원이 업무집행권이 있다고 봐야할 것이다.

기타 이미 존재하고 있었던 합자회사에 대한 사항과 신설된 합자조합의 내용에 대하여는 그리 큰 차이가 없는 것으로 판단된다.

제3편

회사법 통칙

제1장
회사법의 체계

제1절 의의

상법은 모두 합하여 6편으로 구성되어 있다. 제3편 바로 회사편이고 회사법의 다양한 분야를 다루고 있다. 회사법은 다시 총 7장으로 구성되어 있다. 제1장은 통칙규정이다. 제2장은 합명회사, 제3장은 합자회사이다. 유한책임회사가 2011년 상법 개정 시 새롭게 도입되었다. 우리 회사법상 가장 중요한 지위를 차지하고 있는 주식회사는 제4장에 있다. 주식회사와 같은 자본회사이지만 인적인 요소를 가미하고 있는 유한회사는 제5장에 있다. 제6장에서 외국회사에 대한 규정이 존재한다. 회사편의 마지막 장인 제7장은 공법적 요소를 가미한 벌칙규정을 두고 있다. 총 7장으로 구성되어 있는 우리 회사법은 인적회사와 자본회사를 구분하여 보았을 때, 인적회사를 먼저 설명하는 방법을 택하고 있다. 회사 가운데 인적회사로 분류되는 합명회사와 합자회사를 규정하면서 사단법의 체계를 이해할 수 있도록 하고 있다. 2011년 유한책임회사를 도입하면서, 상법 어느 자리에 두어야 할 것인가에 대한 고민이 있었을 것으로 사료된다. 개정 전 상법을 보면 주식회사 다음에 유한회사가 위치하고 있었다. 그런 관계로 유한회사와 가까운 자리에 두어야 한다는 생각도 있을 수 있었겠지만, 현 상법은 인적회사 바로 다음에 유한책임회사를 규정하고 있다. 비록 유한책임회사가 자본회사에 속하기는 하지만, 유한책임회사는 인적인 요소를 상당부분 가미하고 있다는 점에서 인적회사 바로 다음에 위치를 점하는 타당할 것이다.

제2절 체계

　회사편 통칙은 총 9개의 조문을 가지고 있다. 제169조는 회사에 대하여 정의하고 있다. 상법에서 회사라 함은 "상행위나 그 밖의 영리를 목적으로 하여 설립한 법인"을 의미하게 되면서, 다수의 학자들은 상법상 회사를 정의함에 있어 "상행위 기타 영리를 목적으로 설립된 사단(제169조)인 동시에 법인으로 하고 있었다(제171조). 상법 제169조와 제171조로부터 회사는 "영리성", "사단성" 및 "법인성"의 특징으로 설명하게 된다.

　2011년 개정 전 상법은 회사에 대하여 "상행위 기타 영리를 목적으로 하여 설립된 사단을 이른다."라고 하여, 회사의 특징으로 "사단성"에 상당한 의미를 부여하고 있었다. 하지만 개정 상법은 "사단"이라는 용어를 삭제하여, 회사가 반드시 사단성을 가져야만 하는 것이 아니라는 점을 강조하는 모습을 취하게 되었다.

제3절 법전의 분리

　회사에 대한 규정을 상법에 담아야 하는가에 대한 의문이 있다. 일반적으로 상법이라 함은 상법에 대한 상행위에 있어서 요구되는 다양한 규칙들이 규정되어야 할 것이다. 일반법과 달리 상인에게 적용되어야 할 특별규칙이 규정되는 것이 일반적인 현상이고, 상거래와 관련된 대표적인 상인들의 모습이 등장할 수 있다. 대리상이라든가, 중개상, 위탁매매인 및 운송주선인 등의 규정이 필요하다. 상법에서는 주로 개인법적인 법률관계를 다루는 것이 일반적인 모습이다.

　회사는 일반법과는 다른 형태를 가지고 있다. 개인법적인 요소를 특징으로 하는 상법과 단체법적인 요소가 강하게 나타나는 회사법의 영역은 상당한 차이가 있다. 그런 측면에서 회사법을 상법으로부터 독립시키는 방안이 모색되어야 할 것이다. 특히 독일의 경우 유한회사의 경우 유한회사법이라고 하는 독립된 법을 가지고 있고, 주식회사 역시 주식법이라고 하는 독립적인 법 안에서 규정되고 있는 것을 볼 수 있다.

우리나라도 유한회사나 주식회사 등은 상법으로부터 독립하여 단일법을 만드는 것이 필요하지 않나 하는 생각이 든다. 그렇게 된다면, 인적회사인 합명회사와 합자회사는 상법의 영역에 존재할 수 있게 되지만, 유한회사와 주식회사는 독립법의 영역에 놓이게 된다. 그렇다면 유한책임회사는 어떻게 다루어야 하는가에 대한 물음이 제기될 수 있는데, 첫 번째 방안으로는 유한회사와 유한책임회사를 유한회사법에 공통으로 담는 방법이다. 또 다른 방법으로 각각의 법률을 만드는 방법을 생각할 수 있다. 그러나 이러한 방식은 설득력이 떨어진다. 유한회사와 유한책임회사는 "회사의 구성원이 출자한 만큼의 책임만을 부담한다고 하는 유한책임의 특징을 가지고 있는 회사"이다. 실제로 양 회사의 법률 규정을 살펴보면, 양자의 차이는 거의 존재하지 않는다. 양 회사형태 가운데, 하나는 삭제하는 것이 타당하다. 굳이 법률에 존치할 이유가 없다.

제2장
회사의 특징

제1절 의의

회사편 통칙은 총 9개의 조문을 가지고 있다. 제169조는 회사에 대하여 정의하고 있다. 상법에서 회사라 함은 '상행위나 그 밖의 영리를 목적으로 하여 설립한 법인'을 의미한다. 개정 전 상법은 회사를 설명함에 있어서 상행위 기타 영리를 목적으로 설립된 사단(169조)인 동시에 법인으로 하고 있었다(제171조). 상법 제169조와 제171조로부터 회사는 '영리성', '사단성' 및 '법인성'의 특징으로 설명하게 되었다.

2011년 개정 전 상법은 회사에 대하여 '상행위 기타 영리를 목적으로 하여 설립된 사단을 이른다.'라고 하여, 회사의 특징으로 '사단성'에 상당한 의미를 부여하고 있었다. 하지만 개정 상법은 '사단'이라는 용어를 삭제하여, 회사가 반드시 사단성을 가져야만 하는 것이 아니라는 점을 강조하는 모습을 취하게 되었다.

제2절 사단성

사단이란 일정한 목적을 위하여 결합된 인적 단체를 말한다. 사단은 재단 및 조합과 비교된다. 사단이 사람의 결합체라는 측면에서 재산의 결합체인 재단과 구별되고, 사단이 결합체의 단체성이 외부로 현저하게 드러남에 따라 사단의 독립성이 인정되는 반면에, 조합은 결합체 구성원의 개성이 뚜렷이 드러나게 되는 조합과 차이를 보인다. 사단의 대표적인 예는 유한회사와 주식회사를 들 수 있고, 조합적인 성질을 가진 단체의 대표적인 예는 민법상의 조합, 합명회사 및 합자회사를 들 수 있다.

회사의 특징을 설명함에 있어서, 사단성은 1인회사의 등장과 함께 문제가 제기되었다.[1] 1인 회사는 1인으로 설립되거나 회사가 1인의 구성원으로 유지되고 있는 회사이다. 회사의 일반적인 특징으로 인적인 결합체인 점을 고려하게 되면, 사단성과 1인 회사는 동등한 선상에서 설명이 되지 않는 모순이 발생하게 되는 것이다. 그러나 이러한 문제제기는 타당하지 않다. 회사라고 하는 것이 인적인 결합체이고, 그러한 측면에서 회사는 사단이라고 하는 성질을 가지고 있다. 독일이나 일본 역시 동일하다. 다만, 1인 회사는 예외적인 자본회사에 인정되는 회사형태로서, 이러한 1인 회사를 사단성에 결합시킬 문제는 아니라고 할 것이다.

제3절 법인성

우리 상법은 합명회사, 합자회사, 유한책임회사, 유한회사와 주식회사 등 5종의 회사를 인정하고 있고, 모든 회사에 대하여 법인격을 부여하고 있다(제169조 제170조).[2] 법인이라 함은 법인의 구성원인 사원과는 별개의 독립된 권리와 의무의 주체이다. 자연인이 권리와 의무의 귀속주체인 것과 마찬가지로, 법인 역시 그 자체로 권리와 의무의 귀속주체가 된다. 법인은 독립적인 법인재산을 가지고 있다.

우리는 원칙적으로 독일 회사법의 체계를 수용하고 있다. 하지만 독일이 유한회사와 주식회사에 대하여 법인으로 인정하면서 합명회사와 합자회사에 대하여는 조합으로 인정하고 있는 반면에, 우리는 일본이나 프랑스의 체계와 유사하게 5종의 모든 회사에 대하여 법

---

1   이철송, 『회사법강의』, 제20판, 박영사, 2012, 40면.
2   합자조합은 회사가 아니면서 또한 법인에 해당하지도 않는다.

인으로 하고 있다. 이는 단지 입법정책상의 문제라 할 것이다.

제4절 영리성

　회사가 상인인가에 대한 물음이 제기될 수 있다. 상행위(제46조)를 하는 경우 회사는 당연상인이지만, 상행위를 하지 아니하더라도 상인으로 본다(제5조 제2항). 회사는 상행위 기타 영리를 목적으로 하는 법인이기 때문에 상인으로 의제하고 있다.

제3장
1인 회사

제1절 의의

주식회사 및 유한회사는 자본회사이자 법인이다. 자본회사는 인적회사와 달리 회사의 존속이 2인 이상의 유지를 요건으로 하지 않고 있다. 주식회사 및 유한회사에서 지분의 전체가 한 사람의 사원이나 주주에 의하여 소유되고 있는 상태가 바로 1인 회사이다. 1인 회사는 사원이나 주주가 전체 지분을 가지고 있으면서 동시에 업무집행자나 이사가 되어 업무집행을 하기도 하고, 타인의 업무집행자나 이사를 선임하기도 한다.

1인 회사를 허용할 것인가에 대하여 다툼이 있었다.[1] 1인 회사의 허용을 금지하는 입장은, 1인 회사라고 하는 형태가 법률적으로 규정된 물적회사 형태의 본질과 합치되지 않고, '지배와 책임'의 원칙이 물적회사에서 지켜져야 한다는 주장을 내세웠다. 만약 회사를 인적인 결합체로서 정의를 내린다면, 1인 회사의 개념에 대하여 논리불합치성이 발생하게 된다. 하지만 공동구성원이 가지고 있던 영업지분의 전부를 취득한 경우, 혹은 2인의 주식회사나 유한회사에서 1인이 사망하고 남은 다른 사람이 사망한 사원의 지분을 상속하는 경우에, 회사가 해산되지 않고 그 독립성을 유지하며 존속해야 할 필요성이 있다.

---

[1]　학설다툼에 대하여는 특히 정동윤,『회사법』, 제6판, 법문사, 2000, 14면 이하.

다수의 사원을 가진 회사와 마찬가지로, 1인 회사 역시 회사재산을 근거로 하여 법적인 독립성을 갖는다. 하지만 1인 사원이 주식회사나 유한회사의 지분 전체를 가지고 있다는 점에서, '제한된 책임을 갖는 자영업자'와 다를 바가 없다는 점을 유의해야 한다. 1인의 주식회사나 유한회사에서 사원이자 이사 또는 업무집행자가 회사와 법률행위를 함으로써 '주주의 개인재산'과 '회사재산'의 혼용이 종종 발생하기도 한다.[2] 1인 주식회사나 유한회사는 '관찰할 수 없는 재산상태 때문에 우리 경제생활의 '악성의 종양'으로 발전된 경제법학자의 창조물'이라 주장하는 학자도 있고,[3] 때때로 '지킬박사와 하이드'의 모습으로 기술되기도 한다.[4] 특히 1인 회사의 이중적 존재인 '사원 겸 업무집행자'는 여러 가지 부도덕성을 제공하기도 한다는 점에서 여러 가지 문제점이 발생하고 있다. 단일한 참가, 단일한 지배와 분리된 재산귀속의 결합이 악용될 수 있고, 다수사원이 존재하는 회사에서와 같은 단체 내적인 통제장치가 존재하지 않는다. 1인 회사에서 예기치 못한 많은 문제들이 발생한다 할지라도, 결코 1인 회사를 법률생활로부터 배제할 충분한 근거는 되지 못한다.

제2절 자기행위와 1인 회사의 관련성

I. 사법상 대리와 자기행위

분업화와 전문화를 지향하는 현대경제는 경제주체 간 법적 접촉이 점점 늘어가고 있다. 거래관계가 발전하고 복잡해지면 기업주는 다양한 분야에서 대처해야 할 업무가 발생하게 되는데 이러한 모든 것을 기업주가 해 나간다는 것은 무리이다. 그러므로 기업주는 타인의 협력을 필요로 하게 되는데, 이를 가능하게 하는 것이 대리제도이다.[5] 대리제도는 타인이 본인의 이름으로 의사표시를 하거나 또는 의사표시를 받음으로써 그 법률효과가 직접 본인

---

2   재산혼용에 대하여는 유주선, "법인에서 사원의 실체파악책임-독일법상 재산혼용을 중심으로-", 『상사법연구』 제25권 제2호, 2006, 501면 이하.

3   Berg Hans, Schadensersatzanspruch des GmbH-Gesellschafters bei einem Schadens der Gesellschaft, NJW 1974, 933 (935).

4   Meyer-Cording, JZ 1978, 10. 1886년 스티브 로버트슨에 의하여 저술된 『지킬박사와 하이드』에서 지킬박사는 학식이 높고 자비심이 많은 인간상을 가지고 있지만, 특별한 약품을 복용한 후 악성을 지닌 추악한 하이드로 변신하게 된다. 인간이 가질 수 있는 선악의 모순된 이중성을 표현하고 있다.

5   대리에 대하여는 곽윤직, 『민법총칙(민법강의 I) 제7판』, 박영사, 2007, 252면 이하; 이영준, 『민법총칙』, 박영사, 2007, 486면 이하.

에게 발생하게 된다. 이러한 대리제도는 사적자치의 확장과 사적자치의 보충이 라는 기능을 담당함으로써 근대사법에서 아주 중요한 위치를 차지하고 있다. 오늘날 사회가 발전함에 따라 복잡화되고 인간의 활동범위가 증대됨에 따라 대리제도가 갖는 기능은 더욱 더 중요시되어가고 있다. 하지만 대리제도의 역할과 기능이 크면 클수록 여기에 수반하여 부작용이 발생할 수도 있다. 이런 부작용 가운에 대표적인 것이 본인의 이익이 침해되는 사항일 것이다. 우리나라는 2인 이상이 업무를 집행하게 하는 공동대리제도를 두어 대리권을 제한하고 있고, 누구도 동일한 법률행위에 관해서는 그 상대방의 대리인이 되거나 당사자 쌍방의 대리인이 될 수 없도록 하는 자기행위의 금지를 규정하고 있다.

독일은 자기계약(Selbstkontrahieren)과 쌍방대리(Mehrvertretung)를 포함하는 자기행위(Insichgeschäft)를 금지하는 규정을 독일 민법 제181조에 두고 있다. 자기행위의 금지는 개인법적인 측면에 한정되는 것이 아니라, 단체법적인 영역에서도 적용된다. 특히 문제가 되는 것은, 일인 유한회사에서 일인사원 겸 업무집행자가 회사와 법률행위를 하는 경우이다.[6]

Ⅱ. 자기행위의 개념

우리 민법 제124조는 '자기계약과 쌍방대리'라는 제목 아래 '대리인은 본인의 허락이 없으면 본인을 위하여 자기와 법률행위를 하거나 동일한 법률행위에 관하여 당사자 쌍방을 대리하지 못한다.'고 규정하고 있다.[7]

어떤 사람 을이 한편으로는 대리인의 자격으로 본인 갑을 대리하여 행위하고 다른 한편으로 스스로 당사자가 되어 행위하는 것을 '자기계약(자기대리)'이라 한다. 그리고 어떤 사람 을이 본인 갑의 이름으로 본인 갑을 대리하고 동시에 상대방인 병을 대리하여 본인 갑과 상대방 병 사이에 법률행위를 하는 것을 '쌍방대리'라고 하는데, 이 양자를 포괄하여 우리는 '자기행위'라고 한다. 우리 민법은 독일 민법과 마찬가지로 자기행위를 금지하고 있다. 양국의 입법자가 자기행위를 금지하고 있는 것은, 법률행위에 있어서 본인(갑)과 대리인(을) 사이에, 그리고 양 당사자(갑과 병) 사이에 동일한 사람(을)이 그 거래에 개입하게 됨으로써

---

6   유주선, "독일 유한회사에서 회사와 사원 겸 업무집행자의 법률행위-독일 민법 제181조를 중심으로-", 『비교사법』 제14권 제4호, 2007, 251면 이하.
7   양창수, "자기계약의 금지-유래와 규정목적-", 『고시계』 1988, 4월호, 68면 이하.

발생하는 이해관계의 충돌을 예방하기 위함이라고 한다. 하지만 이를 달리 생각한다면, 즉 본인과 대리인 사이에 이해충돌이 발생하지 않는다면 자기행위는 인정될 수 있다는 여지가 발생하게 되는데, 그것의 대표적인 사례가 '단지 법률적으로 이익이 되는 법률행위'와 '일인 사원 겸 업무집행자가 유한회사와 행하는 법률행위'이다.

Ⅲ. 자기행위 규정의 유래

자기행위라고 하는 개념을 인정할 것인가에 관한 문제가 19세기 독일에서 다투어졌다.[8] 일부의 학설에 의하면, 계약이라고 하는 것은 대립하는 두 당사자를 전제로 하는 것인데 자기행위의 경우에 당사자는 하나이고 그의 내심에서 의사결정이 일어날 뿐 의사표시가 교환되는 일이 없다는 점에서, 자기계약을 인정할 수 없다고 주장한다. 독일 민법 제정과정에서 제1위원회는 자기계약이 논리적으로 허용여부에 관한 문제를 다루었다. 동 위원회는 대리인이 내심으로만 양 당사자의 의사결정을 하였거나 독백의 방식으로 이것을 구두 또는 서면으로 표현하였을 때에는 그것은 계약의 개념에 반하지만, 계약체결을 제3자로 하여금 인식할 수 있게 하는 "외적인 사실"이 부가되었을 때에는 계약의 성립을 인정하였다. 하지만 독일 민법 제1초안은 자기계약에 관한 규정을 두지 않았다. 기본적으로 자기행위를 허용하려는 태도를 가졌던 제1위원회는, 단지 특정한 사례에 있어서만 자기계약을 금지하고자 하였던 것이다. 그 이유는 이러한 대리행위도 반사회적인 법률행위를 무효로 하는 제1초안 제106조에 반하지 않는 한 허용된다고 보았기 때문이다. 물론 이러한 경우 이익충돌의 가능성이 존재하나, 그것은 특별규정을 두는 것으로 해결하려고 하였는데, 그러한 입장은 '거래의 안전'을 고려한 것으로 보인다.[9] 결국 자기계약을 부정할 필요가 있는 사안에 대해서는 특별규정을 통하여 문제를 해결하려고 한 것이다.

1888년 뤼멜린은 그의 저서에서 '자기계약(자기대리)을 계약과 개념적으로 합치될 수 있는가', '실정법에서 자기계약이 존재해야 하는지', 그리고 '존재해야 한다면 어느 범위까지 인정해야 하는가'에 대한 것은 실정법의 문제라는 것을 제기하였다.[10] 이러한 견해를 명백하게 받아들인 제2위원회는 '그것을 허용하는 것이 거래안전과 조화될 수 있는가, 혹은 거

---

8   Flume, Die juristische Person, 1983, § 48 1, S. 815.
9   Staudinger/Schilken, BGB, § 181 Rdn. 3 b).
10 Rümelin, Das Selbstkontrahieren nach gemeinem Recht, 1888, S. 27 f.

래를 행함에 있어 이것이 요청되고 있는가'라는 문제에 접근하게 되었고, 결국 '자기계약 (자기대리)는 여러 이익이 서로 충돌할 위험과 일방 또는 상대방에게 해를 끼칠 위험을 그 자체 항상 안고 있으므로 법률이나 대리권수여에 의하여 허용되지 않은 이상 금지되어야 한다'는 결론에 도달한 것이다. 이와 같이 제2위원회는 제1위원회와는 달리, 현재의 독일 민법 제181조에 두 가지 일반적인 예외-허락과 채무의 이행-를 바탕으로 원칙적인 금지를 결정하였다.

자기계약의 금지를 임의대리에 한정하자는 제안에 대하여 제2위원회가 검토를 하였다. 하지만 이익충돌의 위험을 회피하여야 한다는 점은 임의대리와 법정대리에서 모두 동등하게 인정되어야 한다는 점에서 받아들여지지 않았다. 이러한 결과 제2위원회는 독일 민법 제2초안 제149조에 자기행위를 규정하였고, 동 규정이 현행 독일 민법 제181조로 변경되었으며, 이는 우리 민법 제124조와 거의 일치하는 구조를 이루고 있다.

IV. 자기행위 규정의 과제

독일 민법 제181조는 어떠한 목적을 가지고 있는가에 대한 물음이 제기된다. 우선적으로 이익충돌로 인한 본인의 이익보호가 주장된다. 하지만 판례와 일부 학설은 법적 안정성이라는 측면을 간과하지 않고 있다.

1. 본인의 이익보호

동일한 사람이 양 당사자를 대리하는 법률행위(대리인과 본인 사이에 발생하는 자기대리, 그리고 동일한 사람을 통하여 서로 다른 본인을 대리하는 쌍방대리)를 함으로써, 본인이나 혹은 서로 다른 한쪽 당사자의 재산손상에 대한 위험을 야기하는 명백한 이해충돌이 발생할 수 있다. 특히 계약을 체결함에 있어 서로 다른 양당사자의 이해관계는 대립할 수밖에 없게 된다.[11] 이러한 경우에 대리인이 자신의 이익을 고려하거나, 그에 의하여 대리되는 쌍방의 본인에 대하여 어느 한쪽에 현저하게 더 유리하게 행해질 수 있는 위험이 도사리고 있는 것이다. 적어도 대리인은 자신의 판단력이나 비판능력에서, 무의식적으로 자신의 이익이나 혹은 한 당사자의 이익으로 개입될 수밖에 없는 여지가 존재한다.[12] 그 결과 자기대

---

11 Kreutz, § 181 BGB im Licht des § 35 Abs. 4 GmbHG, Festschr. Mühl, 1981, S. 409 (410 f.).

리에서는 본인과 대리인 사이, 쌍방대리에서는 양 본인의 이익충돌이 나타나게 된다. 그러므로 독일 민법 제181조가 추구하고자 하는 우선적인 목적은 양 당사자 사이에서 발생할 수 있는 이해충돌의 위험을 예방하는 것에 있다는 주장[13]은 타당하다.

2. 법적 안정성

독일 민법 제181조는 본인의 이익에 대한 보호의 측면이 있는 것뿐만이 아니라, 동 규정은 형식적인 형성(Formale Ausgestaltung)을 통하여 법적안정성과 법적 명확성에도 기여한다.[14] 누구나 법률행위성립의 종류로부터, 자기행위가 존재하는지 아니면 하지 않는지를 판단할 수 있어야 한다. 독일 민법 제181조를 입법화함에 있어 제2위원회는 구체적인 사례에서 '이해충돌'과 본인의 '재산이익의 위험'에 놓여 있는가의 여부와 관계없이 단지 '계약체결의 방식'만을 규정한 것이다.[15] 즉 제2위원회는 대리관계에서 파악할 수 있는 이해충돌이 우려되는 사례가 존재할 수 있는바, 독일 민법 제181조에서는 단지 양 당사자에 대하여 법률행위를 함에 있어 동일인이 그 행위를 하는 것은 효력이 없어야 한다는 것을 입법화한 것이다. 결국 그 이외의 것에 대해서는 본 규정에 기술하는 것을 도외시 한 것이다.[16]

제2위원회는 이와 같이 '한 가지 유형의 규정목적에 지향되는 배타적인 표현(eine ausschließlich am materiellen Normzweck orientierte Fassung)'을 규정하지 않았다.[17] 이는 "행위의 효력은 '특정되지 않은 것'과 '인식 불가능한 것'을 통하여, 제3자의 '거래안전'이 위협받는 '순간'에 종속되어서는 아니 된다(Die Wirksamkeit des Aktes sollte nicht von einem Moment abhängig gemacht werden, welches durch seine Unbestimmtheit und durch die Unerkennbarkeit für Dritte die Verkehrssicherheit gefährdet wüde.)"는 제1초안서의 기술된 내용을 받아들인 것이다.[18] 이런 측면에서 독일 민법 제181조는 거래안전이라는 측면을 고려했던 것이고, 대리권에 대한 현명주의 원칙과의 관계 속에서 독

---

12 Stürner, Der lediglicher rechtliche Vorteile, AcP 173, 402 (442).

13 MünchKomm/Thiele, BGB, § 181 Rdn. 2; Soergel/Leptien, BGB, § 181 Rdn. 3.

14 Schubert, Die Einschränkung des Anwendungsbereichs des § 181 BGB bei Insichgeschäften, WM 1978, S. 290.

15 RGZ 157, 24 (31); BGHZ 33, 189; BGHZ 56, 97 (101).

16 RGZ 103, 417; RG JW 1931, 2229.

17 Hübner, Grenzen der Zulässigkeit von Insichgeschäften, Jura 1981, 288 (289).

18 Prot. I. S. 75.

일 민법 제181조가 존재하고 있다는 주장은 설득력을 잃지 않는다.[19] 동 규정은 '형식적 질서규정(formale Ordnungsvorschrift)'이라는 점을 부인할 수 없을 것이다.

제3절 자본회사에서 1인 회사의 인정

I. 입법적 연혁

인적인 결합체로서 회사는 사단성을 갖는다. 일반적으로 회사는 사단이므로 다수의 구성원을 존재하는 조건으로 설립된다. 인적회사인 합명회사와 합자회사는 모두 2인 이상의 구성원이 있어야 설립이 가능하다(제178조, 제269조). 2인 이상이 있어야 회사설립이 가능할 뿐만 아니라, 회사가 계속적으로 유지되기 위해서도 2인 이상의 구성원이 존재해야 한다. 그러므로 인적회사의 구성원이 1인으로 남아 있게 된다면, 그 인적회사는 소멸하게 된다(제227조 제3호, 제269조).

인적회사와 달리 자본회사에서 설립요건이나 존속요건이 필요한가에 대한 논의가 있었다. 1995년 주식회사법이 개정되기 전 회사 설립 시 7명의 발기인을 요건으로 하고 있었고, 1995년 상법을 개정하면서 설립 시 3인 이상의 발기인을 요구하였다. 그러나 주식회사를 설립할 때에는 인적인 결합체로서 사단성을 요구하였지만, 주식회사의 구성원이 1인으로 된 때에는 인적회사와 같은 해산사유로 규정하고 있지 않았기 때문에 1인의 주주로 이루어진 주식회사를 인정할 가능성이 존재하고 있었다.[20]

II. 1인 회사의 인정근거

종래 1인 주식회사는 회사의 본질인 사단성에 반하고, 지배에 따르는 책임부담의 원칙에 위배되며, 유한책임의 개인회사를 인정하는 것과 같은 결과가 되기 때문에 1인회사의 존속을 부정하는 견해도 있었다.[21] 그러나 우리나라 통설과 판례는 모두 1인 주식회사의 유효성을 인정하고 있었다. 그 근거로

---

19 Soergel/Leptien, BGB, § 181 Rdn. 4.
20 최기원, 『신회사법론』, 제13대정판, 박영사, 2009, 138면.
21 김정호, 『회사법』, 제2판, 법문사, 2012, 10면.

첫째, 주식회사에서 주주가 1인으로 되어도 해산사유가 되지 않는 점

둘째, 주식회사의 기초는 인적 요소에 있는 것이 아니라, 오히려 회사의 재산에 있으므로 회사의 재산이 유지되는 한 회사의 존재를 인정하여도 채권자 등의 보호에 지장이 없다는 점

셋째, 1인 회사는 금지하더라도 실익이 없고, 형식은 1인 회사가 아니면서도 실질적으로 1인 회사를 운영할 수 있다는 점

넷째, 1인 회사를 인정하는 것이 상법 이념의 하나인 기업유지의 정신에도 합치된다는 점

다섯째, 특히 회사의 사단성과의 모순은 주식의 양도가 자유로우므로 언제든지 사원이 복수로 회복될 가능성이 있기 때문에 문제되지 않는다는 점 등이 유력한 근거로 제시된다.

Ⅲ. 주요국의 입법태도

외국의 입법례를 보면 대부분의 국가에서 1인 회사를 인정하고 있다. 영미법계에서는 오래 전부터 1인에 의하여 이루어진 회사의 설립을 인정하고 있었다.[22] 유럽연합에서도 1인 회사에 대한 논의가 있었다.[23] 1989년 12월 20일 유럽공동체이사회는 1인 회사에 관한 제12지침을 의결하였다. 이 지침은 강행적으로 유한회사만을 규율하였다. 그러나 이 지침의 규정은 공동체회원국에서 주식회사도 1인 회사로서 허용되는 한 주식회사에 대하여 적용되도록 하였다. 이 지침에 의하여 1인 회사의 설립이 유럽연합에서 가능하게 되었다.

독일은 유럽연합지침에 따라 주식회사와 유한회사에 대하여 1인 회사의 설립을 인정하고자 하였다. 독일의 경우 주식법과 유한회사법에서 회사설립에 있어서 구성원의 인적요건을 요구하지 않게 됨에 따라,[24] 자본회사에서 명백하게 1인에 의한 자본회사의 설립을 인정하게 되었다. 우리나라와 유사하게 일본 역시 과거에 주식회사를 설립함에 있어 7인 이상의 발기인을 요구하고 있었다. 그러나 1990년 상법개정을 통하여 1인 회사의 설립을 가능하도록 하였다.[25]

---

22 MBCA § 2.01; Del. Gen. Corp. Law § 101.

23 유럽연합의1인 회사지침에 대하여는 이기수·최병규, 『회사법(상법강의 Ⅱ)』, 제9판, 박영사, 2011, 29면.

24 독일 주식법 제2조는 '설립의 수'에 대하여 규정하고 있다. 출자에 대한 대가로 주식을 인수한 1인이나 다수의 자는 회사계약(정관)의 확정에 참가해야 한다. 동 조문에서 '1인이나 다수의 자'의 문구에서 1인 회사의 설립의 가능성을 볼 수 있다. 유한회사법 제1조는 유한회사의 설립목적에 대하여 규정하고 있다. '유한회사는 각각의 법규에서 허용된 목적에 대한 유한회사법의 규정에 따라 1인이나 다수를 통하여 설립될 수 있음'이 규정되어 있다. 여기서 '1인이나 다수'의 표현에서 1인의 설립가능성을 엿볼 수 있다.

25 일본 회사법 제26조.

2001년 우리 상법이 개정되면서 주식회사의 설립 시 요구되었던 발기인의 수가 삭제되었다. 그 결과 1인의 발기인을 통하여 주식회사가 설립될 수 있게 되었다(제288조). 주식회사와 더불어, 상법 제543조 제1항의 개정을 통하여 유한회사에서도 역시 1인 사원만으로 회사설립이 가능하게 되었다.

IV. 1인회사와 사단성

2011년 4월 11일 상법이 개정되기 전 상법 제169조는 '본법에서 회사라 함은 상행위 기타 영리를 목적으로 하여 설립한 사단을 이른다'고 규정하고 있었다. 제171조 제1항은 '회사는 법인으로 한다'라는 규정을 통하여, 회사는 영리성, 법인성 및 사단성의 성질을 갖는다고 보았다. 일반적으로 사단성이란 복수의 결합체를 의미한다. 복수의 결합체를 갖지 못하는 1인 회사에게 사단성을 인정할 수 있을 것인가에 대한 물음이 제기되었다.

1인 주식회사가 사단성의 성질은 배제되지 않는다고 하면서 다음과 같은 주장이 제기된다. 첫째, 주식회사의 사단으로서의 특징은 '사람의 결합'이 아니라 '자본의 결합'이라는 점을 제시한다. 자본은 주식으로 균일하게 분할되어 있으므로(제329조 제2항), 사원의 개념은 주식의 개념으로 대체된다고 한다. 따라서 주식회사는 사원의 복수가 아니라 주식의 복수의 측면에서 사단성을 설명한다. 둘째, 사원지위의 이전에 증권화된 주권에 유통됨에 따라 주식전부가 1인의 소유로 될 수 있으며, 이로 인하여 복수주식이 소멸되는 것은 아니라고 한다. 또한 이것은 회사성립 후에 있어서의 일시적이고 잠재적이라는 점을 들어 주식회사의 사단성을 설명한다.

우리 상법상 주식회사·유한회사에서는 1인 설립이 가능하고(제288조, 제543조), 또한 존속요건으로서 2인 이상의 주주 또는 사원을 요구하고 있지 않다(제517조 제1호, 제609조 제1항 제1호). 따라서 1인 회사는 사단성에 합당하지 않기 때문에 회사의 의의에서 사단성을 삭제해야 한다는 주장이 제기되었다.[26] 외국의 입법례를 살펴보면 모든 회사를 일률적으로 사단으로 정하고 있는 국가는 존재하지 않았다. 단지 일본만이 사단성을 인정하고 있었으나, 2005년 회사법을 개정하면서 사단성을 삭제하였다.[27] 우리나라 역시 2011년 상법 개정 시 상법 제169조를 개정하여 사단이라는 용어를 삭제하였다.[28] 개정 상법은 일본 회사법

---

26 정찬형, 주제발표(1), 상법(회사편) 개정 공청회, 2006. 7. 4. 여의도 증권선물거래소 국제회의장(1층), 22면.
27 일본 신회사법 제3조, 제5조.

을 본받은 것이다.

사단성이라는 용어를 삭제한 것이 타당한 것인가에 대한 비판이 있다.[29] 1인 회사란 입법정책적으로 허용하는 회사의 존재상황이고, 회사란 복수의 사원이 인적 또는 자본적으로 결합하는 방법으로서 인정되는 법인형태이므로 여전히 그 본질은 사단이라는 것이다. 1인 회사가 허용된다고 하더라도 여전히 회사의 법률관계는 사단성에 기초해서 설명하고 규율해야 할 점들이 많으므로 회사를 사단이라고 하는 것은 실용적인 차원에서 의미가 있다.[30]

제4절 우리나라 1인 주식회사의 법률관계

I. 상법 규정의 적용배제

1인 회사도 주식회사로서 법인에 해당한다. 그러므로 1인 주주의 개인재산과 회사재산은 분리되어야 하고, 다수의 사원으로 이루어진 회사와 마찬가지로 원칙적으로 주주총회, 이사회, 대표이사 그리고 감사를 두어야 한다. 그러나 1인 회사는 모든 주식이 1인 주주에게 집중되기 때문에, 상법상의 주식회사에 관한 다수의 규정들 가운데 다수인의 집단으로서의 사단성을 전제로 하고 있는 규정이 그대로 적용되지 않을 수도 있다. 따라서 1인 회사에 대한 상법규정의 적용에는 어느 정도의 수정이나 제한 또는 적용의 배제가 불가피하게 된다.

II. 주주총회에서 발생하는 문제

1. 회사법상 주주총회의 운영

주주총회에 관하여 상법은 소집의 결정(제362조, 제366조, 제412조의3, 제467조 3항), 소집의 통지와 공고(제363조), 소집지(제364조), 결의방법과 의결권의 행사(제368조, 제369조, 제371조), 의사록(제373조) 등에 관하여 여러 규정을 두고 있다. 이러한 규정들 중 주주총회의 소집과 결의에 관한 규정은 복수의 주주를 전제로 하여 그들의 이익을 보호하

---

28 상법 제169조(회사의 의의) 본법에서 회사라 함은 상행위 기타 영리를 목적으로 하여 설립한 법인을 이른다.
29 최기원, 『신회사법론』, 박영사, 2012, 45면; 최준선, 『회사법』, 제7판, 삼영사, 2012, 32면; 개정에 동의하는 입장으로는 손진화, 『상법강의』, 신조사, 2012, 302면; 송옥렬, 『상법강의』, 홍문사, 2012, 694면; 이기수·최병규, 『회사법』, 제9판, 박영사, 2011, 64면; 정찬형, 『상법강의(상)』, 박영사, 2012, 439면.
30 이철송, 『회사법』, 제20판, 박영사, 2012, 44면.

기 위하여 제정된 규정들이므로 1인회사의 실질에 적합하도록 제한적으로 적용될 수밖에 없다.

2. 1인 주식회사의 주주총회 운영

상법상 주주총회의 소집은 상법에 다른 규정이 있는 경우를 제외하고는 이사회가 이를 결정하며(제362조), 이사회는 상법 및 정관에 정한 절차에 따라 주주총회를 소집한다. 이러한 주주총회 소집절차에 하자가 있는 경우 그 총회의 결의는 취소 또는 부존재의 사유가 있게 된다. 그러나 1인회사의 경우는 소집절차에 흠결이 있어도 결의 자체는 유효하며, 소집절차에 관한 규정은 주주의 이익을 보호하기 위한 것이기 때문에 1인주주의 동의만 있으면 생략할 수 있다고 할 것이다.

대법원 1967. 2. 28. 선고 63다981 판결

대법원은 "1인 주식회사에서 주주총회의 소집절차가 흠결이 있어 위법인 경우에도 그 주주가 주주권을 행사 소집된 주주총회에 참석하여 총회개최에 동의하고 아무 이의 없이 한 결의는 다른 특별사정이 없는 한 위법이라고 할 수 없다."고 판시하였다.

대법원 1968. 2. 20. 선고 67다1979·1980 판결

대법원은 "소집권한이 없는 자가 주주총회를 소집하거나 소집결정을 위한 이사회결의에 하자가 있다고 하더라도 1인 주주가 참석하여 이의 없이 결의를 하였다면 적법한 주주총회의 결의가 있다."고 판시하였다.

대법원 1966. 9. 20. 선고 66다 1187·1188

대법원은 "주주총회의 소집절차에 관한 법의 규정도 각 주주의 이익을 보호하려는 데 그 목적이 있는 것이므로, 주주총회가 소집권한 없는 자의 소집에 의하여 소집키로 한 이사회의 정족수와 결의 절차에 흠결이 있어 주주총회소집절차가 위법한 것이라고 하더라도 1인 주식회사로 그 주주가 참석하여 총회개최에 동의하고 아무 이의 없이 결의한 것이라면, 그 결의 자체를 위법한 것이라 할 수 없다."고 판시하고 있다.

그뿐만 아니라 전원출석총회에 대하여도 "주주총회의 특별결의 시 그 주주총회가 상법 소정의 적법한 소집절차를 경유하지 않았다고 하더라도 주주전원이 출석하여 만장일치로 결의한 경우라면 위 주주총회는 이른바 전원출석총회로서 그 결의는 주주총회결의로서 유효하다"고 하여 그 효력을 인정하고 있다.

특히 1인 주식회사에서 주주총회의 소집과 결의와 관련된 최근의 판례는 의미가 있다. 실질적으로 주주 1인이 회사의 주식 전부를 소유하고 있는 1인 회사로서 단독주주인 1인의 의사로 이루어진 경우라도, 그것은 그 주주의 의사가 바로 주주총회의 결의이므로 실제로 주주총회가 개최된 바 없다 하더라도, 1인 주주의 의사에 기하여 주주총회의 의사록이 작성된 이상, 위 결의 자체가 존재하지 않는 경우에 해당한다고 볼 수 없다고 서울고등법원은 판시를 하였다.[31]

대법원 1993. 6. 11. 선고 93다8702 판결

대법원은 "주식회사에서 총주식을 한 사람이 소유하고 있는 1인 회사의 경우에는 그 주주가 유일한 주주로서 주주총회에 출석하면 전원총회로서 성립하고, 그 주주의 의사대로 결의될 것임이 명백하므로 따로 총회소집절차가 필요없다 할 것이고, 실제로 총회를 개최한 사실이 없다 하더라도 1인 주주에 의하여 의결이 있었던 것으로 주주총회의사록이 작성되었다면 특별한 사정이 없는 한 그 내용의 결의가 있었던 것으로 볼 수 없어, 형식적인 사유에 의하여 결의가 없었던 것으로 다툴 수 없다."고 판단하였다.

---

3. 의사록 작성

1) 회사법상 의사록

비록 1인 회사라 하더라도 주주총회의 의사에는 의사록을 작성하여야 하며(제373조 제1항), 의사록에는 의사의 경과와 그 결과를 기재하고 의장과 출석한 이사가 기명날인 또는 서명하여야 한다(제373조 2항). 또한 이사는 총회 의사록을 본점과 지점에 비치하여야 하며, 회사채권자는 영업시간 내에는 언제든지 의사록의 열람 또는 등사를 청구할 수 있다(제396조). 주주총회에서의 의사결정은 회사 및 회사채권자와 이해관계가 있기 때문에 의사록 작성은 회사의 법률관계를 제3자에 대해서까지 명확하게 하기 위한 것이고, 따라서 의사록의 작성은 주주의 이익보호만을 위한 것은 아니기 때문이다.

---

31 서울고등법원 1992. 12. 15. 선고 92나543 판결.

2) 1인 주식회사의 경우

실제로 주주총회를 개최한 사실이 없고 1인 주주에 의하여 결의가 있었던 것처럼 주주총회의사록이 작성되었다 할지라도 특별한 사정이 없는 한 결의가 있었던 것으로 볼 수 있다고 하고 있다.[32] 대법원은 2004년에도 역시 동일한 선상에서 판단하였다.

대법원 2004. 12. 10. 선고 2004다25123 판결

대법원은 "소위 1인 회사의 경우에는 그 주주가 유일한 주주로서 주주총회에 출석하면 전원총회로서 성립하고, 그 주주의 의사대로 결의가 될 것임이 명백하므로 따로 총회소집절차가 필요 없다. 실제로 총회를 개최한 사실이 없었다 하더라도 그 1인 주주에 의하여 의결이 있었던 것으로 주주총회의사록이 작성되었다면, 특별한 사정이 없는 한 그 내용의 결의가 있었던 것으로 볼 수 있다. 이는 실질적으로 1인 회사인 주식회사의 주주총회의 경우도 마찬가지이며, 그 주주총회의사록이 작성되지 아니한 경우라도 증거에 의하여 주주총회결의가 있었던 것으로 볼 수 있다."고 판시하고 있다.

즉 1인회사의 경우에는 주주총회를 개최한 사실이 없더라도 특별한 사정이 없는 한 의사록의 작성을 결의의 유효요건으로 보고 있다. 그렇다고 할지라도 다수로 분산된 회사의 경우는 상법의 규정이 적용되어야 할 것이다.

대법원 2007. 2. 22. 선고2005다73020 판결

대법원은 "주식의 소유가 실질적으로 분산되어 있는 경우에는 상법상의 원칙으로 돌아가 실제의 소집절차와 결의절차를 거치지 아니한 채 주주총회의 결의가 있었던 것처럼 주주총회의사록을 허위로 작성한 것이라면 설사 1인이 총주식의 대다수를 가지고 있고, 그 지배주주에 의하여 의결이 있었던 것으로 주주총회의사록이 작성되어 있다 하더라도 도저히 그 결의가 존재한다고 볼 수 없을 정도로 중대한 하자가 있는 때에 해당하여 그 주주총회의 결의는 부존재하다고 보아야 한다."고 판시하고 있다.

---

[32] 대법원 1976. 4. 13. 선고 74다1755 판결.

4. 이사의 출석

1) 회사법상 이사의 출석

이사가 주주총회에 출석하여야 한다는 명문의 규정은 없으나 상법은 그 출석을 당연한 것으로 전제하고 있다(제373조 제2항, 제449조). 이사는 주주총회에 출석하여 제출한 의안의 제안이유를 설명하고, 출석한 주주의 질문에 답변하는 것이 그의 임무라고 할 것이다.

2) 1인 주식회사의 경우

이사의 출석은 어디까지나 주주총회의 원활한 운영을 기하자는데 그칠 뿐이지 이러한 출석이 총회성립의 요건이라고 할 수 없다. 따라서 1인 주식회사의 경우에 이사들이 전원 결석하더라도 그 1인 주주 단독으로 의안을 내어 결의하였으면 이로써 충분히 유효한 총회결의가 성립된다고 할 것이다.

5. 회사에 대한 횡령죄와 배임죄

1) 배임죄 여부

1인 주식회사에서 1인 주주 겸 대표이사가 회사에 손해를 가한 경우에 회사에 대한 배임죄가 성립되는가에 대한 물음이 제기된다.[33] 과거 판례는 회사의 손해는 바로 1인 주주의 손해라고 보고, 회사에 손해를 가하려는 범위를 인정하지 않았다. 그러므로 회사에 대한 배임죄를 부정하는 결과를 초래하였다.

> ### 대법원 1974.4.23. 선고 73도2611 판결
>
> "위 회사는 피고인이 모든 자금을 출자하여 설립한 회사로서 회사설립시 발기인으로 되어 있는 다른 사람들은 실제 출연을 하지 아니하고 법적요건을 구비하기 위하여 피고인에게 형식적으로 이름만 빌려준 사람들일 뿐 아니라 그 후에도 위 회사의 주식은 실제 모두 피고인이 소유하고 있어 실질적인 1인회사라고 한 원판시 인정사실을 긍인할 수 있다할 것이고 이러한 1인회사인 경우라도 다른 주주들이 주식인수의 형식을 갖춰 그 지위를 보지하고 있음이 인정되는 이 사건 회사에 있어 피고인이 위회사의 중요한 영업재산을 양도하는 경우에도 따라 주주총회의 특별결의를 거칠 필요가 없다고 하였음

---

[33] 유주선, "주주총회결의의 한계와 배임죄-1인 주식회사를 중심으로-", 『경영법률』 제30집 제3호(한국경영법률학회, 2020), 49면 이하.

은 표현상 미비점이 있기는 하나 위와 같이 실질적인 1인회사의 1인주주인 피고인으로서 회사의 손해
는 바로 그 주주 한사람의 손해인 것에 비추어 회사에 손해를 가하려는 의사 즉 범의가 없어 회사에
대한 배임죄는 성립할 수 없다."

그러나 주주의 유한책임으로 인하여 회사의 재산은 회사채권자에 대하여 유일한 책임재
산을 구성하게 된다. 그러므로 1인 주주라고 할지라도 회사와의 이해관계가 일치할 수 없다
고 하겠다. 회사의 손해는 주주의 손해일 뿐만 아니라 회사채권자의 손해이기도 함을 간과
해서는 아니 된다. 최근 대법원은 1인 주주가 임무에 위배하여 회사에 손해를 야기한 경우
에 있어서 배임죄를 인정하고 있다.

대법원 1983.12.13. 선고 83도2330 전원합의체 판결

"배임의 죄는 타인의 사무를 처리하는 사람이 그 임무에 위배하는 행위로써 재산상의 이익을 취득
하거나 제3자로 하여금 취득하게 하여 본인에게 손해를 가함으로써 성립하여 그 행위의 주체는 타인
을 위하여 사무를 처리하는 자이며 그의 임무위반 행위로써 그 타인인 본인에게 재산상의 손해를 발
생케 하였을 때 이 죄가 성립되는 것인 즉 주식회사의 주식이 사실상 1인 주주에 귀속하는 소위 1인
회사에 있어서도 행위의 주체와 그 본인은 분명히 별개의 인격이며 그 본인인 주식회사에 재산상 손
해가 발생하였을 때 배임죄의 죄는 기수가 되는 것이다."

대법원 대법원 2005.10.28. 선고 2005도4915 판결

"배임죄는 재산상 이익을 객체로 하는 범죄이므로, 1인 회사의 주주가 자신의 개인채무를 담보하기
위하여 회사 소유의 부동산에 대하여 근저당권설정등기를 마쳐 주어 배임죄가 성립한 이후에 그 부동
산에 대하여 새로운 담보권을 설정해 주는 행위는 선순위 근저당권의 담보가치를 공제한 나머지 담보
가치 상당의 재산상 이익을 침해하는 행위로서 별도의 배임죄가 성립한다 할 것이다."

대법원 대법원 2006.6.16. 선고 2004도7585 판결

"1인회사에 있어서도 행위의 주체와 그 본인은 분명히 별개의 인격이며, 그 본인인 주식회사에 재
산상 손해가 발생하였을 때 배임죄는 성립하는 것이므로 궁극적으로 그 손해가 주주의 손해가 된다
하더라도 이미 성립한 죄에는 아무 소장이 없다 할 것인바, 피고인이 다른 주주들의 주식을 모두 취득
하려 하였다는 사정만으로 배임죄의 성립에 영향을 미치는 것도 아니다."

2) 횡령죄 여부

1인 주주가 회사재산을 영득한 경우에 대법원은 횡령죄를 인정하고 있다.[34]

대법원 1989.5.23. 선고 89도570 판결

"주식회사의 주식이 사실상 1인주주에 귀속하는 1인회사에 있어서도 회사와 주주는 분명히 별개의 인격이어서 1인회사의 재산이 곧바로 그 1인 주주의 소유라고 볼 수 없으므로 사실상 1인주주라고 하더라도 회사의 금원을 임의로 처분한 소위는 횡령죄를 구성한다."

대법원 1999.7.9. 선고 99도1040 판결

"주식회사의 주식이 사실상 1인의 주주에 귀속하는 1인회사의 경우에도 회사와 주주는 별개의 인격체로서 1인회사의 재산이 곧바로 그 1인 주주의 소유라고 볼 수 없으므로, 그 회사 소유의 금원을 업무상 보관 중 임의로 소비하면 횡령죄를 구성하는 것이다."

대법원 2007.6.1. 선고 2005도5772 판결

"1인 회사에 있어서도 행위의 주체와 그 본인은 분명히 별개의 인격이며 1인 회사의 주주가 회사 자금을 불법영득의 의사로 사용하였다면 횡령죄가 성립하고, 불법영득의 의사로써 업무상 보관중인 회사의 금전을 횡령하여 범죄가 성립한 이상 회사에 대하여 별도의 가수금채권을 가지고 있다는 사정만으로 금전을 사용할 당시 이미 성립한 업무상횡령죄에 무슨 영향이 있는 것은 아니다."

대법원 2011.2.10. 선고 2010도1292 판결

"위 피고인의 국민은행 계좌나 차명계좌에 입금된 금액들도 대부분 피고인 1이 지배하고 있는 ○○○ 그룹 계열회사들에 자금을 지원하는 등 위 피해 회사들과는 무관한 용도로 사용된 사실을 충분히 인정할 수 있다. 위 사실에 의하면, 위 피고인들은 위와 같은 피해 회사들과는 무관한 용도로 사용할 목적으로 피해회사들의 자금을 위와 같은 방법으로 인출하여 부외자금을 조성하였다고 봄이 상당하므로, 위에서 본 법리에 비추어 이 부분 부외자금 조성행위 당시 위 피고인들의 불법영득의사가 실현된 것으로 볼 수 있고, 상고이유 주장과 같이 위 계열회사 전부가 피고인 1의 1인회사라 하더라도 달리 볼 수 없다."

---

34 유주선, "1인 주식회사의 횡령죄에 관한 연구", 『비교사법』 제27권 제2호(한국비교사법학회, 2020), 213면 이하.

3) 검토

1인회사의 1인 주주인 대표이사의 배임죄에 대한 사건은 지속적으로 등장하고 있다.[35] 대법원은 83도2330 전원합의체 판결 이후로 꾸준히 배임죄 성립을 인정하고 있다.[36] 30년 이상 계속 인정되어 온 관행처럼, 별 다른 비판[37]없이 적용하고 있는 것이 현실이다. 그러나 83도2330 전원합의체 판결을 자세히 보면, 배임죄 성립의 구성요건 존재조차 무시하는 오류를 범하고 있다. "1인 회사에 있어서도 행위 주체와 그 본인은 분명히 별개의 인격이며, 그 본인인 주식회사에 재산상 손해가 발생하였을 때 배임죄는 기수가 되는 것이므로, 궁극적으로 그 손해가 주주의 손해가 된다고 하더라도 이미 성립한 죄에는 아무 소장이 없다고 할 것이며, ~배임죄의 범의는 자기의 행위가 그 임무에 위배한다는 인식으로 족하고, 본인에게 손해를 가하려는 의사는 이를 필요로 하지 않는다."[38]

한편 이 판례는 1인 회사와 주주가 "별개의 인격"[39]이라는 관점에서 "법인이익독립론"[40]을 취하고 있다고 볼 수 있다.[41] 법인이익독립론이란, ① 회사는 주주 기타 이해관계자로부터 구분된 법인격을 가지는 별개의 존재이고, ② 손해 여부를 판단할 때 주주 기타 이해관계자와 구분된 회사 자체만을 기준으로 판단하여야 하며, ③ 이사는 회사에 대하여 선관주의의무 및 충실의무를 부담하므로 회사 그 자체에 손해가 발생할 때 임무위배행위가 있다고 본다.[42] 그러나 "법인이익독립론"을 취하게 된다면, 최근 인정되고 있는 합병형 LBO사례[43] 등

---

35 유주선·이정민, "1인 주식회사와 배임죄", 『경영법률』 제28집 제4호(한국경영법률학회, 2018) 97면 이하.

36 대법원 2014.2.21. 2011도8870; 2012.6.14. 2010도9871; 2006.11.10. 2004도5167; 2006.6. 16. 2004도7585; 2005.10.28. 2005도4915; 1996.8.23 96도1525; 1989.5.23. 89도570; 1985. 10.22. 85도1503; 1984.9.25. 84도1581; 1983.12.13. 83도2330(전원합의체 판결).

37 1인 회사의 배임죄나 횡령죄 인정에 대한 법원의 입장을 비판하는 견해로, 송옥렬, "주주의 부와 회사의 손해에 관한 판례의 재검토", 『사법』 제2호(2007), 51면 참조; 김일수, "1인회사의 주주겸 대표이사의 업무상 배임", 『주제별 판례연구』 8(법원공보사, 1993), 318면 참조.

38 대법원 1983.12.13. 선고 83도2330 판결 참조. 이에 대한 문제제기로, 김일수, 상게논문, 318면.

39 이른바 1인 회사에 있어서도 행위의 주체와 그 본인은 분명히 별개의 인격이며, 그 본인인 주식회사에 재산상 손해가 발생하였을 때 배임죄는 성립하는 것이므로, ~피고인이 다른 주주들의 주식을 모두 취득하려고 하였다는 사정만으로 배임죄의 성립에 영향을 미치는 것도 아니다〈대법원 2006.6.16. 2004도7585〉.

40 회사는 독립된 법인격을 가지므로, 회사의 손해와 주주의 손해는 다른 것이고, 전체 주주에게 손해가 없더라도 회사에게 손해가 발생할 수 있다고 본다. 김태병, "회사의 손해와 주주의 손해", 『재판실무연구』(수원지방법원, 2012), 211면 참조.

41 만일 주주자본주의 입장이라면 1인 회사의 경우 배임죄가 성립하지 않을 것이다. 미국의 판례법에서는 이사는 회사 및 그 주주들에게만 신인의무를 부담할 뿐 채권자에 대하여는 신인의무를 부담하지 않으며, 채권자는 법이 인정하고 있는 절차적인 보호장치 외에 추가적인 보호를 받을 당연한 자격이 있는 것은 아니라고 한다. 김병연, "LBO와 채권자보호에 대한 검토", 『기업법연구』 제26권 제2호(2012), 84면 참조.

42 조성훈, "계열사 간 내부거래와 배임", 『선진상사법률연구』 제76호(2016. 10.), 121면 참조.

에서 배임죄 문제를 해결하는 데 있어서 모순이 발생하게 된다.[44] 이를 해결하기 위해서는 법인의 성격[45]과 1인회사의 법리를 재검토 할 필요가 있다고 하겠다.

2017년 기업집단의 계열사 지원에 있어서 배임죄 성립의 기준을 제시한 판례[46]에서 대법원은 'SPP조선이 SPP그룹 계열사들의 생산활동에 필요한 철강재 등 원자재를 통합구매해 어음 결제 방식으로 계열사에 공급한 것은 그 지원행위의 성격에 비추어 특정인 또는 특정회사의 사익을 위한 것으로 보기 어렵고, SPP조선에 손해를 가한다는 인식하에 한 의도적 행위라고 단정하기 어렵다'고 판시하였다.[47] 이는 다시 말해 배임죄의 주관적 구성요건요소인 이익취득의 인식과 의욕이 없고, 손해를 가한다는 인식과 의욕이 없는, 즉 배임죄의 고의가 없는 행위였다는 점으로 이해될 수 있다. 대법원은 여기서 기업집단 내 계열회사 사이의 지원행위가 ① 계열회사들이 실체적 측면에서 결합되어 공동이익을 추구하는 관계에 있는지(기업집단기준), ② 지원행위가 특정인이나 특정회사를 위한 것이 아니라 계열회사들의 공동이익을 도모하기 위한 것인지(공동이익기준), ③ 지원할 회사의 선정이나 지원 규모가 객관적이고 합리적인지(선정·규모 기준), ④ 지원행위가 정상적이고 합법적인 방법으로 시행되었는지(방법 기준), ⑤ 지원하는 회사가 그에 상응한 적절한 보상을 객관적으로 기대할 수 있는 상황이었는지(보상 기준)[48]를 파악하여, 경영판단의 재량범위 내에서 행해진 행

---

43 일반적으로 회사가 타인의 채무를 보증하거나 담보를 제공하는 경우 주주에게도 손해가 되는데, 이러한 주주의 손해는 일반적으로 간접손해의 형태를 취하고, 일단 회사에 생기는 손해에 주목하여 이사에게 배임죄 적용하는 것이 가능하다. 그러나 1인 회사라면, 1인 주주의 채무에 회사가 담보를 제공하는 것은 주주에게 손해가되거나 임무위배에 해당할 소지가 없지만, 1인 회사의 법리에 의하면 배임죄가 성립한다. 다만, 회사=주주전체라고 이해한다면 배임죄 성립이 부정될 여지도 있다. 나아가 100% 지배와 합병의 경우, 즉 LBO거래에서 피인수회사가 SPC와 합병하는 경우, 합병형 LBO의 경우, 배임죄 성립이 부정될 수 있다. 송옥렬, "신주의 저가발행에서 이사의 임무위배", 『민사판례연구』 제33집(상), 2011, 724면 참조.

44 여기에 대해 천경훈 교수는 "LBO에 관한 형사판결들은 회사의 손익을 판단함에 있어 배후의 실체를 외면하고, 법인 그 자체라는 관념만을 고수하는 것이 과연 가능하고 타당한가라는 의문을 더 이상 피해갈 수 없게 만들었다."라고 서술하고 있다. 천경훈, "LBO판결의 회사법적 의미-이사는 누구의 이익을 보호해야 하는가?-", 『저스티스』 통권 제127호, 2011, 212면 참조.

45 법인을 왜 만드는가에 대해서 두 가지 생각을 해볼 수 있다. 첫째 복잡한 법률관계를 단순화할 수 있도록 법적권리·의무의 귀속 주체가 필요해서, 둘째 영업주의 재산과 영업재산을 구분함으로써 영업과 관련된 채권자가 안심하고 거래할 수 있도록 하기 위해서라고 할 수 있다. 자세하게 송옥렬, "주주의 부와 회사의 손해에 관한 판례의 재검토", 『사법』 제2호, 2007, 47면 참조.

46 대법원 2017.11.9. 선고 2015도12633 판결.

47 이에 대해 대법원 관계자는 기업이 사업확장을 하면서 단일한 법인격을 유지하며 신설 사업부문을 확장하는 방식을 택할 것인지 아니면 모기업 100% 지분을 가지는 자회사를 설립해 신설 사업을 맡도록 할 것인지는 기업활동의 자유에 해당하는 영역이라며, 세계적인 글로벌 기업들이 기업집단을 구성해 사업영역을 다양화하고 있는 현실을 법리에도 반영할 필요가 있다고 설명했다. 이세현 기자, "[판결] 그룹 내 계열사 간 지원, 배임 단정은 잘못", 법률신문, 2017.11.15.

48 이완형, "배임죄에서 계열사 지원행위와 경영판단의 한계", 대법원 형사법연구회 공동학술대회 발표문, 2018,

위로 볼 수 있다면, 가해의사가 부정되어 배임죄가 성립하지 않는다고 판단한 것으로, 이는 1인 회사 관련 사례는 아니지만 배임죄 성립 여부에 중요한 의미를 준다.[49]

> ### 대법원 1974. 4. 23. 선고 73도2611 판결
>
> 대법원은 "실질적인 1인 회사에 있어서는 다른 주주들이 주식인수의 형식을 갖춰 그 지위를 보지하고 있는 경우에는 그 회사의 중요 영업재산을 양도하려면 주주총회의 특별결의를 필요로 하지만, 이러한 결의 없이 임의처분한 경우에도 실질적인 1인 회사의 1인 주주로서 회사의 손해는 바로 그 주주 한 사람의 손해인 것임에 비추어 회사에 손해를 가하려는 범의가 없어 회사에 대한 업무상 배임죄는 성립될 수 없다."고 판시하였다.

6. 기타사항

영업양도에 있어서도 다수의 사원을 상정한 상법상 규정은 적용되지 않는다. 1인 주주이자 대표이사인 사람의 동의가 있었다면, 영업양도에 있어서(제374조 제1항 제1호) 요구되는 주주총회의 특별결의는 존재하지 않아도 가능하다는 것이 대법원의 입장이다.[50]

Ⅲ. 1인회사와 이사의 자기거래

1인 회사에서도 다수의 이사를 구성원으로 하는 이사회가 존재하는 경우가 발생할 수 있다. 그 경우 이사가 자기거래를 하기 위해서는 이사회의 승인을 받아야만 하는가에 대한 논의가 있다.[51]

1. 부정설

부정설의 입장에서는 이사와 회사 간의 거래의 제한에 관한 상법 제398조의 규정이 1인 주주가 이사인 경우에는 그 적용이 없다고 보는 입장이다.[52] 상법 제398조의 보호범위를

22면 참조; 이완형, "기업집단 내 계열회사 간 지원행위의 업무상배임죄 성립 여부", 『사법』 제43호, 2018, 참조.

49 LBO와 관련하여 회사의 손익을 판단함에 있어 배후의 실체를 외면하고 법인 그 자체라는 관념만을 고수하는 것이 불가능하다는 전제하에 논의를 전개하고 있는, 천경훈, 전게논문, 212면 참조.

50 대법원 1976. 5. 11. 선고 73다52판결.

51 김정호, 『회사법』, 제2판, 법문사, 2012, 12면 이하.

회사의 이익으로 보고 1인 회사의 경우 1인 주주의 재산과 회사재산의 귀속주체가 동일함을 내세워 이러한 결론을 제시한다.[53] 이러한 해석은 기관분화를 본질로 하는 주식회사제도에 반한다고 하는 이유로 이에 반대하는 견해에 대하여, 이사의 자기거래를 제한하는 취지는 기본적으로 회사의 이익을 보호하기 위한 것이고, 주식회사의 기관분화와 밀접하게 관련되는 것이라고는 보기 어렵다고 하면서, 1인 회사의 경우에 자기계약에 해당되지 않는다고 주장하였다. 이러한 주장은 1인 주주가 업무집행을 동시에 하고 있다면 이를 막을 수 없다고 할 것이다. 독일 연방대법원도 이사의 자기거래에 관하여 처음에는 그것이 자기계약·쌍방대리를 금지하는 독일 민법 제181조에 해당하는 것으로 풀이하였으나, 뒤에 태도를 바꾸어 이사의 자기거래는 위 금지규정에 해당하지 않는다고 판시하였다.

2. 긍정설

긍정설의 입장에서는 회사재산은 모든 채권자에 대한 담보가 되므로 1인 주주의 이사라 하더라도 회사와 이해관계가 일치된다고 할 수 없다고 주장한다. 상법 제398조의 보호범위를 회사의 이익뿐만 아니라 회사채권자의 보호에까지 확장시키면서 1인 회사에도 그 적용가능성을 부정하지 않는 입장이다.[54] 상법 제398조는 회사재산의 보호와 더불어 채권자보호도 동시에 꾀하고 있음을 알 수 있다. 하지만 1인 주주의 실질적인 지배하에 있을 이사회가 실질적인 통제기능을 수행할지에 대하여는 의문이 제기된다.

3. 파생되는 문제점

자기거래의 문제는 주주와 채권자, 회사거래의 상대방 등 이해관계인 보호의 필요성과 회사자본유지의 이념 등 여러 가지 고려사항 속에서 이사의 자기거래를 허용하는 거래의 공정성을 확보할 수 있도록 자기거래를 어떤 방법으로 적절하게 규제할 것인가가 해결하여야 할 중요한 과제이다.[55] 문제는 주주가 1인이면서 그가 업무집행을 한다면 그 승인에 대한 통제의 의구심이 제기된다. 결국 1인 주주이면서 업무를 집행하는 자는 자의대로 회사와

---

52 대법원 1992. 3. 31 선고 91나 16310 판결; 정동윤, 『회사법』, 법문사, 17면, 440면.
53 독일의 유사한 판례로는 BGHZ 56, 97.
54 독일 연방대법원이 제시한 결론과 유사하다. BGHZ 33, 189.
55 김정호, 『회사법』, 제2판, 법문사, 2012, 13면 이하.

주주 간의 거래를 자유롭게 행사할 수 있다는 것을 의미하게 되고, 결국은 1인 회사에는 사원이 1인 뿐이므로, 복수의 주주가 존재하는 것을 전제로 하여 그들의 이익을 보호하기 위하여 제정된 회사법적 형식, 즉 주주총회의 소집절차나 결의방법에 관한 규정을 엄격하게 지켜야 할 필요성은 없게 된다.[56]

1인 회사의 경우 주주가 그 자신만으로 회사의 대표이사를 겸하는 경우가 대부분이다. 이 경우에는 이사회의 승인을 받을 수 없고, 주주이자 대표이사가 자기거래를 할 수 밖에 없는 상황이 발생한다. 즉, 제398조의 통제를 받음이 없이 이사의 자기거래행위가 발생하는 것이다.

IV. 의결권의 제한

상법 제368조 제3항은 특별한 이해관계가 있는 주주에게 의결권을 제한하고 있다. 그러나 1인 주주로 이루어진 1인 회사에서 특별한 관계를 갖는 주주가 존재하지 않기 때문에 동 규정은 적용의 가치가 없다.[57] 감사의 선임 시에도 마찬가지이다. 즉 감사의 선임 시 100분의 3 이상을 가진 주주의 의결권은 100분의 3으로 제한되지만(제409조 제2항), 1인 회사에서 동 규정은 아무런 가치를 주지 못한다.

V. 주식의 양도규정

우리 상법은 규모가 작은 회사에 대하여, 주식양도에 있어서 정관에서 이사회의 승인을 받도록 할 수 있음을 인정하고 있다(제335조 제1항 단서). 동 규정 역시 1인 회사에도 적용된다. 이사가 1인으로 이루어진 회사에 대하여는 이사회의 승인에 갈음하여 주주총회의 승인을 받아야 하는 것으로 하고 있다(제383조 제4항, 제335조 제2항). 그러나 주주가 1인으로 이루어진 1인 회사의 경우에는 그 주주 자신이 임의로 주식을 양도할 수 있는 가능성이 발생하게 된다.

정관에 의한 주식양도제한의 경우에, 회사채권자를 보호해야 할 것인가의 다툼이 있다.[58] 정관에 의한 주식양도제한은 1인 회사에도 적용되어야 한다는 견해[59]와 제335조의 규정은

---

56 임재연, 『회사법 I』, 박영사, 2012, 45면 이하.
57 이철송, 『회사법』, 제20판, 박영사, 2012, 45면.
58 임재연, 『회사법 I』, 박영사, 2012, 47면.

기존 주주가 원치 않는 주주가 들어오는 것을 예방하기 위한 규정이므로 1인 회사에는 적용의 필요성이 없다는 주장[60]이 있다. 후자가 타당하다. 정관에 제한한다고 할지라도 아무런 의미가 없다고 할 것이다.

제5절 1인 회사의 독립성과 실체파악

독일 연방대법원은 법인은 권리담당자로서 그의 독립성은 쉽게 박탈될 수는 없으나, 만일 '생활의 실제·경제적인 필요성·사실의 힘이 이를 명할 때에는 독립성이 인정되지 않는다.'고 하면서, 법인과 구성원(유한회사와 사원)의 분리원칙이 인정될 수 없음을 다루었다. 독립성을 부정하는 것이 쉽게 받아들여져서는 아니 된다. 문제의 해결을 우선적으로 실정법에서 해결의 모색을 해야 된다.

유한회사법은 제30조와 제31조에서 채권자를 위한 유일한 책임근거가 되는 자본금의 지급금지를 규정하고 있다. 다수의 유한회사에서 다른 사원들의 지급불능의 경우에, 만약 유일한 자본이 다른 사원들에게 반환되는 경우에, 이 사람이 다른 회사와 함께 자기행위를 통하여 부당한 이익을 창출하는 경우에, 유한회사법 제31조 제3항에 의하여 그 유일한 사원은 줄어든 자본의 충실을 위하여 상환되어야 한다. 반면에 1인 유한회사에서는 다른 사원의 교정수단이 없어서, 자본유지규정에 대한 위반이 전혀 확인될 수 없거나, 아니면 너무 늦게 확인된다. 만약 민법 제181조가 생각할 수 없는 위험상황에 직면하는 동안 하나의 위반이 확인되는 경우에, 바로 사원의 실체파악의 책임이 고려된다. 연방대법원이 이에 대하여 1인 사원의 자기대리의 제한은 1인 유한회사에서 민법 제181조의 방법에서 '재산혼용의 사례', '과소자본화의 사례' 및 '회사의 존재를 무효화하는 사례'의 경우에 미국식의 법인격부인론, 이른바 실체파악책임을 인정하게 되었다.[61]

---

59 이철송, 『회사법』, 제20판, 박영사, 2012, 45면.
60 송옥렬, 『상법강의』, 제2판, 홍문사, 2012, 697면; 최준선, 『회사법』, 제7판, 삼영사, 2012, 39면.
61 Kreutz, § 181 BGB im Licht des § 35 Abs. 4 GmbHG, Festschr. Mühl, S. 409 (429); Buchmann, Registerpublizität und Gläubigerschutz bei der Einmanngesellschaft, 1984, S. 95.

제4장
법인격부인의 법리

제1절 의의

주식회사는 비록 주주가 1인인 1인회사라 하더라도 독립된 법인격을 가지고 독자적으로 영업활동을 한다. 분리원칙에 의하여 주주는 회사의 채무에 대하여 아무런 책임을 지지 않는다.[1] 그러나 1인 주주가 외견상으로는 주식회사의 형태를 취하면서 실제적으로는 회사가 사원의 지배·이익과 불가분의 일체를 이루어 사원이 개인적인 이익을 추구하는 모습을 볼 수 있다. 동시에 동회사가 파산이 되는 경우에는 책임을 회피하는 수단으로 이용함으로써 채권자를 해치고 일반 공중에게 상당한 피해를 야기할 수 있다. 우리 상법은 이러한 상황을 상정하고 입법한 규정이 존재하지 않는다. 그러므로 예외적으로 판례는 회사의 유한책임을 인정하지 않는 예외적인 측면을 고려하고 있다. 이를 우리는 법인격의 부인 또는 법인격의 무시이론이라 하여 회사의 구성원에게 예외적으로 책임을 인정하고 있다.[2]

---

1   분리원칙에 대하여는 유주선, "독일 유한회사 사원의 개인책임 법리", 『상사법연구』 제27권 제1호, 2008, 11면 이하.
2   정동윤, 『회사법』, 제6판, 법문사, 2000, 21면.

제2절 적용

주식회사의 신용의 기초는 회사재산에 있고 그 사원인 주주는 그가 가진 주식의 인수가액을 회사에 대하여 납입함으로써 그 책임을 다하는 된다(제331조). 이를 유한책임이라 한다. 대외적으로 주주는 회사채무에 대하여 아무런 책임도 지지 아니한다. 그러나 자본회사의 사원이 회사의 법인격을 남용하여 회사채권자의 권리를 침해하고 개인의 이익을 꾀한 경우에는 사원 개인의 유한책임의 특권을 부인해야 할 필요성이 자본회사인 유한회사와 주식회사에 논의된다. 이는 형평의 문제로서 미국의 판례법에서 시작되었다.[3]

I. 미국의 경우

미국에서는 우리나라의 회사해산명령(제176조)이나 해산판결(제241조, 제250조)과 같이 회사의 존재를 전면적으로 부정하지 아니하고 회사로서의 존재를 인정하면서 그 사안에 한하여 회사와 그 사원을 동일시하여 그에 대한 책임을 인정하는 경우가 있다. 이것이 이른바 미국의 판례법상 확립된 법인격무시(disregard of corporateness)의 법리이다.[4] 즉 이 이론은 법인 자체의 존재를 부인하는 것이 아니라 일정한 사유가 있는 경우에는 정의와 형평의 관념에서 회사라는 장막을 벗기고(piercing the corporate veil) 그 법인을 이용하여 이익을 꾀하고 있는 개인에게 책임을 돌리려는 것이다. 미국의 경우 법인격부인의 법리에 대한 적용한계는 명확한 것은 아니지만 대체로 채권자사해행위, 기존채무의 회피, 탈법행위, 사기, 범죄행위의 은폐 또는 공공이익의 침해 등의 수단으로 회사를 이용하는 경우 등에서 적용되고 있다. 이 이론의 적용효과는 회사의 1인 주주 또는 지배주주는 유한책임에 배제되어 회사의 채권자는 그 주주에게 책임을 지워 자기채권의 만족을 얻게 되고, 또 채권자 사해의 목적으로 회사를 설립하여 그 재산을 현물출자한 경우에 그 주주의 개인채권자가 회사의 재산으로부터 그 채권의 만족을 얻게 된다.

그러나 인적 회사인 합명회사의 사원, 합자회사의 무한책임사원은 회사채권자에 대하여 무한책임을 지고(제212조, 제269조) 또 채권자의 사해행위로 인한 설립취소의 소(제185조) 등이 인정되므로, 법인격부인의 법리는 주식회사, 유한회사와 같은 자본회사에 중요한 의

---

3   자세히는 김정호, 『회사법』, 제2판, 법문사, 2012, 15면 이하.
4   이철송, 『회사법강의』, 제20판, 박영사, 2012, 47면 이하.

미를 갖게 된다.

II. 독일의 경우

1. 논의의 출발

법인격부인의 법리는 독일에서 실체파악(Durchgriff)라는 이름으로 논의되고 있다. 다수의 자연인들이 공동의 목적(Gemeinsamer Zweck)을 위하여 형성된 인적단체는 크게 합수조합(Gesamthandgesellschaft)과 법인(Juristische Person)으로 구분된다.[5] 합수조합이 귀속으로부터 조합의 구성원이 배제되지 않는 것이라고 한다면, 법인은 귀속으로부터 구성원이 배제되는 것을 의미한다. 독일법상 합자회사와 합명회사는 합수에 속하는 반면, 유한회사(Gesellschaft mit beschränkter Haftung)와 주식회사(Aktiengesellschaft)는 일정한 요건을 갖추게 되면 법인격을 갖게 되는 법인에 해당한다. 법인이자 자본회사인 유한회사와 주식회사의 가장 중요한 특징은 바로 사원이자 주주가 회사에 출자한 지분만큼 책임을 부담하는 유한책임을 진다는 것이다. 유한회사와 주식회사에서 사원과 주주의 유한책임으로 인하여, 회사와 거래한 제3자로부터 사원에 대한 직접책임은 배제된다. 법인은 독립적인 권리주체로서 존재하고, 개인재산과 법인재산의 분리가 인정되어야만 하는데, 이것을 우리는 분리원칙(Trennungsprinzip)이라고 한다. 그러므로 이러한 분리원칙 하에서, 주식회사와 유한회사는 사원의 개인재산이 아닌 회사의 재산만으로 회사채권자에게 책임을 부담하게 되는 단독책임(Alleinhaftung)이 인정되는 것이다.[6]

회사재산만으로 책임을 부담하게 되는 단독책임은 사회적으로 유익한 활동에 대한 투자를 유도할 뿐만 아니라 시장의 불완전성을 검토하여 투자의 효율적 수준을 촉진하는데 기여하게 된다. 사원과 주주의 유한책임이 사회적으로는 영세자본의 출자를 통하여 효율적인 대규모 기업경영을 이룰 수 있고, 기업이 파산하더라도 출자자의 재산은 그대로 보존되어 새로운 사업을 할 수 있는 여지가 있다. 하지만 사원재산과 법인재산의 분리 혹은 사원의 유한책임을 남용하여 채권자의 권리를 해하게 할 가능성도 배제할 수 없다. 이는 "사원에

---

5   합수조합과 법인의 귀속과 책임구조에 대하여는 유주선, "독일법상 민법상 조합의 권리능력", 『기업법연구』 제20권 제1호, 2006, 382면 이하.

6   단독책임에 대한 자세한 설명은 유주선, "법인에서 사원의 실체파악책임", 『상사법연구』 제25권 2호, 2006, 504면 이하.

대한 유한책임의 불인정"에 관한 영역인 "Durchgriffshaftung"의 문제이다.[7] 법인임에도 불구하고 단체 구성원의 직접책임을 인정하려는 경향은 영국과 미국의 판례에서 우선적으로 등장하게 되었다. 이러한 경향은 성문법 국가인 독일에도 도입되어 1920년대 이래 다수의 초기 판례에서 연방대법원은, 미국에서 시도되었던 사원과 법인의 동일시(Einheit)를 통하여 법인의 채권자는 법인의 재산이 아니라 사원의 개인재산에 대하여 책임추궁이 가능하다는 것을 제시하였다.[8] 하지만 시간이 지나면서 독일의 학설은 미국의 판례에서 보여주었던 "사원과 법인의 동일시"의 방법이 아니라 성문법의 체계 내에서 해결하고자 하는 다양한 시도를 보여주었다.[9]

2. 발생하는 유형

1) 의의

사원이 법률에 의하여 유한회사를 설립하고, 이러한 유한회사는 책임재산으로서 회사재산을 갖는다. 사원이 출자한 만큼 책임을 부담하는 유한책임의 특권을 소유하기 위해서는, 회계장부에 의한 회사재산과 사원재산의 명확한 분리가 전제조건이다.[10] 회계장부에 의한 재산상태가 명확히 기재되지 않음으로써 어느 재산이 회사재산인지 어느 재산이 개인재산인지 분명하지 않은 경우에 이른바 "재산혼용(Vermögensvermischung)"의 사례가 나타나게 된다.[11] 한편 자본회사의 저자본화(Unterkapitalisierung)에서 사원이 인적 책임을 부담하는 가에 대한 물음이 제기된다. 유한회사법 제32a조와 제32b조에 의하면, 사원에 의하여 납입된 자본은 평소에는 타인자본의 형태이지만 회사의 위기 시에는 자기자본으로 다루어지게 된다. 이를 '명목적 저자본화(nominelle Unterkapitaliserung)'라고 한다. 이는 입법으로 보완된 바 실체파악과는 관계가 없다. 반면 실질적인 영업행위의 종류와 범위에 따라

---

7   독일 유한회사법 제13조 제2항 및 주식법 제1조 2항과 관련하여 독일에서는 책임실체파악(Haftungsdurchgriff) 의 문제가 학설에서 다양하게 다루어지고 있다. 이와 마찬가지로 우리 상법 제331조의 영역이 실체파악의 문제로 등장할 수 있을 것이다.

8   Reinhardt, Gedanken zum Identitätproblem bei der Einmanngesellschaft, Festschr. Lehmann (Band II), S. 576 (593).

9   Michalski Lutz, Kommentar zum Gesetz betreffend die Gesellschaften mit beschränkter Haftung (GmbHG), (2002) § 13 Rn. 327 이하를 참조.

10   Hueck/Windbichler, Gesellschaftsrecht(2003), S. 512.

11   재산혼용의 사례에서 실체파악에 대한 설명은 유주선, "법인에서 사원의 실체파악책임", 『상사법연구』 제25권 2호, 2006, 520면 이하.

제3자의 융자를 통하여 중기 혹은 장기의 자본조달을 만족하기 위한 자기자본이 충분하지 않은 경우가 발생하는데 이것을 '실질적 저자본화(materielle Unterkapitalisierung)'라고 하고, 바로 이 후자의 경우에 실체파악이 논해지게 된다.

'재산혼융'과 '저자본화'의 사례와 달리, 회사재산의 공개적이거나 은폐된 유출, 영업기회·정보·조세상의 이익 등을 회사로부터 빼앗는 행위, 중요한 생산라인의 폐쇄, 반대급부 없는 채무의 인수, 부적절한 행위를 하는 업무집행사원에 대한 영향력의 불행사 등으로 인하여 회사가 더 이상 존재할 수 없는 상황에 이르게 된 경우에 "회사의 존재를 무효화하는 침해(Existenzvernichtender Eingriff)"가 존재한다고 한다.[12] 이러한 사례는 일반적으로 소수의 사원이 존재하는 가족회사나 일인 사원에 의해서 운영되는 회사에서 발생한다.[13] 즉 소수사원 중 대표사원 혹은 일인사원이 회사재산을 탈취(Entnehmen)하거나 매우 위험스러운 영업을 선택함으로써 회사가 지불능력이 없는 상태를 야기하는 경우가 그것이다.

"재산의 혼융" 사례와 "회사의 존재를 무효화하는 침해"의 사례는 동시에 발생할 수도 하지만, 양자의 사례가 동일하다고는 볼 수는 없다. 왜냐하면 "재산혼융"의 사례가 사원에 의한 기만적인 방법에 의하여 회사재산과 개인재산이 인식할 수 없는 상태(영업장부의 부재)에서 발생하는 반면에, "존재를 무효화하는 침해"의 사례에 있어서는 유한회사의 재산이 아주 명백하게 알 수 있는 방법에 의하여 박탈될 수 있기 때문이다.

2) 회사의 존재를 파괴하는 침해

연방대법원은 유한회사의 사원이 회사채무에 대하여 책임을 부담해야 한다는 사실을 인정하였지만 무엇 때문에 발생하는지, 언제 발생하게 되는지 그리고 어떤 방법으로 책임을 부담해야 하는가에 대하여 언급하지 않았다. 하지만 최근에 연방대법원은 '존재를 파괴하는 침해(Existenzvernichtender Eingriff)'라는 개념을 가지고, 보다 더 구체적으로 사원의 인적책임문제에 대하여 제시하고 있다.[14] '존재를 파괴하는 침해'라 함은 회사재산의 공개적이거나 은폐된 유출, 영업기회·정보·조세상의 이익 등을 회사로부터 빼앗은 행위, 중요한

---

12 자세한 설명은 Röhricht, Die GmbH im Spannungsfeld zwischen wirtschaftlicher Dispositionsfreiheit ihrer Gesellschafter und Gläubigerschutz, in Festschr. 50 Jahre BGH, (2000), S. 83 (92 ff.).

13 일인회사와 실체파악의 상관성에 대하여는 유주선, "일인회사에서 자기대리의 문제", 『경영법률』 제16집 2호, 2006, 277면 이하.

14 BGHZ 150, 61; BGHZ 151, 181; BGH ZIP 2005, 117; BGH NJW 2007, 2689.

생산라인의 폐쇄, 반대급부 없는 채무의 인수, 부적절한 행위를 하는 업무집행사원에 대한 영향력의 불행사 등으로 인하여 회사가 더 이상 존재할 수 없도록 하는 경우를 의미한다.[15]

실제로 이러한 사례는, 기존회사의 사원이 회사의 자금이나 회사의 이익을 새로운 회사에 이전하는 경우,[16] 기업결합에서 자금관리를 하는 회사에 많은 자금을 입금한 유한회사가 필요시 그 자금을 요구하였지만 그 자금을 돌려받지 못해 파산된 경우[17] 등에서 나타날 수 있다. 그 외에 위험과 과도한 비용이 수반되는 행위는 당해 회사가 하는 반면에 이익이 되는 행위에 대해서는 다른 기업에 귀속되도록 하는 '이상적인 회사(Aschenputtel-GmbH)'에서, 존재를 파괴하는 침해가 등장할 수 있다.[18] 존재를 파괴하는 행위는 다수사원이 있는 유한회사에서도 발생하지만, 일인으로 구성된 회사나 가족으로 이루어진 폐쇄회사에 보다 더 자주 발생하게 된다. 회사의 존속이 사원(이는 자연인이든 법인이든 상관없다)에 의하여 침해되는 경우 회사채권자는 갑작스런 회사의 유동성문제로 채권확보에 커다란 문제에 직면하게 된다.

3) 침해의 구성요건

연방대법원에 따르면, 동 사례에서 사원책임을 인정해야 하는 주된 사항은 '사원의 위법한 행위로 인한 회사재산이나 회사의 영업기회(Geschäftschance)'에 대한 상실에 두고 있다.[19] 그러므로 동 사례에 대한 구성요건에 대하여 살펴보도록 한다.

(1) 회사재산이나 영업기회의 상실

존재를 파괴하는 침해의 대상은 회사재산이나 회사가 얻을 수 있는 영업이익 혹은 영업기회이다. 침해를 통하여 회사의 재산이나 회사의 영업이익이 바람직하지 않는 방향으로 연결되는 경우라면, 그러한 과정도 침해로서 평가될 수 있다. 하지만 침해대상과 관련하여 침해라고 하는 개념은 수동적으로 인정해야 할 것이다.[20]

---

15 Röhricht, Die GmbH im Spannungsfeld zwischen wirtschaftlicher Dispositionsfreiheit ihrer Gesellschafter und Gläubigerschutz, Festschr. 50 Jahre BGH, (2000), S. 83 (89).
16 독일에서는 BGHZ 151, 181(KBV-Urteil). 우리나라에서는 구안건사를 해산하고 신안건사를 설립한 행위 대법원 2004. 11. 12. 선고 2002 다 66892 판결.
17 BGHZ 149, 10(Bremer Vulkan).
18 OLG Düsseldorf, ZIP 2007, 227.
19 BGHZ 149, 10.

만약 회사의 사원이 회사에 부과된 불이익을 즉시 보상하였거나 혹은 완전히 원 상태로 돌려놓았다면, 그러한 과정은 침해라고 볼 수 없다.[21] 또한 유한회사에 의하여 운영되는 기업에서 지속적인 이익을 내는 회사에 그러한 침해가 발생하는 경우에, 획득된 재산의 순수한 지급은 해당되지 않는다. 그런 측면에서 재산유입을 하지 않거나 새로운 영업기회를 개시하지 않는 것에 대하여 반드시 침해의 개념으로 인정해야 한다고는 할 수 없다. 또한 회사재산이나 영업기회의 감소가 침해가 지불능력의 상실(Liquiditätsentzug)로 발생되지 않는 한, 침해의 개념에 인정될 수 없다.

(2) 사원에 의한 위법행위

유한회사에 존재하는 회사재산(Gesellschaftsvermögen)과 영업기회(Geschäftsschance)에 대하여 사원은, 회사의 상태가 지속적으로 유지될 수 있도록 노력해야 한다. 하지만 유한회사의 사원이 회사재산이나 회사의 영업기회에 대하여 침해하여, 회사가 더 이상 부담해야 할 채무를 이행하지 못하도록 한다면, 그것은 사원이 하지 말아야 할 의무인 '행위제한(Verhaltensschranke)'이 이루어진 것이 아니다.[22] 이 경우 위법한 행위를 한 사원에 대하여 책임이 인정되어야만 한다. 연방대법원은 '존재를 파괴하는 침해'에 있어서, 유한회사의 재산이나 영업기회가 유한회사의 사원에 의하여 상실되었다는 점에서 책임의 근거를 찾고 있다.[23]

(3) 회사의 해산

유한회사의 정관은 사원들에 의하여 작성된다. 유한회사의 사원은 정관에 따라 행위를 하기도 하지만, 회사의 정관을 변경할 수도 있다. 더 나아가 회사를 해산할 수도 있다. 하지만 유한회사를 해산하는 경우에는, 임의대로 회사를 해산해서는 아니 된다.[24] 유한회사의

---

20 Rubner, "Solvat soius" statt "caveat creditor"?, Diss. Köln, (2005), S. 33.

21 Hoffmann, Das GmbH-Konzernrecht nach dem "Bremer Vulkan"-Urteil, NZG 2002, 68 (69); Drygala, Abschied vom qualifizierten faktischen Konzern-oder Konzernrecht für alle?-, GmbHR 2003, 729 (733).

22 BGHZ 149, 10. 지난 2001년 연방대법원은 100%의 자회사의 유동자금이 그 회사를 지배하는 주식회사에 의하여 통제되었던 현금관리(cash management) 사례에서, 사원의 행위에 관한 제한(Verhaltensschranke)이 존재하고 있음을 제시하였다. 사원이 이러한 행위를 위반하여, 책임재산으로서 회사재산이 사라져 버렸거나 회사가 얻을 수 있는 기회가 상실한 경우에 동 사례가 나타나게 된다.

23 Altmeppen, Zur Entwicklung eines neuen Gläubigerschutzkonzeptes in der GmbH, ZIP 2002, 1553 (1559).

24 Burgard, Die Förder-und Treuepflicht des Alleingesellschafters einer GmbH, ZIP 2002, 827 (832).

사원이 회사재산이나 영업기회에 개입함으로써, 회사채권자의 채권확보가 불가능한 지급불능상태에 빠지게 하는 것은, 유한회사법 제65조 이하에 따른 정상적인 법적절차 없이 그 회사를 해산한 것에 해당한다.

4) 침해의 사례

BGH NJW 2002, 3024

40%의 지분을 가진 장인인 사원과 60%의 지분을 가진 사위를 사원으로 하는 유한회사가 있다. 이 회사의 업무집행자는 사위이다. 이 유한회사는 장인과 공장부지 및 영업장소의 임대계약을 해지하고, 영업을 중지하기로 결정했다. 그리고 이 회사 대신에 새로운 회사를 설립하면서 이 유한회사의 현재 종업원들을 받아들이기로 하였다. 사원이자 업무집행자인 사위는 또 다른 사원인 장인의 동의 하에 유한회사의 재산을 획득했고, 영업장소와 공장부지로부터 나오는 지불연체금을 매매대금과 상각하였다.

그 이후 업무집행자이자 사원인 사위는 설비재산을 매각시켰고, 그 매매대금을 스스로 착복하였다. 사원들은 유한회사법에 따른 적법한 청산절차를 밟지 않고 회사를 해산하였다. 이제 영업행위는 새로운 회사에서 계속되어졌다. 그러므로 구 회사채권자는 그의 채권확보에 문제가 발생하였고, 구 회사채권자인 원고는 회사의 유한책임을 남용한 사원들인 사위와 장인에게 책임을 물었던 사건이다.[25]

5) 침해의 결과

회사의 존재를 파괴하는 침해의 구성요건이 존재하면, '회사채권자에게 단지 회사재산으로 책임을 부담한다'는 유한회사법 제13조 제2항은 이제 그 기능을 유지하기 어렵게 된다. 회사목적을 위한 회사재산이 존재하지 않기 때문에 유한회사 사원의 책임특권은 사라지게 되는 것이다. 사원이 갖는 책임제한의 특권이 사라지면, 위법한 행위를 한 사원은 자기의 개인재산으로 회사채권자를 위한 책임을 부담해야만 한다.[26]

3. 판례의 동향

1985년 이래 독일의 연방대법원은 유한회사의 사원책임에 대한 법적인 근거를 기업결합법인 주식법 제291조 이하, 특히 제302조와 제303조에서 찾는 시도를 하였다. 예를 들면

---

25 BGH NJW 2002, 3024.
26 BGHZ 122, 123: BGHZ 149, 10; BGHZ 151. 181; BGH ZIP 2007, 117.

갑이라는 일인사원으로 설립된 7개의 유한회사가 있었다. 을은 이러한 회사들과 리스계약을 체결하였다. 이 회사들이 재산이 없어 파산하자 회사채권자인 을은 회사가 아닌 갑에게 책임을 물었다. 이때 연방대법원은 갑을 지배회사로 보았는데, 왜냐하면 갑이 하나의 회사뿐만 아니라, 7개의 회사에서 그의 경제적인 이익을 추구할 수 있었기 때문이었다.[27] 유한회사의 사원에 대한 청구권의 행사를 기업결합법에서 해결하고자 하는 대법원의 판단은 계속되었다.[28]

독일 연방대법원은 2001년과 2002년의 판례를 통하여 "존재를 무효화하는 침해"의 사례를 발전시키며, 지난 80년대 판례의 대전환을 모색하였다. 그 첫 번째의 사례가 바로 'Bremer Vulkan Verband' 사례이다.[29] 독일 연방대법원 제2위원회는 일인 사원의 책임을 묻는 방법에서 주식법상의 책임규정에서가 아니라, 기본적으로 자본의 유지원칙(독일 유한회사법 제30조와 제31조)에 놓여 있다고 주장하였다.[30] 또한 유한회사가 갖는 고유이익을 위하여 "적절한 주의(angemessene Rücksichtnahme)"가 요구되어지고, 이를 통하여 유한회사의 상태가 보호된다고 하였다. 그리고 만약 일인사원이 고유이익을 침해함으로써 유한회사가 그의 채무를 이행하지 못하는 경우에는, "적절한 주의"가 존재하지 않는다고 하였다.

존재를 무효화하는 침해의 개념은 또 다시 2002년 2월의 판례를 통하여 인정되었다.[31] 이 사례에서 연방대법원은 "가중되는 사실상의 콘체른에 대한 책임"을 명백하게 포기하고, 그 자리를 대신하여 "존재를 무효화하는 침해"라는 개념을 제시하였고, 'KBV' 사례에서 "존재를 무효화하는 침해"를 통하여 회사채권자의 청구권이 유한회사의 사원에 지향하고 있음을 명확히 하였다.[32]

---

27 BGHZ 95, 330(Autokran-Fall)을 참조.
28 BGHZ 107, 7(Tiefbau); BGHZ115, 187(Video)를 대표적으로 들 수 있고 지난 1993년 연방대법원에 의한 TBB 사례 역시 Konzern 책임의 연전선상에 있다고 사료된다. 하지만 연방대법원이 상태보호를 언급했다는 점에서 방향의 전환성을 엿볼 수 있다. 이 점에 대하여는 유주선, "유한회사에서 콘체른책임과 사원책임", 『비교사법』 제13권 2호, 2006, 291면.
29 BGH ZIP 2001, 1874.
30 독일 유한회사법 제31조(금지된 변제의 보충) (1) 동법 제30조의 규정을 위반하여 이행되어진 지급은 회사에 상환되어져야 한다. (2) 선의의 수령자인 경우에는 회사의 채권자를 위하여 요구되어지는 한 상환될 수 있다. (3) 수령인에 의하여 보충이 이행되어질 수 없고, 회사채권자를 위하여 요구되어지는 경우에, 보충되는 금액에 대하여 회사지분의 비율에 따라 나머지 사원이 책임을 부담한다. 각각의 사원에 의하여 획득되지 않는 금액에 대해서는 표시된 비율에 따라 나머지 사원에 따라 배분된다.
31 BGHZ 150, 61.
32 '존재를 무효화하는 침해'라는 사례를 긍정하려는 견해는 Altmeppen, Zur Entwicklung eines neues Gläubigerschutzkonzeptes in der GmbH, ZIP 2002, 1553 (1556).

제3절 우리나라에서 책임실체파악

I. 실체(주주)에 대한 책임

1. 가족회사의 경우

우리나라의 회사는 80% 이상이 주식회사의 형태를 취하고 있으나, 이 가운데에는 가족회사 내지는 폐쇄회사로서 회사는 사원의 지배·이익과 불가분의 일체를 이루어 실질적으로는 개인기업이라고 볼 수밖에 없는 회사들이 상당수에 이르고 있다. 대체로 학설은 회사의 법인격을 남용한 경우에는 미국의 법인격무시의 법리를 받아들일 것을 주장하고 있고 판례 또한 인정하고 있다.[33] 1974년 서울고등법원은 "형식상 주식회사를 설립하여 취임하고, 그 회사를 법률적 형식, 환영 또는 장막으로 사용하면서 그 배후에 서서 회사의 실질운영을 그 개인이 자의로 하고, 개인이 유리한 형편에 따라 거래상대방의 이해관계나 회사운영상의 법률절차를 무시하는 경우에는 회사의 법인격을 부인하고 채권자에 대한 회사의 채무는 그 회사라는 법률형태의 배후에 실존하는 기업주인 개인의 채무로 보아, 그 개인에게 책임을 지우는 것이 타당하다"라고 판시하여 처음으로 법인격 무시의 법리를 받아들였다. 그러나 대법원은 이를 받아들이지 않았다.[34]

> ### 대법원 1977. 9. 13. 선고 74다954 판결
>
> 대법원은 "이른바 법인형해론의 입장에서 회사의 법인격이 부인되기에 이르렀다고 보려면 회사의 대표이사가 회사의 운영이나 기본재산의 처분에 있어서 주식회사 운영에 관한 법적절차 등을 무시하고, 위법 부당한 절차에 의하여 외형상 회사형태를 유지하는데 불과한 경우를 말한다."라고 판시하였다. 대법원은 법인격부인의 법리를 직접적으로 받아들이지 않았지만, 일정한 요건이 충족되면 회사의 법인격이 부인될 수 있음을 제시하고 있다.

2. 지배주주의 형식상 주주 지배

삼진주식회사(갑)는 을에 의하여 1990년 설립된 회사로서 형식상 3명의 주주로 되어 있으나 실질적으로는 모두 을과 친분관계에 있어 을이 주식의 전부를 소유하고 있는 것이나

---

[33] 서울고등법원 1974. 5. 8. 선고 72나2582 판결.
[34] 대법원 1977. 9. 13. 선고 74다954 판결.

다름없다. 병은 1991년 6월 10일에 삼진주식회사가 신축 중인 오피스텔 및 상가의 일부에 대하여 분양받는 것을 내용으로 하는 계약을 체결하고, 계약금 및 1, 2차 중도금을 차례로 지급하였다.

계약금과 중도금을 지급받은 후 삼진주식회사에 문제가 발생하여 건축공사가 중단되었다. 병은 위 계약금 및 중도금의 반환을 삼진주식회사에게 청구하였다. 그러나 삼진주식회사는 변제에 대한 자력이 없었다. 병은 삼진주식회사가 법인임에도 불구하고 사실상 주식회사를 지배하였으며 변제에 대한 자력이 있는 주주 을에게 계약금 및 중도금에 대한 청구소송을 제기하였다.

대법원 2001. 1. 19. 선고 97다21604 판결

대법원은 "회사가 외형상으로는 법인의 형식을 갖추고 있으나 이는 법인의 형태를 빌리고 있는 것에 지나지 아니하고 그 실질에 있어서는 완전히 그 법인격의 배후에 있는 타인의 개인기업에 불과하거나 그것이 배후자에 대한 법률적용을 회피하기 위한 수단으로 함부로 쓰여지는 경우에는, 비록 외견상으로는 회사의 행위라 할지라도 회사와 그 배후자가 별개의 인격체임을 내세워 회사에게만 그로 인한 법적 효과가 귀속됨을 주장하면서 배후자의 책임을 부정하는 것은 신의성실의 원칙에 위반되는 법인격의 남용으로서 심히 정의와 형평에 반하여 허용될 수 없고, 따라서 회사는 물론 그 배후자인 타인에 대하여도 회사의 행위에 관한 책임을 물을 수 있다고 보아야 한다."고 판시하고 있다.

Ⅱ. 구회사와 신회사의 동일성을 통한 책임

1. 채무면탈의 경우(제1유형)

원고는 1996년 7월 소외 안건사와 안건사의 건물 일부를 임차하는 임대차계약을 체결하고 임대보증금을 지급하였다. 하지만 1998년 안건사가 파산함에 따라 동 회사에 대하여 원고가 임대차보증금을 반환받아야 함에 있어 문제가 발생하였다.

1998년 3월 안건사의 대표이사이자 대주주 등이 또 다른 회사인 신안건사를 설립하였다. 신안건사는 상호·상징·영업목적이 구안건사와 거의 동일했고, 실질적인 임원진·주주 역시 대주주의 친인척 또는 직원 등 개인적으로 관련이 있는 자가 대부분이며, 사무실 역시 같은 곳을 이용하였다. 또한 1999년 10월경에 신안건사는 구안건사로부터 실내건축공사에 관한 사업을 양수하였다. 2000년 4월 원고는 신안건사를 상대로 채무면탈을 위한 회사제도의 남용을 주장하며, 원고의 임대차보증금 채권에 대한 지급을 구하는 소를 제기하였다.

> ### 대법원 2004. 11. 12. 선고 2002다66892 판결
>
> 대법원은 "기존회사가 채무를 면탈할 목적으로 기업의 형태·내용이 실질적으로 동일한 신설회사를 설립하였다면, 신설회사의 설립은 기존회사의 채무면탈이라는 위법한 목적달성을 위하여 회사제도를 남용한 것이므로, 기존회사의 채권자에 대하여 위 두 회사가 별개의 법인격을 갖고 있음을 주장하는 것은 신의성실의 원칙상 허용될 수 없다 할 것이어서 기존회사의 채권자는 위 두 회사 어느 쪽에 대하여서도 채무의 이행을 청구할 수 있다"고 하였다.

2. 채무면탈의 경우(제2유형)

A건설회사가 갑이 일부를 소유하는 토지 위에 아파트를 건설·분양하기 위해, 아파트 완공 후 갑에게 아파트 1세대의 소유권을 대가로 주기로 약정하고 갑으로부터 해당 토지의 소유권을 이전받았으나 아파트를 완공하기 전에 해당 토지의 소유권과 아파트 사업권을 B회사에 이전하고, B는 다시 C회사에 이전하고 C는 다시 D회사에 이전하였는데, 정당한 대가의 지급이 불분명하고, A, B, C, D는 동일인 을의 사실상 지배를 받는 회사들이었고, 이 사건에서 주고 받은 토지 외에는 별 재산을 가지고 있지 않았다. 이에 갑이 위 2002다66892 사건에서 전개한 법인격부인론을 원용하며 D회사를 상대로 당초 A가 약속한 아파트 1세대의 소유권 이전을 청구하였다.

대법원은 위 회사들은 대표이사인 乙이 사실상 지배하는 동일한 회사로서 A, B회사가 채권자 甲에 대하여 채무를 면탈할 목적으로 다른 회사의 법인격을 내세운 것으로 볼 여지가 충분하므로 A, B회사뿐만 아니라 D회사에 대하여도 채무이행을 청구할 수 있다고 판단하였다.

> ### 대법원 2011. 5. 13. 선고 2010다94472 판결
>
> 대법원은 "기존회사가 채무를 면탈할 목적으로 기업의 형태·내용이 실질적으로 동일한 신설회사를 설립하였다면, 신설회사의 설립은 기존회사의 채무면탈이라는 위법한 목적달성을 위하여 회사제도를 남용한 것이므로, 기존회사의 채권자에 대하여 위 두 회사가 별개의 법인격을 갖고 있음을 주장하는 것은 신의성실의 원칙상 허용될 수 없다 할 것이어서 기존회사의 채권자는 위 두 회사 어느 쪽에 대하여서도 채무의 이행을 청구할 수 있다고 볼 것이고(대법원 2004. 11. 12. 선고 2002다66892 판결

참조), 이와 같은 법리는 어느 회사가 채무를 면탈할 목적으로 기업의 형태·내용이 실질적으로 동일한 이미 설립되어 있는 다른 회사를 이용한 경우에도 적용된다 할 것이다. 그리고 여기에서 기존회사의 채무를 면탈할 의도로 다른 회사의 법인격이 이용되었는지 여부는 기존회사의 폐업 당시 경영상태나 자산상황, 기존회사에서 다른 회사로 유용된 자산의 유무와 그 정도, 기존회사에서 다른 회사로 이전된 자산이 있는 경우 그 정당한 대가가 지급되었는지 여부 등 제반 사정을 종합적으로 고려하여 판단하여야 한다(대법원 2008. 8. 21. 선고 2006다24438 판결 참조)."고 판시하고 있다.

3. 소결

법인의 소유자가 동일한 인물이고 기업의 형태나 내용이 실질적으로 하다는 그 자에 의하여 운영되고 있다는 측면을 고려하여 채권자가 그의 청구권을 행사하는 것이 타당한 것으로 판단하고 있으나, 동일한 인물이 소유자로 있다고 해서 독립적으로 각각 존재하고 있는 법인을 서로 동일한 것으로 파악하는 것은 심히 유감스러운 일이다. 이는 법인의 독립성을 심각하게 유린하고 있기 때문이다. 좀 더 논리적이면서도 정치적인 법적 근거를 제시하는 노력이 요구된다.

Ⅲ. 법적 근거

유한책임을 인정하고 있는 유한회사나 주식회사에서 예외적으로 그 구성원에게 책임을 인정하는 근거를 어디에서 찾아야 하는가의 논의가 있다.[35] 독일의 영향으로 권리남용금지를 규정하고 있는 민법 제2조 제2항을 제시하고 있는 견해가 있고, 대법원은 '별개의 법인격을 가진 회사라는 주장을 내세우는 것은 신의성실의 원칙에 위반하거나 법인격을 남용하는 것'이라고 표현한 것으로 미루어 신의칙 또는 권리남용금지의 원칙에서 그 근거를 찾는 것으로 볼 수도 있다.

다수설이 주장하는 권리남용금지규정의 제시는 법적 근거를 명확하게 제시하는 것이라 판단되지 않고, 오히려 민법 제2조 제1항이 규정하고 신의성실의 원칙을 통하여 법적 근거를 찾아내는 시도가 타당하다.[36] 특히 유한책임의 특권을 수혜받으면서도 본인은 파산 시

---

35 정찬형, 『상법강의(상)』, 제20판, 박영사, 2013, 447면 이하.
36 유주선, "독일 유한회사 사원의 개인책임 법리-회사존재 자체를 침해하는 행위를 중심으로-", 『상사법연구』 제27권 제1호, 2008, 24면 이하.

책임을 부담하지 않겠다는 사원에 대하여 신의성실의 원칙에서 파생된 "이율배반적인 행위의 금지원칙"을 통하여 책임을 인정하도록 하는 방안이 모색된다.

Ⅳ. 적용요건

1. 사원에 의한 완전한 지배

법인으로서 주식회사나 유한회사가 그 자체의 독자적인 의사 또는 존재를 상실한 상태가 되어야 한다. 즉 지배주주나 1인주주가 자신의 사업의 일부로서 회사를 운영한다고 할 수 있을 정도로 완전하게 회사를 지배하고 있을 것을 요구하고 있다.

2. 분리원칙의 붕괴

회사의 재산과 개인의 재산이 회계장부에 의하여 도저히 구분될 수 없는 상황을 우리는 "법인재산과 개인재산의 혼융"이라 한다. 원칙적으로 주식회사나 유한회사는 법인이므로 법인재산과 개인재산이 분리되어 있어야 한다. 그러나 주주와 회사 간의 재산과 업무 등이 명확히 구분되어 있지 않고 혼융되어 주체를 구분하기 어려운 상황이 발생하면, 회사의 구성원이 회사의 채무에 대하여 책임을 질 수 있는 상황이 발생할 수 있다.

3. 회사의 파산

회사의 거래상대방은 회사재산을 신뢰하고 회사와 거래를 하게 된다. 원칙적으로 법인은 독립된 법인재산으로 제3자에게 채무를 이행하게 된다. 그러나 법인의 재산이 거의 존재하지 않게 되어 도저히 회사채무를 이행할 수 없는 상황에 이르게 되어야 하기 때문에 회사는 거의 무자력한 경우, 즉 파산의 경우에 실체파악에 의한 책임이 의미가 있게 될 것이다.

Ⅴ. 법적 효과

실체파악에 의한 책임은 회사의 법인격을 일반적으로 부정하는 것이 아니고, 문제된 특정 사안에 한하여 주주로부터 회사의 법적 독립성을 부정하고 주주에게 책임을 인정하도록 하는 것이다.

제4절 법인격부인론에 대한 입장

I. 회사채권자를 위한 법인격의 부인

법인인 주식회사에서 주식회사의 채권자가, 회사가 아닌 회사의 주주에게 책임을 추궁하려는 방법과 관련하여 독일의 판례를 제시하였다. 이렇게 제시된 사례는 우리에게 "법인격부인론"중 하나의 영역으로 알려져 있다.[37] 법인격부인이라 함은 "일반적으로 회사는 그 구성원인 사원과는 구별되는 별개의 인격체로 취급되지만 이러한 사원과 회사의 법인격 내지 독립성을 무시하여 회사와 그 구성원의 양자를 마치 동일인격처럼 취급하여 회사를 그 구성원인 사원의 단순한 조합으로 보거나",[38] "법인격 자체를 박탈하지 않고 그 법인격이 남용된 특정한 경우에 한하여 그 회사의 법인격을 제한함으로써 회사형태의 남용에서 생기는 폐단을 교정하고자 하는 이론으로, 특정한 경우에 회사와 사원 간에 분리원칙의 적용을 배제하고 회사와 사원을 동일시하여 구체적으로 타당한 해결을 기하려는 것"[39]이라고 하면서 문제를 해결하려고 한다. 결국 예외적으로 법인을 조합으로 보고 문제를 해결하려는 입장이나 법인격이 남용된 특정한 사례에 대하여 자본회사의 독립적인 법인격을 제한하고, 회사와 사원의 동일시를 통하여 문제를 해결하려는 방법의 공통점은 결국 회사채권자가 주주에게 직접 청구권을 행사하기 위한 하나의 방법에 있다.

II. 법인의 채무에 대한 "사원의 책임"에 있어서 고려사항

자본회사인 주식회사나 유한회사에 대한 실체파악과 관련되어, 다툼이 있는 몇 가지 사항을 검토해보고자 한다.

1. 보충성

우리나라의 학설은 '보충성'에 대하여 의견이 다투어지고 있다. 우선 법인격부인의 문제는 일반사법이론에 의하여 해결될 수 있는 문제라고 하면서 '법인격부인론' 자체를 부인하

---

[37] 법인격부인이라 함은 법인을 일시적으로 부인하거나 무시하는 것을 통하여 법인의 구성원에게 책임을 묻는 방법인데 반하여, 독일에서는 'Durchgriff'라는 이름으로 회사채권자인 법인 외에 사원 혹은 주주에게 책임을 묻는 방법을 의미하고 있다.

[38] 정동윤, 『회사법』, 제7판, 법문사, 2006, 21면.

[39] 정찬형, 『상법강의(상)』, 제16판, 박영사, 2013, 448면.

는 입장이 있다.[40] 반면에 '법인격부인론'을 전통적인 사법이론과 무관한 경우에만 적용하는 것은 그러한 경우가 성문법주의국가에서 있을 수 없거나 '법인격부인론' 그 자체를 부정하는 것과 동일하게 되므로, '법인격부인론'은 다른 사법이론과 명백히 상충되지 않는 한 인정되어야 한다고 주장하는 입장도 있다.[41]

법인격부인론은 회사의 법인격이 법에 의하여 시인될 수 없는 목적을 위하여 악용된 경우에 한하여 적용되어야 하며, 이러한 경우에도 사실인정·법규의 합리적 해석 등을 통한 기존 사법이론에 의한 해결이 가능한 경우에는 이러한 법인격의 무시나 부인을 통한 해결은 바람직하지 않다는 입장이 있다.[42] 이는 회사가 사원으로부터 분리된 별개의 법인격을 가진다고 하는 회사법의 대원칙을 가볍게 무시되어선 안 되고, 기존 실정법 체계에서 해결될 수 있다면 자본회사의 법인격을 무시하는 일은 존재하지 않을 수 있다는 의미가 된다. 그런 측면에서 '법인격부인론', 이른바 자본회사에서 사원에 대한 직접책임을 적용하기 위해서는 먼저 실정법체계 내에서 사법이론에 의한 해결책을 마련하는 작업이 검토되어져야 할 것이다.

2. 불법행위책임에 대한 적용여부

제3자와의 거래에서 회사의 채무에 대하여 회사의 재산으로서가 아니라, 주주의 재산으로 회사 채무를 추궁하는 것이 책임실체파악이다. 그런데 회사가 제3자에게 부담하는 불법행위책임을 회사의 사원인 주주에게 책임을 부가할 수 있는가에 관한 물음이 제기된다. '법인격부인론'은 거래행위에서 상대방의 선의만을 보호하는 것이 아니라 법인격이 남용된 경우에 형평의 관념에서 구체적으로 타당한 결론을 얻고자 하는 것이므로, 불법행위책임에도 적용하자는 견해가 있다.[43] 즉 회사가 불법행위로 인한 손해배상책임의 부담이 있으나, 회사는 무자력하고 이 회사가 법인격부인의 요건 등을 갖춘 경우가 발생할 경우에, 회사의 법인격을 부인하고 주주에게 책임을 부담하게 한다는 것이다. 하지만 책임실체파악은 회사와 제3자와 법률거래에서 회사의 책임재산이 존재하지 않아 회사의 주주나 사원에게 책임

---

40 정기남, "회사법인격무시의 법리", 현대법학의 제문제 (무애서돈각박사화갑기념), 법문사, 1981, 321면 이하; 고평석, "법인격부인의 부인", (상사법의 현대적 과제) (춘강손주찬박사화갑기념), 박영사, 1984, 73면 이하.
41 정찬형, 『상법강의(상)』, 제16판, 박영사, 2013, 447면.
42 정동윤, 『회사법』, 제6판, 법문사, 2000, 28면.
43 정찬형, 『상법강의(상)』, 제16판, 박영사, 2013, 447면.

을 묻고자 하는 측면에서 볼 때, 여기에서 불법행위로 인한 책임방법을 고려하는 것은 적절하지 않다.

3. 사원의 주관적 요건

제3자와의 거래한 회사가 회사 채무에 대하여 자력이 없어 책임을 부담하지 못하는 경우에, 사원이 채무를 부담하기 위해서는 법인격을 남용한 사원의 고의가 요건으로서 제기되는 가에 관한 논의가 있다. 우선 사원의 고의를 증명하기가 매우 어려울 뿐만 아니라, 회사 채권자를 보호할 필요성은 주주의 남용의사와 무관하게 생긴다는 입장에서 부정하는 견해가 있다.[44] 하지만 최근의 대법원 판례가 '주관적 의도 또는 목적'을 제시함으로써 주관적 남용설을 배제하지 않으려는 입장도 있다.[45]

대법원 2006. 8. 25. 선고 2004다26119 판결

"친자회사 사이에 있어서는 상호 간에 상당 정도의 인적·자본적 결합관계가 존재하는 것이 당연하므로, 자회사의 임·직원 신분을 겸유하고 있었다는 사정이나 모회사가 자회사의 전 주식을 소유하여 그에 따른 주주권의 행사로서 이사 및 임원 선임권을 지닌 결과 자회사에 대해 강한 지배력을 가진 사정, 그 밖에 자회사의 사업 규모가 확장되었으나 자본금의 규모가 그에 상응하여 증가되지 아니한 사정 등만으로는 모회사가 자회사의 독자적인 법인격을 주장하는 것이 자회사의 채권자에 대한 관계에서 법인격의 남용에 해당한다고 보기에 부족하고, 적어도 자회사가 그 자체의 독자적인 의사 또는 존재를 상실하고 모회사가 자신의 사업의 일부로서 자회사를 운영한다고 할 수 있을 정도로 완전한 지배력을 행사하고 있을 것이 요구되며, 구체적으로는 모회사와 자회사 간의 재산과 업무 및 대외적인 기업 거래활동 등이 명확히 구분되어 있지 않고 양자가 서로 혼용되어 있다는 등의 객관적 징표가 있어야 할 것이며, 무엇보다 여기에 더하여 자회사의 법인격이 모회사에 대한 법률 적용을 회피하기 위한 수단으로 함부로 사용되거나 채무면탈이라는 위법한 목적 달성을 위하여 회사제도를 남용하는 등의 주관적 의도 또는 목적이 인정되어야 할 것이다."라고 판시하고 있지만, 주관적 의미를 강조하게 되면 소송법상 입증의 문제를 해결하기가 용이하지 않다는 측면에서, 채권자의 이익을 보호하고자 하는 의도에 한계점이 있다.

---

44 정동윤, 『회사법』, 제7판, 법문사, 2000, 32면; 같은 견해로는 이철송, 『회사법강의』, 제20판, 박영사, 2012, 55면 이하.
45 원용수, "2006년 회사법 판례의 회고와 전망", 제89회 상사판례학회 정기학술대회, 2007, 30면.

제4장 법인격부인의 법리   101

독일에서 민법 제826조를 가지고 청구권을 제시하고 있는 것과 마찬가지로, 우리 민법 제750조의 적용여부를 검토할 수 있을 것이다.[46] 고의적 가해에 대한 주주의 책임을 묻는 방법에서, 청구권을 제시하고 있다는 점에서 법적 근거 없는 남용설보다 한 걸음 더 나아간 시도라고 할 수 있을 것이다. 하지만 주주의 책임을 인정함에 위해서 '고의'라는 요건을 입증해야 하는데 그것이 쉽지 않다. 어차피 위법행위를 한 사원에게 책임을 묻고자 한다면, 어려운 '고의요건'보다 오히려 '과실'이 있다면 책임을 인정하는 방법을 모색할 수 있을 것이다.

Ⅲ. 남용설과 그에 대한 비판

1. 고의와 과실 여부

우리나라 2001년의 판례가 객관적 측면만 고려하였다가, 아주 최근의 2006년 판례에서 '주관적 의도 혹은 목적'을 고려하면서 주관적인 측면도 고려하고 있다고 보인다. 한편 지난 1950년대 독일 연방대법원은 유한회사의 독립성과 관련하여 신의성실의 원칙이나 선량한 풍속에 반하는 사원의 행위에 대하여 주관적 관점이 중요시됨을 주장하였다.[47] 당시 연방대법원은 손상의 인식가능성을 연결시키면서, 남용의 요구사항은 적어도 고의(Vorsatz) 의미를 암시하고 있는 듯하다. 하지만 그 이후 연방대법원은 객관적 측면을 가지고 사원에 대한 직접책임을 인정하고자 하였다.[48] 또한 연방대법원은 사원의 직접책임과 관련하여, 법인의 형상이 의도적(absichtlich)으로 남용되는 것에 제한되지 않는다고 주장하였다. 결국 독일의 경우에 있어서 예전 판례는 주관적인 측면을 언급하였지만, 오늘날의 판례는 고의나 과실에 대한 용어를 사용하고 있지 않다는 것을 알 수 있다. 하지만 고의는 그렇다 치더라도, 사원의 직접책임에 있어 사원이나 주주에게 책임을 부담케 하기 위하여 과실의 필요여부에 대한 다툼이 있다.[49]

---

46 독일 민법 제826조(양속위반의 고의적 가해) 선량한 풍속에 위반하여 타인에게 고의로 손해를 가한 사람은 그 타인에게 손해를 배상할 의무를 진다.

47 BGH 26. 11. 1957, WM 1958, 460 (462).

48 BGH 14. 12. 1959, BGHZ 31, 258 (271).

49 과실의 인정하려는 견해는 Altmeppen,. ZIP 2002, 961 (966 ff.); ders., ZIP 2002, 1553 (1559); K. Schmidt, NJW 2001, 3577 (3579): 사원의 직접책임의 방법에서 과실과 관계없이 적용하려는 입장으로는 Ulmer, JZ 2002, 1049. 또한 ders., ZIP 2001, 2021 (2026)을 참조; 실지로 Ulmer는 내부적인 책임을 주장함에 있어서는 과실을 필요로 하는 충실의무를 통해 사원의 책임을 인정하려 하였으나, "KBV" 사례에서 과실과 독립적인 객관적인 실체파악(verschuldensunabhängige, reine objektive Durchgriffshaftung)을 주장하게 된다.

2. 주관적 남용설과 객관적 남용설

판례에서 남용에 대한 언급은, 문헌에서는 남용설이라는 이름으로 광범위하게 논해지게 된다. 독일의 주관적 남용설에 의하면, 법인에 대한 주관적인 남용이 존재하는 경우에 사원에 대한 책임이 인정된다.[50] 반면에 객관적 혹은 제도적 남용설은, 주관성과 관계없이 법인인 주식회사나 유한회사는 "특정하게 기술되지 않은 규정의 범위밖에 있는 질서원칙(die bestimmte ungeschriebene und übergeordnete Ordnungsgrundsätze)"을 통하여 경계에 놓이게 되고, 부적절하고 법률불합치적으로 법인을 사용한 경우에 이른바 사원의 직접책임을 인정해야 한다고 주장한다.[51]

법인격의 부인과 관련하여 우리나라 문언을 살펴보면, 다수의 학자들이 남용설을 지지하고 있음을 알 수 있다. 여기에는 사원이 법인격을 남용한 것과 관련하여 사원의 주관적인 귀책가능성을 요구하는 '주관적 남용설'과, 단체와 사원을 분리하는 것이 객관적 법질서에 반하는 것으로 족하고 더 이상 주관적인 귀책가능성은 문제되지 않는다는 점에서 '객관적 남용설' 내지 '제도적 남용설'로 구분한다. 그리고 대부분의 학자들은 고의라는 주관적 요건을 배제하고 불공정행위에서 객관적인 요건만 존재하면 이른바 "사원에 대한 직접책임"을 인정하려 한다.[52]

어쨌든 주관적인과 면과 객관적인 면에 관계없이 남용설은, 법인격을 부인하거나 무시하여 법인이 아닌 존재로 의제하여 회사채권자는 법인 아닌 주주나 사원에게 직접책임을 추궁할 수 있는 법적 효과를 갖게 된다.

3. 남용설에 대한 비판

법인(Juristische Person)의 본질을 이해함으로써 남용설이 지니고 있는 근본적인 한계를 고찰하고자 한다. 자연인은 실정법상 출생함으로써 권리능력을 획득한다. 이른바 남용설을 주장하는 학자들의 법인을 바라보는 관점은, '법인이 절대적인 가치를 갖는 존재'로 인정하고 있다. 즉 입법자는 하나의 정해진 형태에서 법인을 창출하고 형성함으로써 이미 가치평가(Wertabwägung)을 하였다고 주장한다.[53] 그러므로 법인은 창출된 범위 안에서 완

---

50 Serick, Rechtsform und Realität juristischer Person (1955), S. 24 f.
51 Kuhn, Strohmanngründung bei Kapitalgesellschaften (1964), S. 35 ff.; 146 ff.
52 정동윤, 『회사법』, 제7판, 법문사, 2000, 31면.

전히 가치있는 권리주체로서 존중되어야 한다는 것이다. 법인은 인간과 동등한 가치와 자격을 갖는 권리주체로서 법인을 창출했고, 모든 법인은 단일한 구조를 형성하고 있다는 단일개념(Einheitsbegriff)으로 법인을 바라보게 된다. 그 결과 남용설은, 법인의 존중(Beachten)과 무시(Missachten)의 제목아래, 법인의 전체에 대하여 법인을 무시(Missachten der juristischen Person)하는 시도를 하게 된 것이다.

초개인적이고 조직적이며 영속적인 법인을 고찰하면, 법인이라고 하는 것은 자연인과 비교하여 아주 다른 면을 띄고 있다. 자연인은 자연인의 법적 지위를 인정함에 있어서, 실정법적인 형성의 근거로서 적절한 나이, 성, 건강과 같이 변함이 없고 제한된 성향을 소유하지만, 법인은 자연인과 달리 각각의 조직체가 어떠한 규정을 갖느냐에 따라 그 법인은 다양한 법적 성질을 갖는 것이다.[54] 이러한 성질(Eigenschaften)들의 개별적인 것은 하나의 특별한 귀속을 근거할 수 있고, 더 나아가 그것에 대한 가치척도는 조직체요소의 정도에 따라 얽혀 있는 것이다. 결국 법인이라고 하는 것은 '확고하게 존재하는 유일한 존재'도 아니고, '관념상의 단일체'도 아니라는 점에 유의해야 한다. 법인은 "다양한 과정의 가능성과 변형의 가능성을 허용하는 복잡한 단계형태"를 갖고 있는 것이다.

남용설의 입장에서 법인을 표시하는 책임제한은 법인의 주체성을 명확히 나타내고 있다는 점과 그것이 경제생활에 있어서 법인을 선택함에 있어서 매우 중요한 역할을 한다는 점은 인정할 만하다. 하지만 모든 법인이 그것에 해당하는 것이라고는 볼 수는 없는 것이다. 예를 들면 독일에서 '등기된 협동조합'의 책임구조를 살펴보면, 법인임에도 불구하고 구성원의 인적 책임을 인정하고 있다.[55] 또한 주식합자회사는 법인의 성질을 가지고 있으면서도 회사 채무에 대하여 제한된 책임을 갖거나 무제한의 인적 책임을 합의할 수 있도록 규정되어 있다.[56] 이는 법인격의 성질을 갖고 있는 법인이 유한책임과 밀접한 연관을 가지고 있기는 하지만, 법인이라고 해서 언제나 유한책임이라는 성질을 갖고 있는 것은 아니라는 점을 알 수 있다. 그러므로 주식회사나 유한회사에서 사원의 직접책임의 문제는 이제 "법인격의 부인"이라는 관점에서 "유한책임의 불인정"[57]으로의 전환을 의미하며, 이를 통하여 사원에

---

53 Serick, a.a.O., S. 24 f. und 213 f.
54 Müller Freiensfels, Zur Lehre vom sog. "Durchgriff" bei der juristischen Person im Privatrecht, AcP (156 1957), S. 522 (527).
55 독일 등기된 협동조합법 제6조 3호를 참조.
56 독일 주식법 제278조 제1항을 참조.
57 실체파악의 발생에 대하여는 유주선, "독일 유한회사 사원의 개인책임 법리", 『상사법연구』 제25권 제2집, 2006,

104   제3편 회사법 통칙

대하여 내부적인 관계에서 책임을 물을 것인가, 아니면 외부적인 관계에서 책임을 추궁할 것인가의 문제로 발전하게 된다.

IV. 실정법상 대안모색

주식회사에서 주주에 대한 회사채권자의 직접책임은 기존의 사법질서에서 인정될 수 없는 아주 예외적인 사례에서 인정된다는 보충성의 원칙이 있음을 제시하였다. 그렇다면 법적 근거를 제시하지 못함에도 불구하고, 회사의 주주가 회사채권자에게 직접책임을 부담케 하는 남용설을 주장하고자 한다면, 우선적으로 다른 해결방법이 존재하는가를 검토하는 것은 의미가 있다.

1. 법인의 부인이나 무시 없이 해결하려는 입장

남용설이 회사의 독립성을 무시하고 있다고 하면서, 회사채권자가 주주에 대하여 직접책임을 제기하는 것에 반대하는 견해가 있다.[58] 이러한 입장은 우선적으로 법인에 대한 독립성을 주장하며, 회사채권자의 청구권은 언제나 회사에 지향해야 함을 주장한다. 회사의 재산은 사원에게 있어서는 타인의 재산이고 그 타인의 재산을 마치 자기재산처럼 사용하는 것은 허용될 수 없다는 것이다. 오히려 업무집행자와 마찬가지로, 사원은 회사재산의 관리자의 지위를 갖고 있음을 강조하고, 사원이 회사재산의 관리자로서의 주의의무를 위반한 경우에 독일 유한회사법 제43조[59]를 유추적용할 수 있다고 주장한다.[60] 이러한 업무집행자의 책임규정을 사원에게 적용한다고 하여 기관책임(Organhaftung)이라고도 한다. 결국 사원이 주의의무를 위반한 경우에는 내부적인 관계에서 회사에 대하여 책임을 묻고자 하는 입장이다.

법인격의 부인을 통하지 않고, 회사와 사원 내부적인 관계에서 해결책을 찾으려는 또 다

513면 이하.

58 Wilhelm, Rechtsform und Haftung bei der juristischen Person, S. 285 ff.; Flume, Die juristische Person, (1983), S. 61, 85 f.

59 독일 유한회사법 제43조 제1항: 회사의 업무에 있어서 업무집행자는 정상인의 영업인의 주의(Sorgfalt)를 가지고 업무집행을 하여야 한다. 제2항: 그러한 책무를 위반하여 발생한 손해에 대하여 업무집행자는 회사에 대하여 연대채무를 진다.

60 Wilhelm, Konzernrecht und allgemeines Haftungsrecht, DB 1986, 2113 (2114 f.).

른 입장으로 "과실책임"[61]과 "충실의무위반으로 인한 책임"[62]이 있다. 이러한 견해는 유한회사법 제43조를 가지고 사원의 책임을 인정하려는 기관책임에 대하여 반대한다. 왜냐하면 이사와 사원이 법적으로 권한이 분배되어 있음에도 불구하고, 사원에 대한 책임근거를 이사의 책임규정에서 유추적용하려 하기 때문이다. "과실책임"과 "충실의무위반으로 인한 책임"의 공통점은 구성원과 회사는 특별한 결합관계(Sonderrechtsverhältnis)의 존재를 인정하고 있다는 점이다. 이 특별한 결합관계로부터 사원은 권리도 부여받지만, 특별결합관계로부터 의무도 발생하게 된다. 그리고 이러한 의무를 손상시킨 경우에, 회사에 대하여 책임을 부담해야 한다는 것이다.[63] 이러한 특별결합관계에서 사원의 과실을 근거로 하여 손해배상의무를 인정하고, 그에 대한 책임을 회사가 묻게 된다. 역시 내부적인 관계에서 과실을 근거로 하여 사원의 책임을 인정하려는 것이다.

2. 청구권 조항을 통한 사원책임

청구권 조항을 가지고 사원의 책임을 부담하게 하려는 시도를 통칭 '법규 적용론'이라고 부른다. 우선적으로 법규를 적용하려는 자들은 독일 유한회사법 제13조 제2항(독일 주식법 제1조 제1항 제2문)의, 회사 채무에 대하여는 회사채권자에게 회사재산만으로 책임을 부담하면 된다는 "회사재산의 단독책임"에 초점을 두고 있다. 그러나 예외적인 상황에서 유한회사나 주식회사의 재산만으로 책임을 부담할 수 없게 되고, 이에 대하여 회사의 구성원이 책임을 부담해야 하기 때문에 문제에 봉착하게 된다. 물론 입법자들이 이에 대한 채무를 인정한다는 규정을 두었더라면 문제가 없었을 것이다. 이와 같은 난제를 해결하기 위하여 '법규 적용론자'들은 유한회사법 제13조 제2항(주식법 제1조 제1항 제1문)에 대하여 "은폐된 흠결(verdeckte Lücke)"로 보고, 목적론적인 축소해석의 방법을 통하여 해결책을 찾고자 한다.[64] 그들은 유한회사(주식회사)의 채무에 대하여 회사의 구성원에게 책임을 부담시키기 위하여 방법론적으로 "분리규정"의 축소(Restriktion der Trennungsnorm)하에 다른 조항

---

61 K. Schmidt, Konernhaftung oder mitgliedschaftliche Haftung des privaten GmbH-Gesllschafters, ZIP 1986, 146 (148 f.).

62 Grundlegend Ulmer, Der Gläubigerschutz im faktischen GmbH-Konzern beim Fehlen von Minderheitensgesellschaftern, ZHR 148 (1984), 391 (416 ff.).

63 K. Schmidt, Gesellschaftsrecht (2002), S. 1145.

64 목적론적인 축소해석에 대하여는, 유주선, "일인회사에서 자기대리의 문제", 『경영법률』 제16집 2호, 2006, 265면 이하.

을 보충적으로 적용하여 청구권을 제시하려고 한다.[65] 이들은 실체파악을 이루고 있는 상황에서, 추상적이고 일반적인 법인의 구성요건을 포괄하고 있는 유한회사법 제13조 제2항을 수정하고, 그 결과 동법 규정의 목적에 따라 합당하지 않은 구성요건에 대하여는 다른 조항을 가지고 청구권을 제시하려 하는 것이다.

유한회사와 주식회사는 사원이나 주주가 회사 채무에 대하여 책임을 부담한다는 규정이 존재하지 않는다. 이러한 이유 때문에 회사의 채무에 대한 사원의 인적책임에 대한 논의는 인적회사에서 펼쳐지게 된다. 법규를 적용하려는 자들은 유한회사에서 사원의 직접책임을 인정하기 위하여 합명회사의 책임구조를 검토하기 시작한다. 독일 상법 제124조와 동법 제128조를 살펴보면, 전자의 1문과 후자의 1문은 회사 채무에 대하여 사원의 책임과 회사의 고유채무를 구분하고 있는 것을 볼 수 있다. 그리고 회사의 채무에 대하여 사원이 자기의 개인재산을 가지고 회사 채무를 부담하고 있는 것을 볼 수 있다. 이러한 조항, 특히 독일 상법 제128조를 토대로 유한회사에서 유한회사의 사원이 회사의 채무에 대하여 책임을 부담하게 하는 청구권 조항이 등장하게 되는 것이다.[66]

V. 결론

유한회사나 주식회사의 가장 큰 특징 중의 한 가지는 법인의 구성원이 유한책임을 부담한다는 사실이다. 법인의 구성원이 예외적으로 법인의 채무에 대하여 책임을 부담해야 한다는 것이 이른바 "실체파악"의 문제이다.

이러한 실체파악은 1970년대 우리 고등법원 판례에서 인정되었지만, 대법원에서 인정하지 않다가 2001년 명백하게 주식회사의 주주는 예외적으로 주식회사의 채무를 부담해야 한다고 판시하였다. 일단 이러한 대법원의 판단은 실질적으로 최초로 사원의 외부책임을 인정하였다고 사료된다. 하지만 주주의 직접책임을 묻기 위해서는, 우선 실정법 내의 사법이론으로 해결할 수 있는가의 여부를 검토했어야만 했다. 즉 주주에 의하여 탈취된 회사재산을 업무집행자에 의하여 회사의 재산으로 환원케 할 수 있는 독일 유한회사법 제30조와 제31조와 같은 자본충실의 원칙의

---

65 Rehbinder, Zehn Jahre Rechtsprechung zum Durchgriff im Gesellschaftsrecht, Festschr. Fischer, S. 579 (580)을 참조.

66 남용설을 비판하고 법규정설의 단초를 제공한 이로는 Müller-Freienfels, a.a.O., S. 522 ff. 들 수 있다. 그 뒤 Rehbinder, a.a.O., S. 579 ff.; ders., Neues zum Durchgriff unter besonderer Berücksichtigung der höchstrichterlichen Rechtsprechung, Festschr. Kübler, S. 493 ff.에 의하여 더욱 발전하게 된다.

적용여부가 그것이다. 만약 우리 상법에 그러한 규정이 미진하다면 주주의 충실의무나 주주의 과실로 인한 책임 등을 검토하는 것도 타당한 방법 중의 하나라고 생각된다. 다시 말하면 법인이라고 하는 주식회사에서 유한책임을 부담하는 주주에게 책임을 묻기 위해서는 법인을 무시하거나 부인하는 외부책임보다 내부책임이, 법인의 독립성을 존중한다는 측면에서 훨씬 더 바람직한 방법일 것이다.

만약 내부책임이 아니라 외부책임을 인정하려 한다면 유한책임을 부담하는 특권을 가진 주주에 대하여, 아주 예외적인 상황에서 왜 주주가 책임을 부담해야 하는가에 대한 법적 근거를 제시해야만 할 것이다. 그런 측면에서 실정법 내에서 청구권을 제시하며 문제를 해결하려는 시도[67]는 비판의 여지에 관계없이, 우리의 다수설인 남용설을 극복하려고 하는 바람직한 시도 중의 하나라고 인정하지 않을 수 없다.

현재 우리 문헌을 살펴보면, '회사 채무에 대한 사원의 책임'에 대하여 법적 근거를 제시해 주지 못하고 있는 남용설에 너무 의존해 있지 않나 하는 생각이 든다. 법인이라고 규정해놓고 갑자기 이제 법인이 아니라 조합이라고 보는 시각이나, 법인과 사원의 동일성을 주장하여 문제를 해결하려는 시도는, 법적 근거를 제시하지 못하고 있다는 점에서 이제는 지양되어야 할 것이다. 오히려 법인임에도 법인의 구성원이 왜 책임을 부담해야 하는 가를 검토하고, 책임을 인정한다면 내부책임으로 인정할 것이냐 아니면 외부책임으로 할 것이냐를 구분하되 우선적으로 법인을 무시하지 않는 내부책임을 검토하는 것이 바람직하다. 부득이하게 외부책임을 인정하고자 할지라도, 예외적으로 법인재산임에도 불구하고 주주가 회사에 대한 책임을 부담해야 하는가에 대한 법적 근거를 제시하려는 노력이 우리에게 요구된다.

---

67 독일 상법 제128조를 적용하려는 법규정설은 오늘날 독일 학계의 다수설을 점하고 있다. 이 점에 대하여는 Vetter, Rechtsfolgen existenzvernichtender Eingriffe, ZIP 2003, 601 (603, Fn. 16)를 참조.

제5장
회사의 설립

제1절 설립에 대한 입법주의

회사의 설립에 대한 다양한 입법주의가 주장되고 있다. 이하에서는 입법에 대한 다양한 입장을 살펴본다.[1]

I. 자유설립주의

회사를 설립함에 있어 법률적인 제한을 두지 않는 입법주의를 말한다. 회사를 설립하고자 하는 자들이 모여 인적 결합체를 형성하고 회사를 설립하게 된다는 점에서 다양한 문제점이 발생될 소지가 있다.

II. 특허주의

국가의 군주나 특별한 입법에 의하여 회사가 설립될 수 있도록 한 입법주의를 특허주의

---

[1] 이철송, 『회사법강의』, 제20판, 박영사, 2012, 90면 이하; 김정호, 『회사법』, 법문사, 2012, 84면 이하; 정찬형, 『상법강의(상)』, 제16판, 박영사, 2013, 468면 이하.

라고 한다. 특정 법인 설립시마다 특별한 법률 제정이 요구되는 것으로 개별법입법주의라고도 한다. 주로 국가의 재정, 금융, 상업 등에 관한 정책을 통제하거나 강화하는 차원에서 국가가 특정한 국영기업에 독립성을 주는 것으로 볼 수 있다. 특허주의 역시 회사설립에 관한 규제가 없어 민간회사들이 우후죽순 설립되어 각종 사기나 불건전한 거래에 이용되는 등 많은 부작용이 발생되었다.

III. 면허주의(허가주의)

면허나 허가 등 행정처분에 의하여 회사가 설립될 수 있는 입법주의를 말한다. 1807년 프랑스 상법이 처음으로 면허주의를 취하였으며 1861년 독일의 일반상법전도 이러한 입법주의를 수용하였다. 행정관청이 설립에 관하여 실질적 심사를 한다는 점에서 회사설립에 있어 제약이 된다.

IV. 준칙주의

일반적인 회사설립의 요건을 규정하고 그 요건을 구비하기만 하면 당연히 회사가 설립되는 것으로 하는 입법주의이다. 회사설립에 관한 국가의 관여는 법정의 설립요건을 구비하였는가를 심사하는 것에 그치고, 설립인가나 허가 등의 처분은 요구되지 않는다. 오늘날 대부분의 국가는 이러한 입법주의를 취하고 있다.

제2절 설립행위의 개념

회사의 설립이란 법인을 성립시키기 위한 여러 가지의 행위와 절차를 말한다. 정관작성 및 미래에 사원이 되는 자의 다양한 법률행위, 즉 단체의 구성원인 사원의 확정, 사업에 필요한 물적 수단을 제공하는 출자의 확정, 단체의 활동을 대표할 기관의 구성 및 대외적 공시를 위한 설립등기 등 일련의 행위로 구성되는 절차가 회사의 설립에 속하게 된다.

인적회사와 자본회사의 설립행위가 다르다.[2] 인적회사에서는 정관의 작성을 설립행위라고

---

2   김정호, 『회사법』, 제2판, 법문사, 2012, 85면.

한다면, 자본회사는 정관작성 외에도 주식의 인수라고 하는 행위가 필요하다.[3] 자본회사에서 정관의 작성만이 설립행위를 이룬다고 하는 견해도 있고, 주식의 인수만이 설립행위를 이룬다고 하는 견해도 있지만, 정관의 작성과 주식의 인수가 설립행위를 이룬다고 본다(통설).[4]

제3절 설립행위의 법적 성질

회사의 설립이라는 공통의 목적을 달성하기 위한 복수인의 일방적 의사표시가 결합된 합동행위라고 보는 견해, 인적회사의 설립행위는 정관의 작성이라는 합동행위이지만, 자본회사의 설립행위는 정관작성이라는 합동행위와 주식인수라는 설립중의 회사의 입사계약이 병존한다는 견해도 있다.[5] 정관을 하나의 계약으로 보고 주식의 인수 역시 계약으로 보는 견해가 있다(독일의 통설).[6]

제4절 정관

I. 의의

실질적인 의미에서 정관은 사원들의 전체의사에 의하여 성립되어 성문법의 보충적 또는 변경하는 효력을 가지고 있다. 또한 형식적인 의미에서 그 규범을 기재한 서면을 의미한다. 회사를 설립하고자 하면 어느 회사든 정관을 작성하여야 한다. 정관은 계속 회사의 법률관계를 구속하므로 변경을 하고자 할 때에도 엄격한 법정 절차에 의해서만 가능하다.

II. 법적 성질

정관의 법적 성질이 무엇인가에 대하여 학자들마다 다양한 의견이 제시되고 있다.[7]

---

3   정찬형, 『상법강의(상)』, 제16판, 박영사, 2013, 470면.
4   통설에 대한 비판적인 입장으로는 이철송, 『회사법강의』, 제20판, 박영사, 2012, 92면 이하.
5   학설에 대하여는 정찬형, 『상법강의(상)』, 제16판, 박영사, 2013, 470면.
6   독일 주식법 제2조 참조. 독일법상 설립행위에 관하여는 이철송, 『회사법강의』, 제20판, 박영사, 2012, 93면 이하.

1. 자치법설

다수설은 정관이 그것을 작성한 설립자 또는 발기인뿐만 아니라 회사의 기관, 새로이 회사조직에 가입한 자까지 당연히 구속한다는 점을 들어 자치법규로서의 성질을 주장한다(일본의 통설).

2. 계약설

정관의 구속력은 사원의 자유로운 의사에 있는 것이므로 정관작성 후에 사원이 기관이 되는 자는 정관의 내용에 승복하고 회사와 관련을 맺는 것이고, 그 구속을 벗어나고 싶을 때에는 언제든지 탈퇴하거나 지분을 양도하면 되므로 정관은 계약적 성질을 갖는다고 한다(독일의 다수설).

Ⅲ. 정관의 효력

정관의 법규성으로 인해 정관을 작성한 사원이나 발기인, 그 이후에 가입한 사원, 주주 그리고 회사기관도 당연히 정관의 구속을 받는다. 정관의 구속력은 그 구속을 받는 자의 의사에 달려 있기 때문에 대외적으로 제3자를 구속하는 효력은 없다.[8] 정관을 위반한 행위의 효력은 일정하지 않다(제376조 제1항, 제402조, 399조 참조).

Ⅳ. 정관의 기재사항

1. 의의

정관의 작성은 요식의 서면행위로서 반드시 요구되는 사항을 기재하고 기명날인해야 한다(제289조). 정관은 공증을 받는 것이 원칙이다(제292조). 그 내용에 관한 분쟁과 부정행위를 방지하기 위함이다.[9]

---

7   정찬형, 『상법강의(상)』, 제16판, 박영사, 2013, 471면.
8   이기수·최병규, 『회사법(상법강의 Ⅱ)』, 제9판, 박영사, 157면.
9   김정호, 『회사법』, 제2판, 법문사, 98면.

2. 종류

1) 절대적 기재사항

절대적 기재사항이라 함은 법률에 의하여 정관에 반드시 기재하여야 할 사항으로서, 이를 기재하지 아니하면 정관 자체를 무효로 하는 결과를 초래한다. 상법 제289조 제1항을 보라.

2) 상대적 기재사항

상대적 기재사항이라 함은 정관에 기재하지 아니하여도 정관 자체의 효력에는 영향이 없지만, 이를 정관에 기재하지 아니하면 그 효력이 인정되지 않는 사항을 말한다. 상법 제290조를 보라. 현물출자는 상대적 기재사항에 속한다. 현물출자를 하지 않는 경우에는 정관에 기재할 필요가 없지만 정관에 기재하지 않으면 현물출자를 하지 못한다.

3) 임의적 기재사항

정관에 기재하여야만 효력이 발생하는 것은 아니고(이 점 상대적 기재사항과 동일하다), 또한 정관에 기재하지 않더라도 관련사항을 실행하지 못하는 것은 아니다(이 점 상대적 기재사항과 다르다). 그러나 이를 정관에 기재하면 그 기재대로 효력이 발생하게 된다. 일단 정관에 기재하면 이와 상위한 규율을 원할 때에는 정관을 변경해야 한다. 주주총회의 소집지나 소집권자 또는 의장 등이 여기에 해당될 수 있다. 다만, 강행법규 또는 선량한 풍속 기타 사회질서에 위반되지 않는 한, 정관에 기재가 가능하다.

제5절 등기

I. 의의

회사는 제3자와 거래를 하는 경우에 일정한 사항에 대하여 공시를 하도록 하고 있다. 공시의 대표적인 것은 등기제도이다. 회사의 등기를 통하여 회사의 거래상대방은 회사의 대표자가 누구인지, 회사의 목적 및 상호 등을 명확하게 인식하게 된다. 상법은 회사설립 시에 본점 또는 본점과 지점에서 일정한 사항을 등기하도록 하고 있고(제180조, 제271조, 제

287조의5 제1항, 제317조 2항, 제549조 제2항), 그 등기사항에 변경이 생긴 경우에는 일정한 기간 내에 변경등기를 하도록 하고 있다(제183조, 제269조, 제287조의5 제4항, 제317조 제4항, 제549조 제4항). 그 외에도 회사가 전환사채를 발행하는 경우 이 경우 등기를 하도록 하고 있다(제514조의2 제3항). 새로운 사항에 대하여 등기를 해야 할 필요성이 있기 때문에 등기를 요한다.

Ⅱ. 효력

1. 창설적 효력

등기를 통하여 창설적 효력을 발생한 경우도 있지만, 반드시 그런 것은 아니다. 성립등기를 통하여 회사는 법인으로 탄생하게 된다(172조). 전형적인 창설적 효력에 해당한다. 합병(제234조, 제530조 제2항, 제603조)이나 회사분할(제530조의11 제1항), 조직변경(제243조, 제286조 제3항) 및 주식의 포괄적 이전(제360조의20) 등은 모두 등기에 의하여 효력이 발생하기 때문에 창설적 효력의 면을 띤다.

2. 미창설적 효력

이사의 선임이나 신주의 발행 등은 등기를 요하는 사항이기는 하지만, 등기를 해야만 효력이 발생하는 것은 아니다. 반드시 등기를 요하는 것이 아니므로. 등기의 실효성을 확보하기 위하여 상법은 위반 시 과태료를 부과한다(제635조 제1항).

3. 대항력

등기할 사항을 등기하면 악의의 제3자는 물론 선의의 제3자에게도 대항할 수 있다. 만약 등기할 사항을 등기하지 아니하면 선의의 제3자에게는 대항할 수 없다(제37조 제1항).

제6장
회사의 권리능력

제1절 의의

상법상 모든 회사는 법인이므로(제169조) 자연인과 마찬가지로 권리의무의 주체가 될 수 있는 자격, 즉 일반적 권리능력을 가진다. 그러나 법인은 자연인과는 다른 특성이 있기 때문에 개별적 권리능력에 있어서는 다음과 같은 몇 가지 제한을 받는다.[1]

제2절 권리능력의 제한

I. 성질에 의한 제한

회사는 자연인이 아니므로 그 성질상 자연인을 전제로 하는 권리의무, 예컨대 생명·신체에 관한 권리, 친권·부양의무 등의 신분상의 권리의무는 가질 수 없다. 그러나 그 밖의 재산권, 명예권, 상호권 등은 가질 수 있다.[2]

---

1 이기수·최병규, 『회사법(상법강의 II)』, 제9판, 박영사, 2011, 97면 이하.
2 정동윤, 『회사법』, 제6판, 법문사, 2000, 47면 이하; 이철송, 『회사법강의』, 제20판, 박영사, 2012, 71면 이하.

1. 재산상속인이 될 수 있는가의 여부

민법상 재산상속인은 피상속인과 일정한 친족관계에 있어야 하므로(민법 제1000조 내지 제1004조), 회사는 재산상속인이 될 수 없다. 그러나 유증을 받는 자에 대하여 아무런 제한이 없으므로 회사도 유증을 받을 수 있으며, 회사는 유증을 받음으로써 상속과 동일한 효과를 얻을 수 있다.

2. 상업사용인이 될 수 있는가의 여부

지배인 등의 상업사용인은 인적 신용을 기초로 구체적인 활동을 하는 자이므로 자연인에 한한다고 보는 것이 타당하다. 따라서 회사는 상업사용인이 될 수 없다.

3. 이사와 감사가 될 수 있는가의 여부

이사·감사는 상업사용인과 마찬가지로 인적 신용을 기초로 선임 또는 해임되고 구체적인 직무를 집행하는 자이므로 자연인에 한다고 보는 것이 타당하다. 따라서 회사는 다른 회사의 이사·감사가 될 수 없다.

4. 다른 회사의 유한책임사원과 발기인이 될 수 있는가의 여부

회사는 다른 회사의 무한책임사원이 되지 못한다고 상법이 규정하고 있으므로(제173조), 그 반대해석으로 다른 회사의 유한책임사원은 될 수 있다. 사원은 자연인의 활동을 전제로 하지 않으므로 당연한 결론이다. 마찬가지 이유로 회사는 주식회사의 발기인이 될 수 있다고 본다. 상법은 회사설립행위에 참여하지 않았다하더라도 "정관에 발기인으로 기명날인 또는 서명한 자"를 발기인으로 인정하고 있기 때문에(제289조 제1항), 발기인도 사원과 마찬가지로 행위를 전제로 하지 않은 개념이다. 따라서 회사는 발기인이 될 수 있다고 본다.

Ⅱ. 법률에 의한 제한

회사는 다른 회사의 무한책임사원이 되지 못한다(제173조. 독일은 유한회사가 다른 회사의 무한책임사원이 되는 GmbH & Co KG를 인정하고 있다).[3] 회사는 각자의 독자적 목적을 가지고 설립되고 경영활동을 하는데, 회사가 다른 회사의 무한책임사원이 되어 다른 회사의 경영활동의 결과에 따라 회사의 전 재산으로 무한책임을 지는 것은 회사존립의 기초를 위험하게 하고 회사채권자의 담보를 해하는 등의 폐해가 있으므로 이것은 적절한 경영활동이라고 할 수 없다. 또한 무한책임사원은 인적 신용을 기초로 하고 있고 원칙적으로 회사의 업무집행권과 대표권을 가지는데(제200조, 제207조, 제269조, 제273조), 이것은 구체적인 활동을 전제로 하고 있는 것이므로 회사는 무한책임사원이 될 수 없다고 보는 것이 타당하다. 이 문제는 원래 성질에 의한 제한에 속하는 것이나 상법이 주의적으로 규정한 것에 불과하다.

청산 중의 회사는 청산의 목적범위 내로 권리능력이 제한되고(제245조, 제269조, 제542조 제1항, 제613조 제1항), 파산회사는 파산의 목적범위 내에서만 존재한다(파산법 제4조). 이 외에도 각종의 특별법에 의하여 특정한 회사의 그 권리능력을 제한하는 경우가 있다. 은행의 금지업무규정(은행법 제38조 제2호),[4] 보험의 금지업무규정(보험업법 제10조),[5] 상호저축은행법 제18조의2[6] 등이 있다.

Ⅲ. 목적에 의한 제한

회사는 그 목적에 의해 권리능력이 제한되고, 정관소정의 목적을 벗어난 회사행위는 무효가 되는지가 다투어진다.[7] 이에 관한 영미법상의 이론이 "ultra vires" 이론인데, 민법 제34조는 이 이론을 도입하여 "법인은 법률의 규정에 좇아 정관으로 정한 목적의 범위 내에서 권리와 의무의 주체가 된다"고 규정하고 있다. 그러나 상법에는 이런 규정이 없고 민법에 준용한다는 규정도 없어 문제가 되고 있다.

정관목적에 의해 회사의 권리능력이 제한되는지에 대해 국내학설은 크게 제한긍정설과 제한부정설로 나뉘어져 있다. 상법이 정관목적에 의해 회사의 권리능력이 제한된다는 명문규정을 두고 있지 않아, 민법 제34조가 상법상의 회사에도 적용 또는 유추 적용되는지의 여부에 대한 논란이 있다.

---

3   독일 유한합자회사는 유한회사가 합자회사의 무한책임사원으로 되어 있다.
4   동 규정에 따르면, 은행은 업무용부동산이 아닌 부동산의 소유를 금지하고 있다.
5   동 규정에 따르면, 보험회사로 하여금 생명보험업과 손해보험업을 겸영하지 못하도록 하고 있다.
6   동 규정에 따르면, 상호저축은행은 업무용부동산이 아닌 부동산의 소유를 금지하고 있다.
7   정동윤, 『회사법』, 제6판, 법문사, 2000, 51면 이하; 이기수·최병규, 『회사법(상법강의 Ⅱ)』, 제9판, 박영사, 2011, 98면.

1. 제한긍정설

제한긍정설은 회사도 민법상의 법인과 같이 그 목적에 의해 권리능력이 제한된다고 주장한다. 그 이유는 다음과 같다. 첫째, 민법 제34조는 회사를 포함한 법인일반에 공통되는 기본원칙이므로 상법에 의해 이를 배제하는 규정이 없는 한 회사에도 동 규정이 적용 또는 유추 적용된다는 것이다. 둘째, 법인은 원래 특정한 목적을 위하여 설립되는 인격자이므로 그 목적범위 내에 있어서만 권리의무의 주체가 된다는 것은 법인의 본질에 속하며, 이러한 법인의 본질이 영리법인인 회사에 있어서도 적용되는 것은 일반법인과 다를 바가 없다는 것이다. 셋째, 회사의 목적은 정관의 필요적 기재사항이고(제179조, 제270조, 제289조, 제543조), 또 등기되는데(제180조 제1항, 제271조, 제317조 제2항, 제549조 제2항 제1호) 그 목적에 의한 제한을 받지 않는다면 상법상 등기제도의 근본원칙이 배척되기 때문에 인정되어서는 아니 된다는 것이다. 넷째, 회사재산이 특정한 목적을 위하여 이용될 것을 기대하는 주주의 이익을 보호하는 데 중점을 두어야 한다는 점을 제시한다. 만약 정관목적의 범위 외의 권리능력을 인정하게 된다면, 주주의 이익을 소홀히 하게 되고 그것은 일반 공중의 투자심리를 저하시키게 되는 결과를 초래하기 때문에 정관목적에 의해 권리능력이 제한되어야 한다고 주장한다. 다섯째, 회사의 권리능력을 목적에 의해 제한하지 않는다면 회사는 비영리사업을 할 수 있게 되는데, 이는 민법에서 비영리법인의 설립에 허가주의를 채용한(민 제32조) 제도적 기능을 상실시킬 우려가 있다는 점을 제시한다.

2. 제한부정설

제한부정설에 따르면, 회사는 그 목적에 의해 권리능력이 제한되지 않는다는 입장이다.[8] 그 이유는 다음과 같다. 첫째, 민법상의 법인에 관한 규정은 공익법인에 관한 규정으로서 사법일반에 관한 통칙은 아니라는 점을 든다. 민법 제34조의 규정은 공익법인에 대하여 영리활동을 금지하기 위하여 정책적으로 인정한 특칙으로서 활동의 범위가 넓은 영리법인에까지 적용해야 할 것은, 상법에서 민법 제34조를 준용한다는 명문의 규정이 없는 이상 회사의 목적에 의한 권리능력의 제한은 없다고 해석하는 것이 타당하다고 한다. 둘째, 회사의

---

8   정동윤,『회사법』, 제6판, 법문사, 2000, 51면; 이철송,『회사법강의』, 제20판, 박영사, 2012, 74면; 이기수·최병규,『회사법(상법강의 II)』, 제9판, 박영사, 2011, 99면; 정찬형,『상법강의(상)』, 제16판, 박영사, 2013, 464면.

목적에 의해 회사의 권리능력을 제한하면 거래의 안전을 심히 해치게 되는 문제점이 제시된다. 회사의 활동범위가 대단히 넓은 오늘날의 현실에서 볼 때 거래의 안전을 희생해서까지 사원을 보호할 필요는 없다는 것이다. 셋째, 회사의 권리능력을 목적에 의해 제한하면, 회사가 목적 외의 행위를 해서 성공하면 그냥 그 이익을 자기의 것으로 하지만 손실이 있으면 그 행위의 효력을 부인하게 되어 불성실한 회사에 대하여 책임을 회피할 수 있는 구실을 주게 되고 불필요한 분쟁이 발생하여 거래의 안전을 해할 위험성이 많다는 점을 든다. 넷째, 회사의 목적은 등기되지만 제3자가 거래할 때마다 이를 확인한다는 것은 번잡하고 또 목적범위에 속하는지의 여부에 대한 판단이 어려워서 거래의 실정에도 맞지 않는다. 따라서 회사의 목적이 등기된다는 사실만으로 이 목적에 의해 회사의 권리능력이 제한된다고 하면, 회사와 거래하는 상대방에게 불측의 손해를 입힐 염려가 있다는 점에서 제한을 부정해야 한다고 한다. 여섯째, 비교법적으로 볼 때에도 대륙법계에서는 목적에 의해 회사의 권리능력이 제한되지 않으며, 영미법계에서도 목적에 의한 회사의 권리능력제한은 거의 폐지되고 있다는 점에서 제한을 긍정해서는 안 된다고 주장한다.

3. 판례의 입장

우리나라 판례는 제한긍정설의 입장에서 일관하여 판시하고 있는데, 초기에는 목적범위를 엄격하게 해석하였다.[9]

대법원 1974. 11. 26. 선고 74다310 판결

대법원에 따르면, "법인의 권리능력은 그 목적범위에 의한 제한을 받는 것으로서 주식회사 대표이사가 타인의 채무에 대한 보증을 한 경우 그 보증행위가 회사의 정관에 열거된 목적과 그 외에 법인의 목적을 달성함에 필요한 범위에 속하는 것임을 심리확정하지 않는 이상 이를 회사자체의 보증행위라고 단정할 수 없다"고 하면서 목적범위에 의한 제한을 받는 것을 제시하고 있다.

10년이 지난 후 대법원은 거래안전의 측면을 고려하면서 목적 범위를 폭넓게 해석하는 방법을 통해 문제를 해결하고 있다.[10]

---

9 대법원 1975. 12. 23. 선고 75다1479 판결.
10 대법원 1987. 9. 8. 선고 87다1349 판결.

대법원은 "회사의 권리능력은 회사의 설립근거가 된 법률과 회사의 정관상의 목적에 의하여 제한되나 그 목적범위 내의 행위라 함은 정관에 명시된 목적 자체에 국한된 것이 아니고 그 목적을 수행하는 데 있어 직접 또는 간접으로 필요한 행위는 모두 포함되며 목적수행에 필요한지 여부도 행위의 객관적 성질에 따라 추상적으로 판단할 것이지 행위자의 주관적·구체적 의사에 따라 판단할 것은 아니다."라고 하면서, "단기금융업을 영위하는 회사로서 회사의 목적인 어음의 발행, 할인, 매매, 인수, 보증, 어음매매의 중개를 함에 있어서 어음의 배서는 행위의 객관적 성질상 위 목적수행에 직접·간접으로 필요한 행위라고 하여야 할 것이다."라고 판시하고 있다.

대법원은 "원고는 영리를 목적으로 하는 상법상의 합자회사로서 그 정관에서 목적을 이 사건 토지 위에 존재하는 시장건물의 관리업무로 한정하고 있지 아니하여 이 사건 토지를 매도한 후 새로 시장건물을 매수하는 등의 방법으로 계속하여 존속할 수도 있을 것이므로 이 사건 토지를 매도하는 행위가 원고의 목적범위 내에 포함되지 않는다고 단정하기 어려운 점, 특히 이 사건 토지를 매도할 당시 이미 이 사건 토지에 관한 경매절차에서 매각허가결정이 되어 사실상 소유권을 상실한 상태였던 점, 이와 같은 상태에서 원고의 요청에 의하여 매각허가를 받은 피고 1 주식회사와 사이에 이 사건 토지에 관한 매매계약이 체결된 점, 그 후 피고 1 주식회사는 이 사건 토지를 담보로 피고들 보조참가인으로부터 15억 원을 대출받았을 뿐만 아니라 피고 2 주식회사와 부동산담보신탁계약을 체결하고 그에 따라 이 사건 토지에 관하여 피고 2 주식회사 앞으로 위 신탁계약을 원인으로 한 소유권이전등기를 마치는 등 이 사건 토지를 둘러싼 다수의 법률관계가 형성되어 있어 거래안전의 보호가 강하게 요구되는 점 등에 비추어보면, 원고의 대표사원인 소외인이 피고 1 주식회사에게 이 사건 토지를 매도한 행위는 원고의 목적을 수행하는 데 있어 직접, 간접으로 필요한 행위에 해당한다."고 판시하고 있다.

4. 소결

제한부정설이 타당하다. 제한긍정설도 회사의 권리능력을 제한하는 '목적범위'를 엄격히 해석하면 거래의 안정을 해치므로 종래의 엄격한 해석을 버리고 이를 점차 완화하여 회사는 '목적을 위하여 필요한 행위', '목적을 위하여 상당 또는 유익한 행위', 나아가서 '목적에 위반되지 않는 모든 행위'를 할 수 있다고 한다. 그리고 어떠한 행위가 목적범위 내에 속하는지의 여부를 판단하는 것도 정관기재의 목적에서 현실적으로 판단할 것이 아니고 객관적·추상적으로 필요한 것인가의 여부에서 판단하여야 한다고 하여 제한부정설과 거의 구별할 수 없을 정도로 판단하고 있다. 비교법적으로 보아도 제한긍정설은 인정될 수 없다. 민법 제34

조는 폐지되어야 한다.

제3절 불법행위능력

　자연인의 결합체로서 회사는 그 자신의 행위능력을 행사할 수 없고, 자연인인 기관을 통하여 행위능력을 행사하게 된다. 이와 같이 회사의 불법행위는 대표기관이 불법행위를 하였는가의 문제로 귀결된다. 만약 회사의 조직으로서 대표기관이 불법행위를 하였다면 바로 회사의 불법행위로 귀속하게 되어, 피해자에 대한 손해배상책임의 문제가 발생하게 된다. 피해자의 손해배상은 회사의 기관에 의한 발생된 손해가 회사의 손해로 귀결된다면, 대표기관은 하나의 조직에 해당하기 때문에 대표기관 개인은 책임이 없는 것이 일반적이라 할 것이다. 독일 사법은 법문에서 이 점이 명확하게 드러나고 있다. 그러나 우리 상법은 회사를 대표하는 사원이나 대표이사가 업무집행상 타인에게 손해를 가한 경우에 회사는 물론 그 대표기관도 타인에게 손해를 배상해야 할 책임을 부담한다(제210조, 제269조, 제389조 제3항, 제567조). 독일법과 달리 우리 상법이 회사와 대표기관의 연대책임을 인정하고 있는 것은 피해자를 보다 더 보호하고자 하는 정책면이 고려된 것이다.

제7장
회사의 합병, 해산, 조직변경 및 계속

제1절 회사의 합병

I. 의의

통칙규정에는 합병에 관하여 두 개의 조문을 두고 있고, 각각의 회사별로 합병절차에 관한 규정을 두고 있다. 2개 이상의 회사가 하나의 회사로 소멸하되 청산절차를 거치지 아니하고, 소멸하는 회사의 모든 권리와 의무를 존속회사 또는 신설회사가 포괄적으로 승계하고 수용하는 회사법상의 법률사실을 합병이라 한다. 합병은 흡수합병과 신설합병으로 구분된다. 수 개의 합병당사회사 중 하나의 회사만이 존속하고 나머지 회사는 모두 소멸하며, 존속회사가 소멸회사의 권리와 의무를 포괄적으로 승계하고 사원을 수용하는 방법을 흡수합병이라 한다면, 당사회사 전부가 소멸하고 이들에 의해 신설된 회사가 소멸회사의 권리와 의무를 포괄적으로 승계하고 사원을 수용하는 방법을 신설합병이라 한다.

II. 합병과 그 제한

1. 합병의 자유

회사법 통칙은 합병이 합병계약을 전제로 하고 있음을 명문으로 규정하고 있지는 않지만, 주식회사의 경우 합병계약서를 주주총회에서 승인하도록 규정하고 있는 것은 대표기관에 의한 합병계약의 선행을 전제로 하고 있음을 추론할 수 있다. 회사는 합병이 가능하다(제174조). 회사의 종류에 관계없이 목적이 다른 회사의 경우에도 합병은 가능하다고 본다.

2. 합병의 제한

상법은 자유로운 합병은 가능한 것으로 하고 있지만, 두 가지 사항에 대하여 제한을 가하고 있다. 다른 종류의 회사와 합병은 가능하지만, 상법은 합병을 하는 회사의 일방 또는 쌍방이 주식회사, 유한회사 또는 유한책임회사인 경우에는 합병 후 존속하는 회사의 형태를 제한하고 있다. 즉, 주식회사, 유한회사 또는 유한책임회사이어야 함을 명시적으로 밝히고 있다. 대법원은 '합명회사가 주식회사에 합병되는 경우에 합명회사의 사원은 합병계약이 정하는 바에 의하여 주식회사의 주주가 되는 것임을 다음과 같이 밝히고 있다.[1]

대법원 2003.02.11. 선고 2001다14351 판결

대법원은 "회사의 합병이라 함은 두 개 이상의 회사가 계약에 의하여 신회사를 설립하거나 또는 그중의 한 회사가 다른 회사를 흡수하고, 소멸회사의 재산과 사원(주주)이 신설회사 또는 존속회사에 법정 절차에 따라 이전·수용되는 효과를 가져 오는 것으로서, 소멸회사의 사원(주주)은 합병에 의하여 1주 미만의 단주만을 취득하게 되는 경우나 혹은 합병에 반대한 주주로서의 주식매수청구권을 행사하는 경우 등과 같은 특별한 경우를 제외하고는 원칙적으로 합병계약상의 합병비율과 배정방식에 따라 존속회사 또는 신설회사의 사원권(주주권)을 취득하여, 존속회사 또는 신설회사의 사원(주주)이 되는 것이다."라고 하면서, "피고 회사가 2000. 6.경 동림건설을 흡수합병함에 있어 그 합병비율이 피고 회사와 동림건설 사이에 1:1의 비율로 결정됨으로써 소멸되는 동림건설 사원에게 배정되는 피고 회사의 주식에 단주가 발생할 여지가 없었고, 동림건설은 합자회사로서 합병에 반대하는 사원의 주식매수청구권이 발생할 여지도 없어서, 동림건설의 사원이던 최익환은 위 합병일자에 정상적으로 피고 회사의 주식을 배정받아 피고 회사의 주주가 되었음을 알 수 있다. 그럼에도 불구하고, 동림건설이 피고 회사에 흡수합병되어 소멸됨으로써 동림건설의 사원이던 최익환이 동림건설에서 당연히 퇴사하는 효과가 생겼다고 판단한 원심은 필경 회사의 합병에 관한 법리를 오해한 위법을 범하였다고 할 것이다."라고 판시하였다.

---

1   대법원 2003. 2. 11. 선고 2001다14351 판결.

위 판결에서 대법원은 '합명회사가 주식회사에 합병될 경우 합명회사의 사원은 합병계약이 정하는 바에 따라 주식회사의 주주가 되는 것이고, 합명회사에서 퇴사하는 것이 아니라.'라고 판시하고 있는데, 이는 사원이 지분환급청구권을 행사할 여지가 없다는 것을 의미한다.

3. 제한이유

상법 제174조 제2항에 밝히고 있는 바와 같이, 합병 후 회사형태를 주식회사, 유한회사 또는 유한책임회사로 제한하고 있는 이유는 주식회사, 유한회사 또는 유한책임회사가 합명회사로 합병함으로써 합명회사의 형태를 존속회사로 한다면 유한책임사원으로 존재하고 있었던 구성원 지위가 무한책임사원으로 변경되는 결과 이전 유한책임사원으로서 부담하는 책임보다 더 가중되기 때문이다.

상법은 해산 후의 회사의 합병에 대하여, 합병은 가능하지만 존속 중의 회사를 존속하는 회사로 하는 경우에 한하여 합병이 가능함을 밝히고 있다(제174조 3항).

Ⅲ. 설립위원

상법은 회사의 합병으로 인하여 신회사를 설립함에 있어 정관의 작성이나 기타 설립에 관한 행위에 관한 내용을 규정하고 있다(제175조). 이 경우 상법은 각 회사에서 선임한 설립위원이 공동으로 해야 함을 규정하고 있다(제175조 1항). 상법 제230조, 제434조와 제585조의 규정은 상법 제175조 제1항의 선임에 준용하도록 한다(제175조 2항)

제2절 해산명령과 해산판결

I. 의의

회사의 해산은 법인격의 소멸을 가져오는 법률사실이다. 법원은 일정한 사유가 발생한 경우에 이해관계인이나 검사의 청구에 의하여 또는 직권으로 회사의 해산을 명할 수 있다(제176조 제1항). 이를 해산명령제도라 한다. 통칙에 규정되어 있기 때문에 회사명령제도는 모든 회사에 공통적으로 적용된다. 회사의 설립은 일정한 요건만 충족하면 가능하기 때문에 회사의 남설로 인하여 발생할 수 있는 문제를 사후적으로 시정하기 위한 제도이다. 반면, 해산판결은 사원의 이익을 보호하고자 하는 측면이 있다. 회사의 존속으로 인하여 사원의 이익이 침해되는 경우에 회사를 해체하여 사원의 손실을 방지하고자 하는 제도가 바로 해산판결이다.

Ⅱ. 해산명령제도

1. 해산 사유

1) 설립목적의 불법적인 경우

'회사의 설립목적이 불법인 것인 때(제176조 제1항 제1호)'를 들 수 있다. 정관에 기재된 설립목적이 불법인 경우가 여기에 해당될 수 있다. 그러나 정관에는 적법한 목적을 기재하고 실제로는 불법을 행하는 경우에는, 역시 해산사유에 해당하는 것으로 본다,

2) 정당한 이유 없이 영업개시하지 않거나 영업휴지하는 경우

회사를 설립하고 사업을 하는 것이 일반적인 것일진대, 회사를 설립하고도 장기간 영업을 수행하지 않음에 정당성을 갖지 못하는 경우에 회사를 해산하는 명령을 내릴 수 있다(제176조 1항 2호). 이는 법인격을 불건전한 목적으로 남용할 수 있는 여지를 차단하는 효과가 있다. 대법원은 정당한 이유에 대하여 다음과 같이 긍정한 판례[2]와 부정한 판례[3]가 있다. 상법은 '회사가 정당한 사유 없이 설립 후 1년 내에 영업을 개시하지 아니하거나 1년 이상 영업을 휴지하는 경우'로 특정기간을 명시적으로 밝히고 있다.

대법원 1978. 7. 26. 자 78마106 결정

대법원은 "상대방들이 본건 사건본인회사의 해산명령결정이 있었던 사실을 전혀 모르고 있다가 사건본인회사의 재산관계 소송이 최종적으로 대법원에서 확정된 다음인 1977. 4. 29경 비로소 위 사실을 알고 동년 5.3 본건 항고에 이른 사실은 사건본인회사의 시장점포 입주상인들과 사건본인회사간에 시장건물관계를 둘러싼 분쟁으로 인하여 사건본인회사가 위시장상인들에게 사실상 시장 운영권을 빼앗겨 원결정 설시내용과 같이 각 그들이 책임질 수 없는 사유로 인하여 원결정에 대한 즉시 항고기간

---

2   대법원 1978. 7. 26. 자 78마106 결정.
3   대법원 1978. 7. 26. 자 78마106 결정.

을 준수할 수 없었다고 하여 상대방들의 본건 추완항고가 적법한 것이라고 판단한 조처와 본안에 관하여 사건본인회사는 1967. 9. 23 공익을 위한 공인시장경영, 일용품도산매 기타 이에 부대되는 사업경영을 목적으로 설립된 이래 소외 전홍진으로부터 동인 소유의 서울 용산구 용산동 2가 8의13 등 6필지 지상에 2층 점포 1동을 임차하여 상인들을 입주시켜 시장을 개설하였는데 그후 사건본인회사는 동 지상에 구 건물을 헐고 근대식 시장건물을 신축하기 위하여 시장상인들로부터 미리 점포임대차보증금을 거두어 시장건물을 신축하다가 당시 사건본인회사의 대표이사이던 소외 망인이 위 공사의 1,2층 건물 골조부분만 완성된 단계에서 위 상인들이 낸 돈의 일부를 임의로 소비하고 도주하자 위 상인들과 사건본인회사 사이에 위 신축중인 건물의 소유권을 둘러싸고 분쟁이 발생하여 그때부터 앞서와 같은 본원의 확정 판결이 있을 때까지 사건본인회사는 그 기능을 사실상 상실하고 시장경영 점포임대와 그 차임징수, 납세 등 정상적인 업무수행을 하지 못하였으나 이제 위 확정 판결에 기하여 위 신축건물을 회수하고 그 기능을 회복하여 위 상인들과의 거래관계를 정산하는 등 정상적인 업무수행을 할 수 있는 위치로 복귀하였음을 인정할 수 있으므로 사건본인회사가 과거 수년 동안 위와 같은 특별한 사정 때문에 그 정상적인 업무수행을 하지 못한 것을 가리켜 상법 제176조 1항 2호 후단 소정의 회사해산명령사유인 회사가 정당한 사유 없이 1년 이상 영업을 휴지하는 때에 해당한다고 볼 수는 없다.”고 판시하였다.

대법원 1979. 1. 31. 자 78마56 결정

대법원은 “이 계쟁부동산은 원래신청외 정순배가 원소유자들로부터 매수하여 등기편의상 그가 다수주주로 있던 재항고인 회사명의로 신탁하였다가 이를 해지함에 따라 재항고인 회사는 1969.12.9자 주주총회의 특별결의를 거쳐 위 정순배에 대한 중간등기를 생략하고 그가 대표이사로 있는 한국광천개발주식회사 명의로 적법하게 소유권이전등기절차를 한 것이라고 인정되어 재항고인 회사의 패소로써 확정되었음을 알 수 있으므로 (소을 제15호 및 제16호 판결과 본원 1978.4.11 선고 77다253 판결 등 참조), 결국 재항고인 회사는 이 부동산에 관한 소유권을 가지고 있지 못하였고 또 자신의 의사에 의하여 적법하게 한국광천주식회사로 그 소유권이전등기를 넘겨준 것임에도 불구하고 이와 상반되는 무근한 사실을 내세워 그 소유권이 재항고인 회사에 있다고 주장하여 그 소유권의 귀속과 등기의 효력을 다투는 부당한 소송을 제기하였던 것에 불과하였다고 할 것이다. 그렇다면 위와 같은 소송관계로 인하여 재항고인 회사가 그 영업을 휴지하였던 것이라고 하더라도 이는 그 영업휴지에 관하여 정당한 사유가 있는 경우에 해당한다고는 할 수 없다.”고 판시하고 있다.

3) 법령 또는 정관 위반하여 회사의 존립을 해치는 행위

이사 또는 회사의 사무를 집행하는 사원이 법령 또는 정관에 위반하여 회사의 존속을 허용할 수 없는 행위를 하는 경우에도 회사해산명령을 내릴 수 있다(제176조 제1항 제3호).

3. 절차

1) 이해관계인의 범위

법문에서 말하는 이해관계인의 범위를 어디까지로 볼 수 있는가에 대한 물음이 제기될 수 있다. 사원이나 임원 등은 이해관계인의 범위에 해당한다. 회사채권자와 이사 등의 위법행위로 손해를 받은 자 역시 이해관계인에 속한다고 볼 것이다. 이해관계인의 범위에 속하는가에 대하여 대법원은 다음과 같이 판단하였다.[4]

대법원 1995. 9. 12. 자 95마686 결정

대법원은 "상법 제176조 제1항에 의하여 법원에 회사의 해산명령을 청구할 수 있는 이해관계인이란 회사 존립에 직접 법률상 이해관계가 있는 자라고 보아야 할 것이므로 재항고인이 해산명령을 구한 소외 '전자랜드판매주식회사'의 명칭과 동일한 "전자랜드"라는 명칭의 빌딩을 소유하고, 같은 명칭의 서비스표 등록 및 상표 등록을 하였으며, 재항고인의 상호를 '전자랜드주식회사'로 변경하려고 하는데 휴면회사인 위 소외 회사로 인하여 상호변경 등기를 할 수 없다는 사실만으로는 재항고인을 위 법조 소정의 이해관계인이라 보기 어렵다."고 판단하였다.

2) 담보제공

법원은 해산을 명령하기 전일지라도 이해관계인이나 검사의 청구에 의하여 또는 직권으로 관리인의 선임 기타 회사재산의 보전에 필요한 처분을 할 수 있다(제176조 제2항). 이해관계인의 청구에 의하여 절차가 개시되는 때에 법원은 회사의 청구에 의하여 해산청구인인 이해관계인에 대하여 상당한 담보를 제공할 것을 명할 수 있다(제176조 제3항). 부당한 해산청구를 예방하기 위한 목적이 있다. 이 경우 회사가 상당한 담보를 제공할 것을 청구한 경우에, 회사는 이해관계인의 청구가 악의임을 증명해야 한다(제176조 4항).

---

4   대법원 1995. 9. 12. 자 95마686 결정.

Ⅲ. 해산판결

1. 청구사유

1) 인적회사와 유한책임회사의 경우

합명회사, 합자회사, 유한책임회사의 사원은 '부득이한 사유'가 있을 때에는 법원에 회사의 해산을 청구할 수 있다(제241조 제1항, 제269조, 제287조의42). 일본 최고재판소 판결(1986.3.13.)에 따르면, 합명회사의 업무집행이 다수파 사원에 의하여 불공정하고 이기적으로 행하여져 그로 인하여 소수파 사원이 항상 까닭 없는 불이익을 입고 있는 경우에는 이것을 타개하기 위하여 사원쌍방에 있어서 공정 또는 상당한 수단이 없는 한 '부득이한 사유'가 있다고 한다.

2) 유한회사, 주식회사의 경우

상법은 유한회사와 주식회사의 경우에 '부득이한 사유'를 '회사의 업무가 현저한 정돈상태를 계속하여 회복할 수 없는 손해가 생긴 때 또는 생길 염려가 있는 때'나 '회사재산의 관리 또는 처분의 현저한 실당으로 인하여 회사의 존립을 위태롭게 한 때'라고 하여, 명시적으로 그 사유를 밝히고 있다(제520조 제1항, 제613조 제1항).

2. 청구권자

해산명령은 공익적 관점을 고려하여 이해관계인이 청구를 할 수 있도록 하고 있으나, 해산판결은 사원의 이익을 목적으로 하고 있기 때문에 사원이나 주주에 한하여 청구할 수 있다. 특히, 주식회사의 경우 발행주식의 총수의 100분의 10 이상에 해당하는 주식을 가진 주주만이 회사의 해산을 법원에 청구할 수 있다(제520조 1항).

제3절 조직변경

I. 의의

상법은 다섯 가지 회사형태를 제공함으로써 수요자들이 자유롭게 선택하여 활용할 수 있도록 하였다. 사업의 진행경과에 따라 설립 시 회사형태로 만족을 할 수 없는 상황에 직면할 수 있다. 상황변화에 보다 더 적합한 회사형태를 필요로 하는 경우를 고려하여 상법은 조직변경을 인정한다. 독일은 조직변경법(Umwandlungsgesetz)에서 조직변경에 대한 개념을 제시하고 있으나 우리 상법은 개념정의에 대한 명시적인 내용은 존재하지 않는다. 그러나 회사가 그 인격의 동일성을 유지하면서 다른 종류의 회사로 전환되는 것을 조직변경으로 이해한다. 대법원은 조직변경이 허용되는지 여부에 대하여 다음과 같이 판시하고 있다.[5]

대법원 1985.11.12. 선고 85누69 판결

대법원은 "회사의 조직변경은 회사가 그의 인격의 동일성을 보유하면서 법률상의 조직을 변경하여 다른 종류의 회사로 되는 것을 일컫는다 할 것이고, 상법상 합명, 합자회사 상호간 또는 주식, 유한회사 상호간에만 회사의 조직변경이 인정되고 있을 뿐이므로 소외 계룡건설합자회사가 그 목적, 주소, 대표자등이 동일한 주식회사인 원고회사를 설립한 다음 동 소외 회사를 흡수, 합병하는 형식을 밟아 사실상 합자회사를 주식회사로 변경하는 효과를 꾀하였다 하더라도 이를 법률상의 회사조직변경으로 볼 수는 없다 할 것이고, 피합병회사인 위 소외 회사가 그 존립중에 증자를 하여 위 구 조세감면규제법상의 증자소득공제혜택 대상이 되었을 경우 존속회사인 원고회사에게 그 혜택이 승계되는지의 여부는 별론으로 하되 이와 반대로 합병 후 존속하게 된 원고회사가 비로소 신주발행의 방법으로 증자를 한 이 사건의 경우 위 법규정에 따른 증자소득공제혜택의 대상이 되는지의 여부는 원고회사의 설립일을 기준하여 판단하여야 할 것임이 당연하므로 원고회사가 그 실질에 있어서 소외 회사의 조직을 사실상 변경, 승계한 결과가 되었다 하여 원고회사의 설립일을 소외 회사의 설립일(1967.2.24)로 소급하여 인정할 수는 없다."고 판시하고 있다.

Ⅱ. 조직변경의 가능성

우리 상법은 다섯 가지 회사형태가 자유롭게 조직을 변경할 수 있도록 한 것은 아니다. 인적회사와 자본회사를 구분하여 인적회사는 인적회사로 조직변경이 가능하고, 자본회사는 자본회사로 조직변경이 가능함을 명시적으로 밝히고 있다. 이는 인적회사와 자본회사가 사원의 책임과 내부조직에 있어서 상당한 차이가 있다는 점을 고려한 것이다. 그러므로 합명회사는 합자회사로 조직변경이 가능하고, 합자회사는 합명회사로 조직변경이 가능하다.

---

5   대법원 1985.11.12. 선고 85누69 판결.

또한 주식회사는 유한회사로, 유한회사는 주식회사로 조직변경이 가능하고, 주식회사에서 유한책임회사로 또는 유한책임회사에서 주식회사로 조직변경이 가능하다.

Ⅲ. 효력발생

조직변경이 이루어지면 등기를 해야 한다. 본점 소재지에서 2주간 내에, 지점소재지에서 3주간 내에, 변경 전의 회사는 해산등기를, 변경 후의 회사는 설립등기를 하여야 한다(제243조, 제286조 제3항, 제287조의44, 제606조, 제607조). 현실적으로 조직이 변경되었을 때에 조직변경의 효력이 발생한다는 입장도 있지만, 합명회사가 합자회사로 조직변경하는 경우(제242조 제1항) 무한책임사원이 유한책임사원으로 된 자의 책임기간의 기산점을 등기 시점으로 하고 있는 점(제244조)을 고려해 보건대, 등기시점을 조직변경의 효력발생시기로 보는 것이 타당하다.

제4절 회사의 계속

I. 의의

회사의 계속은 회사의 해산사유는 발생하였지만, 법인격이 박탈되는 청산이 아직 이루어지지 않은 단계에서 발생할 수 있다. 정관에서 정한 존립기간이 만료되었거나 회사의 존립을 막아야 할 사유가 없이 회사가 해산된 경우에, 사원들이 회사의 유지가 바람직하다는 의사를 존중하여 해산 전의 상태로 되돌리는 것을 회사의 계속이라 한다. 이를 정리하면, 회사의 계속이란 일단 해산된 회사가 사원들의 자발적인 노력에 의하여 해산 전의 상태로 복귀하여 해산 전 회사와 동일성을 유지하면서 존립 중의 회사로서 존속하는 것을 의미한다.

Ⅱ. 계속 사유

상법은 각각의 회사에 대하여 회사가 계속할 수 있는 여지를 제공하고 있다. 각각 구분하여 살펴본다.

합명회사의 경우 회사가 존립기간의 만료 기타 정관으로 정한 사유가 발생하여 해산한 때(제229조 제1항, 제227조 제1호)와 총사원의 동의로 해산한 때(제229조 1항, 제227조 제

2호)에는 사원의 전부 또는 일부의 동의로 회사를 계속할 수 있다(제229조 제1항 본문). 사원이 1인으로 되어 해산사유가 발생한 경우에도, 신입사원을 가입시켜 회사를 계속할 수 있다(제229조 제2항). 회사설립의 무효 또는 취소판결이 확정된 때에는 무효·취소원인이 일부 특정한 사원에 한하는 것인 때에는 다른 사원 전원의 동의를 받아 회사를 계속할 수 있다(194조 1항). 합자회사의 경우에는 합명회사의 규정이 적용된다(제269조).

유한회사의 경우는 존립기간의 만료 기타 정관에서 정한 사유의 발생 또는 사원총회의 결의에 의하여 해산한 경우에는 사원총회의 결의로서 회사를 계속할 수 있다(제610조 1항). 한편, 주식회사의 경우는 존립기간의 만료 기타 정관에 정한 사유의 발생 또는 주주총회의 결의에 의하여 해산한 경우에는 주주총회의 특별결의에 의하여 계속할 수 있다(제519조). 5년 이상 등기한 사실이 없음으로 인하여 해산이 간주된 휴면회사라도 3년 이내에는 주주총회의 특별결의에 의해 계속할 수 있다(제520조의2 제3항).

Ⅲ. 등기

이미 해산등기가 이루어진 경우에는 계속등기를 하여야 한다. 사원 또는 주주의 결의에 의하여 회사를 계속할 경우에는 어느 경우에나 본점소재지에서는 2주간 내, 지점소재지에서는 3주간 내에 계속등기를 해야 한다(제194조 제3항, 제229조 제3항, 제285조 제3항, 제287조의6, 제611조).

Ⅳ. 계속의 효과

해산된 회사에 대하여 회사계속이 이루어지면 해산 전의 상태로 복귀하게 된다. 회사의 계속이 이루어지면 청산인이 한 청산사무에 대하여는 영향을 미치지 않지만, 청산인의 활동은 종료되고 존속 중인 회사의 기관으로 교체가 이루어져야 한다.

제4편

합명회사와 합자회사

제1장
합명회사

제1절 의의

합명회사는 주로 가족회사로 알려져 있다. 부모가 사망한 뒤에 그의 형제상속을 받아 운영하는 모습에서 합명회사의 전형을 찾아볼 수 있다. 그러므로 구성원 사이에 인적인 신뢰관계가 깊은 가까운 친척이나 친지나 친척 간 기업으로 이용될 수 있는 기업형태에 해당한다.[1] 합명회사는 사원의 개성이 농후하고 사원이 회사채권자에 대하여 무한책임을 부담하며 직접적인 책임을 부담한다. 특히 인적회사의 전형으로서 합명회사는 사원 모두가 업무집행을 하는 것을 원칙으로 하고 있다. 우리나라는 합명회사에 대하여 법인으로 하고 있으나 독일의 경우 법인으로 인정하지 않고 조합적 성질을 가지고 있는 합수조합으로 인정한다. 그러므로 회사의 내부관계에 대하여는 민법상 조합에 관한 규정을 준용하고 있다.

---

[1]   정찬형, 『상법강의(상)』, 제16판, 박영사, 2013, 533면.

제2절 설립

I. 정관 작성

합명회사의 성립은 정관의 작성과 설립등기만으로 발생한다.[2] 이 점 민법상 조합의 이행과 유사한 면을 가지고 있다. 합명회사를 설립하고자 한다면, 2인 이상의 조합원이 있어야 한다. 2인 이상의 사원이 공동으로 정관을 작성해야 한다(제178조). 정관에는 회사가 수행하는 영업의 내용을 표시하는 목적, 상호, 사원의 성명·주민등록번호 및 주소, 사원의 출자의 목적과 그 가격 또는 평가의 표준, 본점의 소재지 및 정관의 작성년월일 등을 반드시 기재하여야 한다. 이는 모두 정관의 절대적 기재사항에 해당한다(제179조). 정관작성 후에는 총사원이 기명날인 또는 서명을 하여야 한다(제179조).

II. 설립등기

정관을 작성한 후 본점소재지에서 설립등기를 함으로써 합명회사는 법인으로 성립하게 된다(제172조). 설립등기사항으로는 목적, 상호, 사원의 성명·주민등록번호 및 주소, 본점의 소재지, 사원의 출자의 목적, 재산출자에는 그 가격과 이행한 부분, 존립기간 기타 해산사유를 정한 때에는 그 기간 또는 사유, 대표사원을 정한 경우에는 그의 성명·주소 및 주민등록번호, 공동대표에 관한 사항을 정한 때에는 그 규정 등이다(제180조 제1호부터 제5호).

제3절 내부관계

I. 사원의 출자

1. 출자종류

합명회사의 사원은 반드시 회사에 대하여 출자를 해야 한다(제179조 제4호, 제195조). 합명회사 사원의 출자의 목적은 재산, 노무 또는 신용 등이 해당된다(제195조, 제222조, 민 제703조 제2항). 재산출자의 경우 금전출자가 원칙이지만 현물출자도 가능하다. 특정한

---

2   이철송, 『회사법강의』, 제20판, 박영사, 2012, 146면.

기술을 가지고 있는 자는 회사를 위하여 이러한 기술을 제공하게 되는 노무의 제공도 가능하다. 노무가 정신적이든 육체적이든 상관이 없다. 회사를 위하여 인적 또는 물적 담보를 제공하거나 회사가 발행한 어음에 배서 또는 인수를 하는 신용출자도 가능하다.

2. 출자불이행의 효과

합명회사의 사원이 출자를 이행하지 아니하면 민법상 채무불이행이 발생하게 된다(민 제387조 이하). 사원의 출자불이행은 사원의 제명(제220조 제1항 제1호), 업무집행권(제205조 제1항) 또는 대표권(제216조)의 상실원인이 된다.

Ⅱ. 사원의 권리

1. 업무집행권

1) 업무집행의 원칙

회사가 그 목적사업을 수행하기 위하여 하는 행위를 업무집행이라고 한다. 합명회사의 업무집행은 각 사원이 행하는 것이 원칙이다(제200조 제1항). 이 점에서 합명회사의 업무집행은 자기기관성을 갖는다. 그러나 예외적으로 정관의 규정으로 특정한 사원으로 정할 수 있다(제201조 제1항). 지배인의 선임과 해임은 총사원 과반수의 결의에 의하고, 정관에 다른 규정이 없으면 업무집행권이 없는 사원이라 할지라도 지배인의 선임과 해임의 결의에는 참가한다(제203조).

2) 업무집행의 제한

정관의 규정에 따라 업무집행사원을 정한 경우에는(제201조 제1항), 다른 사원은 업무집행권을 행사할 수 없다. 사원의 업무집행이 제한됨을 알 수 있다. 수인의 사원이 공동으로 업무집행을 하도록 하는 제도 역시 업무집행의 제한의 한 영역에 해당한다. 이 경우 그 사원 전원의 동의가 없으면 업무집행에 관한 행위를 할 수 없다(제202조 본문 전단). 다만, 지체할 염려가 있는 경우에는 적용하지 않는다(제202조 단서). 업무집행권이 상실되는 경우가 있다. 사원이 업무를 집행함에 있어 현저하게 부적임하거나 중대한 의무를 위반한 경우, 법원은 사원의 청구에 의하여 업무집행권의 상실선고를 할 수 있다(제205조 제1항). 이 경우 판결이 확정된 때에는 본점과 지점의 소재지에 등기를 요한다(제205조 제2항).

3) 업무집행정지와 직무대행

상법 제183조의2와 제200조의2는 업무집행의 정지와 직무대행자에 대한 내용을 규정하고 있다.

전자는 사원의 업무집행을 정지하거나 직무대행자를 선임하는 가처분을 하는 경우, 또는 그 가처분을 변경·취소하는 경우에 등기를 강제하고 있는 내용을 담고 있다. 본점 및 지점의 소재지가 있는 등기소에서 등기해야 한다.

후자는 사원의 업무집행을 정지하거나 직무대행자를 선임하는 가처분으로 직무대행자를 선임할 수 있음을 담고 있다. 직무대행자는 가처분명령에 다른 정함이 있는 경우, 또는 법원의 허가를 얻은 경우가 아니라면 법인의 통상업무에 속하지 아니한 행위를 할 수 없다(제202조의2 제1항). 직무대행자가 이에 위반한 행위를 하는 경우에, 회사는 선의의 제3자에 대하여 대항할 수 없다(제200조의2 제2항).

4) 의사의 결정

업무집행은 사원의 의사결정이 있어야 하는 경우에는 상법 또는 정관에 의한 결의를 해야 하고(제203조, 제204조), 상법 또는 정관에 다른 규정이 없는 경우에는 총사원의 과반수로 결정하는 것이 원칙이다(제195조, 민 제706조 제2항 제1문). 다만, 회사의 기본적인 구조에 변경을 가하거나 사원 전체에 중대한 영향을 미치는 경우에는 총사원의 동의가 요구된다. 지분양도의 승인(제197조), 정관변경(제204조), 회사의 해산(제227조 제2호) 등이 여기에 해당된다. 의결권은 두수주의에 따르고, 합명회사의 경우 사원의 개성이 중시되므로 의결권의 대리행사는 허용되지 않는 것이 원칙이다.

2. 감시권

업무집행권이 없는 사원은 회사의 업무와 재산상태를 검사할 수 있는 권리를 갖는다(제195조, 민 제710조). 업무집행은 하지 않더라도 회사채권자에 대한 무한책임을 부담한다는 측면에서 회사의 업무집행은 업무집행권 없는 사원도 매우 중요한 이해관계를 가지고 있다. 사원의 업무감시권은 내부관계에 발생하는 권리이기는 하지만 강행규정으로서 정관으로도 제한이 불가능하다.

Ⅲ. 사원의 의무

1. 경업피지의무

1) 의의

사원의 경업피지의무는 상법 제198조 제1항에 규정되어 있다. 동 규정에 따르면, 합명회사의 사원은 다른 사원의 동의가 없으면 자기 또는 제3자의 계산으로 회사의 영업부류에 속하는 거래를 하지 못하며, 동종영업을 목적으로 하는 회사의 무한책임사원 또는 이사가 되지 못한다. 인적회사로서 합명회사의 경우 사원자격과 기관자격이 나눠지지 않은 상태에 있기 때문에, 회사와 사원의 이익충돌을 방지하기 위하여 사원에게 일정한 부작위의무를 지운 것이라고 할 수 있다. 경업피지의무는 회사의 존속을 전제로 하는 것이므로 회사의 해산 후에는 그 적용이 없으며, 또 해산 전의 영업폐지의 경우에도 영업의 재착수의 가능성이 없는 한 경업피지의무는 없다. 사원의 경업금지규정은 강행규정이 아니므로 정관으로서 그 금지의 배제·제한 또는 확장하는 것은 상관이 없다.

2) 요건

첫째, 자기 또는 제3자의 계산으로 회사의 영업부류에 속하는 거래를 한 경우이어야 한다. '자기 또는 제3자의 계산'이란 그 실질적인 이익의 귀속자를 말하므로 자기의 이름으로 하여지든, 타인의 이름으로 하여지든 묻지 않는다. '영업부류에 속하는 거래'라 함은 회사가 그 영업의 목적으로 반복적·집단적으로 행하는 행위를 말하는데, 회사와 사원의 이익충돌의 우려가 있는 한 그것은 반드시 영업적 상행위(제46조)에 한하지 않고 부속적 상행위도 포함한다.

둘째, 동종영업의 목적으로 하는 회사의 무한책임사원 또는 이사에 취임하게 되면 경업피지의무를 위반하게 된다. 특정지위의 취임하지 말아야 할 의무는 동종영업을 목적으로 하는 회사로 제한한 점에서 동종영업으로 제한을 두고 있지 않은 상업사용인의 경업금지의무(제17조)와 다르고, 대리상의 경우(제89조)와는 같다.

셋째, 사원이 금지된 행위를 한 것에 대하여 다른 사원의 동의가 없었어야 한다. '다른 사원의 동의'는 다른 사원 전원의 동의를 의미하고, 이것은 일반적으로 또는 개별적으로 할 수 있으나, 사전의 동의를 원칙으로 한다.

3) 위반의 효과

사원이 다른 사원의 동의 없이 경업을 한 경우에는 그것은 다만 의무위반에 지나지 않고, 그 행위 자체는 유효하다. 그러므로 회사는 사원의 경업피지의무위반을 이유로 손해배상청구(제198조 제3항)를 하거나, 다른 사원과반수의 결의에 의하여 그 사원의 제명선고를 법원에 청구할 수 있다(제220조 제1항 제2호).

회사는 그 위반행위가 사원 자신의 계산으로 한 것인 때에는 회사의 계산으로 한 것으로 보고, 제3자의 계산으로 한 것인 때에는 그 사원에 대하여 그로 인한 이득의 양도를 청구할 수 있다(제198조 제2항). 이것을 개입권 또는 탈취권이라 하고, 회사의 손해입증의 곤란을 면하기 위하여 인정된다. 개입권은 형성권적 성질을 가지고 있으므로 다른 사원과반수의 결의에 의하여 회사의 일방적 의사표시만으로 이를 행사할 수 있다. 회사의 개입권행사는 단순히 회사와 사원과의 관계에 있어서 그 거래상의 경제적 효과를 회사에 귀속시키도록 하는 이른바 채권적 효력이 생길 뿐이고, 회사가 그 사원의 상대방인 제3자에 대하여 직접 법률관계를 가지는 것을 의미하는 것은 아니다. 개입권은 다른 사원이 그 거래를 안 날로부터 2주간이 경과하거나 그 거래가 있은 날로부터 1년이 경과하면 소멸한다(제198조 제4항). 이 기간은 제척기간이다.

2. 사원의 자기거래제한

원칙적으로 합명회사의 각 사원은 업무집행을 할 권한을 가지고 있다. 업무집행을 하지 않는다 할지라도 회사의 업무집행에 직·간접적으로 영향력을 행사한다. 그러므로 사원이 회사의 상대방이 거래를 하는 경우에 회사에 불이익을 끼칠 가능성이 발생한다. 민법 제124조가 자기거래를 제한하고 있는 것과 마찬가지로, 상법은 사원의 자기 또는 제3자의 계산으로 사원이 회사와 거래하는 자기거래행위를 금지한다(제199조). 자기거래제한을 위반한 사원은 손해배상책임을 부담해야 하며, 제명이나 업무집행권 또는 대표권의 상실 선고 청구의 대상이 된다. 다만, 다른 사원 과반수의 결의가 있는 경우에는 그 거래행위가 허용된다.

Ⅳ. 이익분배와 정관변경

1. 이익분배

대차대조표상 순자산의 총액이 사원의 재산출자액을 초과할 때 그 초과액이 이익이며, 부족한 경우 그 부족액이 손실에 해당한다. 합명회사의 경우 사원이 무한, 연대책임을 부담한다. 자본회사로서 주식회사의 경우 법정준비금제도를 두고 있다(제458조 이하). 그러나 합명회사의 경우 이익이 없어도 배당을 할 수 있으며, 또 이익이 없이 배당을 하였다 하더라도 회사채권자는 사원으로 하여금 배당금을 회사에 반환할 것을 요구할 수 없다. 주식회사에서 위법으로 이익배당을 한 경우(제462조 제1항), 이익배당에 대하여 회사채권자가 회사에 반환할 것을 청구할 수 있는 것과는 대조를 이룬다(제462조 제3항 참조).

2. 정관변경

회사의 본질이나 강행규정에 위반하지 않는 한 정관은 자유로이 변경이 가능하다. 그러나 그 변경에는 총사원의 동의가 요구된다(제204조). 변경사항이 등기사항인 경우에는 변경등기를 해야 한다(제183조). 등기해야 할 사항을 등기하지 아니하면 선의의 제3자에게 대항할 수 없다(제37조). 다만, 정관변경의 효력은 등기시가 아니라 결의한 시점에 발생한다.

Ⅴ. 사원지분의 양도와 상속

1. 의의

합명회사 지분은 각 사원에게 단지 1개만 존재하는 지분단일주의가 적용되고, 그 크기는 각 사원의 출자에 따라 달라질 수 있다(제195조, 민 제711조). 주식회사나 유한회사와 같은 자본회사의 구성원 지위가 균등한 비례적 단위로 이루어진 지분복수주의(제329조 제2항, 제554조)와는 다른 모습이다.

합명회사의 사원이 되고자 하는 자는 지분을 취득해야 한다. 회사와의 입사계약을 통하여 사원자격을 취득한다. 합명회사에 대한 사항은 아니지만, 대법원은 인적회사인 합자회사 사례에서 이와 같은 점을 명확히 밝히고 있다.[3]

---

3   대법원 1996.10.29. 선고 96다19321 판결.

2. 지분의 양도

상법은 사원이 자신의 지분 전부나 일부에 대하여 양도할 수 있음을 인정하고, 지분의 양도는 다른 사원의 동의를 요구한다(제197조). 사원의 지위를 가지고 있는 자가 자신의 지분 전부를 양도한다면, 그 자신은 사원의 지위를 상실하게 된다. 양수인이 사원인 경우 지분을 양도하면 그의 지분은 늘어나고, 사원이 아닌 자가 지분을 양도하는 경우에는 사원의 자격을 취득하게 된다.

3. 지분의 상속

합명회사에서는 지분의 상속이 인정되지 않는 것이 원칙이다. 사원의 인적 동일성이 중시되기 때문이다. 다만, 정관으로 사원이 사망한 경우에 그 상속인이 회사에 대한 피상속인의 권리의무를 승계하여 사원이 될 수 있고, 이 경우 상속인은 상속개시일로부터 3월 내에 회사에 대하여 승계 또는 포기의 통지를 발송해야 한다(제219조 제1항). 상속인이 그 통지를 발송하지 아니하고 3월을 경과한 때에는 사원이 될 자격을 포기한 것으로 본다(제219조 제2항). 사원의 사망은 퇴사의 원인이 된다(제218조 제3호).

VI. 사원의 퇴사

1. 취지

특정사원이 회사의 존속 중에 사원의 지위를 상실하는 것이 퇴사이다. 주식회사나 유한회사는 퇴사제도를 두고 있지 않다. 그러나 합명회사의 경우 사원의 퇴사제도를 인정하고 있는 이유는 여러 가지가 있겠지만, 무엇보다도 지분의 양도가 제한되어 있어 합명회사의 경우 사원의 용이한 자본회수와 사원 상호 간 신뢰를 바탕으로 하는 합명회사의 경우 신뢰를 상실한 사원에 대한 사원지위의 배제 필요성이 있다. 또한 일신상의 이유도 포함될 수 있다.

2. 퇴사의 원인

1) 임의퇴사

정관으로 존립기간을 정하지 아니하거나 어느 사원의 종신까지 존속할 것을 정한 때에는 사원은 다른 사원의 동의 없이 자유로이 퇴사할 수 있다. 다만, 영업연도말에 한하여 퇴사할 수 있고, 퇴사 6개월 전에 이를 예고하여야 한다(제217조 제1항). 그러나 갑작스런 질병이라든가 일신상의 문제 등의 부득이한 사유가 발생한 경우에는 언제든지 퇴사가 가능하다(제217조 제2항).

2) 당연퇴사

상법 제218조는 사원의 의사와 관계없이 퇴사하게 된다. 조건이나 기한 등 정관에 정한 일정한 사유가 발생한 경우(제218조 제1호), 총사원의 동의가 있는 경우(제218조 제2호), 사원이 사망한 경우(제218조 제3호), 사원이 성년후견개시심판을 받은 경우(제218조 제4호), 사원이 파산선고를 받은 경(제218조 제5호) 및 사원이 제명되었을 때(제218조 제5호)이 등이 여기에 해당된다.

3. 사원의 제명

1) 취지

합명회사에서 사원의 자격을 그 의사에 반하여 강제적으로 박탈하는 다른 사원들의 결정을 제명이라 한다. 사원 간의 신뢰관계를 바탕으로 하는 인적회사에 발생하는 것으로, 자본적요소로 이루어진 자본회사에는 존재하지 않는 제도이다. 상법은 다수에 의하여 소수가 부당하게 희생되는 것을 방지하기 위하여 제명사유와 제명에 의한 퇴사절차를 법규로 엄격하게 규정하고 있다.

2) 제명사유

회사가 일정한 사유가 있는 사원의 제명선고를 법원에 청구할 수 있다. 일정한 사유라함은 '출자의 의무를 이행하지 아니한 때(제220조 제1항 제1호), '경업피지의무를 위반한 행위가 있을 때(제220조 제1항 제2호)', '회사의 업무집행 또는 대표에 관하여 부정한 행위가 있는 때, 권한 없이 업무를 집행하거나 회사를 대표한 때(제220조 제1항 제3호)' 및 '기타 중요한 사유가 있는 때' 등을 말한다.

3) 제명결의

회사가 사원의 제명선고를 법원에 청구하기 위해서는 다른 사원 과반수의 결의가 필요하다. 수인을 제명하고자 하는 때에는 제명할 사원 개개인에 대하여 그 제명의 당부를 나머지 다른 사원의 과반수의 의결로 결의하여야 한다. "원고회사는 보통 여객 자동차 운수사업등을 목적으로 설립된 합자회사로서 그 사원은 4명으로 피고 최용식이 무한책임사원, 피고 이복순, 소외 이영수, 김상조가 각 유한책임 사원인 사실, 원고회사의 유한책임사원인 이영수, 김상조 부부는 무한책임사원인 피고 최용식, 유한책임 사원인 피고 이복순 부부에 대하여 상법 제269조 제220조 제1항 제3호, 제4호의 제명사유가 있다하여 원판결 판시 제명원인 사유를 들어 1973.9.11 제명결의를 행한 사실 위 제명결의는 그 피제명사원 각인에 대한 나머지 사원의 과반수 의결로 한 것이 아니고, 피제명사원인 피고 양명에 대하여 나머지 사원인 위 이영수, 김상조 양명의 찬성의결로 일괄제명 결의를 하였던 사안"에서 대법원은 다음과 같이 판시하고 있다.[4]

> ### 대법원 1976.06.22. 선고 75다1503 판결
>
> 대법원은 "합자회사의 사원의 제명결의에 관한 상법의 위의 규정에 의하면 사원의 제명결의는 원칙으로 제명대상인 사원을 제외한 나머지 총 사원의 과반수 의결로 결의하여야 하고, 사원 중 수명이 제명대상인 경우에는 가사 그 제명원인 사유가 피제명사원 전원에 공통되는 경우라 할지라도 그 전원을 일괄제명하는 방법으로 이를 제외한 나머지 사원의 의결로 결의할 것이 아니고, 피제명대상인 사원 각인에 대하여 타의 사원의 동의를 요하는 것, 즉 개별적으로 그 제명의 당부에 관한 의결을 하여야 한다 하고, 본건의 경우 타의 사원의 동의기회도 주지 않고, 피제명대상 사원인 피고들에 대하여 동 피고 양명을 제외한 나머지 유한책임사원 이영수, 김상조 양명의 찬성의결로 피고 2명에 대한 일괄제명결의한 것(갑 제3호 중 결의서 내용)은 위 상법소정의 적법한 제명결의라 할 수 없고", … "제명은 원래 개인적인 것이고, 제명사유에 해당한다 하여 당연히 제명이 되는 것이 아니고 당해 사원의 개인

---

4   대법원 1976.6.22. 선고 76다1503 판결.

적 특질을 고려한 다음 결정되는 것이므로 같은 취지에서 피제명 각인에 대하여 타의 사원의 동의여부의 기회를 주어 개별적으로 그 제명의 당부를 나머지 다른 사원의 과반수의 의결로 결의하여야 하는 것인데 본건 결의는 적법한 제명결의라 할 수 없다."고 판시하고 있다.

대법원은 '무한책임사원과 유한책임사원 각 1인만으로 된 합자회사에 있어서 한 사원의 의사에 의한 다른 사원의 제명 가부'에 대하여도 유사한 결론을 도출하고 있다.[5] 이 소는 본점소재지의 지방법원의 관할에 전속한다(제220조 제2항, 제206조, 제186조).

4) 제명효과

제명의 효과는 법원의 판결에 의하여 발생하게 되므로, 사원의 퇴사는 판결에 의하게 된다. 제명된 사원과 회사와의 계산은 제명의 소를 제기한 때의 회사재산의 상태에 따라서 하며, 그때부터 법정이자를 붙여야 한다(제221조). 판결이 확정되면 본점과 지점의 소재지에서 등기를 하여야 한다(제220조 제2항, 제205조 제2항).

대법원 1991. 7. 26. 선고 90다19206 판결

대법원은 "상법 제220조 제1항, 제269조는 합자회사에 있어서 사원에게 같은 법조 소정의 제명사유가 있는 경우에는 다른 사원 과반수의 결의에 의하여 그 사원의 제명선고를 법원에 청구할 수 있다고 규정하고 있는바, 다른 사원 과반수의 결의란 그 문언상 명백한 바와 같이 제명대상인 사원 이외에 다른 사원 2인 이상의 존재를 전제로 하고 있으므로, 무한책임사원과 유한책임사원 각 1인만으로 된 합자회사에 있어서는 한 사원의 의사에 의하여 다른 사원의 제명을 할 수는 없다고 보아야 할 것이다."라고 하면서, "유한책임사원과 무한책임사원의 2인만으로 된 경우에 그 1인의 제명은 상법 제285조 제1항에 의하여 회사가 해산되는 결과가 되는데, 상법 제220조 제1항에서 사원의 제명을 인정하는 이유가 회사를 해산상태로 몰고 가자는 것이 아니고 회사의 존속을 도모하여 회사의 해산 및 신설의 불이익을 면하도록 하는데 있음을 감안하여 볼 때, 한 사람의 의사에 의하여 다른 사원을 제명하는 것을 인정하는 것은 위 취지에 어긋나고 또 제명이란 사원자격을 박탈하는 비상수단이므로 신중한 절차를 요하여야 할 것이라는 제도자체의 성질에도 합치되며, 그와 같이 해석하지 않으면 소수자에 의하여 회사내분이 야기될 위험성이 있게 될 것이다."라고 판시하고 있다.

---

5 대법원 1991. 7. 26. 선고 90다19206 판결.

4. 지분압류채권자에 의한 퇴사청구

사원의 지분을 압류한 채권자는 영업연도말에 그 사원을 퇴사시킬 수 있다(제224조 제1항). 다만, 회사와 사원에 대하여 6개월 전에 예고하여야 한다. 사원의 채권자는 사원의 지분을 압류함으로써 그 사원에 대한 이익배당으로부터 변제를 받을 수 있다. 그러나 이러한 이익배당만으로 채권자의 이익을 만족시킬 수 없는 경우를 상정하여, 상법은 회사채권자에게 사원을 퇴사시키고 그 지분을 환급받아 그로부터 채권의 변제를 받을 수 있도록 하고 있다. 대법원은 '무한책임사원의 지분은 이를 양도 할 수 있으며 채권자에 의하여 압류될 수도 있음'을 판시하고 있다.[6]

대법원 1971. 10. 25. 선고 71다1931 판결

대법원은 "사원권은 피고 합자회사의 무한책임사원의 지분을 의미하고 있음이 분명하고 이와 같은 무한책임사원의 지분은 상법 제269조 제197조 및 제223조 제224조의 규정들에 의하면 이를 양도할 수 있으며 채권자에 의하여 압류될 수도 있는 것이므로 채무자에 속한 무한 책임사원의 지분이 그 의사에 반하여 제3자에게 양도된 것으로 등기되었다면, 채무자는 이의 회복을 위하여 그 말소등기를 청구할 수 있다고 하여야 할 것이고 이 채무자의 채권자는 자기의 채권을 보전하기 위하여 필요한 경우에는 채무자에 속하는 위의 말소청구권을 대위 행사할 수 있다."고 판시한다.

6개월 전에 회사와 그 사원에 대한 예고는 사원이 변제를 하거나 상당한 담보를 제공한 경우에는 그 효력을 상실한다(제224조 제2항). 채무변제가 확실한 상황에서 사원지위의 박탈을 금지하고자 하는 목적이 있다. 대법원은 '상법 제224조 제2항 소정의 담보를 제공한 때의 의미'에 대하여 다음과 같이 판시하고 있다.[7]

---

6   대법원 1971. 10. 25. 선고 71다1931 판결.
7   대법원 1989. 5. 23. 선고 88다카13516 판결.

대법원 1989. 5. 23. 선고 88다카13516 판결

대법원은 "상법 제224조 제2항의 규정에 의하여 사원의 지분압류채권자에 의한 퇴사예고는 사원이 그 채무를 변제하거나 담보를 제공한 때에는 그 효력을 잃도록 되어있는 바, 위에서 담보를 제공한 때라 함은 압류채권자와의 사이에서 담보물권을 설정하거나 보증계약을 체결한 때를 말하는 것이므로, 실질적으로 보증과 같은 채권확보의 효력이 있는 중첩적 채무인수계약이 압류채권자와의 사이에서 체결되거나 또는 압류채권자가 위 채무인수를 승낙한 때에는 퇴사예고는 그 효력을 잃는다고 보아야 할 것이다."라고 판시하고 있다.

5. 기타사유에 의한 퇴사

상법 제194조는 설립무효, 취소와 회사계속에 관한 내용을 규정하고 있다. 설립무효의 판결 또는 설립취소의 판결이 확정된 경우에 그 무효나 취소의 원인이 특정한 사원에 한한 경우가 있다. 이 경우 다른 사원전원의 동의를 얻어 회사는 계속할 수 있다(제194조 제1항). 이때 그 무효 또는 취소의 원인이 있는 사원은 퇴사한 것으로 본다(제194조 제2항).

6. 퇴사의 효과

1) 회사채권자에 대한 관계

사원이 회사로부터 퇴사를 하면 사원의 지위는 상실하게 된다. 그러나 상법은 사원의 퇴사가 무한책임을 면탈하거나 회사채권자에 우선하여 출자를 회수하는 것을 방지하고 있다. 퇴사한 사원은 본점소재지에서 퇴사등기를 하기 전에 생긴 회사채무에 대하여 등기 후 2년 내에는 다른 사원과 동일한 책임을 부담해야 한다(제225조 제1항). 지분을 전부 양도하여 사원의 지위를 상실한 사원 역시 동일한 책임을 부담한다(제225조 제2항).

2) 회사에 대한 관계

퇴사한 사원은 '상호변경청구권'과 '지분환급청구권'을 행사할 수 있다. 퇴사한 사원의 성명이 회사의 상호 중에 사용된 경우에, 그 사원은 회사에 대하여 그 사용에 대한 폐지청구권을 행사할 수 있고(제226조), 노무 또는 신용으로 출자한 목적으로 한 경우에 그 지분의 환급을 청구할 수 있다(제222조). 지분의 환급은 금전으로 할 수 있다(제195조, 민 제719조 제1항).

Ⅶ. 지분의 압류

상법은 사원의 지분의 압류는 사원이 장래이익의 배당과 지분의 환급을 청구하는 권리에 대하여도 그 효력이 있음을 규정하고 있다(제223조). 장래의 청구권을 행사할 수 있는 시기에 달할 때 해당 채권을 행사할 수 있도록 하고 있다. 이는 압류채권자를 보호하기 위한 목적이 있다.

제4절 외부관계

Ⅰ. 회사 대표권

1. 의의

합명회사의 대표기관은 원칙적으로 각 사원이다(제207조 제1문). 정관의 규정에 의하여 수인의 업무집행사원을 정한 경우에는 각 업무집행사원이 대표기관이 된다(제207조 제2문). 그러나 정관 또는 총사원의 동의로 업무집행사원 중에서 회사를 대표할 자를 정할 수도 있다(제207조 제3문). 회사의 대표사원은 회사의 영업에 관하여 재판상·재판외 모든 행위를 할 권한이 있고(제209조 제1항), 정관 또는 총사원의 동의로서 대표권에 제한을 가할 수 있으나 그 제한은 선의의 제3자에게 대항할 수 없다(제209조 제2항). 대표사원은 정당한 사유 없이 사임할 수 없고, 다른 사원의 일치가 아니면 해임할 수 없다(제195조, 민 제708조).

2. 대표권 상실

대표권이 있는 사원이 업무를 집행함에 현저하게 부적임하거나 중대한 업무에 위반한 행위가 있는 때에는, 업무집행사원의 경우와 같이 사원의 청구에 의하여 법원은 대표권의 상실을 선고할 수 있다(제216조, 제205조 제1항). 이 판결이 확정되면 본점과 지점의 소재지에서 등기하도록 되어 있다(제216조, 제205조 제2항). 회사가 사원에 대하여 또는 사원이 회사에 대하여 소를 제기하였을 때에는 그 사원은 대표권이 없게 된다. 이 경우 다른 사원 과반수의 결의로 회사를 대표할 자를 선정해야 한다(제211조).

3. 공동대표

회사는 정관 또는 총사원의 동의로 공동대표를 선임할 수 있다(제208조 제1항). 공동대표는 대표자의 합의를 통하여 이루어져야 한다. 대표권의 권한을 제한하기 위한 취지이다. 만약 단독으로 행위 한 경우에는 권한 없는 대표행위에 해당하게 된다. 다만, 회사에 대하여 상대방이 하는 의사표시는 대표사원 1인에 대하여도 가능하다(제208조 제2항). 공동대표 역시 등기사항에 해당한다(제180조 제5호).

4. 불법행위

회사를 대표하는 사원이 그 업무집행으로 인하여 타인에게 손해를 가한 경우가 발생할 수 있다. 이 경우 회사는 그 사원과 연대하여 배상책임을 부담해야 한다(제210조). 대표는 회사의 기관에 해당하기 때문에 회사는 당연히 기관의 행위에 대하여 책임을 부담해야 할 것이다. 그러나 회사 외에도 기관 그 자신에게도 책임을 부담토록 한 것은 회사와 거래한 상대방을 두텁게 보호하고자 하는 목적이 있다.

Ⅱ. 사원의 책임

1. 책임의 방식

1) 인적 책임

합명회사의 사원은 제3자와의 관계에서 인적, 연대 및 무한책임을 부담하게 된다. 합명회사의 사원은 자기의 전 재산을 가지고 회사채무를 이행하여야 한다는 측면에서 인적인 책임을 진다.

2) 연대책임

사원 상호 간의 연대를 의미한다. 여기에서 중요한 사항은 부종성과 보충성이 있다는 점이다. 합명회사 사원의 책임은 회사의 채무의 존재를 전제로 하여 회사가 회사채권자에게 주장할 수 있는 항변사유로써 사원은 회사채권자에게 대항할 수 있다(제214조 제1항)(항변성). 회사가 회사채권자에 대하여 상계·취소 또는 해제할 권리가 있는 경우에는 사원이 직접 이 권리를 행사할 수는 없지만 사원은 회사의 채무의 변제를 거절할 수 있다(제214조

제2항)(부종성). 합명회사의 사원은 회사의 재산으로써 회사의 채무를 완제할 수 없는 경우 또는 회사재산에 대한 강제집행이 주효하지 못한 경우에만 회사의 채무를 변제할 책임을 지고, 사원이 회사에 변제의 자력이 있고 또 그 집행이 용이한 것을 증명하여 그 책임을 면할 수 있다(제212조 제3항)(보충성).

3) 무한책임

합명회사의 사원은 회사채무에 대하여 출자한 것 이상의 채무를 부담하는 무한책임을 진다. 그러나 절대적인 무한책임을 부담하는 것은 아니고, 회사채무의 범위 내에서 책임을 진다는 측면에서 유한책임을 부담하는 것으로 볼 여지도 있다.

4) 직접책임

자본회사의 사원은 회사에 대하여만 책임을 진다는 측면에서 간접책임을 부담하는 반면에, 합명회사의 사원은 회사에 대하여가 아니라 회사채권자에 대하여 책임을 부담한다는 측면에서 직접책임을 부담하게 된다.

2. 책임기간

회사성립 후에 입사한 합명회사의 사원은 그가 입사하기 이전에 생긴 회사의 채무에 대하여도 다른 사원과 마찬가지로 동일한 책임을 부담한다(제213조). 또한 합명회사의 사원이 퇴사하거나 지분을 양도한 경우에도 퇴사 또는 지분양도에 따른 사원의 변경등기를 한 후 2년 내에는 다른 사원과 동일하게 책임을 부담하게 된다(제225조 제1항, 제2항).

제5절 해산과 청산

I. 해산

1. 의의

회사의 해산은 법인격의 소멸을 가져오는 법률사실이다. 회사는 해산에 의하여 목적사업을 수행할 수 있는 영업능력을 상실하게 되고, 청산의 목적범위 내에서는 권리능력을 갖게 된다(제247조). 그리고 청산을 사실상 종결한 때 비로소 권리능력이 상실된다.

2. 해산사유

합명회사의 해산의 원인은 '존립기간의 만료 기타 정관으로 정한 사유의 발생', '총사원의 동의', '사원이 1인으로 된 때', '합병', '파산', '법원이 명령 또는 판결' 등이 있다(제227조). 회사가 해산된 때에는 합병과 파산의 경우 외에는 그 해산사유가 있는 날로부터 본점소재지에서는 2주간 내, 지점소재지에서는 3주간 내에 해산등기를 하여야 한다(제228조).

3. 사원의 책임기간

회사채권자에 대한 사원의 책임은 본점소재지에서 해산등기를 한 후 5년이 지나면 소멸하고(제267조 제1항), 5년이 경과하더라도 분배하지 아니한 잔여재산이 있는 경우에는 회사채권자는 변제를 청구할 수 있다(제267조 제2항).

Ⅱ. 청산

1. 의의

회사의 해산 후 존립 중에 발생한 일체의 대내적·대외적 법률관계를 종국적으로 처리하기 위한 절차를 밟아야 한다. 그 절차를 청산이라 한다. 청산은 임의청산과 법정청산으로 구분된다.

2. 임의청산

1) 개념

임의청산이라 함은 정관이나 총사원의 동의로 해산된 회사재산을 처분하는 방법을 말한다(제247조 제1항 제1문). 이 경우에는 해산사유가 있는 날로부터 2주간 내에 재산목록과 대차대조표를 작성하여야 한다(제247조 제1항 제2문). 다만, 사원이 1인으로 되어 해산한 때와 법원의 해산명령 또는 해산판결에 의하여 해산한 때에는 임의청산이 적용되지 아니한다(제247조 제2항). 재산처분에 대한 공정성을 기하기 어렵다는 점을 고려한 것이다.

2) 채권자 보호

임의청산의 경우에 재산처분에 대한 불공정성이 발생할 수 있다. 상법은 이 경우를 대비하여 채권자보호 절차를 마련하고 있다. 상법은 일반채권자와 지분압류채권자로 구분하여 보호절차를 규정하고 있다.

일반채권자보호 절차에 대하여는 상법 제247조가 규정하고 있다. 재산목록과 대차대조표를 작성해야 하고, 채권자에 대한 이의는 합병의 경우를 규정하고 있는 상법 제232조를 준용한다. 회사가 이러한 절차에 위반하여 재산을 처분함으로써 회사채권자를 해한 경우에는 회사채권자는 그 처분의 취소를 법원에 청구할 수 있다(제248조 제1항). 상법 제186조, 민법 제406조 제1항 단서, 제2항 및 제407조의 규정은 취소의 청구에 준용한다(제248조 제2항).

임의청산의 경우에 사원의 지분을 압류한 채권자가 있는 경우에는 그의 동의를 얻어야 한다(제247조 제4항). 이를 위반하여 그 재산을 처분한 때에는 사원의 지분을 압류한 자는 회사에 대하여 그 지분에 상당하는 금액의 지급을 청구할 수 있고(제249조 전단), 회사채권자의 경우와 마찬가지로 취소청구를 할 수 있다(제249조 후단).

3. 법정청산

임의청산에 의하여 회사재산의 처분방법을 정하지 아니한 경우에는 법정청산에 의한다(제250조). 법정청산절차에서 청산사무를 집행하고 법이 정한 바에 따라 청산 중의 회사를 대표하는 자를 청산인이라 한다. 회사가 해산된 경우에는 총사원의 과반수의 결의로 청산인을 선임해야 한다(제251조 제1항). 청산인의 선임이 없는 때에는 업무집행사원이 청산인이 된다(제251조 제2항). 한편, 사원이 1인으로 되어 해산하는 경우나 해산명령 또는 해산판결에 의해 해산하는 때에는, 법원은 사원은 사원 기타의 이해관계인이나 검사의 청구에 의하여 또는 직권으로 청산인을 선임해야 한다(제252조).

4. 청산인

1) 권한

청산인은 청산사무를 집행할 권한이 있고(제254조 제1항), 청산인이 수인이면 과반수의 결의로 정한다(제254조 제2항). 회사를 대표할 청산인은 청산사무에 관한 재판상 또는 재판외의 모든 행위를 할 수 있다(제254조 제3항). 업무집행사원이 청산인으로 된 경우에는 종전의 정함에 따라 회사를 대표하고(제255조 제1항), 법원이 수인의 청산인을 선임하는 경우에는 회사를 대표할 자를 정하거나 수인이 공동하여 회사를 대표할 것을 정할 수 있다(제255조 제2항). 기타 준용규정이 있다(제265조).

2) 의무

청산인은 취임한 후 지체 없이 회사의 재산상태를 조사하고 재산목록과 대차대조표를 작성하여 각 사원에게 교부해야 하고(제256조 제1항), 청산인은 사원의 청구가 있는 때에는 언제든지 청산의 상황을 보고해야 한다(제256조 제2항).

3) 해임

사원이 선임한 청산인은 총사원 과반수의 결의로 해임할 수 있다(제261조). 또한 청산인이 그 직무를 집행함에 현저하게 부적임하거나 중대한 임무에 위반한 행위가 있는 경우에, 법원은 사원 기타의 이해관계인의 청구에 의하여 청산인을 해임할 수 있다(제262조).

4) 등기

청산인은 선임된 날로부터, 업무집행사원이 청산인이 된 때에는 해산된 날로부터 본점소재지에서 2주간 내, 지점소재지에서는 2주간 내에 등기하여야 한다. '청산인의 성명·주민등록번호 및 주소(다만, 회사를 대표할 청산인을 정한 때에는 그 외의 청산인의 주소를 제외함)', '회사를 대표할 청산인을 정한 때에는 그 성명', '수인의 청산인이 공동으로 회사를 대표할 것을 정한 때에는 그 규정' 등이다. 청산인을 해임한 경우에는 변경등기를 하여야 한다(제253조 제2항).

5. 청산인의 직무

청산인은 취임 후 지체 없이 회사의 재산상태를 조사하고 재산목록과 대차대조표를 작성하여 청산사무를 개시한다(제256조). '현존사무의 종결', '채권의 추심과 채무의 변제', '재산의 환가처분', '잔여재산의 분배' 등에 관한 직무권한이 있다(제254조).

1) 채무의 변제

청산인은 변제기에 이르지 아니한 회사채무에 대하여도 이를 변제할 수 있다(제259조 제1항). 이자가 없는 채권에 관하여는 변제기에 이르기까지의 법정이자를 가산하여 그 채권액에 달할 금액을 변제하여야 한다(제259조 제2항). 이자 있는 채권으로서 그 이율이 법정이율에 달하지 않는 경우에는 변제기까지의 그 차액에 해당하는 이자를 가산하여 채무액과 같아지는 금액을 변제한다(제259조 제3항). 조건부채권, 존속기간이 불확정한 채권 기타 가액이 불확정한 채권에 대하여는 법원이 선임한 감정인의 평가에 의하여 변제하여야 한다(제259조 제4항).

2) 출자청구

회사의 현존재산이 그 채무를 변제함에 부족한 때에는 청산인은 변제기에 불구하고 각 사원에 대하여 출자를 청구할 수 있다(제258조 제1항). 출자액은 각 사원의 출자의 비율로 이를 정한다(제258조 제2항).

3) 잔여재산의 분배

청산인은 회사의 채무를 완제한 후가 아니면 회사재산을 사원에게 분배하지 못한다(제260조 본문). 그러나 다툼이 있는 채무에 대하여는 그 변제에 필요한 재산을 보류하고 잔여재산을 분배할 수 있다(제250조 단서). 분배는 사원의 지분비율에 따라 이루어져야 한다.

6. 청산인의 임무종료

청산인은 그 임무가 종료한 때에는 지체 없이 계산서를 작성하여 각 사원에게 교부하고 그 승인을 얻어야 한다(제263조 제1항). 계산서를 받은 사원이 1월 내에 이의를 제기하지 아니한 경우에는 그 계산을 승인한 것으로 본다(제263조 제2항 본문). 그러나 청산인에게 부정행위가 있는 경우에는 그 계산을 승인한 것으로 본다(제263조 단서).

7. 장부, 서류의 보존

회사의 장부와 영업 및 청산에 관한 중요서류는 본점소재지에서 청산종결의 등기를 한 후 10년간 이를 보존하여야 한다(제266조 제1항 본문). 전표 또는 이와 유사한 서류는 5년간 보존하면 된다(제266조 제1항 단서). 장부와 서류의 보존인과 보존방법은 총사원 과반수의 결의로 정하여야 한다(제266조 제2항).

제2장
합자회사

제1절 의의

　합자회사는 무한책임사원과 유한책임사원으로 조직되는 회사이다(상법 제268조). 합명회사는 무한책임사원만으로 구성되는 회사인 반면에, 합자회사는 무한책임사원을 가지고 있다는 점에서 합명회사와 유사한 면이 있다. 무한책임사원을 가지고 있다는 점은 사원의 개성이 농후하고 인적인 요소가 강하다는 것을 의미한다. 상법은 합자회사에 대하여 특별하게 규정한 것을 제외하고는 합명회사의 규정을 준용토록 하고 있다(제269조). 합자회사와 익명조합은 2인 이상의 자연인이 결합한다는 점에서 동일하다. 실제로 양자는 10세기 이래 기업가와 자본가의 조합인 코멘다계약에서 출발하였다.[1] 출자자가 외부로 드러나는 형태가 합자회사라고 한다면, 영업자가 외부로 드러나고 출자자는 뒤로 숨어버리는 형태가 바로 익명조합이다.

1　정찬형, 『상법강의(상)』, 제16판, 박영사, 2013, 573면.

제2절 설립

합명회사와 마찬가지로 정관의 작성과 설립등기를 통하여 합자회사가 성립하게 된다. 정관을 작성함에 있어 1인의 무한책임사원과 1인의 유한책임사원이 있어야 한다(제268조, 제269조, 제178조). 반드시 양 사원은 정관에 기재되어야 한다. 정관의 절대적 기재사항에 해당한다(제270조). 합자회사에서 설립등기사항 역시 합명회사의 등기사항과 동일하다. 다만, 무한책임사원과 유한책임사원이 각각 등기되어야 한다는 점(제271조 제1항 후단)에서, 합명회사와 차이가 있다.

제3절 내부관계

I. 업무집행권과 감시권

1. 무한책임사원의 업무집행권

1) 원칙

무한책임사원에게 출자는 합명회사와 마찬가지로 재산출자 노무출자 및 신용출자가 가능하다(제269조). 그러나 유한책임사원은 재산출자만이 가능하고, 노무출자나 신용출자는 가능하지 않다(제272조). 업무집행은 무한책임사원만이 가능하다(제273조), 반면 유한책임사원은 업무집행권한이 없다(제278조). 각 무한책임사원이 업무집행사원이 될 수 있지만(제273조), 예외적으로 정관의 규정에 의하여 특정한 무한책임사원이 업무집행을 할 수 있다(제269조, 제201조). 정관의 규정에 의하여 특정한 무한책임사원을 업무집행기관으로 정한 경우에도, 지배인의 선임과 해임은 모든 무한책임사원의 과반수의 결의에 의한다(제274조). 합자회사의 무한책임사원은 원칙적으로 각자 업무집행권이 있다(제273조).

2) 예외

회사의 업무집행은 내부관계에 속하는 사항이므로 합자회사의 정관 또는 내부규정에 의하여 유한책임사원에게 업무집행권을 부여할 수 있다고 보는 입장이 있다.[2] 그러나 일부의 학자는 상법 제278조의 규정은 강행규정이므로, 합자회사의 유한책임사원은 업무집행권을 행사할 수 없다고 한다.[3] 하지만 통설에 의하면 상법 제278조의 규정 중 "유한책임사원은 회사의 업무집행을 하지 못한" 부분은 임의규정이라고 볼 수 있으므로 정관 또는 내부규정에 의하여 업무집행권을 가지는 유한책임사원을 정할 수 있다고 한다.

2. 유한책임사원의 감시권

업무집행권이 없는 유한책임사원은 업무를 감시할 권한을 갖는다(상법 제277조 제1항). 유한책임사원은 원칙적으로 영업년도 말에 영업시간 내에 한하여 회사의 회계장부와 대차대조표 및 기타의 서류를 열람할 수 있고, 회사의 업무와 재산상태를 검사할 수 있으며(제277조 제1항), 중요한 사유가 있을 때에는 언제든지 법원의 허가를 얻어 유한책임사원은 감시권을 행사할 수 있다(제277조 제2항).

Ⅱ. 유한책임사원의 의무와 지분양도

1. 출자의무

유한책임사원의 출자는 재산출자로 한정된다. 상법은 노무나 신용출자는 유한책임사원 출자의 대상이 될 수 없음을 명시적으로 밝히고 있다(제272조). 출자한 범위 이상의 책임을 부담해야 하는 무한책임사원이 업무집행을 담당하고, 유한책임사원은 자본의 제공과 그 재산으로만 책임을 부담해야 하기 때문에, 노무나 신용은 출자의 대상이 될 수 없다.

2. 지분양도

유한책임사원은 그 자신이 가지고 있는 지분의 일부나 전부를 타인에게 양도할 수 있다. 다만, 무한책임사원 전원의 동의가 있어야만 한다(제276조 본문). 지분의 양도에 따라 정관을 변경해야 할 경우에도 동일하다(제276조 단서).

---

2   정찬형, 『상법강의(상)』, 제16판, 박영사, 2013, 575면.
3   이철송, 『회사법강의』, 제20판, 박영사, 2012, 159면.

Ⅲ. 무한책임사원의 경업피지의무와 자기거래제한

1. 경업피지의무

합자회사의 무한책임사원은 다른 모든 사원의 동의가 없으면 자기 또는 제3자의 계산으로 회사의 영업부류의 거래를 할 수 없을 뿐만 아니라 동종영업을 목적으로 하는 다른 회사의 무한책임사원 또는 이사가 되지 못한다(제269조, 제198조). 그러나 유한책임사원은 다른 사원의 동의를 얻지 않는다 할지라도 경업피지의무로부터 자유롭다(제275조).

2. 자기거래제한

합자회사의 무한책임사원은 업무집행권이 있으므로, 유한책임사원을 포함한 다른 사원의 과반수의 결의가 없으면, 회사와 자기거래를 하지 못한다(제269조, 제199조). 업무집행권이 없는 유한책임사원은 배제된다.

제4절 외부관계

Ⅰ. 무한책임사원의 대표권

회사의 대표권은 외부관계에 속하는 사항이므로 합자회사의 사업에서 가장 중요한 이해관계를 가지는 무한책임사원만이 대표권을 갖게 된다. 합자회사의 유한책임사원은 정관·내부규정 또는 총사원의 동의에 의해서도 대표권을 가질 수 없다. 상법 제278조는 "유한책임사원은 회사의 대표행위를 하지 못한다."라고 명백하게 밝히고 있다.

> **대법원 1966. 1. 25. 선고 65다2128 판결**
>
> 우리나라 대법원은 "합자회사에 있어서는 정관 또는 총사원의 동의로써 회사대표자로 될 수 있는 자는 무한책임사원에 한할 것이고, 유한책임사원은 설사 정관 또는 총사원의 동의로써 회사대표자로 지정되어 그와 같이 등기까지 경유되었다 하더라도 회사대표권을 가질 수 없고, 회사대표에 관한 그와 같은 정관의 규정은 없는 것과 같은 결과가 될 것이며, 무한책임사원이 각자 합자회사를 대표할 권리와 의무를 가진다고 봄이 정당하다."고 판시하고 있다.

따라서 정관 또는 내부규정에 의하여 합자회사의 유한책임사원에게 대표권을 부여하고, 그러한 유한책임사원이 한 대표행위에 대하여는 대표권에 관한 규정이 적용될 수는 없고 무권대리 또는 무권대표에 관한 규정이 유추적용 될 것이다. 합자회사의 지배인 또는 대리인으로서 회사를 대리할 수 있다.

Ⅱ. 무한책임사원의 책임

합자회사의 무한책임사원은 회사채권자에 대하여 인적, 연대, 무한 및 직접적인 책임을 부담하게 된다(제269조, 제212조). 반면 유한책임사원은 회사채권자에 대하여 인적, 연대, 유한 및 직접적인 책임을 부담하게 된다. 유한책임사원도 무한책임사원과 마찬가지로 회사채무에 대하여 부종성과 보충성을 갖는다.[4] 다만, 유한책임사원은 유한의 책임을 부담한다는 측면에서 무한책임사원과 차이가 있다. 즉, 출자가액에서 이미 회사에 이행한 부분은 공제하고 남은 가액에 대한 책임을 부담하게 되는 것이다(제279조 제2항).

Ⅲ. 유한책임사원의 책임

1. 유한책임

유한책임사원은 그 출자가액에서 이미 이행한 부분을 공제한 가액을 한도로 하여 회사채무를 변제해야 한다(제279조 제1항). 회사에 이익이 없음에도 불구하고 배당을 받은 금액은 변제책임을 정함에 있어서 이를 가산한다(제279조 제2항).

2. 출자감소의 책임

유한책임사원은 그 출자를 감소한 후에도 본점소재지에서 등기를 하기 전에 생긴 회사채무에 대하여 등기 후 2년 내에는 종전의 책임을 면하지 못한다(제280조). 회사채권자를 보호하기 위함이다.

---

4   정찬형, 『상법강의(상)』, 제16판, 박영사, 2013, 579면.

3. 오인으로 인한 책임

유한책임사원이 타인에게 자기를 무한책임사원이라고 오인시키는 행위를 한 때에 오인으로 인하여 회사와 거래를 한 자에 대하여 무한책임사원과 동일하게 책임을 부담한다(제281조 제1항). 유한책임사원이 그 책임의 한도를 오인시키는 경우에도 마찬가지이다(제281조 제2항).

┃참고사항

유한책임은 채무자의 일정한 재산 또는 일정액을 한도로 하여 채무의 담보가 되는 경우이고, 무한책임은 채무자의 전재산이 채무의 담보가 되는 경우를 말한다.

유한책임에는 채무자의 재산 중 특정물 또는 재산만이 채무의 담보로 되는 물적 유한책임과 채무자의 재산이 채무의 일정액을 한도로 하여 채무의 담보가 되는 인적 유한책임으로 구분된다. 전자의 예로는 상속인이 한정승인을 한 경우 상속인이 책임을 상속재산에 한정되는 경우이다(민 제1028조). 이들 재산이 채무액보다 부족한 때에도 채권자는 채무자의 다른 재산에 대하여 강제 집행할 수 없다. 반면, 인수가액을 한도로 하는 주식회사 주주의 책임은 인적 유한책임에 해당한다(제331조). 이를 양적 무한책임이라고도 한다. 합자회사 유한책임사원(제279조) 또는 유한회사 사원의 책임(제553조) 등이 여기에 해당한다.

IV. 유한책임사원의 사망과 성년후견개시

1. 유한책임사원의 사망

유한책임사원이 사망한 때에는 그 상속인이 그 지분을 승계하여 사원이 된다(제283조 제1항). 상속인이 수인인 경우에는 사원의 권리를 행사할 자 1인을 정하여야 하고, 이를 정하지 아니한 경우에는 회사의 통지 또는 최고는 그중 1인에 대하여 하면 전원에 대하여 효력이 있다(제283조 제2항).

2. 유한책임사원의 성년후견개시

유한책임사원은 성년후견개시 심판을 받은 경우에도 퇴사되지 아니한다(제284조).

제5절 회사의 해산, 계속 및 청산

I. 해산

합자회사의 해산사유는 대체로 합명회사와 같다. 다만, 합자회사는 무한책임사원 또는 유한책임사원의 전원이 퇴사한 경우에 해산하게 된다(제285조 제1항).

II. 계속

해산사유가 발생했다고 할지라도 잔존한 무한책임사원 또는 유한책임사원은 전원의 동의로 새로 유한책임사원 또는 무한책임사원을 가입시켜서 회사를 계속할 수 있다(제285조 제2항). 사원 전원의 동의를 받아 합자회사를 합명회사로 변경하여 회사를 계속할 수도 있고(제286조 제1항), 유한책임사원 전원이 퇴사한 경우에도 무한책임사원은 그 전원의 동의로 합명회사로 변경하여 계속할 수 있다(제285조 제2항).

III. 청산

합명회사와 마찬가지로 합자회사 역시 해산에 의하여 청산절차를 밟게 된다. 청산인은 무한책임사원 과반수의 결의로 선임한다(제287조 본문). 청산인을 선임하지 않는 경우에는 업무집행사원이 청산인이 된다(제287조 단서).

제6절 등기

합자회사가 합명회사로 변경된 경우에는 등기를 해야 한다. 본점소재지에서는 2주간 내, 지점소재지에서는 3주간 내에 합자회사에 있어서는 해산등기를 해야 하고, 합명회사에 있어서는 설립등기를 해야 한다(제286조 제3항).

제5편

유한책임회사와 유한회사

제1장
유한책임회사

제1절 의의

미국의 통일유한책임회사법과 일본의 합동회사법을 기초로 하여 유한책임회사제도의 규정을 입법하였다. 회사의 설립, 사원, 지배구조, 사원의 가입과 탈퇴, 청산 등 내부관계에서는 조합적 요소를 기반으로 하는 합명회사의 규정을 중심으로 구성되었다. 이는 사원에게 유한책임을 인정하는 동시에 회사의 설립이라든가 운영 및 기관구성에 있어서는 사적자치를 보다 더 자유롭게 인정하고자 하는 측면이 있다. 합자조합이 합수조합인 반면에, 유한책임회사는 법인으로 하고 있다는 점에서 차이를 보이고 있다. 유한책임회사의 입법을 통하여 부동산, 첨단기술, 외국기업과의 합작투자회사 등 고도의 모험사업, 컨설팅, 회계법인, 법무법인을 포함한 전문서비스 업종 등 사적자치가 중요한 소규모 기업에 활용가능성이 있다.[1]

---

1 최완진, 『신회사법요론-2012년 시행 개정회사법-』, HUNE, 2012, 375면.

제2절 설립

유한책임회사를 설립하고자 하면, 사원은 정관을 작성하여야 한다. 정관에는 목적, 상호, 사원의 성명 주민등록번호 및 주소, 본점의 소재지, 정관의 작성년월일, 사원의 출자의 목적 및 가액, 자본금의 액, 업무집행자의 성명 및 주소를 기재하여야 한다(제287조의3, 제179조). 작성된 정관에 기명날인을 하지 않으면 아니 된다(제287조의2). 상호에는 유한책임회사라는 문구를 사용하여야 한다(제19조). 이는 유한책임회사와 거래하는 제3자가 동 회사가 유한책임을 부담하는 사원만으로 구성되는 회사를 인지하도록 하는 목적을 가지고 있다. 유한회사가 1인 사원으로 설립이 가능한 것과 마찬가지로 유한책임회사 역시 1인만으로 설립이 가능하다. 상법상 회사에 해당하므로 유한책임회사는 영리성을 가지고 있어야 한다.

제3절 출자

미국의 유한책임회사는 사원의 출자목적이 유형의 자산뿐만 아니라, 기술이나 노무인 경우에 이에 해당하는 지분을 소유할 수 있다. 이윤의 창출이 자본만으로 발생하는 것이 아니라, 기술이라든가 노하우 등에서 이루어지고 있다는 점을 착안하여, 이와 같은 것을 출자목적으로 한 것이다. 일본의 경우 합동회사에서 구성원의 노무제공은 이익이나 권한의 배분 시 감안될 수 있도록 하고 있다. 즉 일본 역시 현물출자 외에도 지식과 기술의 출자를 제공할 수 있도록 하고 있다. 미국의 유한책임회사나 일본의 합동회사와 달리, 우리 상법이 인정하고 있는 유한책임회사는 현물출자만을 출자의 목적으로 하고 있어서, 신용이나 노무는 출자의 대상이 되지 못한다(제287조의4 제1항). 사원의 현물출자에 대한 이행의 시기는 정관작성 후 설립등기를 할 때까지이다(제287조의4 제2항). 현물출자를 이행해야 하는 사원은 납입기일에 지체 없이 회사에 출자목적인 재산을 인도해야 한다. 등기나 등록이 필요한 경우에는 등기나 등록에 필요한 서류를 모두 갖추어 교부하여야 한다(제287조의4 제3항).

제4절 내부관계

I. 기관

1. 사원총회

유한책임회사의 내부관계는 정관이나 상법에 다른 규정이 없으면, 합명회사에 관한 규정을 준용하게 된다(제287조의18). 유한책임회사는 사원총회를 가지고 있다는 사항은 명시적으로 규정되어 있지 않지만, 유한회사와 마찬가지로 사원총회가 있을 수 있다.

2. 업무집행자

유한책임회사는 정관에서 사원 또는 사원이 아닌 자를 업무집행자로 정하도록 하고 있다(제287조의12 제1항). 사원 자신이 업무집행자가 되는 자기기관이 될 수 있고 사원이 아닌 제3자가 업무집행자가 될 수 있다는 점에서 타인기관이 될 수도 있다. 둘 이상의 업무집행자를 정할 경우에는 업무집행자 각자가 회사의 업무를 집행할 권리와 의무가 있다(제287조의12 제2항). 정관으로 둘 이상을 공동업무집행자로 정하여 업무집행을 하는 경우에는 그 전원의 동의가 요구된다(제287조12 제3항). 유한책임회사의 업무집행자는 법인도 가능하다(제287조의3 제4호). 업무집행자는 경업금지의무를 부담해야 하고 자기거래의 금지도 부담해야 한다. 즉 업무집행자는 사원 전원의 동의를 받지 아니하고 자기 또는 제3자의 계산으로 회사의 영업부류에 속한 거래를 하지 못하며, 같은 종류의 영업을 목적으로 하는 다른 회사의 업무집행자, 이사 또는 집행임원이 되지 못하고(제287조의10 제1항), 다른 사원 과반수의 결의가 있는 경우에만 자기 또는 제3자의 계산으로 회사와 거래를 할 수 있도록 하고 있다(제287조의11).

법인이 업무집행자인 경우에는 그 법인은 해당 업무집행자의 직무를 행할 자를 선임하고, 그 자의 성명과 주소를 다른 사원에게 통지해야 한다(제287조의15 제1항). 정관에 다른 규정이 없는 경우 정관을 변경하고자 한다면, 총사원의 동의를 요구한다(제287조의16). 사원이 업무를 집행함에 있어서 현저하게 부적임하거나 중대한 의무에 위반한 행위가 있는 경우, 법원은 사원의 청구에 의하여 업무집행권한을 상실하게 할 수 있고, 당해 판결이 확정된 때에는 본점과 지점의 소재지에서 등기해야 한다(제287조의17).

3. 감독기관

유한회사와 마찬가지로 감독기관은 임의기관에 해당한다. 업무집행자가 아닌 사원의 경우 상법 제277조가 규정하고 있는 내용이 동일하게 적용된다. 즉 사원의 감시권이 인정된다. 다만 영업연도말 영업 시간내에 한하여 그러한 권리를 행사할 수 있다.

Ⅱ. 지분의 양도

사원의 지분의 양도는 원칙적으로 자유롭다. 사적자치가 인정되어 정관에 이에 관한 사항을 정할 수 있다(제287조의8 제3항). 사원이 자신의 지분의 전부 또는 일부를 타인에게 양도하고자 한다면, 다른 사원의 동의를 받아야만 한다(제287조8 제1항). 그러나 업무를 집행하지 아니한 사원은 업무를 집행하는 사원 전원의 동의가 있으면 지분의 전부 또는 일부를 타인에게 양도할 수 있고(제287조의8 제2항), 업무를 집행하는 사원이 없는 경우에는 사원 전원의 동의를 받아야만 한다(제287조의8 제2항 단서).

유한책임회사의 자기지분의 취득을 금지하고 있다. 즉 유한책임회사는 그 지분의 전부 또는 일부를 양수할 수 없고(제287조의9 제1항), 유한책임회사가 지분을 취득하는 경우에는 그 지분은 취득한 때에 소멸하게 된다(제287조의9 제2항).

제5절 외부관계

Ⅰ. 대표권

업무집행자가 1인인 경우에는 그 자가 유한책임회사를 대표하게 되고(제287조의19 제1항), 업무집행자가 2인인 경우에는 정관 또는 총사원의 동의로 유한책임회사를 대표할 업무집행자를 정할 수 있다(제287조의19 제2항). 둘 이상의 업무집행자가 공동으로 회사를 대표할 것을 정하는 경우에는 정관 또는 총사원의 동의가 요구된다(제287조의19 제3항). 둘 이상의 업무집행자가 있는 경우에, 제3자의 유한책임회사에 대한 의사표시는 공동대표의 권한이 있는 자 1인에 대하여 함으로써 그 효력이 발생하게 된다(제287조의19 제4항). 유한책임회사를 대표하는 업무집행자는 회사의 영업에 관한 재판상, 재판외의 모든 행위를 할 권한이 있지만, 선의의 제3자에게는 대항하지 못한다(제287조의19 제5항, 제209조).

Ⅱ. 손해배상책임

유한책임회사를 대표하는 업무집행자가 그 업무집행으로 타인에게 손해를 입힌 경우에는 회사는 그 업무집행자와 연대하여 손해를 배상할 책임이 있다(제287조의20).

Ⅲ. 유한책임회사와 사원 간의 소

양자 간의 소는 대표사원이 소를 제기할 수 있는 권한이 있다. 그러나 유한책임회사가 사원에 대하여 또는 사원이 유한책임회사에 대하여 소를 제기하는 경우에, 유한책임회사를 대표할 사원이 없을 때에는 다른 사원 과반수의 결의로 대표할 사원을 선정하여야 한다(제287조의21). 대표소송에 대하여는 상법 제287조의22가 규정하고 있다. 사원은 회사에 대하여 업무집행자의 책임을 추궁하는 소의 제기를 청구할 수 있다(제287조의22 제1항). 주주대표소송에 관한 규정 가운데 상법 제403조 제2항부터 제4항, 제6항, 제7항, 제404조부터 제406조까지 준용된다.

Ⅳ. 사원의 유한책임

사원은 원칙적으로 출자한 만큼의 책임을 부담하게 된다. 다만, 상법에 다른 규정이 있는 경우에는 달리 정할 수 있다. 이는 예외적으로 출자한 것 이상의 책임을 부담할 수도 있다는 것을 의미한다.

제2장
유한회사

제1절 의의

유한회사는 원칙적으로 주식회사와 마찬가지로 자본회사에 속한다. 주식회사가 유한책임의 특징을 갖는 것과 같이 유한회사 역시 사원은 출자금액을 한도로 책임을 부담하며, 회사채권자에 대하여는 직접적으로 또는 무한책임을 부담하지 않는다. 다만, 주식회사가 소유와 경영을 분리로 하는 대규모기업에 적합한 회사형태를 가지고 있다고 한다면, 유한회사는 사원의 구성이 다소 폐쇄적이고 사원 상호 간 사적 자치를 인정하고 있다는 점에서 인적인 요소를 가미한 소규모기업에 적합한 회사형태라 할 것이다. 유한회사는 독일에서 가장 발달한 회사형태로서 1892년 유한회사법이 독립적인 법전을 통하여 독자적인 발전을 하였고, 그 후 일본과 우리나라에 전파되었다. 근래 중국에도 유한회사의 형태를 띠고 있는 다수의 유한공사가 존재한다.

제2절 특징

유한회사는 물적인 요소와 인적인 요소를 두루 갖추고 있다. 자본회사로서 유한회사는 자본단체성을 가지고 있다. 다수의 균등액의 출자로서 이룩된 자본금을 가지고 있다는 점 (제546조)과 유한회사의 사원은 회사에 대하여 출자의무만을 부담한다는 점(제553조) 자본회사의 특징을 보여준다. 그러나 주식회사와 달리, 유한회사는 상당히 유연한 조직구조를 가지고 있다. 업무집행자는 사원 자신이 될 수도 있고, 제3자가 될 수도 있다. 사원총회를 인정하면서도 감사기구에 대하여는 반드시 존재해야 할 필요성이 없다. 자본회사의 특징을 가지고 있으면서도 사원의 구성에서 있어서는 상당히 폐쇄성을 가지고 있다. 규모가 작으면서 유한회사의 구성원으로서 사원이 되는 것이 용이하지 않다는 것을 의미한다. 사원 상호간에는 사적 자치성을 인정한다.

제3절 설립

I. 의의

유한회사의 설립은 정관작성, 실체형성 및 설립등기 순의 절차를 밟게 된다. 정관작성단계에서 사원과 출자가 확정되므로 주식회사와 같은 발기인이라고 하는 개념이 필요하지 않고, 지분의 인수행위도 별도로 요구되지 않으며, 검사인에 의한 설립경과조사제도 역시 필요치 않다. 또한 인적회사와 달리 회사의 기관을 선임해야 하고 사원이 출자전액을 납입해야 하는 등의 절차가 필요하다는 점에서 인적회사와 차이를 보이고 있다.

II. 절차

1. 정관작성

유한회사를 설립함에서는 사원이 정관을 작성하여야 한다(제543조 제1항). 정관에는 ① 목적·상호·사원의 성명 및 주소·본점의 소재지 ② 자본금의 총액 ③ 각 사원의 출자좌수 ④ 본점의 소재지 등이 반드시 기재되어야 하고, 각 사원은 기명날인 또는 서명하여야 한다 (제543조 제2항). 이는 정관의 절대적 기재사항이다. 주식회사와 마찬가지로 정관의 효력은 공증인의 인증으로 효력이 발생하게 된다(제543조 제3항, 제292조). 정관의 작성으로 사원과 자본이 확정된다.

정관의 상대적 기재사항으로는 현물출자, 재산인수 및 설립비용을 들 수 있다(제544조). 그 외에 감사의 채용(제568조 제1항)와 이익배당의 차별(제580조) 등을 들 수 있다. 주식회사의 변태설립과 비교하여 발기인이 받을 특별이익은 변태설립사항, 즉 정관의 상대적 기재사항에 포함되지 않는다.

2. 기관형성

주식회사와 같은 발기인이 존재하지 않으므로 집행기관인 이사를 정관으로 정하거나 정관작성 후에 사원총회를 개최하여 이사를 선임해야 한다(제547조 제1항). 사원총회는 각 사원에 의하여 소집될 수 있다(제547조 제2항). 그러나 유한회사와 달리, 주식회사는 정관으로 이사를 선임하지 못한다. 감사의 선임은 임의적이다. 정관이나 사원총회에서 1인 또는 수인의 감사를 둘 수 있다(제568조 제1항). 주식회사에서 감사선임은 필수적인 반면에, 유한회사에서는 임의기관에 해당한다는 점에서 차이가 있다. 감사는 언제든지 회사의 업무와 재산상태를 조사할 수 있고, 이사에 대하여 영업에 관한 보고를 요구할 수 있다(제569조).

3. 출자이행

유한회사에서는 전액납입주의가 적용된다. 이사는 사원으로 하여금 출자금액의 납입 또는 현물출자의 목적인 재산전부의 급여를 시켜야 한다(제548조). 현물출자는 목적물의 인도 및 등기등록에 필요한 서류를 교부해야 한다(제548조 제2항, 제295조 제2항).

4. 설립등기

출자금액의 납입 또는 현물출자의 이행이 있은 날로부터 2주간 내에 유한회사의 등기가 이루어져야 한다. 설립등기를 통하여 회사가 성립하게 된다(제549조 제1항). 주식회사와 달리, 유한회사는 변태설립에 대한 법원의 감독도 없고 설립경과의 조사도 없으므로 납입기일로부터 기산하게 된다.

Ⅲ. 사원의 책임

현물출자와 재산인수의 경우 재산의 회사성립당시의 실가가 정관에 정한 가격에 현저하게 부족한 때에는 회사성립당시의 사원은 회사에 대하여 그 부족액을 연대하여 지급할 책임이 있고(제550조 제1항), 이러한 사원의 책임은 면제하지 못하도록 하고 있다(제550조 제2항). 이는 현물출자나 재산인수가 변태설립사항이나 그에 대한 법원의 감독이 없기 때문이다.

출자미필된 상태에서 성립등기가 된 경우 회사성립당시의 사원은 당연히 책임을 부담하고, 이사와 감사 역시 회사에 대하여 그 납입되지 아니한 금액 또는 이행되지 아니한 현물의 가액을 연대하여 지급할 책임을 부담한다(제551조 제1항). 사원의 책임은 면제되지 못하나, 이사와 감사의 책임은 총사원의 동의로 면제가 가능하다(제551조 제2항, 제3항).

Ⅳ. 무효·취소의 소

유한회사의 설립의 무효는 그 사원, 이사와 감사에 한하여, 설립의 취소는 그 취소권 있는 자에 한하여 회사성립의 날로부터 2년 내에 소만으로 주장이 가능하다(제552조 제1항). 반면 주식회사는 설립취소의 소는 인정되지 않는다. 한편 법원에 따르면, 회사설립행위에 취소원인이 있을 때에는 설립취소의 소의 방법으로서만 취소사유를 주장하여 설립행위의 효력을 다툴 수 있고, 그 밖에 민법상의 취소 등의 방법에 의해서는 다툴 수 없는 것으로 보고 있다.[1]

제4절 사원의 권리, 의무 및 지위

Ⅰ. 사원의 권리

주주의 권리와 마찬가지로 자익권과 공익권을 가지고 있다. 전자로는 이익배당청구권(제580조), 잔여재산분배청구권(제612조), 출자인수권(제588조) 등을 들 수 있다. 후자는 단독사원과 소수사원권으로 구분된다. 단독사원권으로는 의결권(제575조), 서류열람청구권

---

1 서울고등법원 1972. 8. 23. 선고 70나3202 판결.

(제566조 제3항, 제579조의3 제2항, 제448조 제1항), 각종의 소 제기권(제552조, 제578조, 제595조, 제597조, 제603조, 제613조) 등이 있고, 소수사원권으로는 사원총회소집청구권(제572조), 이사해임청구권(제567조, 제385조), 회계장부열람권(제581조), 업무재산상태감독권(제582조), 청산인해임청구권(제613조 제2항, 제539조) 및 이사의 위법행위유지청구권(제564조의2) 등이 있다. 소수사원권을 행사하기 위해서는 자본금총액의 100분의 3 이상에 해당하는 출자좌수를 가지고 있어야 한다.

Ⅱ. 사원의 의무

주식회사의 주주와 마찬가지로 유한책임을 부담하며, 그 책임방법은 간접적인 책임이다. 이 점에서 직접책임을 부담하는 합자회사의 유한책임사원의 책임방식과 달리한다. 사원의 책임은 정관 또는 총회의 결의로도 가중시킬 수 없다. 회사 성립 후 또는 자본증가의 효력 발생 후 역시 유한회사의 사원은 회사에 대하여 아무런 책임을 부담하지 않는 것이 원칙이다. 다만, 예외적으로 설립 시나 증자 시 자본금전보책임을 부담하는 경우가 발생할 수도 있다(제550조, 제551조, 제593조).

Ⅲ. 사원의 지위

유한회사에 대한 지분을 통하여 유한회사의 사원은 법적 지위를 획득하게 되는데, 사원은 그 출자수에 따라 지분을 갖게 된다(제554조). 유한회사는 지분을 공유할 수는 있고, 그 권리를 행사할 자 1인을 정하는 경우, 통지나 최고는 그 1인에게 하는 것으로 효력이 발생하게 된다(제558조, 제333조). 사원은 그 지분의 전부 또는 일부를 양도하거나 상속할 수 있지만, 정관에서 지분의 양도를 제한하는 것도 가능하다(제556조). 지분의 유가증권화는 인정되지 않고, 출자증서는 발행할 수 있으나 지시식 또는 무기명식의 유가증권을 발행하지 못한다(제555조). 지분을 이전하는 경우, 취득자의 성명·주소와 그 목적이 되는 출자좌수를 사원명부에 기재하지 아니하면 회사와 제3자에게 대항하지 못한다(제557조). 지분은 질권의 목적으로 할 수 있다(제559조 제1항).

제5절 기타사항

사원총회, 업무집행자로서 이사를 두고 있다. 감사는 임의기관에 해당한다. 검사인은 회사의 업무와 재산상태를 조사하는 임의기관에 해당한다. 사원총회(제578조, 제367조)와 법원(제582조)이 선임할 수 있다. 이 점 주식회사와 동일하다. 다만 설립경과와 조사의무가 없다는 점에서 주식회사와 차이를 보이고 있다. 유한회사의 해산원인은 존립기간의 만료 기타 정관으로 정한 사유의 발생, 합병, 파산, 법원의 해산명령 또는 해산판결 및 총사원의 특별결의(제609조) 등을 들 수 있다. 유한회사의 청산도 주식회사의 경우와 같이 임의청산은 인정되지 않고 법정청산만이 인정된다(제613조). 다만, 청산인회제도가 없으므로 청산인이 청산회사의 업무집행 및 대표기관이 되는 점이 주식회사와 다르다.

제6편

주식회사

제1장
회사의 성립

제1절 의의

주식회사의 설립을 기획하고 그 절차를 주관하는 자가 바로 발기인이다. 다른 회사와 달리 주식회사에 있어서 발기인이 필요한 이유는, 정관에 의하여 사원이 확정되지 않으므로 실제 설립사무를 담당할 기구를 둘 필요가 있으며, 또 자본충실에 대한 책임을 지고 설립과정에서 제3자에게 가해진 손해에 대한 책임을 부담할 주체가 필요하기 때문이다.[1] 발기인의 수는 제한이 없기 때문에 1인으로도 가능하다(제288조). 1962년 상법제정 시는 주식회사를 설립하기 위하여 7인의 발기인을 요구하고 있었다. 그러나 주식회사의 설립을 위하여 반드시 7인의 발기인이 필요한가에 대한 의문이 제기되었고, 그 이후 3인의 발기인으로 축소하더니, 2001년 상법 개정 시에는 아애 발기인의 수에 제한을 두지 않게 되었다.

발기인의 자격에는 특별한 제한을 두고 있지 않다. 자연인은 당연히 발기인이 될 수 있으며, 법인 역시 발기인이 되는 것에 하등 문제가 없다. 발기인의 업무집행은 일신전속권이 아니기 때문에 권리능력이 제한되는 무능력자라 할지라도, 발기인이 되는 것은 문제가 없다. 왜냐하면 무능력자의 경우 대리나 대표에 의하여 보충될 수 있기 때문이다.

---

1 이철송, 『회사법』, 제20판, 박영사, 2012, 217면.

발기인은 정관을 작성하여야 하며(제288조) 각 발기인은 기명날인 또는 서명을 하여야한다. 법문에서 알 수 있듯이 특별하게 발기인의 자격에 제한을 두고 있지 않음을 알 수있다. 발기인이 2인 이상의 경우에는 발기인조합이 발생하게 된다. 발기인조합은 발기인으로 구성된 회사가 설립하기 전 단계에서 의사를 결정하는 하나의 의결기관에 해당한다. 그러므로 발기인의 과반수로 하는 원칙이다(민 제706조 제2항).[2] 그러나 정관작성이라든가(제289조) 주식발행사항결정(제291조) 등은 발기인 전원의 동의를 요구하고 있다. 또한 발기설립 시 임원을 선임할 때에는 발기인이 인수한 주식에 대하여 의결권을 부여하고 그 의결권의 과반수로 결정한다(제296조).

제2절 설립중회사

I. 발기인조합

1. 의의

정관작성 이전에 발기인들은 회사설립을 목적으로 하는 조합계약(발기인 조합계약)을 체결하게 된다. 이때의 조합을 발기인조합이라 한다. 발기인조합은 발기인의 내부관계에 관한 것으로 민법상의 조합에 해당한다. 그러므로 발기인조합의 업무집행에 대해서는 조합에 관한 민법의 규정이 적용된다.

조합계약에 따라 발기인조합은 정관작성, 주식인수 등 주식회사 설립에 필요한 사무를 행하게 된다. 발기인조합은 회사의 설립과 동시에 소멸하게 되며, 발기인조합이 부담한 채무에 대해서는 각 발기인이 연대하여 책임을 져야 한다. 발기인조합은 정관을 작성하고 설립 중의 회사를 성립시키게 된다.

2. 개념

발기인조합은 발기인 사이에 내부적인 계약관계를 의미하는데, 그런 측면에서 설립후의 회사나 설립중의 회사와 구별의 실익이 있다. 발기인조합은 발기인들 사이의 대내적으로

---

2   발기인조합은 민법상 조합으로서 조합에 관한 규정을 적용한다.

회사설립사무를 이행함에 있어 업무집행 방법을 정하게 되고 대외적으로 책임의 귀속방식을 명확하게 한다.

3. 가입과 탈퇴

발기인 전원의 동의로 가입과 탈퇴가 이루어진다(민법 제716조, 제717조). 다만, 정관에 기명날인 또는 서명 후에는 각 발기인이 이미 설립중의 회사의 기관이 되어 책임을 지게 되기 때문에 임의로 탈퇴를 할 수 없고, 나머지 발기인 전원의 동의를 통하여 탈퇴가 가능하다. 또한 모집설립의 경우 주식청약서 작성, 교부 후에는 발기인 전원 및 주식인수인 전원의 동의가 필요하다. 이는 주식인수인 보호를 위한 목적을 가지고 있다.

4. 의사결정

상법에 명시적으로 규정되어 있는 정관작성(상법 제289조 제1항), 주식발행사항의 결정(제291조) 등은 발기인 전원의 동의로 결정한다. 다만, 명시적인 규정은 없지만 각 발기인이 인수할 주식의 배정(상법 제293조) 역시 성질상 발기인 전원의 동의가 요구된다고 볼 것이다. 그 밖에는 민법상 조합의 의사결정 일반원칙인 발기인 과반수의 결의를 요한다(민법 제706조 제2항). 예를 들면, 모집설립의 경우 모집주주에 대한 주식 배정(상법 제303조), 발기설립의 경우 이사와 감사 선임(상법 제296조) 등을 들 수 있다.

5. 해산

발기인조합은 정관작성 이전에 성립하고 회사가 성립한 때에 소멸하게 되지만, 회사가 성립하지 못한 경우에도 소멸한다. 설립 중 회사는 발기인이 정관을 작성하고 1주 이상의 주식을 인수한 때 성립하게 되는데, 그 이후에는 발기인 조합과 설립중 회사가 병존하게 된다.

II. 설립중회사

1. 의의

정관작성 이전에 이미 발기인조합은 성립되나, 설립중회사는 발기인조합이 정관을 작성하고 1주 이상의 주식을 인수한 경우에 비로소 탄생하게 된다. 대법원은 "설립중회사라 함은 주식회사의 설립과정에서 발기인이 회사의 설립을 위하여 필요한 행위로 인하여 취득하게 된 권리·의무가 회사의 설립과 동시에 그 설립된 회사에 귀속되는 관계를 설명하기 위한 강학상의 개념으로 정관이 작성되고 발기인이 적어도 1주 이상의 주식을 인수하였을 때 비로소 성립하는 것이고, 이러한 설립중의 회사로서의 실체가 갖추어지기 이전에 발기인이 취득한 권리·의무는 구체적 사정에 따라 발기인 개인 또는 발기인조합에 귀속되는 것으로서 이들에게 귀속된 권리의무를 설립 후의 회사에 귀속시키기 위하여는 양수나 채무인수 등의 특별한 이전행위가 있어야 한다."고 판시하고 있다.[3]

상법은 설립중회사가 무엇인가에 대하여 명문으로 규정하지 않고 있다. 그러나 강학상 설립중회사는 발기인이 정관작성 및 동시에 1주 이상을 인수한 후 등기를 하는 회사성립시까지 발생하는 권리와 의무의 귀속관계를 설명하기 위하여 제시되는 개념이다. 그러므로 '장차 성립할 회사의 전신으로 비록 등기를 하지 않아 법인격은 존재하지 않는다 할지라도 회사와 실질적인 동일한 실체'를 설립중회사라 한다.[4] 대륙법에서 발생하는 개념으로 영미법에서는 동 개념이 존재하지 않다. 특히 미국의 경우 회사설립절차의 초기단계에서 기본정관의 접수에 의하여 회사가 법적으로 설립되므로 우리나라에서 인정되는 설립중회사라는 개념은 존재하지 않게 된다.[5]

2. 기능

등기를 통하여 회사가 성립하기까지, 법인이 아닌 설립과정 중의 단체(이른바 설립중회사)는 다양한 활동을 해야만 한다. 그런데 회사를 위하여 취득하게 되는 재산이 있는 경우 독립성이 있는 법인이 아니기 때문에, 먼저 발기인에게 귀속해야 하고, 등기 후 다시 회사에 이전해야 하는 절차를 밟아야만 한다면 경제적으로 불합리한 면이 발생한다. 또한 회사를 위한 재산으로 존재해야 할 재산이 발기인 자신의 채권자를 위한 책임재산으로 발생될 가능성이 존재하게 된다. 이 점을 예방하기 위하여 대륙법은 '설립중회사'라는 개념을 가지고, 주식회사의 설립단계에서 발기인이 회사설립을 위하여 취득한 권리와 의무가 회사성립

---

3   대법원 1990. 12. 26. 선고90누2536 판결; 대법원 2007. 9. 7. 선고 2005다18740 판결.
4   김정호, 『회사법』, 법문사, 2012, 89면.
5   임재연, 『회사법 I』, 박영사, 2012, 226면.

후 채무인수 등 별도의 절차를 거치지 아니하고 성립 후의 회사에 귀속되는 관계를 설명할 수 있는 기능을 제공하게 된다.[6] '설립중회사'라는 개념을 인정하게 되면, 발기인이 취득한 재산은 바로 설립중회사의 재산으로 귀속되고, 회사가 설립된 후 다시 회사재산으로 연결되는 결과를 초래하게 된다.

3. 법적 성질

'설립중회사'의 법적 성질에 대하여는 다양한 견해가 대립하고 있다. 다수설은, 설립중회사는 어느 정도의 독립된 실체를 가진 것이기는 하지만 등기가 이루어진 것이 아니기 때문에 법인격을 가지고 있지 않다면 점에서 법인격 없는 사단이라고 주장한다.[7] 민법상조합으로 보는 학자도 있고, 성립중의 법인이라고 보는 학자(이상 독일의 경우)도 있다. '설립중회사'라고 하는 것이 주식회사라는 종국적 조직형태에 도달하기 위한 과도기적 단계에 불과하기 때문에 지속적인 목적의 달성을 꾀하기 위한 조직 형태인 민법상조합이나 성립중의 법인으로 보는 입장은 '설립중회사'의 법적 성질을 제대로 설명하고 있지 않다. 독일 통설의 입장과 같이 '설립중회사'는 '독자적인 조직형태'로 보는 것이 타당하다.[8]

제3절 설립방법

I. 의의

주식회사를 설립함에 있어서는 먼저 발기인이 정관을 작성해야 한다(제289조). 그리고 주식발행사항을 결정하게 된다(제291조). 특히 상법 제291조는 2011년 상법이 개정되면서 약간의 수정이 가해졌다.

---

6   최준선, 『회사법』, 삼영사, 2012, 113면.
7   정찬형, 『상법강의(상)』, 제16판, 박영사, 2013, 235면.
8   정동윤, 『회사법』, 제6판, 법문사, 2000, 141면.

개정 전 상법 제291조 (설립당시의 주식발행사항의 결정)	개정 후 상법 제291조 (설립당시의 주식발행사항의 결정)
회사설립시에 발행하는 주식에 관하여 다음의 사항은 정관에 다른 정함이 없으면 발기인전원의 동의로 이를 정한다. 1. 주식의 종류와 수 2. 액면이상의 주식을 발행하는 때에는 그 수와 금액	회사설립 시에 발행하는 주식에 관하여 다음의 사항은 정관으로 달리 정하지 아니하면 발기인 전원의 동의로 이를 정한다. 1. 주식의 종류와 수 2. 액면주식의 경우에 액면 이상의 주식을 발행할 때에는 그 수와 금액 3. 무액면주식을 발행하는 경우에는 주식의 발행가액과 주식의 발행가액 중 자본금으로 계상하는 금액

주식발행을 어떻게 할 것인가에 따라 발기설립과 모집설립으로 나누어진다.

Ⅱ. 발기설립

1. 의의

발기설립과 모집설립은 설립 시 발행하는 주식의 총수에 대하여 발기인의 인수여부에 따른 분류이다. 설립 시 발행하는 주식의 총수를 모두 발기인이 인수하는 경우는 발기설립에 해당한다(제295조를 보라). 인수의 방법은 서면에 의하기 때문에(제293조), 서면에 의하지 않은 주식의 인수는 무효이다.

2. 절차

1) 발기인에 의한 정관작성, 주식발행결정

발기인들이 모여(제288조), 정관을 작성하고(제289조) 주식발행사항을 결정하게 된다(제291조). 발기인만으로 주식을 인수하는 것으로 결정하였다면 발기설립의 형태가 나타나게 된다.

2) 주식인수

이제 발기인들은 주식을 인수해야 하는 절차를 밟게 된다(제293조). 주식의 인수는 반드시 서면을 통하여 이루어져야 한다. 서면으로 이행되지 않은 주식인수는 무효이다.

3) 주금납입

주식을 인수한 후 발기인들은 주금을 납입해야 하는 출자의무를 부담하게 된다(제295조). 금전출자를 하는 경우라면, 발기인에 의한 주식총수의 인수가 이루어지면 각 주식에 대한 그 인수가액의 전액이 납입되어야 한다(제295조 제1항). 이는 자본충실의 측면을 고려하여 전액납입제를 명문으로 규정된 것이다. 1995년 상법 개정 시 상법 제295조 제1항 단서가 신설되었다. 당시 개정 전 상법에는 출자의 이행을 발기인에게 납입하는 것으로 가능하였다. 그러나 모집설립이 납입장소의 지정의무를 두고 있는 것에 준하여, 1995년 개정 상법 역시 발기설립의 경우에도 발기인들에게 납입을 맡을 은행 기타 금융기관과 납입장소를 지정하도록 규정하고 있다(제295조 단서). 이와 관련하여 가장납입의 문제가 논해진다. 나중에 다시 자세하게 설명하도록 한다.

4) 임원선임

상법 제295조에 의하여 납입과 현물출자의 이행이 완료된 후, 발기인은 지체없이 이사와 감사를 선임하는 절차를 밟아야 한다. 발기인들은 일정한 장소에 모여 발기인총회를 개최하고 의결권의 과반수로 해당 기관을 선임해야 한다(제296조 제1항). 발기인의 의결권은 그 인수주식의 1주에 대하여 1개로 하게 된다(제296조 제2항). 두수주의를 따르는 것이 아니라 지분주의를 따른 것이다. 선임행위가 발기인자격으로서 하는 것이 아니라, 출자자의 자격인 설립중회사의 구성원으로서 지분에 따른 의결권을 행사하는 것이다.

5) 설립경과조사

발기인총회에서 선임된 이사와 감사는 취임 후 지체 없이 회사의 설립에 관한 모든 사항이 법령이나 정관의 제반 규정에 대한 위반여부를 조사하고, 그 조사한 사항을 발기인에게 보고해야 할 의무가 있다(제298조 제1항). 이사와 감사 중 발기인이었던 자, 현물출자자 또는 회사성립 후 양수할 재산의 계약당사자인자는 상법 제298조 제1항의 조사와 보고를 할 수 없다(제2항). 이사와 감사 전원이 조사보고를 할 수 없는 경우에 해당하게 되면, 이사는 공증인을 선임하여 조사와 보고를 하게 하도록 한다(제3항). 조사의 공정을 위함이다. 한편 정관으로 변태설립사항(제290조)을 정한 때에는, 이사는 이에 관한 조사를 하게 하기 위하여 검사인의 선임을 법원이 청구하도록 하고 있다(제298조 제4항). 주식회사의 설립에 있어서, 기존의 사업을 회사로 변경하였을 때와 같이 회사의 재산의 전부 또는 일부가 금전 이외의 재산으로서 설립되는 경우를 변태설립사항이라고 하고, 해당 규정은 다음과 같다.

상법 제290조 (변태설립사항)	다음의 사항은 정관에 기재함으로써 그 효력이 있다. 1. 발기인이 받을 특별이익과 이를 받을 자의 성명 2. 현물출자를 하는 자의 성명과 그 목적인 재산의 종류, 수량, 가격과 이에 대하여 부여할 주식의 종류와 수 3. 회사성립후에 양수할 것을 약정한 재산의 종류, 수량, 가격과 그 양도인의 성명 4. 회사가 부담할 설립비용과 발기인이 받을 보수액

6) 설립등기

상법 제317조는 설립의 등기에 대한 내용을 규정하고 있다. 발기인이 회사설립 시에 발행한 주식의 총수를 인수한 경우에는 제299조(검사인의 조사, 보고)와 제300조(법원의 변경처분)의 규정에 의한 절차가 종료한 날로부터 2주 내에 등기하도록 하고 있다. 즉 발기설립의 경우에 등기를 함으로써 회사가 성립함을 알 수 있다.

III. 모집설립

1. 의의

발기인이 주식의 일부를 인수하고 나머지를 발기인이 아닌 자로 하여금 주식을 인수하는 형태가 모집설립에 해당한다. 모집주주가 주식청약서로 주식인수를 청약하고 발기인이 인수시킬 주식을 배정하는 형식을 띤다. 주식인수가 완료되면 인수인은 주금을 납입해야 한다. 발기설립과 달리 외부인에게 주식을 인수시키는 과정이 있기 때문에 모집주주의 보호가 매우 중요한 과제로 부각된다.

2. 발기인에 의한 정관작성, 주식발행결정 및 발기인의 주식인수

발기인들이 모여(제288조), 정관을 작성하고(제289조) 주식발행사항을 결정하게 된다 (제291조). 발기설립에서 발기인만으로 주식을 인수하는 것이 아니라, 발기인이 인수하고 남은 주식을 인수할 자를 모집해야 하는 절차를 밟아야 한다.

3. 주주모집

　모집설립을 한다고 할지라도 발기인의 주식인수는 필수적이다. 회사의 설립시에 발생하는 주식의 총수를 발기인이 인수하지 않은 경우에는, 남은 주식의 인수를 위하여 주주를 모집해야 한다(제301조). 모집주주의 수는 제한이 없기 때문에 1인이어도 무방하며, 모집방법은 공모이든 연고모집이든 하등의 문제가 없다.[9] 그러나 자본시장법에서, 50인 이상의 다수인을 상대로 공모할 때에는 자본시장법의 적용을 받아 금융위원회의 증권신고를 하는 등 별도의 절차를 밟아야 하도록 규정하고 있다는 점에서, 연고모집이 일반적이다(자본시장법 제9조 제7항 및 제9항, 제119조 제1항, 자본시장법시행령 제11조 제1항).

4. 주식인수의 청약

　주주를 모집한 발기인은 주식인수가 이루어질 수 있도록 주식인수의 청약이 이루어져야 한다(제302조). 청약을 하기 위하여 인수하고자 하는 자는 회사에 대한 정보를 알고자 한다. 그것을 위하여 발기인은 회사에 대한 다양한 정보사항을 주식청약서에 기재하도록 하고(제302조 제2항), 주식을 인수하고자 하는 자는 동 청약서 2통에 인수할 주식의 종류 및 수와 주소를 기재하고 기명날인 또는 서명하도록 하고 있다(제302조 제1항). 주식을 인수하고자 하는 자가 인수의 청약을 하게 되면, 발기인이 이를 배정함으로써 주식인수가 완성된다. 주식인수의 성질이 무엇인가 다툼이 벌어질 수 있는데, 판례는 '설립중 회사에의 입사계약'이라고 판단하고 있다.[10]

5. 주식인수의 배정

　주식인수를 청약한 자는 발기인이 배정한 주식의 수에 따라 인수가액을 납입할 의무를 부담하게 된다(제303조). 주식을 인수하고자 하는 자의 청약에 대한 승낙이 바로 주식의 배정이라 하겠다. 배정에 의하여 주식인수가 성립하게 되는 것이다.

　발기인은 주식인수인이나 주식청약인에게 알려야 할 사항들이 있다. 발기인이 창립총회의 통지나 납입을 최고해야 하는 경우, 발기인은 주식인수증이나 주식청약서에 기재한 주

9　이철송, 『회사법강의』, 제20판, 박영사, 2012, 246면.
10　대법원 2004. 2. 13. 선고 2002두7005 판결.

소 또는 그 자로부터 회사에 통지한 주소로 이행하면 된다(제304조 제1항). 발기인의 통지나 최고는 도달할 시기에 도달한 것으로 본다(제304조 제2항).

6. 주식에 대한 납입

회사설립 시에 발행하는 주식의 총수가 인수된 때에는 지체 없이 주식인수인에 대하여 각 주식에 대한 인수가액의 전액을 납입시켜야 한다(제305조 제1항). 또한 일부 주식을 배정받은 자라고 하면, 그 자는 주식의 수에 따라 인수가액을 납입할 의무를 부담하게 된다. 납입은 금전이 실제로 회사에 지급되어야 한다. 어음이나 수표의 경우 지급인에 의하여 지급이 이행되는 경우에만 유효한 납입이 되며,[11] 그러한 측면에서 대물변제라든가 경개 등은 납입으로 볼 수 없다.[12]

7. 창립총회

주식인수인에 의한 주금납입과 현물출자의 이행이 완료되면 발기인은 지체 없이 창립총회를 소집하여야 한다(제308조 제1항). 창립총회는 회사설립의 종결단계에서 주식인수인으로 구성된 설립중회사의 의결기관에 해당된다. 설립후 주주총회에 상당한 의미를 갖기 때문에, 상법은 창립총회에 대하여 주주총회의 규정을 준용하고 있다(제308조 제2항). 그러나 결의방법에 있어서는 명백하게 차이를 보이고 있다. 창립총회의 회의는 출석한 주식인수인의 의결권의 3분의 2이상이며 인수된 주식의 총수의 과반수에 해당하는 다수로 하게된다(제309조).[13] 창립총회에서 발기인은 회사의 창립에 관한 사항을 서면에 의하여 창립총회에 보고하도록 하고 있다(제311조 제1항). 동 보고서에는 주식인수와 납입에 관한 제반 상황 및 변태설립에 계기한 사항에 관한 실태 등을 명확하게 기재하여야 한다(제311조 제2항).

8. 기관구성

창립총회에서 해야 하는 중요한 사항 중의 하나가 바로 기관구성이다. 업무를 집행할 이사를 선임할 뿐만 아니라 업무를 감독할 감사를 선임하는 곳이 바로 창립총회이다(제312조).

---

11 대법원 1977. 4. 12. 선고 76다943 판결.
12 이철송, 『회사법강의』, 제20판, 박영사, 2012, 249면.
13 이는 주주총회의 특별요건에 비하여 보다 더 강화된 요건이라 볼 수 있다.

9. 설립경과조사

이사와 감사는 취임 후 지체 없이 회사의 설립에 관한 모든 사항이 법령 또는 정관의 규정에 위반되지 아니하는지의 여부를 조사하여 창립총회에 보고하여야 한다(제313조 제1항). 이사와 감사의 창립총회에 보고와 관련하여 상법 제298조 제2항과 제3항을 준용한다. 변태설립사항과 관련하여 발기인은 이를 조사하게 하도록 하기 위하여 법원에 검사인의 선임을 청구할 수 있다(제310조 제1항). 그리고 검사인의 보고서는 창립총회에 제출하도록 하고 있다(제310조 제2항).

10. 설립등기

회사는 설립등기에 의하여 비로소 성립하게 된다(제172조).

제4절 가장납입

I. 의의

주식회사는 전형적인 자본회사로서 회사재산만이 회사채권자에 대한 신용의 기초가 된다. 주식회사를 설립함에 있어서 자본충실의 원칙이 강하게 요구되고 있다.[14]

모집설립의 경우에도 설립 시에 발행할 주식이 모두 인수된 때에 각 주식인수인에게 주금액을 납입시켜야 하고(제305조 제1항), 그 주금납입을 확실히 하기 위하여 납입장소는 은행 등 금융기관에 한정하고 있다(제302조 제2항 제9호). 따라서 회사의 설립등기에는 일종의 공신기관인 주금액납입보관은행의 증명서를 첨부하도록 하고 있다(비송절차법 제203조 제11호). 또한 그 보관은행의 책임(제318조)과 납입가장에 대한 벌칙을 두고 있다(제628조).

II. 형태

회사의 설립 시(또는 신주발행 시)에 실질적으로 주금액의 납입이 없으면서 형식적으로는 그 발행주식의 금액이 납입된 것처럼 꾸미는 행위가 주금액의 가장납입이다. 가장납입

---

14   유주선, "자본회사 설립 시 가장납입에서 발생하는 법적 문제", 『경영법률』 제21집 제1호, 2010, 37면 이하.

은 발기인과 주금액취급자 사이의 통모여부에 따라 담합과 위장납입으로 나누어진다.

1. 담합

발기인과 주금액취급자가 통모하여 주금액 납입 없이 주금액취급자인 은행이 납입금보관증명을 발급하여 발기인이 이를 가지고 설립등기를 필하는 담합에 대하여, 상법은 이를 입법적으로 예방하고 있다. 통모의 가장납입을 방지하기 위하여 발기인이 '주금액 납입취급은행으로부터 차금하여 주금납입으로써 충당하도록 예치하고 그 차입금을 변제할 때까지 그 예금의 인출을 하지 않도록 하는 약정'에 대하여, 은행은 회사에 대하여 이러한 약정을 가지고 대항할 수 없도록 한 것이다(제318조 제2항). 그러므로 회사를 설립하고 난 후 대표이사가 보관금의 반환을 청구할 때 은행은 발기인과 통모한 내용을 들어 지급을 거절할 수 없다. 상법 제318조 제2항은 가장납입의 한 형태인 통모를 예방하는 효과를 갖게 된다. 은행이 위험부담을 갖기 때문에 통모에 의한 가장납입은 실제로 발생하는 예는 그리 없다.

2. 위장납입

위장납입(표현납입)이라 함은 발기인 등이 제3자로부터 돈을 빌려 이를 주금액으로서 납입취급은행에 예치하고 일단 회사의 설립등기를 마치면 이를 인출하여 대여자에게 변제하는 것을 말한다. 회사를 설립함에 있어서 발생하는 거의 모든 가장납입은 이러한 형태를 띤다. 왜냐하면 주식의 납입담당자는 은행 등 금융기관에 한정되고 있고(제302조 제2항 제10호), 은행과 같은 공신력 있는 기관이 발기인 등과 통모하여 주금납입을 가장하는 행위를 한다는 것은 매우 드물기 때문이다.

Ⅲ. 효력

통모가장납입에 대하여 우리 상법은, 납입취급은행이 납입금의 보관증명을 교부한 때에는 그 증명한 금액에 관하여 납입이 없었다든가 또는 반환에 관한 제한이 있음을 이유로 하여 회사에 대항할 수 없도록 입법(제318조)화함으로써 그에 대책을 마련하였다. 문제가 되고 있는 것은 위장납입의 경우에 제3자로부터 차용한 납입금 효력에 관한 사항이다. 대법원의 입장에 대하여 여러 학자들의 견해가 다투어지고 있다.

1. 판례의 입장

대법원은 기본적으로 '견금'에 의한 주금납입의 경우에 있어서 금원의 현실적인 이동이 있는 것이고, 설령 그것이 납입의 가장수단으로 이용된 것이라고 하더라도 이는 발기인 등의 주관적인 의도의 문제일 뿐 주금납입의 효력에는 영향이 없다고 주장한다.[15] 주금의 가장납입의 경우에 주금납입의 효력을 부인할 수 없는 것이므로 주금납입절차는 일단 완료되고 주식인수인이나 주주의 주금납입의무 또한 종결된 것으로 본다.[16] 그러나 이러한 가장납입에 있어서 회사는 일시 차입금을 가지고 주주들의 주금을 체당납입한 것과 같이 볼 수 있으므로 주금납입의 절차가 완료된 후에 회사는 주주에 대하여 체당납입한 주금의 상환을 청구할 수 있다고 한다.[17] 대법원의 이러한 입장은 변함이 없다. 대법원은 '주식회사를 설립함에서 있어 일시적인 차입금으로 주금납입의 외형을 갖추고 회사의 설립절차를 마친 다음 바로 그 납입금을 인출하여 차입금을 변제하는 이른바 가장납입의 경우에 주금납입의 효력을 부인할 수 없다.'는 판단을 지속적으로 하고 있다.[18]

2. 학설의 입장

진실한 납입의사의 유무는 주관적인 문제에 불과하고 실제 자금의 이동에 따른 현실의 납입이 있으므로 유효라고 보는 판례의 입장과는 달리, 다수의 학자들은 가장납입, 특히 '위장납입의 경우 회사의 자본금에 해당하는 금전이 실제로 납입된 일이 없으므로 주금납입으로서의 효력을 인정할 수 없다.'고 주장한다.[19] 위장납입에 의한 회사설립은 회사설립이 완료된 상태에서 밝혀지게 된다. 이 경우 대법원이 주장하는 바와 같이 납입이 유효라고 한다면 출자를 하지 않고 주주권을 유지하는 부당한 결과가 발생된다는 점을 들어, 다수설은 위장납입으로서의 효력이 없음은 물론 주식인수 자체가 무효라고 주장하는 것이다.[20]

---

15 대법원 1966. 10. 21. 선고 66다1482 판결; 대법원 1983. 5. 24. 선고 82누522 판결; 대법원 2004. 3. 26. 선고 2002다29138 판결.

16 대법원 1985. 1. 29. 선고 84다카1823, 1824 판결.

17 이에 대한 비판으로는 임홍규, "주주의 가장납입과 주주의 주금납입의무", 『법률신문』, 1988, 17면.

18 대법원 1997. 5. 23. 선고 95다5790 판결; 대법원 1998. 12. 23. 선고 97다20649 판결.

19 정동윤, 『회사법』, 제6판, 법문사, 2000, 129면; 이철송, 『회사법강의』, 제20판, 박영사, 2012, 208면; 반대 정찬형, 『상법강의(상)』, 제16판, 박영사, 2013, 652면,

20 최성호, "위장납입한 주주의 법적지위에 관한 검토", 「인권과 정의」, 제315호, 2002, 124면.

IV. 위장납입한 주주의 지위

1. 대법원의 입장

대법원은 위장납입에 의한 회사설립을 유효한 것으로 보며, 위장납입을 한 주주가 자신이 인출해 간 납입금을 회사에 반환할 채무를 부담하는 것은 당연하다고 한다. 그러나 '가장납입을 한 주주가 주주로서의 지위를 여전히 유지할 수 있는가'에 대한 물음이 제기될 수 있다. 일시적인 차입금으로 주금납입의 외형을 갖추고 회사설립절차를 마친 다음 바로 그 납입금을 인출하여 차입금을 변제하는 가장납입의 효력을 부인하지 않는 대법원[21]에 따른다면, '회사의 설립 당시 원래 주주들이 주식인수인으로서 주식을 인수하고 가장납입의 형태로 주금을 납입한 이상 그들은 바로 그 회사의 주주이고, 나중에 동 회사가 청구한 주금 상당액을 납입하지 아니하였다고 하더라도 이는 단지 채무불이행에 해당할 뿐 주주로서의 지위를 상실하지는 않는다.'고 한다.[22] 더 나아가 원고들(주주의 지위를 주장하는 자)이 피고 회사가 정한 납입기일까지 주금 상당액을 납입하지 아니한 채 그로부터 상당 기간이 지난 후 비로소 피고 회사의 주주임을 주장하였다고 하더라도 이는 신의성실의 원칙에 어긋나는 것으로 볼 수 없다고 판단한다.[23]

2. 대법원에 대한 비판가능성

실무상 종종 발생하는 사례관계를 가지고 대법원에 대하여 비판하는 입장이 있다.[24] A와 B가 같이 출자하여 회사를 설립하기로 하고 A는 실제로 출자하였으나 B는 위장납입에 의한 출자를 하고 회사경영에는 관여하지 않다가, 추후 회사의 사업이 성공하면 B가 주주권을 행사하는 것이다. 만일 B의 위장납입에 의한 출자가 자본의 과반수에 해당한다면 B는 출자 없이 지배주주의 지위를 획득하게 된다. 또 지배주주의 수준에 이르지 않더라도 위장납입으로 회사 설립 후 장기간 기회를 보다가 회사의 사업이 성공하면 주주권을 주장하는 기회적인 행동을 보일 수도 있다는 것이다.[25] 그러므로 가장납입을 유효한 것으로 보는 대

---

21 대법원 1997. 5. 23. 선고 95다5790 판결.
22 대법원 1998. 12. 23. 선고 97다20649 판결.
23 참조할 판례로는 대법원 1994. 3. 28. 선고 93다1916 판결.
24 이철송, 『회사법강의』, 제20판, 박영사, 2012, 256면.
25 대법원 1998. 12. 23. 선고 97다20649 판결. 대법원은 위장납입의 방법으로 납입한 주주가 상당기간이 경과한 후에 주주임을 주장하였던 바, 법원은 위장납입한 주주의 주주권을 인정하였다.

법원의 판단은 타당한 것이 아니라고 한다.

3. 소결

자본금제도의 폐지에 따라 가장납입이 갖는 의미와 가장납입이 무효라는 주장이 타당성이 있는가에 의문을 제기한다. 그리고 오히려 가장납입의 유효를 주장하는 대법원의 판단이 타당성을 갖고 있다는 측면에서 다수설의 입장에 대한 한계가 제시될 수 있다. 1998년 대법원이 판시한 것과 마찬가지로, 회사는 가장납입한 주주의 납입금을 체당해 준 것이므로 그에게 반환을 청구할 수 있는 권리가 있다고 할 것이다. 물론 그 주주가 자력이 없는 경우에는 반환채권을 실현시킬 가능성이 존재하지 않게 된다. 그런 측면에서 중요한 것은 주주의 자력이 항상 의미를 갖게 된다. 회사의 납입금액이 다시 사원이나 사원의 이해관계인에게 유출된다고 할지라도, 회사를 운영하는 과정에서는 거래상대방인 제3자는 인식하기도 힘들뿐만 아니라, 회사채권자가 그의 청구권을 행사하는 시점에 회사의 무자력이 발견된다. 이 경우 그가 회사를 다시 갱신시키고자 한다면, 그는 그의 개인재산을 통하여 다시 회사에게 반환하고자 할 것이다.

가장납입한 주주의 지위를 인정함에 있어, 회사에 일체 출자한 일이 없음에도 불구하고 회사의 주주로서의 지위를 누리는 불합리를 허용하는 점을 비판하는 입장[26]도 있지만, 형식적으로 출자를 이행한 이상 주주로서의 그의 지위는 별 문제가 되지 않는다는 대법원 입장이 보다 현실적이라 하겠다. 타인으로부터 차용하여 회사에 납입하고 회사 설립 후 다시 그 자에게 변제하게 되어 출자를 형식적으로 이행한 것이기는 하지만, 납입의 요건을 갖춘 이상 그는 주주로서의 지위의 인정은 보다 합리적이고 실질적인 모습이다.

V. 발기인의 책임

주금납입에 대한 효력의 차이와 관계없이, 위장납입의 경우 실질적으로 회사에 주금액의 납입이 없는 것이다. 회사설립과 관련된 관계자의 책임문제가 생겨난다.[27]

---

26 이철송, 『회사법강의』, 제20판, 박영사, 2012, 256면 이하.
27 양승규, 『상법사례연습』, 삼영사, 1998, 121면 이하.

1. 발기인의 회사에 대한 책임

1) 주금납입담보책임

위장납입의 경우 상법 제321조 제2항에 따라, 각 발기인은 인수한 주식에 대한 납입은 물론 다른 발기인과 연대하여 납입이 없는 모든 주식에 대한 납입담보의무를 진다. 왜냐하면 그 발행주식의 전부에 대한 납입이 없는 것이기 때문이다.

2) 손해배상책임

발기인이 회사의 설립에 관하여 그 임무를 게을리 한 때에는, 상법 제322조 제1항에 따라, 그 발기인은 회사에 대하여 손해배상책임을 진다. 일반적으로 위장납입에 의하여 회사를 설립하는 때에 타인으로부터 빌려 주금액으로서 납입을 가장하는 것은 발기인들이다. 이 경우 발기인의 임무해태가 발생되고, 그것에 배상책임은 면제되기 어려울 것이다. 그러나 발기인이 주식회사의 대표이사에 의한 위장납입의 사실을 알지 못한 때에는 그 손해배상책임을 부담하지 않게 된다.

2. 발기인의 제3자에 대한 책임

발기인이 위장납입에 의한 회사설립을 통하여 제3자에게 손해를 가하는 경우도 발생할 수 있다. 이 경우 악의 또는 중대한 과실로 그 임무를 게을리 함으로써 발생한 것이라고 한다면, 발기인은 제3자에 대하여 연대하여 손해배상책임을 부담한다(제322조 제2항). 다만 이 경우에도 악의 또는 중과실이 없는 경우라면, 발기인은 면책된다.

3. 발기인의 형사책임

상법은 일부의 사항에 대하여 형사책임을 규정하고 있다. 위장납입의 경우 납입가장죄로 처벌의 가능성이 있다(제628조 제1항). 처벌대상을 납입가장을 한 발기인에 한하지 않고, 그 행위에 응하거나 중개한 자도 처벌하고 있는 점은 유념해야 할 사항이다(제628조 제2항).

VI. 대표이사의 책임

1. 회사에 대한 책임

위장납입은 주금보관은행에 예치하고 있는 금액을 회사의 성립 후 대표이사 등이 그 은행으로부터 인출하여 대여자에게 변제함으로써 완성하게 된다. 대표이사가 금융기관으로부터 주금액 전부를 인출하여 채권자에게 변제한 경우에는, 주금납입의 효력 여하에 따라 약간의 차이가 있다. 즉 위장납입을 주식의 납입으로 유효하다고 보는 입장에서는 대표이사는 회사의 자금을 인출하여 개인의 채무를 변제함으로써 그 임무를 게을리 한 것이 되고, 또 주금액납입으로서 없다하더라도 그 금액을 채권자에게 변제함으로써 위장납입을 완성시켜 회사의 자본을 부실하게 한 데서 그 임무를 게을리 한 것이 되어 회사에 대한 손해배상책임을 면할 수 없게 된다(제399조 제1항). 이 경우에 다른 이사와 합의하였거나 이사회의 결의에 의한 때에는 그에 찬성한 이사도 대표이사와 같이 연대하여 손해배상책임을 지게 된다(제399조 제2항).

2. 제3자에 대한 책임

대표이사는 위장납입에 의하여 회사의 자본을 부실하게 함으로써 제3자에게 손해를 가한 때에는 이것은 고의 또는 중대한 과실로 그 임무를 게을리 함으로써 생긴 것이라 할 수 있으므로 이에 찬성한 이사와 연대하여 그 손해를 배상할 책임을 진다(제401조).

3. 형사책임

대표이사는 주금액의 가장납입죄(상법 제628조)에 의하여 처벌됨은 물론, 대표이사로서 주금액을 인출하여 채권자에 대한 채무를 변제한 것은 특별배임죄가 되고(제622조) 또 그것이 주금액으로서 유효하다고 보는 입장에서는 업무상의 횡령죄를 구성하게 된다(형법 제356조).

제5절 정관작성

Ⅰ. 의의

주식회사의 설립은 출발은 정관작성에서부터이다. 처음 정관작성을 하고 마지막에 설립등기를 함으로써 회사가 성립하게 되므로, 정관의 작성은 회사설립에 있어서 상당한 의미를 갖게 된다. 정관(Satzung)은 실질적 의미와 형식적 의미로 파악될 수 있다. 실질적 의미의 정관이라 함은 실질적으로 회사의 조직과 운영에 관한 근본규칙을 말하고, 형식적 의미의 정관이라 함은 그 규칙을 기재한 서면을 의미한다.[28]

Ⅱ. 정관의 기재사항

정관의 주요 내용은 서면으로 작성되어야 하고(제289조), 또 공증인의 인증을 받도록 하여 법률행위의 형식을 엄격히 하고 있다. 정관의 기재사항에는 절대적 기재사항, 상대적 기재사항 및 임의적 기재사항으로 구분된다.[29]

Ⅲ. 절대적 기재사항

1. 의의

정관의 유효요건을 정한 것으로서 정관에 기재되어야 하는 사항을 말한다. 만약 절대적 기재되어야 하는 것으로 정하여져 있는 사항을 기재하지 않거나 그 내용이 위법한 경우라면 동 정관 전체가 무효가 된다. 상법은 주식회사 설립 시 정관작성에 있어서 반드시 기재되어야 할 사항을 요구하고 있다(제289조 제1항). 상법이 정관에 절대적 기재사항을 요구하고 있는 이유는 주주 등 이해관계인의 보호를 위해 설립 당초부터 확정해 두어야 하기 때문이다.[30]

---

28 최준선, 『회사법』, 제7판, 삼영사, 2012, 124면.
29 김정호, 『회사법』, 제2판, 법문사, 2012, 98면 이하.
30 이철송, 『회사법강의』, 제20판, 박영사, 2012, 225면 이하.

2. 대상

상법은 주식회사에 대하여 정관작성 시 다음과 같은 사항을 반드시 기재하도록 하고 있다.

1) 목적

목적이라 함은 회사가 추진할 영업대상을 의미한다. 회사의 목적과 관련하여 고찰해야 할 판례가 있다.

> **대법원 1999. 10. 8. 선고 98다2488판결**
>
> 대법원은 "회사의 권리능력은 회사의 설립 근거가 된 법률과 회사의 정관상의 목적에 의하여 제한되나 그 목적범위 내의 행위라 함은 정관에 명시된 목적 자체에 국한되는 것이 아니라, 그 목적을 수행하는데 있어 직접, 간접으로 필요한 행위는 모두 포함되고 목적수행에 필요한지의 여부는 행위의 객관적 성질에 따라 판단할 것이고 행위자의 주관적, 구체적 의사에 따라 판단할 것은 아니다"라고 판단한 바 있다.

2) 상호

상법 제1편 제4장은 상호에 대한 내용을 규정하고 있다. 상호는 상인의 영업상의 명칭으로서 상인의 명성과 신용을 표시해주는 기능을 한다. 상인은 그 성명 기타의 명칭을 가지고 자유롭게 상호를 정할 수 있다(제18조). 회사의 상호에는 반드시 회사의 명칭을 표시해야 하고(제19조), 은행이나 증권 또는 보험의 경우에는 상호에 업종까지 표시하도록 하고 있다.

3) 회사가 발행할 주식의 총수(제289조 제1항 제3호)

회사가 발행할 주식의 총수라 함은 발행예정주식총수, 즉 수권주식총수를 의미한다. 즉 회사가 발행할 주식의 총수를 정관에 표시해야 한다. 회사가 발행할 주식의 총수에서 회사의 설립 시에 발행하고 남은 잔여 부분은 회사가 성립된 후 다시 발행할 수 있다. 그러나 이사회의 결의를 거쳐야 한다.

4) 액면주식을 발행하는 경우 1주의 금액 (제289조 제1항 제4호)

액면주식을 발행하는 경우 1주의 금액은 균일해야 한다. 상법은 1주의 금액은 100원 이상으로 하고 있다(제329조 제3항). 1998년 상법이 개정되기 전 상법은 1주의 금액은 5,000원 이상으로 하고 있었다. 그리고 주식분할을 자유롭게 하고자 하는 의미와 신주발생 시 자금조달을 간편하게 하기 위하여 하향조정하였다.

액면주식을 발행하는 경우 주식회사의 자본금은 주식의 발행으로 구성되고, 액면가는 자본금의 구성단위가 된다는 점에서 추상적인 가격에 해당된다. 액면가를 초과하여 주식을 발행하는 경우 그 초과금액은 자본을 구성하지 아니한다.

5) 회사의 설립 시에 발행하는 주식의 총수(제289조 제1항 제5호)

2011년 4월 14일 회사법이 개정되기 전 상법은 제289조 제2항에 '회사의 설립시 발행하는 주식의 총수는 회사가 발행할 주식의 총수의 4분의 1 이상이어야 한다.'고 규정하고 있었다. 그러나 동 규정은 삭제되었고, 단지 정관에 회사의 설립 시에 발행하는 주식의 총수만을 기재하면 되도록 하였다. 설립 시에 발행하는 주식의 총수는 발행예정주식총수 중 설립 시에 발행하는 주식수를 말한다.

6) 본점의 소재지(제289조 제1항 제6호)

본점은 상인의 주된 영업소를 의미한다. 상법은 본점의 소재지를 정관에 기재하도록 하고 있다. 본점소재지는 회사의 주소가 되고, 회사가 받은 의사표시나 통지의 수령지가 된다. 등기뿐만 아니라 회사설립무효의 소에 있어서 본점소재지는 관할의 표준이 된다(제328조 제2항, 제186조). 주주총회의 소집지는 정관에 다른 규정이 없으면 본점소재지가 소집지가 된다(제364조).

7) 회사가 공고하는 방법(제289조 제1항 제7호)

주주나 회사채권자 등 이해관계인들에게 회사는 많은 사항을 공시해야만 한다. 정관에 공시사항을 적시에 인지할 수 있도록 공시매체를 정관에 확정해야 한다. 서면공고, 전자적 공고 등이 있다. 서면공고는 관보 또는 시사에 관한 사항을 일간신문에 하도록 하고 있다(제289조 제3항). 전자적 방법으로 공고를 할 수 있도록 하고 있는데, 이는 회사의 인터넷 홈페이지에 게재하는 것을 의미한다.

8) 발기인의 성명·주민번호 및 주소

정관에 발기인으로 기재되어 있지 아니하면 법적인 의미에서 발기인에 해당되지 않는다. 발기인을 정관에 기재토록 한 것은 발기인을 명확히 하여 책임소재를 명확히 하고자 하는 목적이 있다.[31] 정관에 발기인이 기재되는 후에, 회사의 설립 후 그가 사망한다고 할지라도 정관은 변경할 필요가 없다.[32]

Ⅳ. 상대적 기재사항

1. 의의

절대적 기재사항과 달리 반드시 정관에 기재되지 않아도 된다. 즉 기재되지 않는다 하더라도 정관의 효력에는 하등의 영향이 없다. 그러나 어떤 사항을 유효하게 하기 위해서는 반드시 정관에 기재해야 한다. 상법은 변태설립사항에 대하여 상대적 기재사항이라 하여 정관에 기재할 것을 규정하고 있다(제290조).

2. 변태설립사항

1) 의의

상법은 산재하여 상대적 기재사항을 규정하고 있다. 설립과 관련하여 발기인에 의하여 자본충실의 남용을 방지하기 위하여 변태설립사항(제290조)에 대하여 정관에 기재토록 하고 있다.

상법 제290조 (변태설립사항)	다음의 사항은 정관에 기재함으로써 그 효력이 있다. 1. 발기인이 받을 특별이익과 이를 받을 자의 성명 2. 현물출자를 하는 자의 성명과 그 목적인 재산의 종류, 수량, 가격과 이에 대하여 부여할 주식의 종류와 수 3. 회사성립후에 양수할 것을 약정한 재산의 종류, 수량, 가격과 그 양도인의 성명 4. 회사가 부담할 설립비용과 발기인이 받을 보수액

변태설립사항이라 함은 회사의 설립을 위하여 일반적으로 필요하고 성립 후의 회사에 그

---

31 김정호, 『회사법』, 제2판, 법문사, 2012, 99면; 최준선, 『회사법』, 제7판, 삼영사, 128면.
32 이철송, 『회사법강의』, 제20판, 박영사, 231면.

효력을 귀속시킬 필요가 있는 사항으로서, 발기인이 설립 중의 회사의 기관지위에서 약정할 수 있는 사항을 말한다.[33] 이러한 사항이 발기인에 의하여 회사 재산을 유출하게 하는 남용의 결과를 초래할 가능성이 있다. 그러므로 상법은 이러한 사항을 정관에 기재하도록 하고 있다. 뿐만 아니라 주식청약서에 기재되어야 하며(제302조 제2항 제2호), 법원이 선임한 검사인에 의하여 조사를 받아야 한다(제299조 제1항, 제310조).

2) 대상

(1) 발기인이 받을 특별이익과 이를 받을 자의 성명

발기인의 특별이익이라 함은 회사설립에 대한 실패의 위험을 무릅쓰고 회사설립을 위한 일한 것에 대한 대가를 말한다. 회사설비이용의 특혜, 신주인수의 우선권, 회사와 계속적인 거래의 약속 같은 것이 여기에 해당한다.[34] 그러나 자본충실의 원칙에 반하는 이익을 허용될 수 없다.

(2) 현물출자하는 자의 성명과 그 목적인 재산의 종류, 수량, 가격과 이에 대하여 부여할 주식의 종류와 수

현물출자라 함은 금전 이외의 재산으로 출자하는 것을 말한다. 금전출자가 원칙이지만 회사에서 필요한 자산을 출자자가 제공할 수 있다고 한다면, 굳이 이를 다시 금전으로 환가하여 납입할 필요성이 없다. 문제가 되는 것은, 출자된 재산이 무가치한 것이라고 판명된 경우라든가 출자재산이 과대하게 평가되는 경우 자본충실의 원칙이 침해할 가능성이 존재한다는 것이다. 상법은 현물출자를 하는 자에 대하여 그 자의 성명, 해당 목적재산에 대한 종류, 수, 가격 등을 정관에 기재토록 하고 있다.

현물출자의 성질을 대물변제, 매매, 주식과의 교환 등으로 보는 설도 있지만, 상법이 정한 출자의 하나의 형태라고 보면 될 것이다. 기존의 전형계약의 테두리에 무리하게 적용할 필요는 없다고 할 것이다. 현물출자의 대상으로는 동산, 부동산, 유가증권, 무체재산권 등이 대표적이다. 영업상 비밀, 고객관계, 영업권, 컴퓨터의 소프트웨어 등도 현물출자의 대상이 될 수 있다. 다만, 노무출자나 신용출자는 재산적 가치가 불분명하고 당장 현실화될 수 없다는 점에서 출자의 대상으로 허용될 수 없다.

---

33 최준선, 『회사법』, 제7판, 삼영사, 2012, 128면.
34 이철송, 『회사법강의』, 제20판, 박영사, 2012, 232면.

현물출자를 하는 자는 납입기일에 지체 없이 현물출자를 이행해야 한다(제295조 제2항·제305조 제3항). 출자목적인 재산의 종류별로 고유한 권리이전방식에 의해 재산권을 이전해야 한다. 동산이라면 이전하여야 하고, 유가증권이라면 배서·교부 등의 방법으로, 채권이라면 통지·승낙과 같은 대항요건도 갖추어야 한다. 부동산 기타 등기·등록할 재산은 설립중의 회사의 이름으로 등기·등록하여야 할 것이나, 회사성립 후에 다시 회사 앞으로 등기·등록하여야 하는 번거로움이 있고 회사성립이 확실한 것도 아니므로 상법은 등기·등록에 필요한 서류를 완비하여 교부하여야 한다(제205조 제2항·제305조 제3항). 이는 신주발행 시에도 준용한다(제425조). 설립 시에 현물출자 된 재산권은 일단 설립 중의 회사에 귀속하고 회사성립 후에 특별한 절차 없이 회사의 재산이 된다.

(3) 회사성립 후에 양수할 것을 약정한 재산의 종류, 수량, 가격과 그 양도인의 성명

재산양수 역시 과대평가의 대상이 될 수 있고 현물출자를 우회하는 탈법행위의 가능성이 있다. 그러므로 상법은 발기인이 회사의 성립을 조건으로 회사를 위하여 일정 재산을 양수하기로 하는 계약을 말하는 재산양수에 대하여 정관의 상대적 기재사항으로 정하고 있다.[35]

대법원 1994. 5. 13. 선고 94다323 판결

대법원은 일방은 현물로, 타방은 현금으로 출자하면서 회사 설립 후 매매계약의 형태를 갖춘 경우 현물출자에 관한 규정을 적용해야 하는가에 대한 물음에서 "상법 제290조 제3호 소정의 '회사 성립 후에 양수할 것을 약정'한다 함은 회사의 변태설립의 일종인 재산인수로서 발기인이 설립될 회사를 위하여 회사의 성립을 조건으로 다른 발기인이나 주식인수인 또는 제3자로부터 일정한 재산을 매매의 형식으로 양수할 것을 약정하는 계약을 의미하므로, 당사자 사이에 회사를 설립하기로 합의하면서 그 일방은 일정한 재산을 현물로 출자하고, 타방은 현금을 출자하되, 현물출자에 따른 번잡함을 피하기 위하여 회사의 성립후 회사와 현물출자자 사이의 매매계약에 의한 방법에 의하여 위 현물출자를 완성하기로 약정하고 그 후 회사설립을 위한 소정의 절차를 거쳐 위 약정에 따른 현물출자가 이루어진 것이라면, 위 현물출자를 위한 약정은 그대로 위 법조가 규정하는 재산인수에 해당한다고 할 것이어서 정관에 기재되지 아니하는 한 무효이다"라고 판시하고 있다.

---

35 정관의 상대적 기재사항으로서 변태적 설립사항 외에도 상법은 종류주식의 발행사항(제344조 제2항), 전환주식의 발행(제346조 제1항) 및 주주총회의 권한사항(제361조) 등을 들 수 있다. 다만, 무기명식 주권의 발행(제357조 제1항)도 정관의 상대적 기재사항에 해당하는 것으로 보고 있었으나, 2014년 5월 20일 이를 삭제하여 이제는 그 의미가 사라졌다.

대법원은 정관에 기재가 없는 재산인수에 대하여 "상법 제290조 제3호는 변태설립사항의 하나로서 회사성립 후에 양수할 것을 약정한 재산의 종류, 수량, 가격과 그 양도인의 성명은 정관에 기재함으로써 그 효력이 있다고 규정하고 있고, 이때에 회사의 성립 후에 양수할 것을 약정한다 함은 이른바 재산인수로서 발기인이 회사의 성립을 조건으로 다른 발기인이나 주식인수인 또는 제3자로부터 일정한 재산을 매매의 형식으로 양수할 것을 약정하는 계약을 의미한다고 할 것이고, 아직 원시정관의 작성 전이어서 발기인의 자격이 없는 자가 장래 성립할 회사를 위하여 위와 같은 계약을 체결하고 그 후 그 회사의 설립을 위한 발기인이 되었다면 위 계약은 재산인수에 해당하고 정관에 기재가 없는 한 무효라고 할 것이다"라고 판단하고 있다.

(4) 회사가 부담할 설립비용과 발기인이 받을 보수액

변태설립사항에서 정관의 상대적 기재사항에 해당하는 것으로 설립비용과 발기인 보수액을 들 수 있다. 발기인이 설립중회사의 기관으로서 회사설립을 위하여 지출한 비용이 바로 설립비용에 해당된다. 정관 및 주식청약서의 인쇄비, 설립사무소의 임차료, 주주모집을 위한 광고비, 설립사무원의 보수 등이 속한다.[36] 그러나 성립후의 회사사업상 필요한 공장, 건물, 집기 등의 구입비는 개업준비비로서 설립비용에 해당되지 않는다고 본다(통설).

발기인이 설립사무를 위하여 제공한 노무의 대가가 바로 발기인의 보수이다. 발기인에게 과다하게 회사의 재산이 지출되어 자본충실의 원칙이 유지되지 않을 수 있다는 면을 고려하여 정관의 상대적 기재사항으로 규정한 것이다. 다만, 설립에 대한 공로로서 주어지는 '발기인의 특별이익'(제290조 제1호)과는 구별되어야 한다.

V. 임의적 기재사항

임의적 기재사항이라 함은 정관으로 정하지 않아도 행위의 효력에는 영향을 미치지 않지만, 이를 기재함으로써 보다 더 명확히 하고 변경을 곤란하게 하는 효과가 발생하게 된다. 강행법규라든가 선량한 풍속 기타 사회질서 및 주식회사의 본질에 반하지 않고 상법이 허용하는 범위 내에서 필요한 사항을 기재할 수 있다.

---

36 김정호, 『회사법』, 제2판, 법문사, 2012, 103면.

VI. 정관의 효력

정관은 공증인의 인증을 효력발생요건으로 하고 있다(제292조 본문) 공증인의 인증은 정관의 성립 및 기재에 관하여 공증을 부여하는 공증인의 행위를 의미하는바(공증인법 제2조), 주식회사와 유한회사는 공증인의 인증이 없으면 정관의 효력이 발생하지 않게 된다(제292조 본문, 제543조 제3항). 결국 정관이 인증을 통하여 효력을 발생시킨다고 하는 것은, 정관에 규정된 사항들이 모두 유효하게 된다는 것을 의미하게 된다. 다만, 규모가 영세한 회사에 대하여는 설립에 대한 비용을 절감해주고자 하는 차원에서, 공증인의 인증을 효력 발생요건으로 하고 있지 않다(제292조 단서, 공증인법 제66조의2 제1항 단서).

제6절 정관변경

I. 의의

정관변경이라 함은 정관의 기재사항을 수정하거나 삭제 또는 변경하는 것을 말한다. 정관변경은 그 규범내용을 뜻하는 실질적인 정관이 변경되는 것을 의미한다. 회사는 설립 시 작성되는 정관에 정해진 바에 따라 영업활동을 하는 것이 일반적이다. 회사 내부적인 변화의 필요성이나 외부의 경제적 환경에 따라 원래의 정관을 변경해야 할 필요성이 발생한다. 다만, 정관변경은 회사의 구성원으로서 주주의 이해관계와 밀접하게 연관이 되어 있고, 기타 이해관계자들에게도 영향을 미치게 되므로 함부로 정관변경을 할 수 없다.

II. 범위

정관은 자유롭게 변경이 가능한 것이 원칙이다. 그러나 변경의 내용이 사회질서나 강행법규에 위반하는 것은 금지된다. 이는 주식회사의 본질과 주주의 고유권을 침해하기 때문이다. 원시정관에 정관변경을 불허하거나 특정내용은 변경할 수 없다고 정한 경우에, 이를 변경할 수 있는가에 대한 다툼이 벌어질 수 있다. 다수설은 그러한 규정은 정관의 한 내용에 불과하므로 정관변경의 절차에 의하여 변경할 수 있다고 한다.

Ⅲ. 절차

1. 주주총회 특별결의

정관변경을 하려면 주주총회의 특별결의가 요구된다. 출석한 주주의 의결권의 3분의 2 이상의 수와 발행주식총수의 3분의 1 이상의 수로 하여야 한다(제433조 제1항, 제434조). 정관변경을 위한 주주총회를 소집할 때에는 소집의 통지와 공고에 의안의 요령을 기재해야 한다(제433조 제2항). 정관변경은 주주총회의 전속관할에 속한다. 다른 기관에 위임이 불가능하다.

2. 종류주주총회 결의

1) 의의

회사가 수종의 주식을 발행한 경우에 정관을 변경함으로써 어느 종류의 주주에게 손해를 미치게 되는 경우가 발생할 수 있다. 이 경우 주주총회의 결의 외에 그 종류의 주주의 총회의 결의가 필요한 경우가 발생할 수 있다. 이를 위하여 개최되는 총회가 종류주주총회이다. 상법은 주주총회의 특별결의사항 중 위험이 특히 우려되는 사안에 대하여 종류주주총회를 요구하고 있다.

2) 결의

상법은 '상법 제344조 제3항의 규정에 의하여 주식의 종류에 따라 특수하게 정하는 경우 그 결과가 어느 종류주식의 주주에게 손해를 미치게 될 때(제436조)', '주식교환, 주식이전, 합병, 분할, 분할합병으로 인하여 어느 종류의 주주에게 손해를 미치게 될 경우' 등에 대하여 종류주주총회의 결의를 요구하고 있다. 또한 '정관을 변경함으로써 어느 종류주식의 주주에게 손해를 미치게 하는 경우'에 주주총회의 결의 외에 그 종류의 주주총회의 결의를 요구하고 있다(제435조 제1항). 결의는 출석한 주주의 의결권의 3분의 2 이상의 수와 그 종류의 발행주식총수의 3분의 1 이상의 수로써 하여야 한다(제435조 제2항). 의결권 없는 주식도 이 종류주주총회에서는 의결권을 행사할 수 있다(제435조 제3항). 종류주주총회의 결의를 요하는 경우에 그 결의가 없으면, 주주총회의 결의는 효력이 발생하지 않는다.

IV. 효력

주주총회의 결의가 있으면 정관변경은 즉시 효력이 발생하는 것이 원칙이다. 주주총회의 결의가 있은 후에 이사가 변경된 내용을 문서화하거나 등기를 하게 된다. 하지만 이러한 사항들은 정관변경의 효력발생요건에 해당되지 않는다.

제7절 설립등기

I. 의의

설립등기는 한편으로는 국가로 하여금 준칙주의에 의하여 회사설립의 법정요건에 대한 적법성을 조사할 수 기회를 제공하고, 또 한편으로는 회사의 기본적인 사항들의 공시를 통하여 다수의 이해관계자 보호와 거래의 안전을 도모하고자 하는 면이 있다. 발기설립의 경우 검사인의 위험설립사항의 조사 또는 법원의 변경처분에 따른 절차가 종료한 날로부터 2주간 내에, 모집설립의 경우에는 창립총회가 종료한 날로부터 2주간 내에 대표이사가 본점소재지에서 등기하여야 한다(제317조 제1항).

II. 등기의 해태

설립등기 시에 주금의 납입이나 현물출자의 이행 기타 위험설립사항에 관하여 법원, 총회 또는 발기인에게 부실보고를 하거나 사실을 은폐한 경우에 제재를 받게 된다(제625조 제1호). 설립등기를 해태한 경우에는 과태료의 제재를 받는다(제635조 제1항 제1호).

III. 등기의 효력

1. 주된 효력

본점 소재지에서 회사의 설립등기가 이루어지면 아직 미성숙 중이던 단체는 법인이라고 하는 회사가 되는 동시에 법인격을 취득한다(제172조). 설립중회사는 법인인 회사로 성립되고, 주식인수인은 주주가 되며 이사 및 감사는 성립 후 회사의 기관이 된다. 설립중회사의 집행기관인 발기인이 회사설립을 위하여 취득하거나 부담한 권리 및 의무는 동일성설의 입장에서 이 때부터 성립된 회사에 귀속하게 된다.

2. 부수적 효력

1) 발기인의 납입담보책임

회사의 설립 시에 발행한 주식으로서 회사성립 후에 아직 인수되지 아니한 주식이나 그 주식인수인의 청약이 취소된 때에는 발기인이 이를 공동으로 인수한 것으로 본다(제321조 제1항). 회사성립 후에 납입을 완료하지 아니한 주식이 있는 때에는 발기인이 연대하여 납입할 책임을 부담한다(제321조 제2항).

2) 주권발행의 허용

회사가 성립되기 전에는 주권발행을 금지하고 있다. 이를 위반하여 발행된 주권은 무효이다(제355조 제2항, 제3항). 등기가 된 후 회사는 비로소 주권을 발행할 수 있다. 발행할 수 있는 것을 떠나 회사 성립 후 지체 없이 주권을 발행해야 할 의무를 부담한다(제355조 제1항). 주식의 양도성을 보장하기 위함이다.

3) 주식인수의 무효·취소의 제한

설립등기에 의하여 회사가 성립되면 주식인수인은 주식청약서 요건의 흠결을 이유로 하여 그 인수의 무효를 주장하거나 사기나 강박 또는 착오를 이유로 하여 그 인수를 취소할 수 없다(제320조 제1항).

4) 권리주양도제한의 해제

권리주라 함은 회사 성립 전의 주식인수의 지위를 말한다. 상법 제319조는 권리주의 양도는 회사에 대하여 효력이 없음을 규정하고 있다. 투기의 남용을 금지하고 회사설립의 안전을 위한 목적을 가지고 있다. 설립등기가 이루어지면 권리주양도의 제한은 해제된다.

5) 설립무효주장의 제한

설립등기에 의하여 주식회사가 성립하게 되면 그 설립절차에 하자가 있다고 할지라도 회사성립의 날로부터 2년 내에 설립무효이 소를 제기하기 아니하면 그 무효를 주장할 수 없다(제328조 제1항). 주식회사의 법률관계를 신속하게 안정시키기 위한 목적이 있다.

제2장
주식과 주주

제1절 개요

상법 회사편 제4장인 주식회사의 제1절 설립에 관한 사항이 종료되면, 제2절 주식에 관한 사항이 등장한다. 제1관은 주식과 주권에 관한 내용을 담고 있다. 제2관은 주식의 포괄적 교환에 관한 사항이다. 2001년 7월 24일 상법이 개정되면서 신설된 것이 바로 제2관이다. 제3관 역시 신설된 내용을 담고 있다. 주식의 포괄적 이전에 관한 사항이 규정되어 있다. 제4관은 2011년 4월 14일에 신설된 내용을 규정하고 있다. 지배주주의 매도청구권을 비롯하여 소수주주의 매수청구권 및 주식의 이전 등의 내용이 담겨 있다.

제2절 주식의 종류

I. 주식의 개념

주식이라 함은 두 가지 의미를 가지고 있다. 한편으로는 자본금의 구성분자로서 주식을 의미하기도 하고(제329조 제2항, 제464조), 또 한편으로는 주주의 지위를 의미하기도 한다(제335조). 특히 주식회사의 사원인 주주의 지위를 주식이라고 한다. 주권이라 함은 주주권을 표창하는 하나의 유가증권을 말한다. 한편 대법원은 주식과 관련하여 주식은 재물에 해당하지 않아 횡령죄의 객체가 될 수 없다고 판단하고 있다.[1] 주식회사에 있어서 사원의 지위를 주식이라고 한다. 주식은 인적회사에 있어서 지분이라고 하는 의미가 있을 뿐만 아니라, 회사재산에 대한 경제적 참가비율(자본의 균등한 구성단위)로서의 의미가 있다. 주식회사는 주주로서의 지위가 주식이라는 균등한 단위로 나뉘어져 주주의 출자액에 따라 소유되므로 지분의 수와 사원의 수는 일치하지 않는 것이 일반적이다(지분복수주의). 주주는 그가 가진 주식의 인수가액을 한도로 출자의무를 질 뿐이고(제331조), 그 이외의 의무는 존재하지 않는다. 주식의 법적 성질에 대하여는 논란이 많지만, 주식을 주주권 내지 주주의 지위를 의미하는 사원권으로 보는 것이 통설이다.

II. 주식의 본질

1. 성질

주식의 법적 성질을 무엇으로 볼 것인가 대하여 학자들 간의 다툼이 있지만, 다수설은 주식은 주식회사의 주주의 회사에 대한 포괄적인 법적 지위를 의미하는 (주식)사원권이라고 본다.[2] 사원권으로부터 주주가 회사에 대하여 갖는 자익권과 공익권이 파생하게 된다. 전자의 권리로는 이익배당청구권, 잔여재산분배청구권, 신주인수권 등이 있고, 후자의 권리는 의결권, 재무제표의 열람청구권 및 주주총회결의의 하자에 관한 각종 소권 등이 있다.

2. 주주평등의 원칙

1) 개념

주주평등의 원칙이라 함은 주식회사의 구성원이 주주라는 자격에서 가지는 법률관계인 권리와 의무에 있어서 원칙적으로 그가 보유한 주식의 수에 따라서 평등한 대우를 받아야 한다는 것을 말한다. 이 원칙은 주주라는 사람의 평등대우를 의미하는 것이 아니라 주주가

---

[1] 대법원 2005. 2. 18. 선고 2002도2822 판결. 동 판결에서 대법원은 주권은 유가증권으로서 재물에 해당되므로 횡령죄의 객체가 될 수 있으나, 자본의 구성단위 또는 주주권을 의미하는 주식을 재물이 아니라는 점에서 횡령죄의 객체로 볼 수 없다고 판단하고 있다.

[2] 김정호, 『회사법』, 제2판, 법문사, 2012, 141면; 이철송, 『회사법강의』, 제20판, 박영사, 2012, 269면; 최준선, 『회사법』, 제7판, 삼영사, 2012, 174면.

가지고 있는 주식의 평등대우를 의미하는 것이므로 주식평등의 원칙이라고도 한다. 상법 제369조, 제418조, 제464조 및 제538조에서 주주평등의 원칙을 볼 수 있다.

2) 강행성 여부

1주 1의결권을 인정하고 있는 주주평등의 원칙이 반드시 지켜져야 하는가에 대한 물음이 제기되고 있다. 특히 2012년 개정 상법이 다양한 종류주식을 수용함에 따라, 더욱더 이 문제가 논의되고 있다. 인적회사인 합명회사는 두수주의에 입각하여 회사의 구성원 각각이 하나의 의결권을 갖는 1인 1의결권을 갖는다. 반면 주식회사는 주주가 가진 지주수에 따라 의결권의 수를 정한 것으로 지분주의에 따라 1주 1의결권 원칙이 견지되는 것이 원칙이다. 주식회사의 의결권과 관련하여, 우리 상법은 1주식마다 1개의 의결권을 부여하고 있다. 1주 1의결권의 원칙을 명문으로 규정하고 있는 상법 제369조 제1항에 대하여, 다수설은 이를 강행규정으로 이해하고 있다. 강행규정으로 인정되는 한, 이를 정관으로 달리 정할 수 있는 것이 아니다.

3) 완화 가능성

상법은 특정한 주식에 대하여 여러 개의 의결권을 인정하는 복수의결권제도를 인정하지 않고 있기 때문에, 당사자 사이의 계약에 의하여도 복수의 의결권은 인정될 수 없다. 더 나아가 특정한 주식에 대하여 의결권을 박탈하거나, 주주가 가진 주식 중 일정한 수를 초과하는 주식에 대하여 의결권의 행사를 제한하는 것도 불가능하다. 다만, 이사 선임의 경우 모든 주식에 대하여 1주마다 선임할 이사의 수와 동일한 수의 의결권을 인정하는 집중투표제도는 명문으로 인정하고 있다(제382조의2, 제542조의7). 한편 주요국이 차등의결권제도를 인정하고 있는 것을 보건대, 주주평등의 원칙이 반드시 지켜져야만 하는 것은 아니라고 하겠다.

4) 판례의 입장

대법원은 "상법 제369조 제1항에서 주식회사의 주주는 1주마다 1개의 의결권을 가진다고 하는 1주 1의결권의 원칙을 규정하고 있는바, 위 규정은 강행규정이므로 법률에서 위 원칙에 대한 예외를 인정하는 경우를 제외하고, 정관의 규정이나 주주총회의 결의 등으로 위 원칙에 반하여 의결권을 제한하더라도 효력이 없다."고 판시하고 있다.

대법원 2009.11.26. 선고 2009다51820 판결

대법원은 "상법 제409조 제2항·제3항은 '주주'가 일정 비율을 초과하여 소유하는 주식에 관하여 감사의 선임에 있어서 그 의결권을 제한하고 있고, 구 증권거래법(2007. 8. 3. 법률 제8635호 자본시장과 금융투자업에 관한 법률 부칙 제2조로 폐지, 이하 같다) 제191조의11은 '최대주주와 그 특수관계인 등'이 일정 비율을 초과하여 소유하는 주권상장법인의 주식에 관하여 감사의 선임 및 해임에 있어서 의결권을 제한하고 있을 뿐이므로, '최대주주가 아닌 주주와 그 특수관계인 등'에 대하여도 일정 비율을 초과하여 소유하는 주식에 관하여 감사의 선임 및 해임에 있어서 의결권을 제한하는 내용의 정관 규정이나 주주총회 결의 등은 무효라고 보아야 한다."고 판시하였다.

회사가 직원들을 유상증자에 참여시키면서 퇴직 시 출자 손실금을 전액 보전해 주기로 약정한 것이 주주평등의 원칙에 위배되어 무효인지 여부에 대하여 대법원 판결이 있다.[3]

대법원 2007.06.28. 선고 2006다38161 판결

대법원은 "회사가 직원들을 유상증자에 참여시키면서 퇴직시 출자 손실금을 전액 보전해 주기로 약정한 경우, 그러한 내용의 '손실보전합의 및 퇴직금 특례지급기준'은 유상증자에 참여하여 주주의 지위를 갖게 될 회사의 직원들에게 퇴직시 그 출자 손실금을 전액 보전해 주는 것을 내용으로 하고 있어서 회사가 주주에 대하여 투하자본의 회수를 절대적으로 보장하는 셈이 되고 다른 주주들에게 인정되지 않는 우월한 권리를 부여하는 것으로서 주주평등의 원칙에 위반되어 무효이다. 비록 그 손실보전약정이 사용자와 근로자의 관계를 규율하는 단체협약 또는 취업규칙의 성격을 겸하고 있다고 하더라도, 주주로서의 지위로부터 발생하는 손실에 대한 보상을 주된 목적으로 한다는 점을 부인할 수 없는 이상 주주평등의 원칙의 규율 대상에서 벗어날 수는 없을 뿐만 아니라, 그 체결 시점이 위 직원들의 주주자격 취득 이전이라 할지라도 그들이 신주를 인수함으로써 주주의 자격을 취득한 이후의 신주매각에 따른 손실을 전보하는 것을 내용으로 하는 것이므로 주주평등의 원칙에 위배되는 것으로 보아야 하고, 위 손실보전약정 당시 그들이 회사의 직원이었고 또한 시가가 액면에 현저히 미달하는 상황이었다는 사정을 들어 달리 볼 수는 없다."고 판시하고 있다.

---

3   대법원 2007.06.28. 선고 2006다38161 판결.

Ⅲ. 주식의 구분

1. 무기명주식의 폐지

2014년 개정되기 전 상법은 무기명주식의 실체를 인정하여 무기명주식의 발행(개정 전 제357조)과 권리행사(개정 전 제358조)를 명시적으로 규정하고 있었다. 주주의 성명이 주권에 표시되며 주주명부에도 기재되는 주식을 기명주식이라 한다면, 주주의 성명이 주권에 표시되지 않고 주주명부에도 기재되지 않는 주식이 바로 무기명주식이다. 그러나 무기명주식은 실제로 발행되는 예가 없었고, 또 발행되는 경우 조세회피의 수단이 될 뿐만 아니라 지배구조의 투명성에 악영향을 끼칠 수 있다는 점을 고려하여 무기명주식을 폐지하였다. 그러므로 주주를 관리하는 방법, 주주의 회사에 대한 권리의 행사, 주권소지에 대한 차이, 질권의 설정 및 주식의 양도에 있어서 차이를 논하는 것은 하등의 의미가 없게 되었다.[4]

Ⅳ. 액면주식과 무액면주식

상법은 주식의 액면가를 균일하도록 하고 있다(제329조 제2항). 그러나 주식의 원활한 유통과 편리한 자금조달 또는 경영권의 안정을 위하여 종류가 다른 주식을 발행할 수 있도록 하고 있다. 상법은 1주의 금액을 100원 이상으로 하고 있다(제329조 제3항). 액면주식이란 1주의 금액이 정관에 정해지고, 1주의 금액이 주권에 표시된 주식을 의미한다. 반면에 무액면주식은 1주의 금액이 표시되지 않고 주권에는 주식의 수만이 기재되는 주식이다. 상법은 액면주식만을 인정하고 있었다. 그러나 자본시장법에 의하여 설립된 투자회사가 무액면주식을 설립할 수 있도록 하고 있다(자본시장법 제196조 제1항).

1. 액면주식

액면주식이라 함은 1주의 금액이 정관(제289조 제1항 제4호)과 주권(제356조 제4호)에 표시되는 주식을 말한다. 상법은 1주의 금액은 100원 이상으로 하고 있고(제329조 제3항), 발행한 주식의 액면가는 자본금에 산입되며(제451조), 액면을 초과하여 발행하였을 경우의 초과액은 자본준비금으로 적립하도록 하고 있다(제451조, 제459조 제1항).

---

4 개정 전 양자의 구분에 대하여는 유주선, 『회사법』, 청목출판사, 2013, 163면 이하.

2. 무액면주식

정관과 주권에 1주의 금액을 표시하지 않고 주식의 수만을 기재하거나, 정관과 주권에 금액 대신 자본금에 대한 비율을 기재한 주식을 말한다.[5] 그러므로 액면가는 존재하지 않고 주식을 발행할 때마다 회사가 정하게 되는 발행가만 있을 뿐이다. 이 발행가 중 일부만을 자본금에 계상하고 잔액은 준비금으로 적립할 수 있다(제451조 제2항). 2011년 상법은 무액면주식제도를 도입하였다(제329조 제1항).[6]

V. 무액면주식제도 도입

1. 의의

"어느 회사의 주식 액면가(화폐나 유가증권, 채권 등에 적힌 가격)가 1,000원이지만, 시가(현재 시장에서 유통 거래되는 가격)가 700원이라고 할 때, 이 회사가 시가에 맞추어 발행가를 700원으로 하여 신주를 발행한다면 발행한 순간에 바로 1주당 300원씩 결손이 발생하게 되는 경우"를 상상해 보자.[7] 상법은 이러한 결손을 예방하기 위하여 원칙적으로 '주식은 액면미달의 가액으로 발행하지 못하도록 하고 있다(제330조). 다만, 회사가 성립한 날로부터 2년을 경과한 후에 주식을 발행하는 경우라면, 회사는 주주총회의 특별결의와 법원의 허가를 얻어 주식을 액면미달의 가액으로 발행할 수 있다(제417조 제1항). 이와 같이 2011년 상법이 개정되기 전 상황에서는 무액면주식의 발행을 허용하지 않아 주가의 변동에 적응하면서 자본조달을 할 수 있는 여지가 거의 유명무실한 상태였다. 그러나 무액면주식의 도입은 액면가라는 개념이 없으므로 발행을 함에 있어서 얼마에 발행해야 하는가에 하등의 문제가 발생하지 않게 되었다. 회사의 재무관리, 즉 자본조달에 있어서 상당한 탄력성을 제공하게 된 것이다.

2. 장점

무액면주식제도의 도입 시 가장 큰 장점으로는 회사 자본조달의 용이성이라고 하겠다.

---

5 최병규, "무액면주식제도의 도입가능성 연구", 『상사법연구』 제20권 제1호, 2001, 165면 이하.
6 이기수·최병규, 『회사법(상법강의 II)』, 제9판, 박영사, 2011, 214면 이하.
7 이철송, 『회사법강의』, 제20판, 박영사, 2012, 271면.

무액면주식은 권면액이 없으므로 권면액을 기준으로 한 할인발행의 문제가 없어(제330조) 자본금조달이 용이하다.[8] 또한 액면초과금에 대한 문제도 발생하지 않는다. 또한 주식의 가치를 액면과 비교하는 관념을 없애주고, 액면가를 기준으로 한 배당률에 대한 논쟁을 피할 수 있도록 한다. 더 나아가 신주를 발행하지 않고서도 증자를 할 수 있으며, 흡수합병·자본금 감소 및 주식분할이 용이하다는 장점을 제시할 수 있다.

3. 무액면주식과 자본금

액면주식을 발행하는 경우라면 자본금은 발행주식의 액면총액을 의미하게 된다. 그러나 무액면주식을 발행하는 경우 어떤 방법으로 자본금을 정해야 할지를 결정해야 한다. 상법 제291조는 주식회사 설립 당시의 주식발행사항의 결정에 대하여 규정하고 있다. 상법은 무액면주식을 발행하는 경우, 회사설립 시에 주식의 발행가액 중 자본금으로 계상하는 금액을 정관에 달리 정하지 않으면 발기인 전원의 동의로 이를 정하도록 하고 있다(제291조 제3호). 자본금에 대하여 상법 제451조가 정하고 있다. 회사가 무액면주식을 발행하는 경우 회사의 자본금은 주식 발행가액의 2분의 1 이상의 금액으로서 이사회에서 자본금올 계상하기로 한 금액의 총액으로 한다(제451조 제2항 본문). 단, 신주발행을 주주총회의 결의로 정하기로 한 회사(제416조 단서)의 경우에는 주주총회가 이를 결정한다(제451조 제2항). 이 경우 주식의 발행가액 중 자본금으로 계상하지 아니하는 금액은 자본준비금으로 계상하여야 한다(제451조 제2항 단서). 회사의 자본금은 액면주식을 무액면주식으로 전환하거나 무액면주식을 액면주식으로 전환함으로써 변경 할 수 없다(제451조 제3항).

4. 액면주식과 무액면주식의 전환

회사는 정관이 정하는 바에 따라 발행된 액면주식을 무액면주식으로 전환하거나 무액면주식을 액면주식으로 전환할 수 있도록 하고 있다(제329조 제4항). 상법은 회사가 주식을 발행하는 경우 액면주식을 발행할 것인지, 아니면 무액면주식을 발행할 것인지를 정관에 규정을 두고, 이를 선택해야 한다(제329조 제1항). 만약 액면주식을 무액면주식으로 전환하거나 그 반대의 경우를 위해서는 정관을 변경해야 한다(제329조 제4항).

---

8   무액면주식의 장점에 대하여는 최준선, 『회사법』, 삼영사 제2판, 2012, 179면.

액면주식과 무액면주식을 전환하는 경우 주권의 기재사항이 달라져야 한다. 그러므로 회사는 1월 이상의 기간을 정하여 액면주식을 무액면주식으로 전환한다는 뜻과 그 기간 내에 주권을 회사에 제출할 것을 공고하고 주주명부에 기재된 주주와 질권자에 대하여 각별로 그 통지를 하도록 하고 있다(제329조 제5항, 제442조 제1항). 무액면주식을 발행받을 자를 미리 정하기 위하여 회사는 주주명부폐쇄절차를 진행할 수 있게 된다(제354조). 주주총회를 앞두고 일정기간 동안 주주명부 기재사항의 변경을 정지하는 것이다. 이는 총회에서 의결권 행사, 이익배당 및 기타 권리를 행사할 수 있는 권한의 확정이 목적이다.

신주권의 교부와 관련하여 상법은 주식을 병합하는 규정을 준용하고 있다. 즉, 구주권을 회사에 제출할 수 없는 자가 있는 때에는 회사는 그 자의 청구에 의하여 3월 이상의 기간을 정하고 이해관계인에 대하여 그 주권에 대한 이의가 있으면 그 기간 내에 제출할 뜻을 공고하고 그 기간이 경과한 후에 신주권을 청구자에게 교부할 수 있게 된다(제329조 제5항, 제442조 제1항). 주식의 전환은 주주에 대한 공고기간 1개월이 만료한 때 그 효력이 발생하게 된다(제329조 제5항, 제441조 본문).

VI. 종류주식

1. 의의

회사는 이익의 배당, 잔여재산의 분배, 주주총회에서의 의결권의 행사, 상환 및 전환 등에 관하여 내용이 다른 종류의 주식, 이른바 종류주식을 발행할 수 있다(제344조).[9] 2011년 개정 상법은 이 부분을 대폭 개정하였다.

현 상법은 이익의 배당, 잔여재산의 분배, 주주총회에서의 의결권의 행사, 상환 및 전환 등에 관하여 내용이 다른 종류주식을 발행할 수 있도록 하고 있다. 상법 제344조에 따른다면, 종류주식이라 함은 재산적 내용이나 의결권 행사의 내용이 다른 경우, 또는 특수한 기능이 있는 주식을 의미하게 된다. 그러므로 액면주식이나 무액면주식은 종류주식에 해당하지 않게 된다. 왜냐하면 주주가 받는 권리의 내용이나 의결권의 내용 및 기능에 아무런 차이가 존재하지 않을 뿐이기 때문이다. 단지 주주권의 표창방법인 것이다.

---

9   정찬형, 『상법강의(상)』, 제16판, 박영사, 2013, 686면.

개정 전 상법 제344조(수종의 주식)	현 상법 제344조(종류주식)
① 회사는 이익이나 이자의 배당 또는 잔여재산의 분배에 관하여 내용이 다른 수종의 주식을 발행할 수 있다. ② 제1항의 경우에는 정관으로 각종의 주식의 내용과 수를 정하여야 하며, 이익배당에 관하여 우선적 내용이 있는 종류의 주식에 대하여는 정관으로 최저배당율을 정하여야 한다. ③ 회사가 수종의 주식을 발행하는 때에는 정관에 다른 정함이 없는 경우에도 주식의 종류에 따라 신주의 인수, 주식의 병합·분할·소각 또는 회사의 병합·분할로 인한 주식의 배정에 관하여 특수한 정함을 할 수 있다.	① 회사는 이익의 배당, 잔여재산의 분배, 주주총회에서의 의결권의 행사, 상환 및 전환 등에 관하여 내용이 다른 종류의 주식(이하 "종류주식"이라 한다)을 발행할 수 있다. ② 제1항의 경우에는 정관으로 각 종류주식의 내용과 수를 정하여야 한다. ③ 회사가 종류주식을 발행하는 때에는 정관에 다른 정함이 없는 경우에는 주식의 종류에 따라 신주의 인수, 주식의 병합·분할·소각 또는 회사의 합병·분할로 인한 주식의 배정에 관하여 특수하게 정할 수 있다. ④ 종류주식 주주의 종류주주총회의 결의에 관하여는 제435조 제2항을 준용한다.

2. 종류주식의 발행

회사는 정관에 각 종류주식의 내용과 수를 정한 경우에 한하여 종류주식을 발행할 수 있다(제344조 제2항). 발행된 종류주식에 대하여는 등기를 해야 한다(제317조 제2항 제3호). 종류주식의 발행은 주주평등의 원칙에 대한 예외라고 할 수 있다. 이를 정관에 기재하고 등기하도록 하는 이유는 종류주식의 발행이 기존 주주나 장차 주주가 되려는 자들에 대하여 중대한 이해관계가 발생할 뿐만 아니라, 자본충실의 원칙에 반할 가능성이 있기 때문이다.[10]

종류주식은 정관에 기재된 범위 내에서, 회사설립 시에는 발기인이 종류와 수를 정하여 발행하고, 신주발행 시에는 이사회가 그 종류와 수를 정하여 발행할 수 있다(제291조 제1호, 제416조 제1호). 또한 상법은 내용을 달리 정할 수 있는 권리의 유형만을 규정하고 있기 때문에, 회사는 발행목적과 필요에 따라 여러 가지 결합을 통하여 다양한 주식을 발행할 수 있는 가능성이 주어진다.

3. 수종의 주식

1) 재산적 내용에 따른 분류

재산적 내용에 따라 보통주, 우선주, 후배주 및 혼합주가 있다. 회사가 재산적 내용에 있어서 차등 있는 주식을 발행하는 경우에 그 표준이 되는 주식을 보통주라 한다. 재산적 내

---

10 이철송, 『회사법강의』, 제20판, 박영사, 2012, 727면; 최준선, 『회사법』, 제2판, 삼영사, 2012, 183면.

용에 있어서 보통주보다 우선적 지위가 인정되는 주식은 우선주라고 하며, 보통주식에 대하여 소정의 배당을 한 다음 잔여미처분이익이 있는 경우에 배당을 받는 주식이 후배주이다. 혼합주는 보통주에 비하여 한편으로는 우선권이 있을 수도 있고, 또 한편으로는 열후적 지위에 있을 수도 있는 주식을 말한다.

2) 의결권 행사에 따른 분류

상법은 정관의 정함에 따라 '주주총회에서 의결권 행사에 관한 내용이 다른 주식'을 발행할 수 있다(제344조 제1항). 의결권 행사의 내용이 다른 주식으로는 의결권배제주식, 의결권제한주식, 복수의결권주식, 거부권부주식 및 임원임면권부주식 등이 있다. 그러나 상법은 의결권의 배제와 제한에 관한 주식의 발행만이 가능하다. 의결권이 없거나 제한되는 종류주식만을 발행할 수 있으므로(제344조의3 제1항), 이익배당의 결정이나 이사의 선·해임 등의 의결권을 행사할 수 있는 사항을 정한 종류주식을 발행할 수는 없다. 무의결권주식이나 의결권제한의 종류주식을 발행할 경우에는 정관에서 그 내용과 수를 정해야 한다(제344조의3 제2항).

3) 무의결권주식

무의결권주식은 의결권이 전적으로 배제되는 주식으로 무의결권주주는 의결권이 없기 때문에 의결권을 전제로 하는 권리는 존재하지 않는다. 즉, 주주총회의 소집통지를 받을 권리(제363조 제8항), 주주총회소집청구권 등은 없다. 주주총회의 정족수를 계산함에 있어서도 무의결권주식수는 발행주식의 총수에 산입하지 아니한다(제371조 제1항, 제344조의3 제1항). 그러나 총회에 출석하여 의견을 진술할 권리는 주어지고, 기타 이사·감사 등의 해임청구권(제385조 제2항, 제415조)이나 결의취소·무효의 소를 제기할 수는 있다(제376조, 제380조).

회사는 정관에서 일부사항에 대하여 의결권이 없는 주식을 발행할 수 있다. 이를 의결권제한주식이라 한다. 이사의 선임이나 해임의 건, 이익배당의 결정, 회사의 구조조정 등에 관하여 의결권이 없는 주식을 발행할 수 있다. 그렇기 때문에 의결권을 행사할 수 없는 사항을 안건으로 하는 주주총회의 소집통지를 받을 권리(제363조 제7항) 및 주주총회소집청구권이 없다(상법 제366조 참조).

4) 상환주식과 전환주식

상환주식이라 함은 회사가 정관에서 정하는 바에 따라 회사의 이익으로써 소각할 수 있는 종류주식 또는 정관에서 정하는 바에 따라 주주가 회사에 대하여 상환을 청구할 수 있는 종류주식을 의미한다(제345조 제1항 제1문, 제3항 제1문).[11] 전자는 상환에 대한 선택권이 회사에게 있는 회사상환주식 또는 상환사유부주식(제345조 제1항)에 해당하고, 후자는 주주에게 있는 주주상환주식 또는 상환청구권부주식(제345조 제3항)에 해당한다. 기능적인 측면에서 양자는 차이가 있다. 전자의 경우 회사가 주식을 발행하여 우선 자금을 조달하고, 장차 자금사정이 호전되면 그 주식을 상환함으로써 종전의 소유구조를 회복하는 모습을 갖게 된다.[12] 회사는 우선주를 상환주식으로 함으로써 회사의 자금조달에 용이하다. 즉 회사의 자금사정이 호전되었을 때 상환함으로써 경영권의 안정을 도모할 수 있다. 후자 역시 회사의 자금조달에 용이하다.[13] 특히 주주가 상환기간 내에 회사의 경영상황을 탐색하고 투자를 용이하게 회수할 수 있다. 주식투자로 인한 위험을 축소할 수 있다는 점에서 주주에게 매력이 있다.

전환주식이라 함은 회사가 종류주식을 발행하는 경우에 정관에서 정하는 바에 따라 주주의 청구에 의하여 또는 정관에서 정한 일정한 사유가 발생할 대 회사가 주주의 인수주식을 다른 종류주식으로 전환할 수 있는 주식을 말한다(제346조 제1항, 제2항).[14] 전환주식 역시 투자유인동기를 제공하고 있는데, 주주에게 전환권을 부여하여 주식시세의 변동이나 회사의 배당능력의 변화에 따라 주주가 소유주식의 가치를 보전하거나 향상시키는 수단이 된다.[15]

---

11 정찬형, 『상법강의(하)』, 제16판, 박영사, 2013, 690면.
12 이기수·최병규, 『회사법(상법강의)』, 박영사, 2011, 211면 이하.
13 이철송, 『회사법강의』, 제20판, 박영사, 2012, 276면.
14 정찬형, 『상법강의(하)』, 제16판, 박영사, 2013, 694면.
15 이철송, 『회사법강의』, 제20판, 박영사, 2012, 294면에서 구체적인 예를 제시하고 있다. 우선주를 보통주로 전환할 수 있되, 우선주 1주에 대하여 보통주 1.2주를 발행해 준다고 하자. 회사의 경영실적이 좋지 않고 주식 시세도 낮다면 우선주를 소유하여 배당을 우선적으로 받으려고 할 것이다. 그러나 나중에 주가가 상승하고 배당여력이 커지면 수량의 보통주를 가지는 것이 배당에 측면에서나 주식환가에 측면에서 유리할 수 있다는 것이다.

제3절 주주의 권리와 의무

I. 의의

주주(Aktionär)란 주식회사의 사원을 뜻한다. 자본의 구성단위인 주식을 취득함으로써 사원이 된다. 주주자격을 얻으려면 주식을 취득해야함이 전제가 되는 것이다. 주주가 될 수 있는 자격에는 원천적으로 제한이 없음이 원칙이다. 2011년 개정 전 상법은 자기주식의 취득에 엄격한 제한을 두고 있었다(개정 전 제341조 참조). 그러나 현 상법은 이를 개정하여 자기주식의 취득에 유연한 태도를 견지하고 있다(제341조의2, 제341조의3, 제342조를 참조). 자본시장법과 독점규제법 등 특별법상의 제한이 있다. 인적인 단체는 구성원을 가지고 있다. 인적회사, 즉 합명회사나 합자회의 겨우 그 구성원을 사원이라 하고, 주식회사의 경우에는 그 구성원을 주주라고 한다. 주주는 주식의 인수 또는 양수에 의하여 지위를 획득하게 되고, 주식의 소각이나 양도를 통하여 상실하게 된다.

II. 주주의 권리

1. 의의

주주는 주주라고 하는 지위를 획득함으로서 일정한 권리를 행사할 수 있게 된다. 주주의 권리(주주권)는 주식의 내용을 지칭한다. 주주권은 법률과 정관의 규정에 따라 그 내용이 결정된다. 주주권(사원권)의 자체는 주권과 분리하여 양도나 강제집행의 대상이 될 수 없고, 시효에도 걸리지 않는다. 주주권은 그 분류기준과 방법에 따라 여러 가지로 구분할 수 있다. 주주의 권리는 법률에 의하여 인정되므로, 정관이나 주주총회의 결의 또는 이사회의 결의로 제한될 수 없다. 다만, 상법이 유보하는 경우에는 제한이 가능하다. 예를 들면, 신주인수권의 제한이 해당한다(제418조 제2항).

2. 종류

1) 자익권과 공익권: 주주 권리행사 목적에 따른 분류

회사로부터 경제적 이익을 받는 것을 목적으로 하는 권리를 자익권이라고 하고, 주주가 회사의 운영이나 경영 등에 참가하는 것을 목적으로 하는 권리를 공익권이라 한다.[16] 자익권은 주주가 투자자로서 회사로부터 경제적 이익 또는 기타 편익을 받는 것을 확보하기 위하여 인정된 권리로서, 회사로부터 경제적 이익을 받는 것을 목적으로 하는 것이다. 공익권은 주주가 회사 또는 주주 공동의 이익을 위하여 회사의 운영에 직접적으로 관여하는 권리이다.

전자의 예로는 이익배당청구권(제462조), 주권교부청구권(제355조), 주식전환청구권(제346조), 명의개서청구권(제337조), 신수인수권(제418조) 및 잔여재산분배청구권(제538조) 등이 있다. 후자의 예로는 주주총회소집청구권(제366조), 설립무효의 소 등 각종 소송에 대한 권리(제328조, 제376조 등), 의결권(제369조), 이사의 위법행위유지청구권(제402조), 대표소송의 제기권(제403조), 회계장부열람권(제466조), 이사 및 감사의 해임청구권(제385조, 제415조), 회사의 업무 및 재산상태의 검사청구권(제467조) 및 해산판결청구권(제520조) 등이 있다.

2) 단독주주권과 소수주주권-주주 권리행사 방법-

주식수에 관계없이 단독으로 행사할 수 있는 권리가 단독주주권이다. 자익권은 전부 단독주주권에 해당한다. 발행주식총수의 일정비율의 주식을 가진 주주에 한하여 인정되는 권리가 소수주주권이다. 소수주주권은 그 지분율에 따라 100분의 3 이상을 해당하는 권리로는 주주제안권(제363조의2 제1항), 주주총회소집청구권(제366조), 집중투표청구권(제382조의2 제1항), 이사해임청구권(제385조 제2항), 재산상태검사청구권(제467조 제1항) 등이 있고, 100분의 1 이상을 요구하는 권리로는 위법행위유지청구권(제402조), 대표소송제기권(제403조), 다중대표소송제기권(제406조의2) 등이 있다. 100분의 10 이상을 요구하는 권리로는 해산판결청구권(제520조)이 있다.

3) 비례적 권리와 비비례적권리

비례적 권리라 함은 소유주식수에 비례하여 권리의 내용이 양적으로 증가하는 권리를 말하고, 비비례적권리라 함은 1주 이상 또는 소정의 주식수 이상에 대해서 주식수의 다과를 불문하고 균등하게 주어지는 권리를 의미한다. 전자의 예로는 이익배당청구권(제462조), 잔여재산분배청구권(제538조), 신주인수권(제418조) 등이 있고, 후자의 예로는 각종 소제

---

16   자익권과 공익권에 대하여 정동윤, 『회사법』, 제6판, 법문사, 2000, 188면 이하.

기권 등이 속한다.

4) 고유권과 비고유권

고유권과 비고유권의 분류는 주주가 갖는 권리를 그의 동의 없이도 박탈 또는 제한할 수 있는가 없는가에 따른 구분이다. 고유권은 정관의 규정이나 주주총회의 다수결로써 박탈할 수 없는 권리를 말하고, 박탈할 수 있는 권리를 비고유권이라고 한다.

3. 주주의 비례적 이익

주식평등의 원칙을 주식의 귀속자인 주주의 입장에서 표현하여 흔히 주주평등의 원칙이라 칭한다. 주식평등은 어떠한 방법으로 평등을 실현하느냐에 따라서 절대적 평등과 비례적 평등으로 나눌 수 있다. 절대적 평등이란 모든 주주에게 그 소유주식수에 상관없이 동등한 권리를 부여하는 뜻에서의 평등이고, 비례적 평등이란 소유주식수에 비례하여 권리를 부여하는 뜻에서의 평등을 뜻한다. 절대적 평등은 주식회사의 사단성에서, 그리고 비례적 평등은 주주의 유한책임제도를 바탕으로 하는 자본단체적 성격에서 비롯됐다고 볼 수 있다. 한편, 非비례적 권리에 대해서는 절대적 평등의 원칙이 적용되고 비례적 권리에는 비례적 평등의 원칙이 적용된다.

III. 주주의 의무

주식회사의 구성원으로서 주주는 회사에 대하여 일정한 의무를 부담하게 된다. 주주는 무엇보다도 회사에 대한 출자의무를 부담한다.

1. 출자의무

주식회사의 주주는 그가 가지고 있는 주식의 인수가액을 한도로 하는 출자의무를 부담한다(제331조). 출자의무는 주식의 인수가액을 납입할 의무라고 할 수 있다. 납입은 회사설립 전이나 또는 신주발행 전에 전액 이행하여야 한다(제295조, 제303조, 제421조). 그러므로 출자의무의 의미는 엄밀하게 말하면, 주식인수인의 의무로 보아야 할 것이다.[17] 출자는 재

---

17 이철송, 『회사법강의』, 제20판, 박영사, 2012, 310면; 정찬형, 『상법강의(하)』, 박영사, 2012, 701면.

산출자에 한정되므로 금전출자가 원칙이다. 금전 이외의 재산출자 등은 엄격한 절차에 따라 인정된다(예를 들면, 제290조 제2호).

2. 충실의무

실정법상 인정되는 권리가 아니라 문헌상 인정되는 권리이다. 주주가 회사의 존립목적을 달성하기 위하여 적극적으로 협력하고 회사에 해가 되는 일체의 행위를 자제해야 하며, 동시에 주주의 이익도 배려해야 하는 의무가 주주의 충실의무이다.[18] 이 의무는 독일 판례에서 인정된 의무이다. 독일의 경우 Audi/NSU 사건에서 주식회사의 주주 사이에는 충실의무가 발생하지 않는다고 판단하였다.[19] 그러나 Linotyp 사건[20]에서 지배주주의 충실의무를 인정한 독일 연방대법원은 그 후 Girmes 사건에서 회사의 구조조정계획에 반대하여 회사를 파산에 이르게 한 소수주주의 행동에 대하여 소수주주에게도 충실의무가 있음을 판시하였다.[21] 우리나라도 근래에 다수의 학자들에 의하여 주주의 충실의무를 인정하고자 한다.

3. 기타 의무

원칙적으로 주식회사의 주주는 출자의무 외에는 의무를 부담하지 않지만(충실의무는 별론으로 하고), 예외적으로 의무를 부담해야 하는 상황이 발생하게 된다.[22] 판례에서 인정된 유한책임의 남용으로 인한 주주의 회사채무에 대한 변제책임, 설립중회사의 경우 회사채무에 대한 주주의 차액책임 및 주주가 위법한 이익배당을 받은 경우에 주주의 회사에 대한 반환의무가 여기에 해당한다.

---

18 자세히는 김정호, 『회사법』, 제2판, 법문사, 2012, 166면 이하.
19 BGH AG 1976, 218.
20 BGH NJW 1988, 1579.
21 BGH WM 1995, 882.
22 손진화, 『상법강의』, 제4판, 신조사, 2012, 468면.

제4절 주주의 충실의무

I. 의의

주식회사의 구성원은 회사에 대하여 출자의무를 부담하게 된다. 출자를 통한 지분의 인수로 주식을 획득하게 되는데 그가 바로 주주이다. 주식회사라는 단체의 구성원으로서 주주는 회사에 대하여 다양한 권리를 갖기도 하고, 그에 따른 의무를 부담하기도 한다. 우선 출자의무를 통하여 주식회사의 구성원은 다양한 주식에 대한 권리를 갖게 된다. 같은 종류의 주식 또한 소지할 수 있을 뿐만 아니라, 우선주나 보통주와 같이 종류가 다른 주식도 소지할 있다. 한편 주식회사의 구성원인 주주는 회사에 대하여 자본으로 결합되어 있으므로, 주주의 평등은 두수에 의하는 것이 아니라 각 주주가 가지는 주식수를 기준으로 하게 된다.

단체 구성원 간의 인적 신뢰를 전제로 하는 합명회사나 합자회사와는 달리, 사단적인 결합체로서 전형적인 자본회사인 주식회사에서 인적결합은 일반적으로 존재하지 아니한다. 자본으로 결합된 주식회사에서 주주 상호 간에 이해관계가 대립되는 경우에, 일반적으로 다수결원칙에 의하여 문제를 해결하지만, 이와 같은 상황에서 지배주주는 소수주주의 이익을 침해하는 경우도 종종 발생하게 된다. 또한 지배주주의 소수주주에 대한 이익침해와는 달리, 소수주주가 지배주주 혹은 다수주주의 이익을 침해하는 경우를 상상할 수 있다.[23] 이 경우 다수주주는 어떠한 방법에서 침해된 손상을 회복할 수 있을 것인가의 문제가 우리 회사법학계에서 논의되고 있고, 그 가운데 바로 주주의 충실의무가 자리 잡고 있다.

우리나라에서 충실의무는 두 가지 방향에서 전개된다.[24] 첫째, 이사의 회사에 대한 충실의무이다. 이사는 회사의 수임인으로서 선량한 관리자의 주의의무를 다해야 한다. 그러나 이러한 주의의무만으로 이사의 적정한 임무수행을 보장하기 어렵다는 판단하에, 보다 광범위한 이사의 의무에 대한 필요성으로 인하여 이사의 충실의무가 실정법에 도입하게 되었다. 두 번째의 충실의무의 영역은 주주의 회사에 대한 충실의무와 주주 사이의 충실의무에 대한 논의이다.

---

23 특히 주주의 충실의무에 대하여 이철송, 『회사법강의』, 제20판, 박영사, 2012, 309면 이하.
24 김정호, 『회사법』, 제2판, 법문사, 2012, 주주의 충실의무에 대하여는 166면 이하; 이사의 충실의무에 대하여는 461면 이하.

II. 충실의무의 발전과 적용

1. 충실의무의 개념

회사법상 제기되는 충실의무는 회사법 전체에서 등장하는 아주 중요한 문제 중의 하나이다. 동 개념은 본래 민법상의 조합(Gesellschaft des bürgerlichen Rechts)에서 등장하게 되는데,[25] 일반적으로 사원의 충실의무라 함은 인적회사의 설립목적 달성에 적극 협력하고 회사 및 다른 사원에게 손해가 되는 일체의 행동을 자제할 의무라고 할 수 있다.[26] 독일 민법 제705조[27]는 전체 회사법의 기본규정이라고 볼 수 있는데, 동법 제705조에 의하면 회사계약을 통하여 사원들은 공동의 목적을 위하여 노력한다고 규정하고 있다. 그리고 독일 민법 제709조에 의하면, 회사계약에서 다른 합의를 하지 않는 한, 민법상 조합의 조합원은 조합의 업무집행을 이행함에 있어 권리와 의무를 갖게 된다. 그리고 조합원이 단체의 목적을 도달하기 위하여 계약으로 합의함으로써, 사원들 사이에는 사원들 상호간에 그리고 사원의 조합에 대한 충실의무(Treupflicht)라고 하는 구속이 발생하게 된다.[28] 그러므로 충실의무는 사원들이 회사의 이익을 위하여 행위를 하거나 혹은 회사의 이익을 위반할 염려가 있는 것을 하지 못하게 하는 것에 그 의미가 있다.

작위와 부작위의무에 대한 것은, 계약으로 합의된 단체의 목적에 관련되는 한 민법 제711조의 이의권 행사를 통한 업무집행 행위[29]와 업무집행업무에 관한 의결이다. 만약 한 사원이 회사계약으로부터 그에게 발생하는 의무를 위반한 경우에, 일반적인 계약법의 규정에 따라 그는 그것으로 인해 발생하는 손해에 대한 책임을 부담해야 한다. 사원들 서로간의 인적인 결합성과 상호간의 신뢰와 고려사항에 대한 의존은 인적회사에서 사원들 사이에서 발생하게 되는 법적관계에서 나오게 된다.[30] 결론적으로 보건대, 회사법상의 충실의무는 인

---

[25] 민법상 조합의 권리능력과 책임구조에 대하여는 유주선, "독일법상 민법상 조합의 권리능력", 『기업법연구』 제20권 제1호, 2006, 370면 이하.

[26] Hueck/Windbichler, Gesellschaftsrecht, 20. Aufl. Verlag C.H.Beck, (2003), S. 74; Grunewald, Gesellschaftsrecht, 6. Aufl. (2005), S. 12 f.

[27] 독일 민법 제705조(조합계약의 내용) 조합계약에 기하여 조합원은 상호 간에 공동의 목적을 달성하기 위하여 계약에 정하여진 기여를 할 의무, 특히 약정된 출자를 할 의무를 부담한다.

[28] Eisenhardt, Gesellschaftsrecht, 12. Aufl. Verlag C.H.Beck, (2005), S. 38.

[29] 독일 민법 제711조(이의권) 조합계약에서 업무집행이 조합원 전원 또는 수인의 조합원에게 속하되 그들 각자가 단독으로 행위할 수 있다고 정하여진 경우에는 각자는 다른 조합원의 업무집행에 대하여 이의할 수 있다. 이의가 제기된 때에는 업무를 중지하여야 한다.

[30] Huber, Vermögensanteil, Kapitalanteil und Gesellschaftsanteil an Personengesellschaften des Handelsrechts (1970), S. 12.

적회사의 구성원 사이의 법적관계로부터 유래한다.

2. 인적회사에서 충실의무

회사의 설립목적 달성에 적극 협력하고 회사 및 다른 사원에게 손해가 되는 일체의 행동을 자제해야 하는 충실의무는 이미 제1차 세계대전 전에 제국법원의 판례에서 나타났다. 그 후 연방대법원은 충실의무를 발전시키며, 다양한 판례에서 보다 더 날카로운 윤곽을 제시하고자 노력하였다. A. Hueck은 회사법에서 '충실사상(Treugedanke)'을 끌어내는 데 일조를 하였고,[31] 그의 충실에 대한 입장은 대법원의 판결에 많은 영향을 미치게 되었다.

1960년 연방대법원은 합자회사(Kommanditgesellschaft: KG)에서 유한책임사원에 대한 충실의무의 위반을 인정하였다.[32] 합자회사의 영업이 매우 어려워져, 영업을 포기할 수밖에 없는 상황이 발생되었다. 영업을 양수하고자 하는 매입자가 나타났다. 하지만 유한책임사원이 매매계약을 체결하는 것을 거부하였다. 유한책임사원의 반대에도 불구하고 영업양도가 진행되자 유한책임사원은 영업양도확인의 소를 제기하였다. 연방대법원은 합자회사의 영업양도는 경제적으로 의미가 있었고, 채권자도 이를 인정하였으며 유한책임사원에게도 불이익의 우려가 없었다는 점을 인식하였다. 이러한 상황에서 유한책임사원이 영업양도를 반대하는 것은, 합자회사나 다른 사원에 대한 충실의무를 위반한 것이라고 연방대법원은 판단하였다.

합자회사 외에 인적회사로서 합명회사(offene Handelsgesellschaft: oHG)에 대하여, 연방대법원이 충실의무를 인정하였다.[33] 합명회사에서 업무를 집행하는 사원이 지금까지 임차해서 사용한 경영농장을 획득한 기회를 가졌다. 그는 부인을 위하여 매입하였고, 그 대지위에 새로운 기업을 설립했다. 연방대법원에 따르면, 합명회사에서 업무를 집행하는 사원은 '회사의 이익을 관련시키는 모든 영역에서 그의 이익을 추구해야지, 다른 사람을 위해 회사의 이익을 해하지 말아야 한다'고 주장하였다. 그렇지 않으면 충실의무를 위반하게 된다는 것이다.

---

31 A. Hueck, Der Treuegedanke im Recht der offenen Handelsgesellschaft, Festschr. Hübner, (1935), S. 72 f.; eingehend auch Zöllner, Die Schranken mitgliedschaftlicher Stimmrechtsmacht bei den privatrechtlichen Personenverbänden, 1963, S. 335 f.

32 BGH NJW 1960, 434.

33 BGH NJW 1986, 584.

독일법상 인적회사, 즉 합명회사와 합자회사에서 회사계약의 체결을 통하여 사원들 사이에 법률관계가 존재하게 된다는 사실은 다툼이 없다. 그 결과 인적회사에서 사원들 상호간의 성실과 충실에 대한 법적 의무를 인정하는 것은 거의 이론이 없다고 할 것이다.[34]

3. 자본회사에서 충실의무

충실의무가 주로 인적회사에서 인정되었다고 하지만, 인적인 결합이 중요시되지 않은 자본회사인 유한회사와 주식회사에서도 구성원 상호간에 충실의무를 인정해야 하는가에 대한 물음이 제기된다.[35]

1) 유한회사 사원의 충실의무

1953년 연방대법원은 유한회사 사원의 제명에 관하여, '제명의 허용은 충실의무로부터 기인하게 된다'라는 점을 인정하였다.[36] 이어서 연방대법원은 동 판례에서 "합명회사와 달리 인적단체 형식의 관계가 발생하지 않고, 상호간의 충실이라는 의무가 유래되지 않는다 할지라도, 독일 민법 제242조의 신의 성실의 원칙에 의하여 담겨져 있지 않는 충실의무가 유한회사의 사원을 지배하게 된다"고 하였다. 그 이유는 유한회사 사원의 유한회사나 다른 사원들에 대한 관계는 물적으로 이루어진 것뿐만 아니라, 인적인 방법으로도 이루어졌기 때문이라고 하였다. 이는 기본적으로 인적회사에 대하여 사원책임이 인정되는 것에 대하여, 연방대법원은 자본회사의 형태를 띠고 있는 유한회사의 사원들 사이에서도 회사법상의 충실의무가 발생할 수 있음을 인정한 것이다. 유한회사의 사원들 사이에서 법적관계(Rechtsverhältnis)가 발생하고 사원의 충실의무가 발생한다고 하는 연방대법원의 주장은 1975년 기업결합과 관련된 사건에서 명시적 나타났다.[37]

---

34 RGZ 162, 388 (394); BGHZ 30, 195 (201); BGHZ 44, 40; Huber, a.a.O., S. 12 ff.
35 Hachenburg/Raiser, GmbHG, § 13 Rdn. 7.
36 BGHZ 9, 157 (163).
37 BGHZ 65, 15.

연방대법원은 사원과 유한회사 사이에서 뿐만이 아니고, 사원들 사이에서도 회사법적인 충실의무가 인정될 수 있다고 판단하였던 것이다. 연방대법원은 동 판결에서 그 조직이나 경제적 활동 등이 현저하게 사원들의 직접적인 영향에 의하여 좌우될 수 있으며, 그 구조가 인적회사에 아주 밀접하게 접근될 수 있다는 점에서 유한회사 사원의 충실의무를 인정할 수 있다고 하였다. 그리고 다수사원들은 회사의 업무집행에 대한 영향력의 행사를 통해서 다른 사원들의 이익을 침해할 수 있는 가능성을 가지고 있으므로, 소수사원들의 이해관계 를 고려해야 하는 입장에서 충실의무의 필요성을 제시하고 있다.[38]

2) 주식회사 주주의 충실의무

독일에서 주주의 충실의무는 1937년 주식법 제정 이전부터 논의가 있었다. 단체법상 회 사와 구성원 간 그리고 사원 상호간에는 이해관계의 갈등으로 인한 분쟁이 발생하게 된다. 그러나 이러한 분쟁을 모두 입법적으로 해결하는 것은 그 법률관계의 다양성으로 말미암아 사실상 불가능하다. 그러므로 주식회사의 영역에서 '신의 성실의 원칙'이나 '선량한 풍속' 등과 같은 비합리적이고 윤리적인 요소를 담고 있는 이른바 '충실의무'를 도입하여 '회사와 사원 간' 그리고 '사원 상호간'에 발생하는 이해관계의 갈등을 해결하고자 하는 경향이 나타 나게 되었다.[39]

독일의 인적회사와 달리, 주식회사는 다수의 주주를 통한 자본으로 형성된 단체이기 때 문에 상호관계가 밀접하지 못한 것이 사실이다. 또한 주식회사는 주주총회라는 기관에서

---

38 BGHZ 65, 15 (18 f.).
39 독일법상 주주의 충실의무를 다룬 논문으로는 정진옥, "주주의 충실의 −Linotype 사건을 계기로 본 주주간의 법률 관계의 가능성−", 『법학논집』, 1993, 171면 이하; 김정호, "주주의 충실의무", 『안암법학』, 1997, 147면 이하; 김영균, "독일연방법원판결(Bundesgerichtshof)에 나타난 주주의 충실의무", 『비교사법』, 1997, 563면 이하; 홍복기, "주주의 충실의무 −독일연방최고법원 리니티페판결(BGHZ 103, 194 vom 1. 2. 1988)", 『사법 행정』, 1993, 27면 이하.

한주 한 의결권원칙에 입각한 자본다수결의 원칙이 유지되고 있다. 그 결과 대자본을 가지고 있는 다수주주는 주주총회에서 자신의 의사를 관철시키고 소자본의 출자자인 소수주주는 다수주주에 예속되는 경향이 많다. 소수주주가 의결권을 행사한다고 할지라도 그들의 의결권은 회사의사와 연결되지 않고 결과적으로는 전혀 무가치한 것으로 되고 만다. 결국 소수주주는 기업소유의 중요한 기업경영, 지배영역에서 배제되기 쉬운 지위에 있게 되는 것이다. 특히 문제가 되는 것은 다수주주에의 지배권 집중과 소수주주의 회사경영에 무관심이 대주주의 지배권한의 남용을 야기하기 쉽고, 대주주가 다른 소수주주나 회사의 이익에 반하여 혹은 소수사원의 희생으로 자기의 이익만을 추구할 우려가 있다는 점에서 이를 억제할 필요성이 제기된다.[40]

주식회사 내부에서 발생하는 주주 상호간 이해관계의 갈등문제를 적절히 해결할 수 있기 위한 여러 방법이 모색되는데, 그 가운데 대표적인 해결방법으로 회사법상 주주의 충실의무가 등장하게 된다.[41] 그러나 법률상 명시적인 근거도 존재하지 아니하고, 주주의 유한책임원칙이나 회사의 사단성에 어긋나는 주주의 충실의무를 주식회사에서 인정할 것인가, 아니면 충실의무 대신에 다른 해결책이 존재하는가 등의 다양한 문제가 제기되었다. 더 나아가 종래 주주의 충실의무는 주로 소수주주의 보호문제만 다루었지만, 주주의 충실의무 문제는 비단 소수주주의 보호만이 문제가 되는 것이 아니라 소수주주의 다수주주에 대한 충실의무 또한 문제가 되었다.

Ⅲ. 판례의 경향

원칙적으로 독일에서는 회사의 이익은 다수결에 의하여 가장 잘 추구될 수 있다는 태도를 견지하였다.[42] 특히 1907년 독일 제국법원은, 주식을 사들여 경영권을 장악하려는 제3자에 대항하여 다수주주가 증자결의를 한 사안에서, 다수결에 의한 결의는 소수주주에게 불리한 경우에도 유효하다는 입장이었다.[43] 그러나 시간이 흐를수록 대주주가 자기의 이익만을 위하여 회사의 이익을 해치는 방향으로 회사를 운영한 사례가 빈발하자, 제국법원은 다

---

40 송인방, "지배주주의 충실의무에 관한 연구", 『법학연구』, 충남대학교법학연구소 제8권 제1호, 1997, 249면.

41 임중호, "주주의 충실의무", 『고시연구』, 1990, 142면 이하.

42 김건식, "소수주주의 보호와 지배주주의 성실의무-독일법을 중심으로-", 『법학』, 서울대학교법학연구논문집 제32권 3·4호, 1991, 102면 이하.

43 RGZ 68, 235 (Hibernia-Urteil).

수의 판결에서 독일 민법 제138조(선량한 풍속에 위반한 법률행위는 무효라는 규정)과 제826조(고의로 선량한 풍속을 위반하여 타인에게 손해를 입힌 경우에는 손해배상책임이 있는 규정)을 근거로 하여 다수주주의 의결권남용을 통제하였다.[44] 제국법원의 양속이론에 의하면, 주주는 의결권행사 시 자기의 이익을 추구하여도 무방하지만 자기의 이익과 회사이익이 충돌하는 경우에는 회사이익을 따라야 한다고 하였다.[45] 그 뒤 제국법원은 회사 또는 주주의 본질로부터, 주식회사에 대한 주주의 충실의무를 인정하게 되었다.[46]

회사와 주주간의 충실의무가 존재한다는 사실은 오래 전부터 인정되어 온 반면에, 주주와 주주 간의 충실의무에 대해서 연방대법원은 1976년 Audi/NSU사건에서, 아우디(Audi)회사의 주주로서 부담하는 주주 간 충실의무의 위반여부를 다루게 되었다.[47] 여기서 독일 연방법원은 독일 민법 제226조, 제242조, 제826조에 나타난 일반원칙을 넘어서 주주들 간의 법적 결속은 인정되지 않으므로 이를 근거로 한 원고의 손해배상청구는 인용할 수 없다고 하였다.[48] 독일 연방대법원은 동일한 주식회사의 주주라는 이유만으로 원고의 청구주장을 정당화시킬 수 있는 쌍무적 법률관계가 도출되지는 않으며, 폭스바겐(VW)사가 아우디(Audi)의 지배주주였다는 사실도 그 결과를 바꾸지 못한다고 함으로써, 주주 상호 간의 충실의무를 부정하였다.[49]

---

44 독일 제국법원의 양속이론은 1937년 주식법에 명문의 규정(동법 제197조 제2항)으로 도입되었으며, 현행 주식법 제243조 제2항에 남아 있다.

45 Wiedemann, Gesellschaftsrecht Bd I, (1980), S. 426에서 양속이론과 관련하여 "주주총회의 결의가 그 내용이 양속에 반하는 경우에는 그 자체로 무효이다. 그러나 그러한 경우는 예외적이다. 결의의 성립에 관해서 양속위반이 있거나 결의의 목적이나 동기가 양속에 반하는 경우에는 취소소송에 의하여 취소될 수 있다. 불법적인 의결권행사나 경영진에 대한 불법적인 영향력행사로 인한 손해배상청구권은 민법 제826조에 의해서만 발생될 수 있다"고 하였다.

46 RGZ 140, 71 (76); RGZ 149, 385 (395).

47 BGH WM 1976, 449 = JZ 1976, 561.

48 BGH JZ 1976, 561 (562).

49 연방대법원(BGH)는 지극히 짧은 판결문 분량 속에서 다음과 같은 4가지 각도로 원고의 청구를 검토하였다. 첫째, 주식교환청약으로 인한 책임(Haftung aufgrund des Umtauschangeboten) 발생가능성이고, 둘째는 충실의무위반(Treuepflicht), 셋째는 지배주주의 소수주주에 대한 책임, 끝으로 독일 민법 제826조에 기한 불법행위의 요건충족을 모두 부정하였다. 동 판례에 대하여 Lutter, Zur Treuepflicht des Großaktionärs, JZ 1976, 225 ff. 등 다수의 학자들은 주주 간 충실의무의 존재를 충분한 배경설명을 생략한 채 오로지 전래적인 견해만을 들어 충실의무를 부정한 연방대법원을 비판하였다.

BGH WM 1976, 449

대주주의 소수주주에 대한 충실의무의 문제가 이제까지 가장 직접적으로 제기되었던 것은 Audi/NSU 주식의 다수를 취득하였고, 이 회사와 지배 및 이익공여계약을 체결하였다. 이 계약에서 Volkswagen(VW)은 Audi/NSU 주식의 시세가 VW주식의 시세보다 높은데도 불구하고 Audi/NSU사외주주에 대하여 VW주식과 2.5대1의 비율로 교환할 의무를 부담하였다. 최대의 사외주주인 Israel-British은행은 이에 대항하여 취소소송을 제기하였는데, 이 사건을 화해로 종결지어졌다. 이에 의하여 VW는 226DM의 현금가격으로 주식을 매입하였는데, 이것은 원래의 제안의 약4배에 맞먹는 것이었다. 원고는 며칠 전에 자신의 Audi/NSU주식을 증권거래소에서 팔고 145DM을 받았다. 그는 차액의 보상을 요구하였으나 모든 심급에서 기각되었다. 그러나 VW는 Israel-British 은행과 담판하는 동안에 증권거래소의 거래를 정지시키도록 제안하거나 사외주주에게 알릴 의무가 존재한가에 대한 물음이 제기되었던 사건이다.

1976년 2월 16일 'Audi/NSU-Urteil'에서 주주상호 간의 충실의무가 없다고 하였던 연방대법원은 1988년 종래의 입장을 바꾸어, 'Linotype-Urteil'[50]에서 원칙적으로 대주주의 소수주주에 대한 관계에서 충실의무가 발생한다고 판단하였다.[51]

BGHZ 103, 1840

Linotype유한회사는 프랑크푸르트소재의 견실한 필기구제조업자인 D Stempel주식회사의 주식 96%를 소유하고 있었다. 종속회사인 D Stempel주식회사의 나머지 4주식은 증권시장에서 거래되어 50여명 이상의 소수주주에게 분산되어 있었다. Linotype사는 영업실적이 양호한 D Stempel주식회사를 흡수합병이라는 조직변경을 통하여 자신의 휘하에 두고자 하였다. 그러나 이를 위해서는 법률상 주주 전원의 동의가 필요하였는데, 종속회사의 주주들의 동의를 얻을 수 없게 되자, Linotype회사는 정관상 4/5의 결의로 할 수 있도록 되어 있는 해산결의를 한 후 영업을 양수하는 편법을 활용하였다. 그런데 이 건 해산결의에 앞서 대주주인 Linotype회사는 위 D Stempel회사의 이사 및 감사와 약속으로 종속회사의 최신 필기구제도 프로그램을 자기회사의 생산부문으로 양수하고 그 영업설비와 전문직원을 인수하기로 하였다. 이에 대하여 종속회사의 소수주주인 원고는 대주주에 의한 의결권남용과 흡수합병의 부당한 회피 등을 이유로 주주총회 결의 취소의 소를 제기하였던 사건이다.

---

50 BGHZ 103, 1840 = BGH NJW 1988, 1579.

51 종래에는 유한회사 및 인적회사에 있어서는 사원과 회사와의 법률관계뿐만 아니라 사원상호의 법률관계도 회사법상의 성실의무에 따라 결정된다는 것이 인정되고 있었다. 유한회사의 경우 그 구성과 조직 및 경제활동은 유한회사 사원의 직접적 영향 아래 있고, 또한 그래서 유한회사의 구조는 인적회사와 거의 같게 된다는 점뿐만 아니라 회사법상 성실의무에는 업무집행에 대한 영향력 행사에 의하여 평행력으로서 사원의 이익을 형량할 것이 요청되고 사원의 회사관계적 이익을 침해할 가능성이 다수사원에 존재한다고 하였다.

다수주주의 충실의무를 인정한 연방대법원은 1995년 3월 20일 한걸음 더 나아가 소수주주의 충실의무를 인정하는 전향적인 판결을 하게 된다.[52]

> **BGH 129, 136**
>
> 특정한 목적을 위하여 제3자가 주주들에게 의결권의 대리행사의 위임을 권유하여 이들에 의한 의결권의 대리행사가 흔히 이루어지고 있다. 본 사건은 주주가 아닌 증권잡지의 발행인의 제3자가 Girmes회사의 주주들을 상대로 회사가 마련한 5:2의 비율에 의한 자본감소안에 대한 주주총회의 결의의 성립을 저지하기 위하여 제3자에게 의결권을 대리 행사하도록 한 사건이다.

IV. 학설의 다툼

주주는 회사에 주식을 인수함으로써 일정한 권리와 의무를 갖게 된다. 그 결과 주식회사에서 주주는 회사와의 특별한 법률관계를 맺게 되고, 이러한 사원권적 지위로부터 주주의 회사에 대한 충실의무를 인정하게 된다.[53] 이와 같이 회사와 주주 사이에는 특별한 결합관계(das Sonderrechtsverhältnis)라는 것을 근거로 하여 주주의 충실의무를 적용할 수 있지만, 주주 상호간에는 충실의무를 적용할 법적 근거가 없다는 점에서 충실의무를 인정하지 않으려는 입장이 있다.[54] 사단법인으로서 사단적 구조의 특성에 비추어 회사와 주주간의 법률관계 이외의 주주 상호간 직접적인 법률관계는 존재하지 않기 때문에, 회사법상 주주 상호간의 충실의무는 인정될 수 없다는 것이다.[55]

반면에 주식회사의 주주 상호 간에는 계약적인 결합관계는 존재하지 않지만 사원으로 같은 회사에 귀속하고 있다는 사실로부터 특수한 성질의 결합관계(Sonderverbindung)는 인정될 수 있으며, 이러한 관계로부터 주주 상호간의 충실의무를 인정할 수 있다는 입장이 있다.[56] 주주는 자신의 사원권의 행사를 통해서 자신에 대해서 뿐만 아니라 다른 주주의 이

---

52 BGHZ 129, 136 = BGH NJW 1995, 1739.
53 K. Schmidt, Gesellschaftsrecht, C.H.Beck, 2002, S. 566 ff.
54 Immenga, Die personalistische Kapitalgesellschaft, Bad Homburg (1970), S. 271.
55 Flume, Die juristischen Person, (1983), S. 270.
56 K. Schmidt, a.a.O., S. 556; Lutter, Die Theorie der Mitgliedschaft-Prolegomena zu einem Allgemeinen Teil des Korporationsrechts-, AcP 180 (1980), 85 (123 ff.). 우리나라에서는 임중호, "주주 상호간의 법률관계의 존부에 관한 서설적 검토", 『저스티스』 제32권 제3호, 1999, 88면 이하.

해관계에 대해서도 영향을 줄 수 있는 가능성을 가지고 있고, 이러한 사원권의 행사를 통해서 다른 주주들에게 영향을 미치는 결정을 할 수 있는 권한은 곧 회사내부의 의사결정에 속하고 있는 주주들 사이에 하나의 접촉관계를 발생시키게 된다는 것이다. 그 결과 주주 상호 간의 충실의무를 인정할 수 있는 특수한 결합관계가 사원 상호간에도 존재한다는 것이다.[57]

V. 소결

독일 민법 제705조에 따르면, 민법상 조합의 경우에 각 조합원은 조합계약에 의하여 출자의무 이외에 공동의 목적을 달성하는 데에 필요한 협력을 할 의무를 상호 부담하도록 하고 있다. 따라서 같은 인적회사의 형태를 갖는 합명회사나 합자회사의 각 사원들은 정관이 정하는 바에 따라 회사의 목적달성에 필요한 협력을 하여야 한다. 그 결과 인적회사에서는 사원 간의 충실의무를 적용하는데 하등의 문제가 발생하지 않는다. 그러나 주식회사에서 주주 사이의 충실의무에 있어서는 어떠한 근거를 가지고 충실의무를 적용할 것인가에 문제가 있다. 왜냐하면 인적회사에 적용되는 독일 민법 제705조가 주식회사에는 존재하지도 않고, 그러한 규정을 물적 결합을 중심으로 하는 주식회사에 적용하기 어렵기 때문이다. 인적 요소보다는 자본이라는 물적 요소를 통하여 조직된 주식회사에서, 주주와 회사는 사원권적인 지위를 통하여 직접적인 법률관계가 존재하지만, 주주 상호 간에는 직접적인 법률관계는 전혀 존재하지 아니한다는 점에서 주주의 충실의무를 적용하기에 어려움이 있는 것이다.[58]

결론적으로 보자면, 자본회사 즉 유한회사나 주식회사에서는 독일의 연방대법원이 구성원 사이의 충실의무를 인정하였다 하더라도 상호 간에 법적 관계가 없는 충실의무를 받아들이기에는 무리가 있다고 사료된다. 그렇다면 진정 자본회사에서 사원의 사원에 대한 책임추궁 혹은 주주의 주주에 대한 책임추궁은 존재할 수 없는 것인가에 대한 물음이 제기된다. 만약 유한회사법이나 주식회사법에서 하나의 해결방안이 가능하다면, 자본회사에서 법적관계도 존재하지 않을 뿐만이 아니라, 명확하지 않은 충실의무라는 개념을 인정하려는 경향은 사라지게 될 것이다.[59]

---

57 Winter, Mitgliedschaftliche Treuebindungen im GmbH-Recht, (1988), S. 67.

58 주주상호간 충실의무를 고민 없이 외국이론의 결론만을 수용한 것에 대한 비판에 대하여는 남기윤, "법학에서의 담론과 방법론상 문제점-주주상호간의 법률관계 존부에 관한 논의와 관련하여-", 『저스티스』 제33권 제1호, 2000, 77면 이하.

제5절 주권과 주주명부

Ⅰ. 주권

1. 의의

주권은 주식을 표창하는 가액증권이면서, 회사에 대한 주주의 법률상의 지위인 주주권을 표창한다. 주식회사에서 주권은 주주권의 증명과 자본집중의 기능 및 주권의 유통성을 보장하는 역할을 한다.

주식회사에서 주주가 되는 것은 주식의 인수와 납입을 통하여 증명된다. 그러나 이는 재산권의 증명수단으로서는 매우 불안정하다. 권리의 소재를 명확히 하기 위하여 등장한 것인 바로 유가증권으로서 주권이다. 주권은 주식회사에서 대중으로부터 자본을 집중할 수 있는 기능을 한다. 일반인이 주식투자를 유도하기 위해서는 그 투하자본에 대한 용이한 회수방법이 있어야 한다. 바로 주권이 자본을 집중하는 동시에 회수할 수 있도록 하는 하나의 기구이다.

2. 유통성

주식을 하나의 재산적 권리로 파악하는 한, 채권양도방법에 준해서이든 기타 어떠한 방법으로든 그 자체만으로써 양도할 수 있는 권리는 존재한다. 그러나 가시적이지 않은 상태에서 미지의 다수인간에 그러한 권리를 유통하고자 하는 것은 그리 쉽지 않다. 주식을 주권이라고 하는 유가증권 형태로 하여 주식을 양도하고자 하는 때에는 주권을 교부함으로써 이루어지도록 하여, 유통성을 보장하고 있다. 다만, 오늘날 주식회사가 대규모하면서 발행되는 주식도 천문학적인 숫자로 발행되고 유통된다. 모든 주식에 반드시 주권을 발행하고, 주식양도 시 주권교부를 반드시 조건으로 하는 것은 인적·물적 부담과 주식의 유통성을 저해한다는 측면에서 주주가 주권을 소지하지 않을 수 있는 주권불소지제도와 증권시장에서 증권거래 시 주권실물의 교부 대신 간편하게 장부상 기재를 통한 증권예탁제도가 있다.

---

59 이철송, 『회사법강의』, 제20판, 박영사, 2012, 310면에서, 지배주주의 다른 주주에 대한 충실의무를 인정한다면 회사법적 생활관계가 매우 불안정해질 것이라고 하면서, 향후 입법론의 방향 제시는 가능하나 현행법의 해석론으로는 위험하다는 입장을 피력하고 있다.

3. 성질

주권이 하나의 유가증권에 해당한다. 어음이나 수표와 달리, 주권은 이미 존재하는 주식 내지는 주주권을 표창할 뿐이고 그의 작성·발행에 의하여 주주권이 생기는 것이 아니다. 회사가 주식을 인수하거나 양수하지 않은 자에게 주권을 발행하더라도 주주권이 창설되는 것은 아니다.

4. 주권의 발행

1) 주권의 기재사항

주권은 요식증권으로서 다음 사항과 번호를 기재하고 대표이사가 기명날인하여야 한다 (제356조 제1호~제8호). ① 회사의 상호, ② 회사의 성립년월일, ③ 회사가 발행할 주식의 총수, ④ 1주의 금액, ⑤ 회사의 성립 후 발행된 주식에 관하여는 발생년월일, ⑥ 수종의 주식이 있는 때에는 그 주식의 종류와 내용, ⑦ 주식의 양도에 관하여 이사회의 승인을 얻도록 정한 때에는 그 규정, ⑧ 상환주식이 있는 때에는 제345조 제2항 승인을 얻도록 정한 때에는 그 규정, ⑨ 전환주식이 있는 때에는 제347조에 기재한 사항. 이 밖에 그 주권이 표창하는 주식의 수량을 기재하여야 한다. 기명주권에는 주주의 성명을 기재하여야 한다.

2) 주권의 발행의무·제한

(1) 발행의무

회사는 성립 후 또는 신주의 납입기일 후 지체 없이 주권을 발행하여야 한다(제355조 제1항). 주권이 없으면 원칙적으로 주식을 양도할 방법이 없으므로 주식을 양도하기 위해서는 (제355조 제1항), 주권의 발행을 강제하고 있는 것이다. 따라서 이 규정은 회사성립시의 주식발행, 신주발행의 경우(제416조) 및 주식배당을 하거나 준비금을 자본 전입하여 신주를 발행하는 경우 등 일체의 주식발행 시에 적용된다.

(2) 발행제한

회사성립 전이나 신주의 납입기일 전에는 주권을 발행하지 못한다(제355조). 권리주가 유가증권화하여 유통되면 투기를 조장할 우려가 있기 때문이다. 위반 시 발행된 주권은 무효이다(제355조 제3항 본문). 그러나 발행한 자에 대한 손해배상의 청구에 영향을 미치지 아니한다(제355 제3항 단서).

5. 효력발생시기

1) 절차

주권이 발행되는 실무적인 과정을 보면 주권을 발행하겠다는 회사의 내부적인 의사결정이 이루어지고, 이의 실행으로 주권의 용지를 인쇄하는 동시에 법정사항을 기재하고, 기명주식이라면 주주의 이름을 기재하고 일련번호를 부여한 후 대표이사가 기명날인(또는 서명)을 함으로써 일단 주권의 외형이 완성되어 이를 주주에게 교부하게 된다.

2) 다툼

주권의 효력발생시기에 대하여는 다툼이 있다. 첫째, 작성시설로서 회사가 주권을 작성한 때에 주권으로서의 효력이 발생한다고 보는 견해이다. 둘째, 발행시설로서 회사가 주권을 작성하여 누구에게든 교부한다면 주권의 효력이 발생한다고 보는 견해이다. 셋째, 교부시설로서 회사가 주권을 작성하여 주주에게 교부한 때에 주권으로서의 효력이 발생한다고 보는 견해 등이 있다. 대법원은 세 번째 입장을 따르고 있다.[60]

대법원 1977.04.12. 선고 76다2766 판결

대법원은 "상법 제355조 규정의 주권발행은 동법 제356조 소정의 형식을 구비한 문서를 작성하여 이를 주주에게 교부하는 것을 말하고, 위 문서가 주주에게 교부된 때에 비로소 주권으로서의 효력을 발생한다고 해석되므로 피고 회사가 주주권을 표창하는 문서를 작성하여 이를 주주가 아닌 제3자에게 교부하여 주었다 하더라도 위 문서는 아직 피고회사의 주권으로서의 효력을 갖지 못한다고 보아야 할 것이다."라고 판시하고 있다.

6. 관련 판례

주권발행 전에 한 주식양도가 회사성립 후 또는 신주 납입기일 후 6월이 경과하기 전에 이루어졌으나 6월이 경과할 때까지 회사가 주권을 발행하지 않은 경우, 회사에 대하여도 효력이 발생하는지 여부에 대한 다툼이 제기되었다. 대법원은 이를 긍정하였다.[61]

---

60 대법원 1977.04.12. 선고 76다2766 판결.
61 대법원 2012.02.09. 선고 2011다62076 판결.

Ⅱ. 주주명부

1. 의의

주주명부는 주주 및 주권에 관한 현황을 나타내기 위하여 상법의 규정에 의하여 회사가 작성·비치하는 장부이다(제396조 제1항). 상업장부는 회사의 영업 및 재산상황이 기재된다는 점에서, 주주명부와 차이가 있다. 주주명부는 본점에 비치하여야 한다. 명의개서대리인을 두었을 때에는, 대리인의 영업소에 주주명부 또는 복본을 둘 수 있으며(제396조 제1항 후단), 주주명부를 명의개서대리인의 영업소에 두기로 한 때에는 본점에 비치하지 않아도 된다. 기재사항에 대하여는 상법 제352조가 규정하고 있다.

2. 효력

주주명부에 주주의 이름과 소유주식이 기재됨으로써, 주주는 회사에 대하여 주주권을 행사할 수 있게 된다. 적법한 원인과 방법을 갖추어 주식을 양수하였다고 할지라도, 만약 명의개서가 이루어지지 않았다면, 그 자는 회사에 대해 주주권행사를 할 수 없다(제337조 제1항). 주주명부에 주주로 기재된 자는 적법한 주주로 추정된다. 그 자는 회사에 대하여 자신의 실질적인 권리를 증명할 필요 없이 단순히 그 기재를 통하여 주주가 된다. 주권을 제시할 필요도 없다. 주주명부의 기재를 통하여 다양한 효력을 발생시키는 것이다. 주주명부의 자격수여적 효력 또는 권리추정력이 발생한다. 주권점유의 권리추정력(제336조 제2항)과 명의개서의 대항력(제337조 제1항) 등은 주주명부의 자격수여적 효력과 밀접한 관련을 가지고 있다. 또한 회사는 주주명부에 주주로 기재된 자를 주주로 보고 배당금청구권·의결권·신주인수권 등의 주주의 권리를 인정하면, 만약 비록 그자 주주명부상의 주주가 진정한 주주가 아니더라도 면책의 효력을 발생하게 된다.

주주의 주권불소지신고에 의해 회사가 주주명부에 주권을 발행하지 아니한 다는 뜻을 기재하면, 주권을 발행할 수 없고 또 주주가 제출한 주권은 무효가 된다(제358조의2 제3항). 면책적 효력은 주주의 확정에 관해서뿐만 아니라 주주의 주소 등 다른 기재사항에 관해서도 주어진다. 주주 또는 실권자에 대한 회사의 통지 또는 최고는 주주명부에 기재된 주소 또는 그 자로부터 회사에 통지한 주소로 하면 되고(제353조 제1항), 주소가 변경되거나 주주가 주소를 잘못 제출하여 주소가 사실과 다르고 이로 인해 주주가 통지를 받지 못하더라도 회사는 이에 대하여 책임을 지지 아니한다. 주주명부에 주주로 등재되어 있는 자는 일응 그 회사의 주주로 추정되며, 이를 번복하기 위해서는 그 주주권을 부인하는 측에 입증책임이 있다.[62]

3. 관련 판례

대법원은 '주식회사의 주주명부에 주주로 기재되었다는 사실에 관한 주장입증책임의 소재(=주주라는 것을 주장하는 자) 및 이 점에 관한 상대방의 주장 없이 법원이 이를 판단할 수 있는지 여부에 대하여 다음과 같이 판시하고 있다.[63]

대법원 1993.01.26. 선고 92다11008 판결

대법원은 "어떤 사람이 주식회사의 주주명부에 주주로 기재되었다는 점은 그가 기명주식의 이전을 회사에 대항할 수 있는 주주라는 사실을 주장하는 자가 주장 입증하여야 되므로, 상대방이 이 점에 관하여 주장을 하지 아니하였다 하더라도 법원이 그 점에 관하여 판단할 수 있다."고 판시하였다.

주식회사가 실질주주가 아닌 주주명부상의 주주에게 소집통지를 하고 의결권을 행사하도록 한 경우, 그 주주총회결의의 효력이 있는가에 대한 대법원 판결이 있다.[64]

---

62 대법원 1985.03.26. 선고 84다카2082 판결.
63 대법원 1993.01.26. 선고 92다11008 판결.
64 대법원 1998.09.08. 선고 96다45818 판결.

대법원은 "주식회사가 주주명부상의 주주에게 주주총회의 소집을 통지하고 그 주주로 하여금 의결권을 행사하게 하면, 그 주주가 단순히 명의만을 대여한 이른바 형식주주에 불과하여도 그 의결권 행사는 적법하지만, 주식회사가 주주명부상의 주주가 형식주주에 불과하다는 것을 알았거나 중대한 과실로 알지 못하였고 또한 이를 용이하게 증명하여 의결권 행사를 거절할 수 있었음에도 의결권 행사를 용인하거나 의결권을 행사하게 한 경우에는 그 의결권 행사는 위법하게 된다."고 하면서, "주주명부상의 주주가 실질주주가 아님을 회사가 알고 있었고 이를 용이하게 증명할 수 있었는데도 위 형식주주에게 소집통지를 하고 의결권을 행사하게 한 잘못이 인정된다는 이유로 그 주주총회결의를 취소할 수 있다."고 판시하였다.

주권의 점유자가 주주명부상의 명의개서를 받았으나 실질상 주식을 취득하지 못한 경우 주주로서의 권리행사가부에 대하여, 대법원은 이를 부정적으로 보고 있다.[65]

대법원은 "상법상 주권의 점유자는 적법한 소지인으로 추정하고 있으나(제336조 제2항) 이는 주권을 점유하는 자는 반증이 없는 한 그 권리자로 인정된다는 것, 즉 주권의 점유에 자격수여적 효력을 부여한 것이므로 이를 다투는 자는 반대사실을 입증하여 반증할 수 있고, 또한 등기주식의 이전은 취득자의 성격과 주소를 주주명부에 기재하여야만 회사에 대하여 대항할 수 있는 바(제337조 제1항), 이 역시 주주명부에 기재된 명의상의 주주는 실질적 권리를 증명하지 않아도 주주의 권리를 행사할 수 있게 한 자격수여적 효력만을 인정한 것뿐이지 주주명부의 기재에 창설적 효력을 인정하는 것이 아니므로 반증에 의하여 실질상 주식을 취득하지 못하였다고 인정되는 자가 명의개서를 받았다 하여 주주의 권리를 행사할 수 있는 것은 아니다."라고 판시한다.

---

65 대법원 1989.07.11. 선고 89다카5345 판결.

제6절 주주권의 변동

I. 주주권 변동의 원인

1. 주식의 취득

주식의 취득은 원시취득과 승계취득으로 구분된다. 전자는 타인의 권리에 기하지 않은 권리의 취득으로 절대적 발생을 의미한다. 해당되는 예로는 회사설립 또는 신주발행시의 주식인수와 준비금의 자본전입으로 인한 신주의 발행, 주식배당, 전환사채의 전환 등과 같은 특수한 신주발행에 의한 주식취득을 들 수 있다.[66] 승계취득은 전주(前主)의 권리범위 내에서 이루어지는 권리의 취득을 말한다. 이는 포괄승계와 특정승계로 구분되는데, 전자는 상속이나 회사합병 또는 포괄유증을 원인으로 하여 주식을 취득하는 것이고, 후자는 주식의 양도를 들 수 있다.

2) 주식의 상실

주권의 상실은 절대적 상실과 상대적 상실로 구분된다. 전자는 주식 자체의 소멸을 의미한다. 회사의 해산, 주식의 소각 등이 여기에 해당한다. 상대적 상실은 승계취득에 반대되는 입장에 있는 개념이다.

II. 주식의 양도

법률행위에 의하여 주식을 이전하는 것을 주식의 양도라고 한다.[67] 주식회사는 자본회사로서 주주의 개성이 중요한 의미를 갖지 못한다. 인적회사의 사원과 같이 폐쇄적일 필요성이 없다. 또한 주식회사는 인적회사처럼 환급이 인정되지 않기 때문에, 출자를 한 주주에 대하여 출자를 회수할 수 있는 가능성을 부여할 필요성이 있다. 주식회사는 회사의 존속 중에 주주의 퇴사제도가 인정되지 않으므로 주주가 회사에 투자한 자금을 회수하고 주주의 지위를 떠나고자 하면 이를 보장하여 줄 필요가 있는 것이다.[68] 따라서 주식회사의 경우에

---

66 이철송, 『회사법강의』, 제20판, 박영사, 2012, 343면.
67 이기수·최병규, 『회사법(상법강의 II)』, 제9판, 박영사, 2011, 274면.
68 참조할 판례로는 대법원 1999. 7. 23. 선고 99다14808 판결.

는 주주의 주식양도의 자유를 원칙적으로 보장하여 주고 있다(제335조 제1항 본문).

Ⅲ. 주권불소지제도

1. 의의

상법은 주권불소지 제도를 도입하여 주식을 장기간 안전하게 보유하고자 하는 주주를 보호한다.[69] 1984년 상법 개정 시 명문화된 것이다. 상법은 주식의 양도에는 주권의 교부만으로 가능하도록 하고(제336조 제1항) 또 그러한 주권의 단순한 점유자는 적법한 소지인으로 추정하고 있어(제336조 제2항), 주권의 도난분실 등의 경우에 제3자가 쉽게 선의로 취득하여 주주는 주주권을 상실한 위험이 아주 커지게 되었다. 주권이 분실되거나 도난당한 경우 주권을 다시 발행하고자 한다면, 공시최고 후 제권판결을 받아야 하는데, 절차의 번거로울 뿐만 아니라 시간의 비용도 부담해야 한다. 한편 주주는 주주명부에 주주로서 기재되어 있으면 주주로서 권리를 행사하는데 충분하다. 주권을 반드시 가지고 있을 필요성도 많지 않다는 점에 착안하여, 상법은 주주의 희망에 따라 주권불소지 제도를 인정하게 되었다(제358조의2).

2. 절차

주주는 원칙적으로 주권불소지의 신고를 회사에 할 수 있다.[70] 그러나 예외적으로 정관에 이를 배제하는 규정이 있으면 주권불소지 신고를 할 수 없다(제358조의2 제1항). 이미 발행된 주권이 있다고 한다면, 이를 회사에 제출하여야 한다(제358조의2 제3항). 회사가 주주로부터 주권불소지의 신고를 받은 때에는, 지체 없이 이를 주주명부와 그 복본에 기재하고 그 사실을 주주에게 통지하여야 한다. 이 경우 회사는 그 주권을 발행할 수 없다(제358조의2 제2항). 회사가 주주로부터 이미 발행된 주권을 제출받으면 이를 무효로 하거나 명의개서 대리인[71]에게 임치하여야 한다(제358조의2 3항 후단).

---

69 김정호, 『회사법』, 제2판, 법문사, 2012, 189면.

70 이기수·최병규, 『회사법(상법강의 Ⅱ)』, 제9판, 박영사, 2011, 248면.

71 주식을 가지고 있는 자가 회사로부터 주주로 인정받기 위해서는 주주명부에 성명과 주소를 기재해야 한다. 주식을 취득한 자가 명의개서를 하려면 발행회사와 발행회사의 주식 관련업무를 대신 처리하는 명의개서대리인에게 주권을 제출하고 확인을 받아야 한다.

주주가 회사에 대하여 주권불소지의 신고를 한 때에도 주주는 언제든지 회사에 주권의 발행 또는 반환을 청구할 수 있다(제358조의2 제4항).

3. 주권불소지와 주식양도

주권불소지의 신고가 있어 주권이 없는 경우에 주식을 양도할 수 있는가의 문제가 제기될 수 있다. 상법상 주식은 '주권의 교부'에 의하여만 양도된다(제336조 1항). 주권이 없는 경우에는 주식을 양도할 수단이 없으므로 주식양도가 불가능하다.

4. 주식양수인의 주주권 행사 여부

주권불소지신고를 한 경우에는 원칙적으로 주식이 양도되지 못하므로 그러한 주주로부터 주식을 양수받은 자는 주주가 될 수 없다. 또 주권이 없으므로 적법한 주주로 추정 받지도 못하고(제336조 2항 참조), 주주명부에 명의개서를 신청할 수도 없다. 그러한 주식양수인은 회사에 대하여 주주임을 주장하여 주주로서의 권리를 행사할 여지도 없다.[72]

5. 강제집행

1) 문제제기

주식회사의 주주가 회사에 대하여 주권을 제출하고 주권을 소지하지 않겠다는 뜻을 신고할 수 있다. 회사는 이를 받아들였고, 해당 주주에게 그 사실을 통지하였다. 이때 주주가 주권을 소지하지 않은 주식을 타인에게 양도한 경우가 발생할 수 있다. 이 경우 주주의 채권자가 그 주주의 주식을 압류할 수 있는가의 문제가 제기될 수 있다.

2) 관련 규정

주권이 발행된 경우에는 주권을 소지하고 있는 주주의 채권자는 유체동산의 강제집행방법으로 집행관을 통하여 그 주권을 압류하여 환가절차를 밟게 된다(민집 제189조). 그러나 주권불소지신고에 의하여 주권이 발행되지 않은 경우에는 불소지신고를 한 주주의 채권자는 동 주주가 회사에 대하여 가지고 있는 주권발행청구권을 압류하는 동시에 주권을 채권

---

72 정찬형, 『상법사례연습』, 제4판, 박영사, 2006, 344면.

자가 위임한 집행관에게 인도할 것을 명하고, 이에 의하여 회사는 주권을 집행관에게 교부하고 집행관은 환가절차를 취하게 된다(민집 제189조, 제199조, 제210조).

3) 해결방안

주주의 채권자는 해당 주주의 주권을 압류하고자 할 것이다. 그러나 주권불소지신고가 있어 주권이 발행되지 않은 경우라면, 압류할 대상이 없기 때문에, 주주의 채권자는 원칙상 주식을 압류할 수 없다. 다만, 주주의 채권자는 회사에 대한 주권발행청구권을 압류할 수 있는 방법이 있다. 주주를 대위하여 회사에 대하여 주권발행을 청구하고 주권인도명령을 구하게 된다.

IV. 정관에 의한 주식양도의 제한

1. 제한의 의미

주식회사는 자본회사이기는 하지만, 주주 상호 간의 인적 신뢰관계가 존중되는 소규모의 주식회사에서는 주주 및 회사가 특정한 자에 대하여 주주를 받아들이고 싶지 않은 경우가 발생할 수 있다.[73] 만약 소규모 주식회사에서 바라지 않는 주주의 참여로 인하여 인적 신뢰관계가 파괴될 수 있고, 더 나아가 회사의 경영에 많은 지장을 줄 수도 있어 회사의 존속과 운영에 많은 문제점이 발생하게 된다. 따라서 이러한 소규모 주식회사에서는 주주 상호간의 신뢰관계를 보호하고 또한 회사가 바라지 않는 주주의 참여를 배제하여 경영의 안전을 도모할 필요가 있다. 외국의 입법례를 따라,[74] 1995년 개정 상법에 의하여 '주식의 양도는 정관이 정하는 바에 따라 이사회의 승인을 얻도록 할 수 있다'(제335조 제1항 단서)고 하면서, 주식양도에 대한 예외를 규정하고 있다.[75]

2. 요건

---

[73] 제한의 이유에 대하여는 정찬형, 『상법강의(상)』, 제16판, 박영사, 2013, 750면.

[74] 회사의 동의를 통한 방법은 독일 주식법 제68조 제2항과 프랑스회사법 제274조, 이사회의 승인을 요하는 입법으로는 일본 상법 제204조 제1항.

[75] 문제점에 대하여는 김병연, "정관에 의한 주식양도의 제한과 문제점", 『비교사법』 제7권 제2호, 2000, 645면 이하.

1) 정관을 통한 제한

회사가 주식양도를 제한하기 위하여는 정관에 이에 관한 사항이 규정되어야 한다. 따라서 정관규정이 없는 주주총회의 결의 등을 통한 주식양도의 제한은 타당하지 않다.

2) 공시

정관에 의하여 주식양도가 제한되는 경우 그러한 정관이 규정내용 중 주식청약서(제302조 제2항 제5의2호)와 주권(제356조) 등에 기재하고 또 등기하여(제317조 제2항 제3의2호) 이를 공시하여야 한다.

3) 해당 주식

정관에 의하여 주식양도가 제한되는 경우는 인적 신뢰관계가 존중되는 소규모의 주식회사에서만 인정된다. 그러므로 규모가 큰 상장회사에서는 주식양도가 제한될 수 없다. 기명주식에만 해당된다.[76]

4) 이사회의 승인

정관의 규정에 의하여 이사회의 승인이 있어야 한다. 따라서 이러한 이사회의 승인을 얻지 아니한 주식의 양도는 회사에 대하여 효력이 없다(제335조 제2항). 이사회의 적법한 승인 없는 주식양도는 대표이사가 이를 승인하더라도 그 효력이 없고, 당사자 간에만 그 효력이 있을 뿐이다(제335조의7).[77] 그러나 양도인의 승인신청에 대하여 이사회의 승인이 없었음에도 불구하고 대표이사가 이사회의 승인이 있는 것으로 양도인에게 통지하고 당사자가 이를 믿고 양도·양수한 경우에는, 대표이사의 위법한 대표행위이나 대외적 행위로서 거래 안전의 측면에서 주식양도권을 인정해야 한다.[78]

3. 회사의 양도승인 거부 시 취할 수 있는 주주의 조치

1) 의의

---

76 정찬형, 『상법강의(상)』, 제16판, 박영사, 2013, 751면.
77 이기수·최병규, 『회사법(상법강의 II)』, 제9판, 박영사, 2011, 277면.
78 정찬형, 『상법강의(상)』, 제16판, 박영사, 2013, 752면.

주식회사의 주식양도에 정관상 이사회의 승인을 받도록 규정된 경우 이에 따라 주주가 양수인에게 자기의 주식을 양도하기 위하여 주식회사에 대하여 양수인 및 양도하고자 하는 주식의 종류와 수를 서면에 기재하여 양도승인을 청구한 경우(제335조의2 제1항), 주식회사는 그 청구가 있는 날로부터 1월 이내에 주주에게 승인거부의 통지를 하지 않으면 이사회의 승인이 있는 것으로 간주된다(제335조의2 제3항). 따라서 주주가 주식회사로부터 승인의 통지를 받거나 또는 승인신청 후 1월 이내에 아무런 통지를 받지 않으면 주주는 양수인에게 유효하게 자기의 주식을 양도할 수 있어 아무런 문제가 발생하지 않는다. 그런데 주주가 주식회사로부터 1월 이내에 승인거부의 통지를 받으면 주식회사는 주주의 출자금을 회수하여 주기 위한 어떠한 조치를 하여야 한다.[79] 따라서 이 경우에는 상법상 다음과 같이 주주에게 주식회사에 대한 양도상대방의 지정청구권과 주식매수청구권이 인정되어 있다 (제335조의2 제4항).

2) 양도상대방의 지정청구권

주주가 주식회사로부터 양수인에 대한 주식양도의 승인거부를 승인청구 시부터 1월내에 통지받으면 주주는 주식회사에 대하여 그 승인거부의 통지를 받은 날로부터 20일 내에 양도상대방을 지정하여 줄 것을 청구할 수 있다(제335조의2 제4항). 이러한 양도상대방의 지정청구는 상법에서 주주가 주식회사로부터 승인거부의 통지를 받은 경우에는 비로소 할 수 있는 것으로 규정되어 있다.[80] 그러나 해석상으로는 주주가 주식회사에 대하여 양도의 승인청구를 할 때에는(제335조의2 제1항), 만일 주식회사가 양수인으로 된 자를 승인하지 않으면 다른 상대방을 지정하여 줄 것을 청구할 수 있다. 이 경우 주식회사는 이사회의 결의에 의하여 양도상대방을 지정하고 그 청구가 있는 날로부터 2주간 내에 주주 및 지정된 상대방에게 서면으로 이를 통지하여야 한다(제335조의3 제1항). 그런데 주식회사가 이 기간 내에 주주에게 양도상대방의 지정통지를 하지 않으면 그 주식의 양도에 관하여 양수인에게 양도할 것을 승인한 것으로 간주한다(제335조의3 제2항).

주식회사가 양도상대방을 지정하고 또 그에게 소정의 기간 내에 통지한 경우에는 상대방으로 지정된 자(피지정자, 지정매수인)는 그 지정통지를 받은 날로부터 10일 이내에 주주에

---

79 이철송, 『회사법강의』, 제20판, 박영사, 2012, 364면.
80 정찬형, 『상법강의(상)』, 제16판, 박영사, 2013, 754면 이하.

대하여 서면으로 그 주식을 자기에게 매도할 것을 청구할 수 있는데(선매권)(제335조의4 제1항), 양도상대방이 이러한 주식매도를 청구하면(이 권리는 형성권이므로) 주주와 양도상대방 사이에는 매매계약이 성립한다. 그러나 양도상대방이 주식회사로부터 그 지정통지를 받은 날로부터 10일 이내에 주주에 대하여 주식매도를 청구하지 않으면 주식회사는 주주의 양수인에 대한 주식양도를 승인한 것으로 간주하여 주주는 양수인에게 적법하게 주식을 양도할 수 있다(제335조의4 제2항).

주주와 주식회사가 지정한 양도상대방 간에 주식매매계약이 성립하는 경우 주식매매가격을 어떻게 정해야 하는가의 문제가 있다. 상법 제335조의5에 따라, 그 주식의 매매가격은 당사자 간의 협의로 결정되는데(제335조의5 제1항 본문), 주주가 피지정자로부터 자기주식의 매도를 청구 받은 날로부터 30일 이내에 당사자 간에 주식의 매매가격에 대하여 협의가 이루어지지 아니한 때에는, 주주 또는 피지정자는 법원에 대하여 그 매도가격의 결정을 청구할 수 있다. 법원은 제반사정을 참작하여 공정한 가액으로 이를 산정하여야 한다(제335조의5 제2항, 제374조의2 제4항과 제5항).

3) 주식매수청구권

주주가 주식회사로부터 양수인에 대한 주식양도의 승인거부의 통지를 받은 때에는 그 통지를 받은 날로부터 20일 내에 주주는 주식회사에 대하여 양도상대방의 지정청구권을 행사하지 않고 주식회사가 직접 그 주식을 매수할 것을 청구할 수 있다(제335조의2 제4항). 주식회사가 주주로부터 주식매수청구를 받으면 주식회사는 그 청구를 받은 날로부터 2월 이내에 그 주식을 매수하여야 한다(제335조의6, 제374조의2 제2항), 이때 "주식회사가 그 주식을 매수하여야 한다."는 의미는 당사자 사이에 매매계약이 성립한 것으로 보는 견해도 있으나,[81] 주식회사에게 매수가격 협의의무가 발생하는 것으로 보는 것이 타당하다.[82] 따라서 주주가 주식회사에게 주식매수청구권을 행사하면 주식회사는 주주와 매매가격을 결정하여야 하는데, 이는 다음과 같이 결정된다. 그 주식의 매매가격은 주식회사와 주주 간의 협의로 결정되고(제335조의6, 제374조의2 제3항 본문), 주식회사가 주주로부터 매수청구를 받은 날로부터 30일 이내에 당사자 간에 주식의 매수가액에 대하여 협의가 이루어지지

---

81 정동윤, 『회사법』, 제6판, 법문사, 2000, 238면, 360면; 이철송, 『회사법강의』, 제20판, 박영사, 2012, 472면.
82 정찬형, 『상법강의(상)』, 제16판, 박영사, 2013, 757면.

않으면, 주식회사 또는 주주는 법원에 대하여 매수가액의 결정을 청구할 수 있는데, 이때 법원은 회사의 재산상태 그 밖의 사정을 참작하여 공정한 가액으로 이를 산정하여야 한다 (제335조의6, 제374조의2 제4항과 제5항).

4. 회사승인 없는 주주의 주식양도 효력

주주의 주식양도에는 주식회사의 정관이 정하는 바에 따라 이사회의 승인을 얻도록 되어 있다(제335조 1항 단서). 그러므로 주주가 주식회사의 이사회의 승인 없이 그의 주식을 양수인에게 양도한 경우 그 주식의 양도는 주식회사에 대하여 효력이 없다(제335조 2항).

주식양도에 관하여 주식회사의 정관의 규정에 의하여 이사회의 승인을 받아야 하는 경우에, 주주가 이사회의 승인을 받지 않고 양수인에게 주식을 양도하면 양수인도 주식회사에 대하여 그 주식의 종류와 수를 기재한 서면으로 그 취득의 승인을 청구할 수 있다(제335조의7 제1항). 주식회사의 이사회의 승인 없는 주식양도는 회사에 대하여 효력이 없으므로(제335조 제2항) 이러한 주식양수인도 회사에 대하여 그 주식취득의 승인신청을 할 수 있도록한 것이다. 이러한 주식양수인이 회사에 대하여 주식취득의 승인신청을 하는 경우에도 주식양도인이 승인신청을 하는 경우와 동일한 절차에 의한다(제335조의7 제2항).

제7절 타인명의에 의한 주식인수

I. 의의

주식회사는 주주들에 의하여 납입된 자본과 인적 결합체로서의 주주로서 결합되어 있다. 주식이라고 하는 것은 자본과 주주 사이를 연결시켜 주는 매개 역할을 하게 된다. 주식회사를 설립하는 경우에 그것이 발기설립이든 모집설립이든 묻지 아니하고 주식의 인수절차를 밟아 주금액을 납입하고(제293조, 제295조, 제302조~제305조) 설립등기를 마쳤을 때에 주주로서의 지위가 확정된다(제317조, 제172조). 신주발행 시에도 주식인수절차를 밟아 주금액을 납입함으로써 납입기일에 주주가 된다(제419조, 제421조, 제423조).

주식을 인수함에 있어 인수자가 타인의 이름으로 주식을 인수하거나 허락받지 않고 타인의 이름을 사용하여 인수하는 경우가 종종 발생한다.[83] 두 가지 문제가 발생할 수 있다. 주금을 납입할 의무를 누가 부담하느냐의 문제와 회사는 누구를 주주로 보아야 할 것인가의 문제가 그것이다.[84] 두 번째 사안에 초점을 두고 설명한다. 전자의 문제는 실무상 그리 흔하지 않기 때문이다.

II. 타인명의와 주식인수

상법 제332조는 가설인과 타인의 명의에 의한 인수인의 책임에 대하여 규정하고 있다. 가설인의 명의로 주식을 인수하거나 타인의 승낙 없이 그 명의로 주식을 인수한 자는 주식인수인으로서의 책임이 있고(제1항), 타인의 승낙을 얻어 그 명의로 주식을 인수한 자는 그 타인과 연대하여 납입할 책임이 있음을 규정하고 있다. 동 규정은 주식회사의 자본충실을 기하고자 하는 목적에서 그 배후에 숨어 있는 자에게 주금액 납입책임을 인정한 것이다. 상법 제332조의 규정과 관련하여 타인명의에 의하여 주식을 인수한 경우 명의차용자와 명의대여자 중 누구를 주주로 보아야 할 것인가의 문제가 제기된다.

1. 명의차용자를 주주로 보는 입장

타인의 승낙을 얻어 그 명의로 주식을 인수한 경우에 실제로 주식을 인수한 자가 주주라는 입장이다. 행위의 명의자가 누구이냐에 관계없이 사실상 행위를 한 자가 권리와 의무의 주체가 된다는 의사주의를 바탕으로 하고 있다. 실질적인 주식인수인이 주주가 되기 때문에 이를 실질설이라고도 한다. 상법 제332조를 법적 근거로 제시한다.[85] 상법 제332조 제1항에서 명의 여하를 불문하고 주식을 인수한 자가 책임이 있다는 문구를 제시하며 실질적인 주식인수인이 주주가 되어야 한다고 하고, 또한 상법 제332조 제2항 명의차용의 경우, 통모자의 연대책임을 규정한 것으로 보고자 한다. 명의대여자가 주주로서의 권리를 취득한다는 뜻이 아니라고 하며, 제1항과 균형을 맞추기 위해서라도 제2항은 실질적인 주식인수인이 주주가 되어야 한다고 주장한다.[86]

---

83 이철송, 『회사법강의』, 제20판, 박영사, 2012, 314면.
84 양승규, 『상법사례연습』, 삼영사, 1998, 125면 이하.
85 이철송, 『회사법강의』, 제20판, 박영사, 2012, 315면.
86 정동윤, 『회사법』, 제6판, 법문사, 2000, 119면.

2. 명의대여자를 주주로 보는 입장

명의를 빌려준 자가 주식인수인으로 되고 실제로 주식을 인수한 자는 그 명의인과 연대하여 납입책임을 지는데 그치고, 주식인수인으로는 되지 않는다는 입장이다.[87] 이를 명의설 또는 형식설이라고도 한다. 두 가지 근거를 제시한다. 회사법상 행위는 집단적으로 발생하므로 법적 안정성을 도모하기 위하여 객관적이면서도 획일적으로 처리되어야 한다는 관점에서 주식인수인의 확정이 이루어져야 한다는 것이다. 또한 실질적인 주주를 찾아내는 것은 회사의 입장에서 불가능하다는 점을 든다.

Ⅲ. 판례의 입장

대법원은 "주식을 인수함에 있어 명의대여자는 아무런 출자를 하지 아니하고 명의차용인이 단독으로 출자하여 그 주식대금을 납입한 경우에는 실제로 주식을 인수하여 그 대금을 납입한 명의차용인이 실질상의 주식인수인으로서 주주가 되고, 단순한 명의대여자는 주주로 볼 수 없다"라고 판시하고 있고,[88] "주식을 인수함에 있어서 타인의 승낙을 얻어 그 명의로 출자하여 주식대금을 납입한 경우에는 실제로 주식을 인수하여 그 대금을 납입한 명의차용인만이 실질상의 주식인수인으로서 명의대여인으로부터 명의개서 등 절차를 밟은 여부와는 관계없이 주주가 되고 단순한 명의대여인은 주주가 될 수 없다"라고 판시함으로써 실질설을 따르고 있다.[89] 그 이후의 판례에서도 대법원은 실질설을 지지하고 있다. "실제로 주식을 인수하여 그 대금을 납입한 명의차용인만이 실질상의 주식인수인으로 주주가 되고, 단순한 명의대여자에 불과한 자는 주주로 볼 수 없다"고 하거나,[90] "주식회사가 주주명부상의 주주에게 주주총회의 소집을 통지하고 그 주주로 하여금 의결권을 행사하게 하면, 그 주주가 단순히 명의만을 대여한 이른바 형식주주에 불과하여도 그 의결권 행사는 적법하지만, 주식회사가 주주명부상의 주주가 형식주주에 불과하다는 것을 알았거나 중대한 과실로 알지 못하였고 또한 이를 용이하게 증명하여 의결권 행사를 거절할 수 있었음에도 의결권 행사를 용인하거나 의결권을 행사하게 한 경우에는 그 의결권 행사는 위법하게 된다."고

---

87 이철송, 『회사법강의』, 제20판, 박영사, 2012, 317면.

88 대법원 1975. 7. 8. 선고 75다410 판결; 대법원 1980. 9. 19. 선고 80마396 판결.

89 대법원 1976. 3. 9. 선고 74다805 판결.

90 대법원 1998. 4. 10. 선고 97다50619 판결.

한 사례가 있다.[91] 또한 최근에도 대법원은 "주주명부에 기재된 명의상의 주주는 회사에 대한 관계에 있어서 자신의 실질적 권리를 증명하지 않아도 주주의 권리를 행사할 수 있는 자격수여적 효력을 인정받을 뿐이지 주주명부의 기재에 의하여 창설적 효력을 인정받는 것은 아니므로, 주식을 인수함에 있어 타인의 승낙을 얻어 그 명의로 출자하여 주식대금을 납입한 경우에는 실제로 주식을 인수하여 그 대금을 납입한 명의차용인만이 실질상의 주식인수인으로서 주주가 된다고 할 것이고 단순한 명의대여인은 주주가 될 수 없으며, 이는 회사를 설립하면서 타인의 명의를 차용하여 주식을 인수한 경우에도 마찬가지라고 할 것이다"라고 판시하고 있다.[92]

전직 모대통령이 동생에게 자금을 맡기고 그 명의로 회사를 설립하게 하였는데, 설립 후 동생 스스로가 실질주주인 것으로 행사하기 때문에 형이 자신의 재산을 다시 되돌려 받기 위하여 제기한 사건이 있었다. 역시 실질설의 입장에서 판시하고 있다.

대법원 2011.05.26. 선고 2010다22552 판결

대법원은 "전직 대통령인 갑이 대통령 재직 당시 동생 을에게 알아서 관리해 보라고 하면서 돈을 교부하였고, 을이 그 돈과 은행 대출금 등으로 회사를 설립하였는데, 갑이 회사 주식 50%의 실질주주라고 주장하면서 주주대표소송을 제기한 사안에서, 위 돈의 조성 경위, 돈을 교부할 당시 갑과 을의 언동, 갑과 을의 관계, 돈의 교부가 이루어진 동기 및 경위, 당사자가 돈의 교부에 의하여 달성하려고 하는 목적과 진정한 의사, 돈의 사용처, 돈의 관리·사용에 관한 갑의 관여 여부 등 돈 교부 후의 정황 등 여러 사정 및 갑이 을에게 공동소유 회사 설립을 위임하는 계약의 본질적 사항이나 중요한 사항에 관하여 구체적으로 의사 합치가 있었다거나 적어도 장래 구체적으로 특정할 수 있는 기준과 방법 등에 관하여 합의가 있었다고 보기 어려운 점이나 관련 민사소송 확정판결에서 인정된 사실관계 등에 비추어 보면, 위 돈 교부 당시 갑과 을의 의사는 노모와 자녀들 장래를 위하여 을이 위 돈을 어떤 형태로든지 유지·보전하고 있다가 갑의 요구가 있으면 반환하라는 것으로 해석될 수 있을 뿐, 갑이 을에게 위 돈으로 회사 설립·운영을 위임하되 갑과 을이 회사 지분을 공유하기로 하는 위임에 유사한 계약이 체결된 것으로 해석하여 갑이 회사 주식 50%의 실질주주라고 인정하기에는 여러 정황상 무리가 있다."고 판시하고 있다.

---

91 대법원 1998. 9. 8. 선고 96다45818 판결.
92 대법원 2011. 5. 26. 선고 2010다22552 판결.

Ⅳ. 소결

1. 의의

타인의 승낙을 얻어 그 명의로 주식을 인수한 경우에 명의대여자와 명의차용자의 어느 쪽을 주주로 볼 것이냐에 대한 문제는 상법 제332조에 대한 해석에 있다. 실질설을 주장하는 자들이 제시하는 상법 제332조는 회사의 자본충실을 꾀하여 주금납입책임을 법정한 것이지 그 자체가 주주의 확정을 목적으로 규정된 조문은 아니다. 가설인의 명의로 주식을 인수하거나 타인의 승낙 없이 그 명의로 주식을 인수한 자(제332조 제1항)의 경우, 실제의 주식인수인이 주주로서의 권리와 의무를 지는 것은 당연하다. 이 문제는 명의차용자와 명의대여자에 대한 관계와 명의차용자와 회사와의 관계로 구분하여 검토되어야 할 것이다. 특히 문제가 되는 후자의 경우 형식설이 타당성을 갖게 된다.

2. 형식설의 타당성

1) 안정적 사무처리

명의대여에 의한 주식인수의 경우에 명의대여자와 명의차용자 사이의 관계에서는 명의차용자가 실질적인 주주로서의 지위를 차지하나, 대회사관계에서는 주주명부에 명의개서 등의 절차를 밟아야만 비로소 주주로서의 권리를 주장할 수 있다(제336조, 제337조). 주식은 주권에 의하여 유통되고 또 주식에 관한 법률관계는 대량적·집단적으로 처리되는 것이므로 회사가 실질상의 주주가 누구인가를 일일이 밝힌다는 것은 어려운 일이다.[93] 명의대여에 의한 주식인수에 있어서 외부관계에서는 명의인이 주주라고 보는 형식설이 타당하다.

2) 금반언원칙 위반

회사가 주식배정자유의 원칙에 따라 명의대여자에게 배정한 주식을 명의차용자가 당연히 그 권리를 주장할 수 있도록 하는 것은 표시에 의한 금반언의 원칙에도 어긋난다.[94] 명의대여자에게 주식을 배정해 주었다는 것은 그 주식을 받은 자가 자신의 권리를 행사할 것이라고 하는 것을 믿고서 이행한 것이다. 그런데 배정받은 자가 권리를 행사할 수 없고 명의

---

93 이철송, 『회사법강의』, 제20판, 박영사, 2012, 317면.
94 민법 제2조 신의성실의 원칙에서 그 근거를 찾을 수 있다.

차용인이 권리를 행사할 수 있다고 한다면, 이는 이율배반적인 행위에 해당한다. 이율배반적인 행위는 금지되어야 한다. 민법 제2조가 법적 근거로 제시된다.

3) 요식성

일정한 자에게 주식취득을 금지하고 있는 경우에 그에 해당하는 자가 타인의 명의를 빌려 주식을 인수한 경우, 주식인수는 주식청약서에 의해 청약하고 회사는 이에 기초하여 배정을 하는 등 요식성을 띠고 있다.[95] 그런데 명의상의 주주를 외면하고 실질주주를 주주로 보는 것은 요식성에 반한 것이라 하겠다.

제8절 주식의 포괄적 교환과 이전

I. 주식의 포괄적 교환

1. 의의

2001년 상법을 개정하면서 지주회사 설립 등을 통한 회사의 구조조정을 원활히 할 수 있도록 도입된 제도가 주식의 포괄적 교환 및 이전제도이다. 이는 독점규제 및 공정거래에 관한법률이 1999년 개정되어 동법 제8조가 지주회사의 설립 또는 전환을 허용함에 따라 가능하게 되었고, 2000년 10월 23일에 제정된 금융지주회사법에서 이미 주식교환 및 이전제도를 도입한 바 있다. 주식의 포괄적 교환과 이전이라 함은 어느 회사의 발행주식총수를 소유하는 완전모회사를 만들기 위한 방법을 의미한다.[96]

다른 회사를 소유함으로써 사업활동을 지배하는 것을 주된 사업으로 하는 회사를 지주회사라 한다. 두 개 이상의 다른 회사(자회사)의 주식을 가지고 있으면서 그 회사의 경영권을 가지고 지휘·감독하는 회사가 바로 지주회사이다. 상법상 지주회사를 설립하는 방법으로는 현물출자 등에 의한 자회사 설립방법, 지주회사에 의한 사업회사의 주식의 매수방법, 지주회사가 제3자 배정의 방식에 의하여 신주발행하는 경우에 사업회사의 주주가 자기회사의 주식을 현물출자의 방법으로 참여하는 방법 및 회사의 물적분할방법(제530조의12) 등이 있

---

95 양승규, 『상법사례연습』, 삼영사, 1998, 128면.
96 이철송, 『회사법강의』, 제20판, 박영사, 2012, 1105면.

다. 그러나 이들은 모두 절차상으로나 비용상 비합리적인 면이 있다.[97]

주식교환 및 이전은 완전지주회사 설립 및 완전자회사 편입을 신속·간소화하기 위하여 2000년 금융지주회사법 제정 시 도입되었다. 이후 2001년 상법에 규정됨으로써 일반회사도 이용가능한 제도가 되었으며, 대신 금융지주회사법에는 상법상 주식교환 및 주식이전의 절차를 간소화시킨 특례만을 규정하게 되었다. 저비용으로 매우 강력한 모자관계를 창설하는 유용한 수단에 해당한다. 우리금융지주회사와 신한금융지주회사가 주식인수방식에 의하여 설립된 바 있다. 비용을 들이지 않고 주식을 발행하는 방법을 통하여 순수 지주회사를 설립하고, 기업의 구조조정을 원활히 하고자 하는 방법으로 상법에 도입된 것이 주식의 포괄적 교환 및 이전제도이다.[98]

2. 개념과 기능

1) 개념

주식의 포괄적 교환이라 함은 회사(이는 나중에 완전모회사가 된다)가 다른 회사(이는 완전자회사가 된다)의 발행주식총수와 자기회사의 주식을 교환함으로써, 완전자회사가 되는 회사의 주주가 가지는 그 회사의 주식은 주식을 교환하는 날에 주식교환에 의하여 완전모회사가 되는 회사에 이전하고 그 완전자회사가 되는 회사의 주주는 그 완전모회사가 되는 회사가 주식교환을 위하여 발행하는 신주의 배정을 받는 것을 말한다(제360조의2, 제360조의6).

2) 기능

주식의 포괄적 교환은 자회사를 완전자회사로 만들기 위하여 이용되기도 하고, 현금이 없어도 다른 기업을 매수할 수 있다는 이점 때문에 우호적인 기업매수의 수단이 되는 기능이 있다.[99]

---

97   정찬형, 『상법강의(상)』, 제16판, 박영사, 2013, 788면.
98   이기수·최병규, 『회사법(상법강의 Ⅱ)』, 제9판, 박영사, 2011, 727면 이하.
99   정찬형, 『상법강의(상)』, 제16판, 박영사, 2013, 788면.

3. 절차

1) 주식교환계약서 작성

회사가 주식교환을 하고자 하는 경우, 두 당사자인 회사는 주식교환계약서를 작성하여 주주총회의 승인을 각각 얻어야 한다(제360조의3 제1항). 주식계약서는 공시되어야 한다.[100]

주식교환계약서에는 완전모회사가 되는 회사가 주식교환으로 인하여 정관을 변경하는 경우에는 그 규정, 완전모회사가 되는 회사가 주식교환을 위하여 발행하는 신주의 총수·종류와 종류별 주식의 수 및 완전자회사가 되는 회사의 주주에 대한 신주의 배정에 관한 사항, 완전모회사가 되는 회사의 증가할 자본금과 자본준비금에 관한 사항, 완전자회사가 되는 회사의 주주에게 지급할 금액을 정한 때에는 그 규정, 각 회사가 주식의 포괄적 교환을 승인하는 주주총회의 기일, 주식교환을 할 날, 각 회사가 주식교환을 할 날까지 이익배당을 할 때에는 그 한도액, 완전모회사가 되는 회사가 주식교환을 함에 있어서 신주발행에 갈음하여 그 회사가 소유하는 자기주식을 완전자회사의 주주에게 이전하는 경우에는 이전할 주식의 총수·종류 및 종류된 주식의 수, 완전모회사가 되는 회사에 취임할 이사와 감사 또는 감사위원회의 위원을 정한 때에는 그 성명 및 주민등록번호를 적어야 한다(제360조의3 제3항).

2) 주주총회의 결의

주주총회의 승인결의는 특별결의를 요한다(제360조의3 제2항). 양 회사 모두 그 지위에 변동을 가져오는 중대한 영향을 미치는 것이기 때문에 주주총회의 특별결의를 요구하고 있는 것이다. 다만, 간이주식교환이나 소규모주식교환의 경우에는 예외를 두고 있다.

(1) 이사회의 승인

간이주식교환의 경우에는 주주총회 특별결의 대신에 이사회의 승인을 얻는 것으로 족하다. 완전자회사가 되는 회사의 총주주의 동의가 있거나 그 회사의 발행주식총수의 100분의 90 이상을 완전모회사가 되는 회사가 소유하고 있는 때에는 완전자회사가 되는 회사의 주주총회의 승인을 이사회의 승인으로 갈음할 수 있다(제360조의9 제1항).

---

100 공시에 대하여는 김정호, 『회사법』, 제2판, 법문사, 2012, 713면.

소규모 주식교환의 경우도 마찬가지이다. 완전모회사가 되는 회사가 주식교환을 위하여 발행하는 신주의 총수가 그 회사의 발행주식 총수의 100분의 5를 초과하지 아니하고 또한 완전자회사가 되는 회사의 주주에게 주식교환교부금을 지급하는 대에는 그 금액이 최종 대차대조표에 의하여 완전모회사가 되는 회사에 현존하는 순자산액의 100분의 2를 초과하지 않는 경우에는 완전모회사가 되는 회사의 주주총회의 승인은 이사회의 승인으로 갈음할 수 있다(제360조의10 제1항).

(2) 종류주주총회결의·총주주의 결의

주식의 포괄적 교환에 의하여 어느 종류의 주주에게 손해를 미치게 될 경우에는 그 회사의 주주총회의 특별결의 외에 종류주주총회의 결의를 얻어야 하고(제436조), 각 회사의 주주의 부담이 가중되는 경우에는 주주 전원의 동의를 얻어야만 한다(제360조의3 제5항).

3) 반대주주의 주식매수청구권

승인사항에 관하여 이사회의 결의가 있는 때에 그 결의에 반대하는 주주는 주주총회전에 회사에 대하여 서면으로 그 결의에 반대하는 의사를 통지한 경우에는 그 총회의 결의일부터 20일 이내에 주식의 종류와 수를 기재한 서면으로 회사에 대하여 자기가 소유하고 있는 주식의 매수를 청구할 수 있다(제360조의5 제1항). 간이주식교환의 경우에는 완전자회사가 되는 회사는 주식교환계약서를 작성한 날로부터 2주 내에 주주총회의 승인을 얻지 아니하고 주식교환을 한다는 뜻을 공고하거나 주주에게 통지하여야 한다(제360조의9 제2항 본문). 이 경우 완전자회사가 되는 회사의 주주는 이러한 공고 또는 통지를 한 날로부터 2주 내에 회사에 대하여 서면으로 주식교환에 반대하는 의사를 통지하고, 그 기간이 경과한 날로부터 20일 이내에 주식의 종류와 수를 기재한 서면으로 회사에 대하여 자기가 소유하고 있는 주식의 매수를 청구할 수 있다(제360조의5 제2항).

주식매수청구에 대하여 회사는 그 청구를 받은 날로부터 2월 이내에 그 주식을 매수하여야 한다(제360조의5 제3항, 제374조의2 제2항). 매수가액은 원칙적으로 주주와 회사 간의 협의에 의하여 정하여지고, 예외적으로 협의가 이루어지지 않는 경우에는 회사 또는 주식매수를 청구한 주주는 법원에 대하여 매수가액의 결정을 청구할 수 있다(제360조의5 제3항, 제374조의2 제3항~제5항).

4) 공시

(1) 사전공시

주식교환을 하는 당사회사의 이사는 주식교환을 승인하는 주주총회의 회일의 2주 전부터 주식교환의 날 6월이 경과하는 날까지 주식교환계약서·완전자회사가 되는 회사의 주주에 대한 주식의 배정에 관한 그 이유를 기재한 서면 및 주식교환을 승인하는 주주총회의 회일 전 6월 내의 날에 작성한 각 회사의 최종 대차대조표 및 손익계산서를 본점에 비치하고(제360조의4 제1항), 주주의 영업시간 내의 열람 또는 등사청구에 제공하여야 한다(제360조의4 제2항, 제391조, 제391조의3 제3항).

(2) 사후공시

주식교환을 하는 당사회사의 이사는 주식교환의 날부터 6월간 주식교환의 날, 주식교환의 날에 완전자회사가 되는 회사에 현존하는 순자산액, 주식교환으로 인하여 완전모회사에 이전한 완전자회사의 주식의 수 및 그 밖의 주식교환에 관한 사항을 기재한 서면을 본점에 비치하고(제360조의3 제3항), 주주의 영업시간 내의 열람 및 등사청구에 제공하여야 한다(제360조의12 제2항, 제391조의3 제3항).

4. 효과

완전모회사가 되는 회사는 완전자회사가 되는 회사의 주주에게 일반적으로 신주를 발행하여 교부하므로, 완전모회사가 되는 회사의 자본금은 증가하게 된다. 반면 완전자회사가 되는 회사의 발행주식총수는 기존의 주주에 갈음하여 완전모회사가 소유하게 되므로(제360조의2), 완전자회사가 설립되어 완전모자회사관계가 새롭게 발생하게 된다.

Ⅱ. 주식의 포괄적 이전

1. 개념

주식의 포괄적 이전이라 함은 "회사가 스스로 완전자회사가 되는 회사가 되어 완전모회사를 설립하는 하나의 방법으로, 완전자회사가 되는 회사의 주주가 소유하는 그 회사의 주식은 주식이전에 의하여 설립하는 완전모회사에 이전하고 그 완전자회사가 되는 회사의 주주는 그 완전모회사가 주식이전을 위하여 발행하는 주식의 배정을 받음으로써 그 완전모회사의 주주가 되는 것을 의미한다(제360조의15). 이는 기존의 기업그룹을 재편하고자 하거나 합병의 대체로서 공동지주회사를 설립하는 데 이용된다.

2. 절차

1) 주식이전계획서 작성

주식이전을 하고자 하는 회사는 주식이전계획서를 작성하여야 한다(제360조의16 제1항). 주식이전계획서에는 설립하는 '완전모회사의 정관의 규정', '설립하는 완전모회사가 주식이전에 있어서 발행하는 주식의 종류와 수 및 완전자회사가 되는 회사의 주주에 대한 주식의 배정에 관한 사항', '설립하는 완전모회사의 자본금 및 자본준비금에 관한 사항', '완전자회사가 되는 회사의 주주에 대하여 지급할 금액을 정한 때에는 그 규정', '주식이전을 할 시기', '완전자회사가 되는 회사가 주식이전의 날까지 이익배당을 할 때에는 그 한도액', '설립하는 완전모회사의 이사와 감사 또는 감사위원회의 위원의 성명 및 주민등록번호', '회사가 공동으로 주식이전에 의하여 완전모회사를 설립하는 때에는 그 뜻' 등을 기재하여야 한다(제360조의16 제1항 각호).

2) 주주총회의 승인

주주총회의 특별결의를 받아야 한다(제360조의16 제1항 후단, 제2항). 완전자회사가 되는 회사는 주주총회의 소집통지와 공고에 '주식이전계획서의 주요 내용', '주주총회의 결의에 반대하는 주주가 행사할 주식매수청구권의 내용 및 행사방법', '완전자회사가 되는 회사와 설립되는 완전모회사의 어느 일방의 정관에 주식의 양도에 관하여 이사회의 승인을 요한다는 뜻의 규정이 있고 다른 일방의 정관에 그 규정이 없는 경우에는 그 뜻을 기재하여야 한다(제360조의16 제3항, 제360조의3 제4항). 예외가 인정된다. 이하 주식의 포괄적 교환과 큰 차이가 없다. 상법 제436조와 상법 제360조의16 제4항을 참조하라.

3) 주식매수청구권

주식의 포괄적 교환과 유사하다. 주주총회의 결의사항에 대하여 이사회의 결의가 있는 때에는 그 결의에 반대하는 주주는 회사에 대하여 주식매수청구권을 행사할 수 있다(제360조의22, 제360조의5).

4) 사전공시

주식의 포괄적 이전의 경우 이사는 이를 승인하는 주주총회의 회일의 2주 전부터 '주식이전계획서', '완전자회사가 되는 회사의 주주에 대한 주식의 배정에 관하여 그 이유를 기재한 서면', '주식이전을 승인하는 주주총회의 회일 전 6월 내의 날에 작성한 완전자회사가 되는 회사의 최종 대차대조표 및 손익계산서', 등을 본점에 비치해야 한다(제360조의17 제1항). 주주는 영업시간 내에 해당 서류를 열람 또는 등사를 청구할 수 있다(제360조의17 제2항, 제391조의3 제3항).

5) 주권의 실효절차

주주총회의 승인이 있는 때에는 '주식이전계획서에 대하여 주주총회가 승인결의를 한 뜻', '1월을 초과하여 정한 기간 내에 주권을 회사에 제출하여야 한다는 뜻', '주식이전의 날에 주권이 무효가 된다는 뜻을 공고하고, 주주명부에 기재된 주주와 질권자에 대하여 따로 따로 통지를 하여야 한다(제360조의19 제1항).

3. 효과

완전자회사가 되는 회사의 주주는 자기의 주식을 완전모회사가 되는 회사에 이전하여 완전모회사를 설립하고, 그 완전모회사가 주식이전을 위하여 발행하는 주식을 배정 받음으로써 그 완전모회사의 주주가 된다(제360조의15 제1항). 그 결과 완전모회사가 설립된다.

완전자회사가 되는 회사의 발행주식총수는 기존의 주주에 갈음하여, 설립된 완전모회사가 소유하게 되므로(제360조의15), 완전자회사가 설립되어 완전모자회사가 새롭게 발생하게 된다.

제9절 지배주주에 의한 소수주주의 강제매수

Ⅰ. 의의

발행주식총수의 대부분을 소유하고 있는 지배주주와 지분이 그리 많지 않은 지분을 가지고 있는 소수주주가 공존하는 경우를 상상해보자. 일반적으로 주식의 다수를 점하고 있는 관계로 특별한 문제가 발생하지 않을 것으로 예상되지만, 소수주주에 의하여 주주총회 소집절차를 정식으로 밟아야 하거나 소수주주에 의한 대표소송 및 결의취소소송 등 각종 회사소송을 제기할 경우, 회사지배에 대한 유형·무형의 비용을 치러야만 한다. 기존회사를 완전자회사화하는 방법으로 주식의 포괄적 교환제도(제360조의2)도 있고, 주식의 포괄적 이전제도(제360조의15) 등이 있으나, 일방이 매매를 원하지 않는 경우에는 그 관계가 해소되기 어려운 상황이다.[101] 2011년 4월 개정 상법은 회사의 발행주식총수의 100분의 95 이상을 자기의 계산으로 보유하고 있는 지배주주는 회사의 경영상 목적을 달성하기 위하여 필요한 경우에는 회사의 소수주주에게 그 보유하는 주식의 매도를 청구할 수 있는 제도를 인정한 것이다.[102] 동시에 동일한 조건 하에서 회사의 소수주주는 언제든지 지배주주에 대하여 그 보유하는 주식의 매수를 청구할 수 있는 권리인 소수주주의 주식매수청구권을 인정하였다(제360조의25 제1항).

Ⅱ. 지배주주의 주식매도청구권

1. 기능

회사의 발행주식총수의 100분의 95이상을 보유하고 있는 경우에, 발행주식의 전부를 지배주주인 1인의 소유로 함으로써 회사지배를 효율적으로 관리하고 비용의 합리화를 도모하기 위한 목적을 가지고 있다.[103] 주식의 매도를 원하지 않고 있는 소수주주의 지분을 지배주주가 강제적으로 매수하여 100% 지분을 가지고 있는 100% 주주가 되어 불편한 동업관계를 해소하여, 효율적인 경영향상을 도모하고자 한다.

2. 법적 성질

지배주주가 소수주주에게 주식의 매도를 청구하면(제360조의24 제1항), 매도청구를 받은 소수주주는 매도청구를 받은 날로부터 2개월 내에 지배주주에게 그 주식을 매도하여야 한다(제360조의24 제6항). 그런 측면에서 지배주주의 주식매도청구권은 형성권의 법적 성질을 가지고 있다.[104]

---

101 이기수·최병규, 『회사법(상법강의 Ⅱ)』, 제9판, 박영사, 2011, 315면 이하.
102 김홍식, "개정상법상 소수주식의 강제매수제도에 관한 연구", 『안암법학』 통권 제36호, 2011, 743면 이하.
103 이철송, 『회사법강의』, 제20판, 박영사, 2012, 1130면 이하.

3. 주식매도청구권 당사자

주식매도청구권자는 지배주주이다. 그 자는 자기의 명의는 물론이거니와 '자기의 계산으로' 보유하고 있는 회사의 발행주식총수의 100분의 95 이상을 보유하고 있어야 한다(제360조의24 제1항). 대상회사는 공개매수나 합병을 전제로 하지 않으며, 상장여부를 불문하기 때문에 주식회사로서 비상장회사도 가능하다.[105] 주식매도청구의 상대방은 회사의 발행주시총수의 100분의 5에 해당하는 주식을 가지고 있는 소수주주이어야 한다.

4. 행사요건

1) 경영상 목적을 위한 필요성

지배주주가 소수주주에 대하여 주식매도청구권을 행사하기 위해서는 회사의 '경영상 목적을 달성하기 위하여 필요한 경우'이어야 한다(제360조의24 제1항). 주주총회 승인을 받고자 하는 경우에 주식매도청구의 목적을 주주총회의 소집통지서에 기재하고, 또 주주총회에서 그 내용을 설명하여야 한다(제360조의24 제4항 제2호). 독일의 경우, 우리보다 먼저 입법한 바 있는데, 소수주식의 강제매수를 위한 목적을 특별히 규정하고 있지 않은 점에서 우리와 차이를 보인다.[106]

2) 주주총회 승인

지배주주는 소수주주에 대한 주식매도청구권을 행사하기 위하여 사전에 주주총회의 승인을 받아야 한다(제360조의24 제3항). 주주총회의 소집을 통지할 때 '지배주주의 회사 주식의 보유 현황', '매도청구의 목적', '매매가액의 산정 근거와 적정성에 관한 공인된 감정인의 평가', '매매가액의 지급보증에 관한 사항'을 통지서에 기재해야 하며, 지배주주는 그 내용을 주주총회에서 설명해야 한다(제360조의24 제4항).

---

104 정찬형, 『상법강의(상)』, 제20판, 박영사, 2013, 803면.
105 비상장회사에까지 적용하는 것에 비판적인 입장으로는 김홍식, "개정상법상 소수주식의 강제매수제도에 관한 연구", 『안암법학』통권 제36호, 2011, 757면.
106 독일 주식법 제327a조~제327f조에 규정되어 있다.

3) 공고 및 통지

지배주주는 주식매도청구의 날 1개월 전까지 '소수주주는 매매가액의 수령과 동시에 주권을 지배주주에게 교부하여야 한다는 뜻', '주권을 교부하지 아니할 경우 매매가액을 수령하거나 지배주주가 매매가액을 공탁한 날에 주권은 무효가 된다는 뜻'을 공고하고, 주주명부에 적힌 주주와 질권자에게 그 통지해야 한다(제360조의24 제5항).

5. 법적 효과

1) 소수주주의 주식매도의무

지배주주가 소수주주에게 주식매도청구를 하면, 주식매도청구를 받은 소수주주는 매도청구를 받은 날로부터 2개월 내에 지배주주에게 그 주식을 매도하여야 한다(제360조의24 제6항).

2) 주식매도가액의 결정

양자 사이에 다툼이 발생할 수 있는 사안이다. 주식의 매도가액은 우선적으로 양 당사자의 협의가액에 의한다. 여의치 않으면 법원에 의한 결정가액으로 하게 된다. 회사의 영업양도 등에 관한 주주총회의 특별결의시에 그 결의 반대하는 소수주주 등에게 인정되는 주식매수청구권에서 그 주식매수가액의 결정방법과 동일하다(제335조의6, 제360조의5 제3항, 제360조의22, 제374조의2 제3항, 제4항, 제5항, 제530조 제2항, 제530조의11 제2항).

3) 주식의 이전시기

지배주주가 소수주주에게 주식매도청구권을 행사한 경우 지배주주가 '매매가액을 소수주주에게 지급한 때'에 주식이 이전된 것으로 본다(제360조의26 제1항). 지급받아야 할 소수주주가 어디에 있는지 알 수 없거나 소수주주가 지급을 거절하는 경우에는, 지배주주는 그 가액을 공탁할 수 있다. 이 경우 공탁한 날에 지배주주에게 이전된 것으로 본다(제360조의26 제2항).

Ⅲ. 소수주주의 주식매수청구권

1. 의의

지배주주에게 소수주주에 대한 주식매도청구권을 행사할 수 있도록 한 점에 대응하여, 소수주주에게도 그의 출자를 회수하여 동업관계를 해소할 수 있도록 소수주주의 지배주주에 대한 주식매수청구권을 인정하게 되었다.[107]

2. 법적 성질

지배주주의 소수주주에 대한 주식매도청구권과 마찬가지로, 소수주주가 주식매수청구권을 행사하면 지배주주는 매수를 청구한 소수주주로부터 그 주식을 매수해야 한다는 규정(제360조의25 제2항)에 따라, 주식매수청구권의 법적 성질은 형성권의 일종으로 본다.

3. 양 당사자

지배주주가 있는 회사의 소수주주는 언제든지 지배주주에게 그 보유주식의 매수를 청구할 수 있다(제360조의25 제1항). 주식매수청구권의 상대방은 발행주식총수의 100분의 95 이상을 자기의 계산으로 보유하고 있는 지배주주이다(제360조의25 제1항). 지배주주의 매도청구권과 달리, 소수주주의 매수청구는 소수주주 각자의 이익을 위한 개별적 행동이므로 일부 주주만이 매수청구를 할 수 있다.

4. 행사요건

소수주주는 언제든지 지배주주에게 그 보유주식의 매수를 청구할 수 있다(제360조의25 제1항). 반면 지배주주가 소수주주에게 주식매도청구권을 행사하기 위해서는 '경영상 목적을 달성하기 위하여 필요하고, 사전에 주주총회의 승인을 받아야 하며, 사전에 소수주주에게 공고·통지'해야 한다. 또한 회사의 영업양도 시 주주총회의 특별결의에 반대하는 소수주주는 회사에 대한 주식매수청구권을 행사하기 위해서는 '주주총회 전에 회사에 대하여 서면으로 그 결의에 반대하는 의사를 통지'하고, 주주총회의 결의일부터 20일 이내에 회사

---

107 법무부, 상법(회사법) 개정 공청회자료집, 2006. 7. 4. 53면 이하.

에 대하여 주식매수를 청구하도록 하고 있는데, '언제든지'라는 용어에서 나타나는 바와 같이 아무런 요건이 필요하지 않다는 점에서 차이를 보여준다.

5. 법적 효과

소수주주가 지배주주에게 주식매수를 청구하면, 주식매수청구권을 받은 지배주주는 주식매수를 청구한 날을 기준으로 2개월 이내에 매수를 청구한 주주로부터 그 주식을 매수하여야 한다(제360조의25 제2항). 그 이외의 '주식매수가액의 결정'의 문제나 주식의 이전 시기에 대하여는 지배주주의 소수주주에 대한 주식매도청구권과 동일하다.

제10절 자사주

I. 의의

회사가 발행한 주식을 회사 자신이 소유하고 있는 상태를 자기주식(its own share, eigene Aktien)이라 한다.[108] 일명 자사주라 한다. 자기주식의 취득은 회사 입장에서 보았을 때 순기능을 가지고 있다는 점에서 매력을 느낄 수 있다.[109] 회사의 자기주식취득은 취득한 만큼 주식의 유동물량을 줄이고 동시에 우호적인 주주에게 자기 주식을 처분할 기회를 갖게 된다. 이 경우 적대적 기업매수에 대한 경영권의 방어기능을 하게 된다. 또한 주가가 하락할 경우 자기주식을 취득하여 유통수량을 줄임으로써 주가를 진정시킬 수 있고, 주가가 급등하면 자기주식을 방출하여 주가를 진정시킬 수도 있다.

II. 주요국의 입법상황

1. 미국

자기주식취득은 증권시장의 질서를 문란하게 한다는 점이 지적된다. 자기주식취득을 금지해왔던 영국의 태도를 받아들인 미국 역시 자기주식취득을 금지하는 입장을 견지하였

---

108 정동윤, 『회사법』, 제6판, 법문사, 2000, 244면.
109 이철송, 『회사법강의』, 제20판, 박영사, 2012, 380면.

다.[110] 그러나 현재 각 주회사법에서는 자기주식취득을 긍정적으로 받아들이고 있다.[111] 다음의 요건들, 즉 (1) 자기주식취득으로 인해 회사가 채무초과상태가 되지 않고 (2) 성실한 믿음을 가지고 행사되고, (3) 다른 주주나 채권자의 이익을 침해하지 않는다고 하는 요건이 충족되는 한, 자기주식취득은 허용되는 것으로 하고 있다. 다만, 자기주식의 의결권만이 제한되는 것으로 하고 있다.

2. 독일

자사주 취득은 장점을 제공하기도 하지만 다양한 부작용이 발생하고 있다는 점에 유념하여 대륙법계 국가에서는 자사주의 규제를 원칙으로 하고 있다. 다만, 예외적으로 자사주취득을 인정한다. 독일 역시 마찬가지이다. 독일은 주식회사에 대하여 주식법 제71조가 자사주 취득에 대한 내용을 규정하고 있다.[112] 제71조 제1항은 회사의 직접적이면서 중대한 손해를 예방하기 위한 목적을 포함한 8가지 사항(제1호~제8호)에 대하여만 자사주 취득을 예외적으로 인정한다고 규정하고 있다.

독일 주식법 제71조 제1항 제1호~제8호

제1호, 중대하고 급박한 회사의 손해를 피하기 위하여 필요한 경우
제2호, 당해 회사나 계열회사의 현재 또는 과거의 근로자가 매수할 수 있도록 제공하는 경우
제3호, 주주에게 일정한 법규정에 따른 보상을 위하여 취득하는 경우
제4호, 무상취득이거나 금융기관이 매수위탁의 실행으로 취득하는 경우
제5호, 포괄승계에 의한 경우
제7호, 금융기관이 증권거래를 목적으로 주주총회 결의에 따라 하는 경우(결의에서는 거래량이 자본금의 5%를 초과해서는 아니됨을 명시하고 최고, 최저가를 명시해야 하며 승인기간은 5년을 초과할 수 없음)
제8호, 5년을 넘지 않는 기간 동안 최고가와 최저가를 정한 주주총회의 승인에 따라 자본금 10% 범위 내에서 하는 경우(거래소에서 취득하는 경우가 아닌 한 주주평등의 원칙을 지켜야 함)

---

110 Trevor v. Withworth (1887), 12 App. Cas. 409; Michael C. Wyatt, Company Acquisition of Own Shares, 3rd. ed., Longman, 1989, p. 5.
111 MBCA § 6.31(1); N.Y.Bus. Corp. Law ㎜ 513, 515, 517; Del. Gen. Corp. Law § 160(a); Penn. Corp. Law ㎜ 1002, 1701, 1708.
112 독일은 주식법 제71조에서 8가지 사항에 대하여 예외적으로 자사주 취득을 인정하고 있다.

주식법 제71b조는 "자사주로부터 발생하는 권리는 회사가 행사하지 못함"을 규정하고 있다.

3. 일본

일본은 독일법의 영향을 받아 자사주 취득을 엄격하게 제한하는 입장을 취하고 있었다. 그러나 최근 미국법과 독일법의 영향을 받아 자기주식의 취득에 대한 규제를 완화하고 있다(일본 회사법 제155조). 일본의 주식회사에 대한 회사법 규정은 독일 주식법과 유사한 모습을 띠고 있다.

4. 우리나라

자사주는 다양한 면에서 장점을 가지고 있기도 하지만, 다음과 같은 단점이 있기 때문에 우리나라 역시 자사주취득을 원칙적으로 허용하지 않고 있다. 회사가 회사 자신의 주식을 취득하는 것은 주식이 재산권이라는 측면에서, 굳이 다른 재산의 취득과 차별할 이유는 없는 것이 일반적일 것이다. 그러나 자기주식의 취득은 회사의 자본충실을 저해한다는 점을 간과할 수 없다. 또한 투기의 위험이 있다는 점, 주주평등의 실현을 방해한다는 점 또한 인정하지 않는 이유로 등장한다. 또한 불공정하게 회사를 지배할 수 있다는 점을 들어 자사주의 취득을 금지하는 예가 많다.[113] 우리 상법 역시 주식회사에 있어서 원칙적으로 자기주식의 취득을 금지하고 있었다(개정 전 제341조 참조).

2012년 4월 15일 개정되기 전 상법은 회사의 자사주 취득을 원칙적으로 금지하면서 예외적으로 주식소각, 합병, 권리실행상 목적달성을 위하여 필요한 경우 등에 있어서 인정하고 있었다(제341조). 상장회사의 경우에는 자본시장법에서 이익배당의 한도 내에서 자사주 취득을 허용하고 있었다(자본시장법 제165조의2). 이는 상장회사와 비상장회사 간 자사주 취득에 대한 법률 규율의 간격이 발생하고 있었음을 의미한다.[114] 2012년 기업경영의 투명성과 효율성을 높이기 위하여 자금조달과 회계 등의 영역에서 큰 폭의 상법 개정이 이루어졌다.[115] 자사주 취득에 대한 내용도 여기에 포함되어 있다. 상법은 상장회사에 대하여 자사주를 취득하고 있는 자본시장법의 내용을 상법에 받아들이는 태도를 취했다. 상장과 관련 없

---

113 김정호, 『회사법』, 제2판, 법문사, 2012, 206면.
114 입법정책에 대하여는 이철송, 『회사법강의』, 제20판, 박영사, 2012, 381면.
115 개정내용에 대하여는 이기수·최병규, 『회사법(상법강의 II)』, 제9판, 박영사, 2011, 53면 이하.

이 우선 배당가능이익(제462조 제1항)의 범위에서 자기주식을 취득할 수 있도록 하는 것에 있어서는 개정 전이나 다름없다(제341조의2).

4. 소결

　자사주에 대하여 주요국은 자사주취득이 회사의 자본충실을 저해할 수 있고, 불공정하게 회사를 지배할 수 있으며, 또한 소수주주의 이익침해 등이 발생한다는 점을 들어 원칙적으로 자사주취득을 금지하는 입법태도를 가지고 있었다. 그러나 시간이 지나면서 각국은 자사주취득이 부작용 동반을 하지 않음을 전제로 하면서, 예외적으로 그것을 허용하고 있다.

　미국 같은 경우는 회사의 채무초과가 발생하지 않는 경우라든가, 소수주주나 채권자의 이익을 침해하지 않는다면, 또 자사주의 취득이 성실한 믿음을 가지고 있다고 한다면, 자사주취득을 굳이 금지하고 있지 않다. 이는 자본충실에 반하지 않으면서 왜곡된 회사지배구조가 발생하지 않으며, 이해관계자의 이익을 저해하지 않는다면 자사주취득은 받아들일 수 있음을 의미한다. 독일 역시 미국의 태도와 유사한 면을 띠고 있다. 다만, 독일은 자사주취득에 대한 전제조건으로 주주총회의 사전승인을 하도록 명문으로 규정하고 있는 것이 눈에 띄고, 일본 역시 미국이나 독일의 경우와 유사한 입법태도를 가지고 있다. 우리나라 또한 다른 주요국의 경우와 마찬가지로 자사주취득을 원칙적으로 허용하지 않으면서, 예외적인 경우에는 그것을 인정해야 할 필요성 때문에 명문으로 자사주취득을 허용하고 있다.

Ⅲ. 순환출자의 금지와 허용 여부

1. 상호출자와 순환출자

1) 주식의 상호출자

　두 개의 독립된 회사가 서로 상대방에 대하여 출자를 하는 경우를 상상해 볼 수 있다. 독립된 두 개의 회사가 상호 간에 출자하고 있는 것을 우리는 주식의 상호출자(crossownership, wechselseitige Beteiligung)라고 한다(이를 '상호보유'라고 하기도 한다).[116] 인적회사인 합명회사를 제외하고, 어떤 회사형태이든지 두 개 이상의 독립된 회사들끼리 상호 출자할 수 있다는 점에서 "상호자본참가" 또는 "상호출자"라고도 하지만, 주식회사에서는 일반적으

116　정동윤, 『회사법』, 제6판, 법문사, 2000, 251면.

로 "상호주소유"라고 하며, 상호 간에 소유하는 상대방의 주식을 "상호주"라고 한다.[117] 우리 상법은 상호출자에 대하여 명시적인 규정을 두고 있다.[118]

2) 상호출자의 장단점

상호출자는 최소한의 자본으로 강력한 기업결합의 효과를 야기한다. 특히 계열기업의 확장을 위해 상호출자를 이용하는 경향이 있고, 또 상호주는 경영권분쟁에 있어 방어방법으로 이용할 수 있다는 점에서 그것의 효용가치는 매우 크다.[119] 그러나 상호출자는 그것을 보유하는 것 역시 우회적인 방법으로 자기주식을 취득하는 것과 동일한 효과를 야기한다는 측면에서 비판의 소지가 있다.[120] 특히 문제가 되는 것은 상호출자가 자기주식과 같이, 실제로 출자에 대한 환급효과를 가져오기 때문에 자본충실원칙의 위반에 대한 문제점이 있고, 진정한 출자자 대신에 출자 없이 간접적으로 회사를 지배하게 되며, 동시에 책임이 존재하지 않는 회사지배의 왜곡문제가 발생할 가능성이 있다는 점이다.

3) 주식의 순환출자

주식에 대한 상호보유는 두 개의 회사에서 형성되는 경우도 있지만(이를 '단순상호주'라고도 한다), 세 개 이상 회사 간의 순환적인 출자가 나타나기도 한다(이를 '고리형 상호주'라고도 한다).[121] 이 역시 상호주의 한 단면이라고 할 수 있다. '순환'이라고 하는 것은 '주기적으로 자꾸 되풀이하여 도는 것 또는 그런 과정'을 의미한다. '순환출자'라 함은 하나의 그룹 안에서 A기업이 B기업에, B기업이 C기업에, C기업은 A기업에 다시 출자하는 식으로 그룹 계열사들끼리 돌려가며 자본을 늘려가는 것을 말한다.[122] 우리 상법은 상호출자에 대

---

117 이철송, 『회사법강의』, 제20판, 박영사, 2012, 403면.
118 상법 제342조의2(자회사에의한모회사주식의취득) (1) 다른 회사의 발행주식의 총수의 100분의 50을 초과하는 주식을 가진 회사(이하 "모회사"라 한다)의 주식은 다음의 경우를 제외하고는 그 다른 회사(이하 "자회사"라 한다)가 이를 취득할 수 없다. 1. 주식의 포괄적 교환, 주식의 포괄적 이전, 회사의 합병 또는 다른 회사의 영업전부의 양수로 인한 때. 2. 회사의 권리를 실행함에 있어 그 목적을 달성하기 위하여 필요한 때.
119 이철송, 『회사법강의』, 제20판, 박영사, 2012, 403면.
120 천경훈, 순환출자의 법적 문제, "기업집단의 회사법적 쟁점" 상사법학회 2013년 동계학술대회, 2013, 50면 이하.
121 김정호, 『회사법』, 제2판, 법문사, 2012, 215면.
122 이철송, 『회사법강의』, 제20판, 박영사, 2012, 403면에서도 자세히 설명하고 있지만, 자본금 100억 원을 가진 A사가 B사에 50억 원을 출자하고 B는 다시 C사에 30억 원을 출자하며 C사는 다시 A사에 10억 원을 출자하는 방식이 여기에 해당한다.

하여는 이를 명문으로 규정하여 금지하고 있지만, 순환출자에 대하여는 특별하게 금지하는 규정이 없다.

2. 순환출자의 태양

순환출자의 모습은 다양하게 나타나고 있기 때문에, 하나의 방법으로 분류하는 것은 용이하지 않은 면이 있다. 그렇지만 순환출자의 이해를 돕기 위하여 다음과 같은 분류방법을 택한다.[123]

1) 단핵구조

지배구조에서 중심 역할을 하는 특정회사의 주주로 다수 계열사가 참여하는 유형을 단핵구조로 칭할 수 있다. 그 특정회사를 출발점 및 종결점으로 하여 다수의 순환고리가 닫히는 유형이 여기에 해당한다.[124] 대표적인 기업으로 삼성그룹을 들 수 있다. 삼성그룹은 15개의 순환출자를 가지고 있으며, 이 가운데 14개가 삼성에버랜드를 출발점으로 하여 다수의 순환출자로 이루어져 있다.[125] 롯데, 동양, 영풍 그룹 등이 단핵구조의 유형을 띠고 있다.

2) 단순삼각구조

복수의 회사가 전형적인 순환출자 구조를 취하여, 어느 회사를 출발점으로 하더라도 순환고리의 모습을 띠게 되는 유형이다. 이러한 유형에 대하여 '환상형 또는 고리형 상호주'라고 칭하는 학자들도 있다.[126] 경제개혁연구소에 따르면, 현대중공업그룹의 순환출자는 "현대중공업 → 현대삼호중공업 → 현대미포조선 → 현대중공업" 형태를 띠고 있다.[127] 단순삼각구조의 대표적인 유형으로 현대중공업이 여기에 속한다고 할 수 있다.

---

123 천경훈, 순환출자의 법적 문제, "기업집단의 회사법적 쟁점" 상사법학회 2013년 동계학술대회, 2013, 43면 이하.
124 A회사에 대한 지배력 확보를 위해 동일 기업집단 소속 B, C, D사가 A사에 지분을 보유하고 그 상단을 거슬러 올라가면 다시 A사가 위치하는 구조이다.
125 이은정·이수정, "대규모기업집단의 순환출자 형성 과정과 배경", ERRI 경제개혁연구소, 2013, 3면.
126 김정호, 『회사법』, 제2판, 법문사, 2012, 215면.
127 이은정·이수정, "대규모기업집단의 순환출자 형성 과정과 배경", ERRI 경제개혁연구소, 2013, 23면.

3) 다핵구조

뚜렷한 핵심회사를 지목하기 어렵고 다수의 순환고리가 발견되는 유형을 다핵구조로 칭할 수 있다.[128] 그러나 근본적으로 '단순삼각구조'와 유사하지만, '단순삼각구조'에 다른 회사가 추가적으로 참여하여 지배력 확보를 보조하는 경우가 있다. '현대자동차 그룹'을 들수 있다. 현대자동차의 경우 순환출자의 모습은 1) 현대자동차 → 기아자동차 → 현대모비스 → 현대자동차, 2) 현대자동차 → 기아자동차 → 현대제철 → 현대모비스 → 현대자동차 형태인 두 가지로 나타낼 수 있다. 전자는 현대자동차가 기아자동차의 지분을 매입한 이후 2000년 기아자동차의 현대모비스 지분매입으로 이루어졌고, 후자의 순환출자는 2001년 기아자동차가 현대자동차로부터 현대제철 지분을 매입하면서 이루어졌다.[129] 또 다른 형태는 '단순삼각구조'에서 어느 한 회사가 차지할 역할을 다수 회사가 나누어 맡는 형태를 볼 수 있다. 예를 들면 현대그룹의 경우 현대엘리베이터 → 현대상선 → 현대증권 → 현대엘리베이터의 순환출자 구조를 기본으로 하여 현대로지스틱스와 현대글로벌이 중간고리를 하는 순환출자가 추가된 모습이다.[130]

3. 순환출자금지의 찬·반론

1) 의의

순환출자의 금지에 대한 논의는 김대중 정부에서 촉발되었다.[131] 1999년 8월 15일 대통령 경축사에서 대기업집단 소속 계열사 간 순환출자를 억제하겠다는 정책이 발표되었다. 그 당시 정책의 초점은 계열사 간 출자를 통한 가공자본의 형성에 있었다. 박근혜정부가 들어선 2013년 '대기업집단 계열사 간 신규 순환출자 금지'라는 경제정책방향이 정하였다. 이러한 인식은 이명박 정부 5년 동안 대기업의 순환출자가 증가, 순환출자를 통하여 총수 지배력 강화나 부실계열사 지원 등에 사용한 사례가 점증되었다는 인식하에, 대기업의 순환출자 금지를 위한 법률 개정이 경제민주화의 핵심 이슈로 등장하게 되었다. 정치권의 목소리와 관계없이 다양한 문제점들이 학자들에 의하여 논의되고 있다.[132] 순환출자를 금지하는

---

128 천경훈, 순환출자의 법적 문제, "기업집단의 회사법적 쟁점" 상사법학회 2013년 동계학술대회, 2013, 44면.
129 이은정·이수정, "대규모기업집단의 순환출자 형성 과정과 배경", ERRI 경제개혁연구소, 2013, 13면.
130 이은정·이수정, "대규모기업집단의 순환출자 형성 과정과 배경", ERRI 경제개혁연구소, 2013, 30면.
131 임영재·전성인, "기업집단의 순환출자: 시장규율과 감독규율의 역할", KDI 정책연구시리즈, 2009, 9면 이하.
132 이미 2006년에 논의한 저서로 순환출자금지에 찬성한 입장으로는 김진방, "재벌의 소유구조", 나남출판사,

것이 타당한 것인가, 금지함으로써 발생하는 문제점을 해소할 해결책은 제시되었는가, 또 순환출자를 금지한다면 어느 범위까지 금지해야 하는가의 문제 등이 꼬리를 물면서 제기되고 있다.

2) 찬성론

2004년 10월 채수찬 의원이 제출한 기업지배·소유구조의 근본적 개선을 위해, 순환출자 금지에 대한 규정을 공정거래법에 신설해야 한다는 주장이 제시되었다.[133] 2006년 공정거래위원회는 소유지배구조의 왜곡을 초래하는 순환출자구조의 개선이 필요하다는 입장을 표명하였다.[134] 금지를 주장하는 입장의 태도는 다음 세 가지로 요약될 수 있다.[135]

첫째, 상호출자금지의 입법취지를 확대하여 적용해야 할 필요가 있다고 한다. 현행 상법과 공정거래법은 가공자본의 형성이 되는 상호출자에 대하여 제한을 가하고 있는데, 동일한 효과를 야기하는 순환출자에 대하여는 제한을 가하지 않고 있다고 하면서 입법취지를 확대하여 적용할 것을 주장한다. 이들은 순환출자라고 하는 것 역시 상호출자의 간접적인 형태에 불과하기 때문에 규제는 반드시 필요하다는 것이다.

둘째, 순환출자는 계열사 간 출자를 통하여 가공자본을 형성한다는 주장도 제기된다.[136] 기업집단 이내에 존재하는 자본보다 가공자본의 비율이 높아질 경우 소액주주 등 외부투자자들로서는 가공자본으로 과대 계산된 기업집단 계열사의 주식을 보유하게 될 수 있다는 주장이다. 결국 가공자본은 기업집단 내 출자관계에서 형성되는 것이고, 한 기업집단 내 가공자본은 계열사 자본총계의 총합과 결합재부제표상의 자본총계(이를 실질자본이라고도 한다) 간의 차이라고 한다.[137]

셋째, 지배구조의 왜곡문제를 든다. 순환출자는 가공적 자본을 형성함으로써 기업의 지

2005; 반대 입장으로는 전삼현, "순환출자금지법안에 관한 법리 검토", 『규제연구』 제15권 제2호, 2006, 63면 이하.

133 채수찬, "기업지배·소유구조의 근본적 개선: 순환출자금지방안", 2004 정기국회 정책자료집, 2004.

134 당시 공정거래위원회는 개선방안으로서 1) 환상형 순환출자금지, 2) 사업지부회사제도, 3) 일본식 사업지배력의 과도집중 금지, 4) 영미식 공시제도 등 출자총액제한제도 폐지에 따른 대안으로 제시함으로써 공정거래법을 통하여 순환출자를 금지시키고자 하였다. 매일경제신문 2006년 8월 5일자.

135 임영재, "환상형 순환출자의 본질에 대한 이해 및 정책방향", KDI 정책포럼, 한국개발연구원, 2007, 3면 이하; 이은정·이수정, "대규모기업집단의 순환출자 형성 과정과 배경", 경제개혁리포트, ERRI 경제개혁연구소, 2013, 3면 이하.

136 임영재·전성인, "기업집단의 순환출자: 시장규율과 감독규율의 역할", KDI 정책연구시리즈, 2009, 9면 이하.

137 김진방, 『재벌의 소유구조』, 나남출판사, 2005, 40면 이하.

배구조를 왜곡시킨다는 것이다. 그러므로 실질소유권을 과도하게 초과하는 의결권행사를 제한하기 위한 수단으로서 순환출자를 금지시킬 필요가 있다고 한다. 핵심계열사는 다양한 계열사들에 출자를 하고 있으므로, 핵심계열사의 순환출자금지를 통해 다수 계열사의 소유지배의 왜곡문제를 해소할 수 있다고 주장한다.

3) 반대론

순환출자의 금지를 위한 방법은 신규 순환출자 및 기준 순환출자를 모두 금지하는 방안과 신규순환출자만 금지하는 방안이 제시된다. 기존 순환출자를 모두 금지하는 경우는 순환출자를 형성하고 있는 계열사 간 출자는 전면 금지되고, 신규 순환출자만을 금지하는 경우라도 새롭게 순환고리가 형성되는 기업에는 출자를 할 수 없기 때문에 출자대상을 제한하는 효과는 여전하다. 순환출자를 금지하면 다음과 같은 문제가 발생된다는 점에서 반대한다.[138]

첫째, 유상증자를 통한 자금조달의 곤란성을 이유로 반대한다. 순환출자가 금지되면 기존 순환출자상 계열사나 출자로 신규 순환고리가 형성될 수 있는 계열사들은 피출자회사의 유상증자에 참여하거나 실권주를 인수할 수 없게 된다. 기준 순환출자상 추가 출자를 금지하는 경우 순환출자를 금지하는 경우 순환고리상 피출자회사가 유상증자를 할 때 순환고리상의 계열사들이 이에 참여할 수 없어 대규모 실권이 불가피하게 된다. 신규 순환고리 형성만 금지라는 경우라도 유상증자 과정에서 발생한 실권주를 제3자 배정방식으로 계열사에 매각하여 해도 새로운 순환고리가 형성될 수 있는 계열사들은 이를 인수할 수 없는 결과를 초래하게 된다는 점에서 문제가 있다는 것이다.

둘째, 대규모 투자프로젝트를 추진할 수 없는 곤란함이 발생한다고 한다. 계열사 간 출자에 의한 집중적 자금조달이 어렵기 때문에 반도체, 통신서비스 등 리스크가 큰 첨단산업과 철강, 조선 등 투자비용이 크게 소요되는 장치산업에 대한 대형 프로젝트의 추진이 사실상 불가능하게 된다. 사실 우리나라의 대기업이 가지고 있는 커다란 장점 중의 하나이다.

셋째, 합병·분사 등 구조조정의 곤란함이 발생한다는 것이다. 핵심역량의 집중과 경영효율화를 위해 동종업종 계열사 간 합병을 하거나 사업부를 분사하는 과정에서 신규 순환고

---

138 임상혁, "순환출자 금지의 문제점", Report on Current Issue, 2006, 5면 이하; .김정호, "순환출자의 회사법적 문제점", KERI 컬럼, 2013.

리가 불가피하게 발생될 수 있다. 그러나 신규 순환출자를 금지하게 되면, 불가피한 기업구조조정을 추진할 수 없는 상황이 발생하게 된다. 위에서 언급한 현대자동차가 기아자동차를 인수한 상황을 상상해 보면, 순환출자를 반대하는 것만으로 능사가 아님을 알 수 있다.

넷째, 순환출자의 자연적인 발생가능성을 든다. 실제로 대규모 기업집단이 계열을 분리할 경우 계열 간 지분정리과정에서 신규 순환고리가 불가피하게 발생될 뿐만 아니라, 대규모 기업집단이 수 개의 사업별 지주회사체제로 전환하는 경우에도 서로 다른 지주회사에 소속된 회사 간 지분을 정리하는 과정에서 신규 순환고리가 형성될 수 있다.

다섯째, 적대적 M&A 방어에 취약하다는 점은 든다. 경영권 방어장치가 부족한 상황에서 출자가 금지됨에 따라 국내 기업에 대한 출자가 자유로운 외국기업이 적대적 M&A를 시도할 경우 경영권 방어에 곤란하게 된다는 것이다.

여섯째, 신규출자를 금지하게 되면, 민영화·법정관리 기업 등을 인수하기 곤란하다는 점은 든다. 매물로 나온 공기업이나 법정관리 기업 등을 인수하여 기존사업 확대, 신규사업 진출 등을 추진하는 경우에, 동 기업을 인수한 후 경영권 강화 등을 위해 지분을 정리하는 과정에서 신규 순환규리가 형성될 가능성이 있다. 공기업이나 법정관리 기업을 인수하기 위해서는 대규모 자금을 확보해야 하는데, 이 과정에서 특수관계인이나 계열사 등 내부주주 등이 자금여력이 없는 경우라면 경영권은 약화될 수밖에 없다는 점에서, 일리가 있는 주장이다.

일곱째, 포트폴리오 차원의 투자 곤란성도 제기된다. 순환출자를 금지하게 되면, 기업 지배목적이 아닌 순수 투자 목적으로 여유자금을 우량주식에 투자하고자 하여도 기존 순환출자상의 기업과 신규로 순환출자가 형성될 수 있는 기업의 주식에 대하여 투자할 수 없는 상황이 발생할 수 있을 것이다. 또한 금융기관이나 보험회사의 경우 자산운용을 위해 다양한 기업의 주식에 투자할 필요가 있으나, 기준 순환출자의 증액이나 증분 출자를 금지하거나 신규 순환출자를 금지하게 되면 투자대상 기업이 크게 제약을 받을 수밖에 없을 것이다.

여덟째, 기준 순환출자와의 형평성 문제도 제기될 수 있다. 신규 순환출자를 금지하게 되면, 기 형성된 순환출자와의 형평성 시비를 피할 수 없게 될 것이다. 또한 기준 순환출자를 해소하는 정책이 이루어진다면, 경영의 불확실성은 가중될 가능성이 있다. 기형성된 순환투자는 인정하면서 신규 순환출자만 금지한다면 기업 간, 기업집단 간 형평성 시비가 발생될 우려 또한 제기된다.

4. 소결

새 정부는 순환출자에 대한 해소방안으로서 신규 순환출자에 대한 금지방안으로 결정한 것으로 보도되고 있다. 공정거래위원회는 순환출자 없이도 자기자본이나 증자·차입 등의 방법으로 대형 인수와 합병(M&A)이 가능하다는 점, 대기업집단의 평균 내부 지분율이 55%여서 해외 투기자본으로부터 적대적 M&A에 노출될 위험이 크지 않다는 점 및 자금 여력이 풍부해 대형기업 인수에 문제가 없다는 점을 들어 신규순환출자를 금지하는 방안을 수용하고자 한다. 공정거래위원회는 신규 순환출자를 금지하는 입법화를 추진하고자 한다.

공정거래위원회의 입법화 추진과 관련하여, 상호출자의 변형으로서 발생하는 순환출자에 대하여 입법화를 추진하는 것이 타당한 것인가, 또 그것이 타당하다면 어느 법률에 입법하는 것이 합당한 것인가에 대한 물음이 제기된다. 그 문제를 해결하기 위하여, 순환출자에 대하여 주요국에서 실제로 어떠한 문제들이 논의되었으며, 또 순환출자가 형성된 사례를 살펴보고자 한다.

IV. 독일의 순환출자 형성과 입법체계

1. 출자형태

독일의 경우 순환출자의 문제 역시 상호주에 논의에서 출발하고 있다. 독일에서도 서로 계열관계가 없는 2개 회사 또는 다수의 회사가 경영권 안정 등의 목적으로 일정한 지분을 상호 보유하고자 한다. 특히 독일의 경우는 상호지분출자에 있어서 금융기관이 중요한 역할을 하고 있다는 점이다. 독일의 상호출자는 다음과 같은 세 개의 유형으로 구별된다.[139]

1) 단순상호출자

교환적 출자관계의 가장 기본적인 형태이다. 독립된 두 회사가 서로 상대방 회사에 대하여 상호 간 출자하는 모형이다. A회사가 B회사의 주식을 보유하고, B회사는 다시 A회사의 주식을 보유할 때 나타나는 모습이다.

---

139 김정호, 『회사법』, 제2판, 법문사, 2012, 215면.

2) 고리형 상호출자

간접상호출자라고 하는 환상형 또는 고리형 상호주는 독립된 세 회사가 원형의 출자관계를 가질 때 나타나게 된다. A회사는 B회사에 대하여 출자하고 B회사는 C회사에 대하여 출자하며, C회사는 다시 A회사에 대하여 출자하는 모습이다.

3) 항렬식 상호출자

단순상호출자나 고리형 상호출자와 달리 항렬식 상호출자는 다수 회사 간의 상호출자관계에서 나타난다. A, B, C, ……, N의 회사가 자신을 제외한 모든 다른 회사에 대하여 서로 출자하는 경우이다. A는 B, C, …… , N에 대하여 출자하고, B는 A, C, … , N에 대하여 출자하고, C는 A, B, …… , N에 대하여 출자하는 모습이다.

독일의 경우 상호 간 계열관계가 없는 Siemens, Allianz 등의 대기업은 물론이거니와 Deutsche Bank, Dresdner Bank 등의 금융기관은 20% 대의 소유지분을 상호 교차하여 보유하고 있다. 독일 주식법은 상호출자에 대하여 일방의 지분비율이 25%를 초과할 때에 규제하고자 한다. 또한 순환출자는 순환고리 중 적어도 하나는 지배관계가 인정되어야 규제대상이 되는데, 실제로 여기에 적용되는 사례는 거의 없는 것으로 알려져 있다.

2. 상호출자에 대한 입법적 논의

1) 의의

독일 주식법상 상호출자라 함은 두 개의 회사가 서로 상대방의 주식을 출자하는 경우를 의미한다. 주식법은 주식의 상호출자에 관하여 일반적인 규정을 두고 있지 않다. 다만, 독일 주식법 제15조는 결합된 기업(Verbundenene Unternehmen)에 대한 다양한 유형을 규정하고 있는데, 일정한 수준의 상호출자상태에 있는 기업들을 결합기업의 일종으로 보고 있다.[140] 독일 주식법에서 상호출자기업(Wechselseitig beteiligte Unternehmen)이란 "국내에 주소를 가진 자본회사의 형태를 취하는 기업으로서 각 기업이 상대방 기업의 지분을 25% 넘게 보유함으로써 결합하고 있는 기업들"을 의미한다(주식법 제19조 제1항 제1문).[141]

---

140 Emmerich/Habersack, Konzernrecht, Verlag C.H.Beck, 9. Aufl., 2008, S. 24 f.

141 § 19 (Wechselseitig beteiligte Unternehmen) AktG (1) Wechselseitig beteiligte Unternehmen sind Unternehmen mit Sitz im Inland in der Rechtsform einer Kapitalgesellschaft, die dadurch verbunden

상호출자기업의 일방 또는 쌍방이 상대방 기업의 과반수지분을 보유하거나 상대방 기업에 직접 또는 간접으로 지배적 영향력을 행사할 수 있는 경우(주식법 제17조)는 "특별한 상호출자"로 규정하고 있다.[142] 특히 결합기업 사이에 지배종속관계가 존재하고 통일적 지휘(einheitliche Leitung)가 존재하는 경우에는 콘체른으로 인정되며(주식법 제18조 제1항),[143] 이 경우 콘체른법의 적용을 받게 된다. 상호출자가 두 개의 기업 사이에 상호적으로 일어나는 현상인데 반하여, 순환출자는 두 개의 기업 사이에 하나 이상의 기업이 관여하는 경우를 의미한다. 주식법은 상호출자와 달리 순환출자에 대하여는 특별한 규정을 두고 있지 않다. 다만, B가 A의 종속회사이고 B가 보유하는 C주식과 C가 보유하는 A주식이 25%를 넘는 경우에는 A와 C가 상호출자기업으로 인정된다(주식법 제19조 제1항 제2문, 제16조 제2항 제2문 및 제4항).

2) 상호출자

주식법은 상호보유 자체를 금지하지 않지만, 상호출자가 25%를 넘는 경우에는 주식의 권리를 제한하고 있다. 주식법 제328조가 권리행사의 제한에 대하여 자세히 규정하고 있다.

주식법은 상호출자기업은 25%를 넘는 주식에 대해서는 원칙적으로 권리행사를 제한하고 있다. 우리 상법은 권리제한이 의결권에 한정되고 있는 점과 달리, 독일의 경우 주주권 전반에 미친다는 점에서 차이를 보이고 있다. 다만, 25%까지의 주식에 대해서는 권리행사가 허용되지만 예외가 있다.[144] 첫째, 권리행사의 금지는 당해 회사가 상대방 회사로부터 25% 초과 주식취득에 관한 통지를 받기 전에, 그리고 상호출자의 존재를 알기 전에 이미 상대방 회사에 그러한 통지를 보낸 경우에는 적용되지 않는다(주식법 제328조 제2항). 둘째, 무상증자 시의 신주인수권에 대해서는 적용이 없다(주식법 제328조 제1항 제2문). 상장회사의 경우 특례가 있다. 상대방회사가 상장회사인 경우 상호출자의 존재를 알게 된 회사는 감사회 구성원의 선임과 관련하여 의결권을 행사할 수 없다(주식법 제328조 제3항). 의결권 행사가 금지되는 것은 감사회 구성원의 선임과 관련한 결의에 한정되며, 금지되는 것은 보유

---

sind, dass jedem Unternehmen mehr als der vierte Teil der Anteile des anderen Unternehmen gehört. 이하 생략.
142 독일 주식법 제17조는 종속회사와 지배회사에 대하여 규정하고 있다.
143 독일 주식법 제18조는 콘체른과 콘체른기업에 대한 규정이다.
144 Hüffer, Aktiengesetz, Verlag C.H.Beck, 7. Aufl., 2006, § 328 Fdn. 6.

주식 전부에 관해서이다. 이는 1998년 개정 시 도입된 특례이나, 실제로 상장회사에서 25% 이상을 보유하는 경우는 거의 없다고 한다.

3) 특별한 상호출자

상호출자기업의 일방 또는 쌍방이 상대방 기업의 과반수 지분을 보유하거나 상대방 기업에 직접 또는 간접으로 지배적 영향력을 행사할 수 있는 경우(주식법 제17조)는 "특별한 상호출자"라 하여 특별한 규정이 적용된다. 종속회사의 지배회사 주식취득을 자기주식 취득과 유사하게 취급하는 것이다. A와 B가 상호출자기업에 해당함과 동시에 A가 B에게 지배적 영향력을 행사할 수 있는 경우에는 권리제한에 관한 제328조의 적용은 배제된다. 그 대신 제56조 제2항과 제71d조가 적용된다. 그 결과 B는 A의 증자 시에 신주를 인수할 수 없고(주식법 제56조 제2항), B가 A의 주식을 취득하는 것은 예외적으로 자기주식취득이 허용되는 경우에 한한다(주식법 제71d조 제2문, 제71조 제1항 제1호 내지 제5호, 제7호, 제8호).[145]

3. 순환출자에 대한 입법적 논의

독일 주식법은 순환출자에 대하여 직접적으로 규제하고 있지 않다. 주식법에 명문의 규정이 없다는 것은 허용과 금지가 다양하게 발생될 수 있다는 것을 의미한다. 여러 경우를 고찰해 보기로 한다.[146]

1) 금지와 금지배제의 경우

독일 주식법상 자본회사의 형태를 가진 기업 사이에 25%의 지분을 출자하게 되면 상호출자가 성립하게 된다(주식법 제19조 제1항 제1문). 다만, 보유주식을 계산할 때는 종속회사의 주식도 합산한다(주식법 제19조 제1항 제2문, 제16조 제4항). 세 개의 독립된 회사가 존

---

145 자기주식의 취득과 관련하여 주식법 제71조 이하에서 상세하게 규정하고 있다. 취득한 지배회사주식과 다른 회사주식은 자본금 10%를 넘을 수 없고(주식법 제71d조 제2문, 제71조 제2항), B가 예외적으로 취득하는 것이 허용된 A의 주식에 대해서는 주주권을 행사할 수 없으며(주식법 제71d조 제4문 제71b조), B가 예외적으로 취득하여 보유하는 주식이 자본금의 10%를 넘는 경우에는 초과분은 취득일로부터 3년 내에 처분해야 한다(주식법 제71d조 제4문, 제71c조).

146 천경훈, 순환출자의 법적 문제, "기업집단의 회사법적 쟁점" 상사법학회 2013년 동계학술대회, 2013, 70면.

재하는 경우 A가 지배회사이면서 25%를 B회사에 출자하면서, B회사가 종속회사가 되고 동시에 회사 B가 25%의 지분을 회사 C에 출자하는 경우를 생각해 볼 수 있다. 또한 이 경우 C회사가 A회사에 25%의 지분을 출자한 경우라면, 이 경우 A회사와 C회사는 상호출자, 즉 상호보유에 속하게 된다.

독일 주식법에 따르면, 하나의 독립된 자본회사가 다른 회사에 대하여 25%의 지분출자가 이루어지면 상호출자가 형성되고(주식법 제19조 제1항), 과반이상의 출자가 다른 회사에 상호출자의 형태로 형성되어 있거나 한 회사가 다른 회사에 대하여 직접적이거나 간접적으로 지배적인 영향력을 행사하는 경우라면, 하나의 회사는 지배회사, 그리고 또 다른 회사는 종속회사로 간주된다(주식법 제19조 제2항). 그러므로 B회사가 A회사의 종속회사에 해당하고 B회사가 C회사에 25% 지분출자를 가지고 있는 동시에, C회사가 A회사에 25%의 지분을 출자한 경우라면, C회사와 A회사는 상호출자에 해당하게 된다. 그러나 A회사가 B회사의 지분 25%를 소유하고 있다고 해서 지배적 영향력을 행사한다고 볼 수는 없을 것이다.

한편 B회사가 A회사를 지배적인 영향력을 행사할 수 있는 지배회사와 종속회사라고 생각해보자. 이 경우 종속회사는 지배회사의 주식을 인수할 수 없다고 하고 있는 주식법 제56조 제2항, 제71d조에 따라 A회사의 B회사 주식취득은 불가능하다. 이 경우 B회사가 25% 또는 30%의 주식보유로 C회사를 통하여 A회사를 지배하는 것으로 볼 수 있는가의 문제가 발생할 수 있는데, 반드시 지배적 영향력을 인정한다고 볼 수는 없는 것이라 할 것이다.[147] 결국 독일 주식법에서 순환출자는 허용되는 경우가 발생함을 알 수 있다.

2) 의결권이 제한되는 경우

순환출자의 경우라 할지라도, 만약 그 순환출자가 상호출자와 같은 경우가 발생한다면, 주식법 제328조가 적용되어 주주의 의결권이 제한될 수 있다. A회사가 B회사에 대하여 30% 지분을 가지고 있다고 생각해 보자. 일반적으로 보아 30% 지분은 A회사가 B회사에 대하여 지배적인 영향력을 행사하는 것으로 볼 수 없다. B회사가 C회사에 대하여 과반의 지분을 가지고 있고, C회사가 A회사에 대하여 30% 지분을 가지고 있다고 하여도, 독일 주

---

[147] 천경훈, 순환출자의 법적 문제, "기업집단의 회사법적 쟁점" 상사법학회 2013년 동계학술대회, 2013, 71면 참조. 천교수에 따르면, 지배적 영향력의 보유여부는 C회사와 A회사의 주식보유구조와 주주총회의 참석률에 달려있다고 한다. 주식이 널리 분산되어 있고 참석률이 60%에 미달하는 경우가 아니라면 30%의 주식보유로 주주총회결의를 좌우할 수 없고 따라서 지배적 영향력을 인정할 수 없다고 한다.

식법에서 의미하는 통상의 상호출자는 발생하지 않는다. 그러나 실무상 주주총회의 출석률이 낮아지게 되면 B회사가 C회사에 대하여 과반이 아니라도 C회사에 대하여 지배적인 영향력을 행사할 가능성이 제기된다. 이렇게 된다면 C가 가지고 있는 A에 대한 주식은 B회사가 가지고 있는 것으로 볼 수 있게 된다. 결국 A회사와 B회사는 상호출자의 형태를 벗어나지 못하게 되는 것이다.

3) 자기주식에 상응하는 규제

A회사가 B회사에 대하여 40%의 출자를 하고 있으면서, B회사는 C회사에 대하여 40%이상의 출자를, 그리고 C회사는 A회사에 대하여 40%이상의 출자를 하고 있는 경우를 상상해보자. B회사와 C회사, C회사와 A회사 사이에는 지배관계가 성립한다. A회사와 B회사, B회사와 C회사 사이에는 상호출자관계가 성립한다. 그러나 만약 A회사가 B회사에 지배적 영향력을 행사하지 않는다면, A회사가 C회사의 주식을 보유하고 있다고 할 수 없으므로, C회사와 A회사 사이에는 상호출자관계가 성립될 수 없다.

만약 A회사와 B회사, B회사와 C회사의 상호출자형태가 지배회사와 종속회사의 상호출자에 해당하는 경우라면, 이 경우 주식법 제17조가 규정하고 있는 '특별한 상호출자'에 해당하게 된다. 그렇게 된다면 '일반적인 상호출자'의 경우에 25%를 넘는 주식에 대하여 원칙적으로 권리행사를 할 수 없다고 하는 주식법 제328조가 적용되는 것이 아니라, 주식법 제19조 제4항 및 주식법 제71d조에 따라 자기주식에 상응하는 규제의 틀이 적용된다. 결국 A회사는 B회사의 종속회사에 해당하게 되고, A회사가 B회사의 주식을 취득하거나 보유하는 것은 자기주식취득에 해당하게 된다. 이제 자기주식의 취득은 주식법 제71조 제1항에 따라 예외적인 취득이 인정되지만, 주주권 행사는 불가능하게 된다.

V. 우리나라

우리 상법은 다른 회사의 발행주식총수의 100분의 50을 초과하는 주식을 가진 회사를 모회사라 하고, 그 다른 회사를 자회사라 하고 본다(제342조의2 제1항 본문). 자회사가 다른 회사의 발행주식총수의 100분의 50을 초과하는 주식을 갖거나, 모회사와 자회사가 가진 것을 합산하여 100분의 50을 초과할 때 그 다른 회사를 모회사의 자회사로 본다(제342조의2 제3항). 이를 손자회사라고 한다. 상법은 모자회사 사이에 대하여 주식취득을 제한하고 있다. 즉, 자회사는 모회사의 주식을 취득할 수 없도록 하고 있다(제342조의2 제1항 본문). 또한 자기주식과 마찬가지로 타인의 이름으로 취득하는 경우라 할지라도 자회사의 계산으로 취득한다고 한다면 역시 금지되는 것으로 해석한다.[148] 자회사가 모회사주식을 질취하는 것 역시 자기주식의 질취와 동질적인 것으로 판단하여, 명문의 규정이 없다고 할지라도 금지되는 것으로 해석한다. 다음과 같은 경우에 상호주식의 취득에 대한 예외가 인정된다. 첫째, 주식의 포괄적 교환·이전에 의해 자회사가 모회사의 주식을 갖게 되는 경우라든가 자회사가 모회사 주식을 가지고 있는 다른 회사를 흡수합병하거나 영업 전부를 양수하는 경우를 들 수 있다. 둘째, 회사의 권리를 실행함에 있어 그 목적을 달성하기 위하여 필요한 경우에는 모회사의 주식을 취득할 수 있다(제342조의2 제1항 제1호, 제2호). 셋째, 흡수합병 시에 존속회사가 소멸회사의 주주에게 합병의 대가로 자기의 모회사주식을 제공하려 할 때에는 사전에 모회사의 주식취득이 가능하다(제523조의2).

모회사주식을 취득한다고 할지라도 6개월 내에 해당 주식을 처분해야 한다(제342조의2 제2항). 모회사주식을 처분할 때까지 권리행사를 어떻게 보아야 할 것인가에 대한 물음이 제기될 수 있다. 자기주식과 마찬가지로 모회사 주식에 관한 일체의 권리행사가 휴지되는 것으로 보아야 할 것이다.[149] 이 점 독일의 경우 주식법에서 명문화되어 있다(독일 주식법 제71d조와 71b조를 참조). 자회사의 모회사주식에 대한 의결권에 대하여는, 상법은 제369조 제3항의 상호주에 해당하는 것으로 보아 의결권 행사는 할 수 없는 것으로 보아야 할 것이다. 모자회사가 아닌 비모자회사 간 상호주규제에 대한 물음이 있다. 상법은 회사, 모회사 및 자회사 또는 자회사가 다른 회사의 발행주식총수의 10분의 1을 초과하는 주식을 가지고 있는 경우, 그 다른 회사가 가지고 있는 회사 또는 모회사의 주식은 의결권이 없다고 규정하고 있다(제369조 제3항). 우리 상법의 태도를 보면, 자회사가 모회사주식을 취득하는 것을 금지하면서, 비모자회사 간의 상호주에 대하여는 주식취득은 허용하면서 의결권만을 제한하는 태도를 취하고 있다. 이는 양자가 초래하는 폐해의 성격이 서로 다르기 때문인 것으로 판단된다.[150] 모자회사 간에는 자기주식성이 강하여 자본충실을 저해하는 정도가 심하기 때문에 금지하는 반면에, 후자는 자본충실의 저해보다는 출자 없는 지배라는 폐해

---

148 이철송, 『회사법강의』, 제20판, 박영사, 2012, 407면.
149 김정호, 『회사법』, 제2판, 법문사, 2012, 219면.
150 이철송, 『회사법강의』, 제20판, 박영사, 2012, 409면.

때문에 의결권만을 배제함으로써 그 폐해를 시정하고자 한 것으로 보인다. 피참가회사가 상법 제369조 제3항에 위반하여 의결권을 행사한 경우에는, 그 결의에 대한 취소사유에 해당한다(제376조 제1항).

VI. 소결

우리 상법은 발행주식 과반수를 소유한 회사만을 모회사로 정하고 있다. 반면, 일본은 실질적인 요소를 가미하여 첫째, 의결권주식 40% 이상 보유하면서 일정한 추가 요건을 갖춘 경우. 둘째, 특수관계인이 보유한 의결권주식의 수를 합하여 50%를 초과하면서 일정한 추가 요건을 갖춘 경우에도 모회사로 인정한다. 그런 측면에서 우리 상법에 비하여 일본 회사법은 모자회사의 인정범위가 넓은 편이다. 반면, 상호주에 관하여는 10%를 기준으로 의결권을 제한하고 있는 우리나라에 비하여, 일본은 25% 이상의 비율로 하고 있어 상호주 의결권제한의 범위가 우리보다 다소 좁은 편에 속한다. 다만, 일본 회사법도 순환출자를 규제하고 있지 않고, 단지 순환출자의 경우 의결권이 제한되고 있다는 점에서 우리나라와 유사한 측면이 있다.

독일의 경우 순환출자에 대한 직접적인 규제는 존재하지 않지만, 상호주 의결권 제한규정의 적용에 있어 종속회사 주식을 합산함에 따라 순환출자 상황에서 의결권이 제한될 수 있으며, 특히 종속회사의 지배회사 주식취득이 자기주식 취득에 준하여 취급됨에 따라 순환출자가 금지되는 상황이 발생할 수 있다. 상호주의결권 제한기준은 25%이고 게다가 25%를 초과하는 부분만 제한되므로, 10%를 기준으로 하고 지분 전체의 의결권을 제한하는 우리 상법보다 적용범위가 현저히 좁다. 다만, 지배종속회사의 인정기준이 사실상 지배 개념을 반영하고 있으므로, 과반수 지분보유의 경우에만 모자회사 관계를 인정하는 우리 상법보다는 적용범위가 넓은 편이라 하겠다. 독일의 경우 실제로 기업이 상호참가관계가 성립하는 경우는 많지 않고, 실제로는 하나의 상호보유가 25%에 달하기보다는 소규모의 상호보유가 다수 존재하는 것으로 알려지고 있다. 또한 발견되는 순환보유는 단일 기업집단 내에서가 아니라 독립된 회사 간에 지배권 안정을 위해 이루어지는 예가 많다고 한다. 순환보유 역시 독일 주식법상 상호참가 또는 자기주식취득에 해당하려면 적어도 하나의 연결고리가 지배종속관계에 해당하여야 한다. 그러나 실제 그러한 예는 많지 않다.

제11절 순환출자에 관한 논의

I. 의의

2013년 4월 30일 납품단가 후려치기 등을 규제하는 "하도급거래공정화법" 개정안, 노동자의 정년을 60세 의무화를 골자로 하는 "고용상 연령차별금지 고령자고용촉진법" 개정안 및 5억원 이상 등기임원의 연봉을 공시하도록 하는 "자본시장법" 개정안이 국회본회의를 통과하였다. 과도한 경제민주화를 위한 대표적인 사례로 주목을 받았던 "일감 몰아주기 규제법(독점규제 및 공정거래법)" 개정안이 6월 임시국회 마지막 날인 7월2일 국회 본회의를 통과하기도 했다. 6월 임시국회에서 큰 진통 없이 처리된 경제민주화 법안으로는, 금산분리를 위해 산업자본의 은행 지분 보유 한도를 9%에서 4%로 낮추는 "은행법·금융지주회사법" 개정안이 있었고, 편의점주 등 프랜차이즈 가맹점주의 권리를 보호하는 "가맹사업 거래의 공정화에 관한 법률(일명 프랜차이즈법)"도 의결됐다. 기업의 공정거래법 위반 사안에 대해 현재 검찰만 가진 고발 요청 권한을 감사원·조달청·중소기업청으로 확대하는 공정거래법 개정안 등도 통과됐다.

가장 논란이 되고 있는 문제는 순환출자의 규제에 대한 사항이다. 특히 기존 순환출자를 포함하여 신규 순환출자까지 금지해야 한다는 입장과 기준 순환출자는 허용하되 신규 순환출자만을 금지하자는 입장이 대립하고 있는 모습이었다. 순환출자의 규제는 무엇보다도 주식회사 자본의 실질적 건전성을 강화하고 자본적 기초가 결여된 기업집단의 지배력 확대를 억제하며, 소유와 지배의 괴리에 따른 의결권에 왜곡을 시정하여 지배구조의 정당성을 제고하고자 함에 있다고 한다.

2013년 12월 31일 상호출자제한 기업집단(이하 '대기업집단') 소속 계열회사 간 신규 순환출자를 금지하는 내용을 골자로 하는 독점규제 및 공정거래에 관한 법률(이하 '공정거래법') 일부 개정이 있었다. 2014년 1월 29일 공정거래위원회(이하 '공정위')는 상호출자제한 기업집단 소속 회사 간 신규순환출자 금지 규정의 시행을 위한 세부사항 및 과징금 납부기한 연장 관련 분할회수 상향조정 등을 규정한 공정거래법 시행령에 관한 일부 개정안이 마련되었다. 본 논문은 순환출자의 규제에 대한 내용을 다루고 있다. 순환출자에 대한 개념과 발생 및 규제가능성을 탐색하는 동시에, 금번 개정이 갖는 의미를 고찰하고자 한다.

Ⅱ. 상호주의 취득과 의결권 존부

1. 상호출자의 개념

인적회사인 합명회사를 제외한 어떤 회사형태든지 상호자본을 가지고 참가할 수 있는 것이 일반적이다. 두 개의 독립된 회사가 서로 상대방에 대하여 출자를 하는 경우에, 우리는 이를 상호출자라고 한다(이를 '상호보유'라고 하기도 한다).[151] 특히 주식회사에서는 주식이라고 하는 지분을 보유할 수 있는데, 이러한 주식참가를 "상호주소유"라고 하며, 상호 간에 소유하는 상대방의 주식을 "상호주"라고 한다.[152] 상호출자는 최소한의 자본으로 강력한 기업결합의 효과를 야기한다. 특히 계열기업의 확장을 위해 상호출자를 이용하는 경향이 있고, 또 상호주는 경영권분쟁에 있어 방어방법으로 이용할 수 있다는 점에서 그것의 효용가치는 매우 크다.

대법원은 '주주총회에서 권리를 행사할 주주의 확정을 위한 기준일에는 상법 제369조 제3항에 정한 의결권이 제한되는 주식의 상호소유 요건에 해당하지 않았던 주식이 실제 주주총회일에는 그 요건을 충족하는 경우, 의결권이 있는지 여부 및 회사 등이 다른 회사 발행주식의 10분의 1을 초과하는 주식을 가지고 있는지 여부의 판단 기준'에 대하여 다음과 같이 제시하고 있다.[153]

> ### 대법원 2009.01.30. 선고 2006다31269 판
>
> 대법원은 "상법 제369조 제3항은 '회사, 모회사 및 자회사 또는 자회사가 다른 회사의 발행주식의 총수의 10분의 1을 초과하는 주식을 가지고 있는 경우 그 다른 회사가 가지고 있는 회사 또는 모회사의 주식은 의결권이 없다'고 규정하고 있다. 이와 같이 모자회사 관계가 없는 회사 사이의 주식의 상호소유를 규제하는 주된 목적은 상호주를 통해 출자 없는 자가 의결권 행사를 함으로써 주주총회결의와 회사의 지배구조가 왜곡되는 것을 방지하기 위한 것이다. 한편, 상법 제354조가 규정하는 기준일제도는 일정한 날을 정하여 그날에 주주명부에 기재되어 있는 주주를 계쟁 회사의 주주로서의 권리를 행사할 자로 확정하기 위한 것일 뿐, 다른 회사의 주주를 확정하는 기준으로 삼을 수는 없으므로,

---

[151] 정동윤,『회사법』, 제6판, 법문사, 2000, 251면.
[152] 상법 제342조의2(자회사에 의한 모회사주식의 취득) (1) 다른 회사의 발행주식의 총수의 100분의 50을 초과하는 주식을 가진 회사(이하 "모회사"라 한다)의 주식은 다음의 경우를 제외하고는 그 다른 회사(이하 "자회사"라 한다)가 이를 취득할 수 없다. 1. 주식의 포괄적 교환, 주식의 포괄적 이전, 회사의 합병 또는 다른 회사의 영업전부의 양수로 인한 때. 2. 회사의 권리를 실행함에 있어 그 목적을 달성하기 위하여 필요한 때.
[153] 대법원 2009. 1. 30. 선고 2006다31269 판결.

기준일에는 상법 제369조 제3항이 정한 요건에 해당하지 않더라도, 실제로 의결권이 행사되는 주주총회일에 위 요건을 충족하는 경우에는 상법 제369조 제3항이 정하는 상호소유 주식에 해당하여 의결권이 없다. 이때 회사, 모회사 및 자회사 또는 자회사가 다른 회사 발행주식 총수의 10분의 1을 초과하는 주식을 가지고 있는지 여부는 앞서 본 '주식 상호소유 제한의 목적'을 고려할 때, 실제로 소유하고 있는 주식수를 기준으로 판단하여야 하며 그에 관하여 주주명부상의 명의개서를 하였는지 여부와는 관계가 없다."고 판시하고 있다.

2. 회사법상 모회사와 자회사

상법은 명문으로 모회사와 자회사를 규정하고 있다. 모회사라 함은 다른 회사의 발행주식총수의 100분의 50을 초과하는 주식을 가진 회사를 말하고, 그 다른 회사를 자회사라 한다(제342조의2 제1항 본문). 또한 자회사가 다른 회사의 발행주식총수의 100분의 50을 초과하는 주식을 가지고 있거나, 모회사와 자회사가 가진 것을 합산하여 100분의 50을 초과할 때 그 다른 회사를 모회사의 자회사로 규정하고 있다(제342조의2 제3항). 다만, 모자회사의 관계에서 있어서 자회사의 범위를 어떻게 볼 것인가에 대한 다툼이 있다.[154] 자회사 또는 모자회사 또는 모·자·손자회사가 함께 100분의 50 이상을 초과하여 소유하는 손자회사도 모회사의 자회사로 보아야 한다는 견해[155]와 손자회사 외에도 같은 관계에 있는 모든 회사에 대하여도 모자관계가 적용되어야 한다는 견해[156]가 있지만, 상법이 주식소유만으로 기업들 간의 지배와 종속관계를 한정시키고 있다는 점을 고려하고, 또한 상법 제342조의2 위반 시 벌칙과 주식취득을 무효로 하는 등 규제효과가 중대하다는 점으로 고려하여 단지 손자회사에 대하여만 인정하자는 입장[157]이 타당성을 갖는다고 하겠다.

3. 자회사의 모회사 주식취득 금지

상법은 자회사가 모회사(다른 회사 발행주식 총수의 100분의 50을 초과하는 주식을 가진 회사)의 주식취득을 금지하는 것을 원칙으로 하고 있다. 자회사가 모회사 주식을 취득하는 것은 대개 모회사의 지시 내지는 영향력하에서 이루어지고, 모회사는 자회사에 의한 취득

---

154 이철송, 『회사법강의』, 제20판, 박영사, 2012, 406면.
155 손주찬, 『상법(상)』, 박영사, 2002, 717면.
156 최기원, 『상법학신론(상)』, 박영사, 2004, 681면.
157 정찬형, 『상법강의(상)』, 제16판, 박영사, 2012, 289면; 이철송, 『회사법강의』, 제20판, 박영사, 2012, 406면.

을 통해 자기주식을 취득하는 것과 같은 효과가 있고, 이는 자기주식의 취득과 동일한 효과를 야기한다는 것이다.[158] 다만, 예외적인 경우에 상호출자를 허용하고 있다(제342조의2 제1항). 그러나 이 경우에도 자회사는 그 주식을 취득한 날로부터 6개월 이내에 모회사의 주식을 처분하도록 하고 있다(제342조의2 제2항).

4. 비모자회사 주식취득의 유형과 의결권 금지

1) 유형

어느 회사(이하 A회사라 한다)가 다른 회사(이하 B회사라 한다)의 발생주식총수의 10분의 1을 초과하여 소유한 경우, B회사가 가진 A회사의 주식에 대한 의결권을 금지하고 있다(상법 제363조 제1항).[159] A회사가 단독으로 B회사의 주식 10%를 초과하여 가지고 있는 경우라 한다면, B회사는 A회사에 대한 의결권 행사를 할 수 없다. 또한 A회사가 가진 B회사의 주식과 A회사의 자회사가 가지고 있는 B회사의 주식을 합하여 B회사 발행주식의 10%를 초과하고 있는 경우라면, B회사는 A회사에 대한 의결권을 행사할 수 없다.[160] 왜냐하면 A회사의 소유주식을 계산함에 있어서 그 자신이 가진 주식뿐만 아니라 A회사의 자회사가 가지고 있는 주식도 합산되기 때문이다. 첫 번째 사안이 전형적인 상호출자의 모습이라고 한다면, 두 번째 사안은 약간 변형된 모습이기는 하지만, 역시 상호출자의 형태에 해당한다. 그러나 만약 A회사의 자회사라고 하는 회사가 하나 더 첨가되고, 그 자회사가 B회사 주식을 10% 초과하는 경우는 앞의 두 사례와 차이가 있다. 상호출자의 모습이라기보다는 순환된 출자의 모습을 띠게 된다.

2) 의결권 금지

상법 모자회사 관계에 속하는 회사들 간 직접적인 상호출자를 금지하고 있는 것 외에도, "회사, 모회사 및 자회사 또는 자회사가 다른 회사의 발행주식의 총수의 10분의 1을 초과하

---

158 이철송, 『회사법강의』, 제20판, 박영사, 2012, 403면.
159 일본은 의결권의 25%를 보유당한 회사(피보유회사)는 보유회사 주식을 보유하더라도 의결권을 행사할 수 없도록 하고 있다(일본 회사법 제308조 제1항).
160 일본 회사법의 경우, 모회사가 그 자회사와 함께 또는 그 자회사만이 피보유회사의 의결권주식의 25% 이상을 보유하는 경우에도 피보유회사는 보유하는 모회사주식에 대하여 의결권을 행사할 수 없도록 하고 있다(회사법시행규칙 제67조 제1항 제1문).

는 주식을 가지고 있는 경우 그 다른 회사가 가지고 있는 회사 또는 모회사의 주식은 의결권이 없다"고 하면서 상법상 계열회사가 아니라고 할지라도 10% 지분을 초과하여 보유하고 있다고 한다면 해당주식의 의결권 행사를 금지하고 있다(제369조 제3항). 모자관계가 아닌 회사 간에는 주식의 상호출자를 허용하면서 그 다른 회사가 가지고 있는 회사 또는 모회사의 주식은 의결권을 행사하지 못하도록 한 것이다. 상법은 자회사가 모회사 주식의 취득을 금지하고 있으면서(제342조의2 제1항), 비모자상호 간에는 주식취득의 금지 대신에 상호주의 의결권만을 제한하고 있는 모습(제369조 제3항)을 띠고 있다. 양자 간에 차이를 둔 것은 모자회사 간에는 자기주식성이 강하여 자본충실성을 저해할 가능성이 크다는 점에서 금지 규정을 둔 것이고, 비모자회사 사이에는 출자를 하지 않고 지배하고자 하는 모순을 제거하고자 의결권을 금지하고 있다고 하겠다.[161] 한편, 공정거래법은 대규모 기업집단에 속하는 계열회사 간 직접적인 상호출자를 규제하고 있다(공정거래법 제9조 제1항).

Ⅲ. 순환출자의 발생, 태양 및 규제 가능성

1. 주식의 순환출자

주식에 대한 상호보유는 두 개의 회사에서 형성되는 경우도 있지만(이를 '단순상호주'라고도 한다), 세 개 이상 회사 간의 순환적인 출자가 나타나기도 한다(이를 '고리형 상호주'라고도 한다).[162] 이 역시 상호주의 한 단면이라고 할 수 있다. '순환'이라고 하는 것은 '주기적으로 자꾸 되풀이하여 도는 것 또는 그런 과정'을 의미한다. '순환출자'라 함은 하나의 그룹 안에서 A기업이 B기업에, B기업이 C기업에, C기업은 A기업에 다시 출자하는 식으로 그룹 계열사들끼리 돌려가며 자본을 늘려가는 것을 말한다.[163] 우리 상법은 상호출자에 대하여는 이를 명문으로 규정하여 금지하고 있지만, 순환출자에 대하여는 특별하게 금지하는 규정이 없다.

---

161 이철송, 『회사법강의』, 제20판, 박영사, 2012, 409면.
162 김정호, 『회사법』, 제2판, 법문사, 2012, 215면.
163 이철송, 『회사법강의』, 제20판, 박영사, 2012, 403면에서도 자세히 설명하고 있지만, 자본금 100억 원을 가진 A사가 B사에 50억 원을 출자하고 B사는 다시 C사에 30억 원을 출자하며 C사는 다시 A사에 10억 원을 출자하는 방식이 여기에 해당한다.

2. 순환출자의 태양

순환출자의 모습은 다양하게 나타나고 있기 때문에, 하나의 방법으로 분류하는 것은 용이하지 않은 면이 있다. 순환출자에 대한 형태를 단핵구조, 단순삼각구조 및 다핵구조로 구분할 수 있다.[164] 지배구조에서 중심 역할을 하는 특정회사의 주주로 다수 계열사가 참여하는 유형을 단핵구조로 칭할 수 있다. 그 특정회사를 출발점 및 종결점으로 하여 다수의 순환고리가 닫히는 유형이 여기에 해당한다.[165] 단순삼각구조는 복수의 회사가 전형적인 순환출자 구조를 취하여, 어느 회사를 출발점으로 하더라도 순환고리의 모습을 띠는 유형이다. 이러한 유형에 대하여 '환상형 또는 고리형 상호주'라고도 한다.[166] 마지막으로 다핵구조는 뚜렷한 핵심회사를 지목하기 어렵고 다수의 순환고리가 발견되는 유형을 뜻한다.[167] 근본적으로 '단순삼각구조'와 유사하지만, '단순삼각구조'에 다른 회사가 추가적으로 참여하여 지배력 확보를 보조하는 경우가 있다.[168]

3. 순환출자에 대한 금지

1) 연혁

1999년 8월 15일 대통령은 대기업집단 소속 계열사 간 순환출자를 억제하겠다는 정책을 발표하였다. 대기업의 순환출자를 금지하고자 하는 논의를 촉발하게 된 것이다.[169] 그 당시 정책의 초점은 계열사 간 출자를 통한 가공자본의 형성에 있었다. 2004년 기업지배와 소유구조를 근본적으로 개선하기 위하여, 공정거래법에 순환출자를 금지하고자 하는 방안이 제기되었다.[170] 2006년 공정거래위원회는 순환출자의 금지를 제도적으로 도입하기 위한 방안을 마련하고자 하였다. 동 방안은 기업투자를 저해하는 과도한 규제라는 비판을 받아 온 출자총액제한제도를 폐지하여 기업 활동의 자율성을 제고하고 기업이 투자를 활성화하여

---

164 천경훈, 순환출자의 법적 문제, "기업집단의 회사법적 쟁점" 상사법학회 2013년 동계학술대회, 2013, 43면 이하.
165 A회사에 대한 지배력 확보를 위해 동일 기업집단 소속 B, C, D사가 A사에 지분을 보유하고 그 상단을 거슬러 올라가면 다시 A사가 위치하는 구조이다.
166 김정호, 『회사법』, 제2판, 법문사, 2012, 215면.
167 천경훈, 순환출자의 법적 문제, "기업집단의 회사법적 쟁점" 상사법학회 2013년 동계학술대회, 2013, 44면.
168 이은정·이수정, "대규모기업집단의 순환출자 형성 과정과 배경", ERRI 경제개혁연구소, 2013, 13면, 30면.
169 임영재·전성인, "기업집단의 순환출자: 시장규율과 감독규율의 역할", KDI 정책연구시리즈 2009, 9면 이하.
170 채수찬, "기업지배·소유구조의 근본적 개선: 순환출자금지방안", 2004 정기국회 정책자료집, 2004, 10면.

경제성장과 일자리 창출에 기여하고자 하였다.[171] 계열사 간 신규출자를 금지하고 기존 순환출자는 10년에 걸쳐 단계적으로 의결권을 제한함으로써 주식회사제도의 건전성을 유지하는 동시에 공정성 및 자유로운 경쟁질서를 확립하고자 하는 목적이 있었던 것이다.

2013년 박근혜정부는 '대기업집단 계열사 간 신규 순환출자 금지'하겠다는 경제정책방향을 정하였다. 이러한 인식은 이명박 정부 5년 동안 대기업의 순환출자가 증가, 순환출자를 통하여 총수 지배력 강화나 부실계열사 지원 등에 사용한 사례가 점증되었다는 인식하에, 대기업의 순환출자 금지를 위한 법률 개정이 경제민주화의 핵심 이슈로 등장하게 되었다. 정치권의 목소리와 관계없이 다양한 문제점들이 학자들에 의하여 논의되고 있다.[172] 순환출자를 금지하는 것이 타당한 것인가, 금지함으로써 발생하는 문제점을 해소할 수 있을 것인가, 또 순환출자를 금지한다면 어느 범위까지 금지해야 하는가의 문제 등이 제기되고 있다.

2) 금지이유

2006년 공정거래위원회는 소유지배구조의 왜곡을 초래하는 순환출자구조의 개선이 필요하다는 입장을 표명하였다.[173] 순환출자를 금지하고자 하는 공정위의 근거는 다음 세 가지로 요약될 수 있다.[174]

첫째, 상호출자금지의 입법취지를 확대하여 적용해야 할 필요가 있다고 한다. 현행 상법과 공정거래법은 가공자본의 형성이 되는 상호출자에 대하여 제한을 가하고 있는데, 동일한 효과를 야기하는 순환출자에 대하여는 제한을 가하지 않고 있다고 하면서 입법취지를 확대하여 적용할 것을 주장한다. 이들은 순환출자라고 하는 것 역시 상호출자의 간접적인 형태에 불과하기 때문에 규제는 반드시 필요하다는 것이다.

둘째, 순환출자는 계열사 간 출자를 통하여 가공자본을 형성한다는 주장도 제기된다.[175]

---

171 이건묵, "공정거래법상 순환출자규제의 도입 추진 논의", 『이슈와 논점』, 제394호, 2012, 2면.
172 이미 2006년에 논의한 저서로 순환출자금지에 찬성한 입장으로는 김진방, 『재벌의 소유구조』, 나남출판사, 2005; 반대 입장으로는 전삼현, "순환출자금지법안에 관한 법리 검토", 『규제연구』 제15권 제2호, 2006, 63면 이하.
173 당시 공정거래위원회는 개선방안으로서 1) 환상형 순환출자금지, 2) 사업지부회사제도, 3) 일본식 사업지배력의 과도집중 금지, 4) 영미식 공시제도 등 출자총액제한제도 폐지에 따른 대안으로 제시함으로써 공정거래법을 통하여 순환출자를 금지시키고자 하였다. 매일경제신문 2006년 8월 5일자.
174 임영재, "환상형 순환출자의 본질에 대한 이해 및 정책방향", 『KDI 정책포럼』, 한국개발연구원, 2007, 3면 이하; 이은정·이수정, "대규모기업집단의 순환출자 형성 과정과 배경", 『경제개혁리포트』, ERRI 경제개혁연구소, 2013, 3면 이하.
175 임영재·전성인, "기업집단의 순환출자: 시장규율과 감독규율의 역할", KDI 정책연구시리즈, 2009, 9면 이하.

기업집단 이내에 존재하는 자본보다 가공자본의 비율이 높아질 경우 소액주주 등 외부투자자들로서는 가공자본으로 과대 계산된 기업집단 계열사의 주식을 보유하게 될 수 있다는 주장이다. 결국 가공자본은 기업집단 내 출자관계에서 형성되는 것이고, 한 기업집단 내 가공자본은 계열사 자본총계의 총합과 결합재무제표상의 자본총계(이를 실질자본이라고도 한다) 간의 차이라고 한다.[176]

셋째, 지배구조의 왜곡문제를 든다. 순환출자는 가공적 자본을 형성함으로써 기업의 지배구조를 왜곡시킨다는 것이다. 그러므로 실질소유권을 과도하게 초과하는 의결권행사를 제한하기 위한 수단으로서 순환출자를 금지시킬 필요가 있다고 한다. 핵심계열사는 다양한 계열사들에 출자를 하고 있으므로, 핵심계열사의 순환출자금지를 통해 다수 계열사의 소유지배의 왜곡문제를 해소할 수 있다고 주장한다.

4. 공정거래법 규제방안

B회사의 자회사가 A회사의 주식을 가지고 있는 경우, 그 자회사가 가지고 있는 A회사에 대한 의결권을 어떻게 볼 것인가의 문제가 제기될 수 있다. 상법은 이에 대하여 언급하고 있지 않다. 자회사의 주식에 대한 권리행사는 모회사의 지휘에 따를 것이 자명하고, 상호주의 의결권제한이라고 하는 것이 출자 없는 지배를 억제하고자 하는 측면을 고려하여 피참가회사의 자회사 소유주식도 상법 제369조의 제3항에 따라 해석하여야 한다는 주장이 있다.[177] 그러나 상법 제369조 제3항은 B회사가 소유하는 A회사 주식의 의결권만을 규정하고 있음에도 불구하고, B회사의 자회사가 가진 의결권에까지 확대하는 것은 상법 제369조 제3항을 지나치게 확대하여 해석하고 있다는 비판 가능성도 없지 않다. 또한 상법상 모회사, 자회사를 상정한 3개의 회사 사이에서만 가능하지 그 이상의 회사관계에서는 상법을 적용할 수 없는 것이 원칙이다. 현재 대기업집단의 계열회사 사이에서 발생하는 순환출자와 관련하여, 회사법상 해결가능성을 모색하면서 이를 규제하고자 하는 논의가 전개되고 있지만, 대기업집단 계열회사의 규모와 소유구조는 계열회사 사이에 50%를 초과하는 순환출자의 형태는 존재하지 않고 있다. 이는 상법상 상호주 출자에 대한 규제가 용이하지 않음을 의미한다.[178]

---

176 김진방, 『재벌의 소유구조』, 나남출판사, 2005, 40면 이하.
177 이철송, 『회사법강의』, 제20판, 박영사, 2012, 410면.

기업집단이라는 용어는 상법 회사편에는 규정되어 있지 않고, 공정거래법에 규정되어 있다(제2조 제2호). 공정거래법은 일정규모 이상의 자산총액 등 대통령령이 정하는 기준에 해당되어 동법 제14조 제1항에 따라 지정된 기업집단에 속하는 회사는 자기의 주식을 취득 또는 소유하고 있는 계열회사의 주식을 취득 또는 소유하지 못하도록 하고 있고(제9조), 대통령령이 정하는 바에 따라 공정거래위원회가 상호출자제한기업집단 및 채무보증제한기업집단을 지정하고 동기업집단에 속하는 회사에 이를 통지하도록 하고 있다(제14조). 이러한 입법태도를 고려하여 보건대, 순환출자를 금지하는 규정의 입법방향은 상법보다는 공정거래법을 통하여 규제하는 방안이 보다 더 타당성을 갖는다고 하겠다.[179]

IV. 공정거래법상 순환출자금지 주요 내용과 평가

1. 규제범위

순환출자를 규제하고자 하는 범위에 대한 다툼이 있다. 순환출자금지 법안에 대하여, 신규 순환출자는 금지하더라도 기존 순환출자는 유지하도록 하고자 하는 입장이 있는 반면에, 기존 순환출자에 대해서도 의결권 제한이 필요하다는 입장도 있다. 신규 순환출자만을 규제하고자 하는 입장은, 무엇보다도 우리 기업이 외국의 적대적 인수합병에 노출될 수 있다는 점과 어려운 시점에 합법적으로 인정되던 과거의 의결권까지 제한한다면 기업이 큰 혼란을 겪을 수밖에 없다는 점을 든다. 반면, 기존 순환출자에 대하여는 유예기간 3년을 부여한 뒤 모두 해소하도록 하고, 주식처분 권고를 통해 자발적인 해소를 유도하는 동시에 계열분리명령 등으로 강제 이행하고자 하는 방안도 있다. 순환출자를 규제하고자 하는 입장[180]은, 무엇보다도 계열사 간 시장지배 및 자본거래 등으로 인한 시장경제 기능 저해 및 총수의 인적지배로 인한 사익추구행위의 위험성과 계열사의 부실로 인한 우량계열사의 동반몰락 가능성을 근거로 삼고 있다. 또한 실질적으로 자금이 유입되지 않았는데도 주식수가 증가하므로 기존 주식의 실질가치는 감소해서 기존 주주에게 손해를 끼치고, 장부상 자본금을 신뢰한 금융기관들이 대출을 늘려주게 되면 결과적으로 채권자의 이익을 해칠 가능성이 존재하다는 점을 든다. 반면, 순환출자를 옹호하는 입장[181]에 따르면, 순환출자는 다른

---

178 홍명수, "대규모기업집단 규제에 대한 평가 및 정책방향의 검토", 『경제법연구』 제5권 제1호, 2006, 116면.
179 임영재, "환상형 순환출자의 본질에 대한 이해 및 정책방향", 『KDI정책포럼』, 2006, 10면 이하.
180 임영재, "환상형 순환출자의 본질에 대한 이해 및 정책방향", 『KDI정책포럼』, 2006, 8면 이하.

해외기업에서도 나타난다는 점, 기존의 순환출자 구조를 해소하기 위해서는 막대한 자본과 시간이 필요하다는 점, 및 순환출자구조가 당장 사라질 경우 국내기업의 경영권 방어가 힘들다는 점 등을 제기한다. 또한, 가공자본이 늘어난다고 해서 그 기업의 부도 확률은 높아지는 것은 아니며, 계열사 간 채무지급보증이 해소되어 연쇄도산 가능성 저하, 은행 등 채권자는 담보와 신용상태, 성장전망 등을 판단해서 대출을 해주고 있으며, 외부투자자들의 염려는 연결 재무제표의 공시를 통해서 해결할 수 있다고 한다.

순환출자법 비교

A(안)	B(안)	C(안)
신규순환출자 금지	신규순환출자 금지	신규순환출자 금지
기존 순환출자 규제 없음	기존 순환출자 3년 내 해소	주식처분 권고, 계열분리명령

2. 공정거래법 주요 개정내용

상호출자제한 기업집단(이하 대기업집단)소속 계열 회사 간 신규순환출자를 금지하는 공정거래법 일부 개정 법률안이 2013년 12월 31일 국회 본회의를 통과했다. 이제부터는 대기업집단 소속 계열회사 간 신규순환출자가 원칙상 금지된다.[182] 그러나 기업의 사업구조개편 등 정상적 기업 활동에 대해서는 예외적으로 인정한다.[183] 개정 법률에 따르면, 신규순환출자를 금지하고 있는 규정을 위반하는 행위에 대해서는 주식처분명령, 과징금 부과, 의결권 행사 금지나 형벌 부과 등이 가능하다. 금번 개정에서 가장 특별한 사항은 대기업집단 소속 계열회사 간 신규 순환출자를 명시적으로 금지하게 되었다는 사실이다(법 제9조의2 신설).[184] 따라서 새로운 순환출자를 형성하는 경우와 기존순환출자 고리를 강화하는 추가출자는 금지된다. 그러나 이미 지정된 대기업집단은 법시행일(공정거래법 공포 후 6개월이 경과한

---

181 전삼현, "순환출자금지법안에 관한 법리 검토", 『규제연구』 제15권 제2호, 2006, 64면 이하; 임상혁, "순환출자 금지의 문제점", 『CEO REPORT ON CURRENT ISSUE』, 2006, 3면 이하.

182 2013년 12월 30일 전자신문은 따르면, 신규 순환출자만 금지하고 기존 순환출자는 인정되는 방향으로 공정거래법이 개정됨에 따라 삼성이나 현대 등 12개 그룹은 '경영권 방어 비용'으로 약 38조원을 절감할 수 있다는 분석이 제시되고 있다.

183 개정 전 회사법상 논의에 대하여는, 김정호, "순환출자의 회사법적 문제점", 『경영법률』 제23집 제2호, 2013, 253면 이하; 손창완, "환상형 순환출자에 관한 회사법적 검토-의결권 제한 가능성을 중심으로-", 『상사판례연구』 제26집 제1권, 2013, 4면 이하.

184 개정 전 순환출자와 출자총액제한에 대하여는 홍명수, "대규모기업집단 규제에 대한 평가 및 정책방향의 검토", 『경제법연구』 제5권 제1호, 2006, 104면.

날) 이후의 순환출자를, 법시행일 이후 신규 지정되는 대기업집단은 지정일 이후의 순환출자만 금지되며, 기존 순환출자는 공시의무 부과를 통해 점진적이면서도 자발적인 해소가 이루어질 것으로 보인다. 개정 법률에 따르면, 기업의 사업구조개편 등 정상적 기업 활동에 대해 예외를 폭 넓게 허용해 사업구조개편 과정에서 불가피하게 형성되는 신규순환출자는 예외로 허용하고 6개월의 해소 유예기간을 부여한다. 또한 기업의 정당한 권리행사 과정에서 형성되는 순환출자는 예외로 허용하고 6개월~1년의 해소 유예기간이 부여된다. 따라서 담보권 실행, 대물변제 수령으로 인하여 발생하는 순환출자는 6개월의 해소 유예기간을 기존순환출자 고리 내에서 주주배정방식의 증자참여(신주 인수권의 행사) 시 다른 주주의 실권에 따라 증자 전 지분율을 초과해 보유하게 된 주식은 1년의 해소 유예기간을 부여한다. 특히 기업구조조정 과정에서 불가피하게 형성되는 순환출자도 예외로 허용하고 3년의 해소 유예기간을 부여하고 있다.

3. 공정거래법 시행령(안) 주요내용

1) 의의

공정거래위원회는 2014년 1월 29일부터 3월 10일까지 입법예고기간을 두고, 상호출자제한 기업집단소속 회사 간 신규 순환출자 금지 규정의 시행을 위한 세부사항 및 과징금 납부기한 연장 관련 분할회수 상향조정 등을 규정하는 '공정거래법 시행령' 일부 개정(안)을 마련하여 입법예고하였다. 금번 시행령 개정은 2013년 12월 31일 국회 본회의를 통과하고 2014년 1월 24일에 공포되어 7월 25일 시행을 앞두고 있는 개정 공정거래법의 시행에 필요한 사항 등을 주로 담고 있다.

2) 주요 내용

순환출자와 관련된 시행령(안)의 주요내용은 다음과 같다. 첫째 순환출자 현황을 기업집단 현황 등에 관한 공시사항에 추가하였다. 즉, 기업집단 현황 등에 관한 공시사항의 하나로 상호출자제한 기업집단에 속하는 순환출자 현황을 추가한 것이다(시행령(안 제17조의11). 둘째, 신규 순환출자의 탈법행위 유형 및 기준을 추가하였다. 이는 특정 금전신탁을 활용하여 신규 순환출자 금지 규정을 면탈하려 하거나, 타인의 명의를 이용하여 주식을 취득 소유함으로써 신규 순환출자 금지 규정을 면탈하려는 행위를 예방하고자 한다(시행령

(안) 제21조의4). 셋째, 신규 순환출자 금지 위반에 관한 과징금 부과기준이 신설되었다. 그 밖에 시행령(안)은 위반행위의 과징금 부과기준을 정하고 있는 시행령 별표 2에 신규순환출자 행위를 추가하고, 과징금 산정기준은 상호출자 행위와 동일하게 위반행위로 취득 소유한 주식의 취득가액의 10% 이내로 정하도록 하고 있다. 또한 자진신고자 등에 관한 고발면제 사항도 포함되어 있다(시행령(안) 제35조). 공정거래법 제22조의2 제3항의 위임에 따라, 최초 및 두 번째로 자진신고한 자 또는 조사에 협조한 자는 고발을 면제하도록 하였다. 이는 종전 공정위고시로 운영되던 자진신고자 고발면제 근거조항이 개정 법률에 직접 규정됨에 따라 시행령에서도 관련조항을 함께 규정하게 된 것이다.[185]

3) 효과 및 한계

신규 순환출자를 금지하는 규정의 시행을 위한 세부사항을 정함으로써 순환출자를 통한 부실계열사 지원 및 기업집단 도안 부실화, 과도한 지배력 유지 및 확장 등의 폐단을 차단하기 위한 실효성 있는 법 집행이 이루어질 것으로 보인다. 또한 자진신고자 등 고발면제의 근거를 명확히 규정함으로써, 감면제도의 투명성 및 신뢰성이 제고될 것으로 예상된다. 그러나 개정된 공정거래법상 신규순환출자와 관련하여, 경제개혁연대는 개정 공정거래법이 광범위한 예외사유를 허용하고 있으며, 더 나아가 신규순환출자 금지 규정을 회피할 수 있는 내용도 포함되어 있다고 비판한다.[186] 특히 공정거래법 시행령 입법예고안은 특정금전신탁 또는 타인의 명의를 이용하여 주식을 취득하는 등의 방법을 통하여 신규순환출자 금지규정을 면탈하려는 행위를 탈법행위의 유형으로 추가하고 있고, 그 외에도 신규순환출자를 금지하는 규정을 면할 수 있는 방법 등이 존재하고 있다고 한다. 경제개혁연대는 그 외에도 금번 공정거래법 시행이 해외계열사를 통한 순환출자를 규제할 수 없다는 지적도 있다. 현행 공정거래법상 상호출자제한기업집단 지정 자체가 국내 계열사만을 그 대상으로 하고 있기 때문에, 해외계열사를 통하여 신규순환출자 금지 규제를 벗어날 수 있다는 것이다.

---

185 공정거래법 시행령은 신규순환출자 금지 규정의 시행을 위한 세부사항 외에도 과징금 납부기한 연장 관련 분할회수 등을 상향 조정하였다(시행령(안) 제62조). 이는 중소기업 등의 과징금 부담을 완화하고자 과징금 납부기한의 연장을 허용할 때 그 연장의 한도를 현행 1년, 3회에서 최대 2년, 6회로 상향 조정하였고, 과징금 환급가산금 요율을 하향 조정하였는데, 즉 최근 정기예금 이자율 변동을 반영하여 과징금 환급가산금 요율을 현행 연 4.2%에서 연 2.9%로 조정하였다.

186 경제개혁연대, 신규순환출자 금지 관련 공정거래법 시행령 개정안 입법예고에 대한 의견서 제출, 2014. 3.7.

4. 평가

1) 긍정적인 측면

(1) 법의 실효성 강화

새로운 순환출자를 형성하거나 기준 순환출자 고리를 강화하는 추가출자가 대기업집단에게 금지되는 동시에 기존 순환출자는 공시의무를 통하여 기존에 존재하고 있었던 순환출자는 자발적으로 해소가 가능할 것으로 예상된다. 신규 순환출자 금지규정에 위반할 경우에는 주식처분명령을 발할 수 있고,[187] 주식 취득가격의 10% 이내의 과징금을 부과할 수 있으며, 주식처분명령을 받은 날부터 순환출자 형성 강화한 주식 전부에 대한 의결권을 행사할 수 없도록 하고 있으며, 3년 이하 징역 또는 2억 원 이하 벌금을 부과 받을 수 있도록 함으로써, 법의 실효성을 강화하고자 하는 측면은 긍정적인 요소로 평가받을 수 있을 것이다.

(2) 투명성 강화

순환출자 현황을 '기업집단 현황 등에 관한 공시사항'에 추가하는 동시에 신규 순환출자의 탈법행위 유형 및 기준을 추가하는 공정거래법과 신규 순환출자를 금지하는 시행 관련 세부사항 및 과징금 납부기한을 연장하고자 하는 공정거래법 시행령(안)이 시행되면, 투명성 측면에서 긍정적인 요인으로 작용하게 될 가능성이 있다.[188] 특히 금번 개정작업이 순환출자 자체를 금지하기 위한 목적보다도 부실 계열사에 대한 자금지원이라든가 편법 상속 등의 규제를 지향하고 있다는 면에서 그러한 사항을 엿볼 수 있다.[189] 부실계열사 지원이나 기업집단 동반 부실화, 과도한 지배력 유지나 확장 및 경영권의 편법적 상속이나 승계 등의 문제점은 일정 부분 사라지는 동시에 대기업 지배구조 투명성이 제고되리라는 전망을 하게 된다.

2) 한계

(1) 미미한 영향력 예상

금번 개정이 긍정적인 면을 제공하고 있기는 하지만, 기준 순환출자를 규제하고자 하는

---

[187] 이미 비판적인 입장으로는 전삼현, "순환출자금지법안에 관한 법리 검토", 『규제연구』 제15권 제2호, 2006, 73면 이하.

[188] 공정거래위원회 보도자료, 공정거래법 시행령 개정안 입법예고, 2014년 1월 29일.

[189] 2004년 10월 채수찬 의원은 순환출자를 금지시키는 규정을 공정거래법에 신설하자는 의견을 개진하였는데, 금번 개정은 이 의견이 반영된 것으로 볼 수 있을 것이다. 자세히는 2004년 10월에 발간된 채수찬, "기업지배·소유구조의 근본적 개선: 순환출자금지방안, 2004 정기국회 정책자료집을 참조.

방안을 수용하지 않았다는 점에서, 이미 순환출자의 구조를 유지하고 있는 대기업에 있어서는 기존 순환출자의 해소 필요성이 없다고 하겠다. 그러한 점은 순환출자법의 영향력은 그리 크지 않을 것임을 예상할 수 있다. 신규 순환출자의 문제는 롯데 그룹, 동양 그룹이나 영풍 그룹 등 일부 그룹에 집중돼 있는 반면에, 삼성이나 현대 등 주요 그룹에서는 신규 순환출자가 발생하지 않아 개정 법률의 영향력은 그리 크지 않을 것이라는 예상 또한 설득력이 없는 것이 아니다.

(2) 순환출자 대안부재

우리 기업집단이 사용하고 있는 순환출자는 주식회사에서 지배권을 강화하고자 하는 하나의 방안으로 알려져 있다. 지배권을 강화할 수 있는 수단으로는 순환출자 외에도 상호출자, 차등의결권부 주식[190] 및 황금주[191] 등이 있다. 순환출자의 형태가 선진국에서는 나타나지 않는 후진적 기업지배구조의 모습으로 폄하하는 주장도 있지만, 미국, 일본 및 독일 등의 국가에서도 자연스럽게 나타나고, 또 그것을 긍정적으로 받아들이고 있는 모습이다. 기업의 지배권을 강화할 수 있는 수단으로서, 우리나라는 차등의결권 주식이나 황금주 등을 아직 도입하고 있지 않다.[192] 외국자본에 의한 적대적 M&A 등을 방어하고자 하는 방안으로서 차등의결권 주식이나 황금주 등의 도입이 고려되어야 할 것이다.

V. 소결

2013년 6월 임시국회 전만 해도 "신규 순환출자 금지법"이 국회를 통과할 것이라는 전망이 강했다. 그러나 각계 의견의 심한 대립은 합의를 이끌어내기가 어려웠다. 그 와중에 기업어음과 회사채를 발행하고 판매한 동양그룹 계열사들의 연쇄적인 부도사태는 '금산분리'와 '순환출자'의 문제가 다시 뜨거운 쟁점으로 등장한 것이 사실이다. 그 결과 신규출자를 규제하고자 하는 안이 국회를 통과하여 시행을 앞두게 된 것은, 그 동안을 대기업집단에

---

190 문준우, "차등의결권부 주식을 상법에 도입해야 하는 이유 및 도입방법", 『상사법연구』 제31권 제2호, 2012, 243면 이하.

191 황금주에 대하여는 허항진, "황금주(Golden Shares)제도에 대한 입법론적 소고", 『기업법연구』 제23권 제2호, 2009, 95면 이하; 김순석, "황금주(Golden Shares)제도에 관한 연구", 『비교사법』 제16권 제1호, 2009, 267면 이하.

192 전삼현, "순환출자금지법안에 관한 법리 검토", 『규제연구』 제15권 제2호, 2006, 78면.

대한 불신을 어느 정도 소멸시키는 데 일조를 할 것으로 판단된다.

심한 논쟁이 되었던 순환출자금지의 범위와 관련하여, 기존 순환출자에 대하여는 어느 정도 인정하는 동시에 완화된 규제정책을 취하면서 신규 순환출자에 대하여는 약간의 예외를 인정하면서도 전면적으로 금지한 방안은 일정 부분 공감대를 형성할 것으로 보인다. 그럼에도 불구하고 여전히 신규출자를 금지하는 입법은 국내의 대기업이 헐값에 해외자본에 매각될 수 있다는 우려를 불실시켜 주지는 못하는 실정이다. 동시에 기업의 경영권에도 상당한 문제가 발생할 수 있다는 주장도 그 타당성을 잃지 않고 있으며, 신규 순환출자금지는 국내 기업들의 대형 인수합병에 참여할 수 없게 되는 국부유출의 우려 또한 없는 것이 아니라 하겠다. 무엇보다도 금번 신규 순환출자금지법이 나라의 성장 동력을 저해하지 않으면서, 그 동안 우려사항으로 제기되었던 대기업집단에 대한 투명성 강화가 발생할 수 있을는지 조심스럽게 지켜보아야 할 것이다.

제12절 주주평등원칙과 차등의결권주식 및 거부권부주식

I. 의의

2013년 6월 14일 법무부의 주관하에 기업지배구조 상법 개정 공청회가 여의도 한국거래소 국제회의장에서 개최되었다.[193] 공청회가 끝난 후 얼마 지나지 않은 7월 17일 법무부는 상법개정에 따른 의견을 청취하고자 기업지배구조 관련 상법일부개정법률(안)을 입법예고(법무부공고 제2013-162호)하였다. 법무부는 이사 및 감사위원회 위원의 선임 절차를 개선하고, 이사회의 기능과 역할을 정비하는 한편, 경영진의 위법행위에 대한 사법적 구제수단을 확대하며, 주주총회의 활성화를 도모하고자 하였다. 동시에 투명하고도 건전한 경영 및 기업문화를 유도하기 위한 법적 기반을 구축하고자 상법의 일부에 대한 개정을 시도하고자 한 것이다. 법무부의 개정의도에 대한 업계의 반발도 작지 않았다. 무엇보다도, 업계는 개정내용들이 기업의 자율성을 침해하는 의무화 규정이나, 기업에 대한 규제를 강화하고자 하는 면에 중점을 두고 있다고 판단하고 개정안에 대하여 반대했던 것이다.[194] 법무부가 제

---

193 법무부, 기업지배구조 상법 개정 공청회, 한국거래소 국제회의장 2013년 6월 14일.

194 이사회의 업무감독 기능을 강화하고자 하는 내용(안 제415조의2 등), 집중투표제 단계적 의무화(안 제542조

시한 상법개정의 내용들은 반시장적, 반기업적이라는 비판과 경제민주화라는 이름으로 등장하는 대중 정치의 한 전형이라는 지적도 대두된 바 있었다.[195] 기업지배구조와 관련하여 다양한 주제들이 논의될 수 있을 것이지만, 지배구조는 자본조달의 영역과도 논쟁이 벌어질 수 있다. 종류주식과 관련하여 2012년 4월 15일 상법의 대폭적인 개정이 이루어졌다. 회사는 이익의 배당, 잔여재산의 분배, 주주총회에서의 의결권의 행사, 상환 및 전환 등에 관하여 내용이 다른 종류의 주식을 발행할 수 있게 되었다(제344조 제1항). 하지만 차등의 결권주식을 인정하는 명시적인 규정은 존재하지 않은 실정이다.

Ⅱ. 주주평등의 원칙과 차등의결권주식

1. 주주평등의 원칙

인적회사로서 합명회사는 하나의 사원이 하나의 의결권을 행사하는 두수주의를 따르고 있다. 합자회사 역시 두수주의를 기반으로 의결권행사가 이루어진다. 반면 주식회사는 주주가 가진 지분의 수에 따라 의결권의 수를 정하는 지분주의에 따라 1주 1의결권이 인정되는 주주평등의 원칙이 적용되고 있다. 주주평등주의 원칙이라 함은 주식회사의 구성원인 주주라는 사람의 평등대우를 의미하는 것이 아니라 주주가 가지는 주식의 평등대우를 의미한다. 이 점에서 주주평등주의의 원칙을 주식평등의 원칙이라고도 한다.[196] 우리 상법은 주식회사의 경우 이러한 원칙을 명시적으로 규정하고 있고, 대법원 역시 "상법 제369조 제1항에서 주식회사의 주주는 1주마다 1개의 의결권을 가진다고 하는 1주 1의결권의 원칙을 규정하고 있는바, 위 규정은 강행규정이므로 법률에서 위 원칙에서 대한 예외를 인정하는 경우를 제외하고, 정관의 규정이나 주주총회의 결의 등으로 위 원칙에 반하여 의결권을 제한하더라도 효력이 없다"고 하는 주주평등주의 원칙을 인정하고 있다.[197] 대부분의 문헌 역시 대법원의 입장과 같은 형식을 취하고 있다.[198] 다만, 우리 상법은 의결권이 없는 종류주식이나 의결권이 제한되는 종류주식의 발행을 허용하고 있다(제344조의3 제1항). 그러나 의결

의7) 및 전자투표제 단계적 의무화 등이 여기에 해당한다.
195 이의춘, "이젠 법무부까지 나서서 기업 옥죄기?", 데일리안, 2013.7.18.
196 김정호, 『회사법』, 제2판, 법문사, 2012, 151면 이하; 유주선, 『회사법』, 청목출판사, 2013, 173면.
197 대법원 2009. 11. 26. 선고 2009다51820 판결; 대법원 2009. 11. 26. 선고 2009다51820 판결.
198 이철송, 『회사법강의』, 제20판, 박영사, 2012, 418면; 정찬형, 『상법강의(상)』, 제20판, 박영사, 2015, 849면.

권이 없는 주식이나 의결권이 제한되는 주식을 회사가 발행한다고 할지라도, 정관에 의결권을 행사할 수 없는 사항과 의결권행사 또는 부활의 조건을 정한 경우에는 그 조건을 정하도록 함으로써 일정한 조건과 발행주식총수의 4분의 1을 넘지 않는 범위에서 발행 가능하도록 하고 있다(제344조의3 제2항). 이와 같이 상법은 특정한 주식에 대하여 여러 개의 의결권을 인정하는 차등의결권주식을 인정하지 않고 있기 때문에, 당사자 사이의 계약에 의하여도 차등의결권이 인정될 수 있는 여지는 없다고 하겠다.[199]

2. 차등의결권주식의 개념

차등의결권주식에 대한 개념은 광의의 개념과 협의의 개념으로 구분할 수 있다.[200] 전자는 주식의 의결권에 관하여 동일하지 않고 차이가 있는 주식이 발행되는 모든 경우에서 발생하는 개념이라고 한다면, 후자는 의결권 있는 보통주식을 두 종류 이상 발행하고, 각 종류마다 다른 수의 의결권이 행사될 수 있는 주식이라 하겠다. 광의의 개념으로 차등의결권주식을 이해하게 된다면, 거부권부주식(이른바 황금주)을 포함한 2011년 개정 상법이 인정하고 있는 의결권배제주식이나 의결권제한주식 역시 광의의 개념에 포함될 수 있을 것이다. 또한 1주 1의결권 원칙의 예외로서 회사가 발행한 의결권의 수가 서로 다른 종류의 주식을 광의의 의미의 개념에서 차등의결권주식을 이해하고자 한다면,[201] 다양한 형태의 차등의결권주식이 제시될 수 있다.[202] 첫째, 주식회사가 두 종류 이상의 주식을 발행하고 발행된 주식 사이에 1주에 2개 이상의 의결권을 부여하는 주식을 들 수 있다. 이른바 복수의결권주식(multiple share)이다. 하나의 종류에는 1주에 1개의 의결권을 갖는 주식을 발행하는 동시에 다른 종류에는 1주에 10개의 의결권을 갖는 주식을 발행하는 것이 전형적이 모습이다. 또한 종류별로 의결권 행사를 달리 할 수 있도록 정할 수도 있다.[203] 둘째, 1주에 대하여

---

199 의결권제도의 변천과정에 대하여 분석하면서 1주 1의결권이 절대적인 것이 아니라는 주장에 대하여는 박양균, "차등의결권 제도의 경제학적 분석", 『규제연구』 제18권 제1호, 한국경제연구원, 2009, 148면 이하.

200 김정호, "차등의결권 주식의 도입가능성에 대한 연구", 『경영법률』 제24집 제2호, 한국경영법률학회, 2014, 130면; 고창현, "차등의결권제도의 도입과 상장", 한국상사판례학회/한국기업법학회 2015년 하계공동학술대회 상사법 분야의 최근 관심 법제와 그 해결방안, 2015년 8월 21일~22일 자료집, 145면.

201 김화진·송옥렬, 『기업인수합병』, 박영사, 2007, 306면. 차등의결권에 대한 효율성에 대하여는 정혜련, "차등의결권에 관한 소고-각국의 입법, 태도의 변화, 그리고 기업의 효율성을 중심으로-", 『기업법연구』 제29권제1호(통권 제60호), 한국기업법학회, 2015, 98면 이하.

202 유영일, "차등의결권주에 관한 연구-도입필요성을 중심으로-", 『상사판례연구』 제21집 제4권, 한국상사판례학회, 2008, 110면 이하; 문준우, "차등의결권주식을 상법에 도입하여야 하는 이유 및 도입방법", 『상사법연구』 제31권 제2호, 한국상사법학회, 2012, 244면.

1개 미만의 의결권을 부여하는 부분의결권주식(fractional share)을 들 수 있다. 셋째, 주식보유기간이 길어짐에 따라 의결권 수가 증가하는 보유기간별 차등의결권주식인 테뉴어 보팅(tenure voting)이 있다.[204] 동 주식의 경우 주식 자체에 부여된 의결권의 내용이나 수가 다른 것이 아니라 보유기간에 따라 주주들에게 부여되는 권리가 다른 것이라는 점에서 차등의결권주식과는 다르다고 보는 견해도 있다.[205] 그러나 1주에 1개의 의결권을 갖는다는 원칙의 예외의 측면에서 바라본다면, 테뉴어 보팅 역시 광의의 개념에서 차등의결권주 범주에 포함될 수 있을 것이다. 넷째, 보유주식수가 일정한도를 초과하는 경우 그 초과하는 주식에 대해서 의결권을 인정하는 상한부의결권주식(capped voting plan)과 보유주식수가 증가함에 따라 단계별로 의결권수가 축소하도록 하는 단계별축소의결권주식(scaled voting plan)이 있다. 다섯째, 정관으로 정한 일정한 수의 주식을 1단원로 하고 1단원에 대하여는 1개의 의결권을 부여하지만 1단원 미만의 주식에 대하여는 의결권을 부여하지 않는 경우 단원주 등이 있다.

3. 전개방식

의결권 있는 보통주식을 두 종류 이상 발행하고, 각 종류마다 의결권을 달리하는 주식을 협의의 차등의결권주식으로 본다면, 2011년 개정상법이 인정한 의결권배제와 의결권제한에 관한 종류주식은 차등의결권주식에 포함되지 않게 되고, 거부권부주식인 황금주도 여기에 포함되지 않게 될 것이다. 그러나 본 논문에서는 개념의 분류에 상관하지 않고, 광의의 개념에 포함되는 거부권부주식과 협의의 개념으로서 인정되는 차등의결권주식에 대한 논의를 전개하기로 한다. 거부권부주식을 먼저 다루기로 하되, 황금주와 관련지어 살펴보기로 한다.

---

203 고창현, "차등의결권제도의 도입과 상장", 한국상사판례학회/한국기업법학회 2015년 하계공동학술대회 상사법 분야의 최근 관심 법제와 그 해결방안, 2015년 8월 21일~22일 자료집, 146면. A클래스 주식은 전체 이사 중 30%의 이사 선임에 대해서만 의결권을 행사할 수 있고, 나머지 70%의 이사 선임 및 기타 모든 주주총회 안건은 B클래스 주식만이 의결권을 행사할 수 있도록 하는 방안이다.

204 김효신, "종류주식의 다양화", 『법학연구』 제51집 제1호 통권 제63호, 경북대법학연구소, 2010, 167면, 이를 'time phased voting plan'이라고 한다. 프랑스의 경우 주식을 2년 이상 보유하면 의결권 수가 2배로 인정하는 이중의결권주식을 인정하고 있다.

205 고창현, "차등의결권제도의 도입과 상장", 한국상사판례학회/한국기업법학회 2015년 하계공동학술대회 상사법 분야의 최근 관심 법제와 그 해결방안, 2015년 8월 21일~22일 자료집, 146면.

Ⅲ. 거부권부 주식의 허용가능성 여부

거부권부주식의 허용가능성을 검토하기 위하여, 주요국이 이러한 주식들에 대하여 어떠한 논의가 있는가를 인식할 필요가 있다. 이하에서는 유럽에서 빈번하게 논의되었던 황금주와 미국과 일본에서 인정되고 있는 거부권부주식에 대하여 살펴보기로 한다.

1. 황금주의 개념

황금주의 등장은 1980년 영국에서 비롯되었다.[206] 영국의 보수당 정권은 석유, 가스, 전기, 항공, 우편 및 통신 등의 국영기업의 민영화를 추진하면서 소수지분으로 회사의 주요결정에 대하여 거부권을 행사할 수 있도록 하고자 하였다. 극단적인 경우에는 1주의 주식을 가지고 거부권을 행사할 수도 있다. 이와 같이 황금주라 함은 보유한 주식의 수량이나 비율에 관계없이 기업의 주요한 경영 사안에 대하여 거부권을 행사할 수 있는 권리를 가진 주식을 말한다. 황금주는 보유 수량이나 비율에 관계없이 단 1주만 가지고 있더라도 적대적 M&A 등 특정한 주주총회 안건에 대하여 거부권을 행사할 수 있다는 점에서 그 의미가 있다. 다만, 황금주는 그 자체가 주식은 아니다. 단지 통상의 일반주식에 비하여 특별한 권리를 보유하고 있기 때문에 일반주주들의 관점에서 황금으로 보이는 것을 비유하여 황금주로 표현하고 있다고 한다.[207] 영국에서 시작된 황금주는 유럽을 포함하여 전 세계적으로 전파되었다. 일종의 차등의결권을 지닌 비거래형 주식의 성격을 띠고 있다고 하는 점에서, 본 논문에서 고찰의 가치가 있다고 하겠다.

2. 황금주의 특징

보통의 주주는 직접 경영에 참가하거나 회사의 일상적인 업무를 통제할 수 없다. 그러나 황금주는 그 주주가 회사업무뿐만 아니라 영업라인의 결정에도 개입이 가능하다는 점에 그 특징을 볼 수 있다.[208] 황금주는 그 보유주주에게 당해 회사 주식의 보유비율에 비례하지

---

[206] 한국증권법학회, 상법개정연구보고서, 2006, 120면.

[207] 영국에서도 황금주를 특별주식(the special share), 특별권리주식(the special right share), 마스터주식(master share)이라고 불리우고, 독일 역시 황금주식(Golden Aktien) 또는 특별주식(Spezialaktien)으로 사용되고 있다.

[208] 김순석, "황금주(Golden Shares) 제도에 관한 연구", 『비교사법』 제16권 제1호, 통권 제44호, 한국비교사법학회, 2009, 70면 이하.

않는 초다수 통제권을 가지고 있다. 황금주는 어떤 결정에 있어서 동의를 할 수 있는 권한도 있지만 거부권을 행사할 수도 있다.[209] 공기업이 민영화된 뒤에도 공익성과 민주성을 유지할 수 있도록 보유하는 특별주식이 일반적으로 황금주로 이해될 수 있다. 정부는 이를 통하여 민영화된 기업의 자산처분이나 경영권 변경 및 합병과 같은 주요 의사결정에 대하여 거부권을 행사할 수 있게 되는 것이다.[210] 황금주는 주주총회의 소집통지를 받고 주주총회에 참석은 할 수 있지만 의결권을 행사하지는 못하며, 일반적으로 회사의 자본이나 이익에 참가할 자격이 없다는 점에서 한계점도 노출된다. 회사의 정관변경은 주주총회의 특별결의를 통하여 효력이 발생하지만, 황금주를 발행한 경우에 황금주를 보유한 주주의 동의가 없으면 효력이 발생하지 않는다.

3. 유럽 주요국의 경우

영국에서 인정되었던 황금주에 대한 허용여부를 둘러싸고 유럽의 여러 국가에서 다툼이 벌어지고 있다. 주요국에서 발생하였던 사건들을 간략히 고찰한다.

1) 유럽연합

유럽연합의 회원국 간 또는 회원국과 제3국간에 자본이동에 대한 모든 제한은 금지되어야 한다(EC조약 제56조). 그러나 공공정책이나 공공안전을 근거로 하여 자본이동에 대한 제한은 인정될 수 있다(EC조약 제58조 제1항(b)). 한편, 유럽연합 회원국 국민은 회사설립의 자유에 대한 제한은 금지되고 있다(EC조약 제43조). 회사설립의 자유는 투자를 포함하며 자본의 자유이동과 밀접하게 연관되어 있다.

2000년 이후 유럽법원은 회원국의 황금주에 대한 EC조약에 위반되었다는 판결을 지속적으로 내리고 있다. 유럽법원은 회원국의 황금주 도입이 EC조약 제56조에 규정되어 있는 자본이동자유의 원칙과 제43조에 규정되어 있는 회사설립자유의 원칙에 위배되었는지를 판단함에 있어, 원칙적으로 황금주의 도입이 EC조약에 위배되었다는 판단을 하면서 제한적인 요건하에서 예외적으로 인정하고 있다.[211]

---

209 이사선임에 있어서 주주는 이사의 선임에 동의를 할 수도 있지만, 동 이사의 선임에 반대표를 던질 수도 있다. 이 경우 황금주를 가지고 있는 주식을 통하여 이사 선임이 거부될 수도 있다는 점에서 그 의미가 있다.
210 황금주에 대하여는 정관에 명시하는 것이 일반적이지만 인수자측과 합의하여 매각계약에 근거를 두는 경우도 있다.

2) 독일

독일에서 황금주는 자동차 회사인 폭스바겐사의 민영화 과정에서 발생하였다. 폭스바겐의 민영화법률에 의하면,[212] 독일 연방정부와 주정부는 각각 폭스바겐사의 지분 20%씩 보유하는 동시에, 감사회 위원을 각각 2명씩 임명할 수 있도록 하였다.[213] 동법에 의하면, 어떤 주주가 주식수가 전체의 20%를 넘는다 하더라도 최대 20%까지만 의결권을 행사하도록 하였고, 정부 등이 주주가 되는 기업의 경우 연방정부와 해당주는 2명의 이사의 지명권을 행사할 수 있도록 하였고, 정관개정이나 회사 주요사항의 결정은 정기주주총회에서 전체의 결권 해사비율의 80%의 찬성과 이사의 3분의 2 이상의 동의를 얻도록 하였다. 동 규정들은 주로 외국인에 의한 적대적 기업인수를 방지하고자 하는 목적을 가지고 있다. 유럽연합집행위원회가 동 규정을 검토하였다. 동 집행위원회에 따르면, 동 규정이 실질적으로 연방정부와 지방정부에 의한 승인요건에 해당한다고 간주하고, EC조약 제56조의 위반을 이유로 제소하였다. 하지만, 유럽집행위원회는 EC조약 제43조의 위반에 대하여는 언급을 하지 않았다. 2007년 10월 23일 유럽법원은 당시의 폭크바겐 민영화법이 유럽법에 위반된다고 판결하였다.[214]

3) 영국

1986년 영국은 항공법에 의하여 7개의 국제공항을 관리하는 영국공항공단을 민영화하는

---

211 허항진, "황금주(Golden Share)제도에 대한 입법론적 소고", 『기업법연구』 제23권 제2호 통권 제37호, 한국기업법학회, 2009, 95면 이하.

212 동 민영화법은 폭스바겐사의 민영화를 위하여 제정된 것으로 주식의 의결권에 상한선을 설정하는 방식으로 폭스바겐사의 민영화를 추진하고자 하였다.

213 Gesetz über die Überführung der Anteilsrechte an der Volkswagenswerk Gesellschaft mit beschränkte Haftung in private Hand, BGB I 1960.

214 EuGH 25. 10. 2007 – C-112/05, NJW 2007, 2481 = ZIP2007, 2068. 유럽법원은 독일 정부가 당해 법률을 통해 자신들의 보유수준을 넘어서는 영향력을 행사하고 있다고 판단하였다. 독일 주식법은 의결권은 주식의 수에 따라 부여되고, 특정한 경우 이를 정관에서 제한할 수 있음을 규정하고 있다. 다만, 상장회사에 대한 의결권제한은 허용하지 못하도록 하고 있다(제134조 제1항). 또한 주식법은 정관이나 회사의 자본을 변경하는 경우 4분의 3의 결의요건을 규정하고 있고, 정관으로 이를 더 강화할 수 있음을 규정하고 있다. 그러나 폭스바겐 민영화법 제2조 제1항의 '의결권 상한을 20%로 제한하면서 이를 주주들의 합의에 따라 정관을 통해서가 아니라 법률에 의하여 제한하는 것'과 동법 제4조 제3항의 '결의요건을 80%로 규정함으로써 주주의 동의를 거치지 않고 법률에 의하여 강제하는 것'에 대하여, 유럽법원은 이러한 20%의 의결권 제한과 80%의 결의요건 강화가 소수주주 회사 경영에 대한 참가를 제한하고, 정부에게 과다한 영향력을 부여하는 것으로 판단한 것이다. 결국 이러한 형태는 다른 회원국의 폭스바겐사에 대한 자유로운 투자를 저해하는 것으로 보고, EC조약이 정한 자본의 자유로운 이동의 원칙을 위반한 것으로 보았던 것이다.

작업을 단행하였다.215 항공법은 운수장관에게 1파운드의 황금주를 부여하였다. 이 황금주에 따라 운수장관은 영국공항공단의 자산처분이나 경영권 양도에 대한 동의권을 부여하였다.216 규정된 영국공항공단 정관 제10조는 1인이 보유할 수 있는 주식수를 제한하면서, 오직 허락된 자만이 15% 이상의 주식을 보유할 수 있도록 하고 있었다. EU집행위원회는 영국의 황금주 규정이 EC조약 제56조와 제43조를 위반하였다고 하면서 제소를 한 것이다.

4) 네델란드

네델란드에서도 민영화와 관련하여 황금주가 논란의 대상이 되었다. 1989년 통신과 우편서비스를 민영화하는 작업을 하였고, 1998년에는 두 개의 유한회사를 설립하여 통신은 KPN, 우편은 TPG가 담당하도록 하였다. 네델란드 정부는 두 회사에 대하여, 전체 자본의 1%를 초과하는 주식양도, 주식발행, 회사지배의 일반원칙 등을 승인할 권한인 황금주를 부여하고 있었다.217 이러한 네델란드의 황금주에 대하여 유럽집행위원회는 EC조약 제56조와 제43조를 위반한 것으로 이유로 제소한 것이다.218 유럽법원은 황금주를 통한 제한이 일반 우편서비스뿐 아니라 기타 기업부문에도 적용될 수 있기 때문에 과도한 것이고, 나아가 사전인가요건은 비례의 원칙에 적합하지 않으며, 이러한 특권의 행사에 대한 효율적인 통제도 보장되어 있지 않음을 지적하였다.

5) 벨기에

가스와 에너지 유통업에 종사하는 두 기업에 대하여 벨기에 정부에게 황금주를 부여한 두 개의 왕령에 대한 문제가 발생되었다. 벨기에 정부가 갖는 특권은 다음과 같다.219 첫째, 벨기에 국내 에너지제품 수송에서 중요한 사회간접자본시설에 해당하거나 또는 이에 이바지할 수 있는 기업이 소유하는 자산을 양도하거나 담보로서 제공하는 경우 또는 그 사용목적을 변경하는 경우 그 계획을 사전에 관할부처장관에게 신고해야 하고, 동 장관은 당해 계획이 에너지 분야 국익을 침해한다고 인정하는 경우 이에 대하여 이의를 제기할 권한을

---

215 The Airport Act 1986.
216 영국공항공단 정관 제10조는 운수장관이 황금주를 행사할 수 있는 내용을 규정하고 있었다.
217 EuGH Urteil vom 28. 09. 2006 – Rs. C-282/04, C-283/04.
218 Pießkalla, Anmerkung zu EuGH Urteile vom 28. 09. 2006, EuZW 2006, 724 f.
219 EuGH 2002, S. 2303 ff.

갖도록 하였다. 둘째, 당해 기업의 경영기관에 2명의 이사를 파견할 수 있도록 하여, 경영기관의 결정이 국가 에너지 정책에 반하는 경우에 이들은 관할부처장관에게 이의를 신청할 수 있도록 되어 있었고, 이의제기권은 단기간 내로 제한되어 있었으며 국가의 에너지공급의 구체적 위기 시에 행사할 수 있도록 하였다. 유럽집행위원회가 이러한 왕령의 규정들이 EC조약 제43조와 제56조를 위반하는 것으로 하여 유럽법원에 제소하게 된 것이다.

6) 경과

황금주의 허용이 유럽법에 위반된다는 유럽법원의 판단에 따라, 유럽에서 황금주가 절대 이용 불가능한 것처럼 보이지만 실상은 그렇지 않다.[220] 우선 벨기에 정부가 갖는 황금주에 대하여, 유럽법원의 합법적인 판결은 황금주 인정에 대한 큰 의미를 부여할 수 있다.[221] 유럽법원에 따르면, 동 왕령의 규정들이 위기에 있어서 에너지공급을 확보하기 위한 예방적 조치에 해당하고, 자본이동의 자유를 부당하게 제한한 것은 아니라고 판단하였다. 유럽법원은 "벨기에의 황금주에 대한 국내법규가 기업의 의사결정의 자유를 방해하는 것이기는 하지만 사전인가를 요건으로 하지 않고 사후적인 이의제기권의 형태를 취하고 있으며, 또한 그 이의제기 기간이 엄격하게 정해져 있고, 특히 에너지 공급망이라는 기업의 전략적 자산에 관계가 있는 의사결정만을 대상으로 하는 경우이므로, 위기 시 에너지 공급의 확보를 위하여 비례의 원칙에 적합한 것으로 인정한다. 그리고 이 국내법 법규는 벨기에 국내에서의 에너지 제품 공급을 위한 중요한 사회간접자본시설을 확보하기 위하여 객관적이고 법원에 의하여 검증 가능한 기준에 기초한 것이어서 EC조약에 저촉되지 아니한다"고 판시하였다.

영국의 경우 2006년 유럽연합의 지침을 반영하여 신회사법(Companies Act 2006)을 제정하게 된다. 동 회사법은 회사법 자체에서 주식의 종류에 관하여 규정하는 방식 대신에 기본정관과 부속정관을 통하여 이를 회사와 투자자 사이의 계약(이른바 주주간 계약)에 맡기고 있어 다양한 종류의 주식을 설계할 수 있도록 하였다.[222] 2003년 유럽법원이 영국정부가 항공공단에 대하여 가지고 있는 황금주의 효력이 자본의 자유이동원칙을 어긋난다는 이

---

220 자세히는 성승제, "황금주에 대한 비교법적 검토", 『법제연구』 제48호, 한국법제연구원, 2015, 325면 이하.
221 EuGH Urteil vom 04. 06. 2002 - Rs. C-503/99, Kommission v. Belgium, 2002 E.C.R. I-4809.
222 오성근, "상법상 황금주(Golden share) 도입의 효용성 검토: 영국 등 EU 등의 경험을 중심으로", 『선진상사법률연구』 통권 제65호, 법무부 상사법무과, 2015, 142면.

제2장 주식과 주주   301

유로 EC조약에 합치하지 아니한다는 판결을 내렸음에도 불렸지만, 영국의 경우 신회사법 제정을 통하여 여전히 황금주의 유용성을 인정하는 동시에 일정한 요건 하에서 지속적으로 사용하고자 하는 의도를 알 수 있다.

독일의 경우에서도 유사한 면이 발견된다. 특히 주목해야 할 판결은 2013년 10월 23일 유럽법원의 판결이다.[223] 2007년 10월 23일 유럽법원의 판결에 따라 독일 정부는 폭스바겐 민영화법 제4조 제1항 및 제2조 제1항을 개정하는 동시에 제2조 제1항과 연동된 제4조 제3항을 삭제하게 된다. 독일 정부는 니더작센 주정부가 폭스바겐 주식 20.2%를 보유하도록 하되, 폭스바겐 정관에서 그 주주총회 특별결의의 요건을 80% 이상으로 하도록 하였다. 개정된 바에 따른다면, 결국 니더작센 주정부는 주주총회 특별결의를 요건으로 하는 결의사항에 대하여 실질적인 거부권을 여전히 갖게 된다. 황금주의 기능을 행사할 수 있음을 유럽법원이 독일 주정부에게 부여한 것이라 하겠다.

4. 미국과 일본의 경우

유럽연합에서 황금주가 정부의 소유였던 공기업이 민영화되면서 발생할 수 있는 문제를 예방하기 위한 조치로 등장하는 것에 반하여, 미국과 일본에서는 유럽과는 다른 형식으로 논의가 전개되고 있다. 회사법상 중요하게 등장하는 거부권부주식에 대하여 고찰한다.

1) 미국

주주 간의 계약이라 함은 주식회사의 주주 간에 지배권을 분배하는 방법으로 이사의 선임이라든가, 임원의 임면, 이익배당, 분쟁의 해결방법이나 주식양도의 제한 등 여러 가지 사항에 대하여 미리 약정하는 것을 말한다.[224] 폐쇄회사의 주주계약에 대하여는 개정모법회사법(RMBCA) 제7.32조가 규정하고 있다. 동 조항은 주주 간 계약에 대하여 자주 사용되는 형태로 일곱 가지 유형을 제시하고 있다.[225] 폐쇄회사는 가족회사에 대기업에 의한 합작회

---

223 EuGH(Große Kammer) Urteil vom 22. 10. 2013 - C-95/12(Kommission/Deutschland).

224 곽관훈, "벤처기업에 있어서의 주주간 계약-질권구속계약을 중심으로-", 『상사법연구』 제22권 제1호, 한국상사법학회, 2003, 329면.

225 그 유형은 다음과 같다. 첫째, 이사를 해임하거나 이사의 재량이나 권한을 제한하는 것. 둘째, 제6.40조의 제한에 따라 보유주식수에 비례하거나 비례하지 않는 배당의 승인. 셋째, 이사나 임원의 지명, 그 임기나 선·해임의 방식을 정하는 것. 넷째, 가중된 의결권이나 이사위임장을 통하여 주주나 이사에 의한 의결권의 행사를 규율하는 것. 다섯째, 재산의 양도나 사용 또는 회사와 주주, 이사, 임원 또는 종업원 간의 서비스의 규정에

사에 이르기까지 그 범위가 광범위하다. 폐쇄회사의 경우 주주들은 회사의 운영에 관한 주주 간의 계약체결이 빈번히 발생하고 있었다. 다만, 거부권부종류주식을 배제하는 것을 내용으로 하는 것을 규정하고 있지 않다. 명문의 규정이 없다고 한다면 주주간의 계약으로 이사선임 등에 관하여 당사자 간의 합의에 따라 의결권을 행사한다는 취지를 정하는 의결권구속계약을 들 수 있다. 최근 주 회사법들이 주주 간 계약을 유효한 것으로 규정하는 경향이 나타나는 것으로 파악되고 있다.

2) 일본

일본은 회사법에 종류주식으로서 거부권부주식을 도입하였다(제108조 제1항 제8호). 어떤 사항은 종류주주총회에 부의해야 한다.[226] 즉, 주주총회나 이사회 및 청산인회에서 결의할 사항에 대하여 추가로 특정종류의 주주들로 구성되는 종류주주총회에서 결의를 얻도록 한 것이다. 그 종류의 주주에게 거부권을 부여하는 주식은 중요사안에 대한 결정적으로 판단할 수 있는 기능을 부여하게 된다. 한편, 일본 회사법은 거부권부종류주식을 발행하는 때에는 그 발행가능 주식총수와 함께 그 종류주주총회의 결의를 요하는 사항을 정관에 기재하도록 규정하고 있다.[227] 또한 일정한 조건 아래 종류주주총회의 결의를 필요로 하는 경우에는 그 조건을 기재하도록 한다(일본 회사법 제108조 제2항 제8호). 거부권부종류주식을 우호적 기업에게 발행하여 두면 중요사항의 결의에는 당해 우호적 기업의 찬성을 얻지 않는 한 가결될 수 없기 때문에, 제3자의 적대적 기업인수에 대한 강력한 억제적 효과를 갖게 된다. 그러한 측면에서 거부권부종류주식은 황금주로서의 기능을 갖게 된다고 하겠다.

관한 조건의 설정. 여섯째, 이사나 주주가 교착상태에 빠지는 경우 당해 문제에 대한 결정권 또는 회사의 권한이나 경영권 등을 1인 또는 그 이상의 주주에게 양도하는 것. 일곱째, 1인 또는 그 이상 주주의 요청에 근거한 해산 또는 특정한 사건이나 조건의 발생에 따른 회사의 해산 등을 들 수 있다.

226 김순석, "황금주(Golden Shares) 제도에 관한 연구", 『비교사법』 제16권 제1호, 통권 제44호, 한국비교사법학회, 2009, 294면 이하. 2001년 개정 시 종류주주의 보호 내지 특히 합작회사, 벤처기업 등에서 체결된 주주간 계약이 종류주주에게 부여하고 있는 보호를 상법상 제도로서 인정하고자 하였다면, 2005년 회사법 개정 시에는 거부권의 유무 자체가 주식의 종류를 구성하며, 종류주주의 이익보호에 추가하여 지배권의 배분수단으로서 거부권을 이용하는 것을 정면으로 인정한 것으로 보아야 한다. 또한 정관에서 정해진 종류주주총회(이른바 임의적인 종류주주총회)는 법률에서 요구되는 종류주주총회(법적 종류주주총회)의 경우와 달리 종류 간 이해대립이 반드시 존재할 이유는 없으며, 따라서 복수종류의 주주가 공동으로 거부권을 행사하는 것도 정할 수 있는 것으로 해석된다.

227 김지환, "상법개정안상 주식의 종류에 대한 일고찰", 『영남법학』 제23편, 영남대법학연구소, 2008, 50면 이하.

5. 소결

유럽연합에서 논의되고 있는 황금주에 대한 논의는 EC조약에 대한 위반여부에 따라 인정의 유무가 발생한다. 기본적으로 유럽법원은 황금주 인정에 있어 그리 관용적인 것 같지는 않다. 독일이나 영국, 네덜란드 등의 국가에서 이미 유럽법원은 황금주를 EC조약에 위반한 것으로 보고 이를 허용하지 않았고, 여기에서 언급하지 않는 기타 여러 국가에서도 마찬가지 결과가 나타났다.[228] 그러나 벨기에 정부가 가지고 있던 황금주를 유럽법원이 인정한 것이라든가, 영국과 독일에서 법률을 개정함으로써 황금주를 이용하고 있는 점은 황금주를 절대적으로 받아들일 수 없는 것으로 단정하기에는 성급한 판단이라 하겠다.

미국이나 일본은 거부권부주식이 논의되고 있다. 민영화에서 발생하는 거부권이 아니라, 일반 민영기업에서 유럽의 황금주와 같은 효과를 가질 수 있는가에 대한 입법적 논의가 전개되고 있는 것이다. 국가안보, 공공성 등이 중시되는 공공적 법인 또는 국가 기간산업의 경우에 외국자본에 의한 적대적 M&A로부터 경영권을 정당하게 보호하기 위하여 인정되는 황금주가 유럽에서 적극적으로 논의되면서 법률적 문제를 해결하는 상황이라고 한다면, 미국이나 일본의 경우는 거부권부주식이 단순히 적대적 M&A에 대한 방어수단의 차원에서뿐만 아니라 기업에서 다양한 자금조달방식과 지배구조의 유연성을 제공한다는 점에서 논의의 실익이 있다.[229]

영미법은 성문법에 비하여 회사법 규정이 비교적 유연하고, Negative 시스템 형식을 띠고 있기 때문에 몇 가지 배제시키는 것을 제외하고는 나머지는 가능한 것으로 하고 있다. 이러한 관점에서 황금주에 대하여 매우 제한적으로 판단하고자 하는 유럽법원의 판결들은 영미법적 관점에서 보았을 때 상당히 낯선 면이 있다고 하겠다. 또한 유의해야 할 사항으로 유럽연합에서 황금주는 공기업의 민영화 관련 사항에서 논의가 집중되고 있다는 점이다. 사기업이 황금주를 사용하고자 하는 경우에 있어서는 그 당부에 대하여 관여하지 않는다는 점으로 이해가 되고, 또 다른 측면에서 본다면 전체주주의 동의라든가 기타 해당요건만 충족된다면 사용가능하다는 의미로 이해가 된다.

---

228 성승제, "황금주에 대한 비교법적 검토", 『법제연구』 제48호, 한국법제연구원, 2015, 334면 이하. 프랑스, 포르투갈, 스페인 등의 국가에서도 유럽법원이 황금주를 허용하지 않고자 함을 보여주고 있다.

229 이동기, "차등의결권주식제도 도입의 필요성", 국회의원회관 제1세미나실 "1주 1의결권원칙 검토와 차등의결권제도 도입방안 세미나", 2015, 27면.

IV. 차등의결권주식 도입 시 고려사항

2개 이상의 의결권을 부여하는 차등의결권주식에 대한 주요국의 입법태도를 살펴보고,[230] 차등의결권주식이 가지고 있는 문제점 및 순기능을 포함한 도입 관련 제 문제점을 검토하기로 한다.

1. 입법례

1) 미국

차등의결권과 관련된 미국의 입법은 모범회사법과 델라웨어주 회사법에서 볼 수 있다. 개정 모범회사법 제6.01(b)는 "정관은 첫째, 의결권이 제한되지 않는 하나 이상의 종류나 조(Series)의 주식(완전한 의결권이 있는 주식)과 둘째, 청산 시에 회사의 순자산을 수령할 권리를 갖는 하나 이상의 종류나 조(Series)의 주식(잔여재산분배에 관한 주식)(의결권을 갖는 주식과 동일한 종류일 수 있음) 모두를 수권하여야 한다"고 규정하고 있다. 개정 모범회사법 제7.21(a) 역시 "정관에 다른 정함이 없으면, 각 발행주식은 종류에 관계없이 1주당 1개의 의결권을 갖는다"고 규정하고 있다. 회사가 의결권이 제한되지 않는 주식과 잔여재산분배를 받을 수 있는 권리가 부여된 주식이 항상 발행되어 있어야 한다는 것을 제외하고는, 주식의 종류에 대한 제한이 없으므로, 모범회사법상 회사는 정관에 의하여 다양한 종류의 주식을 발행할 수 있게 된다.

델라웨어주 회사법 역시 차등의결권을 인정하고 있다. 델라웨어주 회사법 제212(a)에 따르면, 정관에 다른 정함이 없는 경우에 주주는 1주 1의결권을 보유한다. 이를 달리 표현하면, 정관에 다른 정함이 있다고 한다면 다양한 의결권을 갖는 다른 종류의 주식이 발행될 수 있음을 의미하게 된다. 보다 명시적은 규정은 회사법 제151(a)에 의하여 나타난다. 델라웨어주 회사법 제151(a)에 따르면, '회사는 의결권을 달리하는 다양한 종류의 주식을 발행할 수 있다'고 규정하고 있다.[231]

한편, 뉴욕주 회사법 제501조는 회사가 정관으로 각 종류(class)별로 의결권에 대하여 달

---

230 주요국의 입법태도에 대하여는 윤영신, "1주1의결권원칙과 차등의결권원칙에 대한 검토", 『상사법연구』 제28권 제1호, 한국상사법학회, 2009, 208면 이하.

231 판례 역시 그 맥을 같이 하고 있다. 델라웨어주 대법원은 주주가 보유한 주식수에 따라서 같은 종류 내에서의 의결권을 다르게 한다는 정관을 승인한 바 있다. Providence & Worcester Co. v. Baker.

리 정할 수 있도록 하고 있고, 뉴욕증권거래소 상장규정 역시 상장 이전에 이미 차등의결권제도를 도입한 회사의 상장이나 차등의결권제도의 유지는 가능한 것으로 하고 있다. 다만, 동 상장규정 제313조와 보충서 제10조에서 이미 상장된 회사가 신규로 차등의결권제도를 도입함에 따라 발생할 수 있는 기존 주주의 이익을 침해하는 것을 금지하고 있다.

2) 독일

독일에서 차등의결권은 복수의결권이라는 이름으로 논해질 수 있다. 본래 독일은 복수의 결권주식과 의결권상한이 가능한 것으로 입법하고 있었다. 그러나 1998년 "회사지배권 및 투명성에 관한 법률" 제정 시 1주 1의결권원칙을 명확히 하면서, 복수의결권주식 및 기타 보통주식과의 비례적인 의결권을 금지하는 방향으로 전환하였다.[232] 독일 주식법 제12조는 의결권 및 복수의결권의 금지라는 제목으로 명백히 그것에 대한 금지를 규정하고 있다.

한편, 독일 주식법은 비상장회사에 대하여 정관으로 최고액이나 차등적인 등급을 확정하는 방식을 통한 두 가지 방식으로 의결권을 제한하고 있는 모습을 띠고 있다(독일 주식법 제134조).[233] 하나의 방식은 최고액을 정하여 의결권을 제한하는 방식이다. 보통 기본자본의 5% 또는 10%를 최고액으로 정하고, 다수의 주식을 소유한 주주가 행사할 수 있는 의결권에 최고한도를 설정하여 의결권을 제한하게 된다. 이는 대주주의 잠재적 영향력을 제한하기 위한 목적을 가지고 있다고 하겠다.[234] 또 다른 방식으로는 소유주식수에 따라 차등적인 등급을 두어 의결권을 제한하는 방식이다. 이 방식은 일정한 수의 주식에 대하여는 의결권을 전부 인정하지만, 그 이상의 주식에 대하여는 의결권을 축소하는 형태를 띠게 된다.[235] 예를 들면, 1000주 이상의 주식에 대하여 10주당 1의결권을 부여하는 방식이 있을 것 있고,

---

232 § 12 (Stimmrecht, Keine Mehrstimmrecht) (1) Jede Aktie gewährt das Stimmrecht(각 주식은 의결권을 갖는다). Vorzugsaktien können nach den Vorschriften dieses Gesetzes als Aktien ohne Stimmrecht ausgegeben werden(우선주는 주식법의 규정에 따라 의결권 없는 주식으로 발행할 수 있다). (2) Mehrstimmrecht sind unzulässig(복수의결권주식은 허용되지 않는다).

233 독일 주식법 제134조 (I) Das Stimmrecht wird nach Aktiennennbeträgen, bei Stückrecht nach deren Zahl ausgeübt(의결권은 주식의 액면에 따라 행사한다). Für den Fall, dass einem Aktionär mehrere Aktien gehören, kann bei einer nichtbörsennotierten Gesellschaft die Satzung das Stimmrecht durch Festsetzung eines Höchstbetrags oder von Abstufungen beschränken(주주가 다수의 주주를 가진 경우에 비상장회사는 정관에 최고액이나 차등적인 등급을 확정함으로써 의결권을 제한할 수 있다).

234 문준우, "차등의결권주식을 상법에 도입하여야 하는 이유 및 도입 방법", 『상사법연구』 제31권 제2호, 한국상사법학회, 2012, 250면 참조.

235 송옥렬 외 공저, 『21세기 회사법 개정의 논리-2006년 법무부 상법개정작업 기초실무자료(기업재무편)-』, 소화출판사, 2007, 292면 이하.

2000주 이상에 대하여는 20주당 1의결권을 부여하는 방식을 들 수 있을 것이다.

3) 일본

일본의 경우 단원주 제도를 받아들인 점이 인상적이다.[236] 일본 역시 주주총회에서 주주가 행사할 수 있는 의결권은 1주 1의결권이 원칙이다(일본 회사법 제308조 제1항). 그러나 주식회사는 그 발행하는 주식에 관하여 일정한 수의 주식으로서 주주가 주주총회 또는 종류주주총회에서 1개의 의결권을 행사할 수 있는 1단원의 주식으로 하는 취지를 정관으로 정할 수 있다(일본 회사법 제188조 제1항). 1단원의 주식수를 단원주식수라 한다(일본 회사법 제2조 제20호). 이 단원주식수는 등기를 요한다(일본 회사법 제911조 제3항 제8호). 종류주식 발행회사에서는 단원주식의 수는 주식의 종류마다 정하여야 한다(일본 회사법 제188조 제3항). 단원주제도의 도입은 1주 1의결권의 보통주에 비하여 의결권의 수가 적은 주식을 제공하는 것이 가능하고, 주주관리 비용을 삭감할 수 있다는 측면에서 그 효용가치가 있다고 하겠다.[237]

2. 차등의결권주식 발행 시 제기되는 문제점

1) 1주 1의결권 원칙의 위반

우리 상법이 차등의결권주식을 발행할 수 없는 이유는 무엇보다도 1주 1의결권 원칙을 위반한다는 사실이다. 또한 차등의결권을 가지고 있는 주주는 출자 비율에 상응하지 않는 의결권을 행사하기 때문에, 회사의 의결권을 왜곡하여 국내기업의 불투명한 지배구조를 고착화하는데 기여하게 되는 점이 문제점으로 지적될 수 있다. 그러나 우리 상법은 이미 1주 1의결권의 예외를 인정하고 있다. 의결권의 배제나 제한에 관한 종류주식(제344조의3)의 발행을 허용하고 있고, 감사 선임 시 의결권 상한제도(제409조 제2항, 제542조의12 제3항)를 인정하고 있다. 이런 측면에서 보았을 때, 우리 상법이 1주 1 의결권 원칙을 고수하면서 차등의결권주식의 도입에 반대할 이유가 없다고 할 것이다.

---

[236] 이 점에 대하여는 권종호, "종류주식 제도의 개선방안", 2008년 한국증권법학회 제2차 특별세미나, 2008. 8. 29, 18면.
[237] 이 점에 대하여는 권종호, "종류주식 제도의 개선방안", 2008년 한국증권법학회 제2차 특별세미나, 2008, 18면.

2) 무능한 경영진 보호

두 번째는 차등의결권주식을 발행하게 되는 경우 경영자가 경영성과와 관계없이 경영권을 유지할 수 있도록 하는 단점이 제기될 수 있다고 한다.[238] 차등의결권주식의 발행을 통하여 회사의 무능한 경영진이나 지배주주가 경영권을 고착하는 동시에 회사·주주·채권자 및 종업원 등의 피해를 야기할 수 있다는 지적[239]이 제기될 수 있다.

3) 기존주주의 이익침해

기존주주의 이익을 침해할 수 있다는 지적이 있다.[240] 이미 상장된 회사가 차등의결권주식을 발행하는 경우 기존주주의 의결권이 희석에 의해 예상치 못하는 손해가 발생할 수 있다는 것이다.[241] 또한 정관변경 등의 주주총회 특별결의에 따라 주주의 동의를 얻었다 할지라도 집단적인 행동문제나 전략적 선택의 문제가 발생하기 때문에 진정한 주주의 의사를 반영하기 어려운 면도 있다.

4) 기업인수 시장의 위축

적대적 기업인수는 현 경영진에 의한 회사가치의 감소행위를 억지하는 효과가 있다. 그러나 무능한 경영진이나 지배주주가 차등의결권주식을 보유함으로써 회사의 경영권을 고착시키는 수단으로 사용함으로써 적대적 기업인수를 방해하는 기능으로 나타날 수 있다는 단점이 있다. 결국 차등의결권주식을 보유함으로써 현 경영진이 적대적 기업인수의 가능성을 감소시키고 무능한 경영진을 보호하는 역할을 하게 된다는 것이다.[242]

---

238 문준우, "차등의결권주식을 상법에 도입하여야 하는 이유 및 도입 방법", 『상사법연구』 제31권 제2호, 한국상사법학회, 2012, 259면.
239 김정호, "차등의결권 주식의 도입가능성에 대한 연구", 『경영법률』 제24집 제2호, 2014, 259면.
240 김효신, "종류주식 다양화의 법적문제", 『법학연구』 제51권 제1호, 통권 제63호, 경북대법학연구소, 2010, 179면.
241 고창현, "차등의결권제도의 도입과 상장", 한국상사판례학회/한국기업법학회 2015년 하계공동학술대회 상사법 분야의 최근 관심 법제와 그 해결방안, 2015년 8월 21일~22일 자료집, 149면.
242 법무부 보도자료 2009. 11. 9.

3. 차등의결권주식 발행의 순기능

1) 자본조달의 유연화

차등의결권주식을 이용하는 경우 기업은 자금조달수단에 유연성을 확보할 수 있고, 투자자도 투자대상에 대한 선택범위를 넓힐 수 있다는 점은 장점으로 제시된다.[243] 현재 우리 상법은 주식회사에 1주에 1표를 원칙으로 한 보통주 발행을 인정하면서, 이익배당우선주 성격을 지닌 무의결권주식을 예외적으로 인정하고 있다. 보통주를 발행하게 되면 지배주주가 가지고 있는 주식의 지분은 감소하게 된다. 창업주가 지배하는 가족경영회사나 폐쇄적인 회사의 경우 경영진들의 지분율이 희석될 것을 우려하여 신주발행을 꺼려할 수 있다. 지분율의 감소는 경영권의 위협으로 등장하기 때문이다. 차등의결권주식의 발행은 이러한 문제를 제거해 준다.[244] 경영진 또는 지배주주가 1주당 10표나 100표 또는 그 이상의 의결권을 가진 주식을 가지고 있다고 한다면, 회사지배권에 대한 상실의 두려움 없이 소기의 자본을 안정적으로 조달하게 된다.

2) 경영권안정의 용이

우리 상법은 회사가 경영권을 보호할 수 있는 수단이 그리 많이 있지 않은 상태이다. 신주의 제3자 배정이나 자기주식 취득 등 지분확보 등을 통하여 경영권을 방어할 수 있는 방법이 있지만, 적대적 기업인수에 대한 경영권보호를 위하여 제한적인 수단에 해당한다. 또한 1주 1의결권만을 고수하는 경우, 경영권 방어를 위하여 회사가 자기주식을 매입하거나 지배주주가 적정지분율 이상으로 과다한 자본을 투자하는 등 불합리한 현상의 초래가능성이 있다.[245] 기업이 지배주주에게 차등의결권주식을 부여하면 상대적으로 적은 지분을 투입하여 안정적인 경영권을 행사할 수 있게 된다는 점에서, M&A에 대한 방어법제로 기능을 한다.[246] 더 나아가 매수자와의 교섭창구를 통일할 수 있어서 회사가 지나치게 싼 가격에 팔리는 것을 막을 수 있다는 기능도 있다고 하겠다.[247]

---

243 고창현, "차등의결권제도의 도입과 상장", 한국상사판례학회/한국기업법학회 2015년 하계공동학술대회 상사법 분야의 최근 관심 법제와 그 해결방안, 2015년 8월 21일~22일 자료집, 148면.

244 박양균, "차등의결권 제도의 경제학적 분석", 『규제연구』제18권 제1호, 한국경제연구원, 2009, 165면.

245 김효신, "종류주식 다양화의 법적문제", 『법학연구』제51권 제1호, 통권 제63호, 경북대법학연구소, 2010, 175면.

246 문준우, "차등의결권주식을 상법에 도입하여야 하는 이유 및 도입 방법", 『상사법연구』제31권 제2호, 한국상사법학회, 2012, 253면 이하.

3) 기업공개의 촉진

차등의결권제도는 기업공개 시 공개기업으로 하여금 대주주, 벤처캐피털, 종업원 등 이해관계자들이 원하는 형태의 지배구조와 경영권 방어를 가능하도록 하여 기업공개를 촉진하게 한다.[248] 자본조달의 유연화 및 경영권 방어뿐만 아니라 기업공개, 신규투자자의 유치, 전략적 제휴 및 합작투자 등 기업이 당면하는 다양한 상황에서 당사자들의 복잡한 이해관계를 조정함에 있어 유용한 수단이 된다고 하겠다.[249] 그 외에도 다양한 장점이 제시되고 있다는 점에서[250] 차등의결권주식의 발행은 의미가 있다고 하겠다.

4. 차등의결권주식 발행 가능한 회사

1) 폐쇄회사

차등의결권주식의 발행은 벤처기업이나 중소·중견기업의 견실한 성장을 위한 기업가 정신, 지속적 혁신, 장기적 관점의 경영, 사회적 책임경영을 촉진하는 제도적 여건을 구축하는데 기여할 수 있다.[251] 중소기업이나 벤처기업의 창업자나 경영진은 회사의 경영권을 보호하면서 외부에서 자금조달의 필요성이 있다. 이 경우 차등의결권주식을 통하여 경영권을 유지하면서 책임경영을 지속적으로 할 수 있다는 장점이 있다. 실제로 폐쇄적인 중소·중견기업의 경우 성질상 처음부터 기업인수 가능성이 거의 없으므로 차등의결권주식이 적대적 기업인수에 대한 방어수단으로 도입되는 경우의 폐해는 거의 없다고 하겠다.[252]

2) 공개회사

(1) 기존 공개회사의 경우

기존 공개회사가 차등의결권주식을 도입하게 된다면, 기존 주주의 예상치 못한 손해의

---

247 유열일, "차등의결권주에 관한 연구", 『상사판례연구』 제21권 제4권, 한국상사판례학회, 2008, 100면.

248 김건식·송옥렬·안수현·윤영신·정순섭, 『21세기 회사법 개정의 논리』, 도서출판 소화, 2006, 288면.

249 차등의결권주식의 경영성과에 대하여는 김정호, "차등의결권 주식의 도입가능성에 대한 연구", 『경영법률』 제24집 제2호, 한국경영법률학회, 2014, 142면 이하.

250 고창현, "차등의결권제도의 도입과 상장", 한국상사판례학회/한국기업법학회 2015년 하계공동학술대회 상사법 분야의 최근 관심 법제와 그 해결방안, 2015년 8월 21일~22일 자료집, 147면 이하.

251 이동기, "차등의결권주식제도 도입의 검토", 국회의원회관 제1세미나실 "1주 1의결권원칙 검토와 차등의결권제도 도입방안 세미나", 2015, 27면.

252 권종호, "종류주식 제도의 개선방안", 2008년 한국증권법학회 제2차 특별세미나, 2008. 17면.

발생가능성이 있다. 우선 정관변경 등을 통한 주주총회 특별결의에 따라 주주의 동의를 얻은 경우에도 집단적인 행동문제와 전략적 선택의 문제가 있기 때문에 진정한 주주의 의사를 반영하는 것으로 볼 수 없을 것이다.[253] 이미 상장된 회사가 새로이 차등의결권주식을 도입하는 경우, 상장이전에 계약한 당사자들이 차등의결권주식을 원하지 않을 수도 있기 때문에 주주평등의 원칙을 반하게 된다는 비판을 면하기도 어렵다고 하겠다.

(2) 신규 공개회사

기존 공개회사와 달리, 신규 공개회사의 경우에는 기업공개 시 차등의결권주식을 발행하게 되면 기존주주의 의결권이 희석되는 문제가 발생하지 않는다. 즉, 차등의결권주식의 도입사실이 주가에 반영되므로 주주의 이익에 미치는 영향은 거의 없다고 하겠다.[254] 상장 후에 차등의결권주식을 발행하게 된다면, 기존주주가 예상치 못한 피해가능성이 있다. 그러나 신규 공개회사에서 시장의 투자자들이 동의하고 주식을 취득하는 경우에 차등의결권주식의 발행은 큰 문제가 없을 것이다.

5. 입법 방식

1) 상법이냐 특별법이냐

차등의결권주식을 실정법으로 도입하는 경우에, 일반법인 상법에 도입하는 방안[255]과 특별법인 벤처기업육성특별법, 중소기업기본법, 중견기업특별법 등에 도입하는 방안[256]이 논의될 수 있다. 벤처기업 등의 일부 비상장기업에 제한적으로 도입한 후 그 범위를 넓혀가는 방법을 주장하는 입장에 따른다면 후자가 타당성이 있다고 하겠으나 상법 제369조가 주식회사의 의결권에 대하여 명시적으로 규정하고 있고, 제344조(종류주식), 제344조의2(이익배당, 잔여재산분배에 관한 종류주식) 및 제344조의3(의결권의 배제·제한에 관한 종류주식)에서 이미 규정된 바 있으므로, 동 규정들을 근거로 하여 개정하는 방안이 보다 더 타당

---

253 김효신, "종류주식 다양화의 법적 문제", 『법학연구』 제1권 제1호 통권 제63조, 경북대법학연구소, 2010, 179면.
254 김화진·송옥렬, 『기업인수합병』, 박영사, 2007, 368면.
255 고창현, "차등의결권제도의 도입과 상장", 한국상사판례학회/한국기업법학회 2015년 하계공동학술대회 상사법 분야의 최근 관심 법제와 그 해결방안, 2015년 8월 21일~22일 자료집, 180면.
256 이동기, "차등의결권주식제도 도입의 검토", 국회의원회관 제1세미나실 "1주 1의결권원칙 검토와 차등의결권제도 도입방안 세미나", 2015, 31면.

성을 갖는다고 하겠다. 다만, 주요국의 입법태도를 감안하여, 상법에는 기본적인 사항만을 규정하고 구체적인 사항들은 정관을 통한 기업의 자유로운 운용가능성을 열어두는 방안이 고려될 수 있을 것이다.

2) 주주의 동의요건

차등의결권주식을 도입하는 경우에 총주주의 동의를 받는 것으로 해야 할지, 아니면 주주총회 특별결의의 요건만 갖추면 되는 것으로 해야 할지에 대한 논의가 있다. 차등의결권주식을 발행하는 경우 소수주주가 가지고 있는 주식의 의결권에 대한 희석화 발생은 필연적이라는 점에서 기본적으로 원시정관에 규정을 두거나 총주중의 동의가 필요한 것으로 주장하는 입장[257]이 있으나, 주주총회 특별결의를 통한 방법을 고려해 볼 수 있다. 후자의 방식은 도입의 용이함은 인정될 수 있으나 소수주주의 불이익에 대한 문제를 어떻게 해결할 것인가의 숙제가 남게 된다.

3) 차등의결권주식의 양도성 여부

벤처기업의 창업주나 폐쇄회사의 기업주에게 차등의결권을 발행할 수 있도록 하는 이유는 의결권이 많은 주식을 발행하여 경영권을 안정적으로 보장해 주고, 일반주식을 발행하는 경우에도 의결권이 희석되지 않도록 하고자 함이다. 차등의결권주식을 보유하는 주주는 기업경영에 매진할 수 있는 동기를 제공하는 것이다. 주식은 원칙적으로 타인에게 양도가 가능하다(제335조 제1항). 차등의결권주식 역시 주식이라는 점에서 양도는 원칙상 허용되는 것으로 보아야 할 것이다. 다만, 차등의결권이 가지고 있는 성질상 양도 시에는 의결권의 차이가 배제되는 방안이 모색되어야 할 것이다.

6. 주주 이해관계의 조정문제

우리나라 기업에 차등의결권을 인정하게 되면, 주식소유지배구조상 방어목적으로 사용함에 있어서는 유용한 면이 있기는 하지만, 지배권의 영속화를 조장할 가능성이 있다는 우려에 대하여는 숙고가 필요한 점이라 생각된다. 이는 지배주주와 이사에게 회사와 주주에

---

257 고창현, "차등의결권제도의 도입과 상장", 한국상사판례학회/한국기업법학회 2015년 하계공동학술대회 상사법 분야의 최근 관심 법제와 그 해결방안, 2015년 8월 21일~22일 자료집, 180면.

대하여 인정되는 충실의무를 통하여 해결할 수 있다는 주장[258]도 있지만, 이사의 충실의무는 실정법상 인정되는 이사의 의무로서 그 효력이 어느 정도 인정될 수 있겠지만 주주의 충실의무는 우리나라에서 인정에 매우 인색하다는 점에서 실효적인 대책에 대한 의문이 있다고 하겠다.

V. 소결

영국에서 시작된 황금주는 주로 국가의 중요한 사업에 해당하는 석유, 전기, 가스, 통신 등의 국가기간산업을 민영화하는 과정에서 국가에 어느 정도의 통제권을 유지하고자 하는 차원에서 발달하였다. 이는 영국에만 한정되어 논의되는 것이 아니라 독일, 프랑스 등 유럽 전역에서 발생되었다. 유럽의 논의와는 달리 미국의 경우 주주 간 계약에 위임함을 통하여 거부권부종류주식을 도입하고 있고, 일본은 거부권부종류주식을 이미 명문으로 도입한 바 있다. 외국기업이나 외국자본의 우리 기업에 대한 M&A에 대한 공격이 지속되고 있고, 그러한 공격을 방어하기 우리 기업이 취약하다는 지적이 제기되고 있다. 우리 기업이 경영권을 방어하기 위한 수단이 없는 것은 아니지만 현재 인정되고 있는 방법들이 적대적 인수합병에 대한 방어법제로서 효과가 없다는 기업의 목소리가 줄어들지 않고 있다. 유럽에서 황금주에 대한 제한 논의는 주로 공기업이 민영화되는 측면에서 논의되고 있다. 일반기업에 대하여는 거의 논의가 없다는 점과 영국과 독일이 황금주를 이용할 수 있는 가능성을 여전히 인정하고 있다는 점에 유의해야 할 필요성이 있다. 판례법 체계를 가지고 있는 미국에서 거부권부주식을 인정하고 있고, 성문법의 체계를 가지고 있는 일본은 한 걸음 더 나아가 실정법상 거부권부주식의 도입은 우리에게 시사하는 바가 크다고 하겠다.

우리 상법은 의결권을 배제하거나 제한하는 종류주식을 발행할 수 있도록 하고 있다. 다만, 그 발행은 발행주식총수의 4분의 1까지만 제한적으로 허용하고 있다. 이미 우리 상법이 1주 1의결권 원칙에 대한 예외를 인정하고 있다고 하겠다. 그러므로 차등의결권주식 발행은 입법자의 결단에 따라서 수용할 수 있는 사안이라 하겠다. 발행대상회사로는 기업가 정신이라든가 지속적 혁신 및 장기적인 관점에서 경영의 안정성 등을 고려한다면 벤처기업이

---

[258] 박철영, "종류주식의 확대와 주주간 이해조정", 『상사법연구』 제24권 제2호, 한국상사법학회, 2005, 78면 이하에서 종류주식을 발행하는 경우 일방 그룹의 이익을 희생하여 다른 그룹에 이익을 도모하는 경영상의 의사결정을 하여서는 아니 되며, 그러한 의사결정을 하는 때에는 주주그룹 간 이익충돌을 조정할 수 있는 적절한 조치를 취할 의무가 있어야 함을 주장하고 있다.

나 중소·중견기업의 경우에 우선적으로 허용될 수 있을 것이다. 그러나 심각한 문제가 되고 있는 것은 대기업집단에서 발생하는 적대적 기업인수에 관한 사안이다. 대기업집단의 소유나 지배구조 등의 문제가 사회적 민감성을 가지고 있는 것은 사실이지만 차제에는 대기업으로까지 적용범위를 확대하는 방안이 마련되어야 할 것이다. 비상장회사의 경우 차등의결권을 도입하는 것은 비교적 논란이 적을 것으로 예상되지만, 상장회사의 경우는 다양한 법적 문제들이 제기될 수 있다. 특히 이미 상장된 회사가 차등의결권주식을 도입하는 경우 기존주주가 가지고 있는 의결권에 대한 손해발생이 불가피한 것이기 때문에 이에 대한 대비책이 마련되어야 할 것이다.

제13절 주식의 담보와 소각

Ⅰ. 주식의 담보

1. 의의

상법이 정하는 바에 따라 주식은 질권의 목적이 될 수 있다. 주식은 재산적 가치를 가지고 있을 뿐만 아니라 양도가 가능하므로 담보의 대상이 된다. 주식의 담보방법으로서 주식의 입질에 관하여 상법이 규정하고 있지만, 실무에서는 양도담보가 더 많이 이용되고 있다.

민법 제345조 이하에서 권리질에 관하여 상세하게 규정을 두고 있다. 일반 유가증권과는 주식은 다른 특성이 있어 그 입질에 대하여 특별한 사항이 존재한다. 첫째, 주식은 양도방법과 권리의 공시방법이 주권의 교부, 명의개서와 같은 특수한 수단으로 관리되므로 질권을 설정함에 있어서도 이러한 점이 고려되어야 한다. 둘째, 주식을 담보로 한 경우 주식의 소각 등 회사의 자본거래에 의하여 담보가치가 변동된다. 그러므로 특별한 물상대위를 인정하여 질권자 이익을 보호할 필요가 있다.

2. 주식의 입질

1) 분류

(1) 약식 입질

주식을 질권의 목적으로 하는 때에는 주권을 질권자에게 교부하도록 하고 있다(제338조

제1항). 즉 질권설정의 합의와 주권의 교부가 있어야 한다. 주권의 교부는 현실의 인수뿐 아니라 목적물반환청구권의 양도에 의한 방법으로도 가능하다. 다만 점유개정에 의한 인도는 민사질에 관해 이를 금하는 민법의 규정(민 제332조)에 의해 허용되지 않는다. 질권자는 주권을 계속 점유하지 아니하면 회사를 포함하여 제3자에게 대항하지 못한다(제338조 제2항).

(2) 등록질

주식을 질권의 목적으로 한 경우에 회사가 질권설정자의 청구에 따라 그 성명과 주소를 주주명부에 기재하고, 그 성명을 주권에 기재하여야 한다(제340조 1항). 이 경우에는 질권자는 회사로부터 이익배당, 잔여재산의 분배 또는 제339조에 따른 금전의 지급을 받아 다른 채권자에 우선하여 자기채권의 변제에 충당할 수 있다. 등록질은 질권설정의 합의, 주권의 교부와 더불어 회사가 질권설정자의 청구가 있어야 한다는 점에서 차이가 있다.

2) 질권의 효력

(1) 물상대위

상법은 질권의 물상대위의 일반원칙(민 제342조)에 대한 특례를 두고 있다. 질권자는 주식의 소각·병합·분할·전환이 있는 때에는 이로 인하여 종전의 주주가 받을 금전이나 주식에 대하여도 종전의 주식을 목적으로 한 질권을 행사할 수 있다(제339조). 또 준비금을 자본전입해서 발행하는 신주(제461조 제5항), 신주발행의 무효가 확정되어 주주에게 환급하는 주식납입금(제432조 제3항), 회사회생절차에 의한 권리변경으로 주주가 받을 금전·주식·물건·채권 등에 대해서도 질권의 효력이 미친다. 등록질은 이에 추가하여 주주가 회사로부터 받을 이익이나 이자의 배당, 주식배당에 대해 그 효력이 미친다(제340조 제1항. 제462조의2 제6항).

(2) 우선변제권

질권이 설정된 주식을 경매하여 우선변제를 받을 수 있음은 질권의 효력상 당연하다. 물상대위의 목적물이 금전일 때에는 그것을 가지고 우선변제에 충당할 수 있다. 만약 주식인 경우에는 일반 유가증권질과 같이 경매해야 한다.

(3) 기타

질권자는 주식의 교환가치를 장악하는 것이다. 주주권을 취득하는 것이 아니므로 의결권 등 주주의 권리를 행사하지 못한다. 상법은 질권자가 적시에 권리를 행사할 수 있도록 주식이 변형물화하여 물상대위할 사항이 발생할 경우에는 회사로 하여금 질권자에게 통지하도록 규정하고 있다(제440조·제461조 제5항·제462조의2 제5항). 약식질권자는 회사가 알지 못하기 때문에, 등록질권자에게만 통지의무가 발생한다.

3. 주식의 양도담보

주식의 양도담보라 함은 채무의 변제가 없는 때에는 주식을 처분하여도 좋다는 뜻의 약정을 하여 주권을 교부하는 방법이다. 주식의 양도방법은 주식의 입질과 차이가 있다. 담보권의 실행방법이 있어서 입질의 경우에는 피담보채권이 상행위에 의하여 생긴 채권이 아닌 한 유질계약이 금지된다는 점에서(민 제339조, 제59조) 양도담보의 방법이 담보권자에게 유리한 면이 있다. 환가절차에서도 차이가 있다. 주식의 입질은 민사소송법상 경매절차에 의한 복잡한 과정을 거쳐야 하지만, 양도담보는 담보권자가 직접 담보물을 취득하고 담보물을 처분할 수 있다. 이러한 점에서 실무상 양도담보가 선호되고 있다고 하겠다.

II. 주식의 소각

회사의 존속 중 발행주식의 일부를 절대적으로 소멸시키는 것을 목적으로 하는 회사의 행위를 주식의 소각이라 한다. 주식은 자본금 감소에 관한 규정에 따라서만 소각할 수 있다(제343조 제1항 본문). 다만, 이사회의 결의에 의하여 회사가 보유하는 자기주식을 소각하는 경우에는 그러하지 아니하다(제343조 제1항 단서). 상법은 자본금감소에 관한 규정에 따라 주식을 소각하는 경우에만 제440조 및 제441조를 준용하도록 하였다(제343조 제2항). 그러므로 자기주식의 소각의 경우 이사회결의로 가능하며 주주총회 특별결의나 채권자보호절차가 필요하지 않고 주식병합규정에 따른 주주 등에 대한 통지절차(제440조, 제441조) 등이 불필요하다.

제3장
주주총회

제1절 주주총회의 권한과 소집

Ⅰ. 의의

주식회사는 법인이다(제169조). 법인은 자연인을 통하여 그 활동을 하게 된다. 인적회사의 경우 각 사원이 업무집행권과 대표권을 행사한다는 측면에서(제200조 제1항, 제207조, 제273조), 사원자격과 기관자격이 일치하는 자기기관의 성격을 띠고 있다고 한다면, 주식회사는 이사나 집행임원이 주주임을 전제로 하지 않고 있다는 점에서(제389조) 소유와 경영의 분리를 원칙으로 하는 제3자의 기관형식을 띠고 있다.

회사의 기관에서는 주주총회를 비롯하여 업무집행자로서 이사와 이사회, 감사 및 감사위원회 등에 대한 내용이 규정되어 있다. 제4절은 신주의 발행에 대한 사항이고 제5절은 정관의 변경을 규정하고 있다. 제6절은 자본금의 감소에 대하여 규정하고 있으며, 제7절은 회사의 회계사항이다. 제8절은 사채에 대한 사항으로서 사채의 발행을 시작으로 하여 사채관리회사 등 다양한 내용을 규정하고 있다.

II. 주주총회의 권한

1. 주된 권한

주주로 구성되는 회사의 기본적 사항에 관하여 회사의 의사를 결정하는 필요상설의 기관이 주주총회이다. 주주총회는 주주만으로 구성된다. 의결권이 없는 주주가 주주총회의 구성원이 될 수 있는가에 대하여, 주주라 하더라도 의결권이 없거나 제한되는 종류주식(제344조3)을 가진 주주는 의결권이 없거나 제한되는 한 주주총회의 구성원이 되지 못한다는 입장[1]과 의결권의 유무에 불구하고 주주인 이상 주주총회의 구성원으로 보아야 한다는 입장[2]이 대립하고 있다. 주주총회는 상법 또는 정관에 정해진 사항에 한해서만 결의할 수 있도록 하고 있다(제361조). 주주총회는 이사, 감사의 선임 및 해임권(제382조 제1항, 제385조 제1항, 제409조 제1항, 제415조), 정관변경권(제433조 제1항) 등을 통하여 회사의 업무집행을 감독하고 또 주주총회의 권한범위를 확대할 수 있는 가능성도 있다. 주주총회는 회사의 내부 의사결정기관이고, 대외적인 대표행위는 대표이사나 대표집행임원이 하게 된다. 주주총회는 주식회사에서 반드시 존재해야 하는 필요기관에 해당한다.

2. 위임 여부

법률 또는 정관에 의해 주주총회의 권한으로 되어 있는 것은 반드시 주주총회에서 결의하여야 하며 다른 기관이나 개인에게 위임할 수 없다. 이사의 선임(제382조 제1항)을 대표이사의 결정에 위임한다거나, 이사의 보수(제388조)를 이사회에서 결정하도록 위임하는 것은 무효이다. 주식의 80%를 가진 대표이사의 공로상여금 지급 약속과 주주총회의 결의에 대한 효력이 있는가에 대하여, 대법원은 이를 긍정한 판례[3]도 있지만, 이를 부정한 판례[4]도 있다.

---

1   정찬형, 『상법강의(상)』, 제16판, 박영사, 2013, 826면.
2   이철송, 『회사법강의』, 제20판, 박영사, 2012, 392면.
3   대법원 1978.01.10. 선고 77다1788 판결; 대법원 1995.09.15. 선고 95누4353 판결.
4   대법원 1979.11.27. 선고 79다1599 판결.

대법원 1978.01.10. 선고 77다1788 판결

대법원은 "회사주식의 80퍼센트를 소유하여 1969.5경까지 피고회사 대표이사로 있었다는 사실을 인정하고 있는 바, 그렇다면 그가 원심판시 공로상여금을 원고에게 지급하겠다는 이 사건과 같은 경우 피고회사 주주총회에서 이를 지급하기로 하는 결의가 이루어질 것은 당연하여 주주총회의 결의가 있었음과 다름이 없다."고 판시하고 있다.

대법원 1995.09.15. 선고 95누4353 판결

대법원은 "주식의 양도가 비출자임원의 직무집행의 대가로서 공로주 명목의 특별한 보수인 이상 주식회사 이사의 보수에 관한 상법 제388조의 규정이 적용되어 주주총회의 결의가 있어야 그 지급결정이 효력이 있다고 할 것인데, 대표이사가 회사의 95%를 주식을 소유하고 있어서 그가 비출자임원에게 주식을 양도하겠다고 할 경우, 주주총회에서 같은 내용의 결의가 이루어질 것은 당연하므로 회사의 비출자임원에 대한 주식의 양도는 유효하다."고 판시하고 있다.

대법원 1979.11.27. 선고 79다1599 판결

대법원은 "회사의 정관에 이사의 보수 및 퇴직금은 주주총회의 결의에 의하여 정하게 되어 있는 경우, 동 회사의 대표이사가 이사에 대한 보수 및 퇴직금에 관하여 한 약정은 그 대표이사가 동 회사의 전 주식 3,000주중 2,000주를 가지고 있더라도 주주총회의 결의가 없는 이상 동 회사에 대하여 효력이 있다고 할 수 없다."고 판시하고 있다.

Ⅲ. 주주총회의 소집

1. 소집권자

상법은 주주총회의 소집에 대하여, 원칙적으로 이사회가 결정하는 것으로 하고 있다(제362조). 결정에 대한 집행은 대표이사 또는 집행임원이 해야 하나(제389조 제3항, 제209조, 제408조의4 제1호). 예외적으로 소수주주(제366조 제1항, 제2항, 제542조의6 제1항) 또는 감사(제412조의3)나 감사위원회(제415조의2 제7항, 제412조의3) 또는 법원의 명령에 의하여 소집되는 경우도 있다(제467조 제3항).

1) 소수주주의 소집청구

(1) 의의

소수주주의 청구에 의하여 주주총회가 소집될 수 있다(366조). 주주의 정당한 의사형성을 방해하는 이사의 전횡을 견제하는 기능을 한다. 또한 지배주주의 지지를 받는 이사의 세력에 군소주주가 대항할 수단을 마련하는 장치로서 주주의 공익권에 해당한다.

(2) 요건

주주총회의 소집을 청구할 수 있는 주주는 발행주식총수의 100분의 3 이상을 가진 주주이다(제366조 1항). 상장회사의 경우에는 1,000분의 15 이상으로 완화된다. 이 주식은 6개월 전부터 계속 보유하고 있어야 한다(제542조의6 1항). 상법은 소집청구권을 단독주주권으로 하지 않고 있다. 소수주주권으로 하고 있는 이유는 총회결의에 거의 영향을 줄 수 없는 영세한 주주가 무익한 소집청구를 반복함으로써 효율성을 저해하는 것을 예방하기 위한 목적이 있다.

(3) 절차

소수주주는 회의의 목적사항과 소집의 이유를 기재한 서면 또는 전자문서를 이사회에 제출하여 임시총회를 소집 청구할 수 있다(제366조 1항). 소집의 이유에 관해서는 결의의 필요성을 소명하면 된다. 소수주주의 청구가 있을 때에는 이사회는 지체 없이 주주총회소집의 절차를 밟아야 한다(제366조 2항). 이사회의 결정이 있어야 한다.

(4) 이사회가 응하지 않는 경우

소수주주의 청구가 있음에도 불구하고 이사회가 소집절차를 밟지 않는 경우에는 소집을 청구한 주주는 법원의 허가를 얻어 직접총회를 소집할 수 있다(제366조 2항). 법원은 소집을 청구한 주주의 지주요건 등 소집청구의 요건이 구비되었다면 허가해야 한다. 소집의 이유가 부당하거나 명백하게 권리를 남용하고 있는 경우라면 소집을 불허한다. 소집을 허가할 경우 법원은 소집시기를 명기하는 것이 바람직하다. 그렇지 않으면 소집의 목적에 비추어 상당한 기간 내에 소집해야 하며, 장기간 게을리 할 경우에는 소집허가의 효력이 상실될 수 있다. 법원의 허가를 얻어 총회를 소집하는 경우 법원은 이해관계인의 청구나 직권으로 의장을 선임할 수 있다.

2) 감사의 청구 및 법원의 명령에 의한 소집

(1) 감사의 소집청구

감사 또는 감사위원회도 소수주주와 같이 주주총회의 소집을 청구하고, 이사회가 소집을 게을리할 경우 법원의 허가를 얻어 직접 소집을 청구할 수 있다(제412조의3, 제415조의2 제7항).

(2) 법원의 소집명령

소수주주가 회사의 업무와 재산상태를 조사하게 하기 위하여 법원에 검사인의 선임을 청구한 경우, 이 검사인의 조사보고에 의해 필요하다고 인정한 때에는 법원은 주주총회의 소집을 명할 수 있다(제467조 3항).

2. 소집시기

정기총회는 원칙적으로 매년 1회 일정한 시기에 소집되어야 한다(제365조 제1항). 다만, 예외적으로 연 2회 이상의 결산기를 정한 회사는 매 결산기에 정기총회를 소집해야 한다(제365조 제2항). 정기주주총회는 원래 재무제표를 승인하고 이익처분을 결정하기 위하여 소집되는데, 그러한 점에서 정기주주총회를 결산주주총회라고도 한다.[5]

3. 소집지와 소집장소

주주총회의 소집지는 정관에 다른 정함이 없으면 본점소재지 또는 이에 인접한 지로 하고 있다(제364조). 소집지의 특정한 장소를 소집장소로 해석한다. 대법원은 건물의 옥상이나 다방을 소집장소로 정한 경우에도 유효하다고 판단하고 있다.[6] 소집장소는 위치나 규모 등에서 주주가 출석하기 편리한 곳이어야 할 것이다. 주주총회 당일 부득이한 사정이 발생하여 개회시간 또는 소집장소를 변경한 경우, 주주총회 소집절차의 적법성 판단 기준에 대한 대법원 판결이 있다.[7]

---

5 정찬형, 『상법강의(상)』, 제16판, 박영사, 2013, 832면.
6 대법원 1983. 3. 23. 선고 83도748 판결.
7 대법원 2003.07.11. 선고 2001다45584 판결.

4. 소집절차

주주총회를 소집하기 위해서는 회의일을 정하여 소집을 통지해야 한다. 주식에 대한 소집통지는 회일의 2주간 전에 서면 또는 전자문서에 의한 통지를 발송하여야 한다(제363조 제1항). 의결권 없는 주주에 대하여는 통지를 하지 않아도 된다(제363조 제7항). 자본금 10억원 미만인 회사에 대하여는 주주총회를 소집하는 경우에 총회일 10일 전에 각 주주에게 서면으로 통지하거나 각 주주의 동의를 받아 전자문서로 통지를 발송할 수 있다(제363조 제3항). 주주 전원의 동의가 있을 때에는 소집절차 없이 주주총회를 개최할 수 있고, 서면에 의한 결의로써 주주총회의 결의를 갈음할 수 있다(제363조 제4항).

법령 및 정관상 요구되는 이사회의 결의 없이 소집절차를 생략하고 이루어졌지만 의결권의 적법한 수임인을 비롯한 주주 전원이 참석하여 만장일치로 한 전원출석주주총회결의의 효력에 대하여, 대법원은 이를 긍정한다.[8]

> ### 대법원 1993.02.26. 선고 92다48727 판결
>
> 대법원은 "임시주주총회가 법령 및 정관상 요구되는 이사회의 결의 없이 또한 그 소집절차를 생략하고 이루어졌다고 하더라도, 주주의 의결권을 적법하게 위임받은 수임인과 다른 주주 전원이 참석하여 총회를 개최하는 데 동의하고 아무런 이의 없이 만장일치로 결의가 이루어졌다면 이는 다른 특별한 사정이 없는 한 유효한 것이다."라고 판시하고 있다.

이사에 대한 퇴직위로금의 법적 성질 및 정관 등에서 이사의 보수 또는 퇴직금에 관하여 주주총회의 결의로 정한다고 규정하고 있는 경우, 주주총회의 결의 없이 이사의 보수나 퇴직금을 청구할 수 있는지 여부에 대하여, 대법원은 이를 부정하고 있다.[9]

> ### 대법원 2004.12.10. 선고 2004다25123 판결
>
> 대법원은 "상법 제388조에 의하면, 주식회사 이사의 보수는 정관에 그 액을 정하지 아니한 때에는 주주총회의 결의로 이를 정한다고 규정되어 있는바, 이사에 대한 퇴직위로금은 그 직에서 퇴임한 자에 대하여 그 재직 중 직무집행의 대가로 지급되는 보수의 일종으로서 상법 제388조에 규정된 보수에 포함되고, 정관 등에서 이사의 보수 또는 퇴직금에 관하여 주주총회의 결의로 정한다고 규정되어 있는 경우 그 금액·지급방법·지급시기 등에 관한 주주총회의 결의가 있었음을 인정할 증거가 없는 한 이사의 보수나 퇴직금청구권을 행사할 수 없다."고 판시하고 있다.

5. 주주총회의 의장

주주총회는 의사진행을 맡을 의장이 있어야 한다. 보통 정관에서 대표이사가 의장이 되는 것으로 정하고 있으나, 정관에서 정함이 없는 경우에는 총회에서 선임하게 된다(제366조의2 제1항). 총회의 결의는 출석한 주주의 의결권의 과반수와 발행주식총수의 4분의 1

---

8   대법원 1993.02.26. 선고 92다48727 판결.
9   대법원 2004.12.10. 선고 2004다25123 판결.

이상의 수로써 하여야 한다(제368조 제1항). 주주총회의 의장은 총회의 질서를 유지하고 의사를 정리하며(제366조 제2항), 고의로 의사진행을 방해하기 위한 발언·행동을 하는 등 현저히 질서를 문란하게 하는 자에 대하여 그 발언의 정지 또는 퇴장을 명할 수 있다(제366조의2 제3항).

6. 주주총회 의사록

주주총회의 의사에는 의사록을 작성해야 한다(제373조 제1항). 의사록에는 의사의 경과요령과 그 결과를 기재하고 의장 및 출석한 이사가 기명날인해야 한다(제373조 제2항). 반면 이사회의사록은 출석한 이사 및 감사가 기명날인하여야 한다(제391조의3 제1항).

주주총회의사록은 본점과 지점에 비치하여야 하고(제396조 제1항), 주주와 채권자는 영업시간 내에 언제든지 의사록의 열람 또는 등사를 청구할 수 있는 권리가 있다(제396조 제2항).

7. 소집의 철회, 변경 및 연기와 속행

주주총회의 소집을 위한 통지·공고가 있은 후에도 소집을 철회할 수 있다. 회의의 목적 사항 일부를 철회할 수도 있으며, 총회의 일시와 장소를 변경할 수도 있다. 그 철회와 변경은 총회소집의 통지 및 공고와 같은 방법으로 통지 및 공고되어야 한다. 총회가 성립한 후 미처 의안을 다루지 못하고 회일을 후일로 다시 정하는 것을 주주총회의 연기라 하고, 의안의 심의에 착수하였으나 결의에 이르지 못하고 회일을 다시 정하여 동일의안을 계속 다루는 것을 주주총회의 속행이라 한다. 속행된 주주총회 계속회의 개최에 관하여 별도의 소집 절차를 밟아야 하는지 여부에 대하여, 대법원은 이를 부정하고 있다.[10]

> ### 대법원 1989.02.14. 선고 87다카3200 판결
> 대법원은 "정관변경결의가 이루어진 계속회는 동일한 안건토의를 위하여 당초의 회의일로부터 상당한 기간 내에 적법하게 거듭 속행되어 개최된 것으로서 당초의 회의와 동일성을 유지하고 있다고 할 것이므로, 별도의 소집절차를 밟을 필요가 없었음이 명백하다."고 판시하고 있다.

---

10 대법원 1989.02.14. 선고 87다카3200 판결.

8. 소집절차의 하자의 치유

1) 소집절차의 하자

이사회의 소집결의가 없거나, 소집결의는 있더라도 대표이사 아닌 자가 소집통지를 한 경우, 통지기간을 준수하지 아니한 경우, 일부 또는 전부 주주에게 통지를 하지 아니한 경우, 소집통지를 서면에 의하지 아니한 경우, 회의의 목적사항이 소집통지에 기재되지 아니한 경우 등 법령과 정관에서 요구되는 소집절차에 위반한 경우에는 소집절차에 하자가 있다.

2) 소집절차의 하자의 치유

절차상의 하자는 주주 전원이 동의하면 치유된다. 소집통지 등이 누락된 당해 주주의 동의만으로는 부족하다. 다만, 예외가 판례에서 인정된다.

대법원 1993.02.26. 선고 92다48727 판결

대법원은 "임시주주총회가 법령 및 정관상 요구되는 이사회의 결의 없이 또한 그 소집절차를 생략하고 이루어졌다고 하더라도, 주주의 의결권을 적법하게 위임받은 수임인과 다른 주주 전원이 참석하여 총회를 개최하는 데 동의하고 아무런 이의 없이 만장일치로 결의가 이루어졌다면 이는 다른 특별한 사정이 없는 한 유효한 것이다."라고 판시하고 있다.

대법원 1993.06.11. 선고 93다8702 판결

대법원은 "주식회사에서 총 주식을 한 사람이 소유하고 있는 1인회사의 경우에는 그 주주가 유일한 주주로서 주주총회에 출석하면 전원총회로서 성립하고 그 주주의 의사대로 결의될 것임이 명백하므로 따로이 총회소집절차가 필요없다 할 것이고, 실제로 총회를 개최한 사실이 없다 하더라도 1인주주에 의하여 의결이 있었던 것으로 주주총회 의사록이 작성되었다면 특별한 사정이 없는 한 그 내용의 결의가 있었던 것으로 볼 수 있어 형식적인 사유에 의하여 결의가 없었던 것으로 다툴 수는 없다."고 판시하고 있다.

대법원 2004.12.10. 선고 2004다25123 판결

대법원은 "주식회사에 있어서 회사가 설립된 이후 총 주식을 한 사람이 소유하게 된 이른바 1인회사의 경우에는 그 주주가 유일한 주주로서 주주총회에 출석하면 전원 총회로서 성립하고 그 주주의 의사대로 결의가 될 것임이 명백하므로 따로 총회소집절차가 필요 없고, 실제로 총회를 개최한 사실이 없었다 하더라도 그 1인 주주에 의하여 의결이 있었던 것으로 주주총회의사록이 작성되었다면 특별한 사정이 없는 한 그 내용의 결의가 있었던 것으로 볼 수 있고, 이는 실질적으로 1인회사인 주식회사의 주주총회의 경우도 마찬가지이며, 그 주주총회의사록이 작성되지 아니한 경우라도 증거에 의하여 주주총회 결의가 있었던 것으로 볼 수 있다."고 판시하고 있다.

다만 1인회사가 아니라면 비록 주식의 대부분(98%)을 소유한 지배주주의 의사에 따른 것이라도 소집절차의 하자는 치유되지 아니한다.[11]

대법원 2007.02.22. 선고 2005다73020 판결

대법원은 "주식회사에 있어서 총 주식을 한 사람이 소유한 이른바 1인 회사의 경우 그 주주가 유일한 주주로서 주주총회에 출석하면 전원 총회로서 성립하고 그 주주의 의사대로 결의가 될 것임이 명백하므로 따로 총회소집절차가 필요 없으며, 실제로 총회를 개최한 사실이 없었다 하더라도 그 1인 주주에 의하여 의결이 있었던 것으로 주주총회 의사록이 작성되었다면 특별한 사정이 없는 한 그 내용의 결의가 있었던 것으로 볼 수 있고, 이 점은 한 사람이 다른 사람의 명의를 빌려 주주로 등재하였으나 총 주식을 실질적으로 그 한 사람이 모두 소유한 경우에도 마찬가지라고 할 수 있으나, 이와 달리 주식의 소유가 실질적으로 분산되어 있는 경우에는 상법상의 원칙으로 돌아가 실제의 소집절차와 결의절차를 거치지 아니한 채 주주총회의 결의가 있었던 것처럼 주주총회 의사록을 허위로 작성한 것이라면 설사 1인이 총 주식의 대다수를 가지고 있고 그 지배주주에 의하여 의결이 있었던 것으로 주주총회 의사록이 작성되어 있다 하더라도 도저히 그 결의가 존재한다고 볼 수 없을 정도로 중대한 하자가 있는 때에 해당하여 그 주주총회의 결의는 부존재하다고 보아야 한다."고 판시하고 있다.

제2절 주주제안권

I. 의의

주주가 일정한 사항에 대하여 주주총회의 목적사항으로 할 것을 제안할 수 있는 권리인 주주제안권(Antragsrecht)은 주주의 의결권과 함께 주주의 권리 가운데 공익권에 해당한다. 미국, 영국, 독일 및 일본 등 각국에서 인정하고 있으며, 우리나라의 경우 1997년 개정

---

11 대법원 2007.02.22. 선고 2005다73020 판결.

증권거래법에서 상장법인에 대하여 주주제안권을 인정한 바 있다. 1998년 개정상법 역시 이를 수용하였다(제363조의2).

Ⅱ. 제안권자와 그 상대방

의결권 없는 주식을 제외한 발행주식총수의 100분의 3 이상에 해당하는 주식을 가진 주주는 주주제안권을 행사할 수 있다(제363조의2 제1항). 이는 비상장회사에 해당하는 사항이고, 상장회사의 경우에는 6개월 전부터 계속하여 상장회사의 의결권 없는 주식을 제외한 발행주식총수의 1,000분의 10(대통령령으로 정하는 상장회사의 경우에는 1천분의 5) 이상에 해당하는 주식을 보유한 자가 행사할 수 있다(제542조의6 제2항). 주주제안권의 상대방은 해당회사의 이사이다.

Ⅲ. 행사방법

주주제안권을 행사할 수 있는 자(소수주주권자)는 이사에게 주주총회일(정기주주총회의 경우 직전 연도의 정기주주총회일에 해당하는 그 해의 해당일)의 6주 전에 서면 또는 전자문서로 일정한 사항을 주주총회의 목적으로 할 것을 제안할 수 있다(제363조의2 제1항). 또한 주주는 이사에게 주주총회일의 6주 전에 서면 또는 전자문서로 회의 목적으로 할 사항에 추가하여 당해 주주가 제출하는 의안의 요령을 제363조에서 정하는 통지에 기재할 것을 청구할 수 있다(제363조의2 제2항).

Ⅳ. 의안의 내용

주주제안은 이사회에서 정한 회의의 목적사항에 안전을 추가할 것을 요구하는 것이다. 주주제안은 두 가지 형태로 구분할 수 있다.

1. 의제제안권

회의의 목적인 총회의 의제로 삼을 사항, 예를 들면 이사를 선임하는 안 또는 주식배당을 실시하는 한 등을 제안하는 것을 말한다.

2. 의안제안권

총회 의제의 목적사항에 관해 의안의 요령, 즉 구체적인 의결안을 제출하는 것(예를 들면, OOO를 이사로 선임하자는 안)을 말한다.

V. 효과

주주의 제안이 있는 경우 이사는 이를 이사회에 보고하여야 한다. 이사회는 주주제안의 내용이 법령 또는 정관을 위반한 경우와 그 밖에 대통령령으로 정하는 경우[12]를 제외하고는 이를 주주총회의 목적사항으로 하여야 한다(제363조의2 제3항 제1문). 한편 주주제안을 한 자의 청구가 있을 때에는 주주총회에서 당해 의안을 설명할 기회를 부여하도록 하고 있다(제363조의2 제3항 제2문).

유의해야 할 점은 제1항의 의제제안과 제2항의 의제제안의 차이이다. 제1항에서 의제제안을 무시한 경우에는 아무 결의도 없었으므로 주주총회결의의 하자에 해당하지 않는다. 다만, 이사의 책임이 문제될 수 있다. 그러나 제2항의 의제제안에서는 약간 달리한다. 이 경우 주주의 의제제안을 무시하고 주주총회를 결의하였다면, 다수결에 따라 이는 결의취소의 대상이 된다고 할 것이다.

제3절 주주의결권의 행사

I. 의의

주주가 주주총회에 출석하여 결의에 참가할 수 있는 권리를 주주의 의결권이라 한다. 대표적인 공익권에 해당한다. 의결권은 1주식에 1개가 부여되는 것이 원칙이다(제369조 제1항). 사원의 두수에 따라 의결권이 부여되는 인적회사와 달리, 주식회사는 주주가 가지고 있는 주식의 수에 따라 의결권의 수를 행사할 수 있게 된다.

---

[12] 상법시행령 제5조를 참조해야 한다. 그 밖에 대통령령이 정하는 경우라 함은 (1) 주주총회에서 의결권의 100분의 10 미만의 찬성밖에 얻지 못하여 부결된 내용과 동일한 의안을 부결된 날로부터 3년 내에 다시 제안하는 경우, (3) 주주 개인의 고충에 관한 사항 (3) 주주가 권리를 행사하기 위해서 일정 비율을 초과하는 주식을 보유해야 하는 수수주주권에 관한 사항 (4) 임기 중에 있는 임원의 해임에 관한 사항(상법 제542조의2 제1항의 상장회사에 한 함) (5) 회사가 실현할 수 없는 사항 또는 제안이유가 명백히 허위이거나 특정인의 명예를 훼손하는 사항을 의미한다.

대법원 2009. 11. 26. 선고 2009다51820 판결

"주식회사의 주주는 1주마다 1개의 의결권을 가진다고 하는 1주 1의결권의 원칙을 규정하고 있는 바, 위 규정은 강행규정이므로 법률에서 위 원칙에 대한 예외를 인정하는 경우를 제외하고, 정관의 규정이나 주주총회의 결의 등으로 위 원칙에 반하여 의결권을 제한하더라도 효력이 없다"고 판시한 바 있다.

대법원은 2007년 6월 28일 회사가 직원들을 유상증자에 참여시키면서 퇴직 시 출자 손실금을 전액 보전해 주기로 약정한 것이 주주평등의 원칙에 위배되어 무효인지 여부 및 위 손실보전약정이 무효라는 이유로 신주인수계약까지 무효가 되는지 여부에 대한 판단한 바 있다. 이는 '주주가 회사에 대한 주주의 지위에 따른 법률관계에 있어서 원칙적으로 그가 가진 주식의 수에 따라 평등한 대우를 받는 주주평등의 원칙'과 관련하여 중요한 판결이 있다.

대법원 2007. 6. 28. 선고 2006다38161 판결

"회사가 직원들을 유상증자에 참여시키면서 퇴직 시 출자 손실금을 전액 보전해 주기로 약정한 경우, 그러한 내용의 '손실보전합의 및 퇴직금 특례지급기준'은 유상증자에 참여하여 주주의 지위를 갖게 될 회사의 직원들에게 퇴직 시 그 출자 손실금을 전액 보전해 주는 것을 내용으로 하고 있어서 회사가 주주에 대하여 투하자본의 회수를 절대적으로 보장하는 셈이 되고 다른 주주들에게 인정되지 않는 우월한 권리를 부여하는 것으로서 주주평등의 원칙에 위반되어 무효이다. 직원들의 신주인수의 동기가 된 위 손실보전약정이 주주평등의 원칙에 위배되어 무효라는 이유로 신주인수까지 무효로 보아 신주인수인들로 하여금 그 주식인수대금을 부당이득으로서 반환받을 수 있도록 한다면 이는 사실상 다른 주주들과는 달리 그들에게만 투자하본의 회수를 보장하는 결과가 되어 오히려 강행규정인 주주평등의 원칙에 반하는 결과를 초래하게 될 것이므로, 위 신주인계약까지 무효라고 보아서는 아니된다."고 판시하고 있다.

Ⅱ. 의결권 결의방법

총회의 결의는 원칙상 출석한 주주의 의결권의 과반수와 발행주식총수의 4분의 1 이상의 수로서 하여야 한다(제368조 제1항). 상법 또는 정관에 다른 정함이 있는 경우에는, 그 정한 것에 따라야 한다.

Ⅲ. 대리인의 의결권행사

주주는 대리인을 통하여 그 의결권을 행사할 수 있다(제368조 제2항 본문). 대리인은 대리권을 증명하는 서면을 총회에 제출해야 대리인의 권한을 행사할 수 있으며(제368조 제2항 단서), 그 대리권을 증명하는 서면은 특별한 사정이 없는 한 원본이어야 한다.

대법원 2004. 4. 27. 선고 2003다29616 판결

대법원은 "상법 제368조 제3항의 규정은 대리권의 존부에 관한 법률관계를 명확히 하여 주주총회결의의 성립을 원활하게 하기 위한 데 그 목적이 있다고 할 것이므로 대리권을 증명하는 서면은 위조나 변조 여부를 쉽게 식별할 수 있는 원본이어야 하고, 특별한 사정이 없는 한 사본은 그 서면에 해당하지 아니하고, 팩스본 위임장 역시 성질상 원본으로 볼 수 없다"고 하였다.

대법원 2002. 12. 24. 선고 2002다54691 판결

대법원은 "주주권은 주식의 양도나 소각 등 법률에 정하여진 사유에 의하여서만 상실되고 단순히 당사자 사이의 특약이나 주주권 포기의 의사표시만으로 상실되지 아니하며 다른 특별한 사정이 없는 한 그 행사가 제한되지도 아니하므로 의결권 행사권한을 대리인에게 위임하기로 하였고, 대리인이 주주로서의 의결권을 대리행사할 수 있게 되었지만, 이러한 사정만으로는 주주가 주주로서의 의결권을 직접 행사할 수 없게 되었다고 볼 수 없다."고 하였다.

대법원은 '주주 본인 및 대리권을 증명하는 서면' 및 '주주의 대리인의 자격을 주주로 제한한 정관의 효력' 및 '이 경우 주주인 국가, 지방공공단체 또는 주식회사 소속의 공무원, 직원 또는 피용자 등이 주주를 위한 대리인으로서 의결권을 대리 행사하는 것은 허용되는지 여부'에 대하여 다음과 같이 밝히고 있다.[13]

대법원 2009. 4. 23. 선고 2005다22701 판결

대법원은 "상법 제368조 제3항이 규정하는 '대리권을 증명하는 서면'이라 함은 위임장을 일컫는 것으로서 회사가 위임장과 함께 인감증명서, 참석장 등을 제출하도록 요구하는 것은 대리인의 자격을 보다 확실하게 확인하기 위하여 요구하는 것일 뿐, 이러한 서류 등을 지참하지 아니하였다 하더라도 주주 또는 대리인이 다른 방법으로 위임장의 진정성 내지 위임의 사실을 증명할 수 있다면 회사는 그 대리권을 부정할 수 없다. 한편, 회사가 주주 본인에 대하여 주주총회 참석장을 지참할 것을 요구하는 것 역시 주주 본인임을 보다 확실하게 확인하기 위한 방편에 불과하므로, 다른 방법으로 주주

---

13 대법원 2009.04.23. 선고 2005다22701 판결.

본인임을 확인할 수 있는 경우에는 회사는 주주 본인의 의결권 행사를 거부할 수 없다.”고 하였다. 또한 “상법 제368조 제3항의 규정은 주주의 대리인의 자격을 제한할 만한 합리적인 이유가 있는 경우 정관의 규정에 의하여 상당하다고 인정되는 정도의 제한을 가하는 것까지 금지하는 취지는 아니라고 해석되는바, 대리인의 자격을 주주로 한정하는 취지의 주식회사의 정관 규정은 주주총회가 주주 이외의 제3자에 의하여 교란되는 것을 방지하여 회사 이익을 보호하는 취지에서 마련된 것으로서 합리적인 이유에 의한 상당한 정도의 제한이라고 볼 수 있으므로 이를 무효라고 볼 수는 없다. 그런데 위와 같은 정관규정이 있다 하더라도 주주인 국가, 지방공공단체 또는 주식회사 등이 그 소속의 공무원, 직원 또는 피용자 등에게 의결권을 대리행사하도록 하는 때에는 특별한 사정이 없는 한 그들의 의결권 행사에는 주주 내부의 의사결정에 따른 대표자의 의사가 그대로 반영된다고 할 수 있고 이에 따라 주주총회가 교란되어 회사 이익이 침해되는 위험은 없는 반면에, 이들의 대리권 행사를 거부하게 되면 사실상 국가, 지방공공단체 또는 주식회사 등의 의결권 행사의 기회를 박탈하는 것과 같은 부당한 결과를 초래할 수 있으므로, 주주인 국가, 지방공공단체 또는 주식회사 소속의 공무원, 직원 또는 피용자 등이 그 주주를 위한 대리인으로서 의결권을 대리행사하는 것은 허용되어야 하고 이를 가리켜 정관 규정에 위반한 무효의 의결권 대리행사라고 할 수는 없다.”고 판시하였다.

‘주주의 의결권 대리행사의 위임을 회사가 거절할 수 있는지 여부’ 및 ‘법정 요건을 갖추지 못한 의결권 불통일행사를 위한 주주의 의결권 대리행사의 위임을 회사가 거절할 수 있는지 여부’에 대하여, 대법원은 다음과 같이 판시하고 있다.[14]

대법원 2001.09.07. 선고 2001도2917 판결

대법원은 “주주의 자유로운 의결권 행사를 보장하기 위하여 주주가 의결권의 행사를 대리인에게 위임하는 것이 보장되어야 한다고 하더라도 주주의 의결권 행사를 위한 대리인 선임이 무제한적으로 허용되는 것은 아니고, 그 의결권의 대리행사로 말미암아 주주총회의 개최가 부당하게 저해되거나 혹은 회사의 이익이 부당하게 침해될 염려가 있는 등의 특별한 사정이 있는 경우에는 회사는 이를 거절할 수 있다고 보아야 할 것이며, 주주가 자신이 가진 복수의 의결권을 불통일행사하기 위하여는 회일의 3일 전에 회사에 대하여 서면으로 그 뜻과 이유를 통지하여야 할 뿐만 아니라, 회사는 주주가 주식의 신탁을 인수하였거나 기타 타인을 위하여 주식을 가지고 있는 경우 외에는 주주의 의결권 불통일행사를 거부할 수 있는 것이므로, 주주가 위와 같은 요건을 갖추지 못한 채 의결권 불통일행사를 위하여 수인의 대리인을 선임하고자 하는 경우에는 회사는 역시 이를 거절할 수 있다.”고 판시하였다.

---

14 대법원 2001.09.07. 선고 2001도2917 판결.

IV. 의결권의 불통일

1. 의의

주식회사는 주주가 2개 이상의 의결권을 가지고 있는 경우에 이를 통일하지 아니하고 각각 그 의결권을 달리 행사할 수 있도록 하고 있다. 반면에 유한회사에 대하여는 불통일 행사를 인정하지 않고 있으며(제578조 참조), 인적회사인 합명회사나 합자회사 역시 1인 1의결권을 가지고 있으므로 불통일 행사가 발생하지 않는다. 주식회사의 주주는 둘 이상의 의결권을 가지고 있는 때에는 이를 통일하지 아니하고 행사할 수 있다(제368조의2). 예를 들면 100주를 가지고 있는 주주가 그중 80주를 찬성표로, 20주는 반대표를 행사하는 것을 말한다.

상법은 다수입법례를 좇아 의결권의 불통일행사를 허용하고 있다. 의결권의 대리행사란 제3자가 특정주주를 위하여 주주총회에서 의결권을 행사하고, 그것을 주주 본인의 의결권 행사로 보는 제도이다. 주주권은 이사의 의결권 행사와는 달리 업무집행행위가 아니므로 반드시 주주가 의결권을 일신전속적으로 행사하여야 하는 것은 아니다. 상법은 명문의 규정으로 의결권의 대리행사를 허용한다(제368조 제3항). 주식의 예탁 기타 주권예탁제도에 의하여 주주명부상 형식적으로 1인의 주주에게 속하는 주식이 실질적으로는 복수인에게 귀속되는 경우에, 동 제도에 대한 인정 실익이 있다. 의결권을 행사하는 명의상의 주주가 배후에 이해관계를 달리하고 있는 실질주주를 두고 있는 경우에 실질주주의 의사를 반영하는 기능을 하게 되는 것이다.

2. 절차

의결권 불통일 행사의 경우에 주주총회회일의 3일전에 회사에 대하여 서면 또는 전자문서로 그 뜻과 이유를 통지하여야 한다(제368조의2 제1항 제2문). 다만, 의결권의 불통일행사는 주주가 주식의 신탁을 인수하였거나 기타 타인을 위하여 주식을 가지고 있는 경우에 한하여 회사는 허용할 수 있다(제368조의2 제2항 반대해석). 그 외의 경우에 대하여는 허용되지 않는다. 여기에서 '타인을 위하여 주식을 가지고 있는 경우'라 함은 위탁매매인(증권회사)이 위탁자의 주식을 가지고 있는 경우라든가 예탁기관이 주식예탁증서를 발행한 경우 등을 의미한다.

V. 서면 또는 전자적 방법에 의한 의결권의 행사

1. 서면방법에 의한 행사

정관이 정한 바에 따라 주주는 총회에 출석하지 아니하고 서면에 의하여 의결권을 행사할 수 있다(제368조의3 제1항). 주주총회의 개최는 있다는 점에서 총회를 개최하지 않는 유한회사 사원총회의 서면결의와는 차이가 있다(제577조 참조). 회사는 총회의 소집통지서에 주주가 의결권을 행사하는 데 필요한 서면과 참고자료를 첨부해 주어야 한다(제368조의3 제2항).

2. 전자적 방법에 의한 행사

회사는 이사회의 결의로 주주가 총회에 출석하지 아니하고 전자적 방법으로 의결권을 행사할 수 있음을 정할 수 있다(제368조의4 제1항). 소집통지를 할 때에, 회사는 주주가 전자적 방법으로 의결권을 행사할 수 있다는 내용을 통지하거나 공고하여야 한다(동조 제2항). 회사가 전자적 방법에 의한 의결권행사를 정한 경우에 주주는 주주 확인절차 등 대통령령으로 정하는 바에 따라 의결권을 행사하여야 한다(동조 제3항). 동일한 주식에 관하여 의결권을 행사하는 경우 전자적 방법 또는 서면 중 하나의 방법을 선택하도록 하고 있다(동조 제4항). 회사는 의결권 행사에 관한 전자적 기록을 총회가 끝난 날부터 3개월간 본점에 갖추어 두어 열람하게 하고 총회가 끝난 날부터 5년간 보존하여야 한다(동조 제5항).

제4절 의결권행사의 제한

I. 의의

1주에 하나의 의결권 행사는 정관이나 당사자 간의 계약으로 제한되지 않는 것이 원칙이지만, 일정한 경우 법률, 즉 상법과 특별법에 의한 제한을 받게 된다.

Ⅱ. 상법에 의한 제한

1. 의결권 없는 주식과 제한되는 종류주식

원칙적으로 의결권이 없는 종류주식은 주주총회의 모든 결의사항에 대하여 의결권이 없고, 의결권이 제한되는 종류주식은 의결권이 제한되는 결의사항에 대하여 의결권이 없는 것이 원칙이다(제344조의3 제1항 전단). 그러나 상법 제344조의3 제1항 후단, '의결권행사 또는 부활의 조건을 정한 경우에는 그 조건 등을 정하여야 한다.'라는 문구를 보건대, 예외적으로 정관에서 정한 의결권행사 또는 부활의 조건을 충족한 경우에는 의결권이 부활되는 것으로 보아야 할 것이다.

2. 자기주식

회사가 가지고 있는 자기주식은 의결권이 없다(제369조 제2항). 자기주식이라 함은 당해 회사가 발행한 주식을 매입 또는 질권의 목적으로 재취득하여 보관하고 있는 주식을 말하는데, 자기주식은 그 주식 자체에는 의결권이 있으나 이를 회사가 소유하고 있는 경우에 의결권을 행사하지 못하도록 하고 있는 것으로, 회사 이외의 자가 동 주식을 갖게 된다면 의결권 행사에는 하등의 문제가 없다. 한편, 회사의 계산으로 타인의 명의로 소유하는 주식이나 자회사가 가진 주식도 자기주식의 범주에 포함되므로 의결권이 없다.

3. 상호주식

다른 회사의 발행주식의 총수의 100분의 50을 초과하는 주식을 가진 회사를 모회사라고 하고, 그 다른 회사를 자회사라고 한다(제342조의2 제1항). 모자회사 사이에서 자회사에 의한 모회사의 주식취득은 금지되지만(제342조의2 제1항), 비모자회사 간에는 주식의 상호 보유 자체를 인정하면서 일정한 비율 이상의 주식을 상호 보유하는 경우에는 그 주식에 대한 의결권을 제한하고 있다. 즉 회사, 모회사 및 자회사 또는 자회사가 다른 회사의 발행주식의 총수의 10분의 1을 초과하는 주식을 가지고 있는 경우 그 다른 회사가 가지고 있는 회사 또는 모회사의 주식은 의결권이 없는 것으로 하고 있다(제369조 제3항).

4. 특별이해관계인의 주식

상법은 주주총회의 결의에 관하여 특별한 이해관계가 있는 자에 대하여 의결권을 행사하지 못하도록 하고 있다(제368조 제3항). 동 제도는 주주의 사익을 위한 의결권행사의 남용을 예방하고자 하는 목적을 가지고 있다.[15] 특별한 이해관계를 가지는 자가 의미하는바에 따라 입장을 달리하지만,[16] 통설은 '특정한 주주가 주주의 입장을 떠나서 개인적으로 가지는 이해관계'라고 보는 개인법설을 지지하고 있다.[17] 특별한 이해관계인의 범위와 관련하여 다음과 같은 판례가 있다.

---

15 이철송, 『회사법강의』, 제20판, 박영사, 2012, 516면.
16 특별한 이해관계를 가지는 자에 대하여, 그 결의에 의하여 권리의무가 발생하거나 상실되는 등 법률상 특별한 이해관계를 갖는 경우라고 보는 입장(법률상 이해관계설), 모든 주주의 이해에 관련되지 않고 특정주주의 이해에만 관련되는 경우라고 보는 입장(특별이해관계설) 등 다양한 견해가 제시되고 있다.
17 정찬형, 『상법강의(상)』, 제16판, 박영사, 2013, 844면 이하.

5. 감사 선임 또는 해임 등에 있어서 주식

상법은 상장회사와 비상장회사 모두 감사를 선임하는 경우 주주총회의 결의 등에서 의결권 없는 주식을 제외한 발행주식총수의 100분의 3을 초과하는 수의 주식을 가진 주주는 그 초과하는 주식에 관하여 감사의 선임(제409조 제1항)에 있어서 의결권을 행사하지 못하도록 규정하고 있다(제409조 제2항), 다만, 상장회사에서 감사 선임 시 발행주식총수의 100분의 3을 초과하는 주식을 가진 주주는, 그 주주가 최대주주인 경우에는 그의 특수관계인이 소유하는 주식을 합산하고, 그 외의 주주는 합산하지 아니한다(제542조의12 제7항).

또한, 상장회사에서 감사를 해임하는 경우, 주주총회의 결의 등에서 의결권 없는 주식을 제외한 발행주식총수의 100분의 3을 초과하는 수의 주식을 가진 주주는 그 초과하는 주식에 관하여 의결권을 행사하지 못한다. 이때 그 주주가 최대주주인 경우에는 그의 특수관계인이 소유하는 주식을 합산하고, 그 외의 주주는 합산하지 아니한다(제542조의12 제7항). 반면 비상장회사에서 감사를 해임하는 경우에는 3% 제한이 적용되지 않는다.

6. 감사위원회 위원 선임 또는 해임 등에 있어서 주식

상법은 상장회사의 감사위원회 위원을 선임 또는 해임에 있어, 사외이사인 감사위원을 선임 또는 해임하는 경우에는 주주총회의 결의 등에서 의결권 없는 주식을 제외한 발행주식총수의 100분의 3을 초과하는 수의 주식을 가진 주주는, 개별주주별로 3% 제한을 적용하고, 사외이사가 아닌 감사위원을 선임 또는 해임하는 경우에는 최대주주는 특수관계인을 합산하여 3% 제한을 적용하고 그 밖의 주주는 개별주주별로 3% 제한을 적용한다(제542조의12 제2항).

상법이 이와 같이 감독기관의 선임에 있어서 주주의 의결권을 제한하는 이유는 대주주의 감독기관에 대한 영향력을 감소시켜 중립적인 인사로 하여금 통제를 하고자 하는 뜻이 담겨져 있다. 회사는 정관으로 이보다 낮은 비율을 정할 수는 있지만, 높은 비율로 정할 수는 없다(제409조 제 2항 및 제3항, 제542조의12 제 3항 단서 및 제4항 단서, 제542조의7 제3항 단서).

Ⅲ. 특별법에 의한 제한

1. 은행법

은행법 제16조는 은행법의 적용을 받는 금융기관의 주식을 발행주식총수의 100분의 4를 초과하여 소유하더라도, 그 초과분에 대한 의결권을 행사하지 못하도록 하고 있다.

2. 공정거래법

공정거래법상 소정의 대규모기업집단에 속하는 금융 또는 보험회사는 자신이 소유하는 계열회사의 주식을 가지고 의결권을 행사할 수 없다(공정거래법 제11조). 금융회사의 자금력을 이용한 기업집중을 차단하기 위함이다.

Ⅳ. 의결권과 그 결의방법(정족수)

1. 의의

주식회사는 자본회사로 총회의 결의는 다수결의 원리가 반영된다. 그러므로 다수결에 의하여 형성된 총회의 의사표시로서 결의는 성립의 선언과 동시와 주주 전원과 회사의 기관에게 법적으로 효력을 발생시킨다.

2. 보통결의

보통결의에 대하여는 상법 제368조 제1항이 규정하고 있다. 원칙상 보통결의는 출석한 주주의 의결권의 과반수의 발행주식총수의 4분의 1 이상의 수로써 결의한다. 예외적으로 정관의 규정을 통하여 출석정족수를 둘 수 있고, 의결정족수를 가중할 수도 있다. 발행주식총수의 4분의 1 이상이라고 하는 요건에 대하여는 가중은 가능하나 완화는 불가능하다고 할 것이다. 상법이나 정관에서 특별결의나 총주주의 동의를 요구하고 있는 사항 이외의 것은 모두 보통결의로 하게 된다.

3. 특별결의

특별결의에 대하여는 상법 제434조가 규정하고 있다. 출석한 주주의 의결권의 3분의 2 이상의 수(의결정족수)와 발행주식총수의 3분의 1 이상의 수로써 하는 결의가 특별결의이다. 상법은 회사의 법적 기초에 구조적 변화를 야기하는 사항에 해당하는 것으로써, 대주주의 전횡과 그로 인한 소수주주의 불이익이 우려되는 사항들에 대하여 특별결의를 요구하고 있다.[18] 특별결의사항에 해당하는 것으로는 정관변경의 결의(제434조), 주식의 분할(제329조의2 제1항), 주식의 포괄적 교환 및 이전(제360조의3, 제360조의16), 영업의 전부 또는 중요한 일부의 양도(제374조 제1항 제1호), 영업 전부의 임대 또는 경영위임, 타인과 영업의 손익 전부를 같이하는 계약 기타 이에 준할 계약의 체결·변경 또는 해약(제385조 제1항, 제415조), 액면미달의 신주발행(제417조 제1항), 자본금의 감소(제438조 제1항), 회사해산(제518조), 회사계속(제519조), 합병계약서의 승인(제522조의 제3항), 분할·분할합병(제530조의3 제2항), 신설합병에서의 설립위원의 선임(제175조 제2항) 등이 있다.

4. 감사선임결의 특례

2020년 개정 상법을 통하여 회사가 전자적 방법으로 의결권을 행사할 수 있도록 하여 주주의 주주총회 참여를 제고한 경우에는, 감사 또는 감사위원 선임 결의요건을 완화하여 출석한 주주의 의결권의 과반수로써 선임할 수 있도록 하였다(제409조 제3항, 제542조의12 제8항). 이때에는 발행주식총수의 4분의 1이상을 요하지 아니한다.

5. 특수결의

특수결의는 '총주주의 동의' 또는 '총주주의 일치에 의한 총회의 결의' 방식과 '주식인수인 3분의 2 이상의 찬성과 인수된 주식총수의 과반수에 의한 결의'라고 하는 두 가지 방식이 있다. '총주주의 동의'를 요하는 사항으로는 '발기인·이사·감사·청산인의 회사에 대한 책임을 면제하는 경우가 해당된다(제324조, 제400조, 제415조, 제542조 제2항). '총주주의 일치에 의한 총회의 결의'를 요하는 사항으로는 주식회사의 유한회사로의 조직변경(제604조 제1항) 및 주식회사의 유한책임회사로의 조직변경(제287조의43 제1항) 등이 있다. 한편 '출석한 주식인수인의 3분의 2 이상이며 인수된 주식총수의 과반수에 의한 결의'를 요하는 사항으로는 '모집설립·신설합병·분할 또는 분할합병시의 창립총회의 결의사항(제309조, 제527조 제3항, 제530조의 11 제1항)'을 들 수 있다.

---

18 이철송, 『회사법강의』, 제20판, 박영사, 2012, 545면.

V. 반대주주의 주식매수청구권

1. 의의

주주의 이해관계에 중대한 영향을 미치는 일정한 의안이 주주총회에서 결의되었을 경우에, 그 결의에 반대했던 주주가 자신의 소유주식을 회사로 하여금 매수하게 할 수 있는 권리가 주주의 주식매수청구권이다. 상법 제374조의2에서 규정하고 있다.

2. 차이

주식양도의 제한과 관련하여, 상법은 주주에게 주식매수청구권을 인정하고 있다(제335조의6). 동 규정은 정관에 주식양도를 제한하는 규정을 둔 회사에서 이사회가 주식의 양도를 승인하지 않을 경우 주주는 일정한 권리를 행사할 수 있도록 하고 있는데, 그것이 바로 주식매수청구권이다. 양자는 주식매수청구권이라고 하는 점에서는 유사하지만, 주식양도의 제한에 있어서 주식매수청구권은 양도가 제한되는 주식의 환가방법인 반면에, 반대주주의 주식매수청구권은 다수주수의 의사결정에 반대하는 소수주주의 이익을 보호하고자 한다는 점에서 차이가 있다.[19]

3. 요건

반대주주의 주식매수청구권은 상법 제374조의 제1항에서 정하는 영업양도 등과 합병, 분할합병, 주식의 포괄적 교환·이전의 승인을 위한 특별결의에 있어서만 반대주주의 주식매수청구권을 인정한다(제360조의5, 제360조의22, 제374조의2 제1항, 제522조의3, 제530조의11 제2항). 주식매수청구권은 결의에 반대한 주주에게 그 반대에도 불구하고 가결되었을 때에만 주어진다(제360조의5, 제360조의22, 제374조의2 제1항, 제522조의3, 제530조의11 제2항).

4. 절차

결의사항에 반대하는 주주는 주주총회전에 회사에 대하여 서면으로 그 결의에 반대하는

---

19 이철송, 『회사법강의』, 제20판, 박영사, 2012, 572면.

의사를 통지해야 한다. 그 경우 총회의 결의일로부터 20일 이내에 주식의 종류와 수를 기재한 서면으로 회사에 대하여 자기가 소유하고 있는 주식의 매수를 청구할 수 있게 된다(제374조의2 제1항). 이 경우 회사는 청구기간이 종료하는 날로부터 2개월 이내에 그 주식을 매수하여야 한다(제374조의2 제2항). 주식매수에 관한 가액은 주주와 회사 간의 협의를 통하여 결정해야 하고(제374조의2 제3항), 만약 매수청구기간이 종료하는 날로부터 30일 이내에 협의가 이루어지지 않는 경우에는, 회사 또는 그 주주는 법원에 대하여 매수가액을 결정해 달라고 하는 청구권을 행사할 수 있다(제374조의2 제4항). 법원은 회사의 재산상태 그 밖의 사정을 참작하여 공정한 가액으로 주식의 매수가액을 산정하게 된다(제374조의2 제5항).

제5절 주주총회 특별결의사항

I. 영업의 양도, 양수

1. 의의

회사의 영업의 전부 또는 중요한 일부를 양도하거나 회사의 중요한 영업에 중대한 영향을 미치므로 다른 회사의 영업 전부 또는 일부를 양수할 경우에는 주주총회의 특별결의를 요한다(제374조 1항 1호, 3호). 영업양도라 함은 회사의 사업목적을 위하여 조직화되고 유기적 일체로서 기능하는 재산 전부를 총체적으로 유상으로 이전함과 아울러 영업활동의 승계가 이루어지는 것을 말한다.[20]

2. 요건

1) 영업 전부의 양도

영업전부의 양도는 주주들의 출자의 동기가 되었던 목적사업의 근본적인 변경을 초래하므로 주주총회 특별결의가 요구된다. 영업양도의 주체는 회사이다. 대주주가 자신의 지분을 매각함으로써 회사의 경영권을 이전하는 것은 주식의 양도에 해당하는 것이지 영업의 양도는 아니다.[21]

---

20 대법원 1994. 5.10. 선고 93다47615 판결.

2) 영업의 중요한 일부의 양도

(1) 의의

영업의 일부를 양도하더라도 그 양도가 중요한 부분이라면 주주총회의 특별결의가 필요하다. 일부양도의 형식을 통한 탈법적인 활용을 차단함으로써 주주를 보호할 필요가 있기 때문이다.

(2) 기준

양도로 인해 회사의 기본적인 사업목적을 변경시킬 정도에 이를 경우에 중요한 일부의 양도에 해당하는 것으로 본다. 자본시장법은 상장회사의 영업의 전부 또는 중요한 일부를 양도·양수할 경우에 특별한 공시를 하도록 하고 있고, 개략적인 기준을 제시하고 있다. 자본시장법은 자산총액의 100분의 10 이상, 또는 매출액의 100분의 10 이상에 해당하는 영업의 양도는 중요한 일부의 양도로 본다(자본161조1항7호, 165조의4 2호, 영171조1항1호~3호). 주주총회의 결의를 요하는 영업의 중요한 일부의 양도라 함은 양적인 면에서 양도대상인 영업의 가치가 회사의 전 영업의 가치에서 차지하는 비중이 어느 정도 되느냐의 질적인 면에서 당해 영업부문의 양도로 회사가 종전의 영업을 큰 축소나 변동 없이 계속 유지할 수 있느냐를 종합적으로 고려하여 판단하여야 한다.[22]

3) 영업의 양수

회사의 영업에 중대한 영향을 미치는 다른 회사의 영업 전부 또는 일부의 양수도 주주총회의 특별결의사항이다(제374조 제1항 제3호).

(1) 적용대상

다른 회사의 영업을 양수할 때에 주주총회의 결의를 요하고 개인영업을 양수할 때에는 주주총회의 결의를 요하지 않는다.

(2) 중요성

---

21 대법원 1999. 4.23. 선고 98다45546 판결.
22 부산지방법원 2009. 7. 8 선고 2009가합1682 판결.

영업의 양수에서 회사의 영업에 중대한 영향을 미치는 것은 영업의 양도와는 다른 면이 있다. 영업의 양도로 인한 영향은 그 양도로 인하여 회사의 목적사업이 얼마나 영향을 받겠는가의 문제라고 한다면, 영업의 양수는 양수로 인하여 회사의 유동성에 얼마나 영향을 미칠 것인가에 있다는 점에서, 양자의 차이가 있다. 경쟁제한을 목적으로 다른 회사의 영업을 양수하는 때에는 공정거래법상의 규제를 받게 된다(공정거래법 제7조 제1항 제4호).

3. 절차

1) 일반적인 경우

주주총회의 특별결의를 요하고, 반대주주의 주식매수청구권이 인정된다. 주주총회의 특별결의 없이 이루어진 영업양수도는 상대방의 선의·악의에 상관없이 무효이다. 예컨대 양도인 회사의 주주총회 특별결의 없이 영업양수도 계약이 체결된 경우, 양도인 회사는 계약이행 전이라면 이행의무가 없고, 계약이행 후라면 원상회복을 구할 수 있다.

2) 간이영업양수도의 특례

다만 위 행위를 하는 회사의 총주주의 동의가 있거나 그 회사의 발행주식 총수의 90% 이상을 해당 행위의 상대방이 소유하고 있는 경우(간이영업양수도)에는 그 회사의 주주총회 승인은 이사회 승인으로 갈음할 수 있다(제374조의3). 이 경우에도 반대주주의 주식매수청구권은 인정된다.

Ⅱ. 중요한 영업용 재산의 양도

1. 의의

상법 제374조를 순수한 영업양도의 경우만으로 이해하게 되면, 영업양도가 아닌 한 회사의 전 재산이나 다름없는 재산도 이사회의 업무결정권 및 대표이사의 대표권에 의하여 임의로 또 유효하게 처분이 가능하게 된다. 이러한 상황은 회사와 주주 및 채권자의 이해와도 관련이 있다. 또 다른 측면에서, 중요한 재산의 처분을 본조에 적용하는 것으로 본다면 주주총회의 결의 없이 한 재산의 양도는 무효가 되고, 재산양수인의 불측의 손해를 야기하게 된다.

2. 학설

중요재산을 포함하여 개별적인 재산의 양도는 주주총회의 특별결의를 요하지 않는다는 입장과 중요재산의 처분은 영업양도와 같이 주주총회의 특별결의가 요구된다는 입장이 있다.

1) 불요설

상법 제374조의 영업양도는 상법 제41조의 영업양도와 같은 뜻으로 이해하고자 한다. 재산의 중요성 유무는 거래상대방이 인식하기 어려운 회사의 내부적 사정인데, 이것에 의하여 거래의 효과가 좌우되는 것은 거래의 안전에 비추어 부당하다고 한다.

2) 필요설

주주총회의 특별결의를 득하지 아니하면 회사의 존립의 기초가 되는 전재산의 처분을 대표이사가 자의대로 할 가능성이 있다고 한다. 또한 주주의 보호나 기업유지의 요청에 어긋나게 되고, 중요재산의 양도와 같은 예외적인 현상에서는 동적 안전보다는 정적 안전이 중시되어야 한다고 주장한다.

3. 판례

1) 원칙

대법원은 상법 제374조 제1항 제1호에서 말하는 영업의 양도를 상법 제41조의 영업양도와 동일한 의미로 이해하고 있다.[23] 그러므로 단순한 영업재산만의 양도는 회사의 유일한 재산일지라도 주주총회의 특별결의를 요구하지 않는다고 판시한다.[24]

2) 예외

대법원은 회사의 존속의 기초가 되는 영업용 재산인 때에는 다른 입장을 취하고 있다. 즉, 재산의 양도가 영업의 폐지나 중단을 초래하게 되어 영업의 양도와 다름없다고 한다면 주주총회의 특별결의를 요한다고 판시한다.[25] 다만 이미 법적 절차를 거쳐 영업을 폐지하거

---

23 대법원 1987.05.26. 선고 86다카2478 판결; 대법원 1994.05.10. 선고 93다47615 판결.
24 대법원 1964.07.23. 선고 63다820 판결.

나 사실상 영업을 폐지한 상태에서 중요재산을 양도한 경우라면, 새로이 영업의 폐지나 중단을 초래하는 것이 아니므로 주주총회의 특별결의를 요하지 않는다.[26]

4. 중요한 재산의 담보제공

회사의 존속의 기초가 되는 중요한 재산을 담보로 제공하는 경우 주주총회의 특별결의를 요하는가의 문제가 있다. 재산을 매도담보에 의해 양도한 경우 '환매기간 내에 환매하지 못하면 영업의 전부 또는 중요부분을 폐업하게 되므로' 주주총회의 특별결의를 요하는 것으로 본다(65다2099; 86다카553). 반면 재산에 근저당권을 설정하는 경우에 대하여는 비록 중요한 재산이라 할지라도 근저당권 설정행위는 상법 제374조 제1항 각호의 어느 것에도 해당될 수 없다고 하면서 주주총회의 결의를 요구하고 있지 않다고 한 것이 있다(71다392).

5. 효과

영업양수도의 경우와 동일하다. 즉 주주총회 특별결의가 필요하고(간이영업양수도 제외) 반대주주의 주식매수청구권이 인정되며, 특별결의 없는 양수도계약은 무효이다.

Ⅲ. 반대주주의 주식매수청구권

1. 의의

주주의 이해관계에 중대한 이해를 미치는 일정한 의안이 주주총회에서 결의되었을 때 그 결의에 반대했던 주주가 자신의 소유주식을 회사로 하여금 매수하게 할 수 있는 권리를 반대주주의 주식매수청구권이라 한다(제374조의2). 그 외에 반대주주의 주식매수청구권은 영업양도(제374조 1항)과 합병, 분할합병, 주식의 포괄적 교환·이전의 승인을 위한 특별결의에 있어서만 인정되고 있다(제360조의5, 제360조의22, 제374조의2 제1항, 제522조의3,

---

25 (87다카1662). (특별결의가 요구된다고 본 판례) 관광호텔업을 위해 설립된 회사가 호텔 신축 부지를 처분한 경우(87다카1662), 흄관의 제작판매를 업으로 하는 회사가 흄관제작에 꼭 필요한 유일한 흄관몰드를 처분한 경우(86다카553), 광산업을 하는 회사가 광업권을 양도한 경우(64다569), 시장의 점포임대를 업으로 하는 회사가 시장건물을 양도한 경우(75다2260).

26 (90다10308). (특별결의가 요구되지 않는다고 본 판례) 금속제품 생산업을 하는 회사가 온천개발을 준비하던 부동산을 양도한 경우(97다15371), 회사가 사무실의 전세보증금채권을 양도한 경우(95다40977) 등은 영업의 존폐가 무관하다는 점에서, 대법원은 주주총회의 특별결의를 요하지 않는다고 판시하고 있다.

제530조의11 제2항).

2. 청구권자

의결권 있는 주주는 물론, 의결권이 없거나 제한되는 주주도 주식매수청구권을 가진다(제374조의2 제1항). 따라서 회의의 목적사항에 반대주주의 주식매수청구권이 인정되는 사항이 포함된 경우에는 의결권 없는 주주에게도 주주총회 소집통지를 하여야 한다(제363조 제7항). 간이합병, 간이분할합병, 간이영업양수도 등에 해당하여 주주총회 결의가 면제되는 회사에서는 '주주총회의 승인을 얻지 아니하고 그 행위를 한다는 뜻'을 공고하거나 주주들에게 통지하여야 한다(제374조의3 제2항, 제527조의2 등).

3. 주주의 반대절차

1) 총회소집통지

주주는 주주총회소집의 통지나 공고를 받아야 한다. 통지나 공고에는 주식매수청구권의 내용 및 행사방법이 명시되어야 한다(제374조 제2항).

2) 사전반대의 통지

결의에 반대하는 주주는 주주총회 전에 당해 회사에 대하여 서면으로 그 결의에 반대하는 의사를 통지하여야 한다(사전반대). 통지 당시에 주주권을 행사할 수 있는 자만이 사전반대를 할 수 있으므로 주주명부 또는 실질주주명부에 등재된 자여야 한다. 사전반대한 주주는 다시 총회에 출석하여 반대할 필요는 없다.

4. 매수청구

1) 청구기간 및 방법

회사에 대하여 반대의 통지를 한 주주는 그 총회의 결의일부터 20일 이내(매수청구기간)에 주식의 종류와 수를 기재한 서면으로 회사에 대하여 매수를 청구할 수 있다(제374조의2 제1항). 사전반대와 매수청구는 동일한 주주에 의하여 이루어져야 한다.

2) 매수청구의 효과

대법원은 주식매수청구권은 이른바 형성권으로서 그 행사로 회사의 승낙 여부와 관계없이 주식에 관한 매매계약이 성립한다고 본다.[27] 매수청구를 철회할 수 있는지에 관하여는 ① 매수청구권은 주주의 이익을 보호하는 제도이므로 주주는 매수청구를 철회할 수 있다는 견해와 ② 매수청구로써 매매계약이 이미 체결되었으므로 회사의 동의 없이 일방적으로 철회할 수 없다는 견해가 있다.

3) 일부 청구

소유 주식의 일부만을 매수 청구하는 것도 가능하다(반대견해 있음). ① 주주가 사전통지 및 의결권을 불통일행사하여 일부는 찬성하고 일부는 반대한 후 반대한 주식만 매수를 청구하는 경우와 ② 주식 전량에 대하여 반대하였으나 매수청구 자체는 일부 주식에 관해서만 하는 경우가 있을 수 있다.

4) 주주의 지위

회사는 주식대금을 지급하는 경우에 주식을 매수하는 효과를 얻게 된다. 그러므로 매수청구를 한 주주는 대금지급을 받기 전까지는 주주의 지위를 잃지 않게 된다. 다만 이익배당, 의결권행사 등 주주로서의 권리를 여전히 행사할 수 있는지에 관하여는 견해의 대립이 있다.

5. 매수가격의 결정 및 지급

1) 매수가격의 결정

매수가격은 주주와 회사 간의 협의에 의하여 결정한다(제374조의2 제3항). 매수청구기간 종료일로부터 30일 이내에 가격결정에 관한 협의가 이루어지지 않은 경우에는 회사 또는 매수청구주주는 법원에 매수가격의 결정을 청구할 수 있다(제374조의2 제4항). 법원은 회사의 재산상태 그 밖의 사정을 참작하여 공정한 가격으로 이를 산정한다(제374조의2 제5항).

---

27 대법원 2011.04.28. 선고 2010다94953 판결.

2) 매수대금의 지급

회사는 매수청구기간 종료일로부터 2개월 이내에 매수대금을 지급하고 그 주식을 매수하여야 한다(제374조의2 제2항, 상장회사는 1개월 이내). 매수대금에 다툼이 있어 대금 확정절차가 진행 중인 경우에도 위 매수대금 지급기한(=매수청구기간 종료일로부터 2개월)이 경과하면 이행기가 도래한 것이 되어 그 때부터 지연이자가 발생한다.[28]

3) 매수의 효력발생

상법은 매수의 효력시기에 대하여 규정하고 있지 않지만, 상법 제360조의26 제1항이 지배주주가 소수주주의 주식을 매수하는 경우에 매수대금을 지급하는 시기에 주식이 이전되는 것으로 하고 있다. 이를 유추 적용할 수 있다.

제6절 주주총회 결의에 관한 소송

1. 결의취소의 소

1) 소의 원인

(1) 소집절차상의 하자

주주총회의 소집절차는 이사회의 소집결정과 주주에 대한 통지로 구성된다. 소집절차는 적법해야 하고 이에 위반한 경우에는 취소사유에 해당한다. 이사회의 소집결의 하자(79다1264), 소집권한 없는 자의 소집(93도698), 통지상의 하자(92다21692; 80다2745), 목적사항 이외의 결의(68다2284) 등이 있다.

(2) 결의방법의 하자

주주 아닌 자가 주주총회에 출석하여 결의에 참가한 경우(83도748)가 해당된다. 그러나 정도가 지나쳐 주주 아닌 자가 대다수인 경우에는 결의부존재사유가 된다. 의결권이 제한되는 주주의 의결권행사(65다1683), 결의요건의 위반(96다32768), 불공정한 의사진행(96다39998), 무효인 정관에 따른 결의(2009다51820) 및 의장의 무자격(76다2386) 등이 있다.

---

[28] 대법원 2011.04.28. 선고 2009다72667 판결.

(3) 결의내용의 정관위반

정관이 정하는 이사의 자격에 미달하는 자를 이사로 선임하는 결의, 정관이 정하는 정원을 초과하여 이사를 선임하는 결의, 이사에게 정관에게서 정한 금액 이상의 보수를 지급하는 결의 등이 해당한다.

2) 소의 성질

결의취소의 소는 형성의 소에 해당한다. 따라서 결의는 판결에 의해 취소되기 전에는 유효한 것으로 다루어진다.

3) 제소권자 및 제소기간

결의취소의 소를 제기할 수 있는 자는 주주, 이사 및 감사에 한한다(제376조 제1항). 이 경우 주주는 결의 당시에는 주주가 아니었어도 제소 당시 주주이면 족하나, 변론종결시까지 주주 자격을 유지하여야 한다. 제소기간은 결의가 있은 날로부터 2월내에 제기하여야 한다. 피고는 회사이다.

4) 절차 및 효력

본점소재지 지방법원의 전속관할 사건이고(제381조 제2항, 제186조), 소제기시 회사는 지체 없이 공고해야 하며(제381조 제2항, 제187조), 수 개의 소가 제기된 경우에는 병합심리한다(제381조 제2항, 제188조). 판결의 대세적 효력 및 소급효가 인정된다(제381조 제2항, 제190조 본문). 법원의 재량에 의한 청구기각이 가능하다(제379조).

2. 결의무효확인의 소

1) 소의 원인

(1) 법령의 위반

결의의 내용이 법령에 위반한 때에 무효확인의 소를 제기할 수 있다. 예컨대 주주의 유한책임에 반하여 출자를 강제하는 결의, 주주총회의 권한사항을 벗어난 결의 등이 있을 수 있다.

(2) 불공정한 결의

다수결의 남용의 경우가 여기에 해당할 수 있다. 대주주가 자기 또는 제3자의 개인적 이익을 추구하여 객관적으로 현저히 불공정한 내용의 결의를 다수결로 성립시키는 경우를 들수 있다.

2) 소의 성질

결의무효 확인의 소는 확인의 소로 본다(통설).

3) 제소권자 및 제소기간

확인의 이익이 있는 자는 누구나 제소할 수 있다. 제소기간에는 제한이 없다. 피고는 회사이다.

4) 절차 및 효력

주주총회결의 취소의 소와 같다. 다만 법원의 재량기각은 인정되지 않는다.

3. 결의부존재확인의 소

1) 소의 원인

총회의 소집절차 또는 결의방법에 총회결의가 존재한다고 볼 수 없을 정도의 중대한 하자가 있는 경우에는 결의부존재확인의 소를 제기할 수 있다(제380조). 취소의 소에서 설명한 각종 소집절차 및 결의방법의 하자가 매우 중대한 경우가 이에 해당한다. 이사회의 소집결의조차 없고 소집권 없는 자가 소집한 경우(2010다13541), 주주 대부분에게 소집통지를 하지 아니한 경우(72다2611; 78다1269; 80다128), 대부분 주주 아닌 자들이 모여 결의한 경우(67다2011), 유효하게 회의가 종료한 후에 일부의 주주들만 모여 결의한 경우(92다28235), 실제로 총회를 개최하지 않고 98%의 주주가 허위로 의사록을 작성한 경우(2005다73020) 등이 그 예이다.

결의취소의 소와 결의무효확인의 소는 원·피고 사이에 결의 자체는 존재한다는 인식을 전제로 하여 전개되는 소송이다. 반면에 결의부존재확인의 소는 회사에 결의가 존재한다는 회사의 주장과 부존재한다는 주주 등 원고의 주장이 대립하는 소송이라는 점이 특징이다.

주주총회의 결의가 있었다는 사실 자체에 관해서는 회사가 증명책임을 부담하고 그 결의에 부존재로 볼만한 중대한 하자가 있었다는 점에 관해서는 주주가 증명책임을 부담한다 (2008다37193).

2) 소의 성질

확인의 소로 본다(통설).

3) 제소권자 및 제소기간

확인의 이익이 있는 자는 누구나 제소할 수 있다. 제소기간에는 제한이 없다. 피고는 회사이다.

4) 절차 및 효력

주주총회결의 취소의 소와 같다. 다만 법원의 재량기각은 인정되지 않는다.

4. 부당결의취소, 변경의 소

1) 소의 원인

주주총회의 결의에 관하여 특별한 이해관계가 있는 주주가 그 의결권을 행사할 수 없었던 경우에 결의가 현저하게 부당하고 그 주주가 의결권을 행사하였더라면 이를 저지할 수 있었을 때에 그 결의의 취소 또는 변경을 구하는 소이다(제381조 1항).

2) 소의 성질

소로써만 결의를 취소·변경할 수 있는 형성의 소이다(통설).

3) 제소권자 및 제소기간

특별한 이해관계가 있어 의결권을 행사할 수 없었던 주주만이 제소할 수 있고, 피고는 회사이다. 결의일로부터 2월내에 제기해야 한다.

4) 절차 및 효력

주주총회결의 취소의 소와 같다. 다만 법원의 재량기각은 인정되지 않는다.

5. 재량기각

1) 의의

결의취소의 소가 제기된 경우에 결의의 내용, 회사의 현황과 제반사정을 참작하여 그 취소가 부적당하다고 인정한 때에는 법원은 그 청구를 기각할 수 있다(제379조).

2) 기능

재량기각은 회사 법률관계의 안정을 유지하고자 하는 목적을 가지고 있다. 상법 제379조는 결의의 절차에 하자가 있는 경우에 결의를 취소하여도 회사 또는 주주의 이익이 되지 않거나, 이미 결의가 집행되었기 때문에 이를 취소하여도 아무런 효과가 없는 때에 결의를 취소함으로써 회사에게 손해를 끼치거나 일반거래의 안전을 해치는 것을 막고, 또 소의 제기로써 회사의 질서를 문란케 하는 것을 방지하기 위한 목적이 있다.

3) 기각 여부

기각의 여부는 하자의 성질 및 정도, 피고의 현황, 다른 금융기관의 실태, 원고들의 제소목적 등 제반사정을 고려하고, 총회의 적정운영의 요청과 회사 법률관계의 안정을 비교 교량하여 결정할 문제이다(86다카2971). 당사자의 주장이 없더라도 법원은 직권으로 재량에 의하여 기각할 수 있다(2001다45584).

6. 소송물에 관한 주요 판례

1) 다른 소를 제기한 경우

부존재원인이 있는데 취소소송을 제기한 경우 이를 부적법한 소로 본 예가 있다(78다1219). 반면 부존재원인이 있는데 무효확인소송을 제기한 사건에서 무효확인청구를 부존재확인청구로 받아들일 수 있다고 한 사례도 있다(82다카1810).

2) 다른 소로 변경한 경우

부존재확인의 소를 취소의 소의 제소기간 내에 제기한 경우라면, 동일한 하자를 원인으로 하여 결의의 날로부터 2월이 경과한 후 취소소송으로 소를 변경하거나 추가한 경우에도 부존재확인의 소 제기 시에 제기된 것과 동일하게 취급하여 제소기간을 준수한 것으로 본다(2001다45584).

제4장
이사, 이사회 및 집행임원

제1절 이사

I. 의의

주식회사의 이사는 회사와의 사이에 위임관계를 가지고 선량한 관리자의 주의로서 회사의 기업경영에 임하여야 할 의무가 있다(제382조 제2항, 민 제681조). 이사는 주주총회에서 선임한다(제382조 제1항). 이사회의 구성원으로서 회사의 업무를 집행하는 주식회사의 필요적 상설기관이 바로 이사이다. 상법은 이사를 사내이사, 사외이사, 그 밖에 상무를 종사하지 아니하는 이사로 구분하고 있다(제317조 제2항 제8호). 사외이사라 함은 회사의 상무에 종사하지 아니하고(상법 제382조 제3항) 상법 제542조의8 제2항 각호에 해당하지 아니하는 이사를 말하고, 상무라 함은 회사의 일상적인 업무를 의미한다. 사외이사의 자격에 관한 사항(제382조 제3항 각호, 제542조의8 제2항), 상장회사에서 소정 수의 사외이사를 반드시 두어야 할 사항(제542조의8 제1항) 및 대규모상장회사의 사외이사에 관한 선임절차의 특칙(제542조의8 제4항, 제5항) 등은 상법이 규정하고 있다.

II. 선임

1. 의의

이사는 3인 이상의 수를 두어야 한다(제383조 제1항). 상장회사의 경우 이사 총수의 4분의 1 이상을 사외이사로 선임해야 하고, 대규모상장회사의 경우에는 사외이사를 3인 이상 그리고 이사 총수의 과반수가 되도록 해야 한다(상법 제542조의8 제1항). 또한 사외이사의 수가 이 구성요건에 미달하게 되면, 그 사유가 발생한 후 처음으로 소집되는 주주총회에서 요건에 합치되도록 사외이사를 선임하지 않으면 아니 된다(제542조의8 제3항).

2. 절차

이사의 선임은 주주총회의 선임결의와 이사의 승낙이 요구된다. 회사 설립시의 최초 이사는 발기설립의 경우에는 발기인 또는 모집설립의 경우에는 창립총회에서 선임하지만, 그 후에는 주주총회에서 보통결의로 선임한다(제382조 제1항). 이사는 단순투표제와 집중투표제 두 방식으로 선임이 가능하다.

3. 견해대립

이사와 회사 사이에 위임계약이 존재해야 하므로 이사의 승낙이 필요하다. 이사의 승낙과 별도로 회사의 청약이 필요한지는 견해가 대립된다. 회사의 청약이 없거나 무효인 경우에는 임용계약이 체결되지 않았다고 보아 선임의 효력을 부인하는 청약필요설(판례와 다수설의 입장)과 선임결의와 이사의 승낙만으로 선임의 효력이 발생한다고 보는 청약불요설이 맞서고 있다. 판례 및 다수설에 따르면 주주총회에서 이사선임 결의를 했어도 대표이사가 청약을 거부하면 선임효력이 없으므로 대표이사가 거부권을 행사할 수 있다.

Ⅲ. 해임

1. 해임결의에 의한 해임

1) 의의

주주총회는 언제든지 특별결의로 이사를 해임할 수 있다. 다만 임기가 정해져 있고 해임에 정당한 이유가 없으면 회사는 해임된 이사에게 손해배상책임을 진다(제385조 제1항).

2) 해임의 요건

주주총회는 언제든지 사유를 묻지 않고 특별결의로 이사를 해임할 수 있다.

3) 회사의 손해배상책임 요건

(1) 임기

임기가 정관으로 정해져 있어야 한다. 정관에서 상법 제383조 제2항과 같이 "이사의 임기는 3년을 초과하지 못한다."라고만 규정한 경우 임기를 3년으로 정하는 취지라고 해석할 수 없으므로 손해배상청구권이 인정되지 않는다(2001다23928).

(2) 정당한 이유 없는 해임

해임의 정당한 이유가 없어야 한다. 해임의 정당한 이유란 "주주와 이사 사이의 주관적인 신뢰관계가 상실된 것만으로는 부족하고, 법령·정관에 위배된 행위를 하였거나, 정신적·육체적으로 직무를 감당하기 현저히 곤란한 경우, 회사의 중요한 사업계획 수립이나 그 추진에 실패함으로써 경영능력에 대한 근본적인 신뢰관계가 상실된 경우 등과 같이 해당 이사가 경영자로서 업무를 집행하는 데 장해가 될 객관적 상황이 발생한 경우"를 의미한다(2004다25611). 회사의 영업실적이 재임 중에 현저하게 악화된 것도 해임의 정당한 이유에 해당할 수 있다(2012다98720). 정당한 이유가 없다는 입증책임은 손해배상을 청구하는 이사에게 있다(2004다49570).

(3) 해임된 이사의 손해

전형적인 손해는 잔여 임기 동안에 받을 수 있었던 보수이다(통설·판례). 따라서 보수청구권 자체가 성립하지 않으면 남은 임기 동안 받을 수 있었던 보수가 없으므로 손해도 인정되지 않는다. 예컨대 이사의 보수를 정관이나 주주총회 결의로 정하지 않았다면 이사의 보수청구권이 인정되지 않으므로, 부당한 해임을 당하더라도 잔여기간 동안의 보수를 손해배상으로 청구할 수 없을 것이다(2010다94342). 해임된 이사가 그 남은 임기 동안 다른 직장에 종사하여 얻은 이익은 손익상계의 법리에 따라 해임으로 인한 손해배상액에서 공제되어야 한다(2011다42348 – 감사에 관한 사례).

2. 소수주주의 해임청구(=이사해임의 소)에 의한 해임

일정한 소수주주는 부정행위 또는 법령이나 정관에 위반한 중대한 사실이 있음에도 불구하고 주주총회에서 해임이 부결된 경우에는 결의일로부터 1월 내에 이사의 해임을 법원에 청구할 수 있다(제385조 제2항, 제542조의6 제3항).

1) 소수주주 요건

발행주식 총수의 3% 이상을 가진 소수주주는 이 권리를 행사할 수 있다(상장회사는 6개월 이상 0.5% 이상, 대규모상장회사는 6개월 이상 0.25% 이상). 무의결권 주주도 가능하다.

2) 부정행위 등

부정행위 등이 요구되므로 단순한 임무해태만으로는 불충분하다. 경업금지의무 위반(92다53583), 납입가장행위(2010다35985) 등은 이에 해당한다. 부정행위 등의 사유는 이사 재임 시에 존재하여야 하고 그것으로 충분하며, 해임청구 시점에 존재할 필요는 없다.

대법원 1998. 4. 28. 선고 98다8615 판결

"주식회사와 이사의 관계는 위임에 관한 규정이 준용되므로, 이사는 언제든지 사임할 수 있고 사임의 의사표시가 대표이사에게 도달하면 그 효과가 발생하나, 대표이사에게 사표의 처리를 일임한 경우에는 사임 의사표시의 효과 발생 여부를 대표이사의 의사에 따르도록 한 것이므로 대표이사가 사표를 수리함으로써 사임의 효과가 생긴다."고 판시한 바 있다.[1]

대법원 1989. 10. 13. 선고 89도1012 판결

"대표이사는 이사회 또는 주주총회의 결의가 있더라도 그 결의내용이 회사 채권자를 해하는 불법한 목적이 있는 경우에는 이에 맹종할 것이 아니라 회사를 위하여 성실한 직무수행을 할 의무가 있으므로 대표이사가 임무에 배임하는 행위를 함으로써 주주 또는 회사채권자에게 손해가 될 행위를 하였다면 그 회사의 이사회 또는 주주총회의 결의가 있었다고 하여 그 배임행위가 정당화 될 수는 없다."고 판시하고 있다.

제2절 이사회의 권한

I. 의의

상법은 회사의 업무집행의 결정을 포괄적으로 이사회의 권한사항으로 정하고 있고(제 393조 제1항), 이사의 직무집행에 대한 감독권을 정하고 있다(제393조 제2항). 양자는 이사회의 본질적이고 핵심적인 권한에 해당한다.

II. 이사회의 권한

1. 업무집행결정권

1) 의의

회사의 업무집행은 이사회의 결의로 한다(제393조 제1항). 회사의 운영에 관한 사무 중 성질상 주주의 의사가 반영되어야 하는 중대 사안에 대하여는 주주총회의 권한으로 하기도 하지만, 나머지는 대부분 이사회의 권한으로 하고 있다. 즉 주주총회와 감사에게 각기 최소

---

1   대법원 2007. 5. 10. 선고 2007다7256 판결.

제4장 이사, 이사회 및 집행임원   357

한의 본질적인 불가침의 권한을 배분한 뒤 '소유와 경영의 분리'라는 대전제 하에 회사의 기타 운영에 관한 사항은 이사회에 수권하려는 취지가 담겨 있다.

2) 업무집행의 구체적 예

회사의 업무집행의 예로서 상법 제393조 제1항은 중요한 자산의 처분·양도, 대규모 재산의 차입, 지배인의 선임·해임, 지점의 설치·이전·폐지에 대한 사항은 이사회의 결의로 하도록 한다. 이러한 사항은 대표이사에게 일임할 수 없고 반드시 이사회의 결의로 해야 한다.

(1) 자산의 처분, 재산의 차입

통상의 경우에는 자산의 처분이나 재산의 차입은 일상적인 업무로서 대표이사의 권한에 속한다. 그러나 '중요한' 자산을 처분하는 경우나 '대규모'의 재산을 차입하는 것은 이사회 결의를 요한다. 법률 또는 정관 등의 규정에 의하여 주주총회 또는 이사회의 결의를 필요로 하는 것으로 되어 있지 아니한 업무 중 이사회가 일반적·구체적으로 대표이사에게 위임하지 않은 업무로서 일상업무에 속하지 아니한 중요한 업무에 대하여는 이사회에게 그 의사 결정권한이 있다(96다48282).

(2) 자산의 '중요성' 판단

당해 재산의 가액, 총자산에서 차지하는 비율, 회사의 규모, 회사의 영업 또는 재산의 상황, 경영상태, 자산의 보유목적, 회사의 일상적 업무와의 관련성, 당해 회사에서의 종래의 취급 등에 비추어 대표이사의 결정에 맡기는 것이 상당한지 여부에 따라 판단해야 한다. 이사회규정상 이사회 부의사항으로 정해져 있지 아니하더라도 중요한 자산의 처분이라면 반드시 이사회의 결의를 거쳐야 한다(2009다47791). 한편 회사의 존속에 기초가 되는 중요한 영업재산의 양도는 사실상 영업양도에 해당하여 상법 제374조 제1항에 따라 주주총회의 특별결의를 요한다.

2. 직무집행감독권

1) 의의

이사회는 이사 전원으로 구성되는 회의체로서 회사의 업무집행에 관한 사항을 결정한다

(제393조 제1항). 대표이사의 선임·해임권을 가지는 기관(제389조 제1항)이므로 그 대표이사의 직무집행을 감독할 권한이 있다.[2] 이사회는 독일 주식법이 인정하고 있는 "Aufsichtsrat"와 같이 대표이사의 업무집행을 감독하는 감독기관으로서의 기능도 가지고 있다는 것으로 본다.

대법원 1997. 6. 13. 선고 선고 96다48282 판결

대법원은 "법률 또는 정관 등의 규정에 의하여 주주총회 또는 이사회의 결의를 필요로 하는 것으로 되어 있지 아니한 업무 중 이사회가 일반적·구체적으로 대표이사에게 위임하지 않은 업무로서 일상업무에 속하지 아니한 중요한 업무에 대하여는 이사회에게 그 의사결정권한이 있다."고 판시하고 있다.

대법원 2005. 7. 28. 선고 2005다3649 판결

대법원은 '중요한 자산의 처분'에 해당하는지 여부에 판단기준을 제시하고 있다. "여기서 중요한 자산의 처분에 해당하는가 아닌가는 당해 재산의 가액, 총자산에서 차지하는 비율, 회사의 규모, 회사의 영업 또는 재산의 상황, 경영상태, 자산의 보유목적, 회사의 일상적 업무와 관련성, 당해 회사에서의 종래의 취급 등에 비추어 대표이사의 결정에 맡기는 것이 상당한지 여부에 따라 판단하여야 할 것이고, 중요한 자산의 처분에 해당하는 경우에는 이사회가 그에 관하여 직접 결의하지 아니한 채 대표이사에게 그 처분에 관한 사항을 일임할 수 없는 것이므로 이사회규정상 이사회 부의사항으로 정해져 있지 아니하더라도 반드시 이사회의 결의를 거쳐야 한다."고 판시하였다.

---

2) 직무감독권의 행사

이사회는 대표이사의 직무감독권만을 행사하기 위해서는 회의를 열어 대표이사에게 그 직무집행의 경과와 상황 등을 보고하도록 하고 필요한 자료를 제시받아 이를 조사하여야 한다. 이사회는 대표이사의 직무집행에 대한 보고를 듣기 위하여 특별히 소집하여야 하는 것은 아니나, 필요한 경우에는 이사는 그 감독권을 행사하기 위하여 이사회의 소집을 요구할 수 있다. 이사회는 그 감독권의 행사로서 대표이사의 직무집행이 적법하지 아니하거나 공정성을 잃고 있다고 판단할 때에는 그 행위의 중지 또는 시정을 요구할 수 있고, 경우에 따라서는 대표이사의 해임을 결의할 수도 있다.

---

2   1984년 개정상법은 "이사회는 이사의 직무의 집행을 감독한다(상법 제393조 제2항)"라고 규정하여 그 뜻을 뚜렷이 하고 있다. 이것이 이사회의 직무집행감독권이다.

3) 이사의 감독의무

주식회사의 이사는 이사회의 구성원으로서 선량한 관리자의 주의를 다하여 회사의 업무에 관한 의사결정에 참여하고 그 집행에 대하여 책임을 져야 한다. 이사회의 구성원으로서 이사는 대표이사의 업무집행에 관하여 파악하고, 그것이 적법하고 타당하게 이루어지고 있는가를 감독해야 할 의무가 있다.

4) 감독의무의 범위

이사가 대표이사의 업무집행을 감독할 의무는 그 범위를 어떻게 볼 것이냐의 문제가 제기된다. 즉 대표이사의 업무집행이 이사회에 상정된 것에 한하여 그 감독의무를 지는 것이냐 아니냐의 논의가 제기될 수 있다. 주식회사의 업무집행에 관한 사항은 이사회의 결의를 거치도록 되어 있다(제393조 제1항). 업무집행권이 없는 이사는 이사회를 통해서 제안된 사항에 대해서 심의하여 결의하게 되므로 그 이사는 이사회에 상정된 사항에 대해서만 감독의무를 진다는 주장도 있다. 그러나 이사는 선량한 관리자의 주의로써 이사의 직무집행을 감독하여 할 의무를 지고 있으므로 대표이사의 업무집행 전반에 미치는 것으로 보아야 한다. 그러므로 이사는 대표이사의 업무집행이 위법하거나 타당하지 않음을 알고 있거나 또는 의심할 만한 사유가 있는 때에는 그것이 어떠한 사항이든 이사회를 통해서 대표이사로 하여금 그에 관한 보고를 하게 하거나 회계장부를 비롯한 각종의 자료를 제출하게 하여 이를 조사하여 잘못이 있으면 시정하도록 촉구하여야 할 의무가 있다.

5) 감독의무위반의 요건

이사는 회사와의 사이에 위임관계를 가지고 선량한 관리자의 주의로서 그 직무를 수행할 의무를 지고 있으므로 대표이사의 직무집행에 대한 감독의무를 다하였느냐 아니냐는 바로 선량한 관리자의 주의의무를 다하였느냐의 여부에 달려 있다. 미국의 판례법상 확립된 경영판단의 법칙은 회사의 기업경영에 있어서 이사가 회사의 목적과 그의 권한의 범위 안에서 합리적인 기초에 따라 회사의 이익에 가장 적합하다고 믿고 판단을 내려 선의로 행위를 한 이상 이사는 그로 인한 손해에 대한 책임을 지지 아니한다.

경영판단의 원칙은 우리 회사법의 해석상으로도 받아들일 수 있다. 이사가 선량한 관리자의 주의의무로써 회사의 이익을 위하여 가장 적합하다고 믿은 방법에 따라 통상의 신중한 사람이 같은 지위에 비슷한 상황에서 기울이게 될 주의를 다하여 그 감독의무를 이행하였다면 비록 대표이사의 업무집행이 위법·부당한 것이었다 하더라도 이사는 그에 대한 책임을 지는 것은 아니다. 즉 이사는 선량한 관리자의 주의를 다하여 대표이사의 업무집행에 대한 감독을 하지 아니한 때에는 그 감독의무를 게을리 한 것으로 되고, 이사는 그 주의를 다하였음을 입증하지 못하면 감독의무위반으로 인한 책임을 지게 된다.

3. 이사회의 정보접근권

이사회의 감독권이 실효적으로 행사되기 위하여 이사들이 회사의 업무에 관하여 충분한 정보를 가지고 있어야 한다. 이사는 대표이사로 하여금 다른 이사 또는 피용자의 업무에 관해 이사회에 보고할 것을 요구할 수 있다(제393조 제3항). 이사회에 대한 정보제공을 강행적으로 보장하기 위하여 이사 또는 대표이사는 3월에 1회 이상 업무의 집행상황을 이사회에 보고해야 한다(제393조 제4항).

Ⅲ. 이사와의 관계

상법은 주식회사의 업무집행기관을 이사회와 대표이사로 이원화하여 전자는 회사의 업무집행에 관한 의사결정과 감독을 맡고(제393조 제1항), 후자는 회사를 대표하여 업무집행을 하도록 하고 있다(제389조 제3항). 이사는 이사회의 구성원으로서 회사의 업무집행에 관한 의사결정에 참여하고 또 이사회를 통하여 대표이사의 직무집행을 감독하며, 대표이사로서 구체적인 업무집행을 담당하기도 한다. 상법은 이사에게 무거운 책임을 지우고 있는데, 이사가 고의 또는 과실로 법령 또는 정관에 위반한 행위를 하거나 그 임무를 게을리 한 때에는 그 이사는 회사에 대하여 연대하여 손해배상책임을 진다(제399조 제1항).

제3절 이사회의 소집과 결의

I. 이사회의 소집

1. 소집권자

각각의 이사는 이사회 소집권한이 있다(제390조 제1항). 그러나 소집할 이사를 이사회의

결의로 정한 때에는 그 이사가 소집해야 한다(제390조 제1항 단서). 다른 이사도 언제든지 소집권자인 이사에게 이사회소집을 요구할 수 있고, 소집권자인 이사가 정당한 이유 없이 소집을 거절하는 경우에는 다른 이사도 소집할 수 있다(제390조 제2항).

2. 소집절차

1) 소집통지

이사회를 소집함에는 회일을 정하고 1주간 전에 각 이사에게 통지를 발송해야 한다(제390조 제3항 본문). 감사를 두는 경우에는 감사도 이사회에 출석할 권한이 있다. 그러므로 감사에게도 소집통지를 해야 한다(제391조의2, 제390조 제3항).

2) 소집방식

통지방법은 서면에 국한하지 않고 구두나 기타 개개의 이사를 상대로 한 이메일을 포함한 의사전달 방법이면 된다. 통지기간은 정관으로 단축할 수 있다(제390조 제3항 단서). 정관에서 회의의 목적사항을 함께 통지하도록 정하거나, 목적사항을 미리 통지하지 아니하면 이사회에서의 심의·의결에 현저한 지장을 초래하는 등의 특별한 사정이 없는 한, 회의의 목적사항을 함께 통지할 필요는 없다(2009다35033).

3) 소집절차 예외

이사회는 이사 및 감사 전원의 동의가 있으면 소집절차를 밟지 않고 언제든지 회의를 개최할 수 있다(제390조 제4항).

3. 소집시기

이사회는 긴급을 요하지 않는 한 가급적 많은 이사가 출석할 수 있는 시기에 소집하여야 한다. 정관에 "이사장의 해외출장시 상무이사가 직무를 대행한다."고 하는 규정을 이용하여 이사회를 소집하여 이사장을 포함한 일부이사를 경질한 사건에서, 대법원은 이사회소집이 위법하다는 판결을 하였다(85누884).

4. 소집장소

　주주총회와 달리 이사회의 소집장소에 대하여는 특별한 규정을 두고 있지 않다. 그러므로 소집장소는 회사 내외를 불문하고 제한을 받지 않는다는 해석이 가능하다.

II. 이사회 결의

1. 요건

　이사회 결의는 재임이사 과반수의 출석과 출석이사의 과반수로 하여야 한다(제391조 제1항). 결의요건을 정관으로 이보다 가중하는 것은 허용되나(제391조 제1항), 완화하는 것은 허용되지 않는다. 이사회의 의결권은 이사 1인당 1개씩 주어지며, 정관에 의해서도 이에 대한 예외를 둘 수 없다. 예컨대 6인의 이사 중 3인이 출석하여 전원 찬성한다고 할지라도 성립정족수에 미달한 것으로 본다. 가부동수인 경우에 이사회 의장에게 결정하도록 한 정관 규정은 위법하여 무효이다(94다33903).

2. 의결권행사의 독립성

　이사의 의결권의 행사에 관해서도 회사에 대한 책임을 부담한다(제399조 제2항). 이사회는 회사가 기대하는 이사 개개인의 능력과 고도의 신뢰관계에 기초해서 구체적인 업무집행을 결정하는 기관이므로, 이사는 직접 의결권을 행사해야 하는 것이지 대리로 행사하는 것은 허용되지 않는다(80다2441).

3. 의결권의 제한

　이사회의 결의에 대하여 특별한 이해관계가 있는 이사는 의결권을 행사할 수 없다(제391조 제3항, 제368조 제3항). 의결권을 행사할 수 없는 이사는 이사회의 성립정족수에는 포함되지만, 의결정족수의 계산에는 출석이사 속에 산입하지 않는다(제391조 제3항, 제371조 제2항).

4. 회의의 방법

　정관에서 달리 정하는 경우를 제외하고, 이사회는 이사의 전부 또는 일부가 직접 회의에 출석하지 아니하고 모든 이사가 '음성을 동시에 송·수신하는 원격통신수단'에 의하여 결의에 참가하는 것을 허용할 수 있다(제391조 제2항). 음성을 송·수신해야 하므로 인터넷을 통한 화상회의는 허용되나 단순한 문자회의는 허용되지 않는 것으로 본다.

5. 연기·속행

주주총회와 같다. 이사회의 경우도 연기 및 속행이 가능하다(제392조, 제372조).

제4절 이사의 회사에 대한 책임

I. 의의

1998년 IMF 사태를 계기로 하여 우리 회사법제에 많은 비판이 제기되었다. 특히 경영진의 부실경영에 대한 다양한 문제가 제기되면서 경영진에 대한 책임을 강화하고 이사에 대한 책임추궁을 보다 쉽게 해야 한다는 주장이 힘을 얻게 되었다. 그 결과 우리 상법상 인정되고 있던, 회사의 수임인으로서 이사가 선량한 관리자로 부담해야 할 의무인 주의의무 외에 이사의 회사에 대한 충실의무에 관한 내용을 신설하였다.[3] 1998년 상법이 개정되기 전에도 우리 상법은 주주가 대표소송을 제기할 수 있는 권리를 가지고 있었다. 그러나 대표소송의 제소자격이 매우 엄격하여 대표소송을 제기하는 사례가 거의 발생하지 아니 하였다. 1996년 말 증권거래법이 개정되면서 상장법인에 대하여 대표소송을 위한 소수주주의 요건을 크게 완화하였고, 1998년 개정 상법에서는 소수주주의 소송요건을 완화함에 따라 이사에 대한 책임추궁이 보다 용이하게 전개되었다.

주식회사의 이사에 대하여 경영상의 실패에 대하여 항상 책임을 추궁 받게 된다면, 이사의 입장에서는 매우 가혹한 것이 될 수 있다. 더 나아가 회사에서 유능한 인재를 선임하고자 함에 있어 어려움이 발생하게 된다. 또한 회사가 기업을 경영하는 경영자에 대하여 엄격한 사후적 책임을 추궁하게 된다면, 책임추궁에 대한 두려움으로 인하여 공격적·적극적인 경영정책보다는 안전위주의 보수적인 정책만을 고집하게 될 것이다. 한편으로 이사를 비롯

---

3   이는 영미의 보통법상 인정하고 있는 이사의 신인의무의 개념을 성문법으로 표현한 것이며, 일본 회사법 제355조를 본받은 것이다. 그러나 주식회사 구성원 사이에서 충실의무가 존재하는가에 대하여는 유주선, "자본회사 구성원 사이에서 충실의무에 대한 비판", 『안암법학』 제27호, 2008, 421면 이하.

한 경영진의 불법적이고 부당한 행위에 대한 책임은 강화해야 하겠지만, 또 한편으로는 회사의 발전을 위하여 위험을 감수하고서라도 새로운 경영환경에 대처할 수 있도록 경영자의 책임을 경감해야 할 필요성이 제기된다.

Ⅱ. 타인기관으로서 주식회사의 이사

인적결합체로서 회사는 법인이다. 회사는 그 자체의 의사와 행위를 갖지만, 실제로 자연적인 의사를 결정하고 행위를 할 능력을 가지고 있지 않다. 그러므로 그 의사와 행위는 회사조직상의 일정한 지위에 있는 자에 의하여 결정되고 이루어진다. 우리 회사법상 회사는 합명회사, 합자회사 등의 인적회사와 유한책임회사, 유한회사 및 주식회사 등의 자본회사로 구분된다.[4] 대외적으로 회사 자체의 재산보다도 사원의 신용이나 개성에 중점을 주어지고, 대내적으로 사원 상호 간에 신뢰관계를 중시하는 회사의 모습은 인적회사이다. 전자는 원칙적으로 각 사원이 업무집행권과 대표권을 행사하는[5] '자기기관(Selbstorganschaft)'의 형식을 갖는다.[6] 반면 사원 상호간의 신뢰를 바탕으로 하여 사원지분에 대한 이전이 일정부분 제한되고, 단지 회사재산만으로 제3자에 대하여 책임을 부담하는 체계는 후자의 모습이다. 특히 자본회사의 전형인 주식회사는 소유와 경영의 분리를 원칙으로 하여, 업무집행권이나 대표권을 행사함에 있어 주주자격을 배제하는 '타인기관(Fremdorganschaft)'의 모습을 띠게 된다.[7]

자연인과 자연인이 거래당사자로 등장하게 되면, 개인의 재산을 믿고 거래를 하게 된다. 인적결합체로서 합명회사나 합자회사 역시 유사한 모습을 띠고 있다. 물론 합명회사나 합자회사는 법인이기 때문에 독립적인 법인재산이 존재하고, 그 법인재산은 1차적인 책임재산이 존재한다. 그러나 법인재산이 존재하지 않게 되면, 제2차적으로 회사의 구성원에게 인적인 책임을 요구하게 된다. 그러한 면을 고려하여 우리 회사법은 합명회사나 합자회사에 있어서, 무한책임사원에게 업무집행과 대표권을 인정하고 있다.

주식회사의 경우 주주는 출자한 만큼의 책임만을 부담한다(제331조). 회사가 파산되었다

---

4 이기수·최병규, 『회사법(상법강의 Ⅱ)』, 제9판, 박영사, 2011, 85면 이하.
5 인적회사가 업무집행자와 대표자를 별도로 둔다 하더라도 사원 중에서 선임된다는 점에서 기관자격과 사원은 동일하다고 할 것이다.
6 Eisenhardt, Gesellschaft, 12. Aufl., C.H.Beck, 2005, S. 80 f.
7 Raiser/Veil, Recht der Kapitalgesellschaften, 5. Aufl., Verlag Vahlen, 2010, S. 125.

할지라도 회사의 구성원인 주주는 출자이상에 대한 책임을 부담하지 아니한다. 주주책임이 배제된다는 말은 주주가 납입한 재산으로 이루어진 회사재산만이 회사채권자에게 책임을 부담하게 된다는 것을 의미하게 된다. 그러므로 주식회사에서 회사재산이라고 하는 것은 책임재산으로서 잘 납입되어 있어야 하고, 잘 유지되어 있어야 한다. 이른바 주식회사에서 자본충실의 원칙에 지켜져야 하는 것이다. 만약 주식회사에서 회사의 경영을 출자자인 주주에게 맡긴다면, 주주 자신은 그의 이해관계에 따라 자의적으로 자본충실의 원칙을 위반하거나, 회사경영을 자행하여 방만하게 운영할 가능성이 있다. 인적회사와 달리, 주식회사에서는 회사재산이 건전하게 유지되어 회사채권자의 보호에 기여해야 한다. 회사재산만이 제3자에게 채권확보가 가능하다는 점과 회사재산의 건전한 유지는 기업거래에서 매우 중요하다는 관점하에, 주식회사에서는 주주가 아닌 타인이 기관으로 등장해야 할 필요성이 있다.

Ⅲ. 이사 권한과 책임의 성질

1. 이사의 권한

상법은 업무집행기관으로서 이사회와 대표이사제도를 두고 있다. 상법상 주식회사의 이사는 회사설립 시(제296조 제1항) 또는 창립총회에서 선임되며(제312조), 회사가 성립되고 난 후에는 주주총회에서 선임되는 것이 일반적이다(제382조 제1항). 주식회사의 이사는 회사와의 사이에 위임관계를 가지고 선량한 관리자의 주의로서 회사의 기업경영에 임하여야 할 의무가 있다(제382조, 민 제681조). 상법은 주식회사의 업무집행기관을 이사회와 대표이사로 이원화하여 전자는 회사의 업무집행에 관한 의사결정과 감독을 맡고(제393조 제1항), 후자는 회사를 대표하여 업무집행을 하도록 하고 있다(제389조 제3항). 그리하여 이사는 이사회의 구성원으로서 회사의 업무집행에 관한 의사결정에 참여하고 또 이사회를 통하여 대표이사의 직무집행을 감독하며, 대표이사로서 구체적인 업무집행을 담당하기도 한다. 상법은 업무집행에 대하여 포괄적인 이사의 권리를 인정하고 있다.[8] 특히 주식회사에서 소유와 경영의 분리라는 원칙을 적용하기 위하여, 우리 상법은 주주총회의 권한을 축소하고 이사회의 기능을 확대하고 있는 추세이다.

---

8   이사의 권한에 대하여는 손진화, 『상법강의』, 제3판, 신조사, 2011, 472면 이하.

2. 책임의 성질

개정 전 상법은 '이사가 법령 또는 정관에 위반한 행위를 하거나 그 임무를 게을리 한 때에는 그 이사는 회사에 대하여 연대하여 손해배상책임을 진다(제399조 제1항)'고 규정하고 있었다. 회사에 대하여 이사의 책임을 엄격하게 정하고 있었다. 동 책임을 엄격하게 정하고 있는 목적은 위법하고 부당한 행위를 억제하고 이사의 성실한 업무집행을 통하여 회사의 발전과 주주 및 채권자의 이익을 보호하기 위함이다.[9] 이사가 회사에 대하여 손해배상을 부담하는 경우, 그 책임이 과실유무에 종속되는가에 대한 다툼이 있었다. 명백한 과실을 전제로 하는 책임원인을 제외하고는 고의나 과실을 요건으로 하는 것이 아니라는 입장[10]과 이에 과실책임으로 인정하는 입장[11]이 있었다.

이사가 법령 또는 정관에 위반한 행위를 하거나, 그 임무를 게을리 한 때에는 그 이사는 회사에 대하여 연대하여 손해를 배상할 책임이 있다(제399조 제1항). 법령 또는 정관에 위반한 행위라 함은 가령 위법배당의안을 제출하였거나(제462조), 경업피지의무위반(제397조), 이사회의 승인 없는 이사의 자기거래(제398조) 등의 경우와 같이 구체적인 규정에 위반한 경우를 말한다.

대법원 2006. 11. 9. 선고 2004다41651 판결

대법원은 이사가 상법 제399조 제1항에서 정한 '법령에 위반한 행위'로 회사에 손해를 입힌 경우에도 경영판단의 원칙을 적용할 수 있는지 여부 및 이때 '법령'의 의미를 판단하였다. "이사가 임무를 수행함에 있어서 법령을 위반한 행위를 한 때에는 그 행위 자체가 회사에 대하여 채무불이행에 해당하므로, 그로 인하여 회사에 손해가 발생한 이상 손해배상책임을 면할 수 없고, 위와 같은 법령을 위반한 행위에 대하여는 이사가 임무를 수행함에 있어서 선량한 관리자의 주의의무를 위반하여 임무해태로 인한 손해배상책임이 문제되는 경우에 고려될 수 있는 경영판단의 원칙은 적용될 여지가 없다. 다만, 여기서 법령을 위반한 행위라고 할 때 말하는 '법령'은 일반적인 의미에서서의 법령, 즉 법률과 그 밖의 법규명령으로서의 대통령령, 총리령, 부령 등을 의미하는 것인바, 외국환업무·외국환은행신설 및 대외환거래계약체결 인가공문, 외국환관리규정, 종합금융회사 내부의 심사관리규정 등은 이에 해당하지 않는다."고 판단한 바 있다.

---

9   이형규, "상법 중 회사편(일반)에 대한 개정의견", 상법개정연구보고서, 한국상사법학회, 2005, 161면.
10   손주찬, 『상법(상)』, 제15보정판, 박영사 , 2004, 805면; 최기원, 『신회사법론』, 제12대정판, 박영사, 2005, 636면.
11   이철송, 『회사법강의』, 제16판, 박영사, 2009, 606면.

이사회의 결의에 의한 때에 그 결의에 찬성한 이사로서 책임을 지는 경우(제399조 2항)에 그 이사가 선량한 관리자의 주의의무를 다한 경우에는 그 책임을 지지 않는다. 한편 이사가 임무를 게을리 한 경우라 함은 그 직무를 행함에 있어 선량한 관리자로서 주의의무를 다하지 아니한 것을 말하고, 직무감독의무위반이 여기에 해당한다. 이 경우의 이사의 손해배상책임은 과실책임이고, 따라서 위임계약에 따른 선량한 관리자의 주의의무를 다하지 아니한 것으로 채무불이행에 해당한다.

3. 책임의 소멸

이사의 임무해태로 인한 회사에 대한 손해배상책임은 주주전원의 동의로 면제할 수 있고 (제400조), 그것이 재무제표의 찬성(제447조)과 연관되어 있을 때에는 정기주주총회에서 재무제표의 승인을 한 후 2년 안에 다른 결의가 없으면 부정행위가 없는 한 회사는 이사의 책임을 해제한 것으로 본다(제450조). 이사의 임무해태로 인한 회사에 대한 손해배상책임은 그것이 채무불이행으로 인한 것이므로 그 의무위반이 있는 때로부터 10년의 시효로 소멸한다.

4. 주주에 의한 소송

1) 주주대표소송

(1) 의의

이사가 회사에 대하여 손해배상책임을 지는 경우에 회사는 그 이사를 상대로 손해배상청구의 소를 제기할 수 있고, 이 경우에는 감사가 회사를 대표한다(제394조). 그러므로 이사가 그 직무감독의무를 게을리 함으로써 회사가 손해를 입은 경우에 감사가 그 이사를 상대로 손해배상청구의 소를 제기하여야 할 것이나, 회사가 이사의 책임을 추궁하지 아니하는 때에는 소수주주권자에 의한 대표소송이 인정되고 있다(제403조 이하). 2020년 개정 상법 이전에는 대법원은 종속회사의 주주가 아닌 지배회사의 주주가 종속회사의 이사를 상대로 이른바 '이중대표소송'을 제기 할 수 있는 여부에 대해서는 소극적인 입장을 취해왔다.

(2) 소제기의 요건

이사의 회사에 대한 책임을 추궁하기 위한 소송이다. 그러므로 이사의 제3자에 대한 책임을 추궁하거나 주주 자신의 손실을 회복하기 위한 소는 해당사항이 없다. 소수주주는 대표소송을 제기하기 전에 먼저 이유를 기재한 서면으로 회사에 대하여 이사의 책임을 추궁할 소를 제기할 것을 청구하여야 한다(제403조 제1항 및 제2항). 이사에 대한 책임추궁은 원래 회사의 권리이다. 그러므로 회사가 그 행사를 게을리할 경우에 한하여 대표소송이 인정되어야 한다. 회사가 청구를 받은 날로부터 30일 내에 소를 제기하지 아니한 때에는 소수주주는 즉시 회사를 위하여 소를 제기할 수 있으며(제403조 제3항), 이사가 재산을 은닉하여 무자력이 되거나 회사의 채권이 시효로 소멸되는 것과 같이 위 기간의 경과로 인하여 회사에 회복할 수 없는 손해가 발생할 염려가 있는 경우에는 즉시 제소가 가능하다(제403조 제4항). 회사가 명시적으로 소제기를 거절한 경우에도 즉시 제소할 수 있다. 주주가 30일을 기다리지 않고 제소한 경우에도 회사가 소를 제기하지 않고 30일이 경과하면 하자가 치유되므로 법원은 소를 각하할 수 없다[12]

(3) 소송당사자
① 제소권자

발행주식총수의 100분의 1 이상의 주식을 가진 주주, 즉 소수주주에 한하여 제소할 수 있다. 여기에 의결권 없는 주식도 포함된다. 이와 같은 제소의 제한은 남소를 방지하기 위

12　대법원 2002. 3. 15. 선고 2000다9076 판결.

함이다. 상장회사의 경우는 영세한 주주도 대표소송을 제기할 수 있도록 6개월 이상 발행주식총수의 1만분의 1 이상을 보유한 주주로 완화하였다(제542조의6 제6항).

② 주식소유요건

이 요건은 회사에 대한 제소청구 및 소제기 시점에 구비하면 된다. 제소 당시에 소수주주의 요건을 구비한 이상 제소 후에는 발행주식을 전혀 보유하지 아니하게 된 경우가 아니라면 지주수가 100분의 1 이하로 감소하여도 무방하다 (제403조 제5항).

③ 피고

대표소송의 피고는 회사에 대하여 책임이 있는 이사 또는 이사였던 자이다.

④ 절차

회사의 본점소재지의 지방법원의 관할에 전속한다(제403조 제7항 , 제186조). 주주와 이사의 통모에 의하여 대표소송이 부당하게 수행될 우려가 있기 때문에 회사의 참가를 허용한다(제404조 제1항). 주주가 대표소송을 제기한 경우에는 지체 없이 회사에 대하여 소송의 고지를 해야 한다(제404조 제2항).

⑤ 담보제공

이사가 대표소송을 제기하는 주주의 악의를 소명하여 청구할 때에는 법원은 주주에게 상당한 담보를 제공할 것을 명할 수 있다(제403조 제7항, 제176저 제3항 및 제4항). 제소주주는 법원의 허가가 없으면 취하·포기·화해 등을 할 수 없다(제403조 제6항).

⑥ 제소주주의 권리의무

대표소송에서 주주가 승소한 때에는 소송비용 및 그에 상당한 금액의 지급을 청수할 수 있다(제405조 제1항, 제406조 제2항).

2) 다중대표소송

(1) 의의

자회사 이사의 임무해태로 자회사에 손해가 발생한 경우, 모회사의 주주가 자회사 이사를 상대로 대표소송(자회사로 손해배상하라는 소송)을 제기할 수 있는지 문제된다. 판례는

제403조의 법문상 원고가 될 수 있는 것은 당해회사의 주주에 국한된다는 이유로 이를 부정하였으나, 2020년 상법개정(제406조의2)으로 이를 인정하였다.

(2) 요건
① 원고의 모회사에 대한 지분요건
원고는 모회사에 대하여 1%(상장회사는 6개월 이상 0.5%) 이상 주식을 소유하여야 한다. 이는 제소시에 충족해야 하고, 제소 후 이 지분율이 감소하더라도 0이 되지 않는 한 제소의 효력에는 영향이 없다(제406조의2 제3항, 제403조 제5항).

② 모회사의 자회사에 대한 지분요건
원고가 주주로 있는 회사와 피고가 이사로 있는 회사는 모자회사 관계(발행주식총수의 50% 초과 소유)에 있어야 한다. 이 요건은 자회사에 대한 제소청구시에 존재해야 하고, 그 후 이 지분율이 감소하더라도 0이 되지 않는 한 제소의 효력에는 영향이 없다(제406조의2 제4항).

③ 다중대표소송의 인정여부
원고가 주주로 있는 회사의 직접자회사의 이사에 대해서만 가능한지, 그 아래로 삼중, 사중, 오중대표소송도 가능한지 문제된다. 상법상 손회사도 자회사로 간주되므로(제342조의2 제3항), 제406조의2는 그 문언 자체로도 최소한 손회사의 이사의 책임을 추궁할 수 있도록 한 것이다. 따라서 최소한 삼중대표소송을 인정한 것이고, 이에 조문의 제목이 다중대표소송이 되었다. 다만 손회사까지만 인정되는지 증손, 고손회사 등에 대해서도 인정되는지는 견해가 갈린다.

(3) 절차
원고는 자회사 감사에게 제소청구를 하여야 하고, 자회사가 30일 내에 소를 제기하지 않거나 그 전이라도 회복할 수 없는 손해의 우려가 있으면 소를 제기할 수 있다. 이 소는 자회사의 본점소재지의 지방법원의 관할에 전속한다(제406조의2 제5항). 그 밖에 다중대표소송의 절차에 관하여는 대표소송에 관한 규정이 준용된다.

IV. 이사에 대한 책임면제

1. 개정 전 책임면제와 책임해제

1) 면제요건

자본회사의 전형인 주식회사의 경우 다수결의 원칙이 적용되는 것이 일반적임에도 불구하고, 이사의 책임면제에 대하여 총주주의 동의를 요구하고 있다.[13] 그것에 대한 이유는 여러 가지 있겠지만 이사의 손해배상청구권이라고 하는 것이 모든 주주가 지분적 이익을 갖는 회사의 기발생한 재산권이므로 다수결로 포기할 수 없는 것이기 때문이라는 이유가 제시된다.[14] 또한 상법이 회사에 대한 이사의 책임을 매우 엄격하게 정하고 있는 것은 이사의 위법·부당한 행위를 억제함으로써 회사의 건전한 발전과 주주 및 채권자 등의 이익을 보호하고자 하는 뜻이 있다[15]고 한다.

대법원은 96.25%에 달하는 주주가 이사의 책임을 면제하는 의사표시를 하였으나, 총주주의 동의가 해당되지 않는다는 입장에서 면제의 효과를 인정하지 않았다.[16] 또한 대법원은 "회사에서 총주주의 동의를 얻어 대표이사의 자기거래로 손해를 얻게 된 금액을 특별손실로 처리하기로 결의했다면 이는 상법 제400조 소정의 이사의 책임소멸의 원인이 되는 면제에 해당하는 것이라 할 것이므로 총주주의 동의를 개별적인 방법으로 얻을 때에는 최종적인 주주의 동의를 얻은 때로부터, 주주총회의 결의와 같은 일괄적인 방법으로 얻을 때에는 당해 총회의 종료 시부터 대표이사에게 손해배상청구를 할 수 없게 되는 것"으로 보고 있다.[17]

2) 면제의 방법

총주주의 동의방법은 묵시적 의사표시도 가능하다. 대법원 역시 "이사의 책임은 상법 제

---

13 이사의 책임문제에 있어서 총주주의 동의를 얻도록 하고 있는 규정은 1950년 개정된 일본 상법 제266조 제5항을 본받은 것이다. 이사책임의 면제에 반대하는 주주가 있음에도 불구하고 다수결에 의하여 이사의 책임면제를 인정하면, 단독주주가 대표소송을 제기하여 이사의 책임을 추궁할 수 있도록 한 취지가 훼손되기 때문에 총주주의 동의를 얻도록 한 것이다. 자세히는 권종호, "감사의 기능강화·이사의 책임완화·주주대표소송제도의 합리화", 『비교사법』 제9권 제2호, 2002, 362면 이하.

14 이철송, 『회사법강의』, 제16판, 박영사, 2009, 618면.

15 이형규, "상법 중 회사편(일반)에 대한 개정의견", 『상사법연구』 제24권 제2호, 2005, 193면.

16 대법원 2004. 12. 10. 선고 2002다60467·60474 판결.

17 대법원 1989. 1. 31. 선고 87누760 판결에서, 대법원은 법적으로 손해배상청구권 자체가 소멸되지만, 법적으로 소멸되는 것은 상법 제399조 소정의 권리에 국한되고, 불법행위로 인한 손해배상청구권까지 소멸되는 것은 아니라고 판단하고 있다.

400조의 규정에 따라 총주주의 동의로 이를 면제할 수 있는데, 이 때 총주주의 동의는 묵시적 의사표시의 방법으로 할 수 있고 반드시 명시적·적극적으로 이루어질 필요는 없다"고 판시하고 있다.[18]

3) 책임해제

이사의 임무해태로 인한 회사에 대한 손해배상책임은 총주주의 동의로 면제할 수 있는 사항(제400조) 외에, 우리 상법은 그것이 '재무제표의 찬성(447조)과 연관되어 있는 경우에 정기주주총회에서 재무제표의 승인을 한 후 2년 안에 다른 결의가 없으면, 부정행위가 없는 경우에 한하여 회사는 이사의 책임을 해제한 것으로 본다(제450조)'고 규정하고 있다.

본 규정은 이사의 잘못이 재무제표 등의 승인과정을 통하여 주주가 인식을 하고 있고, 이사의 적극적인 부정행위가 존재하지 않는 이상 이사의 책임에 대한 존부를 신속하게 종결하여 회사경영에 전념할 수 있도록 하기 위한 목적을 가지고 있다.[19] 상법 제450조는 상법 제400조상 이사책임에 대한 면제요건이 거의 실현불가능하다는 점에서 다소 이사의 책임을 완화시켜주는 기능을 한다고 볼 수 있다.

2. 판례의 경향

1998년 참여연대가 소수주주들을 규합하여 삼성전자의 이사들을 상대로 대표소송을 제기하였다.[20] 삼성전자는 '이천전기'라는 회사에 투자하였다가 막대한 손해발생에 대하여, 대표이사를 감독해야 할 이사회의 구성원들에 대한 책임이 문제되었던 것이다. 이사의 책임추궁을 위한 소는 회사가 제기하는 권리로서, 회사를 대표하는 자가 행사하는 것이 일반적이다. 그러나 동료 이사 간에 책임추궁이 호도될 수도 있고, 또 책임추궁이 부당히 지연되어 시효완성이나 이사의 고의적인 무자력화로 회사의 권리실현이 불가능해질 가능성이 있다. 원고인 소수주주들은 이천전기를 인수하는 삼성전자 이사회의 결의에 참여한 이사들의 임무해태를 주장하였다. 그러나 대법원은 그 책임을 인정하지 않았다.[21]

---

18 대법원 2002. 6. 14. 선고 2002다11441 판결. 대법원은 "실질적으로 1인에게 주식 전부가 귀속되어 있지만, 그 주주명부상으로만 일부 주식이 타인명의로 신탁되어 있는 경우라도 사실상의 1인 주주가 한 동의도 총주주의 동의로 보아야 한다"고 판시하고 있다.

19 김병연, "상법상 이사의 책임제한에 대한 연구", 『비교사법』 제15권 제1호, 2009, 246면.

20 자세히는 정동윤, 『회사법』, 제6판, 법문사, 2000, 465면 이하.

이사의 책임과 관련하여 대법원은 "경영판단을 함에 있어서 통상의 합리적인 금융기관임원으로서 그 상황에서 합당한 정보를 가지고 적합한 절차에 따라 회사의 최대이익을 위하여 신의성실에 따라 대출심사를 한 것이라면, 그 의사결정과정에 현저한 불합리가 없는 한 그 임원의 경영판단은 허용되는 재량의 범위 내의 것으로서 회사에 대한 선량한 관리자의 주의의무 내지 충실의무를 다한 것"이라고 하면서 이사의 책임을 인정하지 않았고,[22] "이사가 임무를 수행함에 있어서 법령을 위반한 행위를 한 때에는 그 행위 자체가 회사에 대하여 채무불이행에 해당하므로, 그로 인하여 회사에 손해가 발생한 이상 손해배상책임을 면할 수 없고, 위와 같은 법령을 위반한 행위에 대하여는 이사가 임무를 수행함에 있어서 선량한 관리자의 주의의무를 위반하여 임무해태로 인한 손해배상책임이 문제되는 경우에 고려될 수 있는 경영판단의 원칙은 적용될 여지가 없다"[23]고 하면서 명백하게 '법령을 위반한 경우에 한하여' 이사의 책임을 인정하고 있는 것을 볼 수 있다. 그 외에도 대법원은 여러 차례에 걸쳐서 이사의 회사에 대한 책임을 제한할 수 있는 가능성을 제시하고 있다.[24]

한편 금융기관 재직 시 회사임원(이사)는 '전년 대비 수익 63% 증가, 자산 98% 증가' 등의 투자목표를 정하고, 은행 내 투자은행사업단이 고위험 파생상품인 부채담보부증권(CDO)과 신용부도스와프(CDS) 등 구조화 상품 투자를 감행하도록 유도함으로써 금융기관에 큰 손해를 야기하였다. 금융감독원은 퇴직한 회사임원에 대하여 회사의 손실을 이유로 직무정지처분을 내렸다.[25] 이 사건에서 법원은 회사에 대한 이사의 책임을 인정할 것인가에 대한 판단은 아직 하지 않았지만, 이사의 책임을 완화하고자 하는 경향을 보건대 이사의 회사에 대한 책임을 인정하는 것은 쉽지 않을 것으로 판단된다.

---

21 1심은 충분한 정보에 기하여 합리적인 통찰력을 다하여 적절한 판단을 하였다고 할 수 없어 경영판단으로 보호될 수 없다고 판단하였다. 수원지방법원 2001. 12. 27. 선고 98가합22553 판결. 반면 고등법원과 대법원은 이사의 손해배상책임을 부인하는 판결을 내렸다. 서울고등법원 2003. 11. 20. 선고 2002나65905 판결; 대법원 2005. 10. 28. 선고 2003다69638 판결.

22 대법원 2002. 6. 14. 선고 2001다52407 판결.

23 대법원 2006. 11. 9. 선고 2004다41651·41668 판결.

24 대법원 2004. 12. 10. 선고 2002다60467 판결; 대법원 2005. 10. 28. 선고 2003다69638 판결.

25 매경이코노미 제1601호, 2011년 4월 13일자 기사. 2011년 3월 31일 서울행정법원 행정13부는, 그 이사가 금융위원회를 상대로 제기한 제재처분취소청구소송에서 "전 금융기관의 회장(이사)이 우리은행장으로 재직할 당시는 퇴직 임원을 제재하는 규정이 없었고, 퇴임 후에야 퇴직자도 제재할 수 있도록 입법이 이뤄졌다"고 하며 "직무정지 3개월 상당의 처분을 취소하라"고 판결했다. 1심 판결을 근거로 서울행정법원 행정14부는 정부의 제재처분 효력을 정지한다는 결정을 내린 것이다. 금융위원회는 전 회장이 우리은행장 재직 시절 무리한 투자지시로 은행에 손실을 끼친 행위를 단순한 경영 판단으로 봐야 하는지에 대해서는 1심 재판부가 다루지 않은 만큼 이 부분에 대한 법원의 판단을 받겠다는 입장을 피력하고 있다.

3. 개정의 필요성

1) 경영의 어려움

회사를 경영함에 있어 급격한 사회변화에 대한 업무집행자(이사)의 적절한 운용은 매우 중요하다. 그러한 변화 속에서 이루어지는 주식회사의 이사의 판단을 신속하고도 적절성을 요구한다. 그러나 그 이사의 판단에는 위험이 따를 수밖에 없고, 그러한 판단에 의하여 회사의 손실에 발생되었다고 하여 사후에 시비를 가려 책임을 묻는다면 회사경영에 대한 효율성이 저하될 것이다.[26] 이사는 회사의 이익을 위해 기업을 운영한다. 그러나 운영을 하다보면 회사에게 예상하지 못한 손해를 발생하게 할 수도 있다. 이때마다 이사에게 경영상의 결정으로 야기된 손해배상책임을 부담하도록 요구한다고 하면, 이사는 모험적인 기업경영을 회피하게 될 것이므로 장기적으로 보면 회사에게 더 큰 이윤을 가져다주지 못할 것이다.[27]

2) 유능한 경영자 확보곤란

이사의 책임을 엄격하게 요구하게 되면 회사는 유능한 인재를 확보하기 곤란하다는 문제점이 있다.[28] 그러므로 이사가 성실하게 직무를 행하고 경영자로서 전문지식을 토대로 경영판단을 하였더라면, 경영상황의 변화 등으로 인하여 손해가 발생한다고 할지라도, 이사에게 엄격하게 손해배상책임을 부담시키는 것은 문제가 있다.[29] 책임부담을 줄이고 적극적인 경영활동을 발휘할 수 있는 유능한 이사를 확보하기 위해서, 이사의 책임을 제한하거나 면제할 필요성이 있다.[30]

3) 상장회사에서 적용의 비현실성

상장회사나 코스닥상장회사의 경우 주식의 소유가 다수의 주주에게 분산된 공개회사가 다수 존재한다. 상법 제400조에 따라 이사의 회사에 대한 책임을 면제받기 위해서는 총주주의 동의를 얻어야만 한다. 만약 주주의 1인만이라도 반대하면 이사의 책임을 면제할 수

---

26 김병연, "상법상 이사의 책임제한에 대한 연구", 『비교사법』 제15권 제1호, 2009, 256면 이하.
27 최병규, "경영판단원칙과 그의 수용방안", 『기업법연구』 제19권 제2호, 2005, 116면.
28 이형규, "상법 중 회사편(일반)에 대한 개정의견", 『상사법연구』 제24권 제2호, 2005, 194면.
29 안성포, "이사의 면책에 관한 입법론적 고찰", 『상사법연구』 제22권 제2호, 2003, 86면.
30 김상규·이형규, "이사책임강화에 따른 대응방안에 관한 연구", (코협연구보고서 02-04), (코스닥등록법인협의회, 2002), 157면.

없는 상황에 직면하게 된다.[31] 실제로 주주총회에서는 일반 주주 모두가 출석하여 의견을 표시하는 것을 기대하기 어렵다. 또한 주주총회에 출석하지 아니하는 주주들이 모두 찬성표를 기입한 위임장을 제출하는 것도 예측하기 쉽지 않다. 결국 이사가 모든 주주의 동의를 얻어 회사에 대한 책임을 면제받는다고 하는 것은 거의 불가능하다고 할 것이다.[32]

4. 개정 상법상 이사의 책임감면

1) 개정취지

개정 전 상법은 이사의 책임을 면제받기 위해서는 총주주의 동의를 얻어야만 하는 매우 엄격한 조건을 요구하고 있었다. 상장회사의 경우 주주 전원에 대한 동의를 얻는 것은 거의 불가능하다. 이사회의 구성원으로서 권한이 확대됨에 따라 이사의 책임이나 의무는 강화되는 반면에, 이사를 보호하는 장치는 미흡하다는 비판에 직면하게 되었다. 재무제표의 승인에 의한 이사의 책임을 해제하고 있는 상법 제450조 역시 책임해제의 범위가 재무제표에 기재되어 있거나 이로부터 알 수 있는 사항에 한정되어 있다는 점에서 적용이 매우 제한되어 있었다.[33]

감사위원회 위원인 사외이사의 책임은 이사로서의 책임과 감사위원으로서의 책임을 부담하게 되어 그 책임이 매우 엄격한 바, 사외이사의 확보를 어렵게 하는 결과를 초래하였다. 또한 엄격한 책임으로 인하여 적극적 경영을 피하고자 하는 이사의 성향이 있었다. 주요 선진국의 동향과 입법정책을 고려하여, 개정 상법은 유능한 자를 이사로 영입하여 적극적인 경영을 도모하고자 하는 목적을 가지고 이사책임을 완화하는 개정을 하게 되었다.

2) 과실유무

개정 상법 제399조는 이사가 회사에 대하여 손해를 배상할 책임이 있는데, 그 전제조건

---

31 이사책임의 완화에 대한 주요국의 자세한 입법례에 대하여는 안성포, "이사의 면책에 관한 입법론적 고찰", 『상사법연구』 제22권 제2호, 2003, 99면 이하.

32 김대연, "이사의 책임제한 및 면제", 비교사법 제10권 제2호, (사)한국비교사법학회, 2003, 342면.

33 책임해제를 규정하고 있는 상법 제450조는 이사가 무거운 책임을 부담할 뿐만 아니라, 그 면제가 곤란하게 되어 있음에 대하여 재무제표와 관련하여 부정행위에 의하지 않는 일반적인 책임에 대하여는 그 기간을 단축시켜 책임을 과중하지 않도록 한다는 점에서 책임을 과중하지 않도록 한 측면이 없는 것은 아니다. 최현주, "이사의 책임제한에 관한 법리와 경영판단의 원칙", 2006년 추계학술대회자료집, 한국경영법률학회, 2006, 11면.

으로 '고의 또는 과실로 법령이나 정관에 위반한 행위를 하거나 또는 그 임무를 해태한 경우'라는 사항을 명시적으로 입법화하였다. 개정 전 상법상 이사가 법령 또는 정관위반으로 인하여 부담하는 회사에 대한 책임에 있어서, 무과실책임설로 볼 것이냐 아니면 과실책임으로 볼 것이냐의 다툼에 대하여, 개정 상법은 '고의 또는 과실로'라고 하는 용어를 삽입함으로써 이사의 법령 또는 정관에 위반한 행위에 대한 책임이 과실책임에 해당함을 명확히 하였다.

3) 책임제한의 방법과 정도

개정 상법은 정관이 정하는 바에 따라 이사의 책임을 제한 할 수 있도록 하고 있다. 개정 전 상법 제400조의 규정을 "전조에 의한 이사의 책임(이사의 회사에 대한 책임)은 상법 제434조에 의한 주주총회의 특별결의로 면제할 수 있다"는 의견[34]은 반영되지 않았다.

개정 상법 제400조 제2항은 상법에서 규정하고 있는 책임제한의 한도요건만 충족하면 제한의 내용을 자유로이 정할 수 있다. 따라서 회사는 정관으로 책임을 제한할 수 있다는 포괄적인 규정만을 정할 수도 있으며, 책임제한을 위한 구체적 요건 또는 절차 등을 정할 수도 있게 된다.

이사의 책임은 책임 있는 행위를 한 날 이전 최근 1년간의 보수액의 6배(사외이사는 3배)를 초과하는 금액에 대해서만 면제할 수 있다. 사내이사와 사외이사를 구분하여 제한정도를 정한 것은, 법적 지위나 회사내부의 정보에 대한 접근가능성에서 보았을 때 사내이사보다 열등한 사외이사의 현실을 고려한 것이다.[35] 개정 상법이 정하고 있는 책임제한의 한도는 이사가 책임을 부담해야 할 최소한의 기준을 정하도록 하고 있다. 그러므로 회사는 정관으로 책임한도를 높이 정할 수 있을 것이다.

4) 책임제한이 불가능한 경우

이사가 고의 또는 중대한 과실로 손해를 발생시킨 경우와 경업금지(상법 제397조), 기회유용금지(제397조의2) 및 자기거래금지의 위반(제398조)에 해당하는 경우에는 정관으로도

---

34 이형규, "상법 중 회사편(일반)에 대한 개정의견", 『상사법연구』 제24권 제2호, 2005, 204면.
35 개정 전 지적에 대하여는 안성포, "이사의 면책에 관한 입법론적 고찰", 『상사법연구』 제22권 제2호, 2003, 128면; 이형규, "상법 중 회사편(일반)에 대한 개정의견", 『상사법연구』 제24권 제2호, 2005, 202면 이하.

책임을 제한할 수 없다. 경업금지, 기회유용금지 및 자기거래의 금지 등은 이사가 회사와의 이해충돌을 피해야 할 의무가 있다는 점에서 경과실이 존재하는 경우에도 책임제한을 인정하지 않게 된다.[36]

5) 준용규정

개정 상법은 감사, 감사위원회 위원 및 집행임원에 대하여도 위와 같은 책임감면 규정을 준용하고 있다(제415조, 제415조의2 제7항, 제408조의9).

V. 개정효과와 문제점

1. 개정효과

상법 제400조 개정을 통하여, 기업을 운영하는 입장에서는 개정 전 상법보다 이사의 책임을 보다 더 완화할 수 있게 되었다. 이사의 책임을 일부 면제할 수 있는 방법을 수용함에 따라 경영자가 업무집행을 함에 있어서 보다 진취적인 경영이 행사될 것으로 기대된다. 특히 미국의 판례에서 인정되고 있는 경영판단의 원칙을 인정하고 있지 않은 우리나라에서 유능한 경영자가 이사의 지위를 맡아 업무집행을 이행할 가능성은 보다 높아질 것이다. 사외이사의 정보수집권의 행사수단과 방법에는 한계가 있지만, 사외이사가 그의 본분을 충실히 수행해야 하고 또 사외이사 제도를 안정되게 정착시키기 위하여 사외이사의 책임을 감경 내지 완화하는 것은 부당하다는 견해[37]도 있지만, 사외이사의 법적 지위나 회사내부의 정부에 대한 접근가능성이 사내이사 보다 열등한 현실을 고려하여 사내이사에 대한 사외이사의 책임제한 범위를 축소한 점은 사외이사를 선임함에 있어 유리하게 작용할 것으로 판단된다.[38]

우리나라의 이사선임실태에 비추어 볼 때 이사의 책임감면제도가 유능한 이사를 확보하는 것과 직접적 연관성에 대한 주장에 회의적인 입장[39]도 있으나 대체적으로 이사의 책임제한은 우리나라에서 이사직에 대한 선호를 증가시키는 효과가 발생할 것으로 예상된다. 또

---

36   심영, "개정 상법상 이사의 책임에 관한 소고", (사)한국경영법률학회, 2011년 하계학술대회자료집, 2011, 121면.
37   김영균, "사외이사의 책임면제·완화에 대한 비판적 검토", 『기업법연구』 제21권 제2호, 2007, 120면.
38   김병연, "상법상 이사의 책임제한에 대한 연구", 『비교사법』 제15권 제1호, 2009, 261면.
39   홍복기, "주식회사의 지배구조에 관한 개정시안", 『저스티스』 통권 제94호, 2006, 23면.

한 그동안 실제로 회사가 부담해 온 이사의 임원배상책임보험에 대한 보험료를 감축시키는 효과가 발생할 것이다. 대법원 역시 여러 차례에 걸쳐 이사의 회사에 대한 책임은 제한할 수 있다고 판시하였다.[40] 이사책임을 감면하는 세계적 추세에 맞추어 우리 상법개정은 유능한 자를 이사로 영입하여 적극적인 경영을 독려하고, 궁극적으로는 이사의 책임감면은 회사의 이익 증대에 기여하는 방향을 유도하게 될 것이다.

2. 문제점

1) 정관으로 규정함으로써 발생하는 문제

개정 상법에 의하면 이사의 책임감면은 정관에 규정되어야 한다. 회사는 회사설립 시 정관의 작성에 의하여 또는 주주총회의 특별결의에 의한 정관변경의 절차를 거쳐 이사의 책임감면제도를 채택할 수 있다. 이사의 책임감면을 정관에 규정토록 한 점은 과거 집중투표제의 배제를 정관으로 가능하도록 한 사실을 연상시킨다. 당시 상장회사들은 거의 예외 없이 정관개정을 한 점을 고려해 보건대, 이사의 책임감면 규정에 대하여 대부분의 상장회사가 정관을 이용할 것으로 사료된다.[41] 그러나 책임감면의 조건이나 절차 대한 기준을 제시하지 않았다는 문제점이 있다.

일본의 경우, 정관을 변경하여 이사의 책임감경규정을 마련하고자 하는 경우 정관변경을 위한 주주총회를 개최하기 전에 감사 전원 또는 감사위원회의 동의를 얻도록 하거나(일본 회사법 제425조 제3항), 책임감경과 관련된 중요한 사항을 주주에게 개시하고(일본 회사법 제425조 제2항), 그러한 개시를 하도록 하기 위하여 책임원인사실 및 배상책임액, 면제가능한 금액의 한도 및 그 산정방법, 책임을 면제할 이유 및 면제액 등을 주주총회 소집통지서에 기재해야 한다는 규정(일본 상법 제363조 제2항, 제433조 제2항), 그러한 정관규정을 둔 경우에는 주식청약서(상법 제420조)에 그러한 사실을 기재하도록 하는 규정 등을 두고 있는바,[42] 우리 상법은 일본의 입법태도를 참조하여 미비점을 검토할 필요가 있다.

---

40 대법원 2007. 10. 11. 선고 2007다34746 판결.
41 김김주영, "회사법 개정시안에 대한 지정토론(3)", 상법(회사편)개정 공청회, 2006, 80면.
42 박효준, "이사의 책임제한에 관한 상법개정안 검토", 상사판례연구 제20집 제3권, (사)한국상사판례학회, 2007, 71면 이하.

2) 보수에 관한 범위

개정 상법은 "이사가 그 행위를 한 날 이전 최근 1년간의 보수액(상여금과 주식매수선택권의 행사로 인한 이익 등을 포함)의 6배(사외이사의 경우는 3배)를 초과하는 금액"에 대하여 면제할 수 있도록 하고 있다. 이사의 보수액을 기준으로 한 사항은 미국에서 인정하고 있는 회사지배의 원칙과 거의 유사한 면을 띠고 있다.[43]

대법원은 "이사가 법령 또는 정관에 위반한 행위를 하거나 그 임무를 해태함으로써 회사에 대하여 손해를 배상할 책임이 있는 경우에 그 손해배상의 범위를 정함에 있어서는 당해 사업의 내용과 성격, 당해 이사의 임무위반의 경위 및 임무위반행위의 태양, 회사의 손해발생 및 확대에 관여된 객관적인 사정이나 그 정도, 평소 이사의 회사에 대한 공헌도, 임무위반행위로 인한 당해 이사의 이득 유무, 회사의 조직체계의 흠결유무나 위험관리체제의 구축여부 등 제반 사정을 참작하여 손해부담의 공평이라는 손해배상제도의 이념에 비추어 그 손해배상액을 제한할 수 있다"고 판시하고 있다.[44] 대법원이 제반사정을 고려하여 금액의 감액을 산정하고 있다는 사실을 알 수 있다. 그러나 이사책임제한을 연봉의 6배로 제한한다고 하는 명시적인 규정은 "손해부담의 공평"이라고는 판례와 결합되어 사용될 경우 이사가 회사에 끼친 막대한 손해의 상당부분을 경감 받게 됨으로써 책임경영이 매우 후퇴할 것이라고 하는 지적[45]이 있다.

개정 상법 제400조 제2항은 '주식매수선택권의 행사로 인한 이익' 등을 포함한 이사의 최근 1년간 보수액을 초과하는 금액을 면제한다고 하고 있다. 그러나 배상책임 한도의 기준이 되는 1년간의 '보수액의 범위' 및 '산정 기준'이 문제점으로 지적된다. 전자와 관련하여, 이사의 잘못된 업무집행을 통하여 이사 자신이나 제3자가 막대한 이익을 얻었을 경우를 상상해 볼 수 있다. 이 경우 단지 연봉을 기준으로 하여 정한 책임한도액은 문제가 있다고 사료된다. 단순히 회사에 손해를 끼친 것에 그치지 않고 자신이나 제3자에게 부당한 이득을 준 경우에는 면제가 되지 않도록 하는 방안이라든가 감경을 하더라도 그 이득금액 이하로는 손해배상액을 감경하지 못하도록 하는 제도적 보완을 고려해 볼 필요가 있다.

후자와 관련하여, 그 기준이 명확하지 않다는 비판이 있다.[46] 이사책임의 원인이 되는 행

---

43 American Law Institute, Principles of Corporate Governance: Analysis and Recommendations § 7.19 (1994).

44 대법원 2004. 12. 10. 선고 2002다60467·60464 판결; 대법원 2005. 10. 28. 선고 2003다69638 판결.

45 김주영, "회사법 개정시안에 대한 지정토론(3)", 상법(회사편)개정 공청회, 2006, 81면.

위를 할 당시를 기준으로 할지 아니면 손해배상청구소송의 확정판결이 나오는 시기로 할지 정해지지 않았다는 점이다. 이사의 책임원인행위와 손해배상청구소송의 확정판결 사이에는 시간상의 차이가 발생하고 어느 기준점을 선택하느냐에 따라 책임경감의 범위는 발생하게 된다. 아직 시행령은 이러한 내용을 마련하고 있지 않은 상태이다.

3) 책임재산의 축소

개정 상법의 책임감면제도는 주주의 대표소송을 무력화시키고 회사의 책임재산의 소극적 감소로 인해 주주와 채권자의 이익을 해할 우려가 있다.[47] 즉 주주가 이사의 회사에 대한 책임에 관해 대표소송을 제기하더라도 회사가 이사의 책임을 최대한 감면해 버린다면, 단지 1년간의 보수액의 6배(사외이사의 경우 3배)까지만 배상이 이루어지기 때문이다.

주주보호절차가 개정 상법에 반영되어 있지 않은 상태에서, 개정 상법에 따라 이사의 책임을 감면하게 되는 회사로서는 주주 등 이해관계인의 이익을 해하는 책임감면제도의 남용으로서 향후 법적 분쟁의 발생가능성이 있다.

4) 증명책임의 문제

개정 상법 제399조는 이사가 고의 또는 중대한 과실로 손해를 발생시킨 경우와 법령을 위반한 행위를 한 경우에 대하여 책임감면에 대한 예외로 인정하고 있다. 특히 전자의 경우에서, 고의 또는 중과실에 대한 입증책임을 누가 부담해야 할 것인가에 대한 다툼이 제기될 수 있다. 임무해태에 대한 고의 또는 중과실에 대한 입증을 주주가 부담해야 한다면, 이사의 책임감면의 예외로서 인정할 수 있는 활용성은 매우 떨어진다고 할 것이다. 그런 측면에서 개정 전에 '이사가 고의 또는 중대한 과실이 없었음을 증명하는 경우에만 책임이 제한되는 것으로 정관에 포함시킬 수 있도록 하자'는 의견[48]은 의미를 갖게 된다.

---

46 권재열, "상법 개정안상 이사의 의무와 책임규정에 대한 비판적 검토-2008년 10월 정부가 제출한 의안을 대상으로 하여-", 한국상사법학회, 2009 하계학술대회, 2009, 111면.

47 실제로 개정의 논의과정에서 부당한 책임감면이 이루어지지 않도록 책임감면에 관한 사항을 공시하고 주주 또는 채권자가 이의를 제기할 수 있는 장치의 마련을 주장한 바 있다.

48 김주영, "회사법 개정시안에 대한 지정토론(3)", 상법(회사편)개정 공청회, 2006, 82면.

5) 이사의 자기거래범위 확대에 따른 책임감면 문제

개정 전 상법 제398조는 회사가 이사와 거래하는 경우에 자기 또는 제3자의 계산으로 하는 경우 이사회의 승인을 얻도록 하고 있었다. 그러나 개정 상법은 이사 외에도 이사의 배우자 등 다양한 이해관계자들로 그 범위를 확대하였다. 개정 상법 제398조가 이사의 자기거래는 회사이익을 편취하는 것이라는 점을 근거로 하여 이사의 책임감경의 예외로 하고 있다.

그러나 개정 상법 제398조는 이사의 책임을 무과실책임에 상응하는 무거운 책임에 해당하는 규정에 속한다. 그런 측면에서 가중되는 이사의 책임에 대하여 어느 정도 책임을 면하게 해 주어야 한다는 주장[49]은 일리가 있다. 이사 자신 내지 그 배우자가 스스로 또는 직접적으로 개입되지 않거나 밀접한 관계가 있는 자의 자기거래위반이 있더라도, 이사가 그 거래가 이루어진 시점에 거래자체를 알지 못한 경우에는 이사의 책임을 감경시키는 것을 고려해 볼 필요가 있다.

VI. 소결

회사를 설립하고자 하는 자는 다양한 종류의 회사를 선택하여 설립할 수 있는 자유가 있다. 주식회사를 설립하고자 하는 자는 그 구성원들이 출자한 만큼의 책임을 부담한다고 하는 유한책임의 특권을 누리고자 한다. 그러한 특권을 향유하는 반면에, 그는 주식회사에서 업무집행이나 대표권을 행사할 수 있는 권한이 배제되는 것이 원칙이다. 주식회사에서 업무집행을 담당하는 자는 출자자가 아닌 제3자의 등장에 대한 필연성이 제기되는 동시에, 주식회사가 유능한 경영자를 선임하고자 하는 노력은 매우 의미 있는 일이라 할 것이다.

주식회사의 기관 가운데 가장 중요한 기능을 하고 있는 이사에 대한 책임을 검토한 바, 특히 개정 상법에서 이사의 책임을 감면하고자 하는 수정된 내용을 중심으로 고찰하였다. 금번 상법 개정으로 인하여, 경영진인 이사의 불법적이고 부당한 행위에 대한 책임은 보다 강화될 것이고, 회사발전을 위하여 위험을 감수하고서라도 새로운 경영환경에 대처할 수 있는 경영자의 책임은 경감하게 됨으로써, 기업발전에 기여하게 될 것이다.

이사의 회사에 대한 책임을 총주주의 동의로 면제할 수 있다고 규정하고 있었던 상법 제

---

49 권재열, "상법 개정안상 이사의 의무와 책임규정에 대한 비판적 검토-2008년 10월 정부가 제출한 의안을 대상으로 하여-", 한국상사법학회, 2009 하계학술대회, 2009, 112면.

400조는 너무나 엄격한 이사의 책임을 규정하고 있었다. 이사가 업무집행을 함에 있어서 발생하는 손해에 대한 배상책임의 금액이 커짐에 따라 이사의 의무와 책임의 강화에만 치중하고 있었던 기존 규정은 이사를 보호하는 제도로서 충분한 기능을 하지 못하는 것으로 평가되어 왔다. 특히 규모가 큰 상장회사의 경우 총주주의 동의를 얻도록 하고 있는 상법 제400조는 거의 현실적으로 불가능한 조항으로 인정되고 있다. 그런 측면에서 이사책임을 감면하고자 하는 방향으로 개정한 상법 제399조와 제400조는 긍정적인 면으로 평가될 수 있다. 그러나 개정된 이사의 책임감면규정이 완벽한 것만은 아니라, 다양한 문제점이 노출되고 있는바 이에 대한 보완책이 마련되어야 할 것이다.

제5절 이사의 제3자에 대한 책임

I. 의의

합명회사의 형태를 설립하여 상대방과 법률행위를 하게 되면, 각 사원은 정관에 다른 규정이 없는 한 회사의 업무를 집행할 권리와 의무가 있다(제200조 제1항).[50] 각 사원 각자에게 업무집행을 맡긴 이유는 합명회사를 운영하는 경우 자신들이 출자한 것 이상의 책임을 부담하는 무한책임사원이기 때문에, 그들의 책임에 상응하는 업무집행을 할 수 있도록 한 것이다. 물론 업무집행권을 갖지 못한 사원은 업무집행에 대한 감시권을 갖게 된다(제195조, 민 제710조). 합자회사의 경우도 합명회사와 크게 다르지 않다. 무한책임사원은 출자한 것 이상의 책임을 지기 때문에 그들만이 업무집행을 하고(제273조), 업무집행을 하지 않는 유한책임사원은, 합명회사의 업무집행을 하지 않는 사원과 마찬가지로, 업무집행에 대한 감시권을 갖는다(제277조).[51] 결국 자연인 그 자신이 단독으로 영리적인 활동을 하는 경우, 그의 전 재산을 가지고 책임을 지도록 하고 있는 경우와 마찬가지로, 합명회사나 합자회사의 경우 무한책임사원이 전 재산을 가지고 회사채무에 대한 책임을 부담하기 때문에, 무한

---

50 김정호, 『회사법』, 제2판, 법문사, 2012, 799면.

51 합자회사는 익명조합(Stille Gesellschaft)과 유사한 면을 띠고 있다. 출자자와 영업자로 구성된 익명조합의 경우, 출자자는 유한책임을 부담하면서 영업을 담당하지 않고 뒤에 숨어 있는 자(이른바 익명)에 해당한다. 반면 영업자는 출자자(익명조합원)의 출자를 바탕으로 전면에 나서서 업무집행을 하는 자에 해당한다. 다만, 합자회사의 무한책임사원이 부담하는 책임과는 다른 모습을 띠고 있다는 점에서 차이가 있다.

책임사원에게만 업무집행권을 부여한 것이다.

이사 또는 대표이사는 거래의 통념상 그들에게 객관적으로 요구되는 주의로써 회사의 업무를 집행하여야 하고, 동 의무를 위반한 경우에는 회사에 대하여 손해배상책임을 부담해야 한다(제399조 제1항). 이는 회사와 이사의 법적인 관계에서 발생하는 업무집행자로서의 의무에 해당하는 것이다.[52] 합명회사에서 업무집행을 하는 사원이 제3자에게 손해를 가한 경우 그 단체인 회사가 손해배상책임을 지는 것은 물론이거니와 업무집행을 한 그 자도 회사와 연대책임을 부과하고 있다. 우리 상법은 주식회사에 대하여 합명회사에 대한 규정을 준용하고 있다. 주식회사와 이사는 위임관계 속에 있으므로, 이사는 회사의 위임에 따라 회사의 수임자로서 선량한 관리자의 주의의무를 부담해야 한다. 제3자와의 관계는 위임관계가 존재하는 회사와의 관계와 다르다. 이사가 제3자와의 관계에서 회사에 부담하는 것과 같이 이사는 제3자에 대하여 선관주의의무를 부담하는 것은 아니다. 우리 대법원 역시 이 점을 명시적으로 밝히고 있다.[53] 2012년 4월 15일 개정된 상법 제401조는 약간의 변경이 있었다.[54] 개정과 관계없이 우리 상법은 제401조에서 이사의 제3자에 대한 책임을 명시적으로 규정하고 있다. 본 논문은 우선적으로 이사의 제3자에 대한 책임에 대한 사항을 검토하게 된다. 그리고 난 후, 주주가 제3자에 해당하는지 여부를 다룬 뒤, 2012년 12월 13일 대법원이 판시한 '이사의 주주에 대한 손해배상책임'의 문제를 검토하기로 한다.

II. 업무집행기관의 제3자에 대한 손해배상책임

1. 독일

독일 민법 제1장 제2절은 법인에 대한 내용을 규정하고 있다. 독일 민법에 따르면, 기본규약에 좇아 선임된 대리인이 그 직무의 집행에 관하여 제3자에게 손해를 가한 경우, 사단이 책임을 지도록 하고 있다(민 제31조).[55] 독일 민법상 기관의 행위에 대하여 사단이 책임

---

[52] 다만, 개정 상법 제399조 제1항에서, '고의 또는 과실로 법령이나 정관에 위반한 행위를 하거나 또는 그 임무를 해태한 경우'라는 사항을 명시적으로 입법화하였다. 개정 전 상법상 이사가 법령 또는 정관위반으로 인하여 부담하는 회사에 대한 책임과 관련하여, 책임에 대한 과실여부를 가지고 다툼이 있었다. 개정 상법은 '고의 또는 과실'이라는 용어를 명확하게 삽입함으로써 이사의 법령 또는 정관에 위반한 행위에 대한 책임이 과실책임에 해당함을 명백하게 하였다. 주식회사에서 업무집행을 하는 대표이사의 제3자에 대한 불법행위책임을 인정하는 규정을 두고 있다.

[53] 대법원 1985. 11. 12. 선고 84다카2490 판결.

[54] 유주선, "주식회사에서 이사책임에 관한 논의-2011년 개정상법과 관련하여-", 『일감법학』 제22권, 건국대학교 법학연구소, 2012, 179면 이하.

을 져야 하는 이유는, 기관의 행위는 사단 그 자신의 행위로서 본다고 하는 사고에 기인한 것이다.[56] 이른바 기관이론(Organtheorie)의 한 단면이다.[57] 사단은, 마치 자연인이 자신의 행위에 대하여 책임을 부담하는 것과 마찬가지로, 기관의 행위에 대하여 책임을 부담해야만 하는 것이다. 다만, 동조가 적용되기 위해서는 이사, 이사회의 구성원 또는 정관에 합당한 대리인자격을 갖춘 자가 손해를 배상해야 하는 행위를 야기하였어야 한다. 독일법상 이러한 사고는 다른 법인들에게도 적용된다. 즉, 독일 민법 제86조에 규정되어 있는 재단법인에 대하여 뿐만 아니라, 주식회사나 유한회사 대하여도 동일하게 적용된다. 독일 연방대법원은 법인이 아닌 합수조합인 합명회사나 합자회사의 경우에도 민법 제31조가 적용되는 것으로 보고 있고,[58] 더 나아가 민법상 조합에 대하여도 민법 제31조의 적용범위에 해당하는 것으로 판단하고 있다.[59]

독일 주식법 제93조는 이사의 주의의무와 책임에 대한 내용을 규정하고 있다. 특히 제2항은 이사가 주의의무를 위반한 경우에, 그 자는 그것으로부터 발생한 손해에 대하여 연대하여 회사에게 배상책임을 지도록 하고 있다.[60] 업무집행자의 책임과 관련하여, 독일 유한회사법 역시 주식회사에 대한 규정과 큰 차이가 없다. 독일 유한회사법 제43조 제2항은 자신의 임무를 위반한 업무집행자는 회사에 대하여 연대하여 그로 인하여 발생한 손해에 대하여 책임을 지도록 하고 있다(유한회사법 제43조).[61]

주식회사에서 주주에 대한 책임규정이 존재하지 않기 때문에, 업무집행기관의 직무행위로 인하여 주식회사와 주주에게 동시에 손해가 발생한 경우에, 누구에게 우선적으로 손해배상청구권을 부여해야 하는가에 대한 다툼이 있었다. 주주에게 손해가 발생하였다면, 지체 없이 그의 손해배상청구권을 제기할 수 있다는 주장도 있고,[62] 그 자신이 배상청구권을

---

55 § 31 (기관의 행위에 대한 법인의 책임) 사단은 이사회, 이사회 구성원 또는 기타 기본규약에 따라 선임된 대리인이 그 직무의 집행에 관하여 행한 손해배상의무를 발생시키는 행위로 인하여 제3자에게 가한 손해에 대하여 책임을 진다.

56 Brox, Allgemeiner Teil des BGB, 25 Aufl., 2001, S. 338

57 BGH 98, 148.

58 BGH NJW 52, 538; VersR 62, 664.

59 BGH NJW 03, 1445; BAG NZA 08, 348 Tz 53.

60 § 93 (이사의 주의의무와 책임) (1) 이사는 업무집행을 함에 있어서 상당하고도 성실한 주의를 가지고 있어야 한다. 이하 생략. (2) 본연의 의무를 위반한 이사들은, 그것으로 인하여 발생한 손해에 대한 연대책임을 부담한다.

61 독일 유한회사법 제43조 (업무집행자의 책임) (1) 회사의 업무를 집행함에 있어서 업무집행자는 성실한 상인의 주를 가지고 임해야 한다. (2) 본연의 임무를 위반한 업무집행자들은 발생한 손해에 대한 연대책임을 부담한다.

행사할 수 있는가는 부차적으로 주어질 수 있다는 주장도 있으며,[63] 단지 주식회사만이 청구권을 행사할 수 있다는 주장도 있는가 하면,[64] 주주가 손해를 입었다 할지라도 그는 전혀 청구권을 행사할 수 없다는 주장도 있다.[65] 주주의 업무집행기관에 대한 책임추궁방식이 법문에 명백하게 규정되어 있지 않다는 비판에 따라, 독일 주식법 입법자는 1937년 주식법 제101조 제1항에서 주주에게 보장하였던 보상청구권을, 1965년 주식법 제117조 제1항 제2문에서 이른바 "주주의 간접손해(반사손해)를 보상으로부터 배제하는 입법적 단행을 하게 되었다.[66] 현재 효력을 발생하고 있는 독일 주식법 제117조 제1항[67]과 제317조[68]에 따르면, 주식회사(또는 기업결합형태에서 지배회사)의 업무집행기관 또는 업무집행기관에 준하는 지위에 있는 자가 주주(종속회사)에게 손해를 야기하게 한 경우, 주주(종속회사의 주주)에게도 배상책임을 부담해야 함을 명시적으로 밝히고 있다. 그러나 자세히 보면, '주주가 손해를 입은 경우, 그 손해가 회사가 입은 손해와 상관없이 그 주주에게도 손해를 배상하도록 하고 있고', '회사와 별도로 자신이 직접 손해를 입은 경우에는 그 손해의 배상도 청구할 수 있다'고 규정하고 있다. 독일 실정법의 고찰에서 알 수 있는 바와 같이, 법인의 경우 업무집행자가 제3자에게 가한 손해에 대하여 그 자신이 책임을 지지 않고 법인에게 귀속되는 것이 원칙이지만, 기업결합의 경우에 있어서는 지배회사의 업무집행자가 종속회사의 주주에게 손해를 배상할 책임을 예외적으로 인정하고 있다.

---

62 Mertens, Kölner Komm. AktG § 93 Rdn. 88; Baumbach/Hueck, Komm, AktG § 93 Rdn. 4, 13. Aufl., 1968.

63 Baums, Der Geschäftsleitervertrag, 1987, S. 215 ff.

64 Mertens, Die Anzeigepflicht des Verlustes des Garantiekapitals nach dem AktG und GmbHG-Zur Informationspolitik in den Kaptialgesellschaften- ZGR 1972, 254 (276 ff.); Wiedemann, Gesellschaft srecht, Bd. I, 1980, S. 241.

65 Hefermehl, in: Geßler/Hefermehl/Eckardt/Kropff, Komm, AktG 1973, § 93 Rdn. 96.

66 Begr. RegE bei Kropff, Aktiengesetz, 1965, § 117 S. 163; Brandes, Gesellschafts- und Gesellschafter schaden, FS Hans-Joachim Fleck, 1988, S. 13 (15); Müller, Gesellschafts- und Gesellschafters chaden, Festschrift für Kellermann, 1991, 317 (335); BGHZ 94, 55 (58).

67 독일 주식법 제117조 (손해배상의무) (1) 회사에 대한 영향력을 행사하면서, 회사나 주주에게 손해를 야기하기 위하여 이사나 감사의 구성원이나 지배인 또는 상업사용인 등을 고의적으로 정한 자는, 발생하는 손해에 대한 배상책임을 회사에 부담한다. 회사의 손해를 통하여 주주에게 부과되어진 손해와 상관없이, 주주에게 손해를 입었다고 하는 한, 그 자는 주주에게 발생된 손해에 대하여 배상책임이 있다.

68 독일 주식법 제317조 (지배기업과 지배기업 법정대리인의 책임) (1) 지배계약을 하지 않은 채, 지배기업이 종속기업에게 불리한 법률행위를 하거나 또는 하나의 조치를 취함에 있어 그들에게 불리하도록 하면서, 그 불리함이 결산기에 실제로 보상되지 않거나 종속기업에게 보상을 위한 특별한 이익을 보상받을 수 있는 청구권을 행사하지 않는 것으로 한다면, 그 지배기업은 그것으로 인하여 발생한 손해에 대한 배상책임을 종속회사에 부담한다. 종속회사는, 종속회사의 손해를 통하여 주주에게 발생하였던 손해와 상관없이 주주들에게 발생한 손해에 대하여, 배상해야 할 책임이 있다.

2. 일본

일본 구민법 제44조 제2항은 법인의 불법행위능력에 대하여 규정하고 있었다.[69] 2008년 12월1일의 법인정비법 (정식명칭 「일반 사단 법인 및 일반재단법인에 관한 법률 및 공익사단법인 및 공익재단법인의 인정 등에 관한 법률의 시행에 따르는 관계 법률의 정비 등에 관한 법률」), 법인법 (정식명칭 「일반사단법인 및 일반재단법인에 관한 법률」), 공익인정법 (정식명칭 「공익 사단 법인 및 공익재단법인의 인정 등에 관한 법률」)의 시행에 의해 구 일본민법 제44조는 삭제되었다. 2008년의 민법개정 이후에 대응하는 새 규정은, 법인법 제78조·제117조·제118조에 해당한다. 대표자가 제3자에 대하여 가한 손해배상책임을 인정하고 있고(민법 제78조),[70] 임원 등이 제3자에게 가한 손해에 대한 배상책임을 따로 규정하고 있다.[71] 또한 임원 등이 법인이나 제3자에게 손해를 가한 경우에는 연대채무를 부담하는 것으로 하고 있다.[72] 민법에서 법인의 제3자에 대한 책임을 규정하고 있는 일본은 회사법에도 인정되고 있다. 일본 상법 제266조의3(현재 회사법 제429조)을 계승한 것으로 알려지고 있다. 우리의 이사에 해당하는 취체역이 그 직무를 행함에 있어 악의 또는 중대한 과실이 있는 때에는 그 이사는 제3자에 대하여 연대하여 손해배상책임이 있음을 규정하고 있다(일본 회사법 제429조).[73]

---

69 법인은 이사 그 밖의 대리인이 그 직무를 하는 것에 대해서 다른 사람에게 입힌 손해를 배상할 책임을 진다(제1호). 법인의 목적 범위를 넘는 행위에 의해 다른 사람에게 손해를 가했을 때는, 그 행위에 관련한 사항의 결의에 찬성한 사원, 이사 및 그 결의를 이행한 이사 그 밖의 대리인은 연대해서 그 손해를 배상할 책임을 진다(제2호).

70 민법 제78조 (대표자의 행위에 관한 손해 배상 책임) 일반사단법인은, 대표이사 그 밖의 대표자가 그 직무를 하는 것에 대해 제3자에게 가한 손해를 배상할 책임을 진다.

71 민법 제117조 (임원 등의 제3자에게 대한 손해 배상 책임) 1. 임원 등이 그 직무를 하는 것에 대해 악의 또는 중대한 과실이 있을 때는 해당 임원 등은 이것에 의해 제3자에게 생긴 손해를 배상할 책임을 진다. 2. 다음 각호에 열거하는 자가 해당 각호에 정하는 행위를 한 때도, 전항과 같다. 다만, 그 자가 해당 행위를 한 것에 대해서 주의를 게을리 하지 않은 것을 증명했을 때는 그러하지 아니하다. 1) 이사 다음에 열거하는 행위. (가) 계산서류 및 사업보고 및 이 부속명세서에 기재하거나 또는 기록해야 할 중요한 사항에 관한 허위의 기재 또는 기록 (나) 기금(제131조에 규정하는 기금을 말함)을 인수하는 자를 모집을 할 때에 통지해야 하는 중요한 사항에 관한 허위의 통지 또는 해당모집을 위한 해당 일반사단법인의 사업 그 밖의 사항에 관한 설명에 이용한 자료에 관한 허위의 기재 또는 기록 (다) 허위의 등기 (라) 허위의 공고(제128조 제3항에 규정하는 조치를 포함) 2) 감사 보고에 기재하거나 또는 기록해야 할 중요한 사항에 관한 허위의 기재 또는 기록. 3) 회계감사인 회계감사보고에 기재하거나 기록해야 할 중요한 사항에 관한 허위의 기재 또는 기록.

72 민법 제118조 (임원 등의 연대책임) 임원 등이 일반사단법인 또는 제3자에게 생긴 손해를 배상할 책임을 질 경우에 있어서 다른 임원 등도 해당손해를 배상하는 책임을 질 때는 이러한 자들은 연대채무자로 한다.

73 일본 회사법 제429조 ① 취체역(우리의 이사에 해당)이 그 직무를 행함에 있어 악의 또는 중대한 과실이 있는 때에는 그 이사는 제3자에 대하여도 역시 연대하여 손해배상의 책임을 진다. 이하 생략.

3. 우리나라

우리 민법은 법인의 조직으로서 업무를 집행하는 기관으로서 이사(민 제57조)와 감독기관으로서 감사(민 제66조), 그리고 의사결정기관으로서 사원총회(민 제68조 이하)를 인정하고 있다. 특히 이사는 대외적으로 법인을 대표할 뿐만 아니라 대내적으로 법인의 업무를 집행하는 업무집행기관으로서 사단법인에 있어서 반드시 존재해야 하는 필요기관에 해당한다. 한편 법인은 이사 기타 대표자가 그 직무에 관하여 타인에게 가한 손해를 배상할 책임이 있다(민 제35조 제1항). 여기서 '이사 기타 대표자'라 함은 법인의 대표기관을 의미하는 것이고 대표권이 없는 이사는 법인의 기관이기는 하지만 대표기관은 아니기 때문에 그들의 행위로 인하여 법인의 불법행위가 성립하지 않게 된다.[74] 그러나 유의해야 할 사항은 법인의 이사 기타 대표자의 불법행위의 의한 책임을 법인이 부담하는 것으로 하고 있는 동시에(민 제35조 제1항 본문), 이사 기타 대표자 역시 이로 인하여 발생한 손해에 대하여 자신 또한 책임을 면하지 못하는 것으로 하고 있다(민 제35조 제1항 단서). 우리의 경우 비영리법인에서 업무집행자가 타인에게 손해를 가한 경우 발생하는 손해에 대한 배상책임을 인정하고 있는 것과 같은 맥락에서 주식회사 역시 타인에 대한 손해배상책임을 부담하도록 하고 있다.

4. 소결

우리와 독일의 경우 업무집행기관으로서 주식회사의 이사, 유한회사의 업무집행자는 회사에 대한 관계에서 발생하는 손해에 대한 책임을 부담하도록 하고 있다. 독일의 경우 업무집행기관의 제3자에 대한 행위에서 발생한 손해에 대하여, 그 자신이 부담하는 것이 아니라 법인에게 귀속시키고 있는 반면에 우리의 경우 이사 기타 대표자 자신의 책임을 규정하고 있다는 점에서 차이점이 발견된다. 업무집행기관의 제3자에 대한 책임을 법인에게 귀속시키고 있는 독일은 다른 단체의 경우에도 동일하게 적용된다. 더 나아가 독일의 판례는, 포괄적인 권리능력과 독립성을 갖춘 법인에 적용하는 단계를 넘어, 법인은 아니지만 부분적인 권리능력을 인정하고 있는 합명회사나 합자회사, 또한 민법상 조합 등에 대하여도 단체의 책임만을 인정하고자 한다.

---

74 대법원 2005. 12. 23. 선고 2003다30159 판결.

다른 나라에서는 적어도 이사의 제3자에 대한 책임에 대하여, 제정법에서 그처럼 포괄적으로 인정하는 예를 찾기가 쉽지 않다. 일본의 경우, 회사가 자력이 없는 상태인 도산 등으로 말미암아 채권을 변제받지 못하는 경우에 회사 대신에 대표이사 등을 상대로 배상책임을 인정하고자 하는 목적에서 동 규정을 입법한 것으로 알려져 있다. 주식회사의 이사는 매우 포괄적인 권리능력을 가지고 있다는 점에 유념하여, 제3자에 대한 보호필요성 차원에서 본 규정이 입법화된 것이라는 입장[75]도 있고, 제3자를 보호하는 입장뿐만 아니라 이사가 직무집행을 함에 있어 신중을 기하게 하고자 하는 의도가 있다는 주장[76]도 있다. 독일 실정법상 법인이라고 하는 단체에서 있어서 업무집행기관의 제3자에 대한 책임은 특별하게 규정되어 있지 않아, 그것이 민법상 비영리법인이든 아니면 회사법상 영리법인이든, 만약 기관 자신의 책임이 문제가 등장하게 된다면, 민법상의 불법행위책임의 문제로 돌아가게 될 것이다. 독일의 경우와 달리 일본은 민법이나 회사법에서 기관의 책임을 배제하는 독일의 "기관이론(Organtheorie)"을 받아들이지 않았고, 이러한 일본의 체계를 우리가 그대로 계수한 것이다. 이하에서는 상법 제401조에 대한 사항을 고찰하기로 한다.

Ⅲ. 주주의 이사에 대한 손해배상청구 가능성

1. 상법 제401조의 법적 성질

우리 상법 제401조는 이사가 임무해태로 인하여 제3자에게 손해를 가한 경우에는 배상책임을 부담하는 것으로 하고 있다. 동 규정의 법적 성질을 살펴보자.

상법 제401조가 일반 불법행위책임과 유사하다는 측면을 고려하여, 일본에서 논의되고 있는 불법행위특칙설과 특수불법행위설 등의 주장이 있다.[77] 양자는 불법행위책임으로부터 출발하고 있다는 점에서 공통점이 있지만 차이점도 존재한다. 전자는 불법행위요건을 고의(개정 전, 악의) 또는 중과실로 한정하면서 경과실로 인한 책임을 면제하고 있다는 점에서, 일반 불법행위책임을 규정하고 있는 민법 제750조의 특칙으로 볼 수 있다. 일반 불법행위

---

75 임재연, 『회사법 Ⅱ』, 개정판, 박영사, 2012, 458면.
76 이철송, 『회사법강의』, 제20판, 박영사, 2012, 768면 이하.
77 일본의 논의에 대하여는 김건식, "주주의 직접손해와 간접손해-이사의 제3자에 대한 책임을 중심으로-", 『법학』 제34권 제2호, 서울대학교 법학연구소, 1993, 298면 이하.

책임과 달리, 경과실로 인한 이사의 책임을 면제하고자 하는 이유가 있다고 한다. 결국 이 입장은 이사의 책임을 경과실에 대한 책임이 면제된 것만을 제외하고는 일반불법행위책임과 동일한 것으로 파악하게 된다. 반면 후자는 이사의 제3자에 대한 책임을 상법이 특별히 인정한 불법행위책임으로 파악하고자 하며, 민법 제755조 내지 제759조의 특수한 불법행위의 하나로 보고 있다.[78] 일반 불법행위와 달리 위법성 요건을 요구하고 있지 않다. 다만, 개정 전 상법 제401조에 규정되어 있는 '악의 또는 중대한 과실로 임무를 해태한 때'에 이사의 제3자에 대한 책임이 성립하게 된다. 이 입장을 따르게 되면, 이사가 이러한 책임을 지지 않는 경우라도, 일반 불법행위책임에 대한 요건이 충족되면, 이사는 제3자에 대하여 면책을 주장할 수 없게 된다.

외부적인 관계에서 이사가 제3자에게 손해를 가한 경우에, 그 자는 회사의 기관으로서 행위를 한 것이기 때문에 회사가 책임을 부담하는 것이 원칙이지만, 상법이 이사에게 제3자에 대하여 책임을 부담하도록 규정한 것은 제3자를 특별히 보호하고자 하는 정책적 배려가 있다는 주장이 법정책임설이다.[79] 이러한 주장과 괘를 같이 하면서, 본 규정은 제3자 보호를 목적으로 하기도 하지만 동시에 이사가 직무집행을 함에 있어서 신중을 기하게 하고자 하는 의도에서 상법에서 규정한 것이라는 주장도 있다.[80] 일본과 우리나라의 통설이다. 대법원 역시 이러한 입장을 취하고 있다.[81] 법정책임설을 인정하게 되면, 동 규정의 책임은 불법행위책임과는 무관하므로 제3자에 대한 관계에서 위법성이 인정될 필요는 없다.

2. 주주의 제3자에의 포함 여부

상법 제401조에서 의미하는 제3자의 범위를 파악해야 할 필요성이 있다. 제3자라 함은 임무를 해태한 당해 이사와 회사를 제외한 제3자로서 타인을 의미한다.[82] 회사 및 회사의

---

78 박효관, "이사의 제3자에 대한 책임-위법성 요건을 중심으로-", 『판례연구』 제14집, 부산판례연구회, 2003, 548면.
79 김정호, 『회사법』, 제2판, 법문사, 2012, 508면 이하; 임재연, 『회사법 II』, 개정판, 박영사, 2012, 456면.
80 이철송, 『회사법강의』, 제20판, 박영사, 2012, 768면.
81 대법원 2006. 12. 22. 선고 2004다63354 판결에서 "상법 제401조에 기한 이사의 제3자에 대한 손해배상책임이 제3자를 보호하기 위하여 상법이 인정하는 특수한 책임이라는 점을 감안할 때, 일반 불법행위책임의 단기 소멸시효를 규정한 민법 제766조 제1항은 적용될 여지는 없고, 달리 별도로 시효를 정한 규정이 없는 이상 채권으로서 민법 제162조 제1항에 따라 그 소멸시효기간은 10년이라고 봄이 상당하다."고 판시하고 있다.
82 김동민, "주주의 간접손해에 대한 이사의 손해배상책임에 관한 연구", 『법학논총』 제21집, 숭실대학교 법학연구소, 2009, 11면.

행위자인 이사는 제3자의 범위에 포함되지 않는다. 회사채권자 및 회사와 거래관계를 맺은 자 등은 제3자에 해당하는 것으로 본다.[83] 상법 제401조 제1항은 제3자라고만 규정되어 있다. 명시적으로 규정되어 있지 않기 때문에 주주는 제3자에 포함되는 것으로 볼 수 없다는 주장[84]도 있지만, 상법이 어떠한 제한도 가하고 있지 않기 때문에, 주주 또는 주식인수인 모두 제3자에 포함되는 것으로 보아야 한다.[85] 주주도 상법 제401조의 제3자 범위에 포함되는 것으로 보면, 이제 질문은 이사가 주주에게 부담해야 하는 손해범위에 대한 확정의 문제로 발전하게 된다.

3. 직접손해와 간접손해

주주에게 발생하는 손해는 크게 두 가지, 직접손해와 간접손해로 구분된다. 양자를 구분하여 살펴보도록 한다.[86]

1) 직접손해

직접손해라 함은 회사가 손해를 입었는지 여부에 관계없이 이사의 임무해태로 인해 제3자가 직접 개인적으로 입은 손해를 말한다.[87] 직접손해에 속하는 사례로는 이사가 작성한 허위의 주식청약서를 믿고 제3자가 주식을 인수하였다가 손해를 본 경우, 또는 이사의 허위정보를 믿고 주식을 매수하거나 또는 매도할 기회를 잃은 주주가 받게 되는 손해 등을 들 수 있다. 그 외에도 명의개서를 부당하게 거절한 경우, 명의개서 또는 주식병합 등을 위하여 회사에 제공한 주권을 부당하게 반환하지 않은 경우, 주권을 정당한 이유 없이 장기간 교부하지 않은 경우, 재무제표에 허위기재를 한 경우, 주식의 부당한 소각, 특정주주의 신주인수권을 무시한 경우, 주주를 불평등하게 대우한 경우, 정당한 이유 없이 주식의 상장폐지를 신청한 경우 등을 들 수 있다.[88] 결국 직접손해라 함은 주식회사의 대표이사가 제3

---

83 구회근, "이사의 회사에 대한 손해배상책임 및 판례에 나타난 구체적인 사례 분석", 사법연수원논문집 제3집, 2006, 130면.

84 서돈각·정완용, 『상법강의(상)』, 전4전정, 법문사, 1999, 468면.

85 김정호, 『회사법』, 제2판, 법문사, 2012, 510면; 이철송, 『회사법강의』, 제20판, 박영사, 2012, 772면.

86 김건식, "주주의 직접손해와 간접손해−이사의 제3자에 대한 책임을 중심으로−", 『법학』, 제34권 제2호, 서울대학교법학 연구소, 1993, 300면; 김동민, "주주의 간접손해에 대한 이사의 손해배상책임에 관한 연구", 『법학논총』 제21집, 숭실대학교 법학연구소, 2009, 38면.

87 오영준, "이사의 횡령 등으로 인한 주가하락 및 상장폐지와 주주의 이사에 대한 손해배상청구", 『BFL』 제60호, 서울대학교 금융법센터, 2013, 109면.

자에 대하여 직접적인 위법행위를 통하여 손해를 가한 경우라 하겠다.[88]

2) 간접손해

　간접손해라 함은 이사의 임무해태로 인하여 제1차적으로 회사에 손해가 발생하고 그 결과 제2차적으로 제3자가 입은 손해를 의미한다. 2차적으로 발생하였다는 점에서 간접적인 손해가 된다. 이사가 회사의 재산을 횡령하여 회사재산이 감소되어 회사가 부실화되고 그로 인하여 제3자인 회사채권자가 채권을 회수하지 못하게 되어 손해를 보는 경우가 대표적인 사례이다.[90] 이사가 회사재산에 대하여 손해를 가하였기 때문에 이익배당을 받지 못한 주주가 입은 손해 역시 여기에 해당하고, 이사의 회사재산 횡령행위 등으로 인하여 회사가 상장폐지되고 그 과정에서 주가가 하락함으로써 입은 주주의 손해 역시 여기에 해당한다.[91]

4. 직접청구권과 간접청구권

1) 직접손해에 대한 직접청구권

　상법 제401조는 앞에서 언급한 바와 같이, 제3자를 보호하기 위한 정책적 배려에서 입법화 된 조문으로 보는 것이 정설이다. 고의 또는 중대한 과실로 인한 이사의 행위가 제3자인 주주에게 직접적인 손해, 이른바 직접손해를 야기한 경우라 한다면, 상법 제401조에 따라 주주는 이사에 대하여 직접적인 청구권을 행사하게 된다. 법정책임설을 따르게 되면, 일반 불법행위책임과는 아무 관련이 없는 독립된 책임요건을 구성하게 된다.[92]

2) 간접손해에 대한 간접청구권

　이사가 회사의 재산을 횡령하여 회사재산이 감소함으로써 회사가 손해를 입고 결과적으로 주주의 경제적 이익이 침해되는 간접손해에 대하여는 상법 제401조가 적용되지 않는

88　손주찬·정동윤, 『주석 상법(Ⅲ)』, 한국사법행정학회, 1999, 458면.

89　정동윤, 『회사법』, 제6판, 법문사, 2000, 452면.

90　대법원 1993. 1. 26. 선고 91다36093 판결.

91　대법원 2012. 12. 13. 선고 2010다77743 판결.

92　대법원 2006. 12. 22. 선고 2004다63354 판결에서 "상법 제401조에 기한 이사의 제3자에 대한 손해배상책임이 제3자를 보호하기 위하여 상법이 인정하는 특수한 책임이라는 점을 감안할 때, 일반 불법행위책임의 단기소멸시효를 규정한 민법 제766조 제1항은 적용될 여지가 없고, 달리 별도로 시효를 정한 규정이 없는 이상 일반채권으로서 민법 제162조 제1항에 따라 그 소멸시효기간은 10년이라고 봄이 상당하다",고 판시하고 있다.

다.[93] 무엇보다도 중요한 이유는 이사가 주주에 대한 침해된 경제적 손실을 회사에 배상하면 주주의 손해는 간접적으로 전보된다는 점에 있다.[94] 이는 독일 문헌에서도 등장하는 '자동회복논거'와도 맥을 같이 한다.[95] 만약 이사가 회사가 아닌 주주에게 손해를 배상하게 되면, 이사는 회사에 대한 책임은 여전히 남아 있게 되고, 다시 회사에게 손해배상책임을 부담해야 하는 이중의 책임관계에 놓여 있게 된다.[96] 또 다른 이유로는 회사의 책임재산에 대한 사항이다. 이사가 주주의 손해를 배상하면 목적재산인 회사의 손해배상청구권이 소멸하므로 회사채권자의 이익이 침해된다는 점이다. 독일의 다양한 문헌[97]과 판례[98]에서 발견되고 있다. 회사가 이사에 대하여 가지는 손해배상청구권은 회사의 재산이다. 주주가 회사보다 우선적으로 배상을 받는다면, 회사재산이 주주에게 유출되는 것과 같은 결과가 되고 회사채권자의 이익을 침해할 우려가 있다. 또한 이사로부터 직접 손해배상을 받은 주주와 그렇지 아니한 주주 사이에 불균형이 발생하기 때문에 간접적인 손해를 입은 주주는 손해배상의 주체에서 제외되어야 한다. 자본회사에서 -그것이 주식회사이든 유한회사이든 상관없이- 독일 대법원은 이사(업무집행자)가 회사에 대해 손해를 가하고 동시에 '주주들에 대한 의무'를 위반한 경우에, 주주는 이사에 대해서 손해배상청구를 할 수 없는 것으로 판단하고 있다.[99]

3) 간접손해에 대한 직접청구권 가능성

간접손해의 경우에 주주가 이사에 대하여 직접적으로 손해배상청구권을 행사할 수 있는 여지가 없는 것인가에 대한 물음이 제기된다.[100] 회사가 이사에 대하여 손해배상청구

---

93 대법원 2012. 12. 13. 선고 2010다77743 판결.

94 김건식, "주주의 직접손해와 간접손해-이사의 제3자에 대한 책임을 중심으로-", 서울대학교『법학』, 제34권 제2호, 서울대학교 법학연구소, 1993, 305면.

95 Kowalski, Der Ersatz von Gesellschafts- und Gesellschafterschaden-Zum Gesellschaftsrechtlichen Zweckbindungsgedanken im Schadensrecht, Diss. Uni. Köln 1990, 51 ff.

96 회사가 이사에 대하여 손해배상청구를 주저하는 경우를 우려하는 견해도 있기는 하지만, 우리 실정법이 주주에게 대표소송을 인정하고 있는 이상, 실정법에서 문제를 해결하는 방법을 모색해야 할 것이다.

97 Brandes, Ersatz von Gesellschafts- und Gesellschafterschaden, FS für Hans-Joachim Fleck, 1988, S. 13 ff.

98 BGHZ JZ 1987, 781 (783); BGH ZIP 1988, 1112 (1115).

99 BGH NJW 1987, 1077. 주주에게 배상청구를 허용하는 것은 회사가 온전하게 유지해야 할 '자본유지원칙'에 반할 뿐만 아니라 회사재산이 회사채권자를 위한 특정한 목적을 위해야 한다는 "회사재산의 목적기여"(Zweckwidmung des Gesesllschaftsvermögen)에 어긋난다는 것이다. 결국 간접손해에 대하여는 회사가 이사에 대하여 손해배상청구권을 행사하는 방법이 타당하다.

를 행사하지 않고 있으며, 주주가 이사에 대하여 손해배상청구권을 행사한다고 할지라도 제3자인 채권자에게 손해를 발생시키지 않는 범위 내에서 예외적으로 주주의 이사에 대한 직접청구권 행사가 가능할 것이다. 또한 이사의 회사재산 횡령으로 상장회사의 주가가 하락하거나 회사가 도산에 이르게 되었다 할지라도, 회사의 손해를 초과하는 주주의 손해가 명백한 경우에 대하여, 단지 그 초과손해에 대하여만 주주의 이사에 대한 직접적인 책임을 인정할 수 있을 것이다.[101]

독일 연방대법원 역시 이 점을 고려하여 회사에 대하여 주주의 배상이 이루어지지 않는 경우에 주주가 이사에 대하여 자신의 배상청구권을 인정하고 있는 것을 볼 수 있다.[102] 회사가 배상청구를 하지 않고 있는 경우도 마찬가지이다.[103] 결국 간접손해의 경우에 주주가 이사에 대하여 직접적인 청구를 하는 것은 거의 존재하지 않을 것이다. 다만, 폐쇄적인 회사의 경우 이중배상책임이 없으면서 채권자에 대한 책임재산이 아무런 문제가 발생하지 않는 예외적인 상황에서 주주의 직접적인 청구권은 가능할 것이다.[104]

5. 판례의 입장

1993년 1월 26일 우리 대법원은 직접손해와 간접손해에 대한 흥미로운 판결을 하였다.[105] 동 사건에서 주주인 원고는 대표이사인 피고에 대하여, 이사의 제3자에 대한 책임을 규정하고 있는 상법 제401조를 근거로 하여 직접청구권을 행사하고자 하였고, 상법 제389조 제3항 및 제210조에 따라 회사가 이사에 대하여 손해배상을 청구하고자 하였다. 대법원은 이사의 주주에 대한 간접적인 손해에 대하여 주주의 이사에 대한 손해배상청구권 행사를 받아들이지 않았다. 대법원은 "주주가 그 회사의 대표이사의 악의 또는 중대한 과실로 인한

---

100 간접손해에도 직접청구권을 인정해야만 한다는 입장으로는 송호창, "주주의 간접손해에 대한 이사의 손해배상책임", 『기업지배구조연구』, vol. 8, 기업지배구조연구소, 2007, 11면.

101 서태경, "주주의 간접손해에 대한 이사의 손해배상책임", 『법학논총』 제24집 제3호, 한양대학교 법학연구소, 2007, 664면에서 불공정한 발행가액에 의한 신주발행 시 주가하락 등 주주의 간접손해에 대하여 이사가 직접 책임을 부담해야 한다고 주장한다.

102 RGZ 115, 289 (296).

103 BGH WM 1967, 287; BGH WM 1969, 1081 (1082).

104 김정호, "주주의 간접손해에 대한 배상청구가능요건", 『고려대학교 법과대학 100주년 기념논문집』 고려대학교법과대학100주년 기념논문집 발간위원회, 2005, 263면 이하; 최문희, "이사의 횡령행위, 부실공시로 인한 손해에 대한 주주의 배상청구의 가부", 『증권법연구』 제14권 제2호, 한국증권법학회, 2013, 154면.

105 대법원 1985. 11. 12. 선고 84다카2490 판결.

임무해태로 직접손해를 입은 경우에는 이사와 회사에 대하여 상법 제401조, 제389조, 제210조에 의하여 손해배상을 청구할 수 있다 하겠으나, 대표이사가 회사재산을 횡령하여 회사재산이 감소함으로써 회사가 손해를 입고 결과적으로 주주의 경제적 이익이 침해되는 손해와 같은 간접적인 손해는 같은 법 제401조 제1항에서 말하는 손해의 개념에 포함되지 아니하므로 이에 대하여는 위 법조항에 의한 손해배상을 청구할 수 없는 것으로 봄이 상당하다."고 하면서 주주의 간접책임에 대한 직접적인 손해배상청구권을 인정하지 않았다.[106]

2003년 10월 24일 판결 역시 결과에 있어서 큰 차이가 없다. 부산건설회관의 이사인 피고가 대출금을 횡령하여 부산건설회관의 재산을 감소시킴으로써 주주임을 전제로 하는 원고의 경제적 이익이 결과적으로 침해를 입혔던 사건이었다.[107] 대법원은 "이사가 회사재산을 횡령하여 회사재산이 감소함으로써 회사가 손해를 입고 결과적으로 주주의 경제적 이익이 침해되는 손해와 같은 간접적인 손해는 상법 제401조 제1항에서 말하는 손해의 개념에 포함되지 아니하므로 이에 대하여는 위 법조항에 의한 손해배상을 청구할 수 없다."고 하면서, 1993년 판결을 계승하고 있다.

2012년 대법원은 다시 한번 주주의 이사에 대한 손해배상청구의 문제를 다루었다.[108] 기존의 판결에 연결하여 대법원은 주주의 간접손해와 직접손해의 개념을 제시하면서 간접손해는 상법 제401조에 포함되지 않는다고 하였다. 그러나 금번 판결에서 대법원은 "간접손해와 관련되어 있다고 할지라도, 회사의 재산을 횡령한 이사가 악의 또는 중대한 과실로 부실공시를 하여 그로 인하여 정상주가보다 높은 가격에 주식을 매수한 주주가 있다고 한다면 이는 직접손해에 해당하는 것이고, 상법 제401조에 따라 주주는 이사에 대한 직접책임을 인정할 수 있다."고 제시하면서, 직접손해의 범위를 보다 명확히 하는 작업을 하였다. 이하에서는 2012년 12월 13일 판결에 대하여 자세하게 살펴보도록 한다.

---

106 대법원 1993. 1. 26. 선고 91다36093 판결. 본 판결에 대하여는 김정호, "주주의 간접손해에 대한 배상청구가 능요건", 『고려대학교 법과대학 100주년 기념논문집』, 고려대학교 법과대학100주년 기념논문집 발간위원회, 2005, 257면.
107 대법원 2003. 10. 24. 선고 2003다29661 판결.
108 대법원 2012. 12. 13. 선고 2010다77743 판결.

Ⅳ. 옵셔널캐피털 사건

1. 사실관계

피고는 코스닥등록법인 주식회사 옵셔널캐피털(이하 '소외 회사'라 한다)의 대표이사로 재직하였거나 소외 회사를 실질적으로 경영한 자이다. 그는 2001년 4월 2일경부터 2002년 3월 중순경까지 소외 회사의 대표이사로 재직하고 있으면서, 약 21회에 걸쳐 소외 회사 자본금 규모의 180%에 달하는 금액을 횡령하는 행위를 하였고, 회사의 이익을 극대화하기 위하여 각종 주가조작 및 허위공시를 하였다. 자본잠식 등이 결정적인 원인으로 하여 소외 회사의 코스닥등록이 취소되었고, 그 결과 소외회사 주식 가치가 하락하고 되었다. 당시 주식을 가지고 있던 원고들은 소외 회사의 대표이사였던 피고에게 상법 제401조 제1항에 따른 손해배상청구권을 행사하였다.

2. 원고의 주장

원고들은 "소외 회사의 대표이사로서 피고는 소외 회사의 유상증자 및 소외 회사 자금의 투자용도 등 중요한 사실에 관하여 허위공시를 하여 소액주주들을 유인하여 소외 회사 주식을 매수하도록 한 후 2001년 7월경부터 2001년 10월경까지 소외 회사 자금 약 320억원을 별도의 회사 투자자에 대하여 투자금 반환 명목으로 지급하는 등 횡령함으로써 소외 회사의 재무구조가 현저히 악화되었음에도 분식회계를 통해 이러한 내용을 은폐하고, 외국계 회사가 소외 회사에 자금을 투자하는 것처럼 부실공시를 하였다. 허위공시·횡령행위·부실공시 등이 외부에 알려져 소외 회사의 주가가 기하급수적으로 하락하게 되었고, 이로 인해 소외 회사 주식에 대해 2002년 3월 7일부터 주권매매거래정지처분이 내려진 후, 결국 2002년 7월경 위 주식이 상장폐지되었는바, 그로 인하여 소액주주인 원고들은 최소 매매거래정지가 된 시점의 주가 중 가장 낮은 종가 990원에서 상장폐지로 이한 정리매매 첫날의 종가 130원을 공제한 금액에 주식수를 곱한 금액 상당, 원고 1의 경우 약 6,000만원, 원고 2의 경우 약 1억 2,000만 원 상당의 손해를 입었다."고 주장하면서 피고는 주주인 원고들에 대하여 상법 제401조 제1항, 제401조의2 제1항 제1호, 제2호의 이사의 제3자에 대한 책임 또는 민법상 불법행위책임에 기하여 주식차액 상당의 손해배상 명목으로 위 금원 및 각 금원에 대한 지연손해금 지급의 청구를 주장한 것이다.

3. 원심의 판단

서울고등법원은 우선 간접손해와 직접손해를 구분하였다.[109] 법원은 "코스닥등록법인인 소외 회사를 실질적으로 경영하던 피고가 2001년 7월 30일경부터 2001년 10월 26일경까지 약 21회에 걸쳐 소외 회사 자본금 규모의 약 160%에 달하는 금액(약 320억)을 횡령하고, 그 과정에서 취할 수 있는 이익을 극대화하기 위하여 각종 주가조작·허위공시를 행하였으며, 그로 인한 자본잠식 등이 결정적인 원인이 되어 2002년 7월 말경 소외 회사의 코스닥등록이 취소되기에 이르렀으므로, 피고의 위와 같은 위법한 임무해태행위와 그로 말미암은 코스닥등록 취소로 인하여 소외 회사 주식의 가치가 하락하여 그 당시 소외 회사 주식을 보유하고 있던 원고들이 입은 손해 사이에는 상당인과관계가 있다고 보아야 하고, 위와 같은 손해는 피고가 정당한 사유 없이 코스닥등록을 취소시켜 생긴 손해와 동일시 할 수 있어 직접 손해를 입은 것으로 볼 수 있다."고 하면서 이는 상법 제401조 제1항에서 규정하고 있는 손해에 해당한다고 판단하였다. 그 손해액에 대하여는 "매매거래정지 직전 시점의 주가 중 가장 낮은 종가인 990원에서 코스닥등록 취소를 전제로 정리매매기간에 형성된 가장 높은 종가인 340원을 공제한 금액에 원고들의 각 보유주식 수를 곱한 금액으로 보아야 한다."고 판시하였다.

4. 상고이유

1) 간접손해 주장

피고는 상장폐지로 인한 주주의 피해는 회사가치의 하락으로 인하여 주가가 하락한 것이기 때문에, 이는 직접손해가 아니라 간접손해에 속한다고 주장하였다. 소외 회사는 현재 정상적으로 운용되는 회사이고, 미국 캘리포니아주 중앙법원에 피고를 상대로 한 손해배상청구소송에서 승소하여 약 370억원 상당의 손해배상채권을 가지고 있다고 하면서, 소외 회사의 주주는 소외 회사가 피고로부터 위 손해를 전보 받을 경우 피해를 회복할 수 있기 때문에, 별도로 상법 제401조 제1항에 따라 피고에게 손해배상청구권 행사를 인정해서는 안 된다고 주장하였다.

---

[109] 서울고등법원 2010. 8. 20. 선고 2009나27973 판결.

2) 인과관계 부존재

피고는 원고가 피고의 횡령·주가조작·부실공시 등의 행위가 끝나고 그 행위가 언론의 보도로 공론화 된 후 소외 회사의 주식을 매입한 것이라고 주장하면서, 원고들의 주식매입 시기에 대한 의문을 제기하였다. 원고는 횡령·허위공시와 그로 인한 상장폐지 가능성을 알면서 매입한 자에 해당하고, 피고의 위법행위와 원고가 입은 손해 사이에는 인과관계가 존재하지 않기 때문에, 피고는 손해배상책임이 존재하지 않는다고 주장하였다.

3) 실제 손해의 부존재

피고는 정리매매기간의 마지막 날 소외 회사의 주가가 다시 상승한 점에 비추어 보아, 이는 정리매매기간 동안 비정상적으로 저평가된 주가에 불과하다는 점을 지적하였다. 정리매매기간이 끝난 후 소외 회사의 주가는 601원에서 1,000원 대에서 거래되었고, 정리매매 기간 시작 전 주가가 1,000원이었던 점에 비추어보면, 소외 회사의 정상주가는 1,000원이라고 보아야 하므로, 실제로 원고들의 손해는 없다고 주장하였다.

5. 대법원의 판단

대법원은 다음과 같은 요지에서 원심의 판단에 수긍하기 어렵다고 하였다. "원고 1이 2001년 2월 28일부터 2002년 2월 27일까지, 원고 2가 2001년 11월 7일부터 2002년 2월 26일까지 각기 소외 회사 주식을 취득하고, 2002년 3월경 현재 원고 1이 70,000주, 원고 2가 141,500주를 각 보유하고 있던 사실 등을 알 수 있으나, 나아가 피고가 소외 회사 주식의 주가 형성에 영향을 미칠 수 있는 사정들에 대하여 언제 어떠한 내용의 부실공시나 주가 조작을 하였는지, 원고들이 어느 부실공시 또는 주가조작으로 인하여 진상을 알지 못한 채 주식 평가를 그르쳐 몇 주의 주식을 정상주가보다 얼마나 높은 가격에 취득하였는지 등을 알 수 없다."는 점을 피력하면서, "만일 피고가 거액의 소외 회사 재산을 횡령하고 악의 또는 중대한 과실로 부실공시를 함으로써 원고들이 그로 인한 재무구조의 악화 사실을 알지 못한 채 정상주가보다 높은 가격에 주식을 취득하였다가 그 후 진상이 공표되면서 자본잠식 등이 결정적인 원인이 되어 소외 회사의 코스닥등록이 취소되고 그 과정에서 주가가 하락하게 되었다면, 원고들이 피고의 부실공시로 인하여 직접 손해를 입었다고 볼 수 있으므로, 피고를 상대로 상법 제401조 제1항에 의하여 손해배상을 청구할 수 있을 것이다. 그러나 원고들이 주식을 취득한 후 피고의 횡령과 그에 관한 부실공시가 이루어지고 그로 인한 소외 회사의 재무구조의 악화 사실이 나중에 공표되면서 자본잠식 등이 결정적인 원인이 되어 소외 회사의 코스닥등록이 취소되고 그 과정에서 주가가 하락분 상당의 손해는 결국 피고의 횡령으로 소외 회사가 재무구조가 악화되어 생긴 간접적인 손해에 불과하고, 그 횡령이 계획적이고 그 규모가 소외 회사의 자본금에 비추어 거액이며 횡령 과정에 주가조작이나 부실공시 등의 행위가 수반되었다는 사정만으로 달리 볼 것은 아니므로, 이러한 경우라면 원고들은 피고를 상대로 제401조 제1항에 의하여 손해배상을 청구할 수 없을 것"임을 판시하였다. 그러나 대법원은 피고가 거액의 횡령 등 주가 형성에 영향을 미칠 수 있는 사정들에 관하여 언제 어떠한 내용의 부실공시를 하거나 주가조작을 하였는지, 원고들이 어느 부실공시 또는 주가조작으로 인하여 진상을 알지 못한 채 주식 평가를 그르쳐 몇 주의 주식을 정상주가보다 얼마다 높은 가격에 취득하였는지 등에 관한 사항들에 대하여 제대로 심리되지 아니한 면과 상법 제401조 제1항의 해석 및 상당인과과계에 관한 법리 등을 오해하여 판결에 미친 위법이 있다고 하면서, 원심법원에 파기환송하였다.

V. 옵셔널캐피털 판결에 대한 검토

1. 새로운 유형의 직접손해

대법원은 대상판결에서 이사가 회사재산을 횡령하여 회사재산이 감소함으로써 회사가 손해를 입고 결과적으로 주주의 경제적 이익이 침해되는 손해인 간접손해에 대하여는 상법 제401조 제1항이 적용되지 않음을 다시 한번 명확하게 밝히면서, 이전의 판례에 대한 지속성을 확고하게 하고 있다. 그러나 직접손해와 관련하여, 이전 판례에서 볼 수 없었던 손해 형태를 제시하였다. 대법원이 제시하는 새로운 직접손해의 형태에 해당하게 되면, 상법 제401조 제1항을 근거로 하여 주주는 이사에 대하여 직접적인 청구권이 행사하게 된다. 2012년 12월 13일 대법원의 판결은 직접손해에 대한 구체적이면서 새로운 직접손해의 유형을 제시하고 있다는 점에서 그 의미가 있다.

대법원에 따른다면, 대표이사의 회사재산에 대한 횡령행위가 발생하고 부실공시가 이루어지며, 회사의 재무구조가 악화되었다는 사실을 알지 못한 채 주식을 취득하였고, 이 때 주주들이 정상가보다 높은 가격으로 주식을 취득하였다가 그 진상의 공표·자본잠식·등록 취소 및 주가하락이라고 하는 손해가 발생하였다고 한다면, 이는 직접손해에 해당하고 상법 제401조에 따라 주주는 이사에 대하여 손해배상청구권을 행사할 수 있다고 한다. 회사재산의 횡령이라고 하는 이사의 1차적인 행위가 발생하고, 그것에 따라 주주가 손해를 입게 되면 일반적으로 간접적인 손해의 유형으로 분류하게 된다. 그러나 대법원은 본 판결에서 회사재산의 횡령행위와 관련이 있다고 할지라도, 일정한 경우에 있어서는 간접손해가 아닌 주주의 직접손해가 발생할 수 있다는 점을 적시하고 있다. 회사에 대한 부실공시나 재무구조의 악화에 대한 사실을 인지하지 못했다고 한다면, 주주는 이사에 대한 직접청구권을 행사하여 그의 권리를 보호받을 가능성을 인정하게 된다. 주주의 직접적인 손해를 인정하기 위해서는, 이사의 구체적이면서 직접적인 손해의 야기상황이 존재해야 함을 알 수 있다.

2. 주식취득시점을 기준으로 손해범위 분류

주식취득시점을 기준으로 하여 "횡령행위+부실공시 이후에 정상주가보다 주가가 높이 형성된 상태에서 주식을 매입한 경우"와 "횡령행위+부실공시 이전에 주식을 매입한 후 횡령·부실공시가 있는 경우"로 구분하여 설명하는 입장이 있다.[110] 전자의 경우는 대법원이 판시하는 바와 같은 직접손해에 해당하는 것으로 본다. 즉, 이사의 횡령행위와 부실공시가 이루어지고, 그것에 따라 정상적인 주가보다 높은 가격으로 주식을 매입하였다고 한다면, 이는 주주의 직접손해에 해당한다는 것이다. 만약 이사의 부실공시가 없었다고 한다면 정상적인 주가보다 높은 가격이 형성되지 않았을 것이고, 이러한 경우라면 투자자는 해당 주식을 매입하지 않았을 것이라는 사항을 고려한 것으로 보인다. 그러나 동 입장은 후자에 대하여는 명확하게 드러내지 않고 있다. 다만, 주가의 하락 시 그 주가의 하락은 모두 이사의 귀책사유에 기인하는 것은 아니라는 점에 주목한다.[111] 주식시장은 회사의 재무상태·영업성과·영업전망 등이 고려되어 주가가 형성될 뿐만 아니라 국내외 경제와 사회 및 정치적 요소들이 함께 작용하여 주가가 형성되는 점은 간과되어서는 아니될 것이다. 이러한 사항을 고려해 보건대, 후자의 경우에는 직접손해로 보기는 어려울 것으로 판단되고, 간접손해

---

110 최문희, "이사의 횡령행위, 부실공시로 인한 손해에 대한 주주의 배상청구의 가부", 『증권법연구』 제14권 제2호, 한국증권법학회, 2013, 115면 이하.

111 최문희, "이사의 횡령행위, 부실공시로 인한 손해에 대한 주주의 배상청구의 가부", 『증권법연구』 제14권 제2호, 한국증권법학회, 2013, 157면.

에 보다 더 가까운 것이라 하겠다.

3. 상장폐지로 인한 주주손해에 대한 이사책임

대법원의 판결에 대하여 상장폐지라는 개념을 중심으로 하여, 1) 회사 재무구조 악화와 무관한 정당한 사유 없는 상장폐지, 2) 이사의 횡령 등 부실경영에 의한 재무구조 악화로 인한 상장폐지, 3) 부실공시로 인하여 정상주가보다 높게 주식을 매수한 후 부실공시 사실이 밝혀져 상장폐지에 이르기까지 주가가 계속 하락한 경우 등으로 구분하여 이사책임의 여부를 밝히고자 하는 시도가 있다.[112] 이는 상장폐지가 되면 거래소에서 '주식양도 가능성 상실', 즉 '시장에서 주식양도자유 보장성의 상실'이라는 점을 고려한 분류방법이라 할 수 있다.

1)의 경우는 정당한 상장폐지의 이유가 없음에도 불구하고 이사가 상장을 폐지하는 것으로 결정한 사항에 해당한다. 소수주주의 직접손해로 보아 이사의 손해배상책임이 발생하게 될 것이다. 2)의 경우는 1)의 경우와 달리, 이사의 횡령 등으로 인하여 상장이 폐지된 경우이다. 이사의 횡령 등 부실경영에 의하여 회사 재무구조의 악화와 상장폐지로 인한 주가급락이 이루어진 경우라면, 이 경우 주주손해는 간접손해로 보아야 한다는 것이다. 3)의 경우는 2012년 대법원이 판시하고 있는 바와 같다. 즉, 이사의 회사재산 횡령이 발생하였고 부실공시를 통하여 정상주가보다 높게 형성되었으며, 매수인이 그러한 사실을 알지 못한 채 주식을 취득하였고, 이 경우에 상장이 폐지되면서 주주에게 손해가 발생하였다면, 그 손해는 직접손해로 보고자 한다.[113]

4. 소결

대법원은 직접손해의 새로운 유형을 제시하는 동시에, 본 사안은 직접손해에 해당하지 않는 사례로 보았다.[114] 주주의 손해범위와 관련하여 아직까지 우리 대법원에 집적된 판결

---

112 오영준, "이사의 횡령 등으로 인한 주가하락 및 상장폐지와 주주의 이사에 대한 손해배상청구", 『BFL』 제60호, 서울대학교 금융법센터, 2013, 114면 이하.

113 오영준, "이사의 횡령 등으로 인한 주가하락 및 상장폐지와 주주의 이사에 대한 손해배상청구", 『BFL』 제60호, 서울대학교 금융법센터, 2013, 115면.

114 대법원의 원심법원에 환송에 따라 2013년 10월 30일 서울고등법원 제12민사부 항소심 재판(사건번호 2013나1022)이 있었다.

이 그리 많은 것은 아니지만, 아직까지 이사가 주주에 대하여 직접적인 손해를 가한 대법원 판결은 없다. 다른 한편으로 생각한다면, 상법 제401조에 대한 존재가치에 대한 회의감도 생길 수 있다. 그런 측면에서 동 규정은 제3자를 보호하는 기능보다는 이사가 업무를 집행함에 있어서 주의를 다해야 한다는 주의기능이 있다고 하겠다.

금번 대법원 판결에서 특히 주목해야 할 사항은 주식취득시점인 것으로 판단된다. 만약 주주들의 주식취득행위가 먼저 이루어진 후 피고의 횡령행위가 있었고, 부실공시가 이루어졌으며 회사재무구조의 악화사실에 대한 공표 및 자본잠식 등이 결정적인 원인이 되어 코스닥등록이 취소되고 주가가 하락된 경우라면, 이는 직접손해가 아닌 간접손해에 해당하게 된다. 주식취득시점에 중요한 기준이 되어, 비록 이사의 회사재산횡령행위가 발생했다고 할지라도, 이 경우에는 상법 제401조가 적용되지 않게 되며, 주주의 이사에 대한 직접청구권은 배제된다. 결국 대법원의 판결에서 중요한 사항은 주주가 언제 주식을 취득하였는가에 대한 시점이 상당한 의미를 갖게 될 것으로 보인다. 더불어 주주가 부실공시라든가 재무구조의 약화 등의 사실을 알고 있었는지에 대한 인지능력 역시 직접손해와 간접손해를 구분함에 있어서 중요한 기준이 될 것이다.

대법원은 간접손해의 경우 상법 제401조가 적용되지 않는다는 점을 명백히 하고 있다. 금번 판결에서는 간접손해의 문제가 크게 드러나지는 않았기 때문에 문제시 되지 않았지만, 앞으로 간접손해의 경우에 직접청구권을 인정하고자 하는 논의가 지속될 수 있다. 그러나 주주가 이사에 의하여 간접적으로 손해를 입은 경우에도 직접청구권을 인정하자는 의견은 쉽게 받아들이기에는 어려움이 있다. 독일 문헌에서 제기되고 있는 '자동회복논거'라든가 '회사채권자 보호 측면'을 고려한다면, 동 주장은 원칙상 인정받기 어려울 것이다.

VI. 소결

상법 제401조를 규정하고 있는 이상, 주식회사의 이사가 악의 또는 중과실로 인한 임무 해태행위로 주주에게 직접적인 손해를 가한 경우라 하면 상법 제401조에 따라 주주의 이사에 대한 직접적인 손해배상청구권 행사가 가능하다. 이사가 회사재산을 횡령함에 따라 회사재산이 감소함으로써 주주가 손해를 입게 되는 간접손해에 대하여는 책임재산으로 존재해야 할 당위성을 고려하여 상법 제401조의 적용을 가능하지 않은 것으로 보아야 한다. 대법원 역시 이 점을 고려하여 명백하게 회사의 이사에 대한 청구권 행사를 통한 내부적인 관계를 통한 해결책을 제시하고 있다.

실무에서 가장 문제가 되고 있는 사항은 간접손해의 경우 주주의 이사에 대한 직접청구권을 행사할 수 있는지 여부이다. 간접손해의 경우 주식회사의 기관에 대한 주주의 직접적인 청구권은 인정될 수 없는 것이 원칙이고, 그것은 타당하다. 회사의 손해에 대한 주주의 초과손해가 있는 것이 명백하거나, 회사가 도산하여 회사가 이사에 대하여 책임추궁이 불가능한 경우 등 매우 예외적인 상황에 직접청구권 행사의 가능성이 있다. 다만, 이 경우에도 회사채권자의 이익을 침해하지 않는 한도에서만 인정되어야 할 것이다.

제6절 회사기회유용

Ⅰ. 의의

1. 사실관계

재벌그룹총수를 비롯한 상당수의 대기업오너들이 일감몰아주기, 즉 회사기회유용을 통해 막대한 자금을 축적하고 있다는 비판이 제기되고 있다.[115] '현대자동차그룹'은 물류 전문업체를 설립하기로 하고, 2001년 2월 아버지(MK)와 아들(YS)인 2명을 주주로 하는 '글로비스'라는 회사를 설립하였다. '글로비스'를 설립할 당시 주주인 아버지는 기업집단인 '현대자동차'그룹 소속 계열회사를 사실상 지배하는 자에 해당하였고, 그 아들(YS)은 현대자동차, 기아자동차, 현대모비스(이하 '현대자동차 등'이라 한다)의 사장인 지위에 있었다.[116] '현대자동차 등'은 새롭게 설립된 계열회사인 '글로비스'와의 사이에 사업양수도나 수의계약의 방식을 통하여 자사 제품의 생산 판매에 부수하는 완성차 배달 탁송, 철강운송 등 각

---

[115] 최근 신문지상(2012년 7월 11일 나눔뉴스)에 따르면, SK그룹은 SK C&C 대한 집중적인 일감몰아주기로 막대한 금전적인 이익을 얻었다고 한다. 그룹 개인지분은 0.04%에 불과하지만 순환출자를 통해 그룹지배력을 확고하게 구축하는데 성공했다. 일감몰아주기로 대규모의 이익을 실현한 대표적인 케이스중의 하나로 꼽힌다. SK의 최 회장이 SK C&C에 대한 일감몰아주기로 번 돈의 규모를 살펴보면, 최 회장은 우선 SK C&C의 배당으로 거액을 얻었다. 또한 최 회장과 그의 일가는 최근 4년간 SK C&C에서 받은 배당금은 580억 원인 것으로 밝혀졌다. 물론 최 회장이 가장 많은 지분을 보유하고 있기 때문에 배당금의 대부분은 최 회장 몫으로 돌아갔다고 한다. 결론적으로 본다면, 그룹계열사들은 오너인 최 회장에게 막대한 자금과 지배권을 공고히 다져주는 역할을 한 것이라고 한다. 최 회장이 거액의 배당을 받을 수 있었던 것은 계열사의 지원으로 SK C&C가 해마다 급성장을 해오면서 많은 이익을 냈기 때문이다.

[116] 서울중앙지법 2011. 2. 25. 선고 2008가합 47881 사건.

종 물류 업무, 물류장비 임대 등의 거래를 체결하였고, '글로비스'와 상당한 거래를 하였다. 설립한 지 3년이 지난 2004년 11월 '글로비스'의 주주인 아버지(MK)와 아들(YS)은 전체 주식지분의 25%를 매각하여 상당한 차익의 이익을 얻었다.[117]

2. 원고 측의 주장

'글로비스'는 당초 현대자동차를 포함한 '현대자동차 그룹'의 계열사가 지분을 참여하여 그룹의 물류를 담당하는 통합물류회사를 설립하기 위해 현대자동차 실무진이 기획한 회사라고 주장한다. '글로비스'의 주주(MK)인 피고는 현대자동차 등의 계열회사를 대신하여 '글로비스'의 출자지분을 인수함에 있어 이사회의 승인을 받지 않은 거래를 함으로써 청구원인으로 우선적으로 주장하는 주위적 청구로써 '경업금지의무' 위반을 주장하였고(제397조), 예비적으로 다른 원인을 주장하는 예비적 청구로써 '이사의 자기거래에 대한 법령'을 위반을 주장(상법 제398조)하였다. 더 나아가 원고는 피고(MK)가 '글로비스'의 출자지분을 인수하는 행위는 현대자동차의 기회를 유용한 것으로 이사의 직무상 선관주의의무 및 충실의무를 위반한 것이라고 하면서, 위 거래를 이사회에 상정하지 아니하여 정관을 위반하고 임무를 해태한 경우에 해당한다고 주장하였다.

3. 재판부의 판단

1) 경업금지의무 위반여부

재판부는, "피고(MK)는 현대자동차 기획총괄본부장으로부터 물류 전문회사의 설립이 필요하다는 보고를 받고 물류회사의 설립을 지시하였다. '글로비스' 설립은 현대모비스 부사장이 총괄적으로 지시하였고, 현대자동차 기획총괄본부 기획지원팀장과 팀원을 주축으로 실무가 이루어졌다. 현대자동차는 '글로비스'가 설립되기 전부터 물류를 포함하여 비핵심업무를 아웃소싱하여 왔다. '글로비스'가 설립된 후 현대자동차는 '글로비스'와 물류업무 거래를 하였고, 아웃소싱업체(동서다이너스티, 성우 등)의 영업을 양수하였다"는 사실을 인정하였다.

그러나 "현대자동차가 회사 내부에서 '글로비스'의 물류업무를 수행하던 영업이 아니며,

---

117 양 주주가 가지고 있던 25%의 지분을 매각하고도 최초의 투자금액인 25억 원을 회수하고도 1000억 원이 넘는 차액실현이 발생하였다고 한다. 현대자동차 1심 판결문 사실관계에 있는 내용이다.

현대자동차 내부에서 물류회사를 설립하여 자회사로 만들겠다고 하는 등의 논의나 결정 하에 그 사업을 추진한 것도 아니다"라고 하면서, '글로비스'의 설립에 현대자동차의 직원들이 관여하였다는 점만으로는 지분을 인수한 행위가 '현대자동차의 영업부류에 속하는 거래'라고 할 수는 없다"라고 판단하였다.[118] 즉 재판부는 피고(MK)에 의한 '글로비스'의 지분에 대한 인수행위는 우리 상법이 인정하고 있는 제397조상의 "경업금지의무"의 위반이 아니라고 판단한 것이다.

상법 제397조 (경업금지)	(1) 이사는 이사회의 승인이 없으면 자기 또는 제3자의 계산으로 회사의 영업부류에 속한 거래를 하거나 동종영업을 목적으로 하는 다른 회사의 무한책임사원이나 이사가 되지 못한다. (2) 이사가 제1항의 규정에 위반하여 거래를 한 경우에 회사는 이사회의 결의로 그 이사의 거래가 자기의 계산으로 한 것인 때에는 이를 회사의 계산으로 한 것으로 볼 수 있고 제3자의 계산으로 한 것인 때에는 그 이사에 대하여 이로 인한 이득의 양도를 청구할 수 있다. (3) 제2항의 권리는 거래가 있은 날로부터 1년을 경과하면 소멸한다.

2) 자기거래 위반여부

'글로비스'의 설립이 자기거래에 해당하는가에 대하여, 본 재판부는 상법 제398조에서 규정하고 있는 이사의 자기거래는 이사와 회사 사이에 이해관계가 충돌할 수 있는 거래를 규율하기 위한 것이다.[119] 적어도 회사가 그 거래의 당사자가 되어 이사가 회사를 대표하여 행하는 거래 중에서 이사의 자기거래에 해당하는지가 논의될 수 있지만, 피고(MK)가 개인적으로 '글로비스'의 지분을 인수한 거래는 현대자동차가 그 거래의 당사자가 아니어서 현대자동차 이사회의 승인을 요하는 이사의 자거거래에 해당하지 않는다고 판단하였다.

3) 충실의무의 위반 여부

상법 제382조의3은 이사의 충실의무를 규정하고 있다. 동 규정은, 이사는 법령과 정관의

---

118 독일 주식법 제88조(경업금지의무)는 이사가 그 지위를 이용하여 회사의 비용으로 얻어진 영업기회를 유용하는 것을 제한하고, 이사는 회사업무에 전념해야 한다는 목적을 가지고 있다.

119 우리 민법 제124조는 자기계약과 쌍방대리를 규정하고 있고, 이는 독일 민법 제181조로부터 유래하고 있다. 회사법에 규정되어 있는 상법 제398조는 일반법인 민법 제124조의 근거 하에 회사의 이익을 해함을 방지하고자 하는 목적을 가지고 있다. 독일 민법 제181조가 1인 회사에서 다양한 문제점이 발생할 수 있다는 관점에서 연구한 자료로는 유주선, "독일 유한회사에서 회사와 사원 겸 업무집행자의 법률행위-독일 민법 제181조를 중심으로-", 『비교사법』 제14권 제4호, 2007, 251면 이하.

규정에 따라 회사를 위하여 그 직무를 충실하게 수행하여야 함을 내용으로 하고 있다.[120] 본 재판부는 상법 제382조의3의 충실의무는 이사가 회사의 직무를 수행하면서 부담하는 의무라는 관점에서, "이사가 회사의 직무를 수행하는 과정이 아님에도 회사의 이익을 위하여 모든 행위를 하여야 할 포괄적인 의무까지 부담한다고 볼 수는 없다"고 하였다.

4) 회사기회 유용이론 적용 여부

이사는 위임관계로부터 선관주의의무를 부담하고 있다. 본 재판부에 따르면, 회사기회유용의 법리는 우리 법제 하에서 이사의 선관주의의무 내지는 충실의무에 포섭할 수 있는 범위 내에서 인정할 수 있다고 판단하고 있다. 그러면서 "사업의 기회"는 포괄적이고 불명확한 의미이지 회사의 이익이 되는 모든 행위를 하여야 하는 일반적인 의무가 아니므로, 이사가 자신이 알게 된 모든 사업의 기회를 회사에게 적극적으로 이전해야 하는 의무까지 부담한다고 할 수는 없고, 이사에게 그 사업의 기회를 회사로 하여금 추진하게 해야 할 충실의무를 지우고, 이사가 그 충실의무를 위반함으로써 회사에게 기대이익을 얻지 못하게 하는 손해가 발생했다고 볼 수 있기 위해서는 그 사업의 기회가 "회사에 현존하는 현실적이고 구체적인 사업기회"로 인정되는 경우여야 한다고 판시하였다.

5) 정리

재판부는 경업금지의무에도 해당하지 않고, 상법에서 규정하고 있는 충실의무의 위반사항에도 적용할 수 없다고 판단한 것이다. 더 나아가 사업의 기회가 회사에 현존하는 현실적이고 구체적인 사업기회에 해당하지 않기 때문에 회사기회유용금지에 속하지 않는다고 판단하였다. 충실의무를 상당히 좁게 해석하고 있는 것을 볼 수 있다.

Ⅱ. 주요국의 태도와 입법의 문제점

1. 주요국의 태도(특히 대륙법계)

회사의 기회유용금지제도에 관하여 우리와 같은 성문법체계의 대표적 국가인 독일과 일본의 태도를 고찰하는 것은 의미가 있다.[121]

---

120 충실의무에 대하여는 이철송, 『회사법강의』, 제16판, 박영사, 2009, 600면 이하.

1) 독일

(1) 의의

독일의 경우 회사의 기회유용금지에 대하여 다양한 의견이 제시되고 있다.[122] 회사기회유용금지에 대한 실정법의 규정이 독일에서는 존재하지 않고 있다. 다만, "독일지배구조권고사항(Deutscher Corporate Governance Kodex)"에서, '이사회의 구성원은 그 자신의 결정으로 개인적인 이익을 추구해서는 아니 될 뿐만 아니라, 기업에게 귀속되는 기회유용에 대하여 그 자신으로 이용해서는 아니 된다'고 하면서, 대기업 이사의 기회유용금지를 권고하고 있다.[123] 판례는 원칙적으로 회사에서 이사가 개인적으로 회사에 귀속될 사업기회를 유용할 수는 없다고 판단하고 있다.[124] 그러나 반드시 자본회사에서만 회사기회유용의 문제가 발생하는 것은 아니다. 오히려 인적회사에서 더 많은 사례가 등장하고 있다.[125]

(2) 법적 근거

독일에서 논의되고 있는 회사의 기회유용금지이론은 미국으로부터 유래한 것으로 판단된다.[126] 회사기회의 유용에 대한 명문규정이 존재하지 않는 독일의 경우, 이사의 충실의무도 명문으로 규정하고 있지 않다. 그러나 독일 민법 제242조(신의성실의 원칙)나 주식법 제93조(이사의 주의의무)를 근거로 하여 충실의무를 주장하는 견해가 있다.[127] 반면에 회사기회의 사적 유용을 금지시키는 것을 이사에 대한 충실의무로 볼 경우 실체법적 근거가 희박하여 판결의 구속력을 갖기 힘들기 때문에 명문의 규정이 있는 경업금지의무를 적용해야

---

121 이윤석, "회사기회유용금지에 관한 법적 연구", 연세대학교대학원법학박사논문, 2008, 120면 이하.

122 Fleischer, Gelöste und ungelöste Probleme der gesellschaftsrechtlichen Geschäftschancenlehre, NZG 2003, 985 ff.; ders. Wettbewerbs- und Betätigungsverbote für Vorstandsmitglieder in Aktienrecht, AG 2005, 336 (337 f.); Kübler, Erwerbschancen und Organpflichten, in FS Werner, 1984, S. 437 (440); Weisser, Wahrnehmung von Gesch ftschancen des Unternehmens durch Alleingesellschafter-Geschäftsführer als verdeckte Gewinnausschüttungen?, GmbHR 1997, S. 429 ff.

123 Ziff. 4.3.3. DCGK Die Vorstandsmitglieder sind dem Unternehmensinteresse verpflichtet. Kein Mitgliede des Vorstands darf bei seinem Entscheidungen persönliche Interessen verfolgen und Geschäftschancen, die dem Unternehmen zustehen, für sich nutzen.

124 BGH NJW 1986, 584 (585); 특히 유한회사에 대하여는 WM 1989, 1335 (1339).

125 합명회사에 대하여는 BGH WM 1985, 1444 (1445). 합자회사에 대하여는 BGH WM 1971, 412 (413); BGH WM 1972, 1229 (1230); BGH WM 1989, 1216 (1217).

126 미국의 회사기회론에 대하여는 김홍기, "회사기회의 법리와 우리나라의 해석론, 입법방안에 대한 제안", 『상사판례연구』 제20집 제2권, 2007, 101면 이하.

127 Schmidt K., Gesellschaftsrecht, 4. Aufl., 2002, S. 599 f. 역시 회사기회유용이라고 하는 것이 충실의무의 관점에서 바라보아야 함을 강조하고 있다.

한다는 주장이 제기된다.[128] 결론적으로 본다면, 충실의무에서 찾는 견해와 경업금지의무에서 찾는 견해가 대립하고 있지만, 독일 학자들은 이사 및 경영진 등이 회사의 기회를 사적으로 유용하는 것을 허용하지 않고자 하고 있음을 알 수 있다.

(3) 판례

다양한 유형에서 이사 및 경영진이 회사기회를 유용한 것으로 보아, 회사기회유용금지의 사례를 인정하고 있다.[129] 다만, 회사기회의 범위에 대하여 현재 회사의 활동으로 취득된 기회에 한정하여 적용하는 경향이 있다. 그 이유는 다수설이 주장하는 이사의 충실의무에 대한 명문규정이 없다는 점에 고려하여, 명문규정이 있는 경업금지의무의 위반으로 책임을 묻기 위해서는 영업범위와 회사의 사업기회범위를 일치시키려는 의도인 것으로 판단된다.[130]

2) 일본

회사기회유용금지의 원칙에 대하여, 일본은 동 원칙을 직접적으로 받아들이고 있는 것은 아니고, 충실의무를 가지고 문제를 해결하고자 하는 것으로 보인다.[131] 회사기회유용에 대한 판결로서 昭和 63年 5月 19月 사건에서 원고가 이사 등의 행위가 회사기회유용에 해당함을 주장하였으나, 법원은 회사기회유용으로 인정될 수 없다고 판단하였다.[132]

회사기회유용에 대한 학자들의 입장은 회사기회를 이용한 거래가 회사의 영업부류에 속하지 않는 경우에도 일본 구 상법 제264조의 경업금지규정을 유추적용하자는 다수의 입장과 일본 구 상법 제253조의3에서 규정하고 있는 충실의무조항을 통하여 회사기회유용을 수용하자는 입장이 있다.

---

128 Reinhardt, Interessenkonflikte bei der privaten Wahrnehmung von Geschäftschancen im US-ame ricanischen und deutschen Gesellschaftsrecht, S. 41.

129 자세한 사항은 강정민, "독일 회사법상 회사기회의 유용", 『경제개혁리포트』, 2010-15호, 2010, 14면.

130 Zum doppelten Schutzzweck, Schmidt/Lutter, AktG, § 88 Rdn. 1ff.

131 東京地裁 昭和 63年 3月 30月; 東京地裁 昭和 63年 2月 15月.

132 자세히는 이윤석, "회사기회유용금지에 관한 법적 연구", 연세대학교대학원법학박사논문, 2008, 145면 이하.

2. 우리의 명문화

1) 개정 전 문제점

(1) 불공정한 거래 발생

'현대자동차 사건'에서 본 바와 같이, 회사의 이사와 지배주주 등은 회사의 대한 의사결정권을 가지고 있기 때문에 이해관계충돌에서 문제가 발생할 가능성이 높다. 특히 불공정한 거래의 우려가 다분하다. 회사의 유망한 사업을 헐값에 지배주주에게 양도하거나 지배주주의 개입사업에 회사가 자금을 지원하거나 인적자원을 지원 등이 집중될 가능성이 발생한다.

(2) 지배주주의 사업위험 감소 및 회사이익의 유출

회사기회의 이용은 지배주주의 이익을 위하여 회사의 자산이 도구로 이용된다는 점이다. 초기사업의 위험성을 회사가 검토 또는 부담한 이후 사업이 안정화된 이후 지배주주가 안정적으로 사업을 영위할 수 있기 때문에 지배주주의 사업위험을 감소시킬 수 있다. 특히 지배주주가 영위하는 사업에 대한 각종 지원을 통해 그 사업의 존속을 보장할 수 있다. 또한 지배주주가 소유하는 비상장회사와 회사가 거래관계를 통해 회사의 부를 지배주주에게 이전하여 회사의 가치를 낮출 수 있고, 이로 인해 회사의 다른 소수주주들에게 손해를 야기할 수 있다.

(3) 편법적인 상속의 수단

회사기회의 이용은 지배주주의 편법적인 상속수단으로 이용될 수 있다. 지배주주의 지분상속과 경영권 상속은 원칙적으로 세금과 엄격한 검증절차가 필요하다. 그러나 세금을 회피하기 위해 지배주주는 지분을 직접 상속하지 않고 회사가 지원하고, 사업기회를 이용하여 성장할 수 있는 후계자의 비상장회사를 설립하여 이 회사를 통해 회사의 지배권을 상속시킬 수 있다.[133]

---

[133] 예를 들면 회사의 유망한 사업기회를 지배주주의 후계자에게 싼 값에 양도하거나 사업시작 초기에 적은 자본으로 설립한 회사에게 회사의 거래기회를 만들어 주어 그 비상장회사의 성장을 도와줄 수 있다. 그렇게 된다면 후계자의 비상장회사는 성장을 하여 상장회사의 주식을 인수할 수 있는 자금을 마련할 수 있고, 또한 후계자는 비상장회사를 상장시켜 상장차익을 얻어 모회사인 상장회사의 지분을 살 수 있는 자금을 확보할 수 있게 된다.

(4) 주식의 불공정한 거래 위험성

회사의 사업기회를 이용하여 지배주주의 사익을 추구하는 경우 그 회사는 지배주주의 하나의 돈벌이 수단으로 전락할 수도 있다. 지배주주는 회사가 발굴한 사업을 자신의 소유로 하여 자금을 축적할 수 있는 반면 회사에 투자한 다른 소액주주들은 경영에서 소외되어 자신이 투자한 회사의 가치가 낮아짐으로 인해 손실을 입을 수 있다. 또한 지배주주는 반대로 자신이 실패한 사업을 회사에 귀속시켜 자신의 실패를 회사에 전가할 수도 있다. 이렇게 되는 경우 결국 그 회사는 지배주주의 사익추구의 도구로 이용되고, 심지어는 주가조작, 내부자거래 등 주식불공정거래의 온상이 될 수도 있다.

2) 입법배경과 목적

(1) 입법배경

이사는 업무를 집행하는 자이면서 독립된 회사재산과 영업재산을 관리하는 지위에 있다. 상법은 이사가 자신의 지위를 이용하여 회사의 이익을 침해하지 않도록 하기 위하여 상법 제397조와 제398조를 규정하여, 이사가 회사와 경업을 하는 것을 금지하기도 하고 회사와 이사가 거래하는 경우에 일정한 전제조건을 마련해 놓고 있었다. 최근 경제가 발전하면서 기업의 규모가 커지고 영업적인 이익을 얻을 수 있는 기회가 보다 많아지면서 그 영업기회를 이용하여 회사가 취할 이익을 이사가 그자신의 이익으로 할 수 있는 여지가 자주 등장하게 되었다.[134] 2011년 3월 우리 상법은 경제개혁연대 등 NGO 들이 이사의 책임에 대한 규정을 강화할 것을 요구하면서, 미국식의 '회사기회의 유용을 금지(Usurpation of Corporate Opportunity)'라는 법리를 명문으로 규정하게 되었다.

(2) 입법목적

상법에 회사의 기회유용금지를 명문을 두고자 하는 이유는 이사가 직무상 알게 된 회사의 정보를 이용하여 개인적인 이익을 취득하는 행위를 명확히 규제할 필요가 있을 뿐만 아니라, 이사가 직무를 수행하는 과정에서 알게 된 정보 또는 회사가 수행하고 있거나 수행할

---

134 경제개혁연구소는 '재벌그룹 지분승계 양상과 총수 일가의 부 축적에 관한 보고서'에서 1997년 말부터 2010년 말까지 삼성·현대차 등 20대 재벌 총수 일가 144명의 206개사에 대한 612건의 계열사 지분투자를 분석한 결과, 연평균 수익률이 34.78%에 이르는 것으로 나타났다고 밝혔다. 이러한 높은 수익률은 같은 기간 평균 5.42%인 은행 예금 금리의 여섯 배를 웃도는 수준이라고 주장한다. 자세히는 한겨레신문, 2012년 8월 30일.

사업과 밀접한 관계가 있는 사회기회를 제3자에게 이용하는 것을 방지하고자 하는 데에 목적이 있다.

3) 규정내용

상법 제397조의2(회사의 사업기회 유용금지제도)의 내용은 다음과 같다.

신설된 상법 제397조의2

구 상법	신 상법
해당조문 없음	제397조의2(회사의 기회 및 자산의 유용금지) ① 이사는 이사회의 승인 없이 현재 또는 장래에 회사의 이익이 될 수 있는 다음 각 호의 어느 하나에 해당하는 회사의 사업기회를 자기 또는 제3자의 이익을 위하여 이용하여서는 아니 된다. 이 경우 이사회의 승인은 이사 3분의 2 이상의 수로써 하여야 한다. 1. 직무를 수행하는 과정에서 알게 되거나 회사의 정보를 이용한 사업기회 2. 회사가 수행하고 있거나 수행할 사업과 밀접한 관계가 있는 사업기회 ② 제1항을 위반하여 회사에 손해를 발생시킨 이사 및 승인한 이사는 연대하여 손해를 배상할 책임이 있으면 이로 인하여 이사 또는 제3자가 얻은 이익은 손해로 추정한다.

사업기회 유용금지제도를 도입함으로써 이사의 회사 사업기회유용에 대한 인식을 새롭게 하고, 이사의 관련 위법행위에 대한 책임근거로 활용될 것이라고 한다.

3. 입법의 문제점

회사기회의 유용금지문제는 다음과 같은 문제점이 발생할 수 있다. 이는 이미 2011년 입법이 이루어지기 전에 다양한 비판이 제기되었다.[135] 우선 '회사기회유용' 개념의 모호성을 들고 있다. '현재의 사업기회'나 어느 시점인지도 모를 '장래의 사업기회'라는 개념은 어디

---

[135] 개정 전 비판에 대하여는 최완진, "상법개정안에 관한 비판적 고찰", (사)한국경영법률학회 추계학술대회발표 회자료집, 2006, 80면. 개정 후 비판에 대하여는 신석훈, "기업집단 내부거래와 회사기회유용 금지", 『KERI Brief』 11-08, 한국경제연구원, 2011, 1면 이하.

까지 규제의 대상인지에 대한 예측이 어렵다고 비판한다. 둘째, 사업기회의 공유가능성 차단한다는 문제점이 제기된다. 대·중·소기업 상생협력 등 경영전략상 필요한 사업이전에 장애를 초래한다는 것이다. 모회사의 지배주주인 이사가 사업의 리스크를 감수하고 사재출연 등을 통해 신규사업에 진출하는 것을 어렵게 할 뿐만 아니라, 그런 행위를 하게 되면 범법행위로 간주되는 결과를 초래하여, 기업가 정신을 위축시킬 뿐만 아니라 지배주주의 신규 투자결정을 회피하게 만드는 부작용을 초래한다고 한다.[136]

III. 법관에 의한 법형성 필요성

1. 성문법체계의 법해석론 의미

어떤 사건에 관한 재판의 선례, 즉 판례가 그 뒤의 재판을 구속할 때 판례는 법원으로 인정된다. 영미법 계통의 국가에서는 '선판례구속의 원칙'에 따라 판례법이 1차적 법원으로서 구속력을 가지고 있다. 반면 대륙법계 성문법 국가는 입법기관이 제정한 성문법만이 법원으로서 인정되고, 판결은 해당사건에 대해서만 구속력을 갖게 된다. 성문법은 입법기관이라고 하는 특별한 절차를 거쳐서 제정되는 것이기 때문에, 제정되는 것도 어렵지만 제정하고 나면 개폐하기도 쉽지 않다. 그만큼 신중을 기해야 한다는 의미가 있다.

입법에 앞서 유의해야 할 점은 이미 실정법에 의한 법률규정을 통하여 해결을 가능한가의 여부에 대한 탐색이다. 여기서 법해석의 논의가 전개된다. 법률해석에 있어서는 무엇보다도 입법자가 그 법률에서 어떠한 목적을 추구하였는가, 즉 그는 어떠한 정의관념 위에서 있었으며, 사회의 전개과정을 규제하기 위하여 어떠한 법정책적 모델을 표준으로 삼았는가 하는 것을 또한 문제로 삼아야 한다.[137]

2. 법규흠결에 대한 해석론

1) 법규흠결에 대한 보완

인간이 생활하는 사회는 복잡하고 다양하며, 또 끊임없이 변화가 이루어진다. 변화에 상

---

136 기타 문제점에 대하여는 최완진, "상법개정안에 관한 비판적 고찰", (사)한국경영법률학회추계학술대회발표회 자료집, 2006년 12월 9일, 80면 이하.
137 Zippelius, Einführung in die juristische Methodenlehre, 6. Aufl., 1994, S. 64 ff., 김형배 역저, 『법학방법론』, 삼영사, 1995, 74면.

응하여 사회생활은 새로운 사회규범의 필요성이 제기된다. 우리가 견지하고 있는 대륙법계의 성문법은 입법 당시 심사숙고하여 제정된 법률일지라도 모든 개별적 사안에 대해서까지 문제해결을 도모할 수는 없다. 또 새로운 특별한 법률을 제정한다고 할지라도 법규의 흠결을 피하기는 쉽지 않다.[138] 흠결(Lücke)이라는 표현은 불완전성을 의미한다. 어떤 법률이 특정한 영역에서 어느 정도 완전하게 규율하고자 추구할 때에 한하여 흠결이라고 한다. 법규에 흠결이 발생한 경우 이를 보완하는 권한은 법관에게 있다. 법학방법론적인 관점에서 이제 해석론이 논의된다.[139]

2) 법관에 의한 법형성

법관은 법규의 흠결을 보충할 권한을 받아들여, 흠결보충의 임무를 사리에 합당하게 해결하고자 한다. 법관은 좁은 의미의 법률흠결의 보충뿐만 아니라, 경우에 따라서는 실정법 자체에서 의미하는 바를 인식한 새로운 법사상의 더 넓은 형성과 수용까지도 해야 할 필요성이 있다. 새로운 법사고를 구체화하는 것은 판례를 통하여 법률 본래의 구상을 능가하는 것으로 많든 적든 법률 본래의 구상을 수정하게 된다. 개별사안을 판단할 때 판례를 통한 보충을 필요로 하는 척도의 기준을 구체화하는 작업이 독일 판례에서 인정되는 법형성(Rechtsfortbildung)이다.[140] 법형성이라 함은 좁은 의미의 법률흠결의 보충뿐만 아니라, 경우에 따라서는 실정법 자체에서 의미하는 바를 인식한 새로운 법사상의 더 넓은 형성과 수용에 관한 것까지 포함하게 된다.[141] 법관의 법형성은 방법론적으로 도출된 근거이유를 필요로 하면, 그 성과는 현행의 법질서에서 의미하는 '법'으로서 정당화될 수 있어야 한다. 법관의 법형성은 정당화를 필요로 한다.[142]

3) 개방된 흠결의 경우 유추해석

'개방된 흠결(offenen Lücke)'이 존재하려면, 법률이 특정사안 군에 대하여 적용할 규칙

---

138 Larenz Karl, Methodenlehre der Rechtswissenschaft, 6. Aufl., 1991, S. 366 ff.
139 Byndlinski Franz, Juristische Methodenlehre und Rechtsbegriff, 2. Aufl., 1992, S. 1237 ff.
140 Zippelius, Einführung in die juristische Methodenlehre, 6. Aufl., 1994, S. 87 ff.
141 Larenz, Methodenlehre der Rechtswissenschaft, 6. Aufl., 1991, S. 366 f.
142 현대자동차 사건을 법형성이 요구된다는 입장으로는 김정호, "회사기회유용금지의 법리", 『경영법률』 제17집 제2호, 2007, 146면.

을 포함하지 않을 때이다. '개방된 흠결'라 함은 법률이 그 자신의 목적론에 따라서 규칙을 포함해야 됨에도 불구하고 특정 사안군에 대해 적용할 규칙을 포함하지 않은 때를 말한다.[143] 개방된 법률흠결이 문제라면, 그 보충은 대부분의 경우 유추의 방법(Analogie)이나 법률 속에서 수립된 근본원리에의 복귀라는 방법으로 행해진다. '사물의 본성'에 의한 방법도 가능하다. 유추(Analogie)란 하나의 법률요건을 위하여 법률에 부여된 규정을 법률에 의해서는 규율되고 있지 않지만, 그에 '유사한' 법률요건에 적용하는 것이다.[144] 유추적용하는 것은 양 법률요건의 유사성으로 인해 법률적 가치평가의 기준이 되는 점에 있어서 양 법률요건과 함께 동등하게 가치평가할 수 있게 된다. 이는 '동등한 것은 동등하게 취급한다'라는 정의의 요구에 기초한 것이다.

4) 은폐된 흠결의 경우 목적론적 축소

'은폐된 흠결(verdeckte Lücke)이 존재하려면, 법률은 어떤 종류의 사안에 적용될 수 있는 규칙을 포함하고 있는 것은 당연하지만, 규칙이 그 의미와 목적에 따라서 그와 같은 특징의 사안군에는 적합하지 않을 때이다.[145] 대부분의 경우에 있어서 흠결은, 그것을 보충할 수 있는 규범이 부존재하는 것은 아니므로 '숨겨져 있는' 것이다.

법률상의 규정이 법률에 내재한 목적론에 따라 제한을 필요로 하고, 이 제한은 법률의 조문에는 포함되어 있지 않은 경우가 '은폐된 흠결'인데, 이와 같은 '은폐된 흠결'은 의미상 요구된 제한을 부과함으로써 이루어진다. 법률에 포함된 규정의 의미에서 볼 때, 광의로 파악된 규정이 법률의 규율목적이나 그 의미관련에 따라 규정에 귀속한 적용영역으로 축소되기 때문에 '목적론적 축소 또는 제한(Teleologische Reduktion oder Grenzen)'이라고 한다.[146]

---

143 Larenz, Methodenlehre der Rechtswissenschaft, springer, 1991, S. 377.

144 Zu der Analogie Engisch Karl, Einführung in das juristsiche Denken, 1967. 최근 동 저서를 우리말로 번역되어 출간되었다. 안법영·윤재왕 역저, 『법학방법론』, 세창출판사, 2011, 241면 이하.

145 Larenz, Methodenlehre der Rechtswissenschaft, 6. Aufl., 1991, S. 377.

146 Brandenburg, Die teleologische Reduktion, Göttingen, Diss., 1983, Kapitel 3, 4, 5. 목적론적 축소해석의 대표적인 사례로는 독일 민법 제181조를 들 수 있다. 독일 1인 유한회사에서 1인의 업무집행자가 자기거래를 하는 경우에, 다수의 학자들은 본 규정의 목적론적인 축소해석 하에 본인, 즉 1인 유한회사의 이익침해가 발생하지 않는다고 하였다.

3. 경업금지의무 규정의 유추해석

1) 적용가능성

기회유용의 금지이론을 수용하는 대신에 경업금지의무를 규정하고 있는 실정법의 유추해석을 통한 해결방법을 고려해 볼 수 있다. 이는 독일의 소수학자들에 의하여 지지되고 있다. 이들은 회사기회의 사적 유용을 금지시키는 것을 이사에 대한 신인의무 내지 충실의무의 위반으로 볼 경우 실체법적 근거가 희박하여 판결의 구속력을 갖기 어렵다는 관점에서 명문의 규정이 있는 이사의 경업금지의무(Wettbewerbsverbot)를 적용해야 한다고 주장한다. 이사의 회사기회유용금지와 경업금지의무는 그 적용에 있어 차이도 있지만, 여러 가지 공통점이 있으므로 회사기회유용금지이론의 형성을 위해 경업금지의 요건과 효과를 유추할 수 있는 가능성은 있다.[147] 독일 판례도 '회사의 기회유용'이라는 개념을 인정하면서 이사 및 경영진의 경업금지의무를 확장하여 적용하고 있다는 점에서 적용가능성을 엿볼 수 있다.[148]

2) 사안의 가치판단

'현대자동차' 사건이 경업금지의무 규정을 적용할 수 있는가에 대하여는 다음과 같은 점에서 난제가 제기된다. 경업금지의무 규정은 회사기회유용금지 규정의 유용과 그 본질에 있어서 동일한 면이 존재하지 않는 것은 아니다.[149] 경업금지의무는 이사가 현재 회사가 영위하는 사업과 경업관계에 있는 사업을 영위하는 경우에 적용되는 규정이고, 회사기회유용은 현재 경업관계에 있지 않지만 회사에 귀속되었어야 할 마땅한 사업기회를 이사, 경영진 및 지배주주가 영위한 경우에 관한 것으로, 현재이건 장래이건 회사에서 이익이 될 사업기회를 침해한다는 점에서는 동일하다고 볼 수 있다.[150] 그러나 경업금지의무의 대상이 되는 거래는 회사의 '영업부류에 속하는 거래'에 한정하는 의미를 가지고 있는 반면에, 회사기회유용은 '회사의 영업부류에 속하는 거래'뿐만 아니라, 회사가 획득할 수 있는 사업기회를

---

147 독일에서 경업금지의무위반에 관한 명문규정은 반드시 주식법에만 존재하는 것은 아니다. 주식법은 제88조 제1항에 규정하고 있고, 그 밖에 인적회사에 대하여는 상법 제112조에, 그리고 유한회사에 대하여는 특별히 업무집행자의 경업금지의무에 대한 규정을 두고 있지 않지만 주식법의 규정을 준용하도록 하고 있다.

148 BGH-ZR 37/56, BB 1957, 874 = DB 1957, 867 = WM 1957, 1128.

149 이지수·강정민, "회사기회유용 관련 재계측 시각의 허구성: 최근 발간된 한국경제연구원 보고서를 중심으로", 경제개혁연구소, 2011-3호, 2011, 13면.

150 김석연, "재벌비리의 발생원인과 규제방안", 『기업지배구조연구』제34권, 2010, 36면 이하.

의미하기 때문에 매우 포괄적인 의미를 담고 있다.[151] 또한 경업금지의무는 이사가 당해 사업을 수행함으로써 발생하는 경업이라는 '결과'에 초점을 두고 있다고 한다면, 회사기회유용은 이사가 당해 사업기회에 관한 정보를 개인자격에서 입수했는지 아니면 이사자격에서 입수했는지 등 사업기회를 '과정'에 초점을 두고 있다는 점에서 차이가 있다.

3) 유추적용의 곤란

'현대자동차 사건'에서 법원은, '글로비스'라고 비상장회사를 설립함에 있어 현대자동차의 직원들이 관여하였다는 점과 현대자동차 그룹이 일감을 몰아주어 매출액이 증가하였다는 점을 명확히 하고 있다. 그러나 직원들이 관여하여 설립된 '글로비스'의 회사지분을 현대자동차가 인수한 행위에 대하여, 현대자동차의 영업부류에 속하는 거래라고 볼 수 있을까 하는 의문이 있다. 이 점에서 본 사건에 대하여 우리 상법이 명문으로 규정하고 있는 경업금지의무 규정을 유추적용하기에는 무리가 있다.

4. 충실의무 규정을 통한 해결가능성

1) 외국의 적용 예

독일 다수의 학자들은 회사기회의 사적 편취를 금지하고자 하는 법적 근거를 이사의 신인의무 또는 충실의무에서 찾고 있다. 이사의 충실의무에 대한 명문규정을 두고 있지는 않지만, 한편으로는 독일 민법 제242조(신의성실의 원칙)를 근거로 하여 회사법에 유추 적용하고자 하고, 또 한편으로는 주식회사의 경우 "이사는 그의 업무집행에 있어서 통상적이고 성실한 영업지휘자의 주의를 하여야 한다"고 하는 주식법 제92조 제1항 제1문을 근거로 하여 충실의무의 위반에서 찾고자 하는 것이다. 일본 역시 유사한 방향성을 가지고 있다. 특히 일본은 충실의무에 대한 명시적인 규정을 가지고 있고, 판례가 적극적인 적용을 하고 있다.

2) 충실의무로서 적용

우리 상법은 명문으로 이사의 충실의무를 규정하고 있다.[152] 동 규정에 따라, 이사는 회사

---

151 이기수·최병규, 『회사법(상법강의 II)』, 제9판, 박영사, 2011, 372면.
152 충실의무의 법적성질과 관련한 견해대립에 대하여는 이철송, 『회사법강의』, 제16판, 박영사, 2009, 600면 이하.

와의 신임적 법률관계에 기하여 이사의 이익이 회사의 이익과 상충할 경우, 항상 회사의 이익을 위하여 행동하고 그 지위를 이용하여 자기 또는 제3자의 이익을 추구하지 말아야 할 의무가 부담하게 된다.[153] 이사의 충실의무는 이사의 경업금지의무가 '회사의 영업부류'라고 하는 한정된 영역을 다루고 있다면, 충실의무는 매우 포괄적인 내용을 담고 있다.

이사의 충실의무규정을 통하여 회사기회유용의 금지규정에 갈음하여 적용가능하다고 사료된다. 이사는 회사에 주어진 영업상의 기회를 가로채서 자신의 이익으로 해서는 안 된다는 의무가 바로 회사기회유용금지에 대한 내용이다. 이는 사적인 이익을 도모하고자 하는 일체의 유혹을 예방하기 위하여 마련된 규정인 바, 이는 포괄적인 내용을 포함하고 있는 충실의무를 통하여 문제를 해결할 수 있었을 것으로 판단되는바, '현대자동차 사건'에서 이를 부인한 것은 매우 아쉬운 부분이다.

상법 제382조의3이 이사의 충실의무를 규정하고 있지만, 적용대상이 이사에 국한되는 것은 아닐 것이다. 독일 판례는 인적회사와 유한회사에서 업무집행자, 드물지만 주식회사의 주주가 주주에 대하여 충실의무가 있음을 판단하고 있다. 이는 인적회사에서 출자한 사원이 업무집행자로 등장하면서 회사의 기회를 유용할 가능성이 농후하기 때문에, 회사기회유용을 하는 경우에 충실의무의 적용가능성이 크고, 소유와 경영이 분리되는 주식회사에서는 그리 흔치 않은 것이다. 그러나 우리나라의 경우 규모가 작은 중소기업은 말할 것도 없고, 대기업에서도 업무집행지시자에 해당하는 지배주주가 이사회 또는 이사에 영향력을 행사하면서 충실의무에 반하는 행위를 할 수 있다는 점에서, 이사뿐만 아니라 업무집행지시자, 특히 지배주주에 대하여도 충실의무를 적용할 수 있을 것으로 사료된다.

5. 소결

우리 상법에 회사의 기회유용금지라고 하는 명문규정이 신설되었지만, 본 규정의 입법은 그리 환영할 만한 것이 못 된다고 생각된다. 아직까지 우리에게는 1심 판례로서 "현대자동차 사건" 1건만이 나타나고 있고, 법관에 의한 법형성이 이루어지고 있지 않은 상황이다. 회사의 기회 및 자산의 유용을 금지하고자 상법 제397조의2가 신설되었다.

본 규정의 입법을 통하여 대기업이 그룹 계열사를 동원한 부당한 거래를 금지하게 될 것

---

153 이기수·최병규, 『회사법(상법강의 II)』, 제9판, 박영사, 2011, 393면 이하.

이라고 하는 경제개혁연대의 주장과, 동 규정을 통하여 회사의 모험적인 투자나 기회를 사전에 배제하게 된다는 전경련의 주장이 아직도 대립하고 있는 모습이다. 양자의 입장에서 벗어난 법학자의 입장에서 보았을 때, 회사의 기회유용금지의 입법은 바람직한 방법이 아닌 것으로 사료된다. 법률에 명문규정으로 입법하기 위해서는 보다 더 사려 깊은 법리논쟁과 그 논쟁으로 인한 법관에 의한 법형성이 있었어야 할 것으로 판단된다.

Ⅳ. 소결

대기업의 회사기회유용은 금지되어야 한다. 그러나 그 금지가 반드시 입법으로 이루어져야 하는가에 대하여는 의문이 있다. 기회유용금지를 입법하지 않더라도 우리 명문상 규정인 '경업금지의무' 조항이나 일반조항인 '충실의무'를 통하여 문제를 해결할 수 있을 것이라고 생각하고 있다. 그런 측면에서 2011년 서울중앙지법의 판단은 문제를 해결함에 있어서 지나치게 소극적인 면을 보여주고 있다. 동 판단은 우리의 법감정을 무시한 측면이 있다.

현대자동차 사건의 1심 재판부와 달리, 일본의 경우 명문으로 규정되어 있는 충실의무를 통하여 문제를 해결하고자 하는 모습은 우리의 판례보다도 더 적극적이고 과감하다는 생각이 든다. 현재 우리나라 상법은 이사의 충실의무를 부담하도록 하고 있다. 특히 주식회사에서 이사뿐 만 아니라, 경영진 및 지배주주가 회사의 이해가 충돌하는 거래를 하거나 회사가 취득하여야 할 이익을 자신 또는 그 가족으로 하여금 취득하게 하는 경우 상법은 충실의무 위반을 적용할 수 있을 것이다. 우리 1심 판결이 경업금지의무위반에 대한 유추해석으로 판단하지 않은 점은 일면 이해가 간다. 그러나 명문으로 규정되어 있는 충실의무를 법적 근거로 하는 적극적인 판단을 하였다면, '기회유용금지'와 같은 법적 효과를 거둘 수 있지 않았을까 하는 아쉬움으로 남는다.

법원이 경업금지의무와 이사의 충실의무를 받아들이지 않았지만, 양자의 법적 근거를 가지고 회사기회유용의 법리에 해당하는 법적 효과가 가능하다는 생각과 함께, 입법을 하기 위해서는 집적된 판례를 통한 지속적인 법형성이 이루어져야 할 것이다. 이를 통하여 입법론을 논의했어야 함에도 불구하고, 우리의 입법은 너무 조급한 면이 있다.

제7절 신세계 사건

I. 의의

주식회사는 업무집행기관으로서 대표이사와 이사회를 두고 있다. 업무집행과 회사를 대표하는 자가 대표이사라고 한다면, 이사회는 업무집행에 관한 의사를 결정하고 이사의 직무집행을 감독하는 기능을 하게 된다. 우리 상법은 대표이사와 이사회라고 하는 2원적 시스템을 가지고 운용하고 있는 것은 신중하면서도 효율적인 업무집행을 확보하고자 하는 목적이 있다고 하겠다.

2013년 9월 12일 대법원은 주주대표소송에 관련된 중요하면서도 논쟁이 많은 사건에 대한 판결을 내렸다. 세간의 주목을 끌었던 신세계 사건은 주주의 대표소송에서 원고적격성 문제를 포함하여 이사의 자기거래금지, 이사의 경업금지의무 및 회사기회의 유용금지법리 등의 회사법상 매우 중요한 문제들을 다루었다. 또한 업무집행기관으로서 이사가 선관주의의무 또는 충실의무를 위반하여 회사에 대하여 책임을 부담해야 하는가에 대하여도, 대법원은 비교적 명확하게 자신의 의견을 밝혔다. 신세계는 우리나라의 대표적인 재벌그룹 중의 하나이며, 동 사건이 2009년 5월 29일 대법원이 판결한 삼성에버랜드 사건[154] 및 2011년 2월 25일 서울중앙지방법원이 선고한 현대자동차 사건[155] 등과 밀접한 관련을 가지고 있다는 점에서 세간의 이목을 집중시킨바 있었다.

본 논문은 신세계 사건에 대한 대법원의 판단을 분석하고 검토하는 작업을 하고 있다. 특히 회사법상 쟁점이 되고 있는 사안들에 대하여 원심과 대법원의 판단을 제시하면서, 그것의 타당성을 탐구하고자 한다. 에버랜드 사건이나 현대자동차 사건(일명, 글로비스 사건) 등을 고려는 하지만, 신세계 사건에 핵심적인 사항들이 담겨 있으므로, 대상판결을 중심으로 하여 논의를 전개하기로 한다. 대상판결의 사실관계와 대법원의 판결요지를 제시한 후, 쟁점이 되는 사안에 대하여 구체적으로 검토한다.

---

[154] 대법원 2009.5.29. 선고 2007도4949 판결. 삼성계열사인 비상장회사 에버랜드가 시가보다 낮은 가액으로 발행한 전환사채를 대부분의 주주들이 실권하고, 지배주주와 특수한 관계에 있는 특정한 자가 인수한 사건으로, 관련 이사들이 배임죄로 기소된 사건이다.

[155] 서울중앙지법 2011.2.25. 선고 2008가합47881 사건. 현대자동차 그룹이 물류업체를 설립하기로 하고 '글로비스'라는 회사를 설립하였다. 현대자동차 그룹의 지배적인 영향력을 행사하는 자들이 '글로비스'의 주주로서, 현대자동차는 '글로비스'에게 자사제품의 생산 판매와 관련된 각종 기회를 부여하였다. 3년이 지난 후 '글로비스'의 주주들은 상당한 매매차익을 얻었던 사건이다.

Ⅱ. 사실관계와 판결요지

1. 사실관계

1995년 8월 신세계백화점(이하 '신세계'라 한다)은 지방에 진출하기 위한 모색으로 광주에 광주신세계백화점(이하 '광주신세계'라 한다)를 세웠다. 신세계는 광주신세계백화점의 그 주식 전부를 보유하고 있었다. 광주신세계는 신세계의 상표를 사용하면서 백화점 등의 영업을 하고 있었고, 광주신세계 설립 당시부터 신세계는 계약을 통하여 상품구매를 대행할 뿐 아니라, 경영 일반을 관리하면서 광주신세계를 사실상 광주광역시에 위치한 신세계의 지점처럼 운영하고 있었다.

1997년 외환위기가 발생하자 다른 기업과 마찬가지로, 광주신세계 역시 금융비용 증가로 자금조달 및 회사 운영에 어려움을 겪게 되었다. 자금조달의 어려움을 타개하기 위하여 광주신세계는 신세계와 협의하여 유상증자를 하기로 하였다. 기존의 주식 10만주의 다섯 배인 50만주를 1주당 5,000원으로 주주배정방식으로 발행하되, 실권시에는 일반이 인수하는 것으로 하였다. 그러나 신세계는 회사의 구조조정 등으로 유상증자에 참여할 형편이 되지 아니하였다. 1998년 4월 20일 신세계는 이사회결의로 주식인수를 포기하였다. 1998년 4월 23일 신세계의 이사이던 피고 1이 광주신세계의 신주인수를 하게 되었다. 신주를 인수하게 되자, 피고 1은 광주신세계에 대한 주식의 지분 83.3%을 취득하여 대주주가 되었다.

피고 1은 신세계의 지배주주인 소외인의 아들로서 신세계의 특수관계인에 해당한다. 신세계는 피고 1의 신주인수로 인하여 지배주주의 지위를 잃고 2대주주가 되었다. 그럼에도 불구하고 광주신세계는 여전히 신세계와 동일한 기업집단에 소속되어 있었다. 광주신세계는 피고 1의 신주인수 후에도 신세계와 동일한 상표를 사용하고 신세계에 판매물품의 구매대행을 위탁하였으며, 전과 동일하게 신세계의 경영지도를 받으며 신세계와 협력하고 있었다. 또한 신세계는 신주인수로 인하여 지배주주의 지위를 잃고 2대주주가 되었음에도 불구하고, 광주신세계로부터 매년 일정액의 경영수수료를 받았다.

경제개혁연대 등 주주 10인으로 구성된 원고들은, 1998년 4월 20일자 이사로 재직하고 있었던 이사회의 구성원들을 상대로 하여 손해배상을 청구하는 주주대표소송을 제기하였다. 그런데 일부 원고들은 소 제기 당시에는 신세계 발행주식을 보유하고 있었지만, 원심 변론종결 전에 그 주식을 처분하여 원심 변론종결 당시에는 신세계의 발행주식을 가지고 있지 않은 상태였다.

2. 판결요지

[1] 상법 제403조 제1항·제2항·제3항·제5항과 구 증권거래법(2007.8.3. 법률 제8635호 자본시장과 금융투자업에 관한 법률 부칙 제2조로 폐지, 이하 '구 증권거래법'이라 한다) 제191조의 13 제1항을 종합하여 보면, 여러 주주들이 함께 대표소송을 제기하기 위하여는 그들이 회사에 대하여 이사의 책임을 추궁할 소의 제기를 청구할 때와 회사를 위하여 그 소를 제기할 때 보유주식을 합산하여 상법 또는 구 증권거래법이 정하는 주식보유요건을 갖추면 되고, 소 제기 후에는 보유주식의 수가 그 요건에 미달하게 되어도 무방하다. 그러나 대표소송을 제기한 주주 중 일부가 주식을 처분하는 등의 사유로 주식을 전혀 보유하지 아니하게 되어 주주의 지위를 상실하면, 특별한 사정이 없는 한 그 주주는 원고적격을 상실하여 그가 제기한 부분의 소는 부적법하게 되고, 이는 함께 대표소송을 제기한 다른 원고들이 주주의 지위를 유지하고 있다고 하여 달리 볼 것은 아니다.

[2] 구 상법(2011.4.14. 법률 제10600호로 개정되기 전의 것, 이하 '구 상법'이라 한다) 제398조가 이사와 회사 간의 거래에 대하여 이사회의 승인을 받도록 정한 것은 이사가 그 지위를 이용하여 회사와 직접 거래를 하거나 이사 자신의 이익을 위하여 회사와 제3자간에 거래를 함으로써 이사 자신의 이익을 도모하고 회사 또는 주주에게 손해를 입히는 것을 방지하고자 하는 것이므로, 위 규정이 적용되기 위하여는 이사 또는 제3자의 거래상대방이 이사가 직무수행에 관하여 선량한 관리자의 주의의무 또는 충실의무를 부담하는 당해 회사이어야 한다. 한편 자회사가 모회사의 이사와 거래를 한 경우에는 설령 모회사가 자회사의 주식 전부를 소유하고 있더라도 모회사와 자회사는 상법상 별개의 법인격을 가진 회사이고, 그 거래로 인한 불이익이 있더라도 그것은 자회사에게 돌아갈 뿐 모회사는 간접적인 영향을 받는 데 지나지 아니하므로, 자회사의 거래를 곧바로 모회사의 거래와 동일하게 볼 수는 없다. 따라서 모회사의 이사와 자회사의 거래는 모회사와의 관계에서 구 상법 제398조가 규율하는 거래에 해당하지 아니하고, 모회사의 이사는 그 거래에 관하여 모회사 이사회의 승인을 받아야 하는 것이 아니다.

[3] 상법이 제397조 제1항으로 "이사는 이사회의 승인이 없으면 자기 또는 제3자의 계산으로 회사의 영업부류에 속한 거래를 하거나 동종영업을 목적으로 하는 다른 회사의 무한책임사원이나 이사가 되지 못한다"고 규정한 취지는, 이사가 그 지위를 이용하여 자신의 개인적 이익을 추구함으로써 회사의 이익을 침해할 우려가 큰 경업을 금지하여 이사로 하

여금 선량한 관리자의 주의로써 회사를 유효적절하게 운영하여 그 직무를 충실하게 수행하여야 할 의무를 다하도록 하려는 데 있다. 따라서 이사는 경업 대상 회사의 이사, 대표이사가 되는 경우뿐만 아니라 그 회사의 지배주주가 되어 그 회사의 의사결정과 업무집행에 관여할 수 있게 되는 경우에도 자신이 속한 회사 이사회의 승인을 얻어야 하는 것으로 볼 것이다. 한편 어떤 회사가 이사가 속한 회사의 영업부류에 속한 거래를 하고 있다면 그 당시 서로 영업지역을 달리하고 있다고 하여 그것만으로 두 회사가 경업관계에 있지 아니하다고 볼 것은 아니지만, 두 회사의 지분소유 상황과 지배구조, 영업형태, 동일하거나 유사한 상호나 상표의 사용 여부, 시장에서 두 회사가 경쟁자로 인식되는지 여부 등 거래 전반의 사정에 비추어 볼 때 경업 대상 여부가 문제되는 회사가 실질적으로 이사가 속한 회사의 지점 내지 영업부문으로 운영되고 공동의 이익을 추구하는 관계에 있다면 두 회사 사이에는 서로 이익충돌의 여지가 있다고 볼 수 없고, 이사가 위와 같은 다른 회사의 주식을 인수하여 지배주주가 되려는 경우에는 상법 제397조가 정하는 바와 같은 이사회의 승인을 얻을 필요가 있다고 보기 어렵다.

[4] 이사는 회사에 대하여 선량한 관리자의 주의의무를 지므로, 법령과 정관에 따라 회사를 위하여 그 의무를 충실히 수행한 때에야 이사로서의 임무를 다한 것이 된다. 이사는 이익이 될 여지가 있는 사업기회가 있으면 이를 회사에 제공하여 회사로 하여금 이를 이용할 수 있도록 하여야 하고, 회사의 승인 없이 이를 자기 또는 제3자의 이익을 위하여 이용하여서는 아니 된다. 그러나 회사의 이사회가 그에 관하여 충분한 정보를 수집·분석하고 정당한 절차를 거쳐 회사의 이익을 위하여 의사를 결정함으로써 그러한 사업기회를 포기하거나 어느 이사가 그것을 이용할 수 있도록 승인하였다면 그 의사결정과정에 현저한 불합리가 없는 한 그와 같이 결의한 이사들의 경영판단은 존중되어야 할 것이므로, 이 경우에는 어느 이사가 그러한 사업기회를 이용하게 되었더라도 그 이사나 이사회의 승인 결의에 참여한 이사들이 이사로서 선량한 관리자의 주의의무 또는 충실의무를 위반하였다고 할 수 없다.

Ⅲ. 주주대표소송과 원고적격성

1. 주주의 대표소송

1) 의의

주주의 대표소송이라 함은 소수주주가 회사를 위하여 이사 등의 책임을 추궁하기 위하여 제기하는 소송을 의미한다. 소수주주가 회사의 이익을 위하여 회사 대표기관의 자격에서 소송을 수행하는 것이다.[156] 미국법상 회사의 이익이 침해되었음에도 불구하고 회사가 그 회복을 게을리 할 때 주주가 회사를 대표하여 제기하는 derivative suit(대표소송)를 우리가 받아들인 것이다. 미국법상 대표소송은 관할에 따라 연방민사소송규칙(Federal Rules of Civil Procedures)에서 인정되고,[157] 판례법과 주회사법에서 인정되고 있다.[158] 미국의 경우 단독주주권으로 하고 있는 반면에 우리나라는 소수주주권으로 인정하고 있다는 점에서 일단 차이가 있고, 단독주주가 회사가 갖는 모든 권리를 재판상 행사할 수 있다고 하는 점에서도 차이가 있다.[159] 일본 역시 대표소송을 인정하고 있다.

2) 기능

이사에 대한 책임을 추궁하기 위해서는 회사의 대표이사가 자신의 권한으로서 행사하는 것이 타당할 것이다. 대표이사가 이사의 책임을 추궁하지 않거나, 그 추궁을 지연함으로 인하여 회사의 권리를 실현할 수 없거나 실현되지 않는 경우가 발생할 수 있다. 이때 이사를 대신하여 주주가 회사의 권리실현을 도모해야 할 필요성이 있다. 대표소송은 지배주주와 그 영향 하에 있는 이사들이 경영을 전횡하는 현실적인 구조 하에서 회사 운영의 건전성을 확보하는 수단이 될 수 있다. 또한 이사들이 업무집행을 함에 있어서 신중을 기하고 판단의 질을 고양하는 기능을 갖게 된다.[160]

3) 당사자

(1) 원고와 피고

회사와 주주의 이익을 위하여, 원고는 무의결권주를 포함하여 발행주식의 총수의 100분의 1 이상에 해당하는 주식을 가진 주주는 회사에 대한 이사의 책임을 추궁하는 대표소송을 제기할 수 있다(제403조 제1항). 다만, 2009년 개정상법은 상장회사의 경우 6개월 전부터 계속하여 상장회사 발행주식의 총수의 10,000분의 1 이상의 주식을 보유한 자가 대표소송

---

156 최준선, 『회사법』, 제9판, 삼영사, 2014, 556면.
157 FRCP §23.1.
158 N.Y. Bus. Corp. Law §626.
159 이기수·최병규, 『회사법(상법강의 II)』, 제9판, 박영사, 2011, 426면.
160 이철송, 『회사법강의』, 제20판, 박영사, 2012, 787면.

을 제기할 수 있도록 하였다(제542조의6 제6항). 이는 거래소에 주권을 상장하고 있는 회사의 경우 소수주주권행사의 활성화를 통한 기업경영의 투명성을 위한 목적에서 1%의 지주요건을 완화하게 된 것이다.[161] 원칙상 주식회사의 이사가 피고가 되지만, 집행임원 역시 피고가 될 수 있다. 업무집행지시자 등도 이사 및 집행임원으로 보게 되므로 피고가 될 수 있다(제401조의 2 제1항, 제408조의 9).

(2) 원고의 적격 여부

'파산절차가 진행 중인 회사의 주주가 회사의 이사 또는 감사를 상대로 대표소송을 제기할 수 있는지 여부'[162]와 '종속회사의 주주가 아닌 지배회사의 주주가 종속회사의 이사를 상대로 이른바 이중대표소송을 제기할 수 있는지 여부'[163]에 대한 대법원 판결이 있다.

대법원 2002.07.12. 선고 2001다2617 판결

대법원은 "상법 제399조, 제414조에 따라 회사가 이사 또는 감사에 대하여 그들이 선량한 관리자의 주의의무를 다하지 못하였음을 이유로 손해배상책임을 구하는 소는 회사의 재산관계에 관한 소로서 회사에 대한 파산선고가 있으면 파산관재인이 당사자 적격을 가진다고 할 것이고(파산법 제152조), 파산절차에 있어서 회사의 재산을 관리·처분하는 권리는 파산관재인에게 속하며(파산법 제7조), 파산관재인은 법원의 감독하에 선량한 관리자의 주의로써 그 직무를 수행할 책무를 부담하고 그러한 주의를 해태한 경우에는 이해관계인에 대하여 책임을 부담하게 되기 때문에(파산법 제154조) 이사 또는 감사에 대한 책임을 추궁하는 소에 있어서도 이를 제기할 것인지의 여부는 파산관재인의 판단에 위임되어 있다고 해석하여야 할 것이고, 따라서 회사가 이사 또는 감사에 대한 책임추궁을 게을리 할 것을 예상하여 마련된 주주의 대표소송의 제도는 파산절차가 진행 중인 경우에는 그 적용이 없고, 주주가 파산관재인에 대하여 이사 또는 감사에 대한 책임을 추궁할 것을 청구하였는데 파산관재인이 이를 거부하였다고 하더라도 주주가 상법 제403조, 제415조에 근거하여 대표소송으로서 이사 또는 감사의 책임을 추궁하는 소를 제기할 수 없다고 보아야 할 것이며, 이러한 이치는 주주가 회사에 대하여 책임추궁의 소의 제기를 청구하였지만 회사가 소를 제기하지 않고 있는 사이에 회사에 대하여 파산선고가 있은 경우에도 "찬가지이다."라고 판시하고 있다.

---

161 최준선, 『회사법』, 제9판, 삼영사, 2014, 557면.
162 대법원 2002.07.12. 선고 2001다2617 판결.
163 대법원 2004.09.23. 선고 2003다49221 판결.

4) 절차

소수주주는 회사에 대하여 소를 제기하는 이유를 기재한 서면으로 이사의 책임을 추궁하는 소의 제기를 하여야 한다(제403조 제1항, 제2항, 제408조의 9). 회사가 이러한 청구를 받은 날로부터 30일 이내에 소를 제기하지 않을 때에는 소수주주는 즉시 회사를 위하여 직접 소를 제기할 수 있다(제403조 제3항, 제408조의 9). 다만, 30일의 경과로 인하여 회사에 회복할 수 없는 손해가 생길 염려가 있다고 판단될 때에는, 예외적으로 그 소수주주는 즉시 소를 제기할 수 있다(제403조 제4항, 제408조의 9). 이사의 책임을 추궁하는 소는 회사 본점소재지의 지방법원의 전속관할이다(제403조 제7항, 제408조의 9, 제186조). 소수주주가 악의로 대표소송을 제기하는 경우, 이사는 원고인 주주의 악의를 소명하여 주주에게 상당한 담보를 제공할 것을 법원에 청구할 수 있다(제403조 제7항, 제408조의 9, 제176조 제3항, 제4항).

2. 주주지위 상실과 원고적격성

대표소송과 관련된 문제는 주주의 원고적격에 관한 사항이다. 대표소송을 제기한 후 일부의 원고들이 신세계의 발행주식을 전혀 보유하지 아니하여 주주의 지위를 상실한 경우, 그 주주에게 원고적격성을 인정해 주어야 하는가의 문제가 제기되었다.

1) 원심의 판단

서울고등법원[164]은 상법 제403조는 주주 대표소송에 관하여 "① 발행주식의 총수의 100분의 1 이상에 해당하는 주식을 가진 주주는 회사에 대하여 이사의 책임을 추궁할 소의 제기를 청구할 수 있다. ③ 회사가 전항의 청구를 받은 날로부터 30일 내에 소를 제기하지 아니한 때에는 제1항의 주주는 즉시 회사를 위하여 소를 제기할 수 있다. ⑤ 제3항과 제4항의 소를 제기한 주주의 보유주식이 제소 후 발행주식 총수의 100분의 1 미만으로 감소한 경우(발행주식을 보유하지 아니하게 된 경우를 제외한다)에도 제소의 효력에는 영향이 없다"고 규정하고 있고, 구 증권거래법(2007.8.3. 법률 제8635호 자본시장과 금융투자업에 관한 법률 부칙 제2조로 폐지) 제191조의13은 주권상장법인의 소수주주권 행사에 관하여 "① 6월 전부터 계속하여 주권상장법인 또는 코스닥상장법인의 발행주식 총수의 1만분의 1 이상에 해당하는 주식을 대통령령이 정하는 바에 의하여 보유한 자는 상법 제403조에서 규정하는 주주의 권리를 행사할 수 있다"고 규정하고 있음을 제시하면서, "동 규정들의 종합적으로 판단하건대, 대표소송을 제기하는 주권상장법인의 소수주주가 제소 후 발행주식을 전혀 보유하지 않게 된 경우에는 그러한 주주의 제소는 부적법한 것으로 보아야 한다"고 판시하였다. 또한 구 증권거래법(2007.8.3. 법률 제8635호 자본시장과 금융투자업에 관한 법률 부칙 제2조로 폐지) 제191조의 13 제1항은 "상법 제403조 제1항에 규정된 소수주주권의 행사요건(발행주식 총수의 100분의 1 이상)을 완화한 것에 불과할 뿐 상법 제403조 제2항 내지 제7항의 적용을 배제하는 취지라고 보기는 어려우므로, 대표소송을 제기하는 주권상장법인의 소수주주들이 제소 시에 그들의 보유주식수 합계가 6월 전부터 계속하여 발행주식 총수의 1만분의 1 이상이기만 하면 제소 후 보유주식수가 그 이하로 감소한 경우에도 제소의 효력에 영향이 없는 것으로 보아야 한다."고 하였다.

2) 대법원의 판단

대법원은 "원고들은 상법 제403조 제5항 '(발행주식을 보유하지 않게 된 경우를 제외한다)'는 부분은 제소를 한 전체 주주를 기준으로 판단되어야 한다는 취지이지 제소주주 구성원 개개인별로 주식보유 여부를 살펴 제소의 적격 여부가 판단되어서는 아니 된다고 하면서, 소 제기 이후 주식을 처분한 일부 주주들에게도 주주대표 소송을 제기한 적격이 인정되어야 한다"는 원고의 주장을 거부하면서, "회사에 대하여 이사의 책임을 추궁할 소의 제기를 청구할 때와 회사를 위하여 그 소를 제기할 때 보유주식을 합산하여 상법 또는 구 증권거래법이 정하는 주식보유요건을 갖추면 되고, 소 제기 후에는 보유주식의 수가 그 요건에

---

164 서울고등법원 2011.6.16. 선고 2010나70751 판결.

미달하게 되어도 무방하지만, 대표소송을 제기한 주주 중 일부가 주식을 처분하는 등의 사유로 주식을 전혀 보유하지 아니하게 되어 주주의 지위를 상실하면, 특별한 사정이 없는 한 그 주주는 원고적격을 상실하여 그가 제기한 부분의 소는 부적법하다"고 판시하였다.

3. 소결

1) 소 제기와 주식보유

상법은 비상장회사(제403조 제1항 전단, 제408조의 9)와 상장회사(제542조의6 제6항)에 대하여 일정비율에 해당하는 주식을 보유하는 경우에 소를 제기할 수 있도록 하고 있다. 대표소송을 제기하는 소수주주가 소 제기시부터 변론종결시까지 그가 보유해야 할 소수주주의 비율을 유지해야 한다는 주장이 제기될 수도 있다. 그렇게 된다면, 제소시 대표소송을 제기할 수 있는 주식보유비율이 유지되었다 할지라도 변론종결 전에 일부주주가 이탈하여 당사자적격을 갖추지 못하여 그 소가 각하될 수가 발생하게 된다.[165]

회사나 피고 측이 일부주주를 회유하여 그 소에서 이탈하도록 할 수 있다는 점과 소가 장기화되는 경우 원고들의 주식양도를 할 수 없는 어려움을 고려하여, 1998년 개정상법은 제5항을 신설하여 소수주주가 보유하여야 할 주식의 비율은 '소 제기시'에만 유지하면 되고, 그의 보유주식이 제소 후 일정한 비율 미만으로 감소한 경우라 할지라도 제소의 효력에는 영향이 없도록 하였다.[166] 결국 소수주주가 '소 제기시'에 해당되는 주식의 비율을 유지하기만 하면 대표소송을 제기함에 있어서는 하등 문제가 없다고 하겠다. 다만, 1주 이상을 가지고 있어야만 당사자적격을 유지할 수 있다는 점에 유의해야 한다.

2) 주식보유와 당사자적격

대표소송은 주주의 권리에 해당하므로 주주의 주식비율의 감소와 달리 발행주식을 보유하지 않아 주주의 지위를 상실한 경우에는 더 이상 회사와 이해관계를 가지고 있는 것이 아니므로 당사자적격이 없다는 주장[167]과 제일은행과 관련된 주주대표소송에서 '제소 후에 원고들의 보유주식이 모두 무상 소각된 결과 대표소송의 원고적격이 상실한다.'는 2002년

---

[165] 최준선, 『회사법』, 제9판, 삼영사, 2014, 557면.
[166] 법무부, 상법개정공청회자료, 1998년 4월 1일, 29면.
[167] 정찬형, 『상법강의(상)』, 박영사, 2012, 1018면; 이철송, 『회사법강의』, 제20판, 박영사, 2012, 791면.

대법원 판결[168]이 있기는 하지만, 금번 대법원 판시요지를 보면, "특별한 사정이 없는 한 그 주주는 원고적격을 상실하여 그가 제기한 부분의 소는 부적법하게 되고…"라는 부분에 주목해 볼 필요가 있다. 이 표현을 보건대, 대법원 역시 주주지위가 상실하게 되면 원고적격의 상실이 원칙이지만, 특별한 사정이 있다고 한다면 원고적격이 인정될 수 있음을 시사하고 있다고 하겠다.

주주지위의 상실에 대하여 자발적인 의사와 비자발적 의사를 구분하여, 자발적인 경우에 해당한다고 하면 주주의 지위가 상실되는 것이 당연하지만 비자발적인 이유로 인하여 주식을 처분한 경우라면 예외적으로 원고적격을 유지해야 한다는 주장[169]이 있다. 동 주장에 따르면, 타인에 의하여 비자발적으로 주식을 전량 처분할 수밖에 없어 그 결과 주주의 지위를 상실하게 되는 경우가 바로 비자발적인 의사에 해당되어 원고적격이 유지될 수 있을 것이다. 그러나 자발적 의사에 해당되는 경우라 할지라도 원고적격을 유지할 필요가 있는 상황 역시 발생가능성이 있다는 주장[170]도 제기된다. 주주의 대표소송에서 승리를 했다고 할지라도 주주의 실익이 그리 많지 않은 경우를 상상해 볼 수 있는데, 이 경우 노력에 투입되는 비용에 비하여 큰 실익이 없는 경우 회사의 경영에 참여하거나 이사를 감시하려는 마음이 없어 집단행동의 문제에 직면하게 되면, 주주의 자발적인 주식처분으로 이어질 수 있다는 것이다. 만약 이러한 상황이라고 한다면, 자발적인 주식처분이라 할지라도 원고적격을 유지해야 할 필요성이 없는 것도 아니라 하겠다. 대법원은 '특별한 사정'에 대하여 구체적으로 언급하고 있지 않지만, 이와 같이 구체적으로 언급하지 않고 있는 것은 제소한 주주의 일부가 주식을 전부 양도하게 된 원인을 고찰하여 당사자적격의 유지 여부를 판단해야 할 필요성을 인정하고 있는 것이라 하겠다.

---

168 대법원 2002.3.15. 선고 2000다9086 판결.
169 안성포, "주주대표소송과 원고적격성", 『비교사법』 제12권 제1호, 2005, 485면 이하.
170 권재열, "모회사의 이사에 대한 자회사의 실권자 배정에 관련된 몇 가지 쟁점의 검토-대법원 2013.9.12. 선고 2011다57869 판결을 대상으로 하여", 『선진상사법률연구』 통권 제65호, 2013, 25면 이하.

Ⅳ. 이사의 자기거래행위금지 여부

1. 회사법상 자기행위

1) 의의

자기행위금지는 비단 개인법의 영역에만 머무르지 않고, 회사법의 영역까지 확장된다. 주식회사의 경우 상법 제398조가 자기거래를 제한하고 있다. 이사의 자기거래제한은 이사의 직접적인 자기거래행위뿐만 아니라 간접적인 자기거래행위에도 적용된다.[171] 간접적인 자기거래로는 이사가 개인적으로 제3자의 채무를 부담하는 때에 회사가 그 채권자의 채무를 인수하는 경우라든가 연대보증을 하는 경우를 들 수 있다.[172] 2011년 회사법이 개정되기 전 상법 제398조를 보면, 이사가 회사의 기관으로서 업무집행과 대표권을 행사하면서 회사이익을 침해할 가능성이 있는 자기행위를 금지하고 있었다. 개인법상 대리인이 본인의 이익을 침해하고자 하는 면을 예방하고자 하는 측면이 있다고 한다면, 대리인과 같은 지위에 있는 이사가 회사의 이익을 침해하고자 하는 우려를 예방하기 위하여 상법 제398조는 민법 제124조와 일맥상통하고 있다고 하겠다.

2) 범위

현 상법 제398조는 '이사 등과 회사 간의 거래'라는 제목으로 이사뿐만 아니라 특수한 지위에 있는 자들까지 자기거래행위를 제한하고 있다.[173] 2011년 회사법이 개정되면서 주요 주주 및 그와 이해를 같이 하는 소정의 특수관계인 등으로 그 범위를 확장한 것이다. 이들 역시 회사의 거래당사자로 등장하면서 회사의 이익을 침해할 수 있다는 점을 고려하여, 자기거래행위의 대상으로 포함시킨 것이다. 이사회의 승인이 있는 경우에는, 이사의 자기행위가 허용될 수 있다.

3) 이사회 승인 여부

'주식회사의 대표이사가 회사를 대표하여 회사의 제3자에 대한 채권을 대표이사 자신에

---

171 대법원 1984.12.11. 선고 84다카1591 판결.
172 대법원 1996.5.28. 선고 95다12101, 12118 판결.
173 이철송, 『회사법강의』, 제20판, 박영사, 2012, 734면.

게 양도하는 행위가 상법 제398조에 정한 이사의 자기거래에 해당하는지 여부' 및 '위 행위에 대하여 이사회 결의가 있었거나 이사회 승인을 요하지 않는다는 점에 대한 증명책임'에 대한 다툼이 벌어질 수 있다. 대법원은 다음과 같이 판시하고 있다.[174]

대법원 2006.03.09. 선고 2005다65180 판결

대법원은 "주식회사의 대표이사가 회사를 대표하여 회사의 제3자에 대한 채권을 대표이사 자신에게 양도하는 행위는 상법 제398조 소정의 이사의 자기거래행위에 해당하여 이사회의 결의를 거쳐야 할 것인바, 위 채권양도행위에 대하여 이사회의 결의가 있었다거나 그것이 회사의 기존채무 이행을 위하여 행해진 것으로 이사회의 승인을 요하지 않는다는 점에 대하여는 당해 이사가 스스로 주장·입증하여야 할 것이다."라고 판시하였다.

대법원 2005.05.27. 선고 2005다480 판결

대법원은 "주식회사의 대표이사가 회사를 대표하여 대표이사 개인을 위하여 그의 개인 채권자인 제3자와 사이에 연대보증계약을 체결하는 것과 같이 상법 제398조 소정의 이사의 자기거래행위에 해당하여 이사회의 결의를 거쳐야 함에도 이를 거치지 아니한 경우라 해도, 그와 같은 이사회 결의사항은 회사의 내부적 의사결정에 불과하므로 그 거래상대방이 위 이사회 결의가 없었음을 알았거나 중대한 과실로 알지 못한 경우가 아니라면 그 거래행위는 유효하다 할 것이고(대법원 1984. 12. 11. 선고 84다카1591 판결, 대법원 1996. 1. 26. 선고 94다42754 판결 등 참조), 이 때 거래상대방이 이사회 결의가 없음을 알았거나 알 수 있었던 사정은 이를 주장하는 회사가 주장·입증하여야 할 사항에 속하므로 특별한 사정이 없는 한 거래상대방으로서는 회사의 대표자가 거래에 필요한 회사의 내부절차는 마쳤을 것으로 신뢰하였다고 보는 것이 일반 경험칙에 부합하는 해석이라 할 것이다(대법원 1990. 12. 11. 선고 90다카25253 판결 참조)."라고 판시하였다.

2. 자기거래의 대상과 이사회 승인

1) 법원의 입장

원심에 따르면, "갑 백화점(모회사) 이사회가 그 백화점이 100% 지분을 출자하여 설립한 을 백화점(자회사)의 유상증자에 대하여 신주인수권을 전부 포기하기로 의결함에 따라, 백화점(자회사) 이사회가 신주를 실권 처리하여 백화점(모회사) 이사에게 제3자 배정함으로

---

[174] 대법원 2006.03.09. 선고 2005다65180 판결.

써 그 이사가 이를 인수하여 을 백화점(자회사) 지배주주가 되자, 갑 백화점(모회사) 소수주주들이 그 이사는 상법에 규정되어 있는 이사의 자기거래에 해당하는 신주 인수를 이사회 승인 없이 하고 나머지 이사들은 그러한 신주 인수를 가능하게 하여 갑 백화점(모회사)에 손해를 입혔음을 이유로 손해배상을 구한 사안에서, 신주 인수의 일방 당사자가 갑 백화점(모회사)이 아닌 을 백화점(자회사)인 이상 이사의 신주 인수는 갑 백화점(모회사)에 대한 관계에서 이사의 자기거래에 해당하는 것으로 보기 어렵고, 을 백화점(자회사)이 갑 백화점(모회사)이 100% 지분을 가진 자회사였다고 하여 달리 볼 수 없다"고 판시하고 있다.

대법원 역시 "자회사가 모회사의 이사와 거래를 한 경우에는 설령 모회사가 자회사의 주식 전부를 소유하고 있더라도 모회사와 자회사는 상법상 별개의 법인격을 가진 회사이고, 자회사와 모회사의 이사 간 거래로 인한 불이익이 있다고 할지라도 그것은 자회사에게 돌아갈 뿐 모회사는 간접적인 영향을 받는데 지나지 않는다."고 하면서, 자회사의 거래를 곧 바로 모회사의 거래와 동일시 볼 수는 없다고 하였다. 자기거래에서 이사의 상대방은 이사 자신의 회사에 국한되어야 한다는 점을 설시하면서 대법원은 "모회사의 이사와 자회사의 거래는 모회사와의 관계에서 구 상법 제398조가 규율하는 거래에 해당하지 아니하고, 모회사의 이사는 그 거래에 관하여 모회사 이사회의 승인을 받아야 하는 것은 아니다"라고 판시하고 있다.

2) 완전 모·자회사의 법인격부인 여부

(1) 법인격부인의 개념

주식회사에 회사와 그 구성원인 주주는 구별되는 별개의 인격체에 해당하지만, 이 양자의 분리원칙을 관철하는 것이 정의와 형평의 이념에 맞지 않는 경우에는 회사의 법인격을 부인하고 회사와 그 구성원을 동일인격으로 취급하여, 회사의 채권자가 회사가 아닌 주주에게 책임을 묻는 것이 바로 법인격부인의 법리이다.[175] 이러한 법인격부인의 법리는 판례에서 회사와 자연인 사이의 동일시에서 머무르지 않고 회사와 회사의 동일시로 논의로 확대하여 전개되었다.[176]

---

175 정동윤, 『회사법』, 제7판, 법문사, 2001, 21면.

176 대법원 2004.11.22. 선고 2002다66892 판결에서 "기존회사가 채무를 면탈할 목적으로 기업의 형태·내용이 실질적으로 동일한 신설회사를 설립하였다면, 신설회사의 채무면탈이라는 위법한 목적달성을 위하여 회사제도를 남용한 것이므로, 기존회사의 채권자에 대하여 위 두 회사가 별개의 법인격을 갖고 있음을 주장하는 것은 신의성실의 원칙상 허용될 수 없다 할 것이어서 기존회사의 채권자는 위 두 회사 어느 한쪽에 대하여서도 채무의 이행을 청구할 수 있다"고 판시하고 있다.

(2) 모회사와 자회사의 동일시 여부

모회사가 자회사의 독자적인 법인격을 주장하는 것이 법인격의 남용에 해당하기 위한 요건으로서 "친자회사는 상호간에 상당 정도의 인적·자본적 결합관계가 존재하는 것이 당연하므로, 자회사의 임·직원이 모회사의 임·직원 신분을 겸유하고 있었다거나 모회사가 자회사의 전 주식을 소유하여 자회사에 대해 강한 지배력을 가진다거나 자회사의 사업 규모가 확장되었으나 자본금의 규모가 그에 상응하여 증가하지 아니한 사정 등만으로는 모회사가 자회사의 독자적인 법인격을 주장하는 것이 자회사의 채권자에 대한 관계에서 법인격의 남용에 해당한다고 보기에 부족하고, 적어도 자회사가 독자적인 의사 또는 존재를 상실하고 모회사가 자신의 사업의 일부로서 자회사를 운영한다고 할 수 있을 정도로 완전한 지배력을 행사하고 있을 것이 요구되며, 구체적으로는 모회사와 자회사 간의 재산과 업무 및 대외적인 기업거래활동 등이 명확히 구분되어 있지 않고 양자가 서로 혼용되어 있다는 등의 객관적 징표가 있어야 하며, 자회사의 법인격이 모회사에 대한 법률 적용을 회피하기 위한 수단으로 사용되거나 채무면탈이라는 위법한 목적 달성을 위하여 회사제도를 남용하는 등의 주관적 의도 또는 목적이 인정되어야 한다."고 하면서 밝힌 대법원의 판시[177]를 고려해 보건대, 모회사가 자회사 지분 100%를 소유하고 있고 자회사는 모회사와 계약을 통하여 상품구매를 대행하는 동시에 모회사가 자회사 경영일반을 관리하면서 자회사를 사실상 모회사의 지점처럼 운영하고 있다고 할지라도, 이를 근거로 하여 모회사와 자회사를 동일시하여 법인격의 부인을 인정하는 것은 성급한 판단일 것이다. 다만, 신세계는 신주 인수를 포기하고 자기의 지배하에 있는 자회사 경영진을 통하여 동일한 조건으로 이사인 피고에게 신주를 배정하고 있다는 점을 고려하여, 자회사의 신주 배정에 모회사가 직접 또는 간접적으로 관여한 것이라는 추정은 가능할 것이다.[178] 또한 모회사가 직·간접적으로 자회사에 영향력을 행사하여 자회사의 독립성이 존재하지 않은 상태에서, 신주인구권을 피고에게 양도한 것과 같은 결과를 초래하도록 하였다면, 구 상법 제398조의 적용대상에 포함될 여지가 없는 것은 아니라 하겠다.[179]

---

177 대법원 2006.8.25. 선고 20004다26119 판결.
178 김택주, "2013년 회사법 판례 회고, 2013년 상법 각 분야별 대법원 판례의 동향과 분석", 한국상사판례학회자료집, 2014, 13면.
179 이철송, 『회사법강의』, 제22판, 박영사, 2014, 742면에서 회사가 발행하는 신주를 이사가 제3자 배정 방식으로 인수하거나 실권주를 인수하는 것은 이사와 회사 간의 이사충돌의 우려가 있다고 주장한다.

3) 이사회의 동의 여부

자회사와 모회사가 상법상 별개의 법인격을 가지고 있으므로 자회사가 한 그 모회사의 이사와의 거래는 거래주체가 상법 제398조에서 정하고 있는 제한대상에 포함되지 않을뿐더러 모회사 이사회의 승인이 요구되지 않는다고 대법원은 판시하고 있다. 이에 대하여 실질적인 관계에서 신주인수권의 양도에 의하여 모회사의 이사(피고)가 신세계와 거래한 것과 같은 결과를 초래하였으므로 이사회의 승인이 요구된다는 주장[180]도 있고, 회사법이 수권자본제를 택한 것은 자본조달의 기동성을 확보하기 위한 것인데, 신주를 발행하는 과정에서 기존 주주의 이익이 침해되지 않는다고 한다면, 신주를 일단 주주방식으로 배정하였고 그 후 실권되어 그 발행조건에 변경이 없다면 회사의 자본충실에 반하는 것이 아니므로 이사는 자유롭게 실권주를 제3자에게 배정할 수 있다는 대법원의 판결[181]을 인용하면서, 이사회의 승인은 요구되지 않는다는 주장[182]도 있다.

3. 소결

금번 판결은 이 판결에 연장선상에서 광주신세계가 단지 신세계의 완전자회사라는 이유만으로는 자회사의 법인격을 부인할 수 없음을 재차 강조하고 있다. 더 나아가 자회사가 모회사의 이사와 거래를 한 경우, 설령 모회사가 자회사의 주식 전부를 가지고 있다고 할지라도 모회사와 자회사는 상법상 별개의 법인격을 가진 회사이고, 그 거래로 인한 불이익은 자회사에게 돌아가는 것일뿐 모회사는 간접적인 영향을 받는데 지나지 않는다고 하면서, 자회사의 거래를 모회사의 거래와 동일시하는 것을 거부한 것은 타당한 판단이다. 법인격의 부인이 탄생하게 된 것은 회사의 채권자가 법인재산으로 자신의 채권을 확보할 수 없는 경우에, 최후의 방법으로 법인 뒤에 숨어 있는 실체인 자연인에게 책임을 묻는 방식이다. 다만, 법인과 법인 사이의 동일성은 두 회사의 주주가 동일한 인물이라는 측면을 고려하여, 양회사는 동일한 것으로 인정하는 판례가 없는 것은 아니다. 그러나 법인의 독립성을 함부로 해하지 않고자 하는 대법원은 그 적용에 있어서는 매우 신중한 판단을 하고 있다고 하겠다.

---

180 김택주, "2013년 회사법 판례 회고, 2013년 상법 각 분야별 대법원 판례의 동향과 분석", 한국상사판례학회자료집, 2014, 14면.

181 대법원 2009.5.29. 선고 2007도4949 판결.

182 권재열, "모회사의 이사에 대한 자회사의 실권자 배정에 관련된 몇 가지 쟁점의 검토-대법원 2013.9.12. 선고 2011다57689 판결을 대상으로 하여", 『선진상사법률연구』 통권 제65호, 2013, 31면.

2020년 12월 29일 개정 상법에 다중대표소송제도가 도입되었다. 자회사 이사의 임무해태로 자회사에 손해가 발생한 경우, 모회사의 주주가 자회사 이사를 상대로 대표소송을 제기할 수 있는지 문제된다. 판례는 제403조의 법문상 원고가 될 수 있는 것은 당해회사의 주주에 국한된다 는 이유로 이를 부정하였으나, 2020년 상법개정(제406조의2)으로 이를 인정하였다. 모회사 발행주식총수의 100분의 1 이상에 해당하는 주식을 가진 주주는 자회사에 대하여 자회사 이사의 책임을 추궁할 소의 제기를 청구할 수 있다(제406조의2 제1항).

상법 제398조는 이사와 회사 사이의 거래에 관하여 이사회의 승인을 얻도록 하고 있는 이유는 이사가 그 지위를 이용하여 회사와 직접 거래를 하거나, 이사 자신의 이익을 위하여 회사와 제3자간에 거래를 함으로써 이사 자신의 이익을 도모하는 것을 예방하고자 하는데 있다. 이는 회사 및 주주에게 손해가 돌아가도록 하는 결과를 초래하기 때문이다. 다만, 이사와 회사 사이의 거래라고 하더라도 양자 사이의 이해가 상반되지 않고 회사에 불이익을 초래할 우려가 없는 때에는 이사회의 승인을 얻을 필요가 없다.[183] 실권주를 이사에게 처분하는 결정이 이사회에서 이미 이루어졌는데, 또 다시 상법 제398조의 적용을 받아 이사회의 동의를 받아야 하는 것이 의미가 있을지 의문이다. 실권주의 처분을 이사회의 자기거래로 취급할 실익이 없다는 것을 의미한다.

V. 이사의 경업금지의무위반 여부

1. 이사의 경업금지의무

1) 의의

상법 제397조는 경업금지를 규정하고 있다. 이사는 이사회의 승인이 없으면 자기 또는 제3자의 계산으로 회사의 영업부류에 속한 거래를 하거나 동종영업을 목적으로 하는 다른 회사의 무한책임사원이나 이사가 되지 못한다(제1항). 제1항은 이사의 경업금지와 겸직금지를 규정하고 있지만, 이를 통틀어 이사의 경업금지라고도 한다.[184] 이사가 제1항의 규정에 위반하여 거래를 한 경우에 회사는 이사회의 결의로 그 이사의 거래가 자기의 계산으로 한 것인 때에는 이를 회사의 계산으로 한 것으로 볼 수 있고 제3자의 계산으로 한 것인 때에는

---

183 대법원 2010.3.11. 선고 2007다71271 판결.
184 이철송, 『회사법강의』, 제20판, 박영사, 2012, 723면.

그 이사에 대하여 이로 인한 이득의 양도를 청구할 수 있다(제2항). 제2항은 회사의 개입권을 규정하고 있다고 하겠다. 제2항의 권리는 거래가 있은 날로부터 1년을 경과하면 소멸한다(제3항). 제3항은 제척기간으로 일정한 기간이 도과하면, 제2항이 인정하고 있는 개입권을 행사할 수 없음을 규정하고 있다.

우리 상법 제397조는 독일 주식법 제88조를 수용한 개정 전 일본 상법 제264조를 계승하고 있다. 독일 주식법 제88조는 총 3개의 항으로 이루어져 있었다. 제1항은 "이사는 감사회의 허락 없이 상업을 영위하거나 자기 또는 제3자의 계산으로 회사의 영업부류에 속하는 거래를 하지 못한다. 이사는 허락 없이 다른 회사의 이사, 업무집행사원 또는 무한책임사원이 되지 못한다. 감사회의 허락은 단지 특정한 상업 또는 회사, 특정한 거래의 종류로 이루어질 수 있다"고 규정하고 있다. 제2항은 "이사가 이러한 금지를 위반한 경우, 회사는 손해배상을 청구할 수 있다. 회사는 그 대신에 자기의 계산으로 한 거래는 회사의 계산으로 한 것으로 할 수 있고, 제3자의 계산으로 한 거래로부터 얻은 이득을 반환하거나 이득에 대한 청구권의 양도를 요구할 수 있다"고 규정하고 있으며, 제3항은 "회사의 청구권은 나머지 이사 또는 감사회의 구성원이 손해배상을 유발하는 행위를 인식했어야만 했던 또는 중과실 없이 인식했어야만 했던 시점으로부터 3개월이 경과하면 소멸한다. 회사의 청구권은 인식에 대한 또는 중과실로 인식하지 못한 것에 대한 고려 없이 그 거래가 있은 날로부터 5년이 경과하면 소멸한다."[185]

이사의 경업금지에 관한 규정은 이사가 자신의 지위를 이용하여 회사의 비용으로 얻어진 영업기회에 대한 유용을 제한하고, 회사의 업무에 전념해야 하는 이사의 법정책임이다.[186] 이사회의 승인이 있다면 경업거래와 겸직거래가 가능하게 된다. 다만, 이사회를 두고 있지 않은 소규모가 회사라고 한다면, 이사회에 갈음하여 주주총회가 보통결의로 승인을 하면 된다. 1995년 상법 개정을 통하여 주주총회에서 이사회로 변경이 이루어졌다. 이는 승인절차의 간소화 필요성에 대한 요구뿐만 아니라, 자기거래승인이 이사회로 정하고 있기 때문

---

185 일본 회사법 제356조는 제1항 "이사는 다음에 언급한 경우에는 주주총회에서 당해 거래에 관해 중요한 사항을 개시하고 그 승인을 얻어야 한다. 1. 이사가 자기 또는 제3자를 위해 주식회사의 사업부류에 속하는 거래를 하고자 할 때. 2. 이사가 자기 또는 제3자를 위해 주식회사와 거래를 하고자 할 때. 3. 주식회사가 이사의 채무를 보증하는 것 그 밖에 이사 이외의 자와 사이에서 주식회사와 당해 이사와의 이익이 상반되는 거래를 하고자 할 때"로 하고 있다. 제2항 "민법 제108조의 규정은 전항의 승인을 받은 동한 제2호의 거래에 관해서는 적용하지 아니한다."

186 이철송, 『회사법강의』, 제20판, 박영사, 2012, 723면.

에 규형을 맞추고자 하는 의도도 있었던 것이다.

이미 살펴본바와 같이, 독일은 경업의 승인기관으로 감사회로 하고 있고, 이사의 상업(Handelsgewerbe)을 영위하는 것을 금지하고 있는 동시에 겸임금지의 범위가 동종영업을 목적으로 하는 회사만이 아니라 다른 모든 상사회사로 확장되어 적용된다. 일본은 주주총회가 경업의 승인으로 기관으로 하고 있다.

2) 입법목적

동 규정은 이사가 그 지위를 이용하여 자신의 개인적 이익을 추구함으로써 회사의 이익을 침해할 우려가 큰 경업을 금지하여 이사로 하여금 선량한 관리자의 주의로써 회사를 유효적절하게 운영하여 그 직무를 충실하게 수행하여야 할 의무를 다하도록 하려는 데 있다.[187] 이사가 영업상의 지식과 비밀을 이용하여 회사의 이익을 희생시키면서 자기 또는 제3자의 이익을 추구하는 것을 방지함으로써 회사를 보호하기 위하여 명시적으로 이사의 선관의무와 충실의무를 구체화한 규정이라 하겠다.[188]

2. 판례의 입장

1) 의의

이사의 경업금지의무를 규정하고 있는 상법 제397조와 관련하여, 두 가지 쟁점사안이 발생하였다. 첫째는 '이사가 경업 대상회사의 지배주주도 다른 회사의 무한책임사원이나 이사가 되지 못하도록 하는 그 대상에 해당되는지의 여부'에 관한 사항이다.[189] 만약 지배주주도 경업대상의 범위에 해당된다면, 상법 제397조 제1항의 이사회 승인을 받아야 할 것이다. 둘째는 '이사가 실질적으로 그가 속한 회사의 지점 내지 영업부문으로 운영되고 공동의 이익을 추구하는 관계에 있는 다른 회사의 지배주주가 되려는 경우, 자신이 속한 회사 이사회의 승인을 얻어야 하는지에 관한 문제'이다.

---

187 대법원 2013.9.12. 선고 2011다57869 판결.
188 대법원 1990.11.2. 선고 90마745 판결.
189 자세히는 천경훈, "신세계 대표소송의 주요 쟁점 – 자기거래, 경업, 회사기회유용", 한국상사법학회 2014년 동계학술대회, 2014, 8면 이하.

2) 자회사 지배주주의 경업금지위반 여부

상법상 이사의 경업금지의무는 회사와 이사 사이의 이익충돌을 방지하고자 하는 목적에서 규정되었다. 원고들은 피고 1(모회사의 이사)이 이 사건 신주의 인수로 광주신세계에 대한 지배지분을 취득하여 광주신세계의 사실상의 주재자로서 백화점업을 영위하게 되었는바, 이는 백화점업을 영위하고 있는 신세계의 이사인 피고 1이 신세계와 경업하는 것이므로 신세계 소수주주들이 광주신세계의 지배주주가 된 피고 1에게 상법 제397조에서 정하고 있는 경업금지의무를 위반을 이유로 손해배상청구를 하였다.

원심은 "신세계는 수도권을 영업지역으로 하고 광주신세계는 광주지역을 영업지역으로 하고 있어 양자가 영업지역을 달리하고 있는데, 신세계가 광주신세계와 별도로 광주지역에 지점 형태의 영업을 계획하고 있지 아니한 이상 양자 사이에 경업관계가 발생한다고 보기 어려우므로 양자가 경업관계에 있음을 전제로 한 원고들의 위 주장은 이유가 없다"고 하였다. 원심은 영업지역을 고려하여 경업 여부를 판단한 것이라 볼 수 있고, 그러는 한 광주신세계의 지배주주가 된 자는 상법 제397조 제1항의 이사가 부담하는 경업금지의무는 부담하지 않아도 된다.

영업지역을 고려하여 광주신세계의 지배주주가 된다 할지라도 경업금지의무를 부담할 필요가 없다는 취지로 판단한 원심과 달리, 대법원은 "어느 두 회사가 단순히 영업지역을 달리한다는 것만으로 경업관계에 있지 않은 것으로 볼 수 없다고 하면서, 두 회사의 지분소유 상황과 지배구조, 영업형태, 동일하거나 유사한 상호나 상표의 사용 여부, 시장에서 두 회사가 경쟁자로 인식되는 지 여부 등 거래 전반의 사정을 고려하여 실질적인 관점에서 판단해야 한다"고 제시하면, "제397조 제1항에서 '이사는 이사회의 승인이 없으면 자기 또는 제3자의 계산으로 회사의 영업부류에 속한 거래를 하거나 동종영업을 목적으로 하는 다른 회사의 무한책임사원이나 이사가 되지 못한다'라고 규정한 입법취지는, 이사가 그 지위를 이용하여 자신의 개인적 이익을 추구함으로써 회사의 이익을 침해할 우려가 큰 경업을 금지하여 이사로 하여금 선량한 관리자의 주의로써 회사를 유효적절하게 운용하여 그 직무를 충실하게 수행하여야 할 의무를 다하도록 하는데 있다"고 하면서,[190] 이사는 경업대상 회사의 이사, 대표이사가 되는 경우뿐만 아니라 그 회사의 지배주주가 되어 그 회사의 의사결정과

---

190 대법원 1993.4.9. 선고 92다53583 판결.

업무집행에 관여할 수 있게 되는 경우에도 경업금지의무를 부담해야 한다고 판시하였다.

3) 지배주주의 경업금지의무위반 시 이사회 승인 여부

이사가 동종영업을 하는 다른 회사의 주식을 취득하여 지배주주가 된 경우에도 상법 제397조에 따른 이사회의 승인을 요하는가에 대한 물음이 제기되었다. 원심은 "신세계는 수도권을 영업지역으로 하고 광주신세계는 광주지역을 영업지역으로 하고 있어 양자가 영업지역을 달리하고 있다"는 점을 고려하여 "신세계가 광주신세계와 별도로 광주지역에 지점 형태의 영업을 계획하고 있지 아니한 이상 양자 사이에 경업관계가 발생한다고 보기 어렵다"고 전제한 후, 신세계의 이사가 신주를 인수하여 광주신세계의 지배주주가 된 것은 상법 제397조에 따라 신세계 이사회의 승인을 받아야 하는 경업에 해당하지 않는다고 판시하였다.

대법원은 이사는 경업 대상 회사의 이사, 대표이사가 되는 경우뿐만 아니라 그 회사의 지배주주가 되어 그 회사의 의사결정과 업무집행에 관여할 수 있게 되는 경우라면, 그 자신이 속한 회사 이사회의 승인을 얻어야 하는 것으로 보고 있다. 그러나 대상판결과 관련하여, 경업 대상 여부를 판단하기 위해서는 "두 회사의 지분소유 상황과 지배구조, 영업형태, 동일하거나 유사한 상호나 상표의 사용 여부, 시장에서 두 회사가 경쟁자로 인식되는지 여부 등 거래 전반의 사정"을 고려해야 한다고 하면서, "회사가 실질적으로 이사가 속한 회사의 지점 내지 영업부문으로 운영되고 공동의 이익을 추구하는 관계에 있다면 두 회사 사이에는 서로 이익충돌의 여지가 있다고 볼 수 없고, 이사가 위와 같은 다른 회사의 주식을 인수하여 지배주주가 되려는 경우에는 상법 제395조가 정하는 바와 같은 이사회의 승인을 얻을 필요가 없다"고 판시하였다.

3. 영업부류에 속하는 거래와 동종영업

1) 영업부류에 속하는 거래

상법 제397조는 업무를 집행하는 이사가 회사의 이익과 충돌될 수 있는 영업부류를 금지하도록 함으로써 회사의 이익을 보호하고자 하는 목적을 가지고 있다. 그렇다면 회사의 영업부류에 속하는 거래라 함은 회사가 실제 행하는 사업과 시장에서 경합하고, 회사와 이사 사이에 이해충돌의 가능성이 있는 거래를 의미하는 것으로 보아야 할 것이다. 운송업을 하는 회사의 이사가 운송주선업을 하는 경우라든가, 건설장비판매회사의 이사가 건설장비임

대업을 하는 경우를 들 수 있을 것이다.[191]

2) 동종영업

겸직금지와 관련하여 대법원은 "경업의 대상이 되는 회사가 영업을 개시하지 못한 채 공장의 부지를 매수하는 등 영업의 준비작업을 추진하고 있는 단계에 있다 하여 위 규정에서 말하는 동종영업을 목적으로 하는 다른 회사가 아니라고 볼 수는 없다"고 판시한 바 있다.[192] 회사의 대표이사로서 주주총회의 승인 없이 동 회사와 동종 영업을 목적으로 하는 소외 한국하이콘주식회사(이하 소외 회사라 한다)를 설립하고 소외 회사의 이사 겸 대표이사가 되어 영업을 위하여 공장 부지를 매수하는 등의 영업준비작업을 하여 오다가 원고로부터 항의를 받고 소외 회사의 이사 및 대표이사직을 사임한 사건에서, 대법원은 비록 회사가 영업을 하고 있지 않은 단계에 있다고 할지라도 동종영업을 목적으로 하는 다른 회사에 해당하는 것으로 보았던 것이다.

4. 소결

경업관계에 속하는가 여부는 이사가 회사의 영업부류에 속하는 거래를 하고 있는지 여부라는 형식적 기준에 의하여 판단해야 한다는 입장[193]이 있다. 상법 제397조의 이사회 승인이 요구되는 경업이 실질적 요소를 고려해서 판단되는 것이 아닌 한 회사의 이사가 회사의 영업부류에 속하는 영업을 하는 다른 회사의 지배주주가 되는 경우에도 경업관계가 성립할 수 있다는 것이다. 사실상 자회사의 사업이 모회사의 지점처럼 운영되고 모회사의 이사가 자회사의 지배주주가 되면 모회사와 그 이사 사이에는 이익충돌이 있을 수 있다는 것이다. 피고 1의 경우 신세계의 이사로 있으면서 같은 업을 영위하는 광주신세계의 대주주가 되었고, 두 회사는 독립된 회사로서 이익의 귀속도 독립적으로 이루어지므로 피고 1이 신세계의 이익을 희생하면서 광주신세계의 이익을 추구할 가능성이 있다는 주장[194] 역시 같은 맥락이

---

191 이철송, 『회사법강의』, 제20판, 박영사, 2012, 724면.

192 대법원 1993. 4. 9. 선고 92다53583 판결.

193 최문희, "실권주에 관한 법적 쟁점의 검토 – 최근 판례를 소재로 하여", 『상사법연구』 제32권 제3호, 2013, 149면.

194 김택주, "2013년 회사법 판례 회고, 2013년도 상법 각 분야별 대법원 판례의 동향과 분석", 상사판례학회 자료집, 2014, 15면.

다. 동 주장에 따르면, 오히려 신세계의 지원이 이루어질수록 이해대립의 관계는 더 커진다고 보며, 인접지역에서 영업을 하는 경우 이해충돌이 명백한데 지리적 인접성을 요구하지 않는다는 점을 더하여 판단하면 이러한 관계는 지속된다는 점을 든다.

위의 주장과 달리, 대법원은 "대상판결에서 회사가 실질적으로 이사가 속한 회사의 지점 내지 영업부문으로 운영되고 공동의 이익을 추구하는 관계에 있다면 두 회사 사이에는 상호 경쟁할 이유가 없고, 동일한 기업 간 같은 상표를 사용하고 실질상 경영지도를 받거나 협력하는 관계에 있는 경우라면, 이익충돌의 염려가 없기 때문에 상법 제397조의 경업금지는 발생하지 않는다"고 하였다. 그러나 "이사는 경업 대상 회사의 이사, 대표이사가 되는 경우뿐만 아니라 그 회사의 지배주주가 되어 그 회사의 의사결정과 업무집행에 관여할 수 있게 되는 경우에도 자신이 속한 회사 이사회의 승인을 얻어야 하는 것"으로 판시하고 있다는 점에서 상호 모순이 발생하고 있는 것이 아닌가 하는 생각이 든다. 대법원이 지배주주가 된 자는 자신이 속하는 회사 이사회의 승인을 받아야 함을 제시한 이상, 동 사안은 경업금지에 해당하는 것으로 여지는 충분하다. 회사가 실질적으로 이사가 속한 회사의 지점 내지 영업부분으로 운영되고 공동의 이익을 추구하는 관계에 있다고 할지라도, 두 회사가 독립된 법인이라고 한다면, 독립된 업무집행기관에 의하여 상호 경쟁하는 체제를 인정하지 않을 수 없다. 이익충돌의 문제는 충분히 발생 가능한 것으로 판단된다.

Ⅵ. 회사의 기회유용금지의무 위반 여부

1. 개정 전 문제점과 회사기회유용금지의 도입

1) 개정 전 문제점

회사기회유용금지에 대한 규정을 신설하게 된 원인으로 다음과 같은 사항을 들 수 있다.[195] 첫째, '현대자동차 사건'에서 본 바와 같이, 회사의 이사와 지배주주 등은 회사의 대한 의사결정권을 가지고 있기 때문에 이해관계의 충돌문제가 발생할 가능성이 높다. 특히 불공정한 거래의 우려가 다분하다. 회사의 유망한 사업을 헐값에 지배주주에게 양도하거나 지배주주의 개입사업에 회사가 자금을 지원하거나 인적자원의 지원 등이 집중될 가능성이

---

[195] 유주선, "주식회사에서 회사기회유용에 관한 문제-법학방법론적 관점에서", 『경영법률』 제23집 제1호, 2012, 274면 이하.

발생한다. 둘째, 회사기회의 이용은 지배주주의 이익을 위하여 회사의 자산이 도구로 이용된다는 점이다. 초기사업의 위험성을 회사가 검토 또는 부담한 이후 사업이 안정화된 이후 지배주주가 안정적으로 사업을 영위할 수 있기 때문에 지배주주의 사업위험을 감소시킬 수 있다. 특히 지배주주가 영위하는 사업에 대한 각종 지원을 통해 그 사업의 존속을 보장할 수 있다. 또한 지배주주가 소유하는 비상장회사와 회사가 거래관계를 통해 회사의 부를 지배주주에게 이전하여 회사의 가치를 낮출 수 있고, 이로 인해 회사의 다른 소수주주들에게 손해를 야기할 수 있다. 셋째, 회사기회의 이용은 지배주주의 편법적인 상속수단으로 이용될 수 있다. 지배주주의 지분상속과 경영권 상속은 원칙적으로 세금과 엄격한 검증절차가 필요하다. 그러나 세금을 회피하기 위해 지배주주는 지분을 직접 상속하지 않고 회사가 지원하고, 사업기회를 이용하여 성장할 수 있는 후계자의 비상장회사를 설립하여 이 회사를 통해 회사의 지배권을 상속시킬 수 있다.[196] 넷째, 회사의 사업기회를 이용하여 지배주주의 사익을 추구하는 경우 그 회사는 지배주주의 하나의 돈벌이 수단으로 전락할 수도 있다는 점을 든다. 지배주주는 회사가 발굴한 사업을 자신의 소유로 하여 자금을 축적할 수 있는 반면 회사에 투자한 다른 소액주주들은 경영에서 소외되어 자신이 투자한 회사의 가치가 낮아짐으로 인해 손실을 입을 수 있다. 또한 지배주주는 반대로 자신이 실패한 사업을 회사에 귀속시켜 자신의 실패를 회사에 전가할 수도 있다. 이렇게 되는 경우 결국 그 회사는 지배주주의 사익추구의 도구로 이용되고, 심지어는 주가조작, 내부자거래 등 주식불공정거래의 온상이 될 수도 있다.

2. 입법배경과 목적

1) 입법배경

이사는 업무를 집행하는 자이면서 독립된 회사재산과 영업재산을 관리하는 지위에 있다. 상법은 이사가 자신의 지위를 이용하여 회사의 이익을 침해하지 않도록 하기 위하여 상법 제397조와 제398조를 규정하여, 이사가 회사와 경업을 하는 것을 금지하기도 하고 회사와

---

196 예를 들면 회사의 유망한 사업기회를 지배주주의 후계자에게 싼 값에 양도하거나 사업 시작 초기에 적은 자본으로 설립한 회사에게 회사의 거래기회를 만들어 주어 그 비상장회사의 성장을 도와줄 수 있다. 그렇게 된다면 후계자의 비상장회사는 성장을 하여 상장회사의 주식을 인수할 수 있는 자금을 마련할 수 있고, 또한 후계자는 비상장회사를 상장시켜 상장차익을 얻어 모회사인 상장회사의 지분을 살 수 있는 자금을 확보할 수 있게 된다.

이사가 거래하는 경우에 일정한 전제조건을 마련해 놓고 있었다. 최근 경제가 발전하면서 기업의 규모가 커지고 영업적인 이익을 얻을 수 있는 기회가 보다 많아지면서 그 영업기회를 이용하여 회사가 취할 이익을 이사가 그자신의 이익으로 할 수 있는 여지가 자주 등장하게 되었다.[197] 2011년 3월 우리 상법은 경제개혁연대 등은 이사의 책임을 강화할 것을 요구하면서, 미국식의 '회사기회의 유용을 금지(Usurpation of Corporate Opportunity)'라는 법리를 명문으로 규정하게 되었다.

2) 입법목적

상법에 회사의 기회유용금지를 명문을 두고자 하는 이유는 이사가 직무상 알게 된 회사의 정보를 이용하여 개인적인 이익을 취득하는 행위를 명확히 규제할 필요가 있을 뿐만 아니라, 이사가 직무를 수행하는 과정에서 알게 된 정보 또는 회사가 수행하고 있거나 수행할 사업과 밀접한 관계가 있는 사회기회를 제3자에게 이용하는 것을 방지하고자 하는 데에 목적이 있다.

3. 주요국의 경우

1) 미국

미국 판례법상 인정된 하나의 법리로서 이사, 임원 기타 회사경영자는 회사에 속하는 영업기회를 자신의 기회로 이용하여서는 아니 된다는 원칙에 해당한다.[198] 회사기회유용의 대표적인 사례로는 델라웨어주 대법원이 판시한 Guth v. Loft 사건이다.[199] 내셔널펩시콜라에 콜라원료의 일부를 납품하는 로프트라는 회사가 있었다. 내셔날펩시콜라가 파산하게 되었는데, 로프트의 사장인 구스(Guth)는 내셔날펩시콜라 파산관재인의 제의를 받아 내셔널펩시콜라의 제조기법을 가지고 새로운 펩시콜라를 설립하였다. 로프트가 구스를 상대로 기회유용금지를 이유로 제소하였다. 법원은 구스에게 신인의무위반을 이유로 구스가 가진 내

---

[197] 경제개혁연구소는 '재벌그룹 지분승계 양상과 총수 일가의 부 축적에 관한 보고서'에서 1997년 말부터 2010년 말까지 삼성·현대차 등 20대 재벌 총수 일가 144명의 206개 사에 대한 612건의 계열사 지분투자를 분석한 결과, 연평균 수익률이 34.78%에 이르는 것으로 나타났다고 밝혔다. 이러한 높은 수익률은 같은 기간 평균 5.42%인 은행 예금 금리의 여섯 배를 웃도는 수준이라고 주장한다. 자세히는 한겨레신문, 2012년 8월 30일.
[198] 이철송, 『회사법강의』, 제20판, 박영사, 2012, 729면.
[199] Guth v. Loft Inc. 23 Del. Ch. 225, 266. 2d 503(Sup.Ct., 1939.

셔널펩시콜라의 주식을 로프트에게 이전하라고 명령한 사건이었다.[200] '회사의 기회유용'이라고 하는 개념에 대한 요건이 모호하다는 측면에서 동 법리를 입법하는데 반대의 의견도 있었지만, 상법 제397조(경업금지)와 제398조(자기거래금지)에서 해당하지 않는 제3유형의 이익충돌을 예방하기 위한 목적에서 2011년 상법 제397조의 2가 신설되어 이사가 현재 또는 장래에 회사의 이익이 될 수 있는 회사의 사업기회를 이용하여 자신의 이익을 취득하거나 또는 제3자로 하여금 이익을 취득하도록 하는 행위를 회사기회의 유용이라고 하여 이를 금지하도록 하였다.[201]

2) 독일의 경우

(1) 의의

독일의 경우 회사의 기회유용금지에 대하여 다양한 의견이 제시되고 있다.[202] 회사기회유용금지에 대한 실정법의 규정이 독일에서는 존재하지 않고 있다. 다만, "독일지배구조권고사항(Deutscher Corporate Governance Kodex)"에서, '이사회의 구성원은 그 자신의 결정으로 개인적인 이익을 추구해서는 아니 될 뿐만 아니라. 기업에게 귀속되는 기회유용에 대하여 그 자신으로 이용해서는 아니 된다'고 하면서, 대기업 이사의 기회유용금지를 권고하고 있다.[203] 판례는 원칙적으로 회사에서 이사가 개인적으로 회사에 귀속될 사업기회를 유용할 수는 없다고 판단하고 있다.[204] 그러나 반드시 자본회사에서만 회사기회유용의 문제가 발생하는 것은 아니다. 오히려 인적회사에서 더 많은 사례가 등장하고 있다.[205] 최근 다시 한번 연방대법원은 민법상 조합의 경우에서 기회유용의 법리문제를 다루었다.[206]

---

200 백정웅, "미국의 회사기회유용이론과 우리 상법: 미국 델라웨어 주의 구스 사건을 중심으로", 『상사법연구』 제25권 제3호, 2006, 361면 이하.

201 김원기·박선종, "회사기회유용금지의 법리: 미국 법원들의 중요 고려요건과 그 적용가능성", 『기업법연구』 제21권 제3호, 2007, 83면 이하.

202 Fleischer, Gelöste und ungelöste Probleme der gesellschaftsrechtlichen Geschäftschancenlehre, NZG 2003, 985 ff.; ders. Wettbewerbs- und Betätigungsverbote für Vorstandsmitglieder in Aktienrecht, AG 2005, 336 (337 f.); Kübler, Erwerbschancen und Organpflichten, in FS Werner, 1984, S. 437 (440); Weisser, Wahrnehmung von Geschäftschancen des Unternehmens durch Alleingesellschafter-Geschäftsführer als verdeckte Gewinnausschüttungen?, GmbHR 1997, S. 429 ff.

203 Ziff. 4.3.3. DCGK Die Vorstandsmitglieder sind dem Unternehmensinteresse verpflichtet. Kein Mitgliede des Vorstands darf bei seinem Entscheidungen persönliche Interessen verfolgen und Geschäftschancen, die dem Unternehmen zustehen, für sich nutzen.

204 BGH NJW 1986, 584 (585); 특히 유한회사에 대하여는 WM 1989, 1335 (1339).

205 합명회사에 대하여는 BGH WM 1985, 1444 (1445). 합자회사에 대하여는 BGH WM 1971, 412 (413); BGH WM 1972, 1229 (1230); BGH WM 1989, 1216 (1217).

(2) 법적 근거

독일에서 논의되고 있는 회사의 기회유용금지이론은 미국으로부터 유래한 것으로 판단된다.[207] 회사기회의 유용에 대한 명문규정이 존재하지 않는 독일의 경우, 이사의 충실의무도 명문으로 규정하고 있지 않다. 그러나 독일 민법 제242조(신의성실의 원칙)나 주식법 제93조(이사의 주의의무)를 근거로 하여 충실의무를 주장하는 견해가 있다.[208] 반면에 회사기회의 사적 유용을 금지시키는 것을 이사에 대한 충실의무로 볼 경우 실체법적 근거가 희박하여 판결의 구속력을 갖기 힘들기 때문에 명문의 규정이 있는 경업금지의무를 적용해야 한다는 주장이 제기된다.[209] 결론적으로 본다면, 충실의무에서 찾는 견해와 경업금지의무에서 찾는 견해가 대립하고 있지만, 독일 학자들은 이사 및 경영진 등이 회사의 기회를 사적으로 유용하는 것을 허용하지 않고자 하고 있음을 알 수 있다.

(3) 판례

다양한 유형에서 이사 및 경영진이 회사기회를 유용한 것으로 보아, 회사기회유용금지의 사례를 인정하고 있다.[210] 다만, 회사기회의 범위에 대하여 현재 회사의 활동으로 취득된 기회에 한정하여 적용하는 경향이 있다. 그 이유는 다수설이 주장하는 이사의 충실의무에 대한 명문규정이 없다는 점에 고려하여, 명문규정이 있는 경업금지의무의 위반으로 책임을 묻기 위해서는 영업범위와 회사의 사업기회범위를 일치시키려는 의도인 것으로 판단된다.[211]

---

206 BGH Urtil vom 04. 12. 2012, Ⅱ ZR 159/10. Die Geschäftschancenlehre ist auf den geschäftsführenden Gesellscjafter einer Gesellschaft bürgerlichen Rechts jedenfalls dann anwendbar, wenn diese eine "Erwerbsgesellschaft" oder eine "unternehmenstragende" Gesellschaft darstellt oder gewerblich tätig ist. 독일 연방대법원에 따르면, "회사기회유용은, 민법상 조합이 영리조합이나 기업성을 갖는 조합을 기술하거나 영업적으로 행위하는 경우에는 민법상 조합의 업무를 집행하는 사원에게도 적용이 가능하다"고 판시하고 있다.

207 미국의 회사기회유용에 대하여는 김홍기, "회사기회의 법리와 우리나라의 해석론, 입법방안에 대한 제안", 『상사판례연구』 제20집 제2권, 2007, 101면 이하.

208 Schmidt Karsten, Gesellschaftsrecht, 4. Aufl., 2002, S. 599 f. 역시 회사기회유용이라고 하는 것이 충실의무의 관점에서 바라보아야 함을 강조하고 있다.

209 Reinhardt, Interessenkonflikte bei der privaten Wahrnehmung von Geschäftschancen im US-americanischen und deutschen Gesellschaftsrecht, S. 41.

210 자세한 사항은 강정민, "독일 회사법상 회사기회의 유용", 『경제개혁리포트』, 2010-15호, 2010, 14면.

211 Zum doppelten Schutzzweck, Schmidt/Lutter, AktG, §88 Rdn. 1 ff.

3) 일본의 경우

회사기회유용금지의 원칙에 대하여, 일본은 동 원칙을 직접적으로 받아들이고 있는 것은 아니고, 충실의무를 가지고 문제를 해결하고자 하는 것으로 보인다.[212] 회사기회유용에 대한 판결로서 昭和 63年 5月 19月 사건에서 원고가 이사 등의 행위가 회사기회유용에 해당함을 주장하였으나, 법원은 회사기회유용으로 인정될 수 없다고 판단하였다.[213]

회사기회유용에 대한 학자들의 입장은 회사기회를 이용한 거래가 회사의 영업부류에 속하지 않는 경우에도 일본 구 상법 제264조의 경업금지규정을 유추적용하자는 다수의 입장과 일본 구 상법 제253조의 3에서 규정하고 있는 충실의무조항을 통하여 회사기회유용을 수용하자는 입장이 있다.

4. 사업기회유용의 발생 여부

1) 원심

원심은 사업기회유용금지의 원칙이 이사의 선관주의 또는 충실의무의 한 내포로서 인정하고 있다. 다만, 이사가 사업기회를 유용한 것으로 인정되기 위해서는 '유망한 사업기회'가 존재하고 그 사업기회가 이사에 의하여 '유용'한 것이 인정되어야 함을 피력하고 있다. 원심 역시 사업기회유용금지의 원칙을 수용하고자 하는 의도를 엿볼 수 있다. 그러나 원심은 "유상증자 당시 IMF 외환위기 사태로 경제여건이 크게 악화되어 신세계와 광주신세계를 비롯한 대부분의 유통업체가 경영상 어려움을 겪고 있었던 점, 광주신세계의 자본금이 5억원에 불과하였고 이미 자본잠식 상태에 있었으며 이자비용이 당기순이익에 근접하는 상황이었던 점, 유상증자 대금 대부분이 기존 채무변제에 사용된 점, 신세계도 정부와 금융당국의 부채비율 축소 요구에 따라, 우량자산을 매각하는 등 유동성 확보와 재무구조 개선을 위한 강도 높은 구조조정을 진행하고 있었던 점, 광주신세계가 신세계에게서 실권 통보를 받은 후 신주 인수자를 물색하였으나 IMF 외환위기 사태로 인한 국내경제 침체 등의 영향으로 인수자를 찾지 못한 끝에 신주를 피고 1에게 전액 배정하기로 결정한 점 등을 종합하면, 신주 인수 당시 광주신세계가 '유망한 사업기회'였다고 보기 어렵다"고 판시하는 동시에, "신세계가 IMF 외환위기 상황하에서 긴축경영의 취지에 부합하게 신주 인수를 포기하

---

212 東京地裁 昭和 63年 3月 30月; 東京地裁 昭和 63年 2月 15月.
213 이윤석, "회사기회유용금지에 관한 법적 연구", 연세대학교 대학원 법학박사 논문, 2008, 145면 이하.

고 광주신세계도 위와 같은 상황 하에서 인수자를 찾지 못하여 피고 1에게 신주를 인수하게 한 것이어서 피고 1이 신세계의 사업기회를 '유용'한 것으로 보기 어렵다"고 판단하였다.

2) 대법원의 입장

대법원은 원심이 판단한 부분을 상당부분 수용하였다. 대법원은 피고 1이 신세계의 사업기회를 유용한 것으로 보기 어렵다는 원심의 판단에 대하여 결과적으로 정당한 것으로 보면서, 이사가 회사의 사업기회를 취득할 수 있는 요건이나 절차에 관한 법리를 오해하거나 사실을 잘못 인정으로 인한 판결 결과에 영향을 미친 위법은 없다고 설시하고 있다.

5. 소결

2011년 3월 1일 상법 회사편이 국회를 통과한 후 국무회의의 의결을 거쳐 2011년 4월 14일 공포되었다. 금번 개정은 2012년 4월 15일부터 효력을 발생하고 있다. 개정 상법은 제397조의 2에 회사의 기회 및 자산의 유용 금지를 신설하여, 회사의 기회유용금지를 명시적으로 입법하였다. 이제 이사는 이사회의 승인 없이 현재 또는 장래에 회사의 이익이 될 수 있는 특정한 사항에 해당하는 사업기회를 자기 또는 제3자의 이익을 위하여 이용하여서는 아니 된다(제1항). 그 특정한 사항은 '직무를 수행하는 과정에서 알게 되거나 회사의 정보를 이용한 사업기회'(제1호)와, '회사가 수행하고 있거나 수행할 사업과 밀접한 관계가 있는 사업기회'(제2호)에 해당한다. 만약 사업기회에 해당하는 특정한 사항을 하기 위해서는 이사회의 승인을 받아야 하는데, 이사 3분의 2 이상의 수를 필요로 한다.

2011년 6월 16일 원심의 선고가 있었고, 2013년 9월 12일 대법원이 선고가 있었다. 상법 제3897조의 2는 29012년 4월 15일부터 시행되고 있다. 동 규정은 경과규정 없이 시행되었고, 따라서 법 시행 이전의 행위에 대해서도 소급 적용되는 것으로 해석될 수 있기 때문에, 충실의무 규정의 한계를 극복하고 보다 분명하게 이사의 책임을 물을 수 있었을 것이라는 의견도 제기된 바 있다.[214] 본 규정이 입법되기 전이지만 원심은 명시적으로 '사업기회의 유용'이라는 용어를 제시하면서, 본 사안에 대하여 사업기회유용금지에 해당하는가에 대하여 판단하였다. 비록 명문의 규정이 없다고 할지라도 사업기회유용의 적용요건에 충족될 수

---

214 2013년 9월 17일자 재경일보 김동렬 기자.

있는 사안이었다고 한다면, 당연히 사업기회유용금지의 법리를 적용했을 것이다. 명문의 규정이 있음에도 불구하고 대법원 역시 원심의 입장을 존중하면 침묵을 지켰던 것은, 사업 기회유용의 적용에 해당되지 않음을 우회적으로 밝힌 것이라 하겠다.

Ⅶ. 이사의 선관주의의무, 충실의무 및 경영판단원칙 적용 여부

1. 선관주의의무와 충실의무

1) 선관주의의무

회사와 이사의 관계는 민법이 규정하고 있는 위임에 관한 규정을 준용하고 있다(제382조 제2항). 당사자 일방이 상대방에 대하여 사무의 처리를 위탁하고 상대방이 이를 승낙함으로써 그 효력이 생긴다(민 제680조). 당사자는 고도의 신뢰관계를 기초로 하고 있다. 위임의 본지에 따라 수임인은 선량한 관리자의 주의로써 위임사무를 처리해야 한다(민 제681조). 회사에 대한 이사 역시 수임인의 지위에서 선량한 관리자의 주의의무를 부담한다. 그러므로 이사는 자신의 직무를 수행함에 있어 객관적으로 요구되는 주의로써 회사의 업무를 수행하여야 한다.[215] 이러한 의무를 위반한 때에는 회사에 대하여 손해배상책임을 부담해야 한다.

2) 충실의무

이사는 회사에 대하여 선관주의의무를 부담해야 하는 것과 별도로 충실의무를 부담해야 한다(제382조의3). 1998년 개정상법은 "이사는 법령과 정관의 규정에 따라 회사를 위하여 그 직무를 충실하게 수행해야 한다"는 충실의무를 규정한 것이다. 충실의무에 대하여, 단지 선관주의의무를 구체적으로 설명한 것에 지나지 않는다는 입장이 있다. 그러나 경업금지의무(제397조), 이사 등의 자기행위금지의무(제398조), 이사의 보수결정에 대한 규정(제388조) 등 상법상 인정되고 있는 충실의무의 구체화된 개별규정이 있지만, 이사의 충실의무를 보다 더 확실하게 하기 위하여 일반규정을 두고 있는바, 선관의무와 다른 측면에서 충실의무를 이해해야 할 것이다.[216]

---

215 법령을 준수하여야 하는 의무와 회사의 최선을 이익을 포함하는 의무로 보는 입장으로는 이철송, 『회사법강의』, 제20판, 박영사, 2012, 708면.
216 이기수·최병규, 『회사법(상법강의 Ⅱ)』, 제9판, 박영사, 2011, 393면 이하.

2. 경영판단원칙

1) 의의

경영판단원칙(Business Judgement Rule: BJR)이란 미국의 판례법에서 발전한 하나의 원칙이다. 미국 판례법에서 말하는 경영판단원칙이라 함은 회사의 목적범위 내이고 이사의 권한 내인 사항에 이사가 내린 의사결정이 그같이 할 합리적인 근거가 있고, 회사의 이익을 위한 것이라는 믿음 하에 어떤 다른 고려에 의한 영향을 받지 아니한 채 독립적인 판단을 통해 성실히 이루어진 것이라면 법원은 이에 개입하여 그 판단에 따른 거래를 무효로 하거나 그로 인한 회사의 손해에 관하여 이사의 책임을 묻지 아니하는 것을 말한다.[217] 경영판단원칙은 특히 소송법적인 의미에서 중요한 의미가 있다. 소송법상 경영판단원칙은 이사가 경영에 관해 내린 의사결정은, 사적인 이익을 위한 것이 아니고 사안에 관해 숙지한 상태에서 그러한 행위가 회사에 최선의 이익을 가져온다고 하는 정직한 믿음에 기해 성실하게 이루어졌다고 하는 추정을 갖는 의미를 부여한다.[218] 그리하여 주주가 이사의 책임을 묻고자 하면 원고가 이러한 추정을 깨는 사실을 입증하고 주장해야 하고, 이사는 원고의 주장에 대하여 거래의 공정성을 입증하면 된다.

2) 판례의 경향

1998년 참여연대가 소수주주들을 규합하여 삼성전자의 이사들을 상대로 대표소송을 제기한 사건이 있다.[219] 원고인 소수주주들은 이천전기를 인수하는 삼성전자 이사회의 결의에 참여한 이사들의 임무해태를 주장하면서 주주대표소송을 제기하게 된다. 대법원은 경영판단의 원칙을 명시적으로 밝히지 않았지만 이사들의 책임을 인정하지 않았다.[220] 대법원의 경영판단에 관한 사항은 주로 금융기관의 대출문제에서 제기되었다. 대법원은 "경영판단을 함에 있어서 통상의 합리적인 금융기관임원으로서 그 상황에서 합당한 정보를 가지고 적합

---

217 권재열, "경영판단의 원칙의 도입에 관련된 문제점", 『연세법학연구』 제3집, 1995, 236면 이하.

218 이철송, 『회사법강의』, 제20판, 박영사, 2012, 752면.

219 자세히는 정동윤, 『회사법』, 제6판, 법문사, 2000, 465면 이하. 사건의 내용은 다음과 같다: 삼성전자는 '이천전기'라는 회사에 투자하였다가 막대한 손해발생에 대하여, 대표이사를 감독해야 할 이사회의 구성원들에 대한 책임이 문제로 제기되었다.

220 1심은 충분한 정보에 기하여 합리적인 통찰력을 다하여 적절한 판단을 하였다고 할 수 없어 경영판단으로 보호될 수 없다고 판단하였다. 수원지법 2001.12.27. 선고 98가합22553 판결. 반면 고등법원과 대법원은 이사의 손해배상책임을 부인하는 판결을 내렸다. 서울고등법원 2003.11.20. 선고 2002나65905 판결; 대법원 2005.10.28. 선고 2003다69638 판결.

한 절차에 따라 회사의 최대이익을 위하여 신의성실에 따라 대출심사를 한 것이라면, 그 의사결정과정에 현저한 불합리가 없는 한 그 임원의 경영판단은 허용되는 재량의 범위 내의 것으로서 회사에 대한 선량한 관리자의 주의의무 내지 충실의무를 다한 것"이라고 하면서 이사의 책임을 인정하지 않았다.[221] 다만, "이사가 임무를 수행함에 있어서 법령을 위반한 행위를 한 때에는 그 행위 자체가 회사에 대하여 채무불이행에 해당하므로, 그로 인하여 회사에 손해가 발생한 이상 손해배상책임을 면할 수 없고, 위와 같은 법령을 위반한 행위에 대하여는 이사가 임무를 수행함에 있어서 선량한 관리자의 주의의무를 위반하여 임무해태로 인한 손해배상책임이 문제되는 경우에 고려될 수 있는 경영판단의 원칙은 적용될 여지가 없다"[222]고 하면서 '법령을 위반한 경우'에 있어서는 이사의 면책을 인정하지 않고 있다.

대법원 2002. 6. 14 판결, 2001다52407 판결

대법원은 "대출과 관련된 경영판단을 함에 있어서 통상의 합리적인 금융기관 임원으로서 그 상황에서 합당한 정보를 가지고 적합한 절차에 따라 회사의 최대이익을 위하여 신의성실에 따라 대출심사를 한 것이라면 그 의사결정과정에 현저한 불합리가 없는 한 그 임원의 경영판단은 허용되는 재량의 범위 내의 것으로서 회사에 대한 선량한 관리자의 주의의무 내지 충실의무를 다한 것으로 볼 것이며, 금융기관의 임원이 위와 같은 선량한 관리자의 주의의무에 위반하여 자신의 임무를 해태하였는지의 여부는 그 대출결정에 통상의 대출담당임원으로서 간과해서는 안 될 잘못이 있는지의 여부를 대출조건과 내용, 규모, 변제계획, 담보의 유무와 내용, 채무자의 재산 및 경영상황, 성장가능성 등 여러 가지 사항에 비추어 종합적으로 판정해야 한다."고 판시하고 있다.

대법원 2007. 10. 11 판결, 2006다33333 판결

대법원은 "회사의 이사가 법령에 위반됨이 없이 관계회사에게 자금을 대여하거나 관계회사의 유상증자에 참여하여 그 발생 신주를 인수함에 있어서, 관계회사의 회사 영업에 대한 기여도, 관계회사의 회생에 필요한 적정 지원자금의 액수 및 관계회사의 지원이 회사에 미치는 재정적 부담의 정도, 관계회사를 지원할 경우와 지원하지 아니할 경우 관계회사의 회생가능성 내지 도산가능성과 그로 인하여 회사에 미칠 것으로 예상되는 이익 및 불이익의 정도 등에 관하여 합리적으로 이용가능 한 범위 내에서 필요한 정보를 충분히 수집·조사하고 검토하는 절차를 거친 다음, 이를 근거로 회사의 최대이익에 부합한다고 합리적으로 신뢰하고 신의성실에 따라 경영상의 판단을 내렸고, 그 내용이 현저히 불

---

221 대법원 2002.6.14. 선고 2001다52407 판결.
222 대법원 2006.11.9. 선고 2004다41651·41668 판결.

합리하지 않은 것으로 통상의 이사를 기준으로 할 때 합리적으로 선택할 수 있는 범위 안에 있는 것이라면, 비록 사후에 회사가 손해를 입게 되는 결과가 발생하였다 하더라도 그 이사의 행위는 허용되는 경영판단의 재량범위 내에 있는 것이어서 회사에 대하여 손해배상책임을 부담한다고 할 수 없다. 그러나 회사의 이사가 이러한 과정을 거쳐 이사회 결의를 통하여 자금지원을 의결한 것이 아니라, 단순히 회사의 경영상의 부담에도 불구하고 관계회사의 부도 등을 방지하는 것이 회사의 신인도를 유지하고 회사의 영업에 이익이 될 것이라는 일반적·추상적인 기대 하에 일방적으로 관계회사에 자금을 지원하게 하여 회사에 손해를 입게 한 경우 등에는 허용되는 경영판단의 재량범위에 있는 것이라고 할 수 없다."고 판시하고 있다.

금융기관 이사가 이른바 프로젝트 파이낸스 대출을 하면서 단순히 회사의 영업에 이익이 될 것이라는 일반적·추상적인 기대 하에 일방적으로 임무를 수행하여 회사에 손해를 입힌 경우, 이러한 이사의 행위가 허용되는 경영판단의 재량 범위 내에 있다고 할 수 있는지 여부에 대한 대법원 판결이 있다.[223]

대법원 2011.10.13. 선고 2009다80521 판결

대법원은 "프로젝트 파이낸스 대출은 부동산 개발 관련 특정 프로젝트의 사업성을 평가하여 그 사업에서 발생할 미래의 현금흐름을 대출원리금의 주된 변제재원으로 하는 금융거래이므로, 대출을 할 때 이루어지는 대출상환능력에 대한 판단은 프로젝트의 사업성에 대한 평가에 주로 의존하게 된다. 이러한 경우 금융기관의 이사가 대출요건으로서 프로젝트의 사업성에 관하여 심사하면서 필요한 정보를 충분히 수집·조사하고 검토하는 절차를 거친 다음 이를 근거로 금융기관의 최대 이익에 부합한다고 합리적으로 신뢰하고 신의성실에 따라 경영상의 판단을 내렸고, 그 내용이 현저히 불합리하지 아니하여 이사로서 통상 선택할 수 있는 범위 안에 있는 것이라면, 비록 사후에 회사가 손해를 입게 되는 결과가 발생하였다고 하더라도 그로 인하여 이사가 회사에 대하여 손해배상책임을 부담한다고 할 수 없지만, 금융기관의 이사가 이러한 과정을 거쳐 임무를 수행한 것이 아니라 단순히 회사의 영업에 이익이 될 것이라는 일반적·추상적인 기대하에 일방적으로 임무를 수행하여 회사에 손해를 입게 한 경우에는 필요한 정보를 충분히 수집·조사하고 검토하는 절차를 거친 다음 이를 근거로 회사의 최대 이익에 부합한다고 합리적으로 신뢰하고 신의성실의 원칙에 따라 경영상의 판단을 내린 것이라고 볼 수 없으므로, 그와 같은 이사의 행위는 허용되는 경영판단의 재량 범위 내에 있는 것이라고 할 수 없다."고 판시하고 있다.

---

223 대법원 2011.10.13. 선고 2009다80521 판결.

3) 입법의 필요성

회사경영의 투명성보장, 기업지배구조 선진화 등의 명목으로 회사 경영진의 책임이 점점 더 강화되고 있다. 작금의 기업은 지속적인 성장과 글로벌경쟁에서 승리하여 생존하기 위해서는, 위험을 무릅쓰고 도전해야 하는 모험정신이 요구된다. 회사를 위하여 경영상의 판단을 하였지만, 추후 좋지 않은 결과에 따라 경영진에게 책임을 묻게 된다면 기업은 자연 위축될 수밖에 없다. 대법원이 '경영판단'이라는 용어를 사용하면서 업무집행자의 책임을 완화하고자 하는 면을 띠고 있으나,[224] 법적 안정성을 도모하기 위하여 이를 명문으로 규정하자는 주장[225]은 의미가 있다고 하겠다. 독일은 2005년 주식법을 개정하여 제93조 제1항 제2문에, "회사의 업무에 관한 이사의 결정이 적절한 정보에 근거하고 회사의 이익을 위하여 이루어진 것임이 합리적인 방법으로 인정될 때에는 임무해태로 보지 아니한다"는 내용을 신설한 바 있다. 이는 그릇되게 판단한 기업가의 결정에 대하여 책임을 면하게 하고자 하는 측면이 있다. 그러나 충실의무, 정보제공의무, 그 밖의 일반적인 법률위반행위나 정관을 위반한 행위 등은 책임이 면제되지 않도록 해야 한다.

3. 법원의 판단

현대 글로비스 사건에서 법원은 "상법 제398조는 회사기회 유용을 금지하고자 하는 사전적인 절차적 통제규정이라고 할 수 있다"고 하면서, 그러나 "회사기회 유용으로 인한 손해배상청구에서 이사가 회사로 하여금 그 사업을 추진하도록 해야 할 충실의무가 있고, 이러한 의무를 위반하여 회사에게 기대이익을 얻지 못하게 하는 손해를 입혔다는 점이 인정되기 위해서는 상법 제398조에서 규정하는 사업기회 중 그 사업의 기회가 회사에 현존하는 현실적이고 구체적인 사업기회이어서 '회사의 사업기회'라고 볼 수 있는 사정이 인정되어야 할 것"이라고 판시한 바 있다.[226] '사업의 기회'와 관련하여 법원은 그 용어는 "포괄적이고 불명확한 표현이고, 이사의 선관주의의무 내지 충실의무는 직무를 수행하는 과정에서 부담하는 의무이지 회사의 이익이 되는 모든 행위를 하여야 하는 일반적인 의무가 아니므로, 이사가 자신이 알게 된 모든 사업의 기회를 회사에게 적극적으로 이전해야 하는 의무까지

---

224 대법원 2004.12.10. 선고 2002다60467 판결; 대법원 2005.10.28. 선고 2003다69638 판결.
225 최병규, "경영판단원칙과 그의 수용방안", 『기업법연구』 제19권 제2호, 2005, 107면 이하.
226 서울지방법원 2011.2.25. 선고 2008가합47881 판결.

부담한다고 할 수는 없고, 이사에게 그 사업의 기회를 회사로 하여금 추진하게 해야 할 충실의무를 지우고, 이사가 그 충실의무를 위반함으로서 회사에게 기대이익을 얻지 못하게 하는 손해가 발생하였다고 볼 수 있기 위해서는 그 사업의 기회가 '회사에 현존하는 현실적이고 구체적인 사업기회'로서 인정되는 경우"임을 요구하고 있다. 결국 법원은 '사업기회유용금지'라고 하는 개념은 인정하였지만, 글로비스 설립이 구체화되고 현실적인 사업기회로 인정하기에는 무리가 있다고 본 것이다. 현대자동차가 직접 또는 자회사를 통하여 물류업무를 수행하든, 아니면 아웃소싱으로 하든, 그것은 현대자동차의 경영판단에 해당되는 것이므로 현대자동차 경영진의 책임을 인정할 수 없다는 것을 의미한다.

대상판결의 원심은 "신주 인수 당시 광주신세계가 '유망한 사업기회'이라고 볼 수 없으며, 피고 1이 신세계의 사업기회를 유용한 것으로 볼 수도 없다"고 판시한 바 있다. 비록 광주신세계가 유망한 사업기회라 할지라도 대법원은 "회사의 이사회는 회사의 이익이 될 수 있는 이익에 관하여 충분한 정보를 수집하고 분석하여 정당한 절차를 거쳐 회사의 이익을 위하여 의사를 결정함으로써 그러한 사업기회를 포기하거나 어느 이사가 그것을 이용할 수 있도록 승인하였다면 그 의사결정에 현저한 불합리가 없는 한 그와 같이 결의한 이사들의 경영판단은 존중되어야 할 것"이고, "어느 이사가 그러한 사업기회를 이용하게 되었더라도 그 이사나 이사회의 승인 결의에 참여한 이사들이 이사로서 선량한 관리자의 주의의무 또는 충실의무를 위반하였다고 할 수 없다"고 판시하고 있다.

4. 신주인수의 저가발행과 지배권 변동 사항

1) 의의

원심에서 쟁점이 되었던 사안 중 하나가 바로 신주인수의 저가발행과 지배권변동에 관한 사항이다. 왜냐하면 원고는 신세계 이사회가 신세계가 100% 지분을 출자하여 설립한 광주신세계의 유상증자에 대하여 신주인수권을 전부 포기하기로 의결함에 따라, 광주신세계 이사회가 신주를 실권 처리하며 신세계 이사인 피고 1에게 제3자 배정함으로써 피고 1이 이를 인수하여 광주신세계 지배주주가 되자. 신세계 소수주주들이 이사들을 상대로 이사들이 위 신주가 현저히 저가로 발행된다는 사정을 잘 알고 있었기 때문에 신세계의 이익을 위하여 인수하였어야 함에도 신세계 지배주주 일가의 후손인 피고 1에게 재산을 증식시켜 줄 목적으로 신주인수권 포기를 의결하여 신세계에게 손해를 입혔음을 이유로 이사로서의 임무 해태에 따를 손해배상을 청구하였기 때문이다.

2) 대법원 입장

삼성 에버랜드 사건에서 대법원은 "신주 등의 발행가액을 시가보다 현저히 저가로 발행한 경우에 발행가액 등의 발행조건을 처음부터 제3자 배정방식으로 발행하는 경우와 마찬가지로 취급하여 시가로 변경하여 회사의 이익을 보호해야 할 의무가 이사에게 있다"는 견해도 있었지만, "상법상 전환사채를 주주 배정방식에 의하여 발행하는 경우에도 주주가 그 인수권을 잃은 때에는 회사는 이사회의 결의에 의하여 그 인수가 없는 부분에 대하여 자유로이 이를 제3자에게 처분할 수 있다"고 하는 동시에 "신주 등의 발행에서 주주배정방식과 제3자 배정방식을 구별하는 기준은 회사가 신주 등을 발행하면서 주주들에게 그들의 지분비율에 따라 신주 등을 우선적으로 인수할 기회를 부여하였는지 여부에 따라 객관적으로 결정되어야 하고, 신주 등의 인수권을 부여받은 주주들이 실제로 인수권을 행사함으로써 신주 등을 배정받았는지 여부에 좌우되는 것은 아니다"라고 판시한 있다.[227]

대상판결에서 대법원은 "광주신세계가 IMF 외환위기 사태 이후 금융비용 증가로 자금조달에 어려움을 겪게 되어 유상증자에 이른 점, 신세계가 IMF 외환위기 사태를 맞아 유동성 확보 및 재무구조 개선을 위한 강도 높은 구조조정을 진행하는 과정에서 불가피하게 신주인수를 포기한 점, 광주신세계가 신세계에게서 실권 통보를 받은 후 신주 인수자를 물색하였으나 IMF 외환위기 사태로 인한 국내경제 침체 등의 영향으로 인수자를 찾지 못한 끝에 신주를 피고 1에게 전액 배정하기로 결정한 점, 유상증자 당시 광주신세계와 동종업체인 다른 백화점들의 주식시세가 순자산가치의 10.2〜38.0% 수준에서 형성되어 있던 점 등 여러 사정을 종합하면, 위 신주가 현저히 저가로 발행된 것이라고 단정할 수 없고, 다소 저가로 발행되었다 하더라도 신주를 인수하지 않기로 한 이사들의 의사결정이 현저히 불합리하여 이사로서 임무를 해태한 것이라고 인정할 수 없다"고 확정한 원심의 판단을 대부분 받아들여 이사의 임무를 해태한 것으로 볼 수 없다 판시하였다. 또한 대법원은 원심의 판단이 "이 사건 신주가 지배권의 이전을 수반하는 대규모의 물량임에도 이를 고려하지 아니한 채 현저한 저가로 발행되었으나 신세계의 이사인 피고들로서는 신세계가 실권하더라도 광주신세계가 이를 동일한 가액으로 제3자에게 배정하지 아니하도록 할 의무가 있다는 원고들

---

227 대법원 2009.5.29. 선고 2007도4949 판결.

의 주장을 배척하지 취지가 포함되어 있다"고 하면서 원심판결에 상고이유의 주장과 같은 판단누락 등의 위법이 없다고 판시하였다.

3) 학설의 다툼

(1) 이사회 재량권 긍정설

2009년 5월 29일 대법원의 판결의 다수의견과 상응하는 입장으로 기본적으로 실권된 신주를 별도의 제3자 배정증자의 절차를 거치지 않고도 제3자 배정이 가능하다고 한다.[228] 실권주는 주주가 인수를 포기하여 생기는 것이고, 다시 주주에게 인수의 기회를 주는 것은 무의미한 절차를 반복하는 것에 불과하다는 것이다. 실권주의 배정은 그 전단계의 주주배정과 일체성을 이루는 동일한 신주발행인데, 발행조건을 변경함은 새로운 발행절차를 밟는 것과 다름없다고 한다.[229] 동 주장에 따르면, 실권주의 발행가가 저가라는 점에서 유래하는 이 같은 배려는 결국 다른 주주의 지분가치가 희석되는 것을 막기 위한 배려인데, 주주가 포기한 이익을 명문의 근거 없이 회복시킬 이유가 없다는 것이다. 재량권을 긍정하는 또 다른 입장으로는 신주발행 시 실권주가 발생한 경우 그 처리방법에 대하여 상법이 특별히 규정하고 있지 않다는 점에 상응하여, 발행조건에 변경이 없다면 이는 회사의 자본충실에는 부정적인 영향을 미치지 않으므로 이사는 실권주를 자유롭게 제3자에게 배정할 수 있다고 한다.[230]

주주가 이미 포기한 이익을 다시 회복시켜야 한다는 명문의 규정이 없는 이상, 이사가 기존 주주의 지분가치에 대한 희석을 예방해야 할 어떠한 배려도 존재하지 않는다는 입장에서 이사의 선관주의의무나 충실의무의 위반으로 인한 책임은 부정하게 된다.[231] 주주에게 이미 구체적인 신주인수권에 따른 배정절차를 거친 이상 하등의 문제가 없다는 것이다.

(2) 이사회 재량권 부정설

이사회가 실권주 및 단주를 특정인에게 배정함으로서 회사의 지배권에 변동을 처리하는

---

228 대법원 2009.5.29. 선고 2007도4949 판결.
229 이철송, 『회사법강의』, 제20판, 박영사, 2012, 877면.
230 권재열, "모회사의 이사에 대한 자회사의 실권주 배정에 관련된 몇 가지 쟁점의 검토-대법원 2013.9.12. 선고 2011다57869 판결을 대상으로 하여", 『선진상사법률연구』 통권 제65호, 2014, 25면.
231 이철송, 『회사법강의』, 제22판, 박영사, 2014, 883면.

상황이 발생하므로 이는 허용되지 말아야 한다고 주장한다.[232] 재량권부정설은 다시 입장에서 차이를 보이고 있다. 첫째, 실권주의 배정은 제3자 배정으로 보아 이사는 별도의 발행절차를 밟아야 한다거나, 또는 발행가액은 처음의 저가 발행가액이 아니라 공정한 가액으로 이사회는 다시 변경해야 한다고 견해가 있다.[233] 둘째, 신주 등의 발행이 경영권 방어나 지배권 이전 등을 목적으로 하는 경우 발행가를 다시 정할 의무가 이사회에게 있다고 견해가 있다.[234] 또한 주주배정증자와 제3자 배정증자는 주주이익이나 지배권의 분배에 중요한 차이를 가져온다는 점에서, 실권주를 제3자에게 배정하는 경우 이를 제3자 배정증자와 같이 보아야 하며, 제3자 배정증자의 경우는 주주배정증자와 다른 별도의 절차규정을 밟아야 한다는 주장[235] 등이 제기되고 있다.

이사회 재량권 부정설은 이사가 실권주를 처분함에 있어 주주의 이해관계에 중요한 영향을 미치기 때문에 회사의 기존주주에게 어떤 영향을 줄지를 판단하고 회사 또는 기존 주주의 장기적인 이익을 최대화할 수 있는 방향으로 행동하여야 하고, 그러한 행동으로부터 벗어난 행위로 인하여 지배권의 변동이 발생하는 경우라면 이사는 충실의무를 위반한 것으로 보아 이사의 책임을 인정해야 한다고 한다.[236] 동 주장은 실권주의 처분은 주주의 이해관계에게 중요한 영향을 미치기 때문에 회사와 기존 주주에게 어떤 영향을 가져다 줄지를 판단하고 회사 또는 기존 주주의 장기적인 이익을 최대화할 수 있는 방향으로 행동하여야 한다는 주장[237]과 일맥상통하다.

5. 소결

신주인수권은 회사의 성립 후 신주를 발행하는 경우에 그 신주를 우선적으로 인수하는 권리이다. 상법은 주주에게 그가 가진 주식 수에 따라 신주의 배정을 받을 수 있다(제418조 제1항). 상법이 주주에게 우선적으로 신주인수권을 인정하고 있는 것은 신주의 발행으로 인

---

232 정찬형, 『상법강의(상)』, 제16판, 박영사, 2013, 1080면.
233 정쾌영, "실권된 주식, 전환사채의 제3자 배정에 관한 문제점", 상사판례연구 제22권 제4호, 2009, 238면 이하.
234 김홍기, "현행 주식가치평가의 법적 쟁점과 '공정한 가액'에 관한 연구", 『상사법연구』 제30권 제1호, 2011, 192면.
235 김택주, "2013년 회사법 판례 회고, 2013년도 상법 각 분야별 대법원 판례의 동향과 분석", 상사판례학회 자료집, 2014, 15면.
236 최문희, "실권주에 관한 법적 쟁점의 검토 – 최근의 판례를 소재로 하여", 『상사법연구』 제32권 제3호, 125면.
237 송옥렬, "신주의 저가발행에서 이사의 임무위배", 『민사판례연구』 제33집 하, 2011, 732면.

하여 기존주주들의 주식지분비율과 소유주식의 재산적 가치를 하락하는 것을 방지하여 주주의 이익을 보호하고자 하는 데 있다.[238] 대법원은 '이미 주주들에게 신주인수권을 부여했음에도 불구하고 주주들이 그 신주를 인수하지 않았다고 한다면 그 주주들의 신주인수권은 침해되지 않은 것'으로 보고 있고,[239] '회사가 주주배정방식에 의하여 신주를 발행하려는데 주주가 인수를 포기하거나 청약을 하지 아니함으로써 그 인수권을 잃은 때에는(제419조 제4항) 회사는 이사회 결의로 인수가 없는 부분에 대하여 자유로이 이를 제3자에게 처분할 수 있고, 이 경우 실권된 신주를 제3자에게 발행하는 것에 관하여 정관에 반드시 근거 규정이 있어야 하는 것은 아니다'라고 판시하고 있다.[240] 상법에 규정한 바대로, 회사가 기존 주주에게 신주를 인수할 수 있는 정당한 기회를 주었음에도 주주가 그러한 권리를 행사하지 않겠다고 한 이상 주주의 이익은 다시 고려될 수 없는 것은 당연한 것이라 하겠다. 이는 상법이 원칙적으로 주주를 보호하기 위하여 주주에게 신주인수권을 우선적으로 부여하지만, 신주발행의 또 다른 목적이 자본조달에도 있다는 점을 고려해야 할 것이다.

Ⅷ. 마무리

신세계 사건에서 직접적으로 다루어지지 않았지만, 이 사건과 관련하여 흥미로운 부분은 또 있다. 소송비용담보제공과 관련된 사안이 그것이다. 1998년 경제개혁연대는 외국 업체 등을 원고로 하여 소송을 제기하였다. 피고는 민사소송법 제117조(담보제공의무) 제1항 "원고가 대한민국에 주소·사무소와 영업소를 두지 아니한 때 또는 소장·준비서면, 그 밖의 소송기록에 의하여 청구가 이유 없음이 명백한 때 등 소송비용에 대한 담보제공이 필요하다고 판단되는 경우에 피고의 신청이 있으면 법원은 원고에게 소송비용에 대한 담보를 제공하도록 명하여야 한다. 담보가 부족한 경우에도 또한 같다"는 규정을 근거로 하여, 원고가 한국에 주소지가 없으므로 소송비용에 대한 담보를 제공할 것을 요구했다. 이 신청사건에서 1심은 피고인 신세계 주장대로 원고들이 주주대표소송 청구액인 189억 5천만 원에 맞춰 소송비용 4억 4천여만 원을 담보로 제공해야 한다고 결정하였다. 항소심은 소송가액을 산

---

238 최준선, 『회사법』, 제9판, 삼영사, 2014, 606면; 권재열, "모회사의 이사에 대한 자회사의 실권주 배정에 관련된 몇 가지 쟁점의 검토-대법원 2013.9.12. 선고 2011다57869 판결을 대상으로 하여", 『선진상사법률연구』 통권 제65호, 2014, 40면.
239 대법원 2009.5.29. 선고 2007도4949 판결.
240 대법원 2012.11.15. 선고 2010다48380 판결.

정할 수 없을 때에는 법률에서 이를 정하도록 한 점 등에 비춰 5천만 100원을 기준으로 한다고 하면서 원심을 거부하였다. 대법원 규칙인 '민사소송 등 인지규칙'에 따르면 주주대표소송의 소가는 비재산권상 소송에 준해 5000만 100원으로 보도록 규정하고 있다. 대법원은 신세계가 경제개혁연대를 상대로 낸 소송비용담보 제공신청사건에서 "주주대표소송의 소가는 5천만 100원으로 보아야 한다."는 항소심 결정을 확정하였다. 수백억대의 주주대표소송이 배상청구액이 아니라 대법원 규칙이 정한 5천만 100원을 소송비용 산정기준으로 삼아야 한다는 대법원의 결정은 차후 주주대표소송이 제기되는 경우에, 선례로 작용하게 될 가능성이 있다고 하겠다.

신세계 사건이 회사법의 다양한 문제를 다루고 있는 점을 고려하여, 필자는 대상판결에서 제기되었던 쟁점들을 가능한 한 모두 다루고자 하였다. 주주대표소송과 원고적격성 문제, 이사의 자기거래에 관한 법률문제, 이사의 경업금지의무에 대한 위반 여부, 사건이 진행되는 과정에 입법이 이루어진 회사의 기회유용금지의 법리 등 회사법상 중요한 이슈들이라 하겠다. 특히 삼성 에버랜드 사건, 현대 글로비스 사건에 이어 금번 신세계 사건 역시 우리나라 대표적인 재벌기업과 관련되어 있다는 점에서 흥미로움을 가져다주었다. 또한 회사의 지배구조와 상속문제 등의 현실적인 문제 역시 상당한 민감한 사안 가운데 하나라고 하겠다. 동일 업종의 완전 모자회사에서 의도적인 실권, 총수일가의 실권주 저가인수 등을 보아 전형적인 회사기회 유용의 사례에 해당하는 것으로 평가하면서, 법원이 형식적인 논리에 얽매어 회사에 손해를 끼친 이사들의 책임을 인정하지 않은 '봐주기 판결'이라는 비판이 없는 것은 아니지만, 주주대표소송과 관련하여 발생하는 회사법상 중요한 문제들을 실정법에 입각하여 합리적인 판단을 한 부분 역시 존중받을 수 있을 것이다.

제8절 표현대표이사

Ⅰ. 의의

대표이사는 대내적으로는 회사의 업무집행을 담당하고 대외적으로는 회사를 대표하는 권한을 가지는 주식회사의 필요적 상설기관으로서 이사회의 결의에 의하여 선임된다(제389조 제1항). 법률상으로는 이사 가운데에는 대표이사와 그렇지 아니한 이사가 있게 되는데, 상법은 비록 회사의 대표권은 없으나 사장·부사장·전무·상무 기타 회사를 대표할 권한이 있는 것으로 인정될 만한 명칭을 사용한 이사의 행위에 대하여 회사는 선의의 제3자에게 책임을 지도록 하고 있다(제395조). 이것은 이른바 금반언의 법리 또는 외관존중의 이념에 따른 것이다.

표현대표이사는 대표권이 없는 이사로서 사장·부사장·전무·상무 기타 회사를 대표할 권한이 있는 것으로 인정될 만한 명칭을 사용한 이사를 말한다. 따라서 표현대표이사는 명시적이든 묵시적이든 회사로부터 그러한 명칭의 사용을 허락 받은 자에 한하고 회사의 허락 없이 임의로 그 명칭을 사용한 자는 포함되지 아니한다.[241] 이사는 주주총회에서 선임되므로(제382조) 적어도 표현대표이사는 주주총회에서 선임된 이사로서 그러한 명칭을 사용한 경우에 한정되느냐 하는 문제가 제기된다. 이것은 상법 제395조의 법조문에서 볼 때에는 이사의 자격을 전제로 하고 있다고 볼 수 있으나, 오늘날 거래의 실정에서는 주주총회의 선임결의를 거치지 아니하고 상업사용인 또는 그 밖의 사람에게 상무이사 등의 명칭을 붙여 주는 예가 흔히 있으므로 표현대표이사는 굳이 이사의 자격을 전제로 한다고 할 수는 없다.[242]

Ⅱ. 적용요건

회사를 대표할 만한 명칭을 사용한 이사의 행위에 대하여 회사가 책임을 부담하기 위해서는 다음과 같은 요건이 충족되어야 한다.

1. 외관이 있는 명칭의 사용

대표권이 없는 이사가 사장·부사장·전무·상무 기타 회사를 대표할 권한이 있는 것으로 믿을 만한 명칭을 사용하여 제3자와 거래를 하였어야 한다. 대표이사는 회사를 대표하고, 회사의 영업에 관하여 재판상 또는 재판 외의 모든 행위를 할 권한을 가지고 있으나(제389

---

[241] 대법원 1975. 5. 27. 선고 74다1366 판결은 "상법 제395조에 의하여 표현대표이사의 행위에 대하여 회사가 표현대표이사의 명칭사용을 명시적으로나 묵시적으로 승인한 경우에만 한하는 것이고, 회사의 명칭사용 승인 없이 임의로 명칭을 참칭한 자의 행위에 대하여는 비록 그 명칭 사용을 알지 못하고 또 제지하지 못한 점이 있어서 회사에게 과실이 있다 하더라도 그 회사의 책임으로 돌려 선의의 제3자에 대하여 책임을 지게 하는 취지는 아니라 할 것이다."

[242] 대법원 1979. 2. 13. 선고 77다2436 판결은 "상법 제395조는 표현대표이사가 이사의 자격을 갖출 것을 법형식상의 요건으로 하고 있지만 실질상으로 이사자격이 없는 자에게 회사가 표현대표이사의 명칭을 사용케 한 경우나 이사자격 없이 표현대표이사의 명칭을 사용하는 것을 회사가 알고 그대로 두거나 아무런 조치도 취하지 않고 용인상태에 놓아둔 경우도 포함한다고 해석하는 것이 옳다". 대법원 1992. 7. 28. 선고 91다35816 판결도 같다.

조, 제209조), 사장·부사장·전무·상무이사의 명칭과 관계없이 실제로 회사의 대표권을 가지는 이사를 가리킨다. 그리하여 사장, 부사장 등의 명칭을 사용하고 있으나, 회사의 대표권이 없는 이사가 있을 수 있는데, 이러한 경우에도 대외적으로는 대표권이 있다고 믿을 만한 사유가 있다. 그 명칭을 사용한 이사는 주주총회에서 선임된 이사이든 아니든 묻지 아니하고, 또 사실상의 이사도 포함된다.

표현대표이사가 자기의 이름으로 법률행위를 하였느냐 또는 대표이사의 대리인이나 대표이사의 이름으로 법률행위를 하였느냐에 따라 표현대표이사의 법리에 적용에 차이를 둘 것이냐는 문제가 제기된다. 대법원은 "상무이사가 대표이사를 대리하여 법률행위를 한 경우에는 대리에 관한 규정이 적용되고, 그 행위가 민법 제126조의 요건을 구비한 경우에는 그 조문이 적용될 것이다"라고 판시하여 상법 제395조를 적용하지 않고 있으나,[243] 또 다른 판결에서 "표현대표이사의 명칭을 사용하는 이사가 자기 명의로 행위 할 때 뿐 아니라 행위자 자신이 표현대표이사인 이상 다른 대표이사의 명칭을 사용하여 행위 한 경우에도 상법 제395조가 적용된다고 보아야 할 것이다"라고 판시하여[244] 그 적용을 인정하고 있다. 표현대표이사제도는 대표이사의 포괄적인 대표권을 전제로 인정되는 것이므로 후자의 입장이 옳다.

2. 명칭의 사용허락

회사가 표현대표이사의 명칭의 사용을 허락하였어야 한다. 사용허락이란 명시적이든 묵시적이든 상관이 없고, 또 그 명칭의 사용을 회사가 알고 그대로 두거나 아무런 조치를 취하지 않고 용인상태에 놓아둔 경우도 포함한다. 다만 회사의 승인 없이 그 명칭을 참칭하여 사용한 경우에 회사가 과실로 그 사실을 알지 못하여 제지하지 못한 때에는 이에 포함되지 않는다. 그러나 그 명칭의 사용자가 회사의 대표이사로 등기하고 회사가 이를 오랫동안 방치해 둔 경우에는 회사의 책임을 인정해야 할 것이다.

주권발행 전의 주식양도의 효력을 인정하지 않는 판례의 입장에 따라 주권 없이 주식을 양도받은 주식양수인들이 모인 주주총회에서 선임된 이사가 대표이사로 등기된 경우에도 대법원은 표현대표이사로서의 지위까지도 인정하지 않고 있으나, 이 경우는 비록 주주총회

---

243 대법원 1968. 7. 16 선고 68다334, 335 판결.
244 대법원 1979. 2. 13 선고 77다2436 판결.

결의부존재를 인정한다 하더라도 그러한 대표이사의 명칭사용에는 회사가 묵시적으로라도 허락한 것으로 보아 회사의 책임을 인정해야 할 것이다.

3. 제3자의 선의

표현대표이사와 거래한 제3자가 선의이어야 한다. 즉 제3자는 표현대표이사가 진실로 회사를 대표할 권한이 있다고 믿고 거래를 하였어야 한다. 대표이사는 등기사항이고(제317조 제2항 9호, 10호) 등기한 사항은 선의의 제3자에게도 대항할 수 있는 것이 원칙이다(제37조). 그러나 표현대표이사의 경우에는 그 명칭사용의 외관에 따라 회사의 책임을 인정하는 것이므로 상업등기가 있느냐의 여부는 고려의 대상이 되지 않고 있다. 그리하여 그 거래 상대방이 대표이사의 등기를 확인하지 아니한 것에 과실이 있느냐 없느냐는 따지지 아니하고, 그 표현대표이사가 회사를 대표하여 거래를 할 수 있다는 사실을 믿은 데에 중대한 과실이 없다면 이는 선의로 보아야 할 것이다. 그리고 회사가 표현대표이사의 행위에 대하여 책임을 지지 않으려면 스스로 제3자의 악의를 입증하여야 한다.

대법원 2003. 7. 22. 선고 2002다40432판결

대법원은 표현대표이사에서의 제3자의 범위에 대한 판단을 하였다. "상법 제395조는 표현대표이사가 자기의 명칭을 사용하여 법률행위를 한 경우는 물론이고 자기의 명칭을 사용하지 아니하고 다른 대표이사의 명칭을 사용하여 행위를 한 경우에도 유추 적용되고, 이와 같은 대표권 대행의 경우 제3자의 선의나 중과실은 표현대표이사의 대표권 존부에 대한 것이 아니라 대표이사를 대행하여 법률행위를 할 권한이 있느냐에 대한 것이다."라고 판시하고 있다.[245] "상법 제395조가 규정하는 표현대표이사의 행위로 인한 주식회사의 책임이 성립하기 위하여는 법률행위의 상대방이 된 제3자가의 선의 이외에 무과실까지도 필요로 하는 것은 아니지만, 그 규정의 취지는 회사의 대표이사가 아닌 이사가 외관상 회사의 대표권이 있는 것으로 인정될만한 명칭을 사용하여 거래행위를 하고, 이러한 외관이 생겨난 데에 관하여 회사에 귀책사유가 있는 경우에 그 외관을 믿은 선의의 제3자를 보호함으로써 상거래의 신뢰와 안전을 도모하려는 데에 있다 할 것인바, 그와 같은 제3자의 신뢰는 보호할만한 가치가 있는 정당한 것이어야 할 것이므로 설령 제3자가 회사의 대표이사가 아닌 이사가 그 거래행위를 함에 있어서 회사를 대표할 권한이 있다고 믿었다 할지라도 그와 같이 믿음에 있어서 중대한 과실이 있는 경우에는 회사는 그 제3자에 대하여는 책임을 지지 아니하고, 여기서 제3자의 중대한 과실이라 함은 조금만 주의를 기울였더라면 표현대표이사의 행위가 대표권에 기한 것이 아니라는 사정을 알 수 있었음에도 만연히 이를 대표권에 기한 행위라고 믿음으로써 거래통념상 요구되는 주의의무에 현저히 위반하는 것으로, 공평의 관점에서 제3자를 구태여 보호할 필요가 없다고 봄이 상당하다고 인정되는 상태를 말한다."고 판시하고 있다.

대법원 1999. 11. 22. 선고 99다19797판결

"상법 제395조는 표현대표이사의 명칭을 예시하면서 사장, 부사장, 전무, 상무 등의 명칭을 들고 있는 바, 사장, 부사장, 전무, 상무 등의 명칭은 표현대표이사의 명칭으로 될 수 있는 직함을 예시한 것으로서 그와 같은 명칭이 표현대표이사의 명칭에 해당하는가 하는 것은 사회 일반의 거래통념에 따라 결정하여야 할 것인데, 상법은 모든 이사에게 회사의 대표권을 인정하지 아니하고, 이사회 또는 주주총회에서 선정한 대표이사에게만 회사대표권을 인정하고 있으며, 그와 같은 제도는 상법이 시행된 이후 상당한 기간 동안 변함없이 계속하여 시행되어 왔고, 그 동안 국민 일반의 교육수준도 향상되고 일반인들이 회사제도와 대표이사제도를 접하는 기회도 현저하게 많아졌기 때문에 일반인들도 그와 같은 상법의 대표이사제도를 보다 더 잘 이해하게 되었으며, 적어도 직제상 사장, 부사장, 전무, 상무 등의 직책을 두고 있는 주식회사의 경우라면 상법상 대표이사에게는 사장 등의 직책과는 별도로 대표이사라는 명칭을 사용하도록 하고 상법상 대표이사가 아닌 이사에게는 대표이사라는 명칭을 사용하지 못하도록 하고 있으며, 또한 규모가 큰 주식회사의 경우 직제상 사장의 직책을 가지는 이사는 대표이사로 선정되어 있는 경우가 많은 반면, 직제상 전무 또는 상무의 직책을 가지는 이사는 반드시 그러하지는 아니하고, 전무 또는 상무의 직책을 가지면서 동시에 대표이사로 선정되어 있는 이사들은 "대표이사 전무, 대표이사 상무" 등의 명칭을 사용하는 것이 현재 우리나라 경제계의 실정이고, 따라서 상법 제395조가 표현대표이사의 명칭으로 사장, 부사장, 전무, 상무 등의 명칭을 나란히 예시하고 있다 하더라도 그 각 명칭에 대하여 거래통념상 제3자가 가질 수 있는 신뢰의 정도는 한결같다고 할 수 없으므로 위와 같은 각 명칭에 대하여 제3자가 그 명칭을 사용한 이사가 회사를 대표할 권한이 있다고 믿었는지 여부, 그와 같이 믿음에 있어서 중과실이 있는지 여부 등은 거래통념에 비추어 개별적·구체적으로 결정하여야 할 것이며, 특히 규모가 큰 주식회사에 있어서 '대표이사 전무' 또는 '대표이사 상무' 등의 명칭을 사용하지 아니하고, 단지 '전무이사' 또는 '상무이사' 등의 명칭을 사용하는 이사에 대하여는 제3자가 악의라거나 중과실이 있다는 회사 측의 항변을 배척함에 있어서는 구체적인 당해 거래의 당사자와 거래내용 등에 관하여 신중한 심리를 필요로 하고, 함부로 그 항변을 배척하여서는 아니된다."고 판시한 바 있다.

대법원 1994. 12. 27. 선고 94다7621, 7638판결

상법 제395조의 규정에 의하여 회사가 표현대표자의 행위에 대하여 책임을 지는 것은 회사가 표현대표자의 명칭사용을 명시적으로나 묵시적으로 승인함으로써 대표자격의 외관현출에 책임이 있는 경우에 한하는 것이고, 주주총회를 소집, 개최함이 없이 의사록만을 작성한 주주총회의 결의로 대표자로 선임된 자의 행위에 대하여 회사에게 그 책임을 물으려면, 의사록 작성으로 대표자격의 외관이 현출된 데에 대하여 회사에 귀책사유가 있음이 인정되어야만 한다.

> ### 대법원 1992. 7. 28. 선고 91다35816판결
>
> 대법원은 "상법 제395조가 회사를 대표할 권한이 있는 것으로 인정될 만한 명칭을 사용한 이사의 행위에 대한 회사의 책임을 규정한 것이어서, 표현대표이사가 이사의 자격을 갖출 것을 그 요건으로 하고 있으나, 이 규정은 표시에 의한 금반언의 법리나 외관이론에 따라 대표이사로서의 외관을 신뢰한 제3자를 보호하기 위하여 그와 같은 외관의 존재에 관하여 귀책사유가 있는 회사로 하여금 선의의 제3자에 대하여 그들의 행위에 관한 책임을 지도록 하려는 것이므로, 회사가 이사의 자격이 없는 자에게 표현대표이사의 명칭을 사용하게 허용한 경우는 물론, 이사의 자격도 없는 사람이 임의로 표현대표이사의 명칭을 사용하고 있는 것을 회사가 알면서도 아무런 조치를 취하지 아니한 채 그대로 방치하여 소극적으로 묵인한 경우에도, 위 규정이 유추 적용되는 것으로 해석함이 상당하다."고 판시한 바 있다.[246]

Ⅲ. 법적 효과

표현대표이사와 거래한 상대방이 그 표현대표이사가 회사를 대표할 권한이 있다고 믿고 거래한 경우에는 회사는 그 거래상대방에 대하여 책임을 부담한다(제395조). 외관존중의 법리에 따라 거래의 안전을 꾀하고자 하는 목적이 있다. 마치 적법한 대표이사의 행위와 같이 그 행위에 따른 법률효과가 회사에 귀속되고, 회사는 그 행위에 따른 권리를 취득하고 의무를 부담하게 된다.

제9절 집행임원

Ⅰ. 의의

이사회는 업무집행과 업무감독이라고 하는 동전의 양면을 동시에 수행하도록 함으로써 스스로 수행한 일을 스스로 감시해야 한다는 점에서 감독에 대한 한계점으로 지적되었다. IMF 이후 자산총액 2조원 이상인 상장회사는 사외이사를 이사 총수의 과반수가 되도록 하였다. 집행임원이라 함은 등기된 이사가 아니면서 대표이사의 지휘 및 감독하에 회사의 업

---

245 대법원 2003. 9. 26. 선고 2002다65073 판결.
246 대법원 1988. 10. 11. 선고 86다카2936 판결.

무를 집행하는 자로 이해된다. 대규모 상장회사의 대부분 의사결정은 대표이사와 비등기임원인 사실상 집행임원이라고 하는 자들이 수행하게 되었다. 그러나 집행임원에 대한 법률적인 규율이 존재하지 않다는 문제점이 제기되어 입법화하는 과정이 있었다.

II. 기능

주식회사 경영의 투명성과 효율성을 고양하기 위하여 주식회사는 대표이사에 갈음하여 집행임원을 둘 수 있다(제408조의2 제1항). 집행임원을 도입한 회사는 회사의 업무집행은 집행임원에게, 업무감독은 이사회가 맡도록 하는 방법을 취하고 있다.[247] 집행임원은 이사회에서 선임된다. 업무와 경영의 전문가인 집행임원이 회사의 업무집행을 담당하고, 이들을 선임한 이사회는 감독을 하면서 회사의 중요한 사항에 대한 의사결정을 하는 역할을 하게 된다. 그러므로 집행임원을 도입한 회사의 경우, 대표이사를 대신하여 집행임원이 대내적으로 회사의 업무를 집행하고, 대외적으로는 대표집행임원이 회사를 대표하는 기능을 하게 된다. 집행임원이 수인인 경우에 각 집행임원은 회사의 업무를 집행할 뿐만 아니라(제408조의4 제1호) 정관이나 이사회의 결의에 의하여 위임받은 업무집행에 관한 의사결정을 각 집행임원이 하게 된다(제408조의4 제2호). 이사회에 의하여 집행임원이 선임과 해임된다는 점(제408조의2 제3항 제1호)과 집행임원의 보수가 이사회에 의하여 결정된다는 점(제408조의2 제3항 제6호)을 보건대, 집행임원은 이사회의 견제와 감독을 받는다고 보아야 할 것이다.

III. 선임 등

1. 선임과 해임

집행임원 설치회사에서는 집행임원과 대표집행임원의 선임 및 해임권이 이사회에 있다(제408조의2 제3항 1호). 집행임원은 이사회에서 선임·해임되어야 하므로회장 등과 이들이 선임·해임하는 사실상 집행임원은 상법상 집행임원이 아니다. 그러나 상법상 집행임원과 동일하게 보아 그의 책임을 물을 수 있다(제408조의9, 제401조의2).집행임원의 선임·해임은 등기사항이다.

---

247 정찬형, 『상법강의(상)』, 제16판, 박영사, 2013, 958면 이하.

2. 집행임원의 수

집행임원의 수는 제한이 없다. 집행임원이 다수일지라도 이사회와 같이 회의체를 구성하는 것도 아니다.

3. 집행임원의 자격

집행임원의 자격에는 제한이 없다. 그러나 집행임원은 당해 회사의 감사를 겸직할 수 없다(제411조). 그러므로 이사회는 유능한 경영인을 집행임원으로 선임하여 업무집행의 효율성을 극대화할 수 있고 그 결과에 대하여 언제든지 책임을 물을 수 있다.

4. 집행임원의 임기

정관에 다른 규정이 없으면 2년을 초과하지 못한다(제408조의 3 제1항). 정관의 규정에 의하여 이와 달리 임기를 정하는 것도 가능하다.

Ⅳ. 권한

1. 업무집행권

종래의 대표이사가 수행하는 업무를 집행임원이 담당하게 된다. 명시적으로 집행임원에 대하여, 당해 회사의 업무를 집행하고, 정관이나 이사회의 결의에 의하여 위임받은 업무집행에 관한 의사를 결정하게 된다(제408조의4). 집행임원은 필요하면 회의의 목적사항과 소집이유를 적은 서면을 이사에게 제출하여 이사회를 소집청구할 수 있다(제408조의7 제1항). 집행임원의 이러한 청구에 대하여 이사는 지체 없이 이사회 소집의 절차를 밟아야 한다. 만약 소집절차를 밟지 아니하면, 소집을 청구한 집행임원은 법원의 허가를 얻어 이사회를 소집할 수 있다. 이 경우 이사회 의장은 법원이 이해관계자의 청구에 의하여 또는 직권으로 선임할 수 있다(제408조의7 제2항).

2. 대표권

대표집행임원이 회사를 대표하게 된다. 집행임원 1인이라면 그 자가 대표집행임원이 된다(제408조의5 제1항). 그러나 2명 이상의 집행임원이 선임된 경우라 한다면, 이사회는 대표집행임원을 결의를 통하여 선임해야 한다. 집행임원에 대하여 상법이 규정한 바가 없다고 한다면, 주식회사의 대표이사에 관한 규정을 준용하게 된다(제408조의5 제2항). 그 밖에 표현대표이사에 관한 규정(제395조) 역시 준용하게 된다(제408조의5 제3항).

V. 의무

1. 선관주의의무

회사의 이사는 위임관계에 있다. 마찬가지로 집행임원을 설치한 회사와 집행임원과의 관계는 민법 중 위임에 관한 규정을 준용하고 있다(제408조의2 제2항). 집행임원은 집행임원제도 및 그 선임의 본지에 따라 선량한 관리자의 주의의무를 다해서 회사의 업무를 처리해야 한다(민 제681조).

2. 경업피지업무

이사는 이사회의 승인이 없으면 자기 또는 제3자의 계산으로 회사의 영업부류에 속한 거래를 하지 못하도록 하고 있고(협의의 경업금지의무: 제397조 제1항 전단), 이사회 승인이 없으면 동종 영업을 목적으로 하는 다른 회사의 무한책임사원이나 이사가 되지 못하도록 하고 있다(겸직금지의무: 상법 제397조 제1항 후단. 집행임원에게도 동일한 의무가 부과된다(제408조의9).

3. 그 밖의 의무

상법은 준용규정을 통하여 회사기회유용금지의무, 자기거래금지의무 등을 부담하게 된다. 이사는 재임 중 뿐만 아니라 퇴임 후에도 직무상 알게 된 회사의 영업상 비밀을 누설하여서는 아니 된다. 이 점 집행임원도 마찬가지이다(제382조의4 제408조의9). 대표이사가 다른 이사의 직무집행을 감시할 의무가 있는 점과 마찬가지로 대표집행임원은 집행임원의 직무집행을 감시할 의무가 있고, 공동대표집행임원의 경우 각 대표집행임원은 다른 대표집행임원의 직무집행을 상호 감시할 의무가 있다고 할 것이다.

Ⅵ. 책임

집행임원은 고의 또는 과실로 법령이나 정관을 위반한 행위를 하거나 그 임무를 게을리한 경우에는 회사에 손해를 배상할 책임이 있다(제408조의8 제1항). 또한 집행임원이 고의또는 중대한 과실로 그 임무를 게을리 한 경우에는 제3자에게 손해를 배상할 책임이 있다(제408조의8 제2항).

제5장
감사와 감사위원회

제1절 감사

Ⅰ. 의의

회사의 감사는 업무감사와 회계감사로 대별할 수 있다. 업무감사는 회사의 업무집행, 대표행위의 적법성과 합목적성에 대하여 감사하는 것을 가리키며, 회계감사는 회사의 회계에 관하여 부정사실의 유무를 확인하고, 회계의 장부·기록이 일반적으로 인정된 공정한 회계원칙에 준거하여 회사의 재정상태 및 경영성적을 표시하였는지를 감사하는 것이다. 감사란 회사의 업무감사를 주된 직무로 하는 주식회사의 필요적 상설기관이다. 원칙적으로 주식회사는 감사를 반드시 설치해야 한다. 그러나 자본금 총액이 10억 원 미만인 소규모 주식회사의 경우에는 감사가 예외적으로 임의기관에 해당한다(제409조 제4항).

Ⅱ. 선임 또는 해임

1. 선임 또는 해임방법

1) 비상장회사

감사는 주주총회에서 선임한다. 주주총회의 전속권한에 속한다. 감사의 선임은 보통결의의 방법에 의하되, 비상장회사의 경우에는 의결권 없는 주식을 제외하는 발행주식총수의 100분의 3을 초과하는 수의 주식을 가진 주주는 그 초과하는 주식에 관하여 의결권을 행사하지 못한다(제409조 제2항). 또한 비상장회사에서 감사를 해임하는 경우에는 3% 제한이 적용되지 않는다.

2) 상장회사

상장회사의 경우에는 최대주주, 그의 특수관계인, 그 밖에 대통령령으로 정하는 자가 소유하는 상장회사의 의결권 있는 주식의 합계가 그 회사의 의결권 없는 주식을 제외한 발행주식총수의 100분의 3을 초과하는 경우에 그 주주는 그 초과하는 주식에 관하여 감사를 선임하거나 해임할 때에 의결권을 행사하지 못하고 그 외 주주는 합산하지 아니한다(제542조의12 제4항 및 제7항, 영 제38조1항).

2. 겸임금지

감사는 그의 회사 및 자회사의 이사·집행임원이나 지배인 기타의 사용인의 직무를 겸하지 못한다(제411조). 이는 감사의 지위의 독립성과 감사의 공정성을 기하기 위함이다. 회사의 이사 등이 감사로 선임되면 종전의 이사 등의 직을 사임하는 의사를 표시한 것으로 해석한다(2007다60080).

Ⅲ. 종임

1. 이사와 유사점

감사의 종임사유는 대체로 이사의 종임사유와 같다(제415조, 제382조 제2항, 제385조 참조). 다만, 감사정보비, 업무추진비, 출장비 일부의 부적절한 집행 등 잘못이 있는 경우만으로 감사를 해임할 수는 없다(2011다42348).

2. 이사와 차이점

1) 감사의 의견진술권

감사를 주주총회에서 해임하는 경우 그 감사는 주주총회에서 해임에 관하여 의견을 진술할 수 있다(제409조의2). 상장회사의 경우 감사의 해임에 최대주주 등의 의결권이 제한된다(제542조의12 제4항, 영 제38조 제1항).

2) 해산의 경우

회사의 해산은 업무집행기관을 필요 없게 할 뿐이고 청산회사의 감사는 여전히 필요하므로 해산에 의하여 당연히 감사의 종임이 생기지 않는다.

3. 정당한 이유

상법 제415조가 준용하는 제385조 제1항에 규정된 '정당한 이유'란 주주와 감사 사이에 불화 등 단순히 주관적인 신뢰관계가 상실된 것만으로는 부족하고, 감사가 그 직무와 관련하여 법령이나 정관에 위반된 행위를 하였거나 정신적·육체적으로 감사로서 직무를 감당하기 현저하게 곤란한 경우, 감사로서 직무수행능력에 대한 근본적인 신뢰관계가 상실된 경우 등과 같이 당해 감사가 그 직무를 수행하는 데 장해가 될 객관적 상황이 발생한 경우에 비로소 임기 전에 해임할 수 있는 정당한 이유가 있다고 할 것이다. 대법원이 '임기만료 전의 감사 해임에 관하여 상법 제415조, 제385조 제1항에서 정한 정당한 이유가 인정되는 경우'와 '임기만료 전에 정당한 이유 없이 해임된 감사가 상법 제415조, 제385조 제1항에 따라 회사를 상대로 보수 상당액을 해임으로 인한 손해배상액으로 청구하는 경우, 남은 임기 동안 다른 직장에 종사하여 얻은 이익을 손해배상액에서 공제하여야 하는지 여부'에 대하여 판단하였다.[1]

> **대법원 2013.09.26. 선고 2011다42348 판결**
>
> 대법원은 "상법 제415조, 제385조 제1항에 규정된 '정당한 이유'란 주주와 감사 사이에 불화 등 단순히 주관적인 신뢰관계가 상실된 것만으로는 부족하고, 감사가 그 직무와 관련하여 법령이나 정관에 위반된 행위를 하였거나 정신적·육체적으로 감사로서 직무를 감당하기 현저하게 곤란한 경우, 감사로서 직무수행능력에 대한 근본적인 신뢰관계가 상실된 경우 등과 같이 당해 감사가 그 직무를 수행하는 데 장해가 될 객관적 상황이 발생한 경우에 비로소 임기 전에 해임할 수 있는 정당한 이유가 있다고 할 것이다."라고 하면서, "채무불이행이나 불법행위 등으로 인하여 손해를 입은 채권자 또는

---

[1] 대법원 2013.09.26. 선고 2011다42348 판결.

피해자 등이 동일한 원인에 의하여 이익을 얻은 경우에는 공평의 관념상 그 이익은 손해배상액을 산정함에 있어서 공제되어야 하고, 이와 같이 손해배상액의 산정에 있어 손익상계가 허용되기 위해서는 손해배상책임의 원인이 되는 행위로 인하여 피해자가 새로운 이득을 얻었고, 그 이득과 손해배상책임의 원인인 행위 사이에 상당인과관계가 있어야 한다. 임기가 정하여져 있는 감사가 임기만료 전에 정당한 이유 없이 주주총회의 특별결의로 해임되었음을 이유로 상법 제415조, 제385조 제1항에 의하여 회사를 상대로 남은 임기 동안 또는 임기 만료 시 얻을 수 있었던 보수 상당액을 해임으로 인한 손해배상액으로 청구하는 경우, 당해 감사가 그 해임으로 인하여 남은 임기 동안 회사를 위한 위임사무 처리에 들이지 않게 된 자신의 시간과 노력을 다른 직장에 종사하여 사용함으로써 얻은 이익이 해임과 사이에 상당인과관계가 인정된다면 해임으로 인한 손해배상액을 산정함에 있어서 공제되어야 한다."고 판시하였다.

제2절 감사위원회

Ⅰ. 의의

1999년 개정상법은 감사에 대체할 수 있는 감사기구로서 감사위원회를 둘 수 있도록 하였다. 감사위원회는 이사회 내 위원회의 하나이다(제412조의2). 이사회로부터 위임받은 업무에 대하여, 이사회의 권한을 행사하는 이사회 하부조직에 해당하는 것이다. 이사회 내 위원회제도는 이사회의 효율적 운영과 또한 의사결정의 객관성과 전문성을 확보하기 위하여 1999년 개정상법에 의하여 도입된 것인데, 필요기관은 아니고 정관에 의하여 설치할 수 있는 임의기관이다(제393조의2 제1항). 종전과 같이 감사를 두는 것을 원칙으로 하되, 정관에 규정을 두어 감사위원회를 둘 수 있으며, 감사위원회를 두는 경우 감사는 둘 수 없게 하였다(제415조의2 1항).

Ⅱ. 구성

감사위원회는 감사기능을 수행하는 이사회 내의 위원회이다. 감사위원회는 제415조의2(비상장회사)에 의한 감사위원회와 제542조의11(상장회사)에 의한 감사위원회가 있다. 차이는 다음과 같다. 가장 큰 차이는 전자는 이사회에서 감사위원을 선임하고, 후자는 주주총회에서 감사위원을 선임한다는 점이다. 또한, 2020년 개정 상법은 상장회사의 감사위원회의 감사위원 선임 시 감사위원 중 1명은 분리선출 하도록 의무화 하였다(제542조의12 제2항).

1. 일반 감사위원회(제415조의2)

일반 감사위원회의 감사위원은 이사회가 이사 중에서 선임한다. 3명 이상이어야 하고, 2/3 이상 사외이사로 구성되어야 한다. 이사회가 감사위원직에서 해임한다. 이때 이사총수의 2/3 이상의 결의가 요구된다. 이사직 자체에서의 해임은 주주총회의 결의(특별결의)가 필요하다.

2. 특수 감사위원회(제542조의11)

주주총회에서 이사선임과는 별도의 결의(보통결의)로 이사 중에서 감사위원 선임하고, 일괄선출방식으로 한다. 다만, 감사위원회위원 중 1명(정관에서 2명이상으로 정할 수 있으며, 정관으로 정한 경우에는 그에 따른 인원으로 한다)은 주주총회 결의로 다른 이사들과 분리하여 감사위원회위원이 되는 이사로 선임하여야 한다(제542조12의 제2항). 분리선출 이란 '감사위원이 되는 이사'를 3% 제한을 두어 선임하는 것이므로, 이사선임 단계부터 3% 제한이 적용된다. 사외이사인 감사위원은 개별주주별로 3% 제한을 받는다. 특수관계인 미합산되고, 모든 주주에 적용된다. 사외이사 아닌 감사위원은 최대주주 3% 제한을 받는다. 이때 특수관계인을 합산하고, 최대주주에만 적용된다. 3명 이상이어야 하고, 2/3 이상 사외이사이어야 한다. 감사위원회 대표는 사외이사가 맡고, 회계 또는 재무전문가 1인 이상이어야 한다.

주주총회에서 해임되고, 이 경우 이사 자격까지 박탈된다. 사외이사인 감사위원은 3% 제한 없고, 사외이사 아닌 감사위원의 경우 최대주주 3% 제한을 받는다. 특수관계인 합산하고, 최대주주에만 적용된다.

Ⅲ. 감사위원회위원의 선·해임

감사위원회제도는 회사의 규모에 따라, 자산 2조 원 이상인 상장회사에 대하여 의무적으로 감사위원회를 설치하도록 하는 방식과 그 밖의 회사에 대하여 임의적으로 감사에 갈음하여 감사위원회를 설치하도록 하는 방식(제415조의2)으로 구분하는 방식이 있지만,[2] 다음 네 개의 군으로 구분하는 방식을 따르도록 한다.[3]

---

[2] 정경영, 전게발표문, 9면. 다만, 자산 1천억 원이상 2조 원 미만인 상장회사는 상근감사를 두거나 전자의 감사위원회 중에서 선택가능성을 부여하지만, 후자의 감사위원회는 둘 수 없도록 하고 있다(상법 제542조의10).

[3] 이철송, 『회사법강의』, 제20판, 박영사, 2012, 833면.

제1군: 비상장회사
제2군: 최근 사업년도 말의 자산총액이 1천억 원 미만인 회사
제3군: 자산총액 1천억 원 이상 2조 원 미만인 회사
제4군: 대규모상장회사(자산총액 2조 원 이상인 회사)

이 방식으로 구분하게 되면, 제1군과 제2군의 회사에 있어서는 이사회가 감사위원을 선임하고 해임하게 된다(제415조의2 제2항). 이 경우 감사위원을 해임하는 결의는 이사 총수의 3분의 2 이상의 수로 결의하게 된다(제415조의2 제3항). 제3군과 제4군 회사의 감사위원은 주주총회의 결의로 선임하고 해임한다(제542조의12 제1항).[4] 우리 상법은 사외이사가 아닌 감사위원과 사외이사인 감사위원의 선임을 달리하고 있는데, 전자의 경우 감사위원의 선임 또는 해임 시 상장회사에서 상근감사를 선임할 때와 마찬가지로 주주 1인의 의결권이 발행주식총수의 100분의 3으로 제한되는 것 외에 최대주주에 있어서는 특수관계자의 소유주식을 포함하여 의결권이 100분의 3으로 제한되는 것으로 하고 있다(제542조의12 제3항). 반면, 후자의 경우에는 비상장회사의 감사를 선임하는 경우와 마찬가지로 단지 주주 1인의 의결권이 100분의 3으로 제한을 두는 방식을 택하고 있다(제542조의12 제4항).[5] 한편 감사위원회의 위원은 반드시 이사의 신분을 가지고 있어야만 하기 때문에, 감사위원 역시 주주총회에서 이사로 선임된 자이어야 한다. 결국 감사위원회 위원이 되고자 한다면, 그 자는 우선 주주총회에서 이사로 선임되어야 하는(제382조 제1항) 동시에 감사위원회에 위원으로 선임되는 절차를 밟아야 한다(제415조의2 제1항).

Ⅳ. 운영

감사위원회는 회의체기관으로 결의를 통해서만 권한을 행사한다. 이사회 내 위원회의 일종이므로 위원회에 관한 규정이 적용되나, 다른 위원회와 달리 감사위원회의 결정은 이사회가 번복할 수 없다(제415조의2 제6항).

---

4   이기수·최병규·조지현, 『회사법(상법강의 Ⅱ)』, 제8판, 박영사, 2009, 486면.
5   임재연, 『회사법 Ⅱ』, 개정판, 박영사, 2013, 531면 이하.

V. 권한과 의무

상법은 감사위원회의 권한을 별도로 규정하지 않고, 감사의 권한과 의무에 관한 규정인 제412조 내지 제414조의 규정을 감사위원회에 준용하는 방식을 취하여 감사와 동등한 권한을 부여하고 있다(제415조의2 제7항). 이사에 대한 보고요구권, 이사회 소집·출석·의견진술권, 주주총회 소집권 등을 행사할 수 있다. 그러나 감사와 같이 업무감사권과 회계감사권을 가지고, 업무감사와 관련하여서는 적법성감사를 넘어 타당성감사도 할 수 있는지 다툼이 있다.

VI. 감사위원의 책임

상법은 감사의 책임에 관한 제414조를 감사위원회에 준용하고 있다. 책임은 감사위원 개개인을 상대로 물어야 하므로 정확히는 감사위원회가 아니라 감사위원에 준용하여야 할 것이다. 감사위원은 이사직을 겸하므로 감사위원이 그 임무를 위반한 경우 이사의 손해배상 책임에 관한 제399조 및 제401조에 따라 책임을 질 것이나, 상법은 회사 및 제3자에 대한 감사의 책임에 관한 제414조를 감사위원에 준용하고 있으므로 그것이 우선 적용된다. 그러나 감사위원은 이사이므로 감사위원이 임무를 해태한 경우에는 이미 상법 제399조 제1항에 의해 책임이 발생하므로 제414조를 준용할 필요가 없다고 하겠다.

제6장
해산과 청산

제1절 해산

주식회사의 해산은 두 가지 방법으로 해산하게 된다. 상법에서 정한 해산사유 발생 시 주식회사는 해산한다. 또한 휴면회사에 대하여 일정한 요건이 충족되면 해제를 의제하고 있다.

Ⅰ. 해산방식

1. 법정 해산사유

주식회사는 존립기간의 만료 기타 정관으로 정한 사유의 발생, 합병, 회사분할, 파산, 법원의 해산명령 또는 해산판결, 주주총회의 해산결의 등으로 해산한다(제517조).

1) 해산판결

발행주식총수의 100분의 10 이상에 해당하는 주식을 가진 주주는 '회사의 업무가 현저한 정돈상태를 계속하여 회복할 수 없는 손해가 생긴 때 또는 생길 염려가 있는 때' 또는 '회사재산의 관리 또는 처분의 현저한 실당으로 인하여 회사의 존립을 위태롭게 한 때'에는 회사의 해산을 법원에 청구할 수 있다(제520조).

2) 해산결의

주주총회에서 해산의 결의를 하는 경우에는 상법 제434조에 따른 특별결의를 요한다.

2. 휴면회사

1) 의의

주식회사가 설립되었지만 실제로 영업활동을 하지 않으면서 해산과 청산의 절차를 밟지 않고 있는 경우가 있다. 이러한 회사를 휴면회사라고 한다. 휴면회사는 실제로 영업은 하지 않으면서 상호를 선점함으로써 타인이 자유로인 상호선정의 자유를 방해하기도 하고, 휴면회사를 통하여 다수인에게 피해를 주는 경우도 발생한다. 상법은 일정한 요건이 충족되면 회사가 해제되는 것으로 하는 제도를 두어, 이를 예방하고자 한다.

2) 해산의제

법원행정처장이 최후의 등기를 한 후 5년이 경과한 회사가 대상이 된다. 이 경우 본점의 소재지를 관할하는 법원에 아직 영업을 폐지하지 아니하였다는 뜻의 신고를 할 것을 관보로서 공고한 경우에, 해산의제의 효과를 저지하기 위해서 그 공고한 날에 이미; 최후의 등기 후 5년을 경과한 회사는 그 공고한 날로부터 2월 이내에 대통령령이 정하는 바에 따라 신고를 해야 할 것이다. 그러나 신고를 하지 아니하거나 등기를 하지 아니한 때에는, 그 회사는 그 신고기간이 만료된 때에 해산한 것으로 본다(제520조의2 제1항).

3) 회사계속

해산이 의제된 회사는 3년 이내에 주주총회의 특별결의로 회사를 계속할 수 있는 여지가 있다(제520조의2 제3항). 이 경우 계속등기를 해야 한다(제521조의2, 제229조).

4) 청산의제

해산된 것으로 본 회사가 3년 이내에 회사를 계속하지 아니한 경우에는, 그 회사는 3년이 경과한 경우에는 청산이 종결된 것으로 본다(제520조의2 제4항).

Ⅱ. 해산 통지

회사가 해산한 때에는 파산의 경우 외에는 이사는 지체 없이 주주에 대하여 그 통지를 하여야 한다(제521조). 회사 해산의 경우 등기가 이행되어야 한다. 해산사유가 있은 날로부터 본점에서는 2주간 내에, 지점에서는 3주간 내에 해산등기를 하여야 한다(제521조의2, 제228조).

Ⅲ. 해산 효과

회사의 해산사유에 의하여 바로 회사의 법인격이 소멸하는 것은 아니기 때문에 회사의 권리능력이 바로 소멸되는 것이 아니다. 다만, 회사의 권리능력은 청산의 목적범위 내로 축소된다(제542조 제1항, 제245조).

Ⅳ. 권리능력의 범위

회사의 해산사유가 발생하였다고 하여 회사의 법인격이 소멸하는 것은 아니다. '부채과다로 업무수행을 하지 않고, 대표이사. 기타 이사도 없는 상태에 있는 회사의 권리능력에 대한 유무'와 관련하여, 대법원은 다음과 같이 판시하고 있다.[6]

> ### 대법원 1985.06.25. 선고 84다카1954 판결
>
> 대법원은 "회사가 부채과다로 사실상 파산지경에 있어 업무도 수행하지 아니하고 대표이사나 그 외의 이사도 없는 상태에 있다고 하여도 적법한 해산절차를 거쳐 청산을 종결하기 까지는 법인의 권리능력이 소멸한 것으로 볼 수 없으므로, 이 사건에서 소외 대명모방주식회사(이하 소외회사라 한다)가 소론 주장과 같이 부채과다로 사실상 활동을 전혀 하지 않는 법인이라고 하여도 이런 사실만으로 그 권리능력이 소멸되어 존재하지 않는다고까지 말할 수는 없다."고 판시하고 있다.

---

6   대법원 1985.06.25. 선고 84다카1954 판결.

제2절 청산

I. 의의

회사가 해산한 때에는 합병이나 파산의 경우 외에는 청산을 하게 된다(제531조 제1항). 회사의 청산단계에서는 청산인은 매우 중요한 업무를 담당한다. 회사의 해산 시 합병, 분할, 분할합병 또는 파산의 경우 외에는 이사가 청산인이 된다. 청산에 들어가게 되면 업무집행과 관계가 없는 주주총회나 감사는 그대로 존속하지만, 이사와 이사회 및 대표이사는 그 지위를 상실하고 청산인, 청산인회 또는 대표청산인 지위에서 청산업무를 담당하게 된다. 다만, 청산인을 정관에서 따로 정하였거나 주주총회에서 청산인을 선임한 경우에는 그것에 따른다(제531조 제2항).

II. 청산인

1. 선임

회사 내에서 청산인이 정하여지지 않은 경우에는 이해관계인의 청구에 의하여 법원이 청산인을 선임한다(제531조 제2항). 해산명령이나 해산판결에 의하여 회사가 해산되는 경우에 이사가 청산인이 되는 것이 아니라 주주 등 이해관계인이나 검사의 청구에 의하여 또는 직권으로 법원이 청산인을 선임하게 된다(제542조 제1항, 제252조). 주주총회에서 청산인 선임 시 또는 이사의 청산인으로 선임 시 선임결의의 하자가 발생한 경우에, 법원은 청산인선임 결의의 무효·취소의 판결이 확정되기 이전에도 그 직무집행정지 또는 직무대행자선임의 가처분신청을 할 수 있다(제542조 제2항, 제407조 및 제408조). 결원 시 퇴임청산인의 권리의무 및 청산인의 직무를 행할 자의 선임은 이사의 경우와 같다(제542조 제2항, 제386조).

2. 종임

청산인은 위임관계의 종료사유(민 제690조)나 자격의 상실 또는 해임(민 제689조) 등에 의하여 퇴임한다. 상법은 청산인은 법원이 선임한 경우 외에는 언제든지 주주총회의 보통결의로 이를 해임할 수 있고(제539조 제1항), 청산인이 그 업무를 집행함에 현저하게 부적임하거나 중대한 임무에 위반한 행위가 있는 때에는 발행주식의 총수의 100분의 3 이상에 해당하는 주식을 가진 주주는 법원에 그 청산인의 해임을 청구할 수 있다(제539조 제2항).

3. 청산 관련 직무

1) 청산사무

청산인은 현존사무의 종결, 채권의 추심과 채무의 변제, 재산의 환가처분, 잔여재산의 분배 등의 직무를 담당한다. 그 이외에 상법은 채권자에 대한 동등한 분배와 청산의 신속한 처리를 위하여 특별한 규정을 두고 있다.

2) 최고

청산인은 취임한 날로부터 2월 내에 회사채권자에 대하여 일정한 기간 내에 그 채권을 신고할 것과 그 기간 내에 신고하지 아니하면 청산에서 제외될 뜻을 2회 이상 공고로써 최고해야 한다(제535조 제1항). 청산인은 알고 있는 채권자에 대하여는 각 별로 그 채권의 신고를 최고하여야 하며 채권자가 신고하지 아니한 경우에도 이를 청산에서 제외하지 못한다(제535조 제2항).

3) 변제금지

회사는 채권신고기간 내에는 채권에 대하여 변제하지 못한다(제536조 제1항). 그러나 소액의 채권, 담보 있는 채권 기타 변제로 인하여 다른 채권자를 해할 염려가 없는 채권에 대하여는 법원의 허가를 얻어 이를 변제할 수 있다(제536조 제2항).

4) 변제

채권신고기간이 경과하면 신고한 채권자, 그리고 신고하지 않았더라도 알고 있는 채권자에게 변제해야 할 것이다. 변제기에 이르지 않은 채무도 변제할 수 있고, 이 경우 중간이자를 공제하여야 하고, 불확실한 채권은 법원이 선임한 감정인의 평가에 의한다(제542조 제1항, 제259조). 회사재산이 채무를 변제하기에 자력이 없는 경우에는 청산인은 지체 없이 파산선고를 신청해야 한다(제542조 제1항, 제254조 제4항).

5) 잔여재산분배

채무를 완제하고 남는 재산은 주주에게 분배한다(제542조 제1항, 제260조). 분배 시 주식평등의 원칙에 따라 각 주주가 가지고 있는 주식수에 비례하여 분배한다(제538조 본문).

그러나 제344조 제1항의 규정을 적용하는 경우에는 그러하지 아니한다(제538조 단서).

6) 제외된 채권자에 대한 변제

청산에서 제외된 채권자는 분배되지 아니한 잔여재산에 대하여만 변제를 청구할 수 있다(제537조 제1항). 일부의 주주에 대하여 재산의 분배를 한 경우에는 그와 동일한 비율로 다른 주주에게 분배할 재산은 전항의 잔여재산에서 공제한다(제537조 제2항).

4. 기타 직무

청산인은 취임 후 2주간 내에 해산사유와 그 연월일, 청산인의 성명·주민등록번호 및 주소를 법원에 신고하여야 한다(제532조). 청산인은 취임 후 지체 없이 회사의 재산상태를 조사하여 재산목록과 대차대조표를 작성하고, 이를 주주총회에 제출하여 승인을 얻어야 한다. 승인을 얻은 후 법원에 즉시 제출해야 한다(제533조). 청산인은 정기총회일로부터 4주간 전에 대차대조표 및 그 부속명세서와 사무보고서를 작성하여 감사에게 보고하여야 하고(제534조 제1항), 감사는 이 서류에 관한 감사보고서를 정기총회일 1주간 전에 청산인에게 제출하여야 한다(제534조 제2항).

청산인은 정기총회일 1주간 전부터 대차대조표, 부속명세서, 사무보고서, 감사보고서를 본점에 비치하여야 하고(제534조 제3항), 주주와 회사채권자는 동 서류를 열람할 수 있고 등·초본의 교부를 청구할 수 있다(제534조 제4항). 청산인은 대차대조표 및 사무보고서를 정기총회에 제출하여 그 승인을 요구하여야 한다(제534조 제5항).

5. 청산종결

청산사무가 종결한 때에는 청산인은 지체 없이 결산보고서를 작성하고 이를 주주총회에 제출하여 승인을 얻어야 하고(제540조 제1항), 총회의 승인을 얻은 때에는 부정행위에 관련된 부분을 제외하고 회사가 청산인의 책임을 해제한 것으로 본다(제540조 제2항).

청산인은 결산보고서의 승인이 난 뒤에 청산종결의 등기를 해야 하고(제542조 제1항, 제264조), 회사의 장부 기타 영업과 청산에 관한 서류는 청산종결 후 10년간 보존하여야 한다(제541조). 청산사무가 종료한 때에 청산은 종결된다. 결국 청산종결의 등기가 되었다 할지라도 청산은 종결되는 것이 아니라 남은 사무범위에서 회사는 제한된 권리능력을 가지고

있을 뿐만 아니라 당사자능력도 가지고 있다.[7]

대법원 2001.07.13. 선고 2000두5333 판결

대법원은 "상법 제520조의2의 규정에 의하여 주식회사가 해산되고 그 청산이 종결된 것으로 보게 되는 회사라도 어떤 권리관계가 남아 있어 현실적으로 정리할 필요가 있으면 그 범위 내에서는 아직 완전히 소멸하지 아니하였다고 할 것이다(대법원 1994. 5. 27. 선고 94다7607 판결 참조)."라고 판시하고 있다.

---

7   대법원 2001. 7. 13. 선고 2000두5333 판결.

참고문헌

〈국내〉

곽윤직, 『채권각론(민법강의 IV)』, 박영사, 1991.

김건식·송옥렬·안수현·윤영신·정순섭·최문희·한기정, 『21세기 회사법개정의 논리』, 소화, 2008.

김정호, 『회사법』, 제2판, 법문사, 2012.

_____, 『상법총칙·상행위법』, 법문사, 2008.

김형배, 『채권각론(계약법)』, 박영사, 1998.

손진화, 『상법강의』, 제4판, 신조사, 2012.

손주찬, 『상법(상)』, 제15개정판, 박영사, 2004.

양승규, 『상법사례연습』, 삼영사, 1998.

이기수·최병규, 『회사법(상법강의 II)』, 제9판, 박영사, 2011.

_____, 『상법총칙·상행위법(상법강의 I)』, 제7판, 박영사, 2010.

이시윤, 『민사소송법』, 박영사, 1995.

이영준, 『민법총칙』, 박영사, 2007.

이철송, 『회사법강의』, 제20판, 박영사, 2012.

임재연, 『회사법 I』, 박영사, 2012.

정동윤, 『회사법』, 제6판, 법문사, 2000.

_____, 『민사소송법』, 법문사, 1995.

정찬형, 『상법강의(상)』, 제16판, 박영사, 2013.

최기원, 『신회사법론』, 제12개정판, 박영사, 2005.

최완진, 『신회법요론 : 2012년 시행 개정회사법』, HUNE, 2012.

최준선, 『회사법』, 제6판, 삼영사, 2011.

〈해외〉

Eisenhardt Ulrich, Gesellschaftsrecht, 11. Aufl., 2003.

Flume Werner, Die juristische Person, 1983.

Hueck Götz/Windbichler Christine, Gesellschaftsrecht, Verlag C.H.Beck 20. Aufl., 2003.

Mummenhoff Winfried, Gründungssysteme und Rechtsfähigkeit, Carl Heymann Verlag 1979.

Raiser Thomas/Veil Rüdiger, RECHT der Kapitalgesellschaften, 5. Aufl., 2010.

Schmidt Karsten, Gesellschaftsrecht, Verlag Carl Heymann 4. Aufl., 2002.

Wilhelm Jan, Rechtsfom und Haftung bei der juristischen Person, 1981.

찾아보기

저자 소개

유주선(俞周善) 교수

현) 강남대학교 정경대학 공공인재학과(법학 담당)
    고려대학교 법과대학 졸업(법학학사)
    독일 마부르크대학교 졸업(법학석사)
    독일 마부르크대학교 졸업(법학박사)

▎ 학회활동

    사)한국경영법률학회 총무이사
    사)한국보험법학회 총무이사
    사)한국금융법학회 연구이사
    사)한국증권법학회 편집위원

▎ 경력사항

    금융감독원 금융분쟁조정위원회 전문위원
    국토교통부 자동차손해배상보장사업채권정리위원회 위원
    국토교통부 분쟁조정위원회 조정위원
    보험개발원 보험정보망 운영위원회 위원

▎ 저서

    《상법요해》, 제6판, 도서출판 정독, 2021. (5인 공저)
    《핀테크와 법》, 제3판, 씨아이알, 2020. (3인 공저)
    《보험중개사의 이해》, 씨아이알, 2020.
    《인간과 인공지능》, 씨아이알, 2018. (3인 공저)
    《보험법》, 씨아이알, 2018.
    《기업법 I》, 씨아이알, 2018.
    《민사소송법》, 제2판, 씨아이알, 2018. (2인 공저)
    《상법》, 형지사, 2016.

기업법 II
(상법 회사편)

초판인쇄 2022년 2월 18일
초판발행 2022년 2월 25일

저 자 유주선
펴 낸 이 김성배
펴 낸 곳 도서출판 씨아이알

책임편집 최장미
디 자 인 엄혜림
제작책임 김문갑

등록번호 제2-3285호
등 록 일 2001년 3월 19일
주 소 (04626) 서울특별시 중구 필동로8길 43(예장동 1-151)
전화번호 02-2275-8603(대표)
팩스번호 02-2265-9394
홈페이지 www.circom.co.kr

I S B N 979-11-6856-039-0 93360
정 가 26,000원